Otto Kallscheuer
Die Wissenschaft vom Lieben Gott

W0087150

Zu diesem Buch

Warum glauben wir an Gott? Glauben Juden, Christen und Muslime an denselben Gott? Und was spricht eigentlich gegen viele Götter? Otto Kallscheuer versucht, den Seitenflüssen und vielstimmigen Strudeln der Rede und Abrede von Gott zu folgen. Denn die Religionen sind keineswegs vom historischen Horizont verschwunden – im Gegenteil. Kallscheuer nimmt sie ernst, ohne in den Tonfall der Dogmatiker zu verfallen. Er sagt aber auch ganz klar: Gott ist jenseits des logischen Verständnisses. Kallscheuers Darstellung, die sich zwischen diesen beiden Polen – Gott existiert, ist aber unbegreifbar – bewegt, ist von gründlicher Quellenkenntnis gesättigt. Nicht nur werden die Positionen der großen Kirchenlehrer von Augustinus bis Ratzinger erörtert. Auch Vergessene und Abweichler wie Nikolaus von Kues oder Karl Barth kommen zu Wort, und zu jeder wichtigen Frage nimmt Kallscheuer in den Blick, wie die anderen Hochreligionen sie beantworten.

*Otto Kallscheuer*, geboren 1950 im Rheinland, lebt auf Sardinien und in Berlin. Als Politikwissenschaftler und Philosoph lehrte und forschte er an der Freien Universität Berlin und am Institute for Advanced Study an der Universität Princeton. Er veröffentlichte zahlreiche Bücher, unter anderem »Glaubensfragen«, »Gottes und Volkes Stimme« und »Das Europa der Religionen».

Otto Kallscheuer

# Die Wissenschaft vom Lieben Gott

Eine Theologie für Recht- und Andersgläubige,
Agnostiker und Atheisten

Piper München Zürich

*Mehr über unsere Autoren und Bücher:*
*www.piper.de*

Ungekürzte Taschenbuchausgabe
Piper Verlag GmbH, München
Dezember 2008
© 2006 Eichborn AG, Frankfurt am Main
Umschlag: Büro Hamburg. Anja Grimm, Stefanie Levers
Bildredaktion: Büro Hamburg. Alke Bücking, Charlotte Wippermann
Umschlagabbildung: Pascal Deloche / Godong / Corbis
Autorenfoto: Christian Thiel
Satz: Wilfried Schmidberger, Nördlingen
Papier: Munken Print von Arctic Paper Munkedals AB, Schweden
Druck und Bindung: CPI – Clausen & Bosse, Leck
Printed in Germany    ISBN 978-3-492-25221-8

*A Michela*
*per grazia ricevuta*

# Inhalt

VORWORT . . . . . . . . . . . . . . . . . . . . . . . . . . . 15

I. Kapitel
GOTT GLAUBEN – AN GOTT GLAUBEN?
*Wem können wir glauben?* . . . . . . . . . . . . . . . . . . . . . 21
1: Drei Hinsichten des Glaubens . . . . . . . . . . . . . . . . 21
2: Wissen – Glauben – Wollen . . . . . . . . . . . . . . . . 24
3: Fides quaerens intellectum (und umgekehrt) . . . . . . . . . . 27
4: Der Gott der Philosophen . . . . . . . . . . . . . . . . . . 29
5: Der Gott des Propheten . . . . . . . . . . . . . . . . . . 33

II. Kapitel
GOTTES BUCH UND SEIN GEHEISS
*Warum glauben wir an Gott?* . . . . . . . . . . . . . . . . . . 37
1: Widerwort und Hingabe . . . . . . . . . . . . . . . . . . . 37
2: Schönheit und Wahrheit von Gottes Wort . . . . . . . . . . . 39
3: Worte und Wunder . . . . . . . . . . . . . . . . . . . . . 42
4: Zucht und Ordnung . . . . . . . . . . . . . . . . . . . . . 45
5: Gottes Buch und Menschenwort . . . . . . . . . . . . . . . 49
6: Feuer und Schrift . . . . . . . . . . . . . . . . . . . . . 52
7: Dogma und Irrtum . . . . . . . . . . . . . . . . . . . . . 54
8: Orthodoxie als List der Vernunft . . . . . . . . . . . . . . 57
9: De omnibus dubitandum . . . . . . . . . . . . . . . . . . 61

III. Kapitel
ZWEIERLEI UNGLAUBEN
*Und wenn wir nicht glauben?* . . . . . . . . . . . . . . . . . . 64
1: Zweifel und Unverständnis . . . . . . . . . . . . . . . . . 65
2: Aktiver Unglaube … . . . . . . . . . . . . . . . . . . . . 66
3: … und passive Gleichgültigkeit . . . . . . . . . . . . . . . 69
4: Atheismus als Echo des Glaubens . . . . . . . . . . . . . . 70
5: Die weltlich gewordene Welt . . . . . . . . . . . . . . . . 73

6: Der fremde Gott . . . . . . . . . . . . . . . . . . . . . . . . . . . . . 76

7: Paradoxon . . . . . . . . . . . . . . . . . . . . . . . . . . . . . . . 78

IV. Kapitel
WELT UND WARUM
*Warum gibt es überhaupt irgend etwas – und nicht nichts?* 82

1: Warum-Fragen und Überhaupt-Fragen . . . . . . . . . . . . . 82

2: Himmelsrichtung des Denkens . . . . . . . . . . . . . . . . . . 84

3: Im Westen der Wahrheit . . . . . . . . . . . . . . . . . . . . . 88

4: Der Elefant und die Schildkröte . . . . . . . . . . . . . . . . . 90

5: Lebenswelt und Wissenswelt . . . . . . . . . . . . . . . . . . . 93

6: Horizont und Weltenraum . . . . . . . . . . . . . . . . . . . . 96

7: Lichtschranke Weltzeit . . . . . . . . . . . . . . . . . . . . . . 98

V. Kapitel
IMMANENZ UND TRANSZENDENZ
*Warum ist mein Bewußtsein grundlos?* . . . . . . . . . . . . . . . 102

1: Pascal und Valéry . . . . . . . . . . . . . . . . . . . . . . . . . 102

2: ›Äußere‹ und ›innere‹ Transzendenz . . . . . . . . . . . . . . . 105

3: Sein und Bewußtsein . . . . . . . . . . . . . . . . . . . . . . . 107

4: Grenzgänger und Netzwerker . . . . . . . . . . . . . . . . . . . 109

5: Sinn oder Leben? . . . . . . . . . . . . . . . . . . . . . . . . . 112

6: Transzendentale Erfahrung? . . . . . . . . . . . . . . . . . . . 116

7: Den Lieben Gott zum Grund? . . . . . . . . . . . . . . . . . . 119

8: Das Selbst und das Nichts . . . . . . . . . . . . . . . . . . . . 121

VI. Kapitel
SCHAUDER UND LICHT
*Warum fragen wir weiter?* . . . . . . . . . . . . . . . . . . . . . . 125

1: Angst oder Metaphysik? . . . . . . . . . . . . . . . . . . . . . . 125

2: Wie die Kinder . . . . . . . . . . . . . . . . . . . . . . . . . . 128

3: Sonderbare Kontingenz . . . . . . . . . . . . . . . . . . . . . . 130

4: Sein als Offenbarung . . . . . . . . . . . . . . . . . . . . . . . 131

5: Gewißheit und Erleuchtung . . . . . . . . . . . . . . . . . . . 134

6: Licht des Zweifels . . . . . . . . . . . . . . . . . . . . . . . . . 136

7: Pingpong . . . . . . . . . . . . . . . . . . . . . . . . . . . . . . 139

VII. Kapitel
KOSMOS UND WÜSTE
*Ist der Mensch ein metaphysisches Tier?* . . . . . . . . . . . . . . . 142

1: Software und Hardware . . . . . . . . . . . . . . . . . . . . . . . 142

2: Mathematik als Musik . . . . . . . . . . . . . . . . . . . . . . 145

3: Dichtung und Wahrheit . . . . . . . . . . . . . . . . . . . . . 148

4: Glauben und Wissen . . . . . . . . . . . . . . . . . . . . . . 150

5: Weisheit oder Reinheit? . . . . . . . . . . . . . . . . . . . . 154

6: Gegenreligion und Sozialkritik . . . . . . . . . . . . . . . 158

7: Abgötter und Welt . . . . . . . . . . . . . . . . . . . . . . . 160

8: Gottesbund und Disziplin . . . . . . . . . . . . . . . . . . . 162

9: Soziologie der Wüste . . . . . . . . . . . . . . . . . . . . . 164


VIII. Kapitel
MULTIVERSUM UND MONOTHEISMUS
*Warum würfelt der Liebe Gott nicht?* . . . . . . . . . . . . . . . . . 167

1: Viele Welten – eine Schöpfung? . . . . . . . . . . . . . . . 167

2: Anthropie und Utopie . . . . . . . . . . . . . . . . . . . . . 171

3: Das extravagante Multiversum . . . . . . . . . . . . . . . 173

4: Wasser und Geist . . . . . . . . . . . . . . . . . . . . . . . 177

5: Eine Welt – viele Götter? . . . . . . . . . . . . . . . . . . . 179

6: Pantheon und Volksmusik . . . . . . . . . . . . . . . . . . 182

7: Dreierlei Theologie . . . . . . . . . . . . . . . . . . . . . . 184

8: Aufgeklärter Relativismus . . . . . . . . . . . . . . . . . . 186


IX. Kapitel
ABGÖTTER UND GOTTESKRIEGER
*Was spricht gegen viele Götter?* . . . . . . . . . . . . . . . . . . . . 189

1: Relativ bunt . . . . . . . . . . . . . . . . . . . . . . . . . . . 190

2: Vernunft und Sorgen . . . . . . . . . . . . . . . . . . . . . 193

3: Humes Paradox . . . . . . . . . . . . . . . . . . . . . . . . 196

4: Ebbe und Flut . . . . . . . . . . . . . . . . . . . . . . . . . 199

5: Göttliche Balance . . . . . . . . . . . . . . . . . . . . . . . 203

6: Delphische Konkordanz . . . . . . . . . . . . . . . . . . . 206

7: Fragliche Toleranz . . . . . . . . . . . . . . . . . . . . . . . 208

X. Kapitel
GOTT IM EXIL
*Wo hören wir Gottes Stimme?* ...................... 212

1: Exil und Empire .............................. 212

2: Das Tao der Gnosis ......................... 216

3: Athen und Jerusalem ....................... 218

4: Out of Africa .............................. 220

5: Gottesvolk und Diaspora ................... 224

6: Ein neues Lied? ............................ 228


XI. Kapitel
EINER ODER ALLES
*Was heißt Pantheismus?* ...................... 231

1: Neigung zum All ............................ 231

2: ... oder Pflicht zum Kosmos? ............... 233

3: Glauben und Dichten ....................... 235

4: Unfehlbares Universum? .................... 238

5: Himmel auf Erden .......................... 240

6: Gottes Allgegenwart ... .................... 244

7: ... als mystische Erfahrung ................ 247

8: Welt ohne Selbst? .......................... 249


XII. Kapitel
WELTEINHEIT UND ARTENVIELFALT
*Ist die Welt eine ohne Gott?* ................. 255

1: Vielfalt und Einfalt ........................ 256

2: Männer im Mond ... ........................ 259

3: ... und Exo-Theologie ...................... 261

4: Gott oder Welt ............................. 263

5: Evolution oder Design? ..................... 265

6: Subjekt und Objekt ........................ 269

7: Ora et labora .............................. 271

8: Return to Future .......................... 274

XIII. Kapitel
DAS HÖCHSTE WESEN
*Welcher Art ist Gottes Hoheit?* ....................... 277

  1: Uhrmacher und Designer ....................... 278
  2: Tat und Tatsache ............................. 281
  3: Wort und Über-Ich ........................... 282
  4: Ich und Du .................................. 285
  5: Die Kraft und die Herrlichkeit ................. 288
  6: Gott der Vernunft? ........................... 290
  7: Der Eine – das Absolute ....................... 293
  8: Fünf Wege zum höchsten Wesen ................. 295
  9: Der Gott des Weltbildes ....................... 297
 10: Gute Gründe – richtiges Leben ................. 300
 11: Zwang ohne Zwang ........................... 302
 12: K(E)in schöner Abgang ....................... 306

XIV. Kapitel
SCHAUEN UND WISSEN
*Ist die Theologie Bekenntnis, Vision oder Wissenschaft?* .... 309

  1: Gottvertrauen und Vernunftglauben .............. 310
  2: Utrum sacra doctrina sit scientia ................ 313
  3: Ratio et confessio ............................ 316
  4: Optimisten und Pessimisten .................... 319
  5: Muslimische Aufklärung ....................... 323
  6: ... und natürliche Theologie ................... 326
  7: Von Angesicht zu Angesicht ................... 329
  8: Sehen oder Suchen ........................... 332
  9: Schauseligkeit ............................... 335
 10: Am Fuße der Leiter .......................... 337
 11: Gott beweisen? ............................. 340

XV. Kapitel
SCHÖPFER UND SCHÖPFUNG
*Und wenn Gott die Welt nun nicht erschaffen hätte?* ...... 343

  1: Gott ohne Welt .............................. 344
  2: Die beste der Welten? ......................... 346
  3: Vor dem Anfang ............................. 350

4: Machbare Welten und Konstruktionsregeln . . . . . . . . . . 355

5: Allwissen und Wollen . . . . . . . . . . . . . . . . . . 359

6: Scheidung und Schöpfung . . . . . . . . . . . . . . . . 361

7: Ewigkeit und Virtualität . . . . . . . . . . . . . . . 366

8: Allmacht und Zukunft . . . . . . . . . . . . . . . . 371

9: Die menschliche Richtung der Zeit . . . . . . . . . . . . 376

## XVI. Kapitel
### GESICHT UND SCHRIFT

*Warum hat Gott keine Augenzeugen?* . . . . . . . . . . . . . . . 378

1: Hören und Sehen . . . . . . . . . . . . . . . . . . . . 378

2: Begegnung und Himmelsvision . . . . . . . . . . . . . . 381

3: Gotteinung und Übung . . . . . . . . . . . . . . . . . 384

4: Schrift und Tradition . . . . . . . . . . . . . . . . . . 388

5: Original und Kopie . . . . . . . . . . . . . . . . . . . 390

6: Gesang und Buch . . . . . . . . . . . . . . . . . . . . 393

7: Mündliche Schrift? . . . . . . . . . . . . . . . . . . . 396

8: Schrift des Herzens . . . . . . . . . . . . . . . . . . 400

## XVII. Kapitel
### GOTT DES GESETZES

*Brauchen wir Gottes Gesetz, um frei zu sein?* . . . . . . . . . . . 406

1: Erhabenheit und Freiheit . . . . . . . . . . . . . . . . 407

2: Nationalgott ohne Macht? . . . . . . . . . . . . . . . . 408

3: Gott des Bundes . . . . . . . . . . . . . . . . . . . . 411

4: Rot und Schwarz? . . . . . . . . . . . . . . . . . . . 414

5: Schwarze Pädagogik . . . . . . . . . . . . . . . . . . 417

6: Der Regenbogen . . . . . . . . . . . . . . . . . . . . 420

7: Transzendenz, moralisch und metaphysisch . . . . . . . . . 423

8: Gott des Seins . . . . . . . . . . . . . . . . . . . . . 427

## XVIII. Kapitel
### WELCHER GOTT?

*Glauben Juden und Christen und Muslime an denselben Gott?* 433

1: Ein Gott – viele Geschichten . . . . . . . . . . . . . . . 434

2: Gott des Westens? . . . . . . . . . . . . . . . . . . . 436

3: Reich und Diaspora . . . . . . . . . . . . . . . . . . . 439

4: Jahwes Bund und Davids Sohn . . . . . . . . . . . . . . . . . . . 445

5: Jesus und Christus . . . . . . . . . . . . . . . . . . . . . . . . . . . . . 447

6: Schuld und Ehre . . . . . . . . . . . . . . . . . . . . . . . . . . . . 449

7: Gott und Mensch . . . . . . . . . . . . . . . . . . . . . . . . . . . . . 455

8: Doppelnatur. . . . . . . . . . . . . . . . . . . . . . . . . . . . . . . . . . 458

9: Gott ist tot! . . . . . . . . . . . . . . . . . . . . . . . . . . . . . . . . . 460

10: Logos und Sohn. . . . . . . . . . . . . . . . . . . . . . . . . . . . . . . 463

11: Medium und Message . . . . . . . . . . . . . . . . . . . . . . . . . 466

12: Ein Geist – eine Welt . . . . . . . . . . . . . . . . . . . . . . . . . . 468

## Anhang

Literaturhinweise . . . . . . . . . . . . . . . . . . . . . . . . . . . . . . . . 473

Siglen . . . . . . . . . . . . . . . . . . . . . . . . . . . . . . . . . . . . . . . . . 485

# *Vorwort*

»Eigentlich hat man zu wählen zwischen
der Theologie und der Tautologie. Ich würde
dann doch die Theologie vorziehen.«
Theodor W. Adorno, *Graeculus*

An den Augenblick erinnere ich mich noch genau, wenngleich
nicht mehr ans Datum, eher an das Gefühl dabei: Plötzlich
wurde ich mir der Tatsache bewußt, daß ich das Interesse an Gott
verloren hatte. Ich war ebenso schockiert wie erleichtert.

Wann war das? War ich da nun siebzehn Jahre alt oder acht-
zehn? – Nein, da war ich ja schon im Abiturjahr. – Also vorher:
mit fünfzehn vielleicht? – Aber da war ich doch gerade erst voller
Gottesfurcht ins Internat gekommen, zu den Patres auf den
Heiligen Berg, nach dem Tode meines Vaters. – Also vermutlich
irgendwann zwischendrin. Und nicht beim Studium oder Silen-
tium oben im Hause, sondern unten, in der Stadt am Strom, auf
dem Weg zum Fluß.

Was war da geschehen? Hatte ich den Herrgott etwa auf einen
Schlag vergessen? – Nein, schließlich diskutierten wir schon eine
Stunde lang über die Frage SEiner Existenz, und das zum x-ten
Male: Gibt es den Lieben Gott wirklich? IHN, der Himmel und
Erde erschuf, dessen Weltwunder uns gefälligst zur Ehrfurcht
nötigen sollen?

Und über die Mahnung, unsere Schulpflichten »verdammt noch
mal etwas ernster zu nehmen, meine Herren!« (Damen gab's
natürlich nicht an unserer klösterlichen Schule, abgesehen von
den Ordensschwestern in der Küche.) Weitere Pflichten interniert
heranwachsender Reinheit seien hier ausgeklammert. Der Liebe
Gott sah ohnehin alles. Auch meine geheimsten Gedanken.

Wann und wo diskutierte man über den Lieben Gott? In den
sechziger Jahren war das unter Gymnasiasten noch nicht völlig
unüblich. Auf langen Spaziergängen mochte diese Frage aufkommen: vor allem am Fluß, den breiten, geschwind und satt
dahinströmenden Wasserlauf entlang – wenn wir »Internen«

nachmittags Ausgang hatten. Endlos konnte man da am Ufer entlangspazieren. Man mochte den randvollen Frachtkähnen zuschauen und grübeln, oder die Kiesel flach auf dem Wasser springen lassen und grübeln, um die Wette laufen, mit der schmutzigen Bugwelle stromaufwärts tuckernder Lastschiffe ein paar Minuten Schritt zu halten versuchen ... Um dann zu verschnaufen und wieder zu grübeln:

– Sag mal, glaubst du das eigentlich wirklich, das mit der Auferstehung der Toten?

– Hältst du mich etwa für blöde?

– Du meinst, dann ist Schluß mit allem, die Seele und alle unsere Ziele und Gefühle und Gedanken sind plötzlich verschwunden? Einfach weg?

– Was heißt weg? Versunken wie dieser Stein, ausgelaugt wie dieser Ast im Fluß. Und wenn du eher am Landesteg drüben ankommst als ich, können wir ja weiterreden.

Später ging's zum »Zwitschern« in die Schankstube – schnell noch ein Bierchen, bevor wir Interne uns zur Abendandacht am Pförtner vorbei ins Internat schmuggelten. Hausarbeiten wurden an solchen Tagen abends nachgeholt. Oder gar nicht.

Es gab natürlich diejenigen, die sich gleich aufs Wesentliche konzentrierten: die Bundesliga, *Auto Motor Sport,* Mädchen. Keusche Ammenmärchen vom Herrgott hatten diese Schulkameraden schon hormonbedingt hinter sich gelassen.

Dann gab es andere – eher eine bemitleidete Minderheit, auch im katholischen Internat, aber es gab sie: des Weihrauchs so selig und der Frömmigkeit so voll, daß sie von ihren Schulkameraden nicht mehr ernst genommen wurden. Am Meßwein haben wir alle genippt; aber diese rotwangigen Ministranten aus vollem Herzen. Belobigt von den Lehrern, von den Schülern belächelt: sie brauchten doch die Nähe zum Allerheiligsten. Da knieten sie nun einige Stufen höher als der Rest der Gemeinde – *sursum corda* – und bimmelten bei der Wandlung, wohl auch, um sich vor höhnendem Grinsen, vor den Stößen und Kniffen ihrer weltlich beseelten Mitschüler in Sicherheit zu fühlen.

So einer wie der Paulus, rosig und rundlich an Leib und an Seele, der würde bestimmt Priester werden. Andererseits, wenn

Die Wissenschaft vom Lieben Gott

derselbe Paul dann auf der Kirchenorgel so schön und gewaltig mit Bachschen Fugen alle Schleusen des Himmels eröffnen konnte, auf daß alsbald Gewitter der Erhabenheit auf uns herniederdonnerten: war da nicht tatsächlich eine besondere Berufung über ihm? (Paulus ist dann am Ende doch kein Schwarzer geworden. Aber Kirchenmusiker, immerhin. Glücklich verheiratet, drei Kinder, rosig und rundlich.)

Und dann gab es unter uns auch noch einige Grübler. Kein Moped und keinen Weihrauch – oder eben beides. Im Ohr andere Hintergrundmusik, John Coltrane oder Miles Davis oder Van Morrison – und wenn schon georgelt wurde, dann Jimmy Smith oder Brian Auger & The Trinity.

Da kam es dann schon vor, daß wir über Gottes Existenz in den Disput gerieten.

– Und wenn es IHN auch geben sollte – einmal oder dreimal – was geht ER uns schon an? (Oder was kümmern *wir* IHN schon?)

– Du glaubst doch nicht im Ernst, der Urheber des ganzen Universums (wenn es denn einen Urheber gibt) schere sich höchstpersönlich darum, wie ich mich verhalte! Oder ob du deine Schularbeiten machst oder Fritz nun mit seiner neuen Flamme schon ...

– Und woher haben wir denn diese Idee vom höchsten Wesen? Wenn ER, wie du sagst, gar nichts mit uns zu tun hat!

– Alles Projektion, mein Lieber: Nimm Feuerbach oder Heine – und gib mir noch ein Bier!

Abgesehen davon, selbst *wenn* es IHN gäbe, den Lieben Gott: Mit dieser kirchlichen und berufschristlichen Bodentruppe konnte sich der Herrgott in unserer Republik vor Flußlandschaft nur blamieren. Da fochten wackere Kirchgänger und Saubermänner der nahen Bundeshauptstadt erbitterte Kämpfe aus um die saubere Leinwand kleinstädtischer Lichtspielbühnen – aber die unsaubere jüngste Vergangenheit vieler deutscher Herrschaftsträger und Wirtschaftsführer blieb tabu. Schon segneten Militärbischöfe beider Schuldbekenntnisse erneut deutsche Soldaten; ein Berater von »Stellvertreter« Piux XII. hatte sogar die Atombombe gerechtfertigt. Kein Wunder, daß die Studenten, kaum der Klosterschule entschlüpft, alles andere wurden als gläubig Fragende, praktizierend Zweifelnde, brave Christen.

Waren es diese Konflikte, die Gott unglaubwürdig hätten machen können? Daß Albert Camus' Sisyphos weitaus ehrlicher daherkam als die abendländische Gehorsams- und Gebetsmühle des bundesdeutschen Establishment, ist doch überhaupt kein Argument wider einen Gott der Liebe! Das behaupteten nur die Wortführer eines »areligiösen Pharisäertums« (Camus), das noch stets Pfaffenschelte mit Aufklärung verwechselte. Und natürlich hätte Jesus in Westdeutschland eher Kierkegaard gelesen als den Katechismus; selbstverständlich hätte der Nazarener Beate Klarsfeld applaudiert statt Kurt Georg Kiesinger...

Aber habe *ich* etwa deshalb irgendwann aufgehört, die Gottesfrage spannend zu finden? In meiner Erinnerung klingt solch linkskatholisches Lamento zwar irgendwie plausibel, aber wie weit kann ich mir da trauen? Waren denn die moralisch-politischen Kritikpunkte an der Amtskirche, wie sie etwa Heinrich Böll in seinem »Brief an einen jungen Katholiken« (1958) aussprach, dafür verantwortlich, daß in privaten und öffentlichen Gesprächen die Rede von Gott verstummte? Sie hätte doch eher vernehmbarer werden müssen in den sechziger und siebziger Jahren. Mit dem Zweiten Vatikanischen Konzil bemühte sich die Amtskirche jedenfalls ernstlich, *à jour* zu kommen.

Heinrich Böll trat aus der Kirchensteuer verwaltenden öffentlich-rechtlichen Institution aus. Aber er redete weiter von und mit Gott. Bald kamen politische Nachtgebete auf, mit lateinamerikanischen Basiskatholiken oder protestantischen Friedensfrauen. Da aber spielte Gott für *mich,* für meine Welt-Wahrnehmung schon keine eigenständige Rolle mehr. Jesus hatte sich eingereiht in die Menschenkette der internationalen Solidarität. Für solche Nächsten- und Fernstenliebe brauchten wir gar keinen Gott mehr – nur noch die Räume der Evangelischen Studentengemeinde.

Wieso verschwand der Liebe Gott in den Siebzigern? Plötzlich redete in Deutschland kein Mensch mehr von IHM – abgesehen von den dafür bezahlten Berufsgläubigen, Ratsvorsitzenden oder Konfessionsbeamten. Die Gottesfrage war einfach weg! Wieso eigentlich?

– Was heißt schon weg? Versunken wie dieser Stein im Fluß, ausgelaugt wie jener Holzscheit im Strom. Überwältigt von anderen Fluten der öffentlichen Meinung. Von der Strömung abgetrieben, in einen toten Seitenarm.

– Und wie kam ER wieder?

– Daß der Strom der Begeisterung für *Gott, JAHWE, Allah* seit zwei Jahrzehnten wieder Oberwasser führt, freilich zunächst auf anderen Kontinenten, das hat ganz verschiedene Ursachen. Soziale, kulturelle, politische – und um die soll es in diesem Buch nicht gehen.

Jetzt höre ich wieder zu, wenn der Bewußtseinsstrom plötzlich Fragesplitter anschwemmt, in denen von Gott die Rede ist. Nicht alle gehen mehr unter. Und nun sehe ich: Da liegt plötzlich ein Seitenarm des Meinungsflusses wieder frei. Alle alten Fragen sind offen, und recht verschiedene Gottesbilder schwimmen im Strom. Ich nenne nur drei von ihnen.

Da gibt es die *Über-ich*-Rede vom erhabenen Gott: mehr Imperativ und ›Haltung‹ als Frage. Der EINE Gott als Gesetz des Vaters; der lutherische Wortschatz aus protestantischem Pfarrhause gab deutscher Sprache Anmut und Würde. Stirbt dieser Vater-Diskurs nun aus im Gender-Mainstream? Überlebt sie – die Gottesrede – nur noch als kulturprotestantische Diskurstechnik: verständigungsorientiert, doch ohne Grazie? Wo bleibt denn da Martin Luthers Kreuzeswissenschaft?

Dann gibt es das *Ur-Vertrauen* in eine gottvolle Welt: also den Gott der Mutterliebe, der Matrix von Brot und Wein, den Gott des Erbarmens mit den Zöllnern und Huren. Wir finden solche Gottesrede im XX. Jahrhundert bei verzweifelten Christen wie Ignazio Silone oder Graham Greene. Ihr Gott der Barmherzigkeit mit den Gefallenen hat gar nichts zu tun mit dem katholischen Klüngel des guten Gewissens von Amtskirche und wohlanständiger Gesellschaft, an dem schon Hans Schnier verzweifelte, der »Clown« Heinrich Bölls. Mit meiner Mutter bin ich Böll zuweilen in der Peterskirche begegnet – auf dem Weg zur Kommunionbank.

Und drittens – nach dem Vatergott des Moralgesetzes und nach der Dynamik von Schuld und Geborgenheit (eine Tragik, welche theologisch nur Gottes Gnade aufzulösen vermag, die aber im Leben und Sterben die Symbolik der Mutter oder der Geliebten sucht) – der *Gott der Wissenschaft.* Der Gott der Grenzen des menschlichen, endlichen Wissens und des menschlichen, schier unendlichen Bestrebens, das man auch für einen Trieb halten mag, diese Grenzen zu übersteigen. Von solchen Grenzen hat wohl mein Vater einiges verstanden, ein Physiker und dabei ziemlich gläubig. In seinem Bücherschrank, hinter Glas, standen die Schriften von Werner Heisenberg und Max Planck neben Goethe und den Kulturgeschichten des christlichen Abendlandes. Ob er auch mit den *meta*-physischen Verwindungen der Wissenschaft vom Lieben Gott etwas anfangen könnte? Ich weiß es natürlich nicht. Er starb etwa in meinem jetzigen Alter, bevor ich dann aufs klösterliche Internat kam.

Den Seitenflüssen und vielstimmigen Strudeln der Rede und Abrede von Gott versucht dieses Buch zu folgen. Lange habe ich daran herumgezweifelt. Mal blieb ich in diesem toten Nebenarm stecken, mal suchte ich hartnäckig jenen versunkenen Stein der Weisen. Am Ende zog mich wohl die Strömung hinein in den Sog widerstreitender Wahrheiten.

◆

Bei niedrigem Wasser versiegt der Strom. Daß dieses Unterfangen nicht versiegte, danke ich der theologalen Geduld von Hans Magnus Enzensberger; und ich denke dabei gerne an Karl Markus Michel (1929 bis 2000), der mich als Herausgeber des *Kursbuch* immer wieder auf Erkundungsfahrt in Nebenarme der Vernunft geschickt hat.

# *Gott glauben – an Gott glauben?*

> »Zwischen dem Glaubenden und dem
> Leichtgläubigen besteht ein großer Abstand«
> (inter credentem et inter credulum
> plurimum interest)
> Augustinus, *De utilitate credendi*

*Glauben Sie?* – Na, jeder glaubt doch (an) irgend etwas: An den Wetterbericht, die Tageszeitung, den Tratsch der Nachbarn, die Ratschläge des Hausarztes. Nur die allerwenigsten Tatsachen können wir doch persönlich nachprüfen.

*Sie sind also gläubig?* – Sie meinen: ob ich ein leichtgläubiger Mensch bin? Ich hoffe nicht. (Ich *glaube* nicht.) – Nein, ich meine: sind Sie gottgläubig? – *Was* soll ich denn da glauben? – Nun, daß dies oder jenes der Fall ist. Zuallererst, daß es einen Gott gibt. Glauben Sie das? – Wieso denn? Wer hat das gesagt?

*Wem soll ich das glauben?* – Gott sollten Sie dies glauben. Er weiß und vermag alles, Er hat uns SEin Wort gegeben. Er hat uns bestimmte Lehren enthüllt oder geoffenbart, und diese SEiner Kirche anvertraut, als *depositum fidei:* wie einen Schatz von Glaubenswahrheiten. Und darum glaube ich IHM (und der Autorität SEiner Kirche), daß ER meine Rettung darstellt und auch für Ihr Heil Sorge trägt. Ja, auch Sie persönlich sind gemeint. Auch Sie sollten sich also zunächst um das Wort Gottes sorgen...

1 DREI HINSICHTEN DES GLAUBENS. Aber wem genau *sollen* wir da glauben, wem *können* wir überhaupt glauben? Dem Lieben Gott – oder SEinen Propheten? Sie sagen: der Kirche? Wer ist die Kirche? Viele Leute glaub(t)en etwa dem polnischen Papst Johannes Paul II. seine Botschaft: der war (oder wirkte)

irgendwie ›authentisch‹, und darum war er glaubwürdig – aber sie mißtrauen zugleich der Kirche zutiefst und glauben dem Vatikan kein Wort.

Wie weit kann man überhaupt Institutionen glauben? Die Kirche ist eine institutionalisierte Gruppe von Leuten, die ebenfalls an Gott glauben, aber sie ist jedenfalls nicht der Liebe Gott. Sosehr sie auch – mit Verlaub – manchmal diesen Eindruck erwecken möchte. Und damit stolpern wir schon in ein ganz elementares soziologisches Glaubensdilemma hinein: kann man eigentlich einer Institution so glauben, als sei sie eine Person?

Einer bestimmten Person etwas zu glauben kann geradezu Pflicht sein. Darauf weist etwa der heilige Augustinus mit großem Recht in einer Schrift hin, die er über den Nutzen des Glaubens für einen Freund, Honoratus, verfaßt hat: Wer niemandem Glauben schenken will, so Augustinus, »der kann nach meiner Meinung keinen Freund haben. Wenn es nämlich schimpflich ist, etwas zu glauben, dann zieht der Schimpf und Schande auf sich, der einem Freunde glaubt. Andernfalls sehe ich keine Möglichkeit, wie er ihn oder sich selbst als Freund bezeichnen kann, wenn er einem Freund nichts glaubt« (*De utilitate credendi*, 23).

Augustinus ging dann freilich sogleich dazu über, dieses Vertrauen auch für seine Kirche, die *catholica* zu beanspruchen. Einem Freund müssen wir vertrauen, doch der Glauben an eine Institution gründet auf ihrer Autorität:

»Was wir intellektuell einsehen, beruht auf der Vernunft, was wir glauben, auf einer Autorität, und was wir uns nur einbilden, auf dem Irrtum.« (Util. cred. 25) Und im Gegensatz zu den Manichäern – jener Minderheitsreligion, der früher auch Augustinus selber anhing, während sein Freund Honoratus dabei geblieben ist – verfugte die *catholica* über Autorität: sie sei weiter verbreitet als die Manichäer, habe eine ältere Tradition und finde umfassendere Zustimmung. Also sei sie auch vertrauenswürdiger als diese Häretiker.

Aber wir lassen diese Frage nach der Institution als Stütze oder Autorität des Glaubens (oder als Hindernis auf dem Wege zum Glauben) sogleich wieder beiseite. Man stößt ja unweigerlich auf sie – und so konnten wir sie leider nicht verschweigen. Aber uns geht es hier zunächst um die Rede vom Lieben Gott, nicht um die Soziologie SEiner Stellvertreter. Was bedeutet es, an Gott zu glauben?

*Kann* man denn *an* IHN glauben? (So, wie man an eine Person glaubt?) Schließlich ist es, wie Meister Eckhart wußte, »etwas Höheres, daß man *an* Gott glaubt, als daß man Gott glaubt. Man glaubt wohl einem Menschen, wenn man ihm fünf Schillinge leiht, daß er sie zurückzahle, und glaubt doch [deshalb noch] nicht *an* den Menschen« (Pr. 62).

– Nehmen Sie also Gott persönlich Sein Heilsversprechen ab?

– Und warum sollte ich IHM denn trauen? Dürfen wir riskieren, *an* Gott zu glauben, *in* IHN unser Vertrauen setzen?

– Ich verstehe Ihre Angst ja, aber ich mache mir keine Sorge. Ich glaube nämlich nicht nur an Gottes Existenz, SEine Allwissenheit und Wahrhaftigkeit. Ich glaube auch *an* IHN, und das heißt dann: ich bin gewiß, daß ER für mich Sorge trägt. Ich habe darum keine Angst mehr um mich, im Vertrauen auf IHN; denn ich bin mir so gewiß wie der Sänger David: »Der HERR ist mein Hirte, nichts wird mir fehlen. Er läßt mich lagern auf grünen Auen und führet mich zum Ruheplatz am Wasser. Er stillt mein Verlangen; Er leitet mich auf rechten Pfaden, treu Seinem Namen« (Ps 23,1–3).

An Gottes Existenz zu glauben ist keine Besonderheit der biblischen Religion. Eher schon der Glauben *an* Gott *(in Deum),* und zwar solcherart, daß er ein persönliches Vertrauensverhältnis impliziert. An Gott (an den *einen* Gott) glaubten und glauben zahlreiche *Mono*-Theisten, von denen sich mindestens drei Religionen auch auf die Bücher der hebräischen Bibel beziehen. ›Völker der Schrift‹ heißen im Koran die Christen und die Juden: »O Volk der Schrift, kommt herbei zu einem gleichen Wort zwischen uns, daß wir nämlich Gott allein dienen und nichts neben ihn stellen« (Sure 3,64 *[Das Geschlecht Imrans]*).

Die Christen, die Juden und natürlich auch die Muslime selbst glauben in der Tat an weitaus mehr als an (a) die bloße Existenz eines Gottes, daran, *daß* es IHN gibt – aus welchen Gründen auch immer sie dies glauben. (b) Sie glauben IHM etwas ganz Bestimmtes – nämlich die *Botschaft* SEiner Offenbarung. Und sie tun dies (c) auch deshalb, weil sie *an* ihn glauben, also ihr *Vertrauen* in ihn setzen.

Der grammatische Bezug des Wortes ›glauben‹ und die intentionale Bezugnahme der Tätigkeit (oder Einstellung), zu glauben, ist somit in diesen großen *mono*-theistischen oder Ein-Gott-Religionen dreifach: Ich glaube etwas/jemandem/an jemanden: *credo aliquid / alicui / in aliquem* – und in allen drei Fällen lautet der Bezugspunkt: Gott.

Im monotheistischen Sinne zu glauben heißt also, nicht nur die Existenz Gottes zu glauben, sondern IHM auch SEine Botschaft abzunehmen (die Offenbarung: das Buch, die Überlieferung) und *an* IHN zu glauben. Gottglauben heißt damit, im Vertrauen auf IHN auch SEiner Botschaft Vertrauen zu schenken; und der Glauben fordert schließlich, auch Gottes Geboten Folge zu leisten.

2 WISSEN – GLAUBEN – WOLLEN. Woher wissen denn die ›Völker der Schrift‹, daß die Offenbarung, welcher sie Glauben schenken, tatsächlich eine von Gott ausgehende Botschaft, Lehre und Weisung ist? Vielleicht gibt es ja gar keinen Gott. Also muß man doch zuerst wirklich wissen (oder eben mit vernünftigen Gründen *beweisen* können), daß es einen Gott gibt – um IHM dann seinen Glauben schenken zu können.

So sah das jedenfalls im XVII. Jahrhundert der Oratorianerpater und Philosoph Nicolas Malebranche: In der ersten seiner *Conversations chrétiennes* (1677) zeigt sich der fromme Aristarch, einer der beiden Gesprächspartner, zwar »durch den Glauben überzeugt« von der Existenz Gottes, »aber ich bin davon nicht vollständig durch die Vernunft überzeugt«.

Sein Freund Theodor, wohl die Stimme des Autors, erwidert ihm: »dann seid Ihr vielleicht weder von der Vernunft noch durch den Glauben überzeugt. Denn sehen Sie nicht, daß die Gewißheit des Glaubens aus der Autorität eines Gottes rührt, der spricht und der niemals täuschen kann? Wenn Sie also nicht durch die Vernunft von der Existenz eines Gottes überzeugt sind, wie können Sie dann davon überzeugt sein, daß er es war, der gesprochen hat? Können Sie wissen, daß er sprach, ohne zu wissen, daß es ihn gibt? Und können Sie wissen, daß die Tatsachen, die er geoffenbart hat, wahr sind, ohne zu wissen, daß er unfehlbar ist und daß er uns niemals täuscht?«

Wohlan, das ist eine saubere Art, Vernunft und Gottglauben zu verbinden, und zwar eine durchweg vernünftige und katholische: Vernunft und Glauben stützen und ergänzen sich im Idealfall, indem der übernatürliche Charakter der Offenbarung im natürlichen Licht der Vernunft beschrieben, indem also das Überschreiten der Grenzen der Vernunft selber noch vernünftig begründet wird. Wie der große Religionshistoriker und ehemalige Seminarist Ernest Renan 1883 in seinen Jugenderinnerungen an das Theologiestudium im hochberühmten Pariser Seminar von Saint-Sulpice schreibt, finden wir am Grunde der klassischen scholastischen (und neuscholastischen) katholischen Theologie einen »ehrlich eingestandenen Rationalismus. In solch einem System hat die Vernunft überall Vorrang, die Vernunft beweist die Offenbarung, die göttliche Inspiration der Schrift und die Autorität der Kirche. Und ist dies einmal [im Grundkurs über die wahre Religion] festgestellt, so sind allen Ableitungen Türen und Tore geöffnet [...] Und wer bleibt am Ende übrig, um die Glaubensartikel zu beurteilen, wenn nicht die Vernunft?«

Wir könn(t)en also als katholische Rationalisten *wissen,* daß es IHN gibt. Einige meinen gar, wir könnten mit dem sogenannten ›ontologischen Gottesbeweis‹ des heiligen Anselm von Canterbury die Existenz Gottes »als etwas, über das hinaus nichts Größeres gedacht werden kann« (Prosl. 2), argumentativ nachweisen und so dem Glauben *intellectus* verschaffen, das heißt vernünftige Einsicht. Allein fünf Wege, die Existenz Gottes zu beweisen, lehrt uns der heilige Thomas von Aquin (Sth Ia 2, 3). Die Literatur zu den ontologischen, physico-theologischen, kosmologischen und anderen ›Gottesbeweisen‹ füllt ganze Bibliotheken.

Detailliertere Wahrheiten über Gottes unendliche Vollkommenheit übersteigen die menschliche Vernunft, wir müssen sie (IHM und SEiner Kirche) glauben, wenngleich diese Glaubenssätze der Vernunft natürlich nicht widersprechen dürfen. Immerhin stammt ja die Vernunft selbst von Gott, in ihrem Licht leuchtet uns SEin Angesicht (Sth I a II ae 91,2). Und geoffenbarte Wahrheiten, etwa theologische Aussagen über das Innenleben der Allerheiligsten Dreifaltigkeit, mögen zwar vernünftig darstellbar sein, aber alle Argumente verbleiben, wie Thomas schreibt, bloße *rationes verisimiles,* Wahrscheinlichkeitsgründe (SG I 8 f.). Wir können Gott natürlich nicht in intellektueller Anschauung erfassen – so, wie ER sich selber begreift oder wie IHN womöglich auch die Engel sehen (wenn es sie gibt und wenn sie reine Geistwesen sind). Doch daß und warum wir dies nicht können, läßt sich wiederum rational erklären.

Auch die Haltung des braven ›Fideisten‹ in Pater Malebranches *Conversations chrétiennes* hat jedoch ihre guten christlichen Motive. Diese wurzeln nicht allein in der katholischen Frömmigkeit. Auch im Pietismus oder anderen gefühligen Formen der protestantischen Tradition haben sie reichen Nährboden gefunden: »der Grund, aus dem ich glaube, ist, daß ich glauben will«, erwidert Aristarch. Die vertrauensvolle Hingabe an Gott, den Vater und Schöpfer und Erlöser, stiftet erst das lebensnotwendige Existenzvertrauen, auf dessen Grundlage dann auch die rationale Erörterung möglich wird.

Das Wissen darum, daß dieses Grundvertrauen in Gott durch einen Willensakt zum oder im Glauben *mit*konstituiert wird, kann freilich ebensogut auch radikale Skepsis nähren: Ist Christus tatsächlich der Weg, die Wahrheit und das Leben – oder nur eine fromme Illusion, eine perspektivische Täuschung, bloßes *wishful thinking?* Muß man wie Abraham »seinen irdischen Verstand zurücklassen«, fragt Kierkegaard in *Furcht und Zittern* (1843), wenn man sich auf den Weg macht »aus dem Lande der Väter [...] ins Land der Verheißung«? Da erhält dann der Glaube oftmals selbst eine radikale, auch tragische Note, wird zur prekären Chance, zur Entscheidung unter Risikobedingungen: Paulus und Augustinus, Blaise Pascal und Søren Kierkegaard, die Existentialisten der Christenheit, sind dramatische Denker.

Daß es »Gemütsregungen und willentliche Strebungen [gibt], die unseren Überzeugungen vorausgehen, und andere, die ihnen nachfolgen«, ist aber zugleich ganz natürlich. So lautet eines der klassischen erkenntnispsychologischen und anthropologischen

Argumente des pragmatistischen Philosophen William James in seinem Buch *The Will to Believe* (1897). Dieser im Gemüt entspringende »Wille zum Glauben« schließt dann freilich weder die rationale Weltbeherrschung aus noch die rationale Erforschung des Glaubens selbst.

## 3 FIDES QUAERENS INTELLECTUM (UND UMGEKEHRT).

Den Startschuß zur großen rationalistischen Tradition der Schulphilosophie des christlichen Mittelalters liefert ein Gebet um Vernunft. Im Vorwort zum berühmten ›Gottesbeweis‹ des heiligen Anselm (ca. 1080) ist es der Glauben selber, welcher als *fides quaerens intellectum* nach vernünftiger Einsicht sucht. Anselm – er wurde später Erzbischof von Canterbury – war damals Benediktinerabt von Bec. Die Benediktiner, die großen Zivilisatoren des Abendlandes, waren anders als die mystischen Wüstenheiligen des Orients ein Orden systematischer Lebensführung von Arbeit und Gebet. Abt Anselm ging auch beim Beten methodisch vor: »Anselm denkt und beweist betend, also nicht nur unter logischer Voraussetzung [freilich *auch* unter ihr], sondern in praktischer Bejahung des Daseins dessen [Gottes als des höchsten Guts und vollkommensten Seins], dessen Dasein zu denken und zu beweisen er unternimmt« (Karl Barth).

Anselms später ›ontologisch‹ genannter Erweis der Existenz Gottes aus dem Begriff des höchstdenkbaren Wesens macht nur drei von immerhin sechsundzwanzig Kapiteln des mit einem Gebetshymnus einsetzenden und in ein Gebet ausmündenden *Proslogion* aus. Auf dem Höhepunkt seiner Beweisführung richtet Anselm das Wort an den ›Gegenstand‹ seines Beweises, also an Gott selbst: »*Et hoc es tu, domine deus noster:* Und das [über das hinaus Größeres nicht gedacht werden kann] bist du, Herr unser Gott. So wahrhaft existierst du also, Herr, mein Gott, daß dein Nicht-Sein nicht einmal gedacht werden kann; und dies mit Recht« (Prosl. c. 3).

Anselms spezielle ›Lösung‹ soll uns hier gar nicht eigens interessieren, denn die Verbindung von Einsicht und Gebet finden wir nicht erst im christlichen Mittelalter. Für den Dogmenhistoriker

Adolf von Harnack unterschied sich die christliche Kirche bereits in den ersten Jahrhunderten von allen anderen konkurrierenden Religionen des römischen Reichs gerade darin, daß *nur* in der Kirche eine Gottesrede (eine Theo-Logie) die Oberhand gewann, »welche sich auf die Offenbarung und auf die Vernunft (die Wissenschaft) zugleich stützt und die man deshalb als supranaturalen Rationalismus bezeichnen müßte«.

Wenn sich schon die entstehende Kirche um die Einheit zwischen *pistis* und *gnosis* (griechisch), zwischen *credere* und *intellegere* (lateinisch), zwischen Offenbarungsglauben und Theologie bemühte, so hatte dies einen durchaus egalitären Sinn. Die *ekklesia,* also die örtliche Vollversammlung des Gottesvolks, versammelte ja unter ihrem gewählten Auf-Seher *(epi-skopos)* alle Rechtgläubigen als Gleichberechtigte – ganz im Gegensatz zu solchen verbreiteten Mysterienreligionen und ›gnostischen‹ Strömungen, bei denen sich ein innerer Zirkel der wahrhaft ›Erkennenden‹ oder ›Eingeweihten‹ gegenüber der Masse der weniger fortgeschrittenen (bloßen) ›Gläubigen‹ absonderte.

Aber mit der kirchlichen Rationalisierung der Offenbarung entsteht zugleich eine neue Wissenschaft von den »Dogmen, die mehr und mehr an die Stelle der Verkündigung treten und den Anspruch erheben, nicht nur geglaubt werden zu müssen, sondern auch wissenschaftlich einleuchtend zu sein« (Harnack). Gewiß werden diese Dogmen nicht mehr als Geheimlehren für Auserwählte reserviert, sie müssen allen Gläubigen bekannt sein. (Denn diese sollen sich schließlich zu ihnen bekennen!) Aber *de facto* sollte sich die Entwicklung und Verwaltung der Dogmatik sehr wohl zu einer Domäne der schriftgelehrten Kaste von Klerikern und Intellektuellen entwickeln – was sich dann erst mit der Ankunft der Neuzeit, mit der Ausweitung der Schriftkultur, mit dem Buchdruck und der Übersetzung der Heiligen Schrift in die Volkssprachen wirklich ändern sollte.

Die geradezu intime Spannung zwischen dem Willen zum Glauben *an* einen persönlichen Gott einerseits und dem Willen zum Wissen der Wahrheiten des Kosmos und der Offenbarung andererseits ist aber keine absolute Exklusivität des christlichen Glaubens. Zwar ist die Verschränkung von gläubigem Vertrauen in Gott und vernünftigem Begreifen SEiner Wahrheit nur in der kirchlichen Entwicklung der Dogmatik zum *System* gemacht worden: Das Mysterium wurde rationalisiert – und blieb doch bestehen. Aber die Spannung beider Pole taucht durchaus auch in den ›theologischen‹ Spekulationen jüdischer oder islamischer Denker auf.

In der monotheistischen Religionsgeschichte ist diese Spannung auf ganz verschiedene Weise ausgetragen worden. Den diversen Varianten dieser Spannung entsprachen dann jeweils unterschiedliche Versionen Gottes (oder Vorstellungen von ›Gott‹). Vor dem rechten christlichen Glauben und auch vor den alten und neuen Formen des Unglaubens seien daher zwei ältere idealtypische Extreme vorgestellt: der Gott der Philosophen – und der Gott des Propheten.

4 **DER GOTT DER PHILOSOPHEN.** Die meisten der religiösen oder philosophischen Weisheitslehren, die ja heutzutage im *New Age* der Spätmoderne ebenso aufblühen wie in der Spätantike des Römischen Reichs ein paar Jahrhunderte vor und nach Christi Geburt, glauben irgendwie an Gott. Ebenso tat dies ja auch die Mehrzahl der therapeutischen und philosophischen Sekten oder Schulen in Athen, Rom oder Alexandria (damals) beziehungsweise der Transpersonalisten in Sedona / Arizona, Esalen / Kalifornien oder Monte Verità / Tessin (heute): Man glaubt etwa an das Bestehen einer schöpferisch ordnenden Kraft der Welt – oder an ein Prinzip positiver Dynamik, das man dann auch Gott oder Göttin nennen mag.

– Kann man denn sagen, daß derartige Enthusiasten nicht bloß *an* solch eine transpersonale Gottheit und ihren kosmischen Tanz glauben, sondern auch IHM oder IHR persönlich glauben (im Sinne von: vertrauen)?

– Nein, das geht schon deshalb nicht, weil ja ihre Gottheit überhaupt keine Person darstellt, sondern ein Prinzip: »kosmische Energie«, *Yin und Yan,* die universale Vernetzung oder was auch immer. Man kann dann zwar vielleicht immer noch irgendwie »antworten« – auf positive Schwingungen (des Göttlichen oder auch von Gaia), oder man mag sich mit der Therapiegruppe in einen göttlichen Arm oder Schoß ›fallen lassen‹, sich auf den großen Zusammenhang ›einlassen‹ … Aber man wird zu solcherlei Gottheit des Wassermannzeitalters schwerlich »Du« sagen können. Wer nicht nur an die pure Existenz des Göttlichen, sondern IHM (persönlich) glauben will, der muß aber von Gott irgendwie angesprochen werden können. Und in der Tat: Jeder Glaube *an* Gott versteht sich als *Antwort* auf eine göttliche Offenbarung.

– Könnte es sich denn nicht so verhalten, daß Gott zwar ein ER (oder eine SIE), jedenfalls eine (Art) Person ist, aber mit uns, also der Menschenwelt überhaupt nicht in Kontakt tritt?

– Gewiß, ein solcher Gott würde zum Beispiel der Gottheit Epikurs ähneln: Diese ist ein »glückseliges und unvergängliches Wesen, erfüllt mit allen Gütern und unempfänglich für jedes Übel. Es beschäftigt sich ausschließlich mit dem Zusammenhalten seiner eigenen Glückseligkeit und Unvergänglichkeit und kümmert sich nicht um die menschlichen Dinge. [Gott] wäre ja unglücklich, wenn [er] die Arbeit eines Handwerkers oder Architekten auf sich nehmen und über die Ordnung des Kosmos nachgrübeln müßte« (Fr. 361).

Ein im ewigen Jenseits der Welt sich am eignen Gutsein erfreuender Gott ist gewiß kein zürnender, rächender, strafender Herr, aber auch alles andere als der *liebe,* fürsorgliche Gott, der Autor einer Vorsehung, die alles zum Guten lenkt. »Wenn bei Gott aber weder Zorn noch Milde ist, so gibt es bei ihm auch keine Fürsorge für irgend etwas und keine Vorsehung« (Fr. 366). Und wie es heißt, haben Epikur und seine Schüler diese Theologie von der ewigen und unvergänglichen, aber außerhalb des Kosmos, ohne jeden Kontakt zu unserer Wirklichkeit residierenden Gottheit vor allem auch entwickelt, um die unter uns Sterblichen so verbreitete Gottesfurcht zu bekämpfen.

– Sie meinen als eine Art Therapie, um die Angst vor selbstverursachten Traum- und Götterbildern loszuwerden?

– Aber – und dieses Gegenargument sollte bereits der weise Plutarch in die antike Debatte werfen: »wäre dieses Ziel [nicht] sicherer zu erreichen, wenn man überhaupt keinen Gott annimmt, als wenn man einen solchen anzunehmen gelernt hat, der [weder zu nützen noch] zu schädigen vermag«? (Fr. 384)

– Nun, vielleicht waren die Epikureer ja ohnehin heimliche Atheisten. Denn dieser Vorwurf des ›Epikureismus‹ (im Sinne von Atheismus) sollte dann auch in der Neuzeit immer wieder jenen Philosophen gemacht werden, welche der einen Gottheit ihre allzu menschenähnlichen, ob patriarchalen, rächenden oder mütterlich-fürsorglichen und barmherzigen Züge bestritten haben. So zum Beispiel im XVII. Jahrhundert dem jüdischen Dissidenten Benediktus Spinoza, welcher darob aus der jüdischen Gemeinde Amsterdams ausgeschlossen wurde.

Ich glaube, daß es einen Gott gibt, könnte aber auch heißen: Ich halte die Annahme, daß irgend jemand (also wohl eine Person) für die Veranstaltung der Welt und des Seins, des Sternenhimmels und der Erde, der Flora, Fauna ... und der Menschen verantwortlich ist, für höchstwahrscheinlich. Wäre das nicht eine der Schönheit der Weltordnung (griechisch: des *Kosmos*) angemessene Vermutung? Für einen vermeintlich zwingenden Vernunftschluß lautet der Fachausdruck ›kosmologischer Gottesbeweis‹. Ein solcher Kosmosglaube führte viele Denker zum Gott der Philosophen: »Würdiger jedoch und geziemender ist der Gedanke, er throne am höchsten Ort, während seine Kraft, die den ganzen Kosmos durchdringt, Sonne und Mond bewegt, den ganzen Himmel lenkt und für alles auf Erden Ursache und Erhaltung ist« (Mund., 398 b). So schreibt, vermutlich im ersten Jahrhundert, vermutlich in derselben Zeit, in der die christlichen Evangelien Gestalt annehmen, ein philosophischer Monotheist unter des Aristoteles Namen.

Das hieße natürlich überhaupt nicht, daß ich Gott vertraue, und IHM also auch dieses oder jenes abnehme. ER spricht ja überhaupt nicht zu mir (woher sollte ich wissen, daß ich ›gemeint‹ bin?). ER hat die Welt geschaffen oder geordnet, nach vollkommenen oder vernünftigen Prinzipien.

– Oder eben nach kreativen Ordnungsmustern des Guten oder Schönen, von Yin oder Yang oder im kosmischen *Off-beat:* Heute wäre ohnehin vielleicht ein *Chaos-*Prinzip noch eher Kandidat für einen Gottesbeweis als die übertrieben *kosmo-*logische Starrheit, Regelmäßigkeit oder Symmetrie, auf die weiland die heidnischen Griechen ebenso wie die christlichen Kirchenväter fixiert waren.

– Und was folgt für die Gläubigen daraus? (Kann man hier überhaupt vom Glauben sprechen? – Gewiß! In der ersten der eingangs erwähnten Hinsichten, dem ›propositionalen‹ Glauben: dem ›Glauben, *daß*‹ dieses und jenes der Fall ist: *daß* es einen Gott gibt, der den Kosmos so und so eingerichtet hat.)

– Was daraus folgt? Das Streben nach der Haltung des Weisen. (Und also wäre der Glaube nichts anderes als Philosophie – die Liebe zur Weisheit.) Die Menschen sollten dann nur eins tun: die göttliche Ordnung des Kosmos oder Chaos begreifen, sie in ihrer Schönheit schauen, über ihre Harmonie meditieren. Einige wenige Eingeweihte oder Aufgeklärte mögen als Virtuosen der Theorie (der anschauenden ›Liebe‹ zu Gott als Einsheit des Kosmos) durch die Schöpfungsordnung auch ihren Ursprung oder Schöpfer erfassen. Die Schöpfung geistig schauend, können sie auch IHN, das letzte (Über-)Prinzip des Kosmos, zu verstehen suchen.

Derart die Welt schauend/begreifend, mögen wir Gott nachzuahmen streben. Die Welt ist vielgestalt – doch ihr Grund (oder transzendenter Übergrund) ist Eins, *Eins-Alles:* »nichts von den seienden Dingen, und doch sie alle: nichts, weil die seienden Dinge später sind [sprich: Derivate, Produkte, Ausfaltungen des Einen], und alles, weil sie aus IHM stammen« (Plotin, Enn. VI 7,32,12; vgl. V 2,1,1). Und wir folgen Gott – oder dem Pfade der Weisheit des Einen –, wenn wir durch Ausrichtung unseres geistigen ›Blicks‹, durch Kontrolle unserer Passionen, durch Askese (also durch Enthaltung von überflüssigen Aktivitäten oder bloß vermeintlichen, ›falschen‹, etwa nur leiblichen Genüssen) und durch Strategien innerer Ruhe immer mehr von der Vollkommenheit des göttlichen Ordners, des ›unbewegten Bewegers‹, der Einsheit, die allem vorhergeht, in unsere Weltsicht aufnehmen und damit unsere Selbstsorge reformieren.

Vertreter dieser Art von *Imitatio Dei* könnten freilich nicht sagen, daß sie IHM glaubten: das Eine hat ja gar nicht zu ihnen gesprochen – es waltet in allem, insbesondere dem Einheitsstreben des *Nous* oder Geistes (auch des menschlichen Geistes). Es gab solche ›henologischen‹ (griechisch: ›Einheits‹-)Denker auch in den ersten Jahrhunderten der Christenheit, viele folgten einer Art rationaler Mystik, wie sie im »Denken des Einen«

(Werner Beierwaltes) des großen Neuplatonikers Plotin vorlag, dessen Meisterschüler Porphyrius den Christenglauben radikal ablehnte. (Ein anderer seiner Schüler, Origenes, wurde freilich zum ersten großen christlichen Gotteswissenschaftler.)

Und auch der aristotelische Gott, der ›unbewegte Beweger‹, der / das Eine oder Gute oder Schöne, hat zwar durch die Ordnung der Natur ›gesprochen‹ – aber auch dies nur im allegorischen Sinne (und nur die Eingeweihten vermögen die Allegorien zu deuten). Keine Heilige Schrift, kein Buch hat ER uns *explicite* als SEine Botschaft hinterlassen – es gibt somit keine »propositionale Offenbarung« (Richard Swinburne), keine von Gott durch SEine Propheten gesprochenen, diktierten oder doch beglaubigten Sätze. Der philosophische Glauben an Gott, das Programm zahlreicher Vernunftmystiker und philosophischer Kirchen der Spätantike heißt: Wisse ums Absolute, erkenne dich selbst, ziehe Konsequenzen für deine Lebensführung. *Keep cool!*

5 **DER GOTT DES PROPHETEN.** Es genügt bereits, die ›Glaubensbekenntnisse‹ des Islam und des Christentum nebeneinanderzuhalten, um den unterschiedlichen Charakter und Stellenwert des Glaubens in beiden Bekenntnissen des Einen Gottes zu begreifen. Um einige der christlichen Wahrheiten des Apostolischen Credo oder des ausführlicheren Bekenntnisses von Nizäa-Konstantinopel geht es in diesem Buch. Das islamische Bekenntnis ist weitaus kürzer als diese beiden – »Ich bezeuge, daß es keine Gottheit gibt außer Gott (Allah) und daß Mohammed der Gesandte Gottes ist« –, und unter den fünf Säulen des Islam ist es auch nur eine. Die anderen sind: die fünf täglichen Gebete, das Almosengeben, die Einhaltung des Fastenmonats Ramadan und nach Möglichkeit die Wallfahrt nach Mekka.

Wie im Dekalog des Alten Testaments DER, DER IST, der *eine* Gott der jüdischen Bibel, SEinem auserwählten Volke vorschreibt: »Du sollst keine anderen Götter neben mir haben« (Ex 20,2 f.; Dtn 5,6 f.), so ist auch das muslimische Bekenntnis zunächst eine negative Aussage: Es gibt keinen *anderen* Gott außer Allah. Das Bekenntnis richtet sich wider alle mit diesem strikten Monotheismus unvereinbaren Behauptungen, nicht zuletzt gegen das Dreifaltigkeitsdogma im christlichen Credo – »Sagt nicht: Drei!« (Sure 4,171) – und die Lehre von Christus als Gottes Sohn:

> Nicht hat Gott einen Sohn empfahn,
> Noch irgend ist mit ihm ein Gott.
> Sonst nähme jeder Gott, was er geschaffen,
> Und erhöbe sich einer über'n andern;
> Lobpreis sei Gott ob allem was sie sagen.
> (Sure 23,91 *[Die Gläubigen]*, in der Übersetzung Friedrich Rückerts)

Offen bezeugen – insbesondere wider alle Ungläubigen – soll der Muslim vornehmlich die Einheit und Einzigkeit Allahs *(At-Tauhid)*; denn »gäbe es im Himmel und auf Erden (noch andere) Götter außer Gott, so wären beide dem Unheil verfallen« (Sure 21, 22 *[Die Propheten]*). Aber dies Bekenntnis von Gottes Einsheit und SEiner Ewigkeit ist *keine* Aussage über das Wesen Gottes selbst – »Sie sprechen von Ihm kein Wort und tun nach Seinem Geheiß« (Sure 21,27). Der Gläubige verehrt und bezeugt Allahs unvergleichliche Hoheit und Macht, doch besitzt er nicht die Vermessenheit, sie begreifen zu wollen. Wer immer behauptet, es gäbe einen »Gott außer Ihm, dem Lebendigen, dem Ewigen! [Ihm, den] nicht Schlummer ergreift noch Schlaf überkommt« (Sure 2, 255 *[Die Kuh]*), der meint ja zugleich, nicht allein Allahs Fügung lenke die Weltordnung; Gott habe gewissermaßen Söhne, Gesellen, Helfer, Mittler nötig. Wer die Allgewalt und Beständigkeit von Allahs Fügung leugnet, der schmälert damit die exklusive Hoheit des Einzigen, der ständiger Anbetung würdig ist.

> Alle auf ihr [der Erde] sind vergänglich, aber es bleibt
> das Angesicht deines Herrn voll Majestät und Ehre.
> 55,26 f. *[Der Allerbarmer]*)

Da Bestand und Lauf der Welt, somit auch all unsere Kräfte, Leistungen und Verdienste stets vom Walten Allahs und SEiner Zuwendung abhängig bleiben, steht schließlich jeder einzelne Mensch in der Schuld Gottes; und diese »Dankesschuld leugnen, dies ist im Koran der Wesenskern des Unglaubens« (Tilman Nagel). Die »religiöse Urgeste« des Islam, die Ergebung in Gottes

Willen, besteht darin, daß der Gläubige Allah, dem Erbarmer, dem Barmherzigen, in verehrender Dankbarkeit sein Angesicht zuwendet (Sure 3,20) – Tag für Tag im rituellen Gebet, aber auch, im übertragenen Sinn, in der gesamten Lebensführung.

Die sich aber abwenden, »diejenigen, welche [Gott] den Rücken kehren, nachdem ihnen die [rechte] Leitung deutlich gemacht« ward, gehen unweigerlich in die Irre; »der Satan hat sie betört« (Sure 47,25).

Hinwendung des Gesichts zu Gott – und Abwendung von Gott: Auf diesen entgegengesetzten Haltungen zu Allah beruhen die »beiden Heerstraßen«, die Wege von Gut und Böse: zur Rechten der steile, beschwerliche Weg der Barmherzigkeit – »Das Lösen eines Nackens [die Befreiung eines Sklaven] / Oder zu speisen am Tag der Hungersnot / Eine verwandte Waise / Oder einen Armen, der im Staub liegt!« – zur Linken der ins Höllenfeuer führende Weg »derjenigen die Unsre Zeichen verleugnen« (Sure 90,10–20 *[Das Land]*).

✦

Die Einheit Allahs – als des Einzigen, der den Himmel und die Erde in Wahrheit erschaffen hat, der durch seine Fügung noch Tag und Nacht lenkt, »und die Sonne, der Mond und die Sterne sind [euch] dienstbar auf Sein Geheiß« (Sure 16, 3 und 12) – stiftet zugleich SEine radikale Transzendenz. Gott entzieht sich damit zugleich auch allen Versuchen rationaler Beschreibung: »Denkt über alles nach, nur nicht über das Wesen Gottes!« mahnte schon der Vetter und Gefährte des Propheten Ibn' Abbas. Die »unüberbrückbare seinsmäßige Kluft« (Tilman Nagel) zwischen dem einen ›schaffenden‹ Gott und der ›geschaffenen‹ Welt samt ihren Bewohnern ist weder durch philosophische oder theologische Vernunft intellektuell einzuholen noch durch vermittelnde Instanzen, durch Heilige und Fürbitter zu überbrücken.

Allahs Hoheit übersteigt alle (Mächte), die man ihm beigesellt hat (Sure 16,3) – ob andere Götter, göttliche Personen wie für Christen Gottes Sohn, Engel, himmlische Schutzpatrone oder sonstige Vermittler, Priester oder Stellvertreter auf Erden. Unzugänglich für menschliche Sinne und Vernunft ist auch der Bereich des

›Verborgenen‹, dessen Schlüssel einzig bei Allah sind: »Er kennt sie allein« (Sure 6,59), und ER hat den Propheten nur einzelne Verkündungen aus diesen geheimen Geschichten und Fügungen mitgeteilt – wie die Errettung Noahs und eines Teils seiner Familie; oder die Ankündigung der unbefleckten Empfängnis der Mutter des Messias Jesus (Sure 11, 49; Sure 3, 44).

So ist denn islamische Theologie zuallererst Lehre von der Unerreichbarkeit Gottes: »Der radikal eine Gott ist zugleich der absolut Verborgene« (Hans Zirker). Die Gläubigen sollen sich zwar existentiell in all ihrem Tun und Streben Gott anheimgeben, ihr Angesicht IHM zuwenden, ihr Leben nach der im Koran verkündeten rechten Leitung ausrichten. Doch dürfen sie sich dabei nie in der Hoffnung wiegen, IHN je begreifen, IHM je begegnen oder SEine Hoheit auch nur in Bildern fassen zu können.

## ZWEITES KAPITEL

# Gottes Buch und sein Geheiß

> »– Sie sind auch nicht gläubig, wie? fragte Haines.
> Ich meine gläubig im engeren Sinne des Wortes.
> Schöpfung aus dem Nichts, Wunder, ein persönlicher
> Gott.
> – Es gibt nur einen einzigen Sinn des Wortes,
> scheint mir, sagte Stephen.«
> James Joyce, *Ulysses*

---

*Warum glauben wir an Gott?* – Weil das so vernünftig ist? Oder nur, weil Gott der HERR ein Machtwort spricht? – Verstehen wir SEine Sprache?

*Hat Gott einfach die besseren Argumente?* – Sprechen für Gott denn *nur* Argumente? Oder überzeugt ER uns eher durch die Anmut und Schönheit SEiner Botschaft? Durch die Komposition eines Buches? Durch Zeichen und Wunder? Oder mit Gesetz und Zucht? – *Glauben wir am Ende gar wider die Vernunft?*

---

1 **WIDERWORT UND HINGABE.** Gewiß, Gottes Herrschaft ist weise und gütig. Ohne Zweifel ist Gottes Botschaft, die uns die Propheten künden, vernünftig und gerecht. Ist damit der wahre Gott auch ein Gott der Vernunft? Im Koran beharrt nicht der Gläubige, sondern der Ungläubige auf selbständigem Vernunftgebrauch. Und als erster – lange vor den ersten Menschen – tat dies der Engel Iblis (vom griechischen *diabolus:* Gegenspieler oder Widersacher), der Satan des Islam. Denn Iblis maßte sich an, Allahs Geheiß Widerspruch entgegenzusetzen.

Gott hatte allen Engeln befohlen: »Werfet euch nieder vor Adam!« Und nieder warfen sie sich alle außer Iblis, welcher – als

Geisteswesen – seinen Ungehorsam wider Gott so begründete: »Ich bin besser als er. Du hast mich aus Feuer erschaffen, ihn aber erschufst du aus Ton.« Iblis' Protest ist also kein purer Trotz; der Satan hat durchaus gute Gründe. Er beruft sich auf eine Ontologie der Stufen des Seins oder einer großen Kette der Wesen, wie wir sie vor allem aus dem Neuplatonismus kennen: die geistige Substanz der Engel steht ja weit über dem Lehm, aus welchem Gott den ersten Menschen schuf. Aber da antwortete ihm Gott:

> Hinab mit dir aus [dem Paradies].
> Nicht ist dir erlaubt, hoffärtig in ihm zu sein.
> Drum hinaus mit dir, siehe, du bist einer der Gedemütigten.
> (Sure 7,11–13 *[Der Wall]*; s. Sure 15,31 ff.; Sure 17,61;
> Sure 20,116 *et cetera.*).

Freilich, Allah gibt dem Widersacher Iblis Aufschub bis zum Jüngsten Tage, und der Teufel wird diese Zeit nutzen, um die Menschen durch ihren Verstandesgebrauch zu versuchen.

Natürlich ist die Einsheit Gottes für den Muslim auch eine Vernunftwahrheit. Sie setzt aber die Ratio nur für die Weltbeherrschung frei. Denn jeder Versuch, das Wesen Gottes selbst intellektuell zu ergründen, muß nicht nur fehlschlagen – *Allah' akbar:* »Gott ist größer« als alle Fassungskraft unserer Vernunft! Solch ein Anspruch birgt vor allem die Gefahr des Hochmuts. Die wahre Vertiefung des Glaubens liegt daher auch nicht in intellektueller Frömmigkeit oder gelehrten Versuchen, Gottes Majestät zu rationalisieren, sondern einzig im beständigen Ringen des einzelnen Muslim um die Gottesfurcht, um die Anteilnahme des Herzens.

Innerhalb der rechten Religion des Islam – also innerhalb der Gemeinschaft derer, die sich in Gott ergeben haben und dem Propheten nachfolgen (Sure 3,19–20) – eröffnet sich damit eine fruchtbare Spannung: die Spannung zwischen innerem ›Glauben‹ und äußerem, normativem ›Islam‹. Auch eine völlig rechtgeleitete Gemeinde nämlich, die sich in gehorsamer Befolgung des Gesetzes übt, und auch ein islamisches Land oder gar die Weltgemeinschaft der Muslime – sie alle bieten ja dem Einzelnen nur den Rahmen für diesen ureigenen *Dschihad:* für sein persönliches Ringen um die rechte Gottesfurcht.

Der Islam ist demütige Hingabe an Gott, den Allmächtigen und Barmherzigen – nicht ein intellektueller Glaube, das Für-wahr-Halten bestimmter Tatsachenbehauptungen. Wo im Koran der Glaube positiv bestimmt wird, ist er innere, existentielle Anteilnahme an jener Haltung, die im Gebet mit der Hinwendung des Gesichts zu Gott rituell vollzogen wird: »Siehe, nur das sind Gläubige« – so heißt es in der achten Sure *Die Beute* –, »deren Herzen, wenn Allah genannt wird, in Furcht erbeben und deren Glauben wächst, so ihnen Unsre Zeichen vorgelesen werden, und die auf Allah vertrauen« (Vers 2).

Den Beduinen, welche in einer Hungersnot nach Medina kommen, das rituelle Gebet vollziehen und Glauben heucheln, antwortet die neunundvierzigste Sure des Koran *Die Gemächer:* »Ihr glaubet nicht; sprechet vielmehr: ›Wir sind Muslime‹ [*aslamna,* das heißt: wir vollziehen die Geste des Islam]; denn der Glauben ist noch nicht eingekehrt in eure Herzen (Vers 14).

2 SCHÖNHEIT UND WAHRHEIT VON GOTTES WORT. Da Gott allein »der Weise, der Kundige« ist, der zugleich »das Verborgene und das Offenkundige« kennt (Sure 6, 73), wäre es vermessen, würden die Menschen beanspruchen, auf ihrer beschränkten Informationsbasis allein ließe sich ein intellektuell kohärentes dogmatisches System von Glaubenswahrheiten aufstellen, um daraus kraft eigener rationaler Schlußfolgerung das rechte Verhalten abzuleiten.

Auch der Koran – wörtlich: der *Vortrag,* die ›sangweise‹ gefügte Rede, wie sie der Engel Gabriel in der dreiundsiebzigsten Sure dem *Verhüllten,* Mohammed, diktiert – ist ja keine Theorie, kein System von Argumenten:

In ihm sind festgefügte Verse *[muhkamat]*
– sie sind die Mutter des Buches –
und andre, mehrdeutige *[mutasabihat].*
Diejenigen aber, in deren Herzen Verderbnis ist,
folgen dem Mehrdeutigen *[ma tasabaha],*
im Trachten nach Zwietracht und im Trachten nach Deutung.
Doch keiner kennt die Deutung *[ta'whilahu]* außer Gott.
(Sure 3, 7 *[Das Haus Imran],* übs. N. Kermani)

So ist das erste Indiz der Wahrheit des Koran nicht seine logische Kohärenz – geschweige denn die Übereinstimmung mit anderen, vorläufigen und partiellen (oder gar verfälschten) Offenbarungen des einzigen Gottes, wie der Tora der Juden oder der Bibel der Christen, welche die Muslime ja ebenfalls als heilige Schriften anerkennen. Seinen göttlichen Ursprung belegt vielmehr die unnachahmliche – und unübersetzbare – Schönheit des heiligen Koran, des einzigen Beglaubigungswunders des Gesandten Gottes, SEines Propheten Mohammed. Das ist – in der Tat – eine Art »ästhetischer Gottesbeweis« (Navid Kermani).

Als zwanzig abessinische Christen nach Mekka kamen, um Mohammeds neue Lehre zu begutachten, und von ihm »den *Vortrag/Koran* hörten, flossen ihre Tränen über, und sie nahmen Gottes Ruf an«, heißt es in Ibn Hisams *sira,* einer frühen Sammlung von Prophetenviten. Und als muslimische Auswanderer im christlichen Abessinien die neunzehnte Sure *Maria* bei Hofe vortragen, da brechen sogar der Negus und all seine Bischöfe in Tränen aus, »bis daß sein Bart und die Schriftrollen der Bischöfe naß waren«. Zumeist hatte die Begegnung mit der unerhörten musikalischen, sprachlichen, poetischen Schönheit des Koran zur Folge, daß sich der Hörer sofort zum Islam bekehrt: »Ich bezeuge, daß nichts Geschaffenes in der Lage ist, eine solche Rede hervorzubringen.« Keines Menschen, nur Gottes Rede ist von solch unermeßlicher Schönheit wie der Koran.

Die in ihren eigenen Missionsanstrengungen ja auch recht wenig zimperliche Christenheit hat den Islam stets nur als grimmige Krieger- und Gesetzesreligion fanatischer Janitscharen, Hezbollahs und anderer Selbstmordkommandos wahrnehmen wollen. Doch der Siegeszug des Islam erwächst in den muslimischen Überlieferungen allein aus kommunikativem Handeln. Doch, o Wunder! – nicht aus der *disputatio* zwischen konkurrierenden Wahrheitsansprüchen, sondern aus poetischem Genuß und Sängerwettstreit. Gewiß hätte Allah, der Herr der Welten, den Menschen auch befehlen können, an SEine Botschaft zu glauben. Aber ER tat es nicht: »Gott wählte den schöneren Weg, das edlere Mittel. Er wählte die Poesie« – wie der syrische Dichter Nizar Qabbani weiß.

»Und so ihr in Zweifel seid über das, was Wir auf Unsern Diener herniedersandten« – heißt es in der zweiten Sure [*Die Kuh*, Vers 23] –, »so bringt eine gleiche Sure hervor und rufet eure Götzen zu Zeugen, so ihr wahrhaft seid.« Aber keiner der Zeitgenossen des Propheten Gottes konnte dieser Herausforderung begegnen.

Dies wäre auch ein Ding der Unmöglichkeit, so die siebzehnte Sure *Die Nachtfahrt* – betitelt nach Mohammeds nächtlicher Reise von der Ka'aba in Mekka bis zur »fernsten Moschee« in Jerusalem:

> Sprich so: Wenn sich vereinigten
> Die Menschen und die Genien,
> Zu bringen etwas gleiches diesem Koran;
> Nicht brächten sie ein Gleiches ihm,
> Wär ihrer auch ein Theil des andern Beistand.
> (Vers 88, Übs. F. Rückert)

Das christliche Abendland aber hat diese Herausforderung überhaupt nicht verstanden, nicht einmal der große Kardinal, Philosoph und Diplomat Nikolaus von Kues, gewiß einer der bedeutendsten Denker der Christenheit an der Schwelle zur Neuzeit. Zwar weisen dessen eigene Schriften durchaus Berührungspunkte mit dem islamischen Gedanken von *Allah' akbar* auf, »daß Gott größer ist [als alles andere]«; daß »Er erhaben ist über alles, was sie ihm beigesellen [oder: zuschreiben]« (Sure 59,23). Auch für den deutschen Gelehrten übersteigt Gott alle Maße, fallen in IHM alle Gegensätze zusammen; dies zunächst besagt ja seine berühmte Formel von der *coincidentia oppositorum*.

Doch die These vom *Idschaz*, der ›einzigartigen Schönheit‹ des Koran, vermochte der Cusaner nicht als Wahrheitsbeweis zu akzeptieren – er hat die »wunderschöne Diktion, die Lieblichkeit und wundersame Anmut« des Koran als reine Stilfrage abgetan (Crib. Alk. I, 7: »Daß die Eleganz der Diktion nicht beweist, daß der Koran Gottes Wort ist«). Man könne schließlich von der *elegantia dictaminis* und der anmutigen Ausdrucksweise *(dulcis sermonum compositio)* des Koran nicht auf die Wahrheit des Inhalts schließen.

Natürlich glauben auch Muslime ganz bestimmte Glaubensinhalte – Sätze, Bilder und Weltbilder – und halten sie für wahr,
*weil* Gott diese Botschaft durch Engel, Propheten, im Koran verkündet hat. Aber dies macht weder die Hingabe an Gott aus
noch die Ergebenheit in SEinen Willen (und nichts anderes heißt
›Islam‹). Genausowenig übrigens, wie die Zustimmung zu dieser
oder jener dogmatischen Glaubenswahrheit ein Kriterium dafür
darstellt, ob Sie oder ich dem jüdischen Volke angehören, ob wir
dem abrahamischen Bunde die Treue halten – oder nicht.

Ein rechtgläubiger Christ wird hingegen nicht nur *in* Gott vertrauen (*an* IHN glauben), er soll darüber hinaus Gott beziehungsweise seiner Kirche auch noch ganz bestimmte Tatsachenbehauptungen abnehmen. Das sind eben die Glaubenswahrheiten, von
denen dieses Buch handelt. Analytische Philosophen würden
sagen, der rechte Christenglaube sei ein ›propositionaler‹ Glauben.
Denn er hat nicht nur einen Adressaten (den Lieben Gott), sondern
auch einen Inhalt: eine ganz bestimmte Geschichte von Gott und
der Welt.

**3 WORTE UND WUNDER.** Und woher kommen diese Lehrsätze (oder Propositionen)? Sie können sich ja, was den
Lieben Gott angeht, überhaupt nicht auf Erfahrung stützen. Denn
kein Mensch vermöchte Gott zu sehen, kein endliches Sinnen-
oder Vernunftwesen könnte je SEine Dimensionen unermeßlicher
Macht und Erhabenheit begreifen.

– Und der Kosmos, in dessen wohlgeordneter Harmonie sogar
die heidnischen Philosophen Gottes Majestät bewundern?

– Die Welt und das All mögen wohl himmlische Harmonie
ausstrahlen, reich an mathematischer Eleganz, im endlosen Reigen von Gestirnen und Molekülen. Das Universum ist vielleicht
schön, ob nun als Kosmos oder Chaos, je nach Gusto. Aber es
sagt (uns) nichts. Woher also beziehen die Christgläubigen ihre
famosen Dogmen, ihre Glaubenssätze?

– Der Allerhöchste hat sich uns Menschen gegenüber auf vielfältige Weise geäußert, nicht allein in der wohlgeordneten Regelmäßigkeit der Naturgesetze des Kosmos.

– Sie meinen doch hoffentlich nicht Wunder? Glauben etwa auch Sie an so etwas?

– Warum denn nicht? Es gibt doch zwischen Himmel und Erde viel mehr, als unsere wissenschaftliche aufgeklärte Schulweisheit sich träumen ließe. Doch in einem haben Sie recht: Auf wundersame Geschehnisse darf der rechte Glaube gerade *nicht* bauen! Mit Recht hat ein protestantischer Aufklärer wie Immanuel Kant den Wunderglauben als »moralischen Unglauben« bezeichnet. Und woran glaubt denn schon, wer den christlichen Glauben auf Wunder gründet? Himmlische Zeichen und Wunder sind im allgemeinen keine Abkürzung auf dem Wege zu Gott, ganz im Gegenteil. Sie verlängern nur die Fehlerkette.

Auch von zweifelsfreien, ›echten‹ Wundern wissen wir ja nicht aus eigener Erfahrung. Ob es sich nun um Totenerweckungen oder Wunderheilungen handelt, um Erscheinungen der Madonna oder Prophezeiungen, wie jene, welche die Heilige Jungfrau und Gottesmutter den drei Kindern von Fatima für das XX. Jahrhundert mitgab: Wir kennen sie allesamt nur aus zweiter Hand, aus Berichten von Zeugen. Aber sind denn diese Zeugen hinreichend glaubwürdig?

Verstehen wir uns nicht falsch: Es muß sich bei ihnen ja überhaupt nicht um Betrüger handeln. Aber können wir das Zeugnis von Gott besessener Heiliger, visionärer Mystiker, ›stigmatisierter‹ Frauen und Männer (die sich gezeichnet wußten durch die Wundmale der Passion unseres Heilands) als empirische Berichte werten? Wer würde von Katharina Emmerick oder dem heiligen Pfarrer von Ars schon einen Gebrauchtwagen, und sei es geschenkt, übernehmen?

Für den schottischen Aufklärer David Hume gab es in der ganzen Geschichte noch kein einziges Wunder, »das von einer hinreichenden Anzahl von Männern von derart unbestrittenem gesunden Menschenverstand und mit derart guter Erziehung und Bildung bezeugt worden wäre, daß wir bei ihnen selbst alle Täuschung ausschließen könnten«. Schließlich müßten diese Zeugen »von derart zweifelsfreier Integrität sein, daß sie über jeden Verdacht erhaben wären, sie planten, andere zu täuschen; von derart hohem Ansehen und gutem Leumund in aller Augen, daß sie selbst eine Menge zu verlieren hätten, würden sie bei einer Täuschung ertappt«; und die bezeugten wundersamen Tatsachen müßten zudem »derart öffentlich, vor den Augen aller Welt stattfinden, daß jede Täuschung sofort entdeckt würde«. Nur eine strenge Einhaltung all dieser Bedingungen wäre ja Voraussetzung dafür, derartige Wunder-Berichte als empirisch verläßlich anzunehmen.

– Und was halten Sie von den auch mit prominenten Naturwissenschaftlern, Ärzten und Juristen bestückten Wunder-Kontrollverfahren *in causa Sanctorum?*

– *Mais non,* Monsieur! Ich bitte Sie! Solche Heiligsprechungen haben nun wahrlich überhaupt nichts Wunderbares; sie bedürfen nur der Legitimation durch Verfahren. Jedenfalls hat der Liebe Gott in ihnen nichts zu schaffen.

*Deo gratias* sind es ja bei diesen Prozessen in der Regel gerade die Kirchenjuristen, die bremsen. Dagegen drängen die Lobbyisten aus der Lourdes-Industrie (oder Fatima, Medjugorje *et cetera*), von Padre Pios Krankenhauskomplexen, von dieser oder jener katholischen Nationalbewegung oder gar aus der mächtigen Firma Opus Dei auf immer neue ›beglaubigte‹ Wunder, um den irdischen Ruhm und himmlischen Kurswert der jeweiligen Schutzpatrone zu steigern – jedesmal natürlich mit Berufung auf die Stimmung der Gläubigen ›draußen im Land‹. All diese Kommissionen mögen ja irgendwann einmal seriöse Vorläufer von weltlichen berufenen Expertenrunden, von Parlaments-, Firmen- oder Regierungskommissionen gewesen sein. Heute sind sie ihre Nachhut ... oder ihre Parodie? (Unter Papst Johannes Paul II. ist ihr Gutachten-Ausstoß leider Gottes exponentiell gewachsen.)

Darum: Als Argumente taugen Wunder und Visionen gar nichts. Überhaupt nichts! Punktum! Basta! Mehr noch: Auch wenn sie stattgefunden haben sollten – was belegten sie denn schon? Auf die Deutung von Traumbildern und Sternzeichen verstehen sich schon in der Bibel nur esoterische Spezialisten. Wie die Weisen aus dem Morgenland (Mt 2,1), »Sternseher, Weisen, Chaldäer und Wahrsager« (Dan 4,4), Magier und Auguren, deren es ja gerade bei den Heiden so viele gibt und denen am Ende nicht einmal Großkönig Nebukadnezar trauen kann. Doch Gottes Rechtgläubige sind wahrlich auf solchen Hokuspokus nicht angewiesen!

– Ach, nun echauffieren Sie sich doch nicht gleich! Denn auch in den Christengemeinden tauchen ja solche schrägen Vögel immer wieder auf, nahezu turnusmäßig, von Simon Magus bis zum heutigen Wunderheiler-Busineß. Zuweilen fischen sie mitten unter den Rechtgläubigen, meistens aber an ihrem abergläubischen Rande, im *lunatic fringe*: zwischen frömmelnden Enthusiasten, geschäftstüchtigen Wellness-Seelsorgern, Traumdeutern und ›Geistersehern‹ (wie Immanuel Kants Zeitgenosse Emmanuel Swedenborg, natürlich ein ehemaliger Aufklärer). Alle paar Jahrhunderte kommt es zu einem neuen *New Age,* wie das Amen in der Kirche... *Tant pis!*

– Um so schlimmer. Doch um so mehr sollten *wir* (liebe Leser) doch den Budenzauber der Wunder vergessen! »Wenn die Wunder Beweise liefern, so beweisen sie zuviel«, konterte Simone Weil in ihrem Brief an Pater Couturier vom November 1942 solche (in der Regel katholische) Folklore des Übernatürlichen. Das war eine rechte Heilige der Liebe im Denken (und nicht *nur* im Gefühl). Und so verharrte diese nichtjüdische Jüdin, antitotalitäre Widerstandsdenkerin und rationale Mystikerin, bis zu ihrem frühen Tode *vor* der Schwelle des rechten Christenglaubens.


4 **ZUCHT UND ORDNUNG.** Der Gott der Juden und Christen, der Muslime und Puritaner braucht keine Wunder. Gott der HERR spricht vielmehr Klartext, in einer für alle Verständigen faßbaren, aufgezeichneten und damit von jedem Schriftkundigen überprüfbaren Offenbarung. Und der Liebe Gott äußert in SEinen heiligen Schriften auch keine bloßen Machtworte ohne Grund noch Sinn. (Sosehr IHN manchmal auch der Zorn ob der Untreue SEiner unfolgsamen Geschöpfe erfassen mag. Aber selbst dann läßt ER sich immer wieder ein auf Diskussionen – etwa mit Mose, welcher IHN an SEine Verheißungen für Israel erinnert und mit dem Allmächtigen um jeden für Israels Rettung notwendigen Gerechten feilscht ...) ER gibt den Menschen vielmehr eine Regel, eine Methode, ein Gesetz. Zunächst ist es JAHWEs Bundesgesetz für SEin erwähltes Volk Israel; später wird dieses ergänzt, erweitert und überholt durch das christliche Liebesgebot.

– Aber vergessen wir auch die gestrenge Offenbarung Mohammeds nicht. Und ebensowenig Johann Calvins republikanische Zucht in der europäischen Revolution aus Gottesfurcht (der Reformation) und später die puritanischen Pflanzstädte in der Neuen Welt, Gottes eignem Lande. In Neu-England, Neu-Jersey, Neu-York und der Stadt der brüderlichen Liebe. Dort bezeugen noch heute ihre Nachfahren mit jedem Geldschein SEine Glaubwürdigkeit: *In God We Trust...*

– Na, wenn das kein Mirakel ist!

– Wirkten denn solche Volks- und Verfassungsväter etwa keine Wunder, wo sie Gottes Gesetz kündeten? In den Worten Jean-Jacques Rousseaus bewiesen doch diese Propheten und Staatsgründer den Mut, durch die Schaffung neuer Institutionen »gleichsam die menschliche Natur umzuwandeln«. Und so wäre, wie Rousseau sagt, ihre »erhabene Seele das einzige Wunder, das seine Sendung beweisen muß« (*Du Contrat social,* II.7)?

– Damit mag der Genfer Bürger Rousseau wohl recht haben. Und doch: Genau deshalb taugen solche historischen Wunder gottesfürchtiger Verfassungen nicht als göttliche Offenbarung.

Der Liebe Gott muß eben SEin Gesetz nicht vor dem Richterstuhl historischer Erfahrung beweisen. Nur SEine Propheten müssen das. Und dabei können sie in jeder Etappe historisch scheitern. Ihr Volk kann ihnen beim langen Marsch durch die Wüste davonlaufen; ihre Gemeinwesen können von heidnischen Fürsten geschlagen werden. Oder schlimmer noch sie siegen – aber ihre Gottesstädte, ihre den HERRn fürchtenden Republiken, Kalifate, Königreiche möchten gar am Ende, trotz (oder gerade wegen) ihres Siegs über Feinde und Neider, verweltlichen oder verkommen. Dann würde der rechte Glaube »durch seine Verbreitung abgeschafft« – wie Søren Kierkegaard wider seine frommen dänischen Mitchristen wütete (*Der Augenblick,* Nr. 2).

Hoch achten müssen wir darum Mosis staatsmännische Leistung: die Führung und Einung seines Volkes im Widerstand gegen den Pharao – und sein Ringen mit Gott um das Überleben der Israeliten. Hoch achten sollten wir auch die gottesfürchtigen Bünde seiner Nachfolger und Imitatoren, welche in Medina oder Münster, in Genf oder Massachusetts das Gesetz vom Berge Sinai radikalisiert oder rationalisiert haben (denn: *nur* ein Gesetz läßt sich überhaupt rationalisieren!).

Doch das christliche Dogma erschöpft sich gerade nicht in solchem »Fortschritt der Geistigkeit« (Sigmund Freud), in all der wunderbar rationalen (*ergo:* rationalisierbaren) Zucht monotheistischer Gesetzesgeber wie Moses und Calvin. Deren Sinn vermag ja zur Not noch jeder Republikaner von echtem Schrot und Korn einzusehen, ob er nun glaubt an den Gott Israels und Jesus den Christus oder nicht.

– Woher aber haben Christgläubige ihre Lehren über den Lieben Gott? Etwa aus der rationalen Erforschung der Natur?

– Nein, und selbst wenn wir die Weltformel fänden: SEine ›Natur‹, das Wesen des Allerhöchsten *kann* ja von uns doch gar nicht gewußt werden. Unseren Sinnen ist Gottes ›Sein‹ ebenso verborgen, wie SEin Wesen für unseren Intellekt unzugänglich bleibt.

Der Allerhöchste, ER, DER IST, ist uns in SEiner absoluten Majestät unbegreiflich, für uns endliche Wesen unfaßbar. (Denn Gott ›ist‹ keine bloße Tatsache, Gottes Sein ›ist‹ *mehr-als-Sein*.)

– Na, keine guten Karten für SEine Gläubigen. Woher also nehmen die Christen ihre Glaubenslehren?

– Von Gott selber, sagen sie. Sie berufen sich auf SEin Wort!

– Und wie wohl, bitte schön, ›hört‹ man Gottes Wort? Wer vermag es denn zu hören? Die Christen können IHN zwar ebensowenig sehen wie alle Andersgläubigen auch, und doch ›spricht‹ ER zu ihnen? In welcher Sprache redet der HERR denn?

Spricht der ewige Gott gar unser menschliches Idiom? Einen Dialekt, dessen Semantik (oder auch: dessen Ontologie) überhaupt nur in unserer raumzeitlichen Ecke des Universums sinnvoll ist! Daß ich nicht lache! *Sub specie aeternitatis* wäre das ja wohl erbärmlich provinziell für IHN, den Herrn aller Welten.

– So lachen Sie denn ruhig. Doch wenn ER es will, geheiligt sei SEin Name, dann spricht der Allmächtige *alle* Dialekte. Sogar den des Menschengeschlechts. Es war übrigens gar nicht Gott, der Allmächtige, selber, wohl aber SEin Bote, der Erzengel Gabriel, welcher dem Propheten Mohammed den heiligen *Vortrag/Koran* rezitierte. Und dies geschah auch nicht in irgendeinem provinziellen Dialekt, sondern der Königin der poetischen Sprache, in Hocharabisch...

– Es bleibt eine recht »fragwürdige Tatsache«, daß »in der Verkündigung durch Menschen von Gott, Offenbarung, Glaube menschlich geredet wird« (KD I/1, § 3.2). Dies bemerkte immerhin Karl Barth – und der war nun gewiß derjenige christliche Gottesmann des XX. Jahrhunderts, welcher wie kein anderer seine Theologie am Kriterium des Wortes Gottes auszurichten suchte.

– Dennoch ist schlechterdings nicht zu sehen, welche andere Gottesrede die Menschen denn verstehen könnten.

## 5 GOTTES BUCH UND MENSCHENWORT. Ist also die Bibel Gottes Wort?

– Ja und nein! Sie ist Gotteswort im Menschenwort, Gottes Rede als Text. Die hebräische Bibel, der *Tanach,* ist es für die Juden, und für die Christen ist *Die gantze Heilige Schrifft* (wie Martin Luther sie nannte) glaubwürdige Botschaft von Gott: in diesen Büchern berichten Propheten und Apostel wahrhaftig von Gottes Taten und Plänen, die sie in ihrem Leben, als Offenbarung, teilweise auch in Visionen erfahren haben. Aber wie sehr ihr Wortlaut auch von Gottes Heiligem Geiste inspiriert sein mag, die Bibel wurde von Menschen geschrieben, gelesen, tradiert... und ihre Berichte, Gebete, Prophezeiungen, Sprüchesammlungen und Visionen wurden wieder und wieder umgruppiert und umgeschrieben, ergänzt und redigiert. Bis sie ihre ›kanonische‹ Gestalt fanden, dauerte es schließlich Jahrhunderte.

– *Das* dürften Sie wohl unter Muslimen über das Wunder des Heiligen Koran nicht sagen?

– *Noch* nicht: Allah sei's geklagt! Zur Zeit wird im Islam in der Tat jede Diskussion über das menschliche, sprachliche Verstehen von Gottes Wort häufig fundamentalistisch blockiert. Warum? Wir wissen doch, die Lage ist politisch ziemlich verfahren, solange jedes Gespräch zum Worte Gottes auch noch von Terroristen unterminiert wird. Aber sobald sich diese Wirren – sagen wir in vier oder fünf Jahrzehnten – einmal abgeklärt haben, sehe ich keinerlei grundsätzliche Barrieren gegen eine hermeneutische

Aufklärung des Islam. Sie wäre eine Selbstaufklärung. Und um die hat man ja auch in der Christenheit etliche Jahrhunderte gestritten. (Wenn es nicht sogar Jahrtausende waren – ich erinnere an die allegorische Schriftinterpretation der großen Alexandriner im II. und III. Jahrhundert. Auch streiten die Christen bis heute heftig weiter: denken Sie nur an die Kulturkriege evangelikaler Bibeltreuer gegen die Evolutionstheorie in den Vereinigten Staaten ...)

Bedenken wir nur: Der Engel Gabriel diktierte dem Propheten Mohammed den *Vortrag / Koran* von Gottes Weisung. Aber Gabriel ist ja nicht selber der Liebe Gott, sondern auch nur ein Geistgeschöpf des HERRn der Welten. Und noch das schönste Hocharabisch, dessen Rhythmus und Poesie im Koran uns hinreißen mag wie die *harmonia coeli* himmlischer Sphärenmusik oder Bachscher Polyphonik, bleibt doch menschliches Medium, dessen sich auch Gottes Engel und SEin Gesandter bedienen mußten: Wie auch sonst hätten die Sterblichen Gottes Gebote der Rechtleitung verstehen können, wenn nicht in einer Rezitation, welche einen jeden Muslim und eine jede Muslima – mehr noch: alle, die guten Willens sind – anspricht, jede und jeden auf je eigene Weise? Und dieser unerschöpflichen Vielfalt der Weisen, den Heiligen Koran zu hören, entspricht für den großen andalusischen Mystiker Ibn'Arabi die Allgegenwart Gottes in jedem Hörer, ob er nun diesen oder sie jenen anderen Sinn zu verstehen in der Lage ist: »Gott kennt alle diese Bedeutungen, und es gibt keine, die nicht der Ausdruck dessen wäre, was er dieser besonderen Person sagen wollte.« – *Allah' akbar*: Gott ist groß! Allezeit größer ist ER als alle SEine Beschreibungen und Lobpreisungen.

Mohammed, der Gesandte Gottes, will nur Medium des Allerhöchsten und Allerbarmers sein: »Gefäß der Stimme Gottes« – so hat der große amerikanische Literaturkritiker Harold Bloom den ›Genius‹ dieses Propheten charakterisiert. Ein ›absolutes‹ Buch, in Gottes Privatsprache verfaßt, könnte schließlich auch nur der HERR selber lesen, wir Sterblichen vermöchten es weder zu rezitieren noch gar zu verstehen. Sobald (und sofern) wir aber mit aufrichtigem Herzen SEine Rechtleitung verstehen, reden wir immer bereits mit: wollen wir Gottes Weisungen befolgen, so müssen wir sie interpretieren. Und dies tun ja auch seit der Zeit des Propheten die vier rechtgläubigen Rechtsschulen, die sich schließlich trotz ihrer Hingabe in Gottes Willen nicht immer einig sind. Warum sollten da nicht auch die Gläubigen mitreden? Und zuweilen sehen vielleicht sogar ungläubige Menschen (wenn sie guten Willens sind, aber einen fremden Blick haben, auf unsere heiligen Texte) schärfer und illusionsloser, in welche Fehlinterpretation des Schriftsinns sich die Rechtgläubigen gerade verrannt haben. Denn Gott ist größer noch als unser rechtgläubiger Hochmut. *Allah' akbar!*

– Amen! Was aber heißt dann noch: Gott ›spricht‹ zu den Menschen? Ich jedenfalls kann IHN *nicht* hören.

– »Gott spricht zu uns«, das heißt: ER hat *immer schon* gesprochen. Können Sie nicht lesen? SEine Worte stehen geschrieben. Wie immer Moses oder Mohammed die Ohren geklungen haben, wir ›hören‹ in den drei monotheistischen Religionen SEin Wort nur als Buch. Auch die Schrift ist zwar als Sprache ein menschliches Medium. Daran erinnert der heilige Augustinus im zweiten Buch der *Doctrina Christiana,* seinem Traktat zum Verstehen der Bibel als Grundlage der christlichen Bildung. Die Schrift besteht aus konventionell vorgegebenen, bewußt verwandten Zeichen (aus *signa data,* nicht aus *signa naturalia,* unwillkürlichen Äußerungen wie Tierlauten oder Schmerzäußerungen); und »auch die von Gott gegebenen Zeichen, welche in der Heiligen Schrift enthalten sind, [wurden] uns durch Menschen angezeigt, die diese aufgeschrieben haben« (Doctr. II. ii.3).

Aber die Schrift ist zugleich eine Form der Sprache, die es der Botschaft möglich macht, sich aus dem Kontext der unmittelbaren Kommunikation und direkten Rede in der menschlichen Welt zu emanzipieren.

– Und warum ist das so wichtig?

– Nur das Schriftwort kann sich freimachen von der kultischen Rede: von der magischen Kommunikation mit dem Heiligen, der Beschwörung von Geistern und der Anrufung von Gottheiten. Solche Götter und Geister beherrschen die heidnischen Kulte, sie sind aber nur anwesend (und nur dann wohltätig), wenn sie in Bitten beschworen, wenn ihnen Gaben gebracht, wenn sie in Riten vergegenwärtigt werden. Der Eine Gott hingegen, von dem die Heilige Schrift handelt, ist *in* ihr nicht anwesend. Im Buch ist ER nicht gegenwärtig. Der HERR läßt sich nicht nieder zwischen Schriftzeichen. ER ist nirgends zugänglich, doch SEin Wort *gilt* – überall!

. Gesetz und Offenbarung des Einen Gottes instituieren eine neue Rolle der Schrift. Sie schreibt jetzt nicht mehr nur Kult-Vorschriften nach, sie bewahrt nicht nur heilige Sprüche oder sammelt politische Weisheiten und ethische Ratschläge. Die einen wie die anderen, Riten und Kulte wie Regeln und Ratschläge, waren ja stets bezogen auf Handlungsvollzüge zu ganz bestimmten Problemen: Fruchtbarkeit und Reichtum, Ernte und Dürre, Sieg und Knechtschaft, Krankheit und heilende Kräfte. Und sie bleiben an diese Probleme der Menschen und Mächte gebunden. Das gilt sogar noch für einen Großteil der biblischen Geschichten und Vorschriften des Alten Bundes, in denen Erfahrungen, Rituale, Weisheiten und Sprüche des von Gott erwählten Volkes Israel gesammelt wurden. Doch ändert sich dies bereits mit dem Bundesgesetz am Berge Sinai, vor allem aber mit seiner späteren Erinnerung und Aktualisierung durch die Propheten, mit der Sammlung all dieser Schriften, ihrer Redaktion zum Buch.

Bedenken Sie auch die ungemein demokratischen Folgen der Verschriftlichung von Gottes Gebot: Anfangs ermächtigt die Revolution des Heiligen Buches nur die Schriftgelehrten zur Kenntnis von Gottes fixiertem Willen. Sobald aber ganze Völker schriftkundig werden, zu Völkern des Buches, kann auch die Gottesherrschaft mit der Volksherrschaft zusammenfallen!

– Und das nennen Sie Demokratie? Ich kann solchen Euphemismus nicht billigen. Weit eher sehe ich in einer enthusiastischen Volksherrschaft von Rechtgläubigen die Gefahr einer totalitären Theokratie!

– Sie haben ja recht mit der Kritik an solchen Regimes, aber beschuldigen Sie nur nicht die Heilige Schrift! Als Buch ist auch das Gotteswort nur Sprache: ein Ensemble von *signa data,* wie Sankt Augustin sagt. Müßte da nicht das Wissen um diesen *allezeit offenen* Zeichencharakter jedes Buchs auch jedes Gottesvolk vor der Versuchung bewahren, zu glauben, über den wörtlichen

Willen des Allerhöchsten zu verfügen? ER ist ja *allezeit größer* als all unsere Interpretationen!

– *Allah' akbar:* Sie wollen mit Leviten und Revolutionsgarden diskutieren, mit Puritanern und Inquisitoren Hermeneutik betreiben? Der Alleserbarmer stehe Ihnen bei...

6 **FEUER UND SCHRIFT.** Und haben Sie bei allem Schriftsinn nicht das Feuer vergessen?! Zu SEinen Propheten, zu Visionären und Aposteln sprach Gott der HERR sehr wohl im Feuer von Visionen: aus dem Brennen eines Dornbusches, der nicht verbrennt (Ex 3,2) als glühende Kohle, welche dem Propheten die Zunge verbrennt; durch die Blendung des Schriftgelehrten Saulus, welche ihn den Messias sehen ließ, wodurch seine ganze Existenz umgestülpt, von innen nach außen gekehrt wurde.

– Das mag schon sein. Himmlische Feuer mögen mitunter das Charisma von Religionsgründern entfachen. Aber zum Gesetz für ganze Gottesvölker, zur Heilsbotschaft für völkerumgreifende (oder die Völker spaltende) Glaubensgemeinschaften (denken wir an die *umma*) und schließlich zur universalen *missio* für den Erdkreis wird Gottes Wort nur als Buch. Der französische Mediologe Régis Debray, ein zum Schriftgelehrten gewordener Revolutionär, hat doch völlig recht, wenn er die Schrift geradezu als »Manufaktur des Einen Gottes« bezeichnet. In der Religionswissenschaft ist dieser Bruch, welchen die mosaische Offenbarung des Einen und allmächtigen Gottes gegenüber all ihren Vorläufern oder Gegnern vollzieht, als *scriptural turn* studiert worden, als Wende zur Schrift.

Das Wort des Einen Gottes stiftet eine Umwälzung des Mediums menschlicher Sprache – oder es setzt sie voraus: Mit der Wende des Gottesdienstes vom Kult zum Buch vollzieht sich in der Geschichte des Gottesvolkes Israel – ja, genaugenommen innerhalb der hebräischen Bibel selbst – eine Medienrevolution. Denn der Gott der Schrift ist nah und fern zugleich: Der Eine Gott des mosaischen Gesetzes ist nicht mehr nur SEinem Volke zugewandt. ER, der zu Moses aus dem brennenden, doch nicht verbrennenden Dornbusch sprach »Ich werde sein, der ich sein werde« *(Ehje Ascher Ehje)*, überschreitet doch als HERR von Himmel und Erde, als Schöpfer aller möglichen und wirklichen Welten, sämtliche Kontexte der Gebote und Storys, Weisheiten und Legenden des von IHM erwählten jüdischen Volkes.

ER, DER IST ist das Ziel der Heilsgeschichte, der Autor und Geltungsgrund des Gesetzes, Bezugspunkt und Sinn des Heiligen Buches – denn die Schrift handelt letztlich nur von IHM, auch wenn (und indem) sie die Geschichte SEines Volkes behandelt. Der amerikanische Ex-Jesuit Jack Miles hat das Alte Testament sogar als ›Biographie‹ des hebräischen Gottes gelesen, als einen Entwicklungsroman all SEiner Charakterzüge. Und doch ist ER nicht da. Die Schriftzeichen des Heiligen Buches repräsentieren den verborgenen Gott – aber sie vergegenwärtigen ihn *als* abwesenden Gott. Nur der in der jüdischen Bibel vollzogene »Exodus in die Schrift« (Jan Assmann) ermöglicht uns noch heute, Gottes ferne Nähe zu fassen: SEine Transzendenz.

– Also begegnen wir dem Allerhöchsten in den Heiligen Schriften gar nicht?

– Wo denken Sie nur hin? Die Bibel zeichnet zwar SEine Spur nach, handelt von des HERRn Wirken, aber Gott selbst ist kein Text. Allenfalls Neo- oder Post-Strukturalisten könnten überhaupt auf solch eine absurde Idee kommen ... und natürlich betraten sie auch diesen Holzweg. Gott wohnt eben *nicht* in SEinem Buche! Das wäre ja ein wiederum recht magisches Verständnis von Schriftzeichen, wie der Nummernzauber, den manche Kabbalisten veranstaltet haben.

– Seien Sie doch nicht so arrogant! So etwas gibt es gut und gerne auch in katholischen Heiligenbildern, wenn das liebe Jesulein als ein pralles und prächtiges Kind aus den Seiten der Bibel springt und den heiligen Antonius, der sich in das Buch versenkt hat, in rotbäckiger Herzlichkeit anlacht. Wissen wir, wie viele Analphabeten dem heiligen Antonius von Padua, einem Franziskaner aus Lissabon, die Kerzen aufgestellt haben?

– Ja ja, in mancher Rand- und Subkultur christkatholischen oder orthodoxen Aberglaubens, aber auch in den synkretistischen Liturgien afro-brasilianischer und karibischer Heil- und Geisterkulte mag solcher Buchstabenzauber gut und gerne gepflegt und geglaubt werden. Heilige Ziffern und Verse aus dem Buch der Bücher helfen da neben Knoblauch, Kreuzen und Reliquien wider böse Geister und Vampire und manches Zipperlein.

– Und ist es nicht rührend? Fromm und blasphemisch zugleich, manchmal sogar wirksam ...

– Nein und nochmals nein! Papperlapapp, all das ist schlicht und einfach dummes Zeug!

Auch im allerheiligsten Text wohnt weder der Liebe Gott noch das Christkind. Die Schrift ist Zeichen – das Buch bezeichnet Gottes Wirklichkeit, *signifiant* und *signifié* bleiben stets und unendlich geschieden –, und *nur* darum kann die Schrift in Schwarz und Weiß Gottes Unendlichkeit bezeichnen: »das prophetisch-apostolische Menschenwort« der Bibel ist »Repräsentant von Gottes Wort«, wie Karl Barth schreibt. Der Text hält Wirken, Sagen und Tun des HERRn fest, ohne damit zu suggerieren, uns Gott irgendwie näher zu bringen, im Gegenteil: Dem Leser und der Leserin wird Gottes Ferne nahegebracht.

Auch für Gläubige (nein, *gerade* für Gläubige!) bleibt also die Bibel Menschenwort. Freilich – und klarer als Karl Barth kann man das nicht formulieren: »Menschenwort, das Gottes Auftrag an uns hinter sich hat, Menschenwort, dem sich Gott zum Gegenstand gegeben, Menschenwort, das von Gott als gut anerkannt und angenommen ist, Menschenwort, in welchem Gottes eigenes Reden zu uns Ereignis ist« (KD I/1, § 4.2).

– Wie schön gesagt! Aber die Paradoxie von Gottes Wort in menschlicher Sprache hat er damit nicht aufgelöst! Und an diesem Verhältnis von Heiliger Schrift und menschlicher Überlieferung – von *scriptura* und *traditio* – hatte sich ja die westliche Christenheit bereits im Reformationszeitalter zerspalten, zerstritten und bekriegt.

**7** DOGMA UND IRRTUM. Wenn nun Gottes Wort in menschlicher Sprache geschrieben steht, dann hatte auch Johann Gottfried Herder recht, der Weimarische Theologe der deutschen Klassik, als er in seinen *Briefen, das Studium der Theologie betreffend* (1780) schrieb: »das beste Lesen (des) göttlichen Buches ist *menschlich* [...] im weitesten Umfange und in der andringendsten Bedeutung«. Menschliches Lesen und Deuten ist aber ebenso fehlbar wie menschliches Reden und Tun. Wenn wir Gottes Wahrheit nur in Menschenworten vernehmen, lesen, bezeugen können (wie Sie ja sagen), dann ist auch der rechte Glaube an oder in Gottes Wort fehlbar.

– *Quod erat demonstrandum:* Nichts ist fehlbarer als die Wissenschaft vom Lieben Gott.

– Gilt das nicht *a fortiori* für alle christliche Theologie und Kirchenlehre? Deren Dogmen mögen sich ja noch so sehr auf Gottes Wort beziehen (das wir schon nur in menschlicher Sprache kennen), auch sie bleiben doch Menschenwort und Menschenwerk: Interpretationen von Interpretationen von Interpretationen. *Il n'y a pas ›hors texte‹* (so bedeutet uns hier der Versucher).

– Na und? Was den gelehrten *logos* der Theologie, der ›Rede von Gott‹ betrifft, natürlich sind alle theologischen Traktate Texte. (Was sollten sie denn sonst sein?)

Theologie oder Dogmatik – als Wissenschaften – bilden zudem »in keiner Weise eine höhere Stufe des Glaubens und seiner Erkenntnis« (KD I/1, § 3.2). In der Wissenschaft vom Lieben Gott befragt sich der Glaube vielmehr nur selbst, auf vernünftige Weise, in seiner Fehlbarkeit (eben *wegen* seiner Fehlbarkeit). So ist Theologie nicht allein die Wissenschaft *von* etwas (von x oder y, von Gott und der Welt), sondern zugleich ein Unternehmen der *Selbst*-Überprüfung, der Selbstinfragestellung, der Selbstvergewisserung des Glaubens (oder des gläubigen Selbst *im* Glauben). In der theologischen Rede werden der Glaube und das Glauben reflexiv, und dies im doppelten Verstande: sowohl im Sinn einer ›propositionalen‹ Reflexion der Glaubensinhalte (auf ihre Gründe und Konsequenzen) als auch im Sinne der Reflexion auf den Glauben als ›performative‹ Einstellung, als Tat (die Haltung, zu glauben).

– Und damit wäre dann – so möchte hier wohl der *advocatus diaboli* einwerfen – der christliche Gott am Ende gar selber daran schuld, wenn ER zum Gegenstand des Unglaubens wird?

– Nun, *maestro,* das ist nicht einmal überspitzt gesagt. Bedenken Sie nur: Gott verlangt ja in SEiner Offenbarung und durch die Institution SEiner Kirche von einem Christenmenschen nicht nur den praktischen Gehorsam zu SEinem Moralgesetz – und gegebenenfalls noch die Befolgung bestimmter ritueller Vorschriften, Opfer und Zeremonien. ER erwartet von kirchentreuen Gläubigen darüber hinaus auch die intellektuelle und willentliche Zustimmung zu einer ganzen Reihe von theologischen, kosmologischen, metaphysischen und anderen ›propositionalen‹ Tatsachenbehauptungen. Sogar Gottes eigene ›Persönlichkeit‹, SEin Selbst- und Weltverhältnis und alle möglichen ontologischen Details der Schöpfungslehre sind schon nach wenigen Jahrhunderten zu ›Dogmen‹, zu dogmatisch fixierten ›Gegenständen‹ der rechten Lehre SEiner Kirche geworden.

Und behaupten die Christen nicht, Gottes ›Wort‹ habe als leibhaftiger Mensch unter uns Sterblichen gelebt? (War das etwa derselbe Logos, welcher bei/vor der Erschaffung der Welt über das Design aller Schöpfung verfügte?) Wurde ER hingerichtet? Ist ER tatsächlich auferstanden von den Toten, sitzet ER zur Rechten Gottes? *Et cetera ...* Sie kennen das christliche Credo. Die Spannung zwischen dem Philosophengott der kosmischen Vernunft und dem Gott der Propheten Israels läßt sich gerade mit dem lebendigen Wort, an das die Christen glauben, überhaupt nicht entschärfen. Sie wird, ganz im Gegenteil, durch diesen ›Logos‹ als ›Messias‹ noch bis zum Extrem verschärft!

Da kann ER sich doch überhaupt nicht darüber wundern, wenn jeder substantielle wissenschaftliche Fortschritt und erst recht jede »Revolution der Denkungsart« (Immanuel Kant) immer wieder erneut Zweifel an diesem ganzen Dogmengebäude aufwerfen. Sobald es nämlich bei solchen Entdeckungen zu »kognitiven Dissonanzen« (Leon Festinger) mit oder in der überkommenen orthodoxen Christenlehre kommt, muß jeweils die gesamte komplizierte Architektonik neu adjustiert werden: das Verhältnis von Vernunft- und Glaubenswahrheiten, der Sinn der Rede von Gottes Existenz, der Erschaffung der Welt, SEines Verhältnisses zur Schöpfung, bis hin zum menschlichen Selbstbild (als ›Bild‹ des Schöpfers).

Und das ist nicht erst seit gestern so: Solch intellektuelles *aggiornamento* beim Beharren im Glauben beginnt keineswegs erst mit dem Streit um den (protestantischen) ›Liberalismus‹ in der Theologie des XIX. Jahrhunderts beziehungsweise mit der unsäglichen (katholischen) ›Modernismus‹-Kontroverse des XX. Jahrhunderts. Diese flexible Standhaftigkeit, solch Widerstand bis zur letzten Minute, charakterisiert vielmehr das Christentum von Anfang an (sagen wir vom Apostelkonzil in Jerusalem an). Im Grunde standen ja schon die ersten Christengemeinden in der jüdischen Diaspora vor demselben Problem, bei der Auseinandersetzung mit der ›heidnischen‹ hellenistischen Aufklärung. In der Neuzeit stellen sich dann solche Herausforderungen beständig neu: jeweils beim Übergang vom ptolemäischen zum kopernikanischen Weltbild, mit der Durchsetzung der Evolutionstheorie, den Entdeckungen der Mikrophysik, der historischen Soziologie, der Relativitätstheorie ...

**8** ORTHODOXIE ALS LIST DER VERNUNFT. Ob nun im zweiten Jahrhundert oder im dritten Jahrtausend, im Christentum ist die dogmatische Entwicklung nur die Kehrseite der Orthodoxie: Ohne einen harten Kern theologischer Glaubenswahrheiten wäre alle Lernfähigkeit schlichtweg überflüssig (J. H. Newman). Intellektuelle Christen und christliche Intellektuelle benötigen daher stets beides. Sie haben nicht nur die – auch unter Monotheisten – mit Abstand an *Paradoxien* reichste Glaubenslehre; sie legen auch weit mehr Wert auf *Orthodoxie,* das heißt auf die richtigen Überzeugungen, als das Judentum und der Islam.

Um nicht mißverstanden zu werden: Es ist natürlich nicht so, daß andere religiöse Weltbilder ohne Paradoxien auskämen. Auch die Monotheismen der anderen Schriftvölker sind voll davon. Im *Tanach,* der jüdischen Bibel, bleiben Hiobs Anklage und Anfrage ohne wirklich befriedigende Antwort (Jack Miles). Das rabbinische Judentum ist aber auch weit weniger darauf angewiesen als die (nur) durch ihre Überzeugungen zusammengehaltene (oder gespaltene) Christenheit. Die jüdische Religion wird eher von der *Halacha* definiert (dem Religionsgesetz) als von irgendwelchen kosmologischen oder theologischen Dogmen: *JAHWE Elohim,*

Gott der HERR fordert von den Kindern des Bundes, die *Mitzwot* zu beachten, ihre speziellen religiösen Gebote und die allgemeinen Pflichten menschlichen Beistands in Not.

– Und was ist mit den Lehren des Talmud?

– Dessen Kommentare lassen uns teilhaben am Abwägen, am vielfachen Für und Wider dieser oder jener Vorschrift oder Lehrmeinung. Doch er ist kein System, sondern eine Tradition, ein permanentes Palaver – und zu jeder pointierten Meinung des einen Rabbi wird sich eine nicht minder gottesfürchtige Gegenmeinung bei diesem oder jenem anderen Rebbe finden. Der Talmud wurde »ebenso vom jüdischen Volke geschaffen wie er das jüdische Volk schuf« (Adin Steinsaltz); er ist die beständige und im Prinzip endlose, also offene Interpretation des göttlichen Gebotes, aber nicht dieses selbst.

Auch im Islam geht der Streit eher um Fragen des rechten Tuns, des sich wandelnden Verbotenen, Erlaubten, normativ Gebotenen. Das sind die Fragen der *Scharia,* um deren kontroverse Feinabstimmung sich vornehmlich die Rechtsschulen zu kümmern haben. Man überläßt es auch hier den Schriftgelehrten und Spezialisten, praktische Paradoxa auszubügeln, Sonderregelungen für Ausnahmen zu finden. Reine ›Glaubensfragen‹ werden dabei in aller Regel gar nicht berührt, von den ›Gläubigen‹ wird vielmehr vor allem *Orthopraxis* erwartet: Folgsamkeit und rechtes Handeln.

Nun, Christgläubige kennen eben darüber hinaus auch das Gebot des Glaubensgehorsams: eine Pflicht zur *Orthodoxie* (das heißt auf griechisch: zur richtigen Meinung). Sie sollen also nicht nur recht handeln und damit Gottes Willen tun, sie sollen dies auch mit der korrekten Überzeugung, aus den rechten Gründen tun, und also mit den bestmöglichen Argumenten. Ihre Glaubenslehren müssen darum stets ›anschlußfähig‹ bleiben an die herrschenden Rationalitäts-Standards von Physik und Metaphysik, von Wissenschaft(en) und Philosophie. Weil die christliche Orthodoxie schon früh den Einklang von Glauben und Vernunft postulierte, bleibt sie später an die Entwicklungen der wissenschaftlichen oder philosophischen Vernunft gebunden – auf sie orientiert oder eben (in Ablehnung) an sie fixiert.

Sie wollen Beispiele? So wurden etwa die Formeln der griechischen Metaphysik – vom Einen, Ewigseienden, vom allem zugrunde liegenden *Hypokeimenon,* von der Substanz *(ousia),* von Hypostasen und Attributen – von den ersten Christen zunächst bekämpft, um dann, keine zwei Jahrhunderte später, von den Kirchenvätern sogar im theologischen Allerheiligsten der Gotteslehre eingesetzt zu werden: bei der Definition des göttlichen Selbstverhältnisses als Drei-in-Einigkeit des wahrhaft Einen Gottes in Drei Hypostasen (›Personen‹). Oder: In die Heilige Schrift eingegangene uralte Schöpfungsmythen Mesopotamiens werden dann, ebenso wie die historischen Legenden der jüdischen Tradition, mit dem Fortschritt der Natur- und Geschichtswissenschaften immer wieder neu gedeutet: als Allegorien, als Chiffren der Erinnerung, als Andachtsformeln.

Umgekehrt wird manches, was früher noch als historische oder natürliche Wahrheit galt, mit den Fortschritten der historischen Bibelkritik zum Mythos erklärt und muß nun vom Glauben getrennt, wegrationalisiert werden (Rudolf Bultmann). Oder: Die sittliche, soziale und Erlösungsbotschaft der Jesusbewegung und dann insbesondere der Paulinischen Briefe werden als Kern oder »Wesen des Christentums« (Adolf v. Harnack) unterschieden von seinen institutionellen und dogmatischen Ausprägungen und Auswüchsen. Weiter: Kosmologische Bilder werden nicht nur in Psychologie und Psychoanalyse, sondern auch in der modernen Theologie häufig durch seelische Haltungen ersetzt (oder uminterpretiert), aus ontologischen Wahrheiten werden dann ethische Postulate.

Natürlich gab und gibt es auch im Judentum und im Islam große philosophische Debatten um Systeme, in denen sich seit Philo von Alexandrien ›Jerusalem‹ und ›Athen‹ treffen, Gottes Gesetz und die Vernunft begegnen: bei Denkern wie Moses Maimonides, Moses Mendelssohn – oder eben Al-Farabi, Ibn Sina und Averroes. Und es gibt daneben und dagegen stets auch antiphilosophische Theologien, Vertreter eines ›eingeweihten‹ oder ›entschiedenen‹ statt bloß vernünftigen Gottesdenkens: in der Kabbala, auch bei Existentialisten des XX. Jahrhunderts wie Franz Rosenzweig und Emanuel Lévinas – oder in der überreichen

Sufi-Tradition des Islam, in den unendlichen Ein-Gott-Spekulationen der Mystiker, der ›negativen Theologien‹ in der Nachfolge von Ibn'Arabi.

Doch *nur* in der christlichen Dogmen- und ergo Kirchengeschichte haben solche philosophischen (und anti-philosophischen) Traditionen die offizielle Glaubenslehre dauerhaft affiziert, infiziert und kompliziert. Das läßt sich natürlich ganz entgegengesetzt bewerten – je nachdem, wie man die schon in den ersten drei Jahrhunderten seiner Existenz vollzogene »Hellenisierung des Christentums« beurteilt (so hat sie der große protestantische Dogmenhistoriker Adolf von Harnack genannt). Der christlich-rationale *mainstream* der westlichen Kirchen, aber auch das Reichsdenken der Griechisch-Orthodoxen Tradition verdanken ja dieser Begegnung schlicht und einfach ihre Existenz! *Nota bene:* das gilt auch für viele nicht immer zu Recht ›mystisch‹ genannte Formen des Einheits-Denkens in der theologischen Spekulation des christlichen Westens und Ostens (welche zumeist auf die neuplatonische Tradition zurückgreifen).

Grimmige theologische Außenseiter hingegen wie Friedrich Nietzsches Freund Franz Overbeck, Existentialisten wie Søren Kierkegaard und andere Radikale denunzierten diese Begegnung von Athen und Jerusalem gerne als Akkomodation: als Anpassung des christlichen *Skandalon* an die herrschende Vernunft. Für solche Kritiker ist bereits die Dogmatik der Alten Kirche Frucht eines Sündenfalls – nämlich der Entfernung der christlichen Identität von ihrer jüdischen Wurzel. Und dieser Abstand sei dann später mit der scholastischen und modernen Theologie auch noch ›philosophisch‹ rationalisiert, mit Vernunft befestigt worden.

– Und was meinen Sie?

– Na, ohne diese dogmatische Engführung von philosophischer Wahrheitsgeschichte und Gottvertrauen (von *gnosis* und *pistis* im Griechischen des Neuen Testaments der Alten Kirche) wäre die Wissenschaft vom Lieben Gott jedenfalls nur halb so interessant. Es hätte wohl weniger Häretiker (innerhalb wie außerhalb) der Kirche gegeben, aber gewiß auch weniger Vernunft in ihr. Vielleicht hätte es also weniger Streit gegeben, aber auch weniger Gründe, über die es zu streiten lohnte.

Darum denke ich: Dogmatische Krisen haben doch durchaus ihr Gutes. Im nachhinein läßt sich zumeist feststellen, daß (fast) jede dieser Erschütterungen nicht nur Häresien oder Spaltungen mit sich brachte, sondern eben auch neue theologische Rationalisierungsschübe provozierte. Noch die Irrtümer der Orthodoxie, ihre dogmatischen Verhärtungen, waren also Listen der Vorsehung: Aufgrund ihrer kognitiven Anmaßung wird nämlich die christliche Orthodoxie stets Krisen ausgesetzt – sie bleibt zur Lernfähigkeit verurteilt. *Post factum* sind wir nämlich jeweils klüger. Wir glauben dann auf intelligentere Weise.

Und da sich ja Gottes Wort und SEine Heilsbotschaft *an alle* richten (und nicht nur, wie bei esoterischen Sekten oder Mysterienkulten, an eine auserwählte Minderheit) – und weil die Heilige Schrift als wichtigste Quelle dieser Frohen Botschaft außerdem jedem und jeder des Lesens Kundigen in klaren Lettern zugänglich ist (anders als Allegorien, Bilder und Symbole, die ja oft nur erlesene Eingeweihte und Kenner verstehen können), deshalb hat der christliche Glaube die Eigenart, seine eigenen Widersprüche, oder freundlicher ausgedrückt: seine intellektuellen Paradoxa, seine *complexio oppositorum* regelrecht zu exportieren. Rechtgläubigkeit wirkt ansteckend – aber was sie verbreitet, ist Streit: *quaestiones disputatae,* umstrittene Wahrheitsansprüche.

9 DE OMNIBUS DUBITANDUM. Nein danke! – so muß hier einfach der sensible Leser protestieren: Mit solch großzügiger Bilanzierung läßt sich nun wahrlich alles rationalisieren. Noch der bedeutende italienische Kommunist Giorgio Amendola, ein wirtschaftspolitisch liberaler, aber in seiner klerikalen Parteiräson durch und durch stalinistischer Politiker des XX. Jahrhunderts, hat ebendiese Formel verwandt, vielleicht sogar ein bißchen ironisch: Die Irrtümer der Kommunisten im antifaschistischen Kampf seien *errori providenziali* gewesen, doch ihre Fehler sollten sich als heilsam, zukunftsträchtig, von der Vorsehung gesandt erweisen...

– Was wollen Sie damit sagen?

– Einmal unterstellt, verehrter Dialektiker, es habe solche Lernprozesse (in) der christlichen Dogmatik tatsächlich gegeben, wiegen sie auch nur ein einziges auf dem Scheiterhaufen der Orthodoxie geopfertes Ketzerleben auf? Wer, zum Teufel, verurteilte denn Jan Hus, John Wiclif, Giordano Bruno zum Scheiterhaufen, wer ließ Michel Servet hinrichten? (Antwort: das Konzil, der Papst, Johann Calvin.)

Und weiter: Rechtfertigen denn postume Lernprozesse einer Institution (beziehungsweise Konzessionen bedrängter Hüter eines Dogmensystems) auch nur ein einziges *sacrificium intellectus,* das Opfer der eigenen Überzeugung auf dem Altar der Rechtgläubigkeit? Wie steht es mit dem Jahrhunderte währenden Widerstand aus der Kirche wider die neuzeitlichen Naturwissenschaften? Diesen Kreuzzug führen ja in den Vereinigten Staaten von Amerika, auch so einer auserwählten *nation under God,* fundamentalistische Protestanten bis zum heutigen Tage.

Ganz zu schweigen von der Modernistenverfolgung in der katholischen Kirche im XIX. und XX. Jahrhundert! Das war ein gutes Jahrhundert Kalter Krieg des römischen Papsttums wider Gewissensfreiheit, Liberalismus und Demokratie. Übrigens: Sind Sie ganz sicher, daß dieser Klerikale Kalte Krieg nach dem II. Vatikanischen Konzil tatsächlich begraben ist? In den letzten Jahren des Pontifikats von Johannes Paul II. haben sich da in den Kasematten des Vatikan eine Reihe reaktionärer Lobbies höchst effizient modernisiert ...

– Ich muß Ihnen zugeben: An individuellen Lernprozessen gemessen dauern solche theologischen Umwidmungen zumeist unerträglich lange. Vielleicht hat ja nicht der Liebe Gott höchstpersönlich, aber gewiß SEine Kirche die Rechnung ohne die Betroffenen gemacht: Rehabilitierungen, Vergebungsbitten, Schuldeingeständnisse wie die famose katholische »Reinigung des Gedächtnisses« zur Fastenzeit der Jahrtausendwende von 2000, die um etliche Jahrzehnte oder (wie im Fall Galilei) um Jahrhunderte zu spät kommen, hinterlassen doch einen schalen Nachgeschmack. Alle Wege führen nach Rom? *Post saecula saeculorum.* – Ein Grund mehr, die christliche Orthodoxie in Zweifel zu ziehen.

✦

*De omnibus dubitandum* – an allem sei zu zweifeln. So lautete bekanntlich das Motto des deutschen Atheisten Karl Marx, selber Sohn eines zum protestantischen Christenglauben konvertierten Juden aus dem katholischen Trier. Doctor Marxens explizites Ideal war natürlich der *methodische* Zweifel in der neuzeitlichen Philosophie und den Wissenschaften. Und wenige Jahrzehnte später klagt der protestantische Pfarrerssohn und dionysische Philologe Friedrich Nietzsche im ersten Buch seiner *Morgenröthe,* das Christentum »habe das Äußerste gethan, um den Cirkel zu schließen und schon den Zweifel für Sünde erklärt« (KSA 3, S. 83).

Die katholische Kirche Christi beanspruchte in der Tat im letzten halben Jahrtausend mehr als den Glauben allein. Sie verlangt auch noch den Glauben an die rechte Vernunft: Sie will die göttliche Offenbarung mit den Wahrheitsansprüchen nahezu der gesamten westlichen Philosophie fest verklammern, sie will Metaphysik und Metaphysikkritik wider alle ›subjektivistischen‹ Gefahren versichern. Auch Papst Benedikt XVI. hat dies, als er noch der oberste katholische Glaubenshüter war, immer wieder polemisch betont.

– Wie wollen Sie aber eine Institution bezeichnen, die derart Glauben und Wissen zu einem System dogmatischer Aussagen verknüpft und dann diese rationale Produktion von Glaubenswahrheiten mittels Glaubenswahrheiten auch noch durch intellektuelle Spezialisten verwalten läßt: durch einen Klerus, sogar mit über die Jahrhunderte spezialisierten Wissenschaftsorden wie den Dominikanern und Jesuiten?

– Nun, das ist die wohl erfolgreichste intellektuelle Produktionsweise *existentieller* Zweifel, die wir kennen.

## DRITTES KAPITEL

# Zweierlei Unglauben

>>Wird jedoch der Menschensohn,
wenn er kommt, auf der Erde [noch]
Glauben vorfinden?<< (Lk 18,8)

---

*Muß ich schon glauben wollen, um glauben zu können?* –
Als Abraham auswanderte aus dem Lande der Väter, um >>ein
Fremdling [zu werden] im Lande der Verheißung<<, da ließ er >>seinen irdischen Verstand zurück und nahm den Glauben mit sich<<,
schreibt Søren Kierkegaard in *Furcht und Zittern,* >>sonst wäre
er wohl nicht ausgewandert, sondern hätte gedacht, dies sei ja
doch sinnlos<<.

*Und wenn ich nun meinen Verstand nicht zurücklassen
will?* – Viel später, als Abraham seinen Sohn Isaak auf Geheiß
des Allerhöchsten opfern soll und sich anschickt, dem Befehl zu
folgen, >>da sah Isaak, daß sich Abrahams Linke zur Faust ballte,
daß da ein Zittern durch seinen ganzen Körper ging – aber Abraham zog das Messer. Sie zogen wieder heimwärts, und Sara eilte
ihnen entgegen, aber Isaak hatte den Glauben verloren.<<

*Vielleicht will ich ja nicht glauben können?* – Alles sei
möglich dem, der glaubt, so antwortete Jesus von Nazareth dem
Vater, der ihm sein krankes Kind zur Wunderheilung gebracht hat.
Zuvor hatten schon Jesu Jünger nicht vermocht, den stummen
Geist der Krankheit zu vertreiben; und der Vater hatte seit der
Geburt des Kindes bereits alles versucht. >>Ich glaube – Herr, hilf
meinem Unglauben!<< – schreit ihn jetzt der verzweifelte Vater des
epileptischen Knaben an (Mk 9,24).

*Und wenn wir nicht glauben können?*

---

**1** ZWEIFEL UND UNVERSTÄNDNIS. Die Schwierigkeit, zu glauben, ist so alt wie die Zumutung des christlichen Glaubens selbst. Doch dieser traditionelle Zweifel am (oder im) Glauben wurde im XX. Jahrhundert in den westlichen Gesellschaften durch eine andere – zugleich viel radikalere und weitaus weniger dramatische – Form des Unglaubens in den Schatten gestellt: nämlich durch das pure Unverständnis, häufig gepaart mit Gleichgültigkeit, manchmal sogar mit dem Verdacht der Sinnlosigkeit gegenüber den meisten Glaubenswahrheiten. Und dies nicht nur bei Philosophen.

Die Anfechtung der alten oder klassischen Art, ob nun der Zweifel an der Wahrheit dieses oder jenes Glaubensartikels oder gar die existentielle Verzweiflung *im* Glauben, ist keineswegs dieselbe wie die historisch jüngere, *nach*christliche Unfähigkeit, zu verstehen, was überhaupt mit ›dem‹ (rechten) Glauben gemeint ist. Oder: Warum es denn so wichtig sein soll, den rechten Glauben zu haben. Den ersten, klassischen Zweifel erfahren viele Christenmenschen, sobald sie beginnen, sich mit bestimmten Glaubensinhalten ›kritisch auseinanderzusetzen‹ – oder aber, wenn sie sich mit den persönlichen Konsequenzen aus der Annahme oder Ablehnung dieses oder jenes Glaubenssatzes quälen.

Auch viele Atheisten mögen ihr Leben lang durch die Frage nach einem Gott geprägt bleiben, den sie längst hinter sich gelassen haben. Der verlorene Glauben läßt gewissermaßen – wie ein Negativ – eine Leerstelle im intellektuellen und/oder moralischen Seelenhaushalt zurück. Aber sogar selbsternannte ›Antitheisten‹ – die wie der britische Autor Christopher Hitchens die »falschen Lehrsätze der Religion« für durchaus schädlich und abstoßend halten – wissen am Ende noch ganz genau, welche Annahmen zu diesem »bösen Märchen« gehören: »Ein wahrer Gläubiger muß glauben, daß er zu einem bestimmten Zweck auf die Welt kam und daß er Gegenstand eines aufrichtigen Interesses seitens des Höchsten Wesens ist; er muß außerdem den Anspruch vertreten, wenigstens eine Ahnung davon zu haben, was dieses Höchste Wesen will.«

Im zweiten Fall, dem des Nicht-Verstehens, gibt es aber gar kein drängendes Problem mehr und zumindest auf den ersten Blick auch keinen sachlichen Konflikt. Gewiß treten mitunter menschliche Friktionen auf.

Etwa: Ich würde natürlich gerne verstehen, warum mein Freund A. immer diese Schuldgefühle hat, aber ich begreife den Ausdruck ›Sünde‹ nicht, den er bei solchen Gelegenheiten verwendet (und zwar, auch wenn er keiner Fliege etwas zuleide getan hat).

Oder: Natürlich tut es mir leid, daß Frau B., seitdem sie (wie sie sagt) nicht mehr an Gott glaubt und aus ihrer Kirche ausgetreten ist, gar keinen ›Sinn‹ mehr in ihrem Leben zu erkennen vermag (und auch nicht in der Existenz der Welt und der sie bewohnenden Tiere und Menschen überhaupt) und nun darob voll der Trauer ist. Aber ich habe ehrlich gesagt nie verstanden, wieso ausgerechnet die Vorstellung eines (oder: *des* einen) Gottes irgend etwas an dieser Sinnlosigkeit ändern konnte.

Freilich: Ich begreife schon (wirft da ein gemeinsamer Freund C. ein), wie sehr sie den katholischen Weihrauch vermißt. Diese ostasiatischen Räucherstäbchen aus dem Reformhaus sind doch kein rechter Ersatz. Es fehlt die Atmosphäre im Gotteshaus, der Geruch erkalteter Kerzen, das hallende Halbdunkel im Seitenschiff, wo die Beichtstühle stehen. Auch die neue Therapiegruppe, in der sich Frau B. jetzt um besagten Lebenssinn bemüht, kann dem alten Hochamt in keiner Weise das Weihwasser reichen. Am besten die lateinische Messe. Formvollendet, ohne Häresie ...

2 AKTIVER UNGLAUBE ... Wir können somit auch zwei Weisen unterscheiden, *nicht* an Gott und die Wahrheiten SEiner Kirche zu glauben, zwei große Familien des Unglaubens. Die erste Art des Unglaubens steht in der Geschichte des christlichen Glaubens im Vordergrund; ihrer Überwindung gelten die mannigfachen Anstrengungen von Zeugen, Hütern und Propagandisten der frohen Botschaft, daß Jesus der von Gott gesandte Retter (der ›Gesalbte‹: griechisch *Christos*) und zugleich Gott höchstpersönlich ist. Natürlich gibt es unzählige Möglichkeiten, diese Wahrheit Christi zu verkennen oder zu verfälschen. Die Viel-

falt der Gestalten des falschen Glaubens läßt sich auch als die Kehrseite der christlichen Dogmengeschichte verstehen; denn diese selbst ist eine Geschichte von Anathemata, der Abweisung häretischer Lehren und dogmatischer Verirrungen, des (nicht immer unblutigen) Kampfes wider Abtrünnige, Konkurrenten und Widersacher der einen Kirche Christi in der Tradition der Apostel (Adv. haer. III, 1–5).

Der dogmatisch fixierte Inhalt des rechten Glaubens entsteht erst im Streit. Schon die ersten Symbola und dann das Apostolische Glaubensbekenntnis beziehungsweise das etwas ausführlichere Bekenntnis von Nizäa-Konstantinopel (so genannt nach den beiden dogmatisch einschlägigen kirchlichen Konzilen aus dem IV. Jahrhundert) sind recht präzise und (wie wir noch sehen werden) in Einzelfragen höchst komplizierte Festlegungen von Streitfragen. Allein zwölf Glaubensartikel enthält das Apostolische Credo (Sth II a II ae 1,8). Ein jeder von ihnen fordert ein bewußtes *Ja!* – als Antwort auf eine umstrittene Frage:

Glaubst du [erstens] an Gott, den allmächtigen Vater, den Schöpfer des Himmels und der Erde, und [zweitens] an Jesus Christus, seinen eingeborenen Sohn, unsern Herrn, welcher [drittens] empfangen wurde durch den Heiligen Geist, geboren von der Jungfrau Maria [...] *et cetera.* Und die rechte Antwort ist jeweils ein offenes *Ja, ich glaube!* – laut vernehmbar für jedermann vor der Kirchengemeinde, nur in Zeiten der Christenverfolgung geflüstert im geheimen als verschworenes Erkennungszeichen (griechisch *symbolon*).

Gibt es auch einen gemeinsamen Nenner aller Anfechtungen des Glaubens? Nun, wenigstens diesen: Der klassische Unglaube *spricht.* Auch er streitet und bestreitet. In all seinen Stimmen formuliert er ein ausdrückliches *Nein!* zum rechten Christenglauben. Da gibt es das *Nein!* zu dieser oder jener Glaubenswahrheit – oder zur rechten Auslegung eines der Glaubensartikel: Das ist der Unglaube der Häretiker.

– Und dieses *Nein!* ist immer offen und ausdrücklich?

– Mehr oder minder. Aber wer Ohren hat zu hören, der hört dieses *Nein!* zum rechten Verständnis der Glaubensartikel.

– Und wer bestimmt ihre rechte Auslegung?

– Das ist eine andere Frage. Zuweilen muß die Kirche hier Spezialisten der Untersuchung (lateinisch *inquisitio*) einsetzen: ein Sacrum Offizium, das Heilige Amt.

Dann gibt es, grundsätzlicher schon, das *Nein!* zur Gottheit des Messias (oder Christus) Jesus von Nazareth: also die Leugnung der Menschwerdung Gottes, womit diese Ungläubigen sich dann auch alle mit diesem Dogma der Inkarnation verknüpften theologischen Folgeprobleme ersparen. Dieses *Nein!* finden wir unter den anderen ›Völkern der Schrift‹: Das ist der Unglaube etwa von Juden oder Muslimen; aber zum Beispiel auch der Mormonen und anderer Monotheisten, die die Botschaft von der Menschwerdung Gottes nicht als göttliche Offenbarung akzeptieren.

Oder nehmen wir noch das grundsätzliche *Nein!* zu jedem Glauben an (den) einen persönlich ansprechbaren und allgütigen Gott und Weltenlenker überhaupt: nicht allein der Unglaube der Atheisten, Materialisten und Epikureer. Auch die Platoniker oder Stoiker des Altertums kannten zwar einen einzigen Gott, den Gott der Philosophen. Aber das war nicht der biblische Gott, der persönlich zu den Menschen spricht – ob aus einem brennenden Dornbusch, ob durch SEine Boten und Propheten oder schließlich für die Christen gar durch SEin Mensch gewordenes ›Wort‹, SEinen eingeborenen Sohn.

Einem solchen Hirtengott semitischer Wüstenvölker oder auch dem Heiland, einem Sklaven- und Dienstbotengott in den Metropolen des Imperiums, galt das klare *Nein!* der besten Vertreter der heidnischen Aufklärung (Kelsos oder Porphyrius). Der Gott der Bibel erfuhr zunächst bestenfalls die Verachtung der Intellektuellen. Man blieb zwar in seinen mythologischen Phantasien und in sachen politischer Loyalität braver Polytheist. In der Philosophie – oder in ihrer auf die gesamte Wirklichkeit bezogenen ›natürlichen Theologie‹ – waren viele Intellektuelle durchaus Monotheisten, die ein Absolutes als letzten Wirkgrund und als Ordnungsprinzip des Kosmos anerkannten: eines Kosmos, zu dem dann auch die olympischen ›Götter‹ mit all ihren menschlichen Leidenschaften gehörten. Wir werden noch sehen: Diese Philosophen wußten zwar um die Einheit der Welt, vielleicht sogar um ein Absolutes hinter der Vielfalt der Erscheinungen, diesseits und jenseits des Mondes. Aber diese höchste Gottheit – der ›unbewegte Beweger‹ des Aristoteles, das ›Eine/Gute‹ bei Plotin oder Porphyrius – sprach nicht zur Menschenwelt; und dieses »Absolute in sich und als solches [war] für den Menschen nicht ansprechbar« (J. Ratzinger). Da gab es niemand, an den die Philosophen glauben wollten. Soweit ihr *Nein!* zum Christenglauben.

3 **... UND PASSIVE GLEICHGÜLTIGKEIT.** Was aber, wenn Freund D. die Frage, ob er an all dieses glaube (an Gott, den allmächtigen Vater, den Schöpfer des Himmels *et cetera*), verneint, sein *Nein* aber gewissermaßen passiv daherkommt: beiläufig, achselzuckend (nicht gespielt) oder auch freundlich hilflos (gegenüber den missionarischen Bemühungen seines Gegenübers), und mit der Begründung, er verstehe das Problem überhaupt nicht? Weder mit dem Begriff des ›Allmächtigen‹ nämlich noch der Vorstellung einer Erschaffung der Welt, noch mit Ausdrücken wie Seele, Sünde, Erlösung kann Herr D. irgend etwas anfangen. – Wovon ist hier überhaupt die Rede? fragt er zurück: Ob ich an *wen* glaube?

Um eine Wahrheit oder Forderung des Glaubens abzulehnen, muß man sie doch wohl wenigstens verstehen, oder? Ungläubige dieser zweiten (oder ›passiven‹) Art sagen überhaupt nicht *Nein!* zum Gottglauben oder zu ganz bestimmten christlichen Glaubensgrundsätzen, wie das Häretiker tun oder andere Monotheisten ›des Buchs‹. Wir sollten Freund D. vielleicht besser einen *Nicht*gläubigen nennen, um ihn von klassischen *Un*gläubigen zu unterscheiden.

Solche Nichtgläubige sind genaugenommen nicht einmal Atheisten oder Agnostiker. Agnostiker sind bekanntlich Menschen, die zur Frage der Existenz Gottes ganz bewußt und entschieden – denn sie wissen sehr wohl, worum es dabei geht – *kein* Votum abgeben. Sie sind Nichtwähler aus Überzeugung. Die neuen Massen religiös gleichgültiger Zeitgenossen der heutigen säkularisierten Welt aber haben einfach keine Lust, zur Wahl zu gehen.

Sie verstehen die Antworten nicht mehr, welche zwischen Rechtgläubigen und Abergläubigen, zwischen Gottsuchern und

Ungläubigen strittig waren; denn sie kennen die drängenden Fragen nicht. (Oder: Sie kennen und verstehen die Frage nach Gott zwar, aber erkennen sie nicht als drängende. – Aber verstehen sie sie dann?) Wo bereits die Frage nach einem göttlichen Urheber unserer Welt sinnlos erscheint, da ist das entschiedene atheistische *Nein!* genauso unsinnig wie das entschiedene theistische *Ja!* oder die (entschieden) unentschiedene agnostische Stimmenthaltung. Was als Frage nach der Erschaffung der Welt oder nach dem Sinn unserer Existenz daherkommt, ist dann möglicherweise gar keine sinnvolle Frage mehr, sondern in Wahrheit bloß ein Ausdruck bestimmter Stimmungen, die Hintergrundmusik gewisser Rituale, der Geruch von Weihrauch.

4 **ATHEISMUS ALS ECHO DES GLAUBENS.** Die großen Zeiten des intellektuellen Streits für oder wider den Gottglauben in der allgemeinen Kultur beziehungsweise den Theismus in der Philosophie waren das XVIII. und XIX. Jahrhundert. Der Streit flackert dann auch noch im XX. Jahrhundert wiederholt auf; freilich steht er nun immer weniger im Zentrum einer breiten öffentlichen Debatte. Zum drängenden Problem wird der Glaube nur in unfreien Gesellschaften, wo christliche Konfessionen oder andere Religionen verfolgt werden: in autoritären Regimes mit Staatsreligion oder totalitären Staaten mit ›politischen Religionen‹. Aber sonst?

Nehmen wir Daniel, den strebsamen Sohn der aufgeklärt jüdischen Familie E. aus Breslau in den zwanziger Jahren, oder sagen wir im Brooklyn der Fünfziger. Beim Abendessen fragt ihn sein Daddy· Was habt ihr denn heute in der Schule gelernt? (Daniel geht auf die katholische Volksschule.) – Brav erzählt der Knabe, was er soeben mit seiner Schulklasse durchgenommen hat: das christliche Glaubensbekenntnis. Doch als er die Apostolischen Glaubensartikel zur göttlichen Dreifaltigkeit herunterbetet – »Ich glaube an Gott, den Vater ... seinen eingeborenen Sohn, unsern Herrn, empfangen vom Heiligen Geist ...« –, handelt sich Daniel umgehend von seinem empörten Vater eine Ohrfeige ein: »Untersteh dich, *an mehr als einen* Gott zu glauben! Es gibt nur einen

Gott (also nicht drei Personen, wie die Christen behaupten) – *und an den glauben wir nicht!*«

Im Streit um den Glauben ist es durchaus sinnvoll, den Atheisten zu fragen: *Welcher* ist der Gott, an den du nicht glaubst? *Welcher* Gott ist tot? (Alasdair MacIntyre; Etienne Gilson) Ist es der »Gott der Philosophen und Gelehrten«, den der gläubige Philosoph und Gelehrte Blaise Pascal ablehnte – oder vielmehr »der Gott Abrahams, der Gott Isaaks und der Gott Jakobs« (Ex 3,16; Mt 22,32)? Ist es der weltabgewandte Gott heiliger Asketen und Anachoreten in Wald und Wüste, von dem sich Friedrich Nietzsches *alter ego* Zarathustra lachend abwandte? »Sollte es denn möglich sein! Dieser alte Heilige hat in seinem Wald noch Nichts davon gehört, daß Gott todt ist!«

Noch der ungläubigste Existentialist weiß ebensogut wie der engagierteste Theologe der Hoffnung, daß es »keine Kleinigkeit ist, Christ zu sein« (Albert Camus). Der militant Ungläubige und der Mann des Glaubens, der gewissermaßen ›gläubige‹ Atheist und der Christenmensch lebten also in derselben logischen Welt. Es war eine Welt, in der die Gottesfrage nicht nur möglich war – denn das ist sie natürlich heute ebenfalls –, sondern auch für jeden aufgeweckten Zeitgenossen und Menschen von Bildung eine plausible Frage darstellte.

Die exakten Naturwissenschaften hatten sich schließlich erst im XVII. Jahrhundert von einer Metaphysik getrennt, welche noch lange im christlichen Glauben Orientierung fand. Ein Isaac Newton (1642–1727) verwandte genau dieselbe Methode und gewiß ebensoviel Energie auf die Diskussion der göttlichen Trinität (an welche er nicht glaubte) und der apokalyptischen Prophezeiungen im Buche Daniel und in der Offenbarung des Johannes (deren methodisch korrekte Interpretation er vorlegte) wie auf seine *Philosophiae Naturalis Principia Mathematica*. Während sich aber das naturwissenschaftliche Weltbild und die biblische Kosmologie schon bald auseinanderentwickelten, sollten Fragen der gesellschaftlichen Wohlfahrt und Fragen nach dem letzten Grund und Sinn des menschlichen Lebens noch bis in die Gegenwart hinein in der Theologie ziemlich verwandten (oder auch: ihr materialistisch entgegengesetzten) Sprachen formuliert werden.

Auch in der Existenzphilosophie des XX. Jahrhunderts lebt die ›Ahnung‹ von Gott weiter, bald freilich ohne einen tröstlichen Rückhalt in katholisch-metaphysischen Gewißheiten: Wie sich in den Zwanziger Jahren Martin Heidegger ausdrückte, vollzieht die Philosophie mit ihrer (damals Phänomenologie genannten) Wendung zur Existentialanalyse oder ›Lebensauslegung‹ ein »sich zu sich selbst Zurückreißen des Lebens, religiös gesprochen, eine Handaufhebung gegen Gott«. Kein Wunder, daß sich an dieser Phänomenologie zugleich eine ganze Epoche ›neuer‹ Theologie schulen sollte.

Ein kalter Hauch des Heiligen Geistes – ein Echo der (universellen) Gottesfrage in der (individuellen) Sinnfrage, in jeder menschlichen Grenzsituation, Entscheidung, Schuld – weht uns gar noch im Pathos der französischen Existentialisten der fünfziger Jahre an. Daß der Mensch in der Revolte dem Lieben Gott gegenüber alles andere als gleichgültig ist, hat etwa Albert Camus stets betont. Der Revoltierende [der umgedrehte, umgetriebene *homme révolté*] fordere Gott eher heraus, als daß er ihn leugnete. »Ursprünglich beseitigt der Revoltierende Gott nicht, er spricht einzig als Ebenbürtiger zu ihm.« Doch handele es sich nicht um ein höfliches Kamingespräch, sondern um einen Kampf, »eine Polemik, mit dem Wunsch, zu siegen [...] Die Rebellion des Menschen endet als metaphysische Revolution.«

Auch wenn ihre Antworten wahrlich nicht mehr nach Kirchenmusik klingen (wir hören statt dessen die Trompete Boris Vians, später Charlie Parker und Miles Davis...), in den Theaterstücken Jean-Paul Sartres und den Schriften Albert Camus' sind sie alle noch da, die Fragen aus dem alten Katechismus von Papst Pius X.: *Wer* (wenn überhaupt) hat die Welt erschaffen, geordnet oder eingerichtet? *Wer* (wenn überhaupt jemand) hat die Menschen als geistbegabte, endliche Lebewesen in diese Welt hineingeworfen und »zur Freiheit verdammt« (Sartre)? – und warum? Gibt es ein letztes Ziel menschlicher Existenz? Ist (wenn überhaupt) jemand auch für das Unglück verantwortlich, für Leiden und Scheitern, Katastrophen und Tragödien? *Et cetera.*

**5** DIE WELTLICH GEWORDENE WELT. Der Ungläubige unseres ersten Typus, der heroische Atheist oder Agnostiker, fährt fort, die Fragen zu stellen, auf die der klassische Theismus die Antworten bereithielt. Sei er nun Idealist oder Materialist, Empirist, Skeptiker oder Existentialist, so begreift er doch – um in der Sprache Søren Kierkegaards zu reden – den ›Ernst‹ der Herausforderung zum und durch den Glauben, und er stellt sich ihr durch begründete Verneinung oder bewußte Verweigerung. Dem von Kierkegaard in *Die Krankheit zum Tode* geforderten »christlichen Heroismus« aus dem Glauben – »das Wagnis zu unternehmen, ganz man selbst zu werden, ein einzelner Mensch, dieser bestimmte einzelne Mensch, allein vor Gott« – stellte dieser Ungläubige des ersten Typs einen atheistischen Heroismus entgegen. Der oft nicht minder tragisch ausfiel als die gläubige ›Erbauung‹ des dänischen Schriftstellers aus christlicher Radikalität.

Anders der Ungläubige des zweiten Typs, ein Phänotyp, wie er sich wohl erst im XX. Jahrhundert massenhaft verbreitet hat. Der gleichgültig Nichtgläubige versteht die Frage nach Gott nicht mehr als drängende Frage. Auch wenn er die Worte noch kennt, so berührt ihn die Frage gar nicht in seinem innersten, wahrhaftigen oder ›ethischen‹ Selbst beziehungsweise Verhältnis zu sich selbst, in seiner ›Sorge‹ um sich; und sie ruft in ihm daher weder quälende Zweifel hervor, noch provoziert sie ein aktives *Nein!* – Glaubst du an Gott, den Allmächtigen? – Wie bitte? – Oder auch: Vergiß es! – Denn selbst wenn es (einen) Gott geben sollte, so spielte das praktisch gar keine Rolle mehr. Weder für mich persönlich, noch für die Art und Weise, wie unsere Gesellschaft funktioniert. – Also: Was soll's?

Diesen sozusagen passiv Nichtgläubigen, deren Eltern häufig Atheisten des ersten Typs waren, ist jeder heroische Aufstand wider den Glauben oder Unglauben ihrer Väter fremd. So haben sie auch *gegen* den Glauben anderer wenig einzuwenden, solange dieser Privatsache und mithin sozial folgenlos bleibt. Soll sich ein jeder doch seine Seele so tapezieren, wie er lustig ist ...

Wo aber sind die Ursachen für die verbreitete Indifferenz gegenüber dem Glauben zu suchen? Eine provokative Antwort auf diese Frage stammt vom schottischen Philosophen Alasdair MacIntyre.

Für ihn ist die in der westlichen Welt gewachsene kulturelle Irrelevanz der Gottesfrage nicht nur das Ergebnis der Fortschritte der technischen Weltbeherrschung, der Wirklichkeitswissenschaften und ihrer philosophischen Interpretationen. Diese Entwicklungen hatten bekanntlich bereits im XIX. Jahrhundert zu einer weitverbreiteten philosophischen Krise des Gottglaubens geführt. Die defensive Reaktion der christlichen Denker auf diese Krise des Theismus habe nun dem kulturellen Konflikt um den Glauben an Gott zunehmend den Boden entzogen: Im XX. Jahrhundert »bietet der Theismus den Atheisten immer weniger Material für ihren Unglauben *[in which to disbelieve]*. Damit raubt er dem aktiven Atheismus ein Großteil seiner Bedeutung und Stärke und ermutigt den eher passiven Atheismus der Gleichgültigen«.

Im XIX. Jahrhundert, im Gefecht von Revolution und Gegenrevolution, war ja der aktive Atheismus noch selber eine höchst streitbare Konfession gewesen. In Frankreich bekriegten sich katholische Wunderprediger und positivistische Wissenschaftspropheten. Auf ein hartherziges und abergläubiges »Maulchristentum« (Heinrich Heine) der herrschenden Ordnung antwortete der *Nouveau Christianisme* Henri de Saint-Simons mit den Prinzipien der Wissenschaft und später die Forderung nach *Justice dans la Révolution et dans l'Eglise* (Pierre-Joseph Proudhon): Auf der einen Seite verschanzte sich die Heilige Allianz Alteuropas hinter alleinseligmachenden Dogmen und sammelte ihre irdischen Hilfstruppen und himmlischen Heerscharen zur Verteidigung der Throne und Altare des *Ancien régime* – auf der anderen Seite der Barrikade wehte die Trikolore von Freiheit und Gleichheit, ertönte »ein neues Lied, ein besseres Lied« (Heinrich Heine), die Botschaft der Brüderlichkeit und die Versprechen der Wissenschaft.

Die Saint-Simonisten und später die Anhänger von Auguste Comtes ›positiver Philosophie‹ verstanden sich sehr wohl als weltliche *Gegen*-Kirche, als Klerus der Wissenschaften, der mit Industrie und Kooperation, mit Vernunft und Solidarität die Versprechen der Bergpredigt besser einlösen könnte als eine von Obskurantisten in Unwissenheit gehaltene Herde gehorsamer Schäflein von Kirchgängern unter römischem Kommando.

Doch nach endlosen inneren Grabenkriegen bezieht sich im XX. Jahrhundert auch die moderne Theologie und natürlich erst recht die Religionsphilosophie immer mehr auf die Erfahrung oder Erwartung einer (wie es nun schien) endgültig ›säkularisierten‹, also rein weltlich gewordenen sozialen Welt – und auch die Seelsorge der großen Kirchen folgte diesem Trend, wenngleich mit großem zeitlichen Verzug und Widerstand, insbesondere in Rom. Die Alternative war der Rückzug der Gemeinschaft der Gläubigen in ein dichtgestricktes konfessionelles Milieu, *intra muros ecclesiae.* – Aber auch dann ging man davon aus, daß ›draußen‹, außerhalb der Wagenburg der Rosenkranzbeterinnen, *in partibus infidelium,* eine völlig andere soziale Logik und moralische Ökonomie regiert als ›drinnen‹: die alles zersetzenden, jede Wahrheit korrumpierenden Kräfte von Geld und gewissenloser Wissenschaft. Als Dschungel und Versuchung bedrohte die weltliche Moderne die kirchliche *societas perfecta.*

Das Weltverständnis der modernen Gesellschaft orientiert sich ja stärker an der wissenschaftlich-technischen Zivilisation, es unterliegt einer ständig beschleunigten Dynamik des kulturellen Wandels. Demgegenüber erschien im XX. Jahrhundert die Muttersprache des christlichen Glaubens immer mehr Menschen der modernen europäischen Gesellschaft als veraltet – es sei denn in Situationen von Krieg und Krise, von Angst und Not. Die blieben freilich nicht aus.

Gewiß gab es auch im XX. Jahrhundert sozialreformerische und politisch revolutionäre Interpretationen der christlichen Botschaft, wie die berühmten ›Theologien der Befreiung‹ in Lateinamerika oder Südafrika, später dann die antitotalitäre ›Theologie der Zivilgesellschaft‹ in kommunistischen Diktaturen. Doch lassen sich diese häufig als bloße Anpassung der Theologie oder Rede von Gott an den jeweils dringlichen politischen oder sozialen Krisendiskurs interpretieren, der auch ohne den Lieben Gott auskommen mag. Nach der Revolution (nach der Abschaffung der Apartheid, der Niederlage des Kommunismus, der Einführung der Demokratie) verlieren dann diese politischen Theologien viel von ihrer Plausibilität im jeweiligen Volke Gottes – und die politischen Theologen entdecken nun die ›Gotteskrise‹.

**6** **DER FREMDE GOTT.** In der säkularen Welt der Moderne spielt weder der eine, logische Gott der Philosophen noch der eine, persönliche Gott Abrahams, Isaaks und Jakobs irgendeine zentrale, für alle verbindliche Rolle mehr. Im Gegenteil: In einer Situation des um sich greifenden weltanschaulichen ›Pluralismus‹ kann man sogar wieder ein ›Lob des Polytheismus‹ (Odo Marquard) vernehmen. Denn die liberale Gesellschaft akzeptiert immerhin einen weitgehenden ›Polytheismus der Werte‹ (Max Weber); sie toleriert zahlreiche Kulte und akzeptiert alle möglichen Versionen von Gottheit, welche nun als bloße ›Privatsache‹, als Optionen nach Belieben der Einzelnen gelten. Schließlich leben in immer mehr Ländern immer häufiger Menschen mit entgegengesetzten Weltanschauungen oder aus konkurrierenden Glaubensgemeinschaften zusammen. So müssen (jedenfalls in freien Gesellschaften) ganz verschiedene Religionen toleriert werden. Wie sich die ›Säkularisierung‹ der modernen Welt, ihr religiöser ›Pluralismus‹ und die ›Privatisierung‹ der Glaubenserfahrung genau zueinander verhalten, kann uns hier nicht weiter beschäftigen – es gibt zahlreiche kontroverse Theorien dazu.

Offenkundig ist jedenfalls, daß die Welt von heute nach rein weltlichen Prinzipien strukturiert, verstanden und regiert sein will. Die doch an *alle* Welt gerichtete Botschaft des Glaubens von Gottes Güte, Allmacht, Gerechtigkeit oder Gnade läßt sich jetzt nicht mehr in *einer* für alle Welt plausiblen und auch von allen Zeitgenossen verstandenen Sprache ausdrücken – und zwar weder im Vokabular der Umgangssprache noch nach den Regeln der Wirklichkeitswissenschaft.

In dieser Welt läßt sich die Sprache des Glaubens nur um den Preis noch ernst nehmen, daß man sie *nicht* wörtlich nimmt. Sie wird dann zur Rede von etwas anderem: etwa zum sprachlich unpräzisen Ausdruck ganz bestimmter Gefühle oder Erlebnisse; oder aber zum den Glauben nur mehr bezeugenden, aber keine Tatsachenwahrheit mehr behauptenden Dokument einer ›ethischen‹ Grundentscheidung. Solch eine Deutung finden wir bei Philosophen wie Søren Kierkegaard und Ludwig Wittgenstein – wir kommen sogleich auf sie zurück.

Von anderen wird die Rede vom Glauben eher ethnologisch oder soziologisch gefaßt – das heißt, man redet jetzt ›wertfrei‹ *über* den Glauben (anderer), in der dritten Person. Wörtlich genommen paradoxe Ausdrücke des Glaubensbekenntnisses erhalten einen Sinn, wenn man sie in etwas anderes übersetzt beziehungsweise auf etwas anderes reduziert: auf die Zugehörigkeit zu einer Volksgruppe, als Ausdruck einer Lebensform, als symbolische Bekräftigung oder Evokation einer moralischen Haltung, als Begleitmusik eines Rituals.

Auch der berühmte und postum von einem deutschen Nachrichtenmagazin veröffentlichte Satz Martin Heideggers »Nur noch ein Gott kann uns retten« bestätigt diese Fremdheit des christlichen Glaubens in der modernen Welt nur: »ein Gott« – sagt der alte Philosoph, *irgendeiner.* Der als Katholik erzogene und studierte, doch schon in seiner Jugend dem »System des Katholizismus« abtrünnig gewordene Heidegger verwendet hier ganz bewußt – willentlich häretisch oder heidnisch – den unbestimmten Artikel, um deutlich zu machen, daß es ihm jedenfalls nicht mehr um den christlichen Gott geht. ›Ein Gott‹, das ist nur noch eine von mehreren Möglichkeiten, vielleicht gar eine von mehreren Gottheiten im modernen Polytheismus der Werte und Idole. ›Ein Gott‹ ist jedenfalls nicht *der* (eine) Gott, der als allmächtiger Vater die Welt richten und unsere Wunden heilen könnte.

So sprechen am Ende des XX. Jahrhunderts gerade die fortschrittlichen und politischen Theologen im Westen von einer ›Gotteskrise‹ (Johann Baptist Metz, Jürgen Moltmann). Und anders als bei den leidigen Konflikten um liberale Sexualmoral und revolutionäre Befreiungstheologie stimmen ihnen diesmal die höchsten Würdenträger der Rechtgläubigkeit zu. Die Irrelevanz der Sprache des Glaubens in der modernen Welt erscheint ihnen weitaus gefährlicher als jeder offene Unglaube. Joseph Ratzinger, der einstmalige Präfekt der katholischen Glaubenskongregation im Vatikan, schrieb: »Gott zählt nicht im Ethos der Menschen. Wenn es ihn gibt, so hat er jedenfalls mit uns nichts zu tun – das ist praktisch die allgemeine Maxime. Er befaßt sich nicht mit uns, wir nicht mit ihm.« Längst gilt die ›unsichtbar‹ gewordene Religion (Thomas Luckmann) als Gemeinplatz der Religionssoziologie; schon Nietzsche hatte ja in der *Morgenröthe* den »sanften Moralismus« wohlwollender Gutmenschlichkeit als »Euthanasie des Christentums« diagnostiziert.

Am Ende des Jahrhunderts rief daher auch der Papst Johannes Paul II. zu einer Neu-Evangelisierung der ehemaligen Kernlande der Christenheit auf: zur *Metanoia,* zur Umkehr Alteuropas, der einst christlichen Wiege der westlichen Moderne. Karol Wojtyla bestätigt damit die Diagnose Friedrich Nietzsches, der über hundert Jahre zuvor, im nachgetragenen fünften Buch zur *Fröhlichen Wissenschaft,* von den »ersten Schatten« spricht, welche das »größte neuere Ereignis – daß ›Gott tot ist‹, daß der Glaube an den christlichen Gott unglaubwürdig ist [...] – über Europa zu werfen« beginnt. Im selben Jahr (1886) bemerkt Nietzsche in *Jenseits von Gut und Böse,* seinem Vorspiel einer Philosophie der Zukunft, »daß zwar der religiöse Instinkt mächtig im Wachsen ist – daß er aber gerade die theistische Befriedigung mit tiefem Mißtrauen ablehnt«.

7 PARADOXON. Damit ist auch für Menschen, die weiter am Glauben festhalten wollen, oder aber für solche, die sich neu zum Glauben entscheiden, die Welt ihres Glaubens (oder: die Welt, neu gesehen im Lichte ihres Glaubens) nicht mehr dieselbe Welt wie die ihres sozialen Alltags. Ihre ›innere‹ (absolute) Glaubenswahrheit und die Kriterien ›äußerer‹, sozialer, wissenschaftlicher, kultureller Plausibilität decken sich nicht mehr. Im Augenblick, in dem sie ernstlich zur Deckung gebracht werden sollen, kommt es zur Krise – dann konstituiert sich ein Paradox.

Um die Mitte des XIX. Jahrhunderts hatte dies bereits der christliche Radikale Kierkegaard behauptet – damals freilich weniger wider die wissenschaftlich-technische Zivilisation gewandt als gegen die Philosophie einer weltlich gewordenen Vernunft, die Philosophie Hegels. Und Kierkegaards Protest war zugleich Kriegserklärung an ein vernünftig gewordenes, weltfrommes Christentum: die offizielle evangelisch-lutherische Staatskirche seines Landes Dänemark.

In seinen *Philosophischen Brocken* zitiert Kierkegaard eine Bemerkung Tertullians, eines frühchristlichen Apologeten aus Karthago im III. Jahrhundert (übrigens ein Kirchenlehrer, welcher selber als Sektierer endete). Charakteristischerweise zitiert er sie falsch, vermutlich aus dem Gedächtnis – und zwar mit einer für die moderne Problematik des Glaubens symptomatischen Bedeutungsverschiebung. Tertullian hatte die für das spätantike philosophische Bewußtsein so anstößige Vorstellung einer Menschwerdung Gottes als *credibile, quia ineptum* charakterisiert. Die Inkarnation (also wörtlich ›Fleischwerdung‹) des göttlichen Wortes im Leben und Sterben Jesu Christi sei – so schärft der selber als Heide geborene Tertullian den Christengemeinden ein – gerade in ihrer Anstößigkeit eine Glaubenswahrheit. Gottes Menschwerdung ist »glaubwürdig, weil sie unschicklich ist«: und zwar ebenso unschicklich für die philosophisch herrschende Meinung der spätantiken Gebildeten wie für die das Christentum der ersten Jahrhunderte ernstlich bedrohende elitäre Konkurrenzreligion der Gnostiker (und auf die zweite Abgrenzung kam es dem Apologeten insbesondere an: Tertullian, *De carne Christi*, V. 4).

Wenn nun Kierkegaard diesen Satz des karthaginensischen Kirchenlehrers als *credo quia absurdum* zitiert oder erinnert – »ich glaube, weil es widervernünftig ist« –, so bringt er damit zum Ausdruck, daß die vernünftige Logik der modernen Welt(erfahrung) und die existentielle Logik des Glaubens nicht mehr zueinanderpassen. Die unbedingte ›ethische‹ Wahrheit aus dem Glauben widerspricht den pragmatischen Wahrheiten der Welt (oder ›des Lebens‹). Der Übergang vom (zweck)rationalen Standpunkt des Lebens zum christlichen ›Ernst‹, um den es Kierkegaard geht, ist jetzt ein Sprung in den Glauben. Er kann innerhalb der Sprache der säkularen Welt nicht mehr plausibel begründet werden. Nur das erlebte Paradox – nur der Augenblick, nur die *Metabolè* – vermag noch von der einen Weltsicht zur anderen zu führen, ohne doch beide Welten vermitteln zu können.

◆

Im XX. Jahrhundert hat sich nicht zuletzt Ludwig Wittgenstein mit dieser Unübersetzbarkeit der Sprache des Glaubens in die Sprachen der empirischen Wissenschaft und empiristischen Philosophie herumgeschlagen. Wittgenstein, ein *am* Glauben Zweifelnder, geht bereits davon aus, daß Glaubenswahrheiten nicht als Tatsachenbehauptungen – über empirische Fakten – begriffen werden können. »Es kommt mir vor, als könne ein religiöser Glaube nur (etwas wie) das leidenschaftliche sich entscheiden zu einem Koordinatensystem sein. Also obgleich es Glaube ist, doch eine Art des Lebens, oder eine Art, das Leben zu beurteilen. Ein leidenschaftliches Ergreifen *dieser* Auffassung.« Es gibt natürlich Erlebnisse des Staunens, der Erfahrung absoluter Geborgenheit, der Verzweiflung *et cetera,* die einen solchen Sprung motivieren können – aber sie lassen sich nicht mehr in einer für alle gleich gültigen Sprache ausdrücken. »Das Paradoxe ist, daß ein Erlebnis – ein Faktum – übernatürlichen Wert zu haben scheint« *(Vermischte Bemerkungen).*

– Aber wird nicht damit eine rationale Auseinandersetzung mit dem und über den religiösen Glauben überhaupt unmöglich?

– Ja, gewiß – und natürlich nicht. Gewiß – in dem Sinne, daß man gewiß niemanden zum Glauben an die Offenbarung mit rationalen (empirischen oder metaphysischen) Argumenten überreden kann. Solch ein ›wissenschaftlicher‹ Beweis für die Offenbarung wäre vielmehr Aberglauben. Aber nicht einmal die Erzählungen, die Gleichnisse, die Bilder der Offenbarung selbst könnten uns zum Glauben bewegen. »Nicht die [Heilige] Schrift, nur das Gewissen kann mir befehlen – an Auferstehung, [Jüngstes] Gericht etc. zu glauben«, schreibt Wittgenstein in seinen *Tagebüchern* (27. Januar 1937).

»Und mein Unglaube kann mir nur insofern zum Vorwurf gemacht werden, als entweder mein Gewissen den Glauben befiehlt – wenn es so etwas gibt –, oder als es mir Niedrigkeiten vorwirft, die mich in einer Weise, *die ich aber nicht kenne,* nicht zum Glauben kommen lassen. Das heißt, so scheint es mir, ich soll sagen: Du kannst jetzt über einen solchen Glauben gar nichts wissen, er muß ein Geisteszustand sein, von dem du gar nichts weißt und der Dich solange nichts angeht als Dein Gewissen ihn Dir nicht offenbart; dagegen hast du jetzt deinem Gewissen in dem zu folgen, was es dir sagt. Einen Streit über den Glauben kann es für Dich nicht geben da Du nicht weißt, (nicht das kennst) *worüber* gestritten wird. Die Predigt kann die Vorbedingung des Glaubens sein, aber sie, durch das was in ihr vorgeht, kann den Glauben nicht bewegen wollen. (Könnten diese Worte zum Glauben verbinden, so könnten andere Worte auch zum Glauben verbinden.) Das Glauben fängt mit dem *Glauben* an. Man muß mit dem Glauben anfangen; aus Worten folgt kein Glaube. Genug.«

Aber das heißt natürlich nicht, daß man zum Glauben kein Wort mehr verlieren sollte. Das hat auch Wittgenstein nicht getan. Er ist vielmehr seit den späten dreißiger Jahren in Gesprächen und Vorlesungen immer wieder darauf zurückgekommen. Es sollte für ihn dabei nur nicht um läppische Fragen gehen: um die wissenschaftlichste Art und Weise, sagen wir die Unsterblichkeit der Seele, die biblische Schöpfungsgeschichte oder das Jüngste Gericht zu beweisen. Schließlich erweise sich der Glaube nicht in der Fähigkeit des Gläubigen, das beste Repertoire von Argumenten für solche oder andere Glaubenswahrheiten parat zu haben, »sondern vielmehr dadurch, daß er sein ganzes Leben regelt. [...] In einem gewissen Sinne muß man so etwas den festesten Glauben nennen, weil dieser Mensch für diesen Glauben Dinge wagt, die er für andere, ihm weitaus besser demonstrierte Sachen nicht riskieren würde« (1938).

## VIERTES KAPITEL

# Welt und Warum

»Nicht wie die Welt ist, ist das Mystische,
sondern daß sie ist.«
Ludwig Wittgenstein, *Tractatus*

---

*Warum gibt es überhaupt irgend etwas – und nicht viel-
mehr nichts?* – Auf diese Frage lautet die rechte monotheistische
Antwort: Weil Gott als allwaltendes höchstes Wesen das so gewollt hat. Gott allein hat die Welt – alles, was es gibt – geschaffen.
Nur Er ist ungeschaffen.

*Was ist denn hier fragwürdig?* – Nur wir finden es doch
verwunderlich, daß es überhaupt irgend etwas gibt und nicht
Nichts. – Wer ist ›Wir‹?

---

1 WARUM-FRAGEN UND ÜBERHAUPT-FRAGEN. Warum
es überhaupt irgend etwas gibt? Sind Sie denn sicher, daß es
sich hierbei um eine sinnvolle Frage handelt?

– Was stört Sie daran?

– Gar nichts. Ich verstehe nur nicht, was Sie wirklich wissen
wollen!

Wenn wir eine Warum-Frage stellen, wollen wir doch stets
etwas ganz Bestimmtes wissen. Für gewöhnlich fragen wir nach
der Ursache für eine (zu dieser Zeit oder an jenem Ort) unerwartete Tatsache: *Warum* zum Teufel ist der Blaubeerkuchen aus dem
Kühlschrank verschwunden? Vor einer halben Stunde war er doch
noch da! (Antwort: Weil Fritz ihn aufgegessen hat...). Oder wir
fragen etwa nach dem Grund für eine bestimmte unerwartete
Handlung, die uns irgendwie erklärungsbedürftig scheint: Fritz,
du kommst jetzt sofort einmal her! *Warum* hast du bloß den Blaubeerkuchen weggeputzt? (Wir wollten ihn doch nachher gemeinsam essen...)

Im Hinblick auf solche Tatsachen, auf Unterschiede in Raum und Zeit (vorher/nachher; so und nicht vielmehr so …), ist es dann ganz natürlich und sinnvoll, nach einem ›Warum?‹ zu fragen. Denn nur wo es Veränderungen gibt (zuerst hier und dann dort, vorher so und nachher anders), haben wir Anlaß, Fragen nach Ursache und Wirkung zu stellen – oder nach den Gründen für diese oder jene Handlung zu suchen, welche ja einen bestimmten Zustand in der Regel verändern will. Oder wir fragen auch, warum bestimmte erwartbare Veränderungen ausbleiben … Wenn es aber *überhaupt* nichts gibt, so gibt es auch keinen Raum mehr, kein Vorher und kein Nachher, keine Veränderungen und leider auch keinen Blaubeerkuchen.

Und genau das stört manche an solchen Überhaupt-Fragen: Nicht so sehr, daß sie unbeantwortbar wären, sondern daß sie – genau besehen – unverständlich sind! Ohne die raumzeitlichen Hinsichten unserer Wirklichkeit gibt es nämlich gar kein (wie immer) bestimmtes ›Warum?‹. Punktum!

– Na ja: Wenn es überhaupt nichts gäbe, keinen Raum, keine Zeit, keine Welt, keinen Kuchen, dann gäbe es natürlich auch *uns* nicht, die wir (uns) diese Frage stellen. *Ask a silly question, get a silly answer,* meint hier der amerikanische Ontologe David Lewis. (Denn diese Antwort erzählt uns ja überhaupt nichts Neues: Nichts, was wir nicht bereits wüßten.)

– Aber ist nicht gerade *das* so erstaunlich?

– Was denn?

– Das ›daß‹: *daß* es überhaupt etwas gibt; *daß* es darunter auch diese uns bekannte Welt gibt, mitsamt ihren raumzeitlichen Koordinaten (und dem Blaubeerkuchen); *daß* es darin schließlich auch uns gibt (und unsere Chance, Warum-Fragen zu stellen). Und so stellen wir diese ›Überhaupt‹-Frage.

– Gegenfrage: Wer ist denn hier das ›wir‹? ›Wir Menschen überhaupt‹ sind es jedenfalls *nicht.* Nicht alle Menschen wundern sich schließlich über die Dinge – darüber, daß es *überhaupt* etwas gibt; über die Welt und über den Menschen. Ganz im Gegenteil mag manchem weitaus eher das Sich-darüber-Wundern (daß es die Welt gibt) selber reichlich wunderlich vorkommen: »Und wenn es nichts gäbe, würden Sie sich immer noch beklagen«, geht die

Retourkutsche des amerikanischen Pragmatisten Sidney Morgenbesser.

Die Glaubenswahrheit, daß die Welt geschaffen wurde, daß *alles, was es gibt,* eine Schöpfung Gottes ist, ist zwar eine Antwort auf die unerhörte Frage nach dem ›Warum?‹ oder ›Um-willen‹ der Welt, der Gesamtheit der Dinge. Aber die Frage selbst ist überhaupt nicht selbstverständlich.

Um die vermutlich wichtigste Alternative gleich zu nennen: Siddharta Gautama, der vermutlich im VI. oder V. vorchristlichen Jahrhundert in Nordindien lebende Wandermönch, der als ›Buddha‹, das heißt ›der Erleuchtete‹, zum Ordensgründer und Religionsstifter wurde, betrachtete »metaphysische Spekulationen darüber, wer die Welt geschaffen haben könnte und warum, als reine Zeitverschwendung, sogar als Hindernis auf dem Weg zur Erlösung« (Hans Wolfgang Schumann).

Im modernen Westen hingegen nahm der europäische Universalist Gottfried Wilhelm Leibniz zu Beginn des XVIII. Jahrhunderts gerade diese Frage, warum es überhaupt etwas gibt, zum Ansatzpunkt seiner für einen interessierten Laien, den »edlen Ritter« Prinz Eugen von Savoyen, verfaßten Zusammenfassung der Grundeinsichten von Natur- und Gotteswissenschaft nach dem Prinzip vom zureichenden Grund: *pourquoi il y a plutôt quelque chose que rien? (Principes de la nature et de la grâce,* n.7). Und im XX. Jahrhundert sollte noch der Schwarzwälder Existentialist Martin Heidegger diese »Frage nach dem Nichts« in seiner Freiburger Antrittsvorlesung (1929) ausdrücklich zur »Grundfrage der Metaphysik« erklären: »Warum ist überhaupt Seiendes und nicht vielmehr Nichts?«


2 HIMMELSRICHTUNG DES DENKENS. Nicht alle Kulturen wollen also diese Frage verstehen. Nur uns Menschen westlicher Bildung scheint sie auch dann noch (wie) selbstverständlich, wenn wir ihre theistische Antwort abweisen oder in Zweifel ziehen.

– Wen meinen Sie jetzt eigentlich mit ›uns‹ oder mit dem ›Westen‹? Doch wohl keinen politisch oder geographisch eingeschränkten Begriff! Sollten wir vielleicht an Kulturzonen denken? An historisch gewachsene Mentalitätsbrüche zwischen den Zivilisationen: zwischen Morgenland und Abendland, im Aufgang und im Untergang des Lichts der Vernunft...

– Gott bewahre, nein! Es geht im folgenden um Denkmuster, nicht um Kontinente. Die Frage nach dem Warum (überhaupt) ist ja keine Mauer, kein Graben, kein eiserner Vorhang. Sie begrenzt keine Imperien!

– Vielleicht stiftet sie aber Denkformen? Und damit scheidet sie vielleicht, wie eine Wasserscheide, Vorstellungswelten voneinander!

– *Okay,* sie öffnet unseren Denkraum für die Himmelsrichtung des Zweifels. Wohin genau aber diese Wahrheitssuche führt, darüber ist man sich im Westen ja gerade uneins.

Der philosophische Westen, das *ist* dieser Streit! So, wie ihn etwa Raffael in seiner *Schule von Athen* porträtiert hat, dem berühmten Fresco im Vatikanspalast, welches er für die Stanzen von Papst Julius II. malte.

– Ha! In derselben *Stanza della Segnatura* präsentiert uns doch derselbe Maler, just auf der gegenüberliegenden Wand, sogleich auch die christgläubige Auflösung aller Zweifel: Da thront dann die Allerheiligste Dreifaltigkeit als Quelle und Bezugspunkt aller Wahrheit(en). Verehrt wird ihre göttliche Majestät vom himmlischen Halbkreis eines honorigen Hofes aus Gelehrten und Heiligen, Propheten und Patriarchen. Auf Erden wenden sich die Kirchenlehrer und Kirchenfürsten dem Geheimnis von Gottes Anwesenheit im Altarssakrament zu.

– Meinen Sie wirklich, die Idee der Dreifaltigkeit des einzigen Gottes (auf die wir noch zurückkommen müssen) vermöchte den Streit der Weisen um die rechte Wahrheit zu befrieden? Da sollten Sie mal einen flüchtigen Blick in jede beliebige Kirchen- oder Dogmengeschichte werfen. Ganz im Gegenteil hat schon die Christen der ersten vier Jahrhunderte nichts stärker entzweit als die Lehre von der dreifachen Seinsweise des einen Gottes, als Vater und Sohn und Heiliger Geist. Ohne diesen Streit gäbe es auch das Dreifaltigkeitsdogma, die theologische Formel dieser Wahrheit, überhaupt nicht.

Und wenn Sie demnächst wieder in die Vatikanischen Museen gehen sollten, dann schauen Sie sich dieses Fresco noch einmal genauer an: Auch für Raffael lösen sich die theologischen Rätsel eben *nur* im Himmel. Dort oben herrschen wahrlich heilige Eintracht und selige Andacht unter Aposteln und Patriarchen. Auf Erden aber läßt Raffael seine Theologen »in Gruppen von sechs, drei oder zwei die Angelegenheit disputieren. In ihren Gesichtern sieht man eine gewisse Neugier und Besorgnis«. So beschrieb schon Giorgio Vasari in seiner Vita Raffaels das seither *Disputa* genannte Fresco.

Einige der Disputanten schlagen in Büchern nach, andere schreiben mit; denn sie wollen »Gewißheit über das erlangen, worüber sie im Zweifel sind; und indem sie mit den Händen gestikulieren und bestimmte Körperhaltungen einnehmen, legen sie ebenso Zeugnis von ihrem Streitgespräch ab wie durch aufmerksames Lauschen, das Zusammenziehen der Augenbrauen und durch ihr ebenso mannigfaltiges wie eigentümliches und auf viele verschiedene Weisen zum Ausdruck gebrachtes Erstaunen« (Vasari). Man sieht, wir sind in Italien.

– Aber wo liegt denn nun der Westen? Und wer gehört dazu? Zu *uns:* mithin denjenigen, welche solch metaphysische (Warumüberhaupt-)Fragen stellen wollen oder verstehen können?

– Na, auf eine geographisch klar umzäunte Zone können *wir* uns gewiß nicht beziehen. Der Westen ist eine Himmelsrichtung des Denkens. Unsere unbefragten Selbstverständlichkeiten aber, erst recht unsere großen Fragen und Fragwürdigkeiten sind im Westen auch durch das Bild des Himmels und das Buch vom Lieben Gott geprägt.

– Geben Sie's doch zu! Dieser Westen kommt aus dem Osten!

– Ich würde es lieber mit Jorge Luis Borges sagen, »daß die okzidentale Kultur unrein ist, insofern als sie nur zur Hälfte okzidental ist«. Die Sonne des Westens, die Frage nach der Wahrheit, ging auf im Osten. Im Osten hinterließ der wahre Gott »jene fortdauernde Offenbarung, welche die Heilige Schrift ist« (Borges).

– Und was passiert dann, auf ihrer Wanderung in den Westen?

– Da breitet sie sich aus, da wird missioniert und dann die göttliche Wahrheit über Jahrhunderte rationalisiert: zu Spezialdisziplinen kleingearbeitet, Material für Fachleute von Gotteswissenschaft und Weltweisheit, mit Regeln für Gottesdienst und Menschenführung. Die vom Einen Gott gestiftete Wahrheit wurde im Westen zum Wachstumszweig.

Sowie zur spezialisierten Industrie: Während in der Morgenröte der Offenbarung einst nur wenige Erwählte die himmlische Wahrheit vernahmen und Gottes Gebote und Verheißungen den wenigen Getreuen kündeten, welche die unerhörte Botschaft verstehen konnten oder annehmen wollten, wird später ein ganzer Apparat aus Schriftgelehrten und Spezialisten an ihrer Interpretation und Implementation arbeiten. Und mit ihren kanonisch standardisierten Produkten der Offenbarung erobert dann der Westen die ganze Welt.

– Aber verliert er nicht das Feuer? Mit all seinen sorgfältig ausgeklügelten Regeln und Prozeduren mag der Westen ja Arbeitsplätze schaffen für Priester und Metaphysiker. Von der ursprünglichen Offenbarung aber bleiben vielleicht am Ende nur noch eherne Gehäuse übrig? Gesetze ohne Ethos, Maschinen ohne Seele, Vernunft ohne Leben …

– Jedenfalls stoßen alle Archäologen der westlichen Denkungsart immer wieder auf zwei Kulturleistungen, zwei kulturelle Imperative. Und Sie haben recht, deren historische Wurzeln liegen im Nahen und Mittleren Osten: Da ist zum einen der metaphysische Anspruch der Einen Vernunft. Danach muß die Welt (oder sagen wir: *alles, was es gibt*) nach einheitlichen Prinzipien begriffen werden, in einem Gesamtzusammenhang dargestellt werden können (wie immer diese Einheit dann auch verstanden, begründet, bewiesen wird). Das ist ja nicht selbstverständlich: Warum sollte es eigentlich nicht viele Welten geben, mit ganz unterschiedlichen Realitätsmustern, mit konkurrierenden, einander vielleicht sogar widerstreitenden Prinzipien? Nun, selbst das, so denken wir im Westen noch heute, müßte doch irgendwie vor dem Richterstuhl der einen Vernunft aufgezeigt werden können (etwa dadurch, daß diese an ihre Grenzen stößt).

– Wie aber vermochte dieser famose Einheits-Code sich überhaupt durchzusetzen? Die immer schon vorausgesetzte Einheit der Welt *und* somit die Einheitsforderung an ihre Erklärung?

Warum vermag diese Einheitssuche noch bis heute sogar die meisten Vernunftkritiker zu beherrschen oder wenigstens zu beeindrucken? Egal, ob es sich nun dabei um Sophisten oder Skeptiker handelt, um Pragmatisten oder Empiriker.

– Vielleicht hängt genau das mit dem zweiten ursprünglichen Imperativ des Westens zusammen, dem religiösen Wahrheitsimpuls der drei westlichen MONO-theismen, des jüdischen, christlichen und islamischen Glaubens an den wahren Gott. An dessen einziger Weltenmacht stoßen sich noch all jene, die sich auflehnten wider SEin Einheitsgebot; und ihre Revolten werden am Ende nicht bloß niedergeschlagen, sondern in Gehorsam und Vernunft dogmatisch widerlegt. Noch die Ketzer und Abtrünnigen bauen also wider Willen mit an der dogmatischen Architektur des rechten Gottesglaubens.

So triumphiert im monotheistischen Westen der HERR auch noch über alle Formen der Abwehr wider SEin Gesetz, alle Gründe der Leugnung des rechten Glaubens, alle Motive der Verdrängung, Bewältigung oder Verweltlichung SEiner Gebote.

– Aber doch höchstens bis ins XX. Jahrhundert!

– Vielleicht. Aber das letzte Wort ist hier noch nicht gesprochen. Jedenfalls ließ zumindest gegen Ende des XX. Jahrhunderts nicht nur der Gottglauben im Westen nach, sondern auch der Vernunftglauben. Die gebildeten Klassen verloren mit Gott ihre intellektuelle Zuversicht zum radikalen Zweifeln, unbedingt und immer weiter nach dem ›Warum‹ zu fragen.

– Im Westen? Ich bitte Sie! Nur einige wohlhabende Spinner der West Coast (und der Entspannung suchende Mittelstand in mitteleuropäischen Wellness-Centern) überließen sich fernöstlichen Therapeuten und den Weichspülern des Wassermannzeitalters.

3 **IM WESTEN DER WAHRHEIT.** Der Westen, das ist eine *umma*, eine geistige Gemeinschaft. Er ist inzwischen überall, aber nicht beliebig. Dazu gehören die Bürger von Idealstädten der Vergangenheit und Pflanzstädten der Zukunft, aus geistigen *civitates* und schriftgelehrten *Républiques des lettres,* in denen auch die ›Warum‹-Frage nach dem Anfang und Zweck der Schöp-

fung der Welt ihre Heimstatt hat. Westliche Zeitreisende kommen aus ›Athen‹ oder ›Jerusalem‹, oder aus ›Alexandria‹, ihrer zeitweiligen Kombination in der Spätantike. Sie sind auf der Pilgerschaft nach ›Mekka‹, oder sie suchen das verlorene muslimische Gemeinwesen der Frühzeit in ›Medina‹ unter der rechten Leitung des Propheten. Sie wandern auf einem der vielen Wege *nach* ›Rom‹, aber das ließ im Mittelalter bekanntlich in ›Paris‹ denken. Oder aber sie sind auf der Flucht *vor* einem ›Rom‹, das zum sündigen Babylon wurde. Und dann fliehen sie nach ›Genf‹, in calvinistische Pflanzstädte, unter die Fittiche lutherischer Obrigkeiten oder in freigeistige Kommunen ...

Heute wohnen Bürger all dieser Glaubens- oder Idealgemeinschaften längst ebenso in Seoul oder Kapstadt, in Manila oder Abu Dhabi, unter einheimischen Mehrheiten oder Minderheiten – oft ›ineinandergemischt‹ mit konkurrierenden *civitates,* wie dies schon der heilige Augustinus von der wandernden Kirche Christi im Römischen Reich behauptet hat (Civ. Dei, I.35). Ebenso wie umgekehrt natürlich heute auch die Anhänger, Lehrer und Schüler fernöstlicher Weisheit(en) schon lange unter uns im Westen wohnen.

Das ›Wir‹ all der Leute, welche sich darüber wundern, daß es überhaupt irgend etwas gibt und nicht vielmehr nichts (die also weiter danach fragen, *warum* es wohl die Welt gibt), ist im Prinzip all-umfassend, die Gruppe könnte jede und jeden einbeziehen. Das griechische Wort dafür ist übrigens ›katholisch‹. Und der katholische Papst schrieb denn auch in Rom vor einigen Jahren, *jeder* Mensch sei ein Wesen, das »die Wahrheit sucht«; und insofern er oder sie »nach dem Grund der Dinge und nach ihrem Ziel« frage, sei jeder Mensch »von Natur aus ein Philosoph« (Johannes Paul II., *Fides et Ratio,* N.3 und N.64).

*Müssen* sich darum alle Menschen diese radikalen ›Warum‹-Fragen stellen? Jemand, der dies bereits tut, mag es quälend finden, wenn ihn seine Gesprächspartner einfach nicht verstehen wollen: Sie sehen die Schönheit eines Sonnenuntergangs, Madame X., Sie beobachten wundersame Bakterienballette unter dem Elektronenmikroskop, Dr. Z., oder in freier Wildbahn den Daseinskampf der Feldmäuse ... und Sie finden all das nicht einmal erstaunlich? Sie fragen gar nicht weiter: nach dem Sinn und Zweck der ganzen Veranstaltung? nach Herkunft und Zukunft der Welt? nach dem ›Um-willen‹ von *allem, was es gibt?* Ja, was sind Sie denn für ein Wesen, ohne Herz oder ohne Verstand? Sind Sie etwa Buddhist? Oder logischer Positivist?

»Ohne das Staunen würde der Mensch in die Monotonie verfallen«, meinte auch der Heilige Vater der Katholiken, »und sehr bald zu einer wirklichen Existenz als Person unfähig werden« (Johannes Paul II., *Fides et Ratio*, N.5). Faktisch werden aber solche Fragen »nach dem Ursprung der Dinge« nur in einem Teil der Menschheit gestellt; oder doch nur bei ›uns‹ so verstanden, daß Vernunft und Glauben sie beantworten könnten. Sollte da der Papst tatsächlich behauptet haben, daß alle anderen »zu einer wirklichen Existenz als Person unfähig« sind? Nun, Johannes Paul II. war selber mal Philosophieprofessor und hat sein Fach zeitlebens geliebt. Es soll ja auch Mathematiklehrer geben, die ein Leben ohne das Vergnügen an der zwecklosen Gültigkeit arithmetischer Wahrheiten für unmenschlich fade halten.

Wenn Sie also im Folgenden über ein ›wir‹ stolpern sollten, so verstehen Sie das bitte wie eine intellektuelle Einladung, die der britische Philosoph Bernard Williams einmal so formuliert hat: »Es geht hier nicht darum, daß ›ich‹ ›Ihnen‹ (oder ›Dir‹) erzähle, was ich und andere denken, sondern um eine Aufforderung an Sie, darüber nachzudenken, inwieweit Sie und ich bestimmte Dinge denken und vielleicht andere Dinge denken sollten.« Was Sie dann tatsächlich denken und meinen, denken zu sollen, ist ganz Ihre Sache.

4 **DER ELEFANT UND DIE SCHILDKRÖTE.** Ganz im Gegensatz zur westlichen Form von Wahrheitsstreben und/ oder Gottsuche sehen die großen Hochkulturen und Religionen im (Fernen) ›Osten‹ den Pfad echter Weisheit gerade darin, daß wir unser angestrengtes *warum*-Fragen, das *Sich*-Wundern lassen – und vor allem: das ›sich‹ bei unserem Sich-Wundern hinter uns lassen. Nicht krampfhaft, sondern gelassen. Die Welt zu nehmen und die Dinge zu nennen ohne ein ›warum?‹, ohne Sinn und

Zweck, voller Anmut, doch ohne Bedeutung – wie das japanische Haiku, eine Poesie ohne lyrisches Ich (Byung Chul-Han): »Kein Mensch ist zu sehen, / im Frühling, wie hinterm Spiegel, / die Pflaumenblüte« (Bashô).

Das philosophische Bilderbuch-Exempel für diesen Osten ist der berühmte und von westlichen Aufklärern wie John Locke oder David Hume immer wieder gerne herbeizitierte indische Philosoph, welcher auf die Frage, worauf die Erde (be)ruht, antwortete: »Auf einem Elefanten.« – Und worauf steht der Elefant? – »Auf einer Schildkröte.« – Und worauf steht die Schildkröte?

> »Doch, wem ist auszuforschen es gelungen,
> wer hat, woher die Schöpfung stammt, vernommen?
> Die Götter sind diesseits von ihr entsprungen!
> Wer sagt also, wo sie hergekommen?«

So heißt es (in der Übersetzung Helmuth von Glasenapps) im berühmten Weltschöpfungslied des altindischen *Rigveda* aus dem II. Jahrtausend vor Christus, in dem zuvor mehrere verschiedene Versionen der Kosmogonie aus einem anfangslosen, eigenschaftslosen Ur-›Es‹ geschildert werden: aus Liebesverlangen, aus Hitze, als Geburt, durch Emanation, durch (einen oder mehrere) selber wiederum entstandene göttliche Demiurgen. Dazu kommt dann noch, in den Worten des Indologen Alex Michaels, der Mythos von einem ursprünglichen Inzest, »aus dem die Welt entstanden sei – in einem gefährlichen Akt, bei dem aus Zweien ein Drittes wird«. Michaels kommentiert diese verwirrende Vielfalt solcher früh- und mittelvedischer Schöpfungsbilder mit der knappen Bemerkung, man könne »alles und nichts aus ihnen ziehen«, dualistische oder monistische Weltbilder, theogone Mythen von der Zeugung der Götter oder der Erschaffung der Welt. »Nur eins ist sicher: Es gab offensichtlich kaum das Bedürfnis, diese Vorstellungen zu vereinheitlichen und zu reduzieren.«

– Und warum finden ›wir‹ westlichen Monotheisten, Physiker oder Metaphysiker solche Antworten irgendwie unbefriedigend? Wenn Sie wollen, könnten wir die Beispiele ja auch aktualisieren: Woraus besteht die Welt? – Aus Atomen. – Und woraus bestehen Atome? – Aus unvorstellbar kleinen Teilchen, in der Größenordnung von $10^{-15}$ m: Protonen und Neutronen (beziehungsweise ihren Bestandteilen, den ›Quarks‹) sowie den um diese ›Kerne‹ kreisenden Elektronen und Neutrinos. Aneinander gebunden und gegeneinander konfiguriert sind diese Partikel durch den Austausch von Photonen und ›Kraftteilchen‹, in einem komplizierten Spiel aus vier Grundkräften: Schwerkraft, Elektromagnetismus, starke und schwache Kernkraft. Zufrieden?

– Nein! Wir wollen bei Gott wissen, worauf die Schildkröte ruht. Und wie fest sie steht. Wie solide ist ihre Ruhe? Wie starr sie doch ist! Nicht mal mit dem Lid zuckt sie. Sollte sie etwa schlafen?

Findet die Quantenphysik (nur) einen, letzten, kleinsten, gemeinsamen Baustein von *allem, was es gibt?* Eine letzte, unteilbare (also: ›atomistische‹) Grundeinheit? So wie die ›Quarks‹ genannten Teilchen, aus denen sich die Atomkerne zusammensetzen? Oder sind es die mit ihren ca. $10^{-35}$ m noch gut zwanzig Zehnerpotenzen kleineren ›Strings‹? Die freilich lassen sich schon nicht mehr als vierdimensionale Teilchen begreifen (in drei Raumdimensionen sowie der Zeit als vierter Dimension). Wollte man sie mathematisch beschreiben, so verhalten sie sich nicht wie Punkte im dreidimensionalen Raum, sondern wie eindimensionale Fäden oder ›Saiten‹, die aber in zehn oder elf verschiedenen Dimensionen ›schwingen‹ können. Die restlichen Dimensionen, heißt es, seien irgendwie in diese schwingenden Elementarfäden ›verwickelt‹. Aber was heißt denn hier, neben den bekannten vier noch sechs oder mehr zusätzliche Dimensionen ›einzurollen‹? Wer spult hier auf – wer setzt in Schwung?

Quantenphysiker suchen nach einer Weltformel für den Bauplan der ›Großen Vereinheitlichenden Theorie‹: nach einer eleganten ›Symmetrie‹, welche beide, elementare Teilchen und Grundkräfte, zusammenbringen könnte. Ist es die gesuchte ›M‹-Theorie, Membran oder Mutter aller String-Theorien, vielleicht die letztgültige ›Theorie Von Allem‹ (TOE: *Theory Of Everything*)? So wäre sie die letzte, wahre und also schöne Formel für die Musik, nach welcher die ›Saiten‹ im Felde der Gravitation schwingen. Ihre Klänge wiegen die Schildkröte in den Schlaf. Wer aber schrieb die Weise?

**5** LEBENSWELT UND WISSENSWELT. Unser Wissen von der Welt, unser Umgang mit ihr, unser Tun und Lassen in der Welt bewegen sich normalerweise in einem Umkreis des Vertrauten: vertraute Gegenstände, praktische Routinen, soziale Beziehungen, plausible Erwartungen. Dieser vertraute Horizont umfaßt und definiert unsere ›Lebenswelt‹. Er begrenzt sie gewissermaßen von innen – denn sobald wir etwas vom ›Außen‹ erleben, verwandeln wir es uns bereits an: Indem wir seine Erfahrung machen, ist es schon Bestandteil unserer Welt, die nun eine andere ›Außengrenze‹ hat.

Vermittelt, indirekt hängt dieser lebensweltliche Horizont auch mit den manchmal elastischeren, manchmal rigideren Plausibilitäten unserer ›Wissenswelt‹ zusammen. Deren Gegenstände und Zusammenhänge, Bestandteile und Fakten sind uns normalerweise nicht stets präsent, sondern nur virtuell vorhanden. Wir müssen da oft erst nachfragen oder nachschlagen oder elektronische Dateien durchforsten, wenn wir etwas suchen; aber wir wissen zumeist schon, wo wir suchen müssen.

Diese Wissenswelt deckt sich nicht mit der Lebenswelt. Ihr Horizont reicht ja viel weiter als unser direkter Erfahrungsraum.

– Na, sind Sie sich da wirklich sicher? In mancher Hinsicht ist der Horizont des Wissens womöglich noch viel enger gezirkelt als unsere Erfahrung: Er erweitert nur unser Wissen, nicht unsere Welt. Wenn wir einmal von ihrem technologischen Nutzwert absehen, was fügen denn schon graue Theorie, mathematische Formeln und theoretische Objekte unserer Welt hinzu? Sie verlassen die Plausibilität von Handgreiflichkeit oder Anschaulichkeit; sie nehmen uns die wohlige Wärme mancher Irrtümer sowie die kalte Übermacht mancher Gewißheit; sie zerstören das Abenteuer der Mythen oder die Farbe von Illusionen.

– Mein Lieber, Ihr Lamento wider die Episteme ist gewiß recht populär (heutzutage leider Gottes auch bei vielen sentimentalen Theologen), aber vielleicht doch ein wenig borniert oder kurzsichtig. Bedenken Sie nur: Für jede bildhafte Bauernweisheit, die uns im Aufbau der Wissenswelt verlorenging, entstanden doch zugleich neue Rätsel der Vernunft. Gewiß, sinnliche Gewißheit und praktische Routine müssen sich nunmehr vor neuen

Gerichtshöfen rechtfertigen; in Salon und Seminar werden das tradierte Wissen der weisen Frauen oder die handfesten Daumenregeln harter Lebens- und Überlebenskunst zuweilen radikal dekonstruiert, zu theoretischen Diskursen verdünnt. Und bei alldem gelten dann ganz neue Spielregeln, weit entfernt von lebenspraktischer Relevanz.

Aber wir wollen nicht vergessen, was wir mit diesem Spiel gewinnen können! Eine neue Welt, neue Schrecken und ungeahnte Schönheiten eröffnet uns die Arbeit am Logos: Idealisierungen und Symmetrien, konsistente Hypothesen und abstrakte Extasen.

– Ich vermag diese Schönheiten nicht recht wahrzunehmen. Wenn etwa der theoretische Physiker Brian Greene im Titel seines Bestsellers vom ›eleganten Universum‹ spricht, dann steckt diese Eleganz ja gewiß nicht in den netten comicartigen Schaubildern des Buches. (Die sind doch bestenfalls witzig.) Wieso müssen denn erfolgreiche Theorien eigentlich ›elegant‹ sein? Von Schiedsrichtern des Geschmacks und Königinnen der Mode verlangt man doch auch nicht, sie sollten sich auf Physik verstehen?

Natürlich sei es denkbar, »daß die Natur nicht alle Symmetrien verwirklicht, die mathematisch möglich sind«. Das gibt auch Greene sofort zu: »aber es wäre jammerschade. Stellen Sie sich vor, Bach hätte zahlreiche Stimmen zu einem wunderbaren musikalischen Symmetriemuster verflochten und dann den letzten auflösenden Takt weggelassen«. Die Eleganz, von der Greene schwärmt, ist eine mathematische Qualität, also ausschließlich die Eigenschaft von Theorien. Hier geht es um die bisher allerletzte Schule der Vereinigung von Kosmologie und Mikrophysik. Mit ihren mathematischen Modellen eines ›supersymmetrischen‹ Balletts von schwingenden Masse/Energie-Saiten (den famosen *strings*) werde uns die Superstringtheorie schließlich die große Vereinigung aller Grundkräfte bescheren (der starken, der schwachen, der elektromagnetischen Kraft und der Gravitation) in einer Super-*Theory Of Everything*.

Im Lichte einer neuen mathematischen Matrix (Edward Wittens »M«- oder Master-Theorie) ließen sich zuvor konkurrierende, einander ausschließende Stringtheorie-Versionen rekonstruieren, vereinheitlichen, rationalisieren. Und dabei wurde das quantenphysikalische Feld virtueller Materie, welches da unser aller physikalischen Wirklichkeit ›zugrunde‹ liegen soll, sogleich um neue Bestandteile vermehrt: neben die eindimensionalen *strings* treten zwei- und mehrdimensionale Membrane *(brans)*; schließlich sei auch noch eine weitere, auf ewig unsichtbare elfte Dimension nötig, in der jetzt unsere Superstrings swingen. Sinnlich wahrnehmen, hören oder sehen oder auch nur empirisch testen können wir die virtuelle Materie der zehn- (oder jetzt eben *elf-*)dimensionalen Superstrings niemals (schon aufgrund ihrer Größenordnung in ›Planck-Längen‹ um die $10^{-33}$ m). Aber ihre Musik sei komplexer, polyphoner, kurz: eleganter geworden.

Die *strings* gehören somit zu unserer Wissenswelt: also zum Felde umstrittener wissenschaftlicher Hypothesen, die untereinander um Wahrheit und Eleganz konkurrieren. Aber sie gehören *noch nicht* zu unserer Lebenswelt. (Das wird erst dann der Fall sein, wenn etwa eine Zeichentrickserie die Abenteuer der Spannungen, *spins* und Symmetrien unserer kleinen Freunde der Superstrings so populär macht wie Ernie und Bert von der *Sesamstraße*. Oder wenigstens so anschaulich wie all die schönen und recht ›planetarisch‹ ausschauenden Atommodelle, die in den Fünfzigern des letzten Jahrhunderts zum Bilderbuch des Fortschritts gehörten.) Und nicht nur die Lebenswelt ist begrenzt, auch die Wissenswelt.

Auch die Grenzen der Wissenswelt sind *innere* Grenzen: gezogen durch vergangene Irrtümer, durch das Scheitern bestimmter Hypothesen und Wissenschaftstraditionen, durch epistemische Plausibilitätsstandards, durch die Regeln mathematischer Eleganz oder den Kanon kultureller Konventionen: Welches sind die angemessenen Fragen? Welche vielversprechenden theoretischen ›Paradigmata‹ könnten uns dabei helfen, diese zu beantworten? Welche Methoden haben sich diskreditiert? Heute gehören etwa die Astrologie, aber auch die Wissenschaft vom Lieben Gott *nicht mehr* zu unserer legitimen Wissenswelt.

– Sie sind wohl einfach nicht elegant genug?

– Doch beide haben für viele Menschen durchaus eine lebensweltliche Bedeutung behalten, und für andere mögen sie diese neu gewinnen.

**6** HORIZONT UND WELTENRAUM. Alle unsere – lebensweltlichen, wissensweltlichen – Plausibilitäten haben somit
Grenzen. Die kann man erweitern: durch Weiter(er)fahren, Wei-
terprobieren, Weiterforschen, Weitererzählen. Und die Welt wird
damit immer mehr zum offenen Erfahrungsraum.

Im Bild vom ›reinen‹ Horizont können wir gar die Faszination
einer zum abstrakten Raum möglicher Erfahrungen werdenden
Welt noch einmal sinnlich fassen: »diese große simple Linie« des
Horizonts im Rundblick auf freier See fasziniert den ›Landschafts-
zeichner‹ Goethe auf seiner Überfahrt von Neapel nach Palermo,
im April 1787. »Hat man sich nicht ringsum vom Meere umgeben
gesehen, so hat man keinen Begriff von Welt und von seinem
Verhältnis zur Welt.« Auf allen Fahrten, mit jeder neuen Erfahrung schieben wir den Horizont all dessen, was wir beobachten
können, zwar immer weiter hinaus, doch die Linie, an der offene
See und freier Himmel sich treffen, bleibt stets dieselbe. Wir überschreiten (auf lateinisch: transzendieren) diese Grenze nie.

– Aber wieso ist sie dann überhaupt eine Grenze? Wer hat denn
die Grenzlinie gezogen? Sie steht ja nicht einmal fest!

– Eben darum können wir sie nicht loswerden! Unser Erfah-
rungs- und Erkenntnishorizont ist mobil, aber *eben deshalb* un-
überschreitbar! Dieses Paradox hat der soziologische Systemtheoretiker Niklas Luhmann folgendermaßen beschrieben: »Während
der aktual erlebte Sinn ständig wechselt, ist der durch Horizont
gehaltene Möglichkeitsspielraum stabil, aber nicht aktualisierbar.
Das Aktuale und damit Evidente und Sichere ist also labil, das
Stabile [die fixe Horizontgerade auf offener See] dagegen weder
aktualisierbar noch sicher.«

Auch die mit der neuzeitlichen Naturwissenschaft seit Galilei
und Newton verwirklichte kosmologische Öffnung »der geschlos
senen Welt zum unendlichen Universum« (Alexandre Koyré) hat
das Paradox des Horizonts nicht beseitigt. Sie hat die gerade
Linie nur vervollständigt zum dreidimensionalen, globalen Rundblick. Das alte Firmament ist als Totalrundblick zum unsichtbaren
Kugelhorizont geworden.

Seit einigen Jahrzehnten, seit Astronauten unseren kleinen
Erdglobus von außen sehen können (und wir auf Erden Zurück-

gebliebene ihre Filmaufnahmen mitverfolgen), gibt es eine neue Sicht auf diesen unsichtbaren Horizont: Die Erde kreist im offenen Raum wie ein Raumschiff, auch unser Sonnensystem, auch unsere und andere Galaxien werden vom ›leeren‹ Weltenraum umfaßt. Dieser aber – und das können wir eben nicht mehr direkt ›sehen‹ (sondern nur noch wissen) – expandiert weiter, ins Offene.

Die von einer beliebigen Quelle im ›Raum‹ ausgesandten Lichtimpulse bewegen sich ja gleichmäßig in alle Richtungen fort, mit derselben Lichtgeschwindigkeit. (Sofern sie nicht von Gravitationsfeldern, ›Pulsaren‹ oder Neutronensternen abgelenkt werden, also von extremen Schwerkraftkonzentrationen – wenn sie nicht gar von den noch dichteren Schwarzen Löchern verschluckt werden.) Also hat unser ›metagalaktischer‹ Beobachtungshorizont im Universum, das heißt der Bereich, den Hochleistungsteleskope erreichen können, die Gestalt einer (wachsenden) Kugel, die in der Dimension von ›Zeiträumen‹ gemessen wird.

In kosmologischer Betrachtung umschließt dieser Horizont sogar noch unsere vierte Dimension, die Zeit. Dann jedenfalls, wenn wir der Hypothese vom expandierenden Universum folgen, die sich seit den zwanziger Jahren des letzten Jahrhunderts in der *Scientific Community* durchgesetzt hat. Die aufsehenerregenden Entdeckungen, die der amerikanische Astronom Edwin Hubble mit seinem Hundert-Zoll-Teleskop auf dem Mount Wilson machte, brachten immerhin Albert Einstein dazu, seine Annahme eines statischen Universums aufzugeben: Spektralanalysen einfallenden Lichts, das uns von fernen Galaxien oder ›Welteninseln‹ erreicht, zeigten, daß sich diese fernen Welten immer weiter von uns und voneinander entfernen. Der von ihren Lichtimpulsen erfaßte (oder durch sie konstitutierte) ›Raum‹ dehnt sich beständig aus.

– Wie ein kosmischer Luftballon?

– Ja, freilich kennen wir nur seine Innenseite. Die virtuelle, unsichtbare Oberfläche unserer expandierenden Weltenraum-Kugel »umschließt nur einen Bruchteil der physikalischen Wirklichkeit«, warnt uns hier sogleich Martin Rees, einer der bedeutendsten Kosmologen und seines Zeichens *Astronomer Royal* Ihrer britischen

Majestät: »mehr noch, was wir sehen, ist nicht notwendigerweise ›typisch‹. Jenseits des Horizonts können neue äußerst komplexe Schichten von viel größerem Maßstabe liegen«.

– Nun, ohne aus unserem Weltraum hinausblicken zu können, werden wir von solch anderen Maßstäben einfach nichts wissen. Als Naturwissenschaftler bleiben wir an den Horizont unserer Welt gebunden.

Deren expandierender Raum mißt auch die Zeit unseres Universums. Davon gehen zumindest alle die kosmologischen Modelle aus, die auf einem sogenannten ›Urknall‹ basieren: *In/mit/aus* jenem anfänglichen Nicht-Ereignis (denn noch gab es ja weder Raum noch Zeit) entfaltet die anfängliche Konzentration *aller* Masse/Energie die Dynamik, aus der unsere physikalische Welt einmal entstand und die noch heute alle Galaxien des Universums bewegt und auseinandertreibt.

– Und wann soll das gewesen sein?

– Vorsicht! Alles, was wir von jenem *Big Bang* wissen können, sind ja nur Rückschlüsse, die wir aus der Analyse von Lichtsignalen der allerentferntesten Galaxien ziehen. Daraus erschließen oder berechnen dann die verschiedenen kosmologischen Modelle die Geschwindigkeit(en) der Expansion(en) des Universums.

Im alten Standardmodell des *Big Bang* verläuft die Ausdehnung des Universums nach der anfänglichen gewaltigen ›Explosion‹ eines extremen Masse/Energie-Konzentrats linear weiter. Heutige Kosmologen vermuten darüber hinaus zumeist noch eine ›inflationäre‹ Phase, in der sich das Universum nach seinem Ursprung mit gewaltigen Energieschüben gleichsam auflud und aufblähte.

– Und woher stammten diese neuen Energieladungen?

– Lassen wir das! Es wäre schon wieder eine andere Debatte …

**7 LICHTSCHRANKE WELTZEIT.** In einem stimmen natürlich alle diese Modelle überein: Je länger der Weg, den ein Lichtimpuls zurücklegen muß, bis er unser Teleskop erreicht, um so älter ist seine Lichtquelle. *Je weiter* sich also unser kosmischer Horizont bereits von uns entfernt hat, *um so älter* ist unser Universum: um so mehr Zeit-Raum trennt seine derzeitige Ausdehnung von der ›Anfangssingularität‹ (aus unvorstellbar hoch verdichteter Energie/Masse des Urknalls).

Gemäß dieser Entsprechung können wir dann in unseren kosmologischen Theorien den vom *Big Bang* ausgesandten Zeitpfeil auch zurückverfolgen. Sein Weg durch die Lichtjahre folgt der unaufhaltsamen Ausdehnung des Weltenraums; und im Rückschluß mißt dessen Weite das Alter der Welt: Mit Lichtgeschwindigkeit weist die Expansion des Alls zurück auf seinen raumzeitlosen Anfang, als Raum und Zeit und Materie noch eins waren. Wir können Ausdehnung und Alter des Alls mit demselben Licht-Zeit-Maß messen.

– Und welchen Radius hat denn nun dieser expandierende Horizont? Wie alt wäre danach unser Universum?

– Ach, diese Zahlen ändern sich doch ständig. Außerdem hängen die jeweils feststellbaren Distanzen doch ab vom Stand der Teleskopentechnik (also auch davon, wie lange etwa die NASA ihr Hubble-Teleskop im Orbit noch finanziert). Oder von der Ausrüstung von Satelliten und Sonden der Weltraumprogramme. (Und ich sage Ihnen: Würden die Bedrohungen des islamistischen Terrors aus dem Weltraum kommen, gäbe es gewiß bald schon mehr, bessere, präzisere Sensoren und Forschungsprogramme für solche empirische Kosmologie.)

Aber gut, *for the time being* können wir vielleicht sagen: Nach den Entdeckungen beziehungsweise Berechnungen, die im Frühjahr 2004 am Hubble Space Telescope, am Keck Telescope in Hawaii, am Very Large Telescope in Chile *(et cetera)* gemacht wurden, dürften die jüngst entdeckten und ältesten bekannten Galaxien über 13 Milliarden Lichtjahre entfernt sein. Damit – so hieß es – näherten sie sich dem vermuteten Urknall um nur wenige Hunderte von Millionen Lichtjahren an. Ein Sternensystem mit dem hübschen Namen »Abell 1835 IR 1916« sei nach französisch-schweizerischen Berechnungen 13,23 Milliarden Lichtjahre alt und damit nur 470 Millionen Jahre nach dem Urknall entstanden.

Wir setzen dabei natürlich voraus, daß die Lichtgeschwindigkeit vom Anfang der Zeiten bis in alle Ewigkeit konstant bleibt (also stets 300 000 Kilometer pro Sekunde beträgt).

– Und woher sollen wir das wissen?

– Es gibt in der Tat auch abweichende Stimmen, etwa die *VSL*-Theoretiker (die Abkürzung steht für *varying speed of light*). João Magueijo vom Londoner Imperial College nämlich glaubt, in den Frühphasen des Universums sei die Lichtgeschwindigkeit weitaus höher gewesen als heute. Damit ließe sich die merkwürdig gleichmäßige Dichte und Wärme auch noch der weitestentfernten Sektoren des Universums aus seiner Frühestphase plausibler erklären. (Nach der herrschenden Lehre konnten sie gar keine Wechselwirkung miteinander haben).

Natürlich werden diese Dissidenten der *VSL*-Abteilung von den orthodoxen Hohepriestern der Relativitätstheorie arg gemobbt...

– Das ist wahrlich kein Wunder! Immerhin sägen Physiker oder Kosmologen mit solchen Theorien doch nur selber am Ast, auf dem sie sitzen: die Lichtgeschwindigkeit als verläßliche Maßeinheit ist nachgerade Voraussetzung jeder Forschung. Welcher Staat würde denn ohne solch ein solides Fundament noch Gelder in Radioteleskope stecken?

»Um Naturwissenschaft zu betreiben, muß man das Vertrauen *[faith]* in eine sakrosankte und zuverlässige Grundlage haben«, kommentierte der britisch-australische Physiker Paul Davies diese Kontroverse um die Lichtgeschwindigkeit: »aus historischen Gründen ist die absolute Konstante der Lichtgeschwindigkeit eben ein Teil des Fundaments, auf dem das Gebäude der Wissenschaft errichtet wurde«. Will man aber für die Anfänge unseres Alls diese Konstante aus den Angeln heben, um die Gegenthese aufzustellen und wechselnde Lichtgeschwindigkeiten beweisen (oder widerlegen) zu können, auf welches unabhängige Maß, auf welchen ›feststehenden‹ Vergleichsraum könnten wir uns da wohl beziehen?

– *A good question.*

◆

Es gibt für Bewohner unseres Universums keinen unabhängigen Blick auf Raum und Zeit. Alle Hypothesen vom Anfang des Universums versuchen doch nur vergeblich, den fliehenden kosmologischen Horizont unserer Wissenswelt zu fixieren.

– Vergeblich? Vielleicht! Aber deshalb nicht falsch. Wir haben keine Alternative, als weiter zu messen und weiter zu vergleichen, als weiter zu fragen: Warum expandiert das All? Wann geschah der Urknall?

»Der Urknall ist in Wahrheit unser Horizont in der Zeit und im Raum«, lautet die präziseste Antwort. Sie stammt vom kanadischen Astrophysiker Hubert Reeves. Er fährt fort: »Wenn wir ihn als Nullpunkt unserer Geschichte betrachten, dann aus Bequemlichkeit und in Ermangelung eines Besseren. Wir sind wie Entdeckungsreisende vor einem Ozean. Wir sehen nicht, ob es hinter dem Horizont etwas gibt.« Daß unsere Erfahrung einen Horizont hat, ist ihre Grenze.

## FÜNFTES KAPITEL

# Immanenz und Transzendenz

>»Le silence éternel des ces espaces
infinis m'effraie.«
Blaise Pascal, *Pensées*

---

***Wer fragt da nach den Grenzen der Welt?*** – Gewiß wird mein Bewußtsein immer an einen Horizont seiner Weltsicht stoßen. Das ist doch gar nicht weiter verwunderlich. Ich bin schließlich selbst nur ein endliches Wesen. – Mein Bewußtsein ist also begrenzt.

***Begreifen wir denn wenigstens unser Bewußtsein?*** – Nein! Wir nehmen uns zwar selber bewußt wahr: mit Bewußtsein, im Bewußtsein, als Bewußtsein? Wir mögen auch kraft unserer Selbstwahrnehmung darum wissen, daß wir bewußt sind. Was das aber ist, bewußt zu sein, das begreifen wir nicht. – Was gibt es denn da noch zu begreifen?

***Trauen Sie etwa Ihrem Bewußtsein nicht?*** – Sie möchten vielleicht Ihre (Selbst-)Wahrnehmung noch verfeinern? Wir alle wollen uns doch vor möglichen (Selbst-)Täuschungen schützen. – Nein, das ist es nicht. Denn auch wenn ich irre, so bin ich es doch selbst: es bleibt mein Bewußtsein, das da irrt. Wie eigenartig, daß ein Sein auch ein Selbst sein kann!

***Kaum bin ich da, fange ich schon an zu fragen.*** – Oder ist es genau umgekehrt: Wird mir womöglich erst durch mein Fragen mein Dasein bewußt? (Ich frage mich, also bin ich?) – Die Welt fragt nicht, der Weltraum schweigt. Ich frage weiter, auch wenn ich schweige.

---

1 **PASCAL UND VALÉRY.** In einer der berühmtesten Zeilen aus dem XVII. Jahrhundert über das ›ewige Schweigen dieser unendlichen Räume‹ sprach der geniale Mathematiker Blaise Pascal schon von unserem offenen Universum, dem Weltraum

der modernen Astrophysik. Nun verstand sich derselbe Pascal im Streit um die neuzeitliche Gestalt des christlichen Glaubens zugleich als Apologet tragischer Frömmigkeit. So hat ihm drei Jahrhunderte später einer seiner Bewunderer und Kritiker, Paul Valéry, gerade an der zitierten Wendung vorgeworfen, er verstoße wider die »Ethik des Geistes«.

– Wieso? Und wie soll Pascal das getan haben?

– Sie werden lachen: Mit einem vollkommenen Gedicht! »Ein Elend, das gut schreibt« – das weiß Valéry, selbst Denker und Poet –, »ist nicht so endgültig elend, daß es nicht aus dem Schiffbruch einige Geistesfreiheit gerettet hätte, einiges Gefühl für den Rhythmus, einige Logik und einige Symbolik, welche dem, was sie aussprechen, widersprechen.«

Da hat Valéry durchaus recht. Man kann diese Zeile, rhythmisch skandiert, in der Tat als ein Gedicht lesen. Pascal, »Dichter des Schweigens«, gestaltet hier die offene Leere des unermeßlichen Raumes zum erhabenen Widerklang: *Le silence éternel* und *ces espaces infinis* verfugt er zum symmetrischen Gegeneinander. Um dann sogleich dieser ewigen Harmonie, die Zeile schließend, den Schlag zu versetzen – *m'effraie:* den Schrecken in meinem Bewußtsein macht der Poet zum Schlußakzent.

> Dieser geräumige Vers entwirft das rhetorische Bild eines
> in sich vollständigen Systems, ein ›UNIVERSUM‹ ...
> Was das Menschliche anbelangt, das Leben, das Bewußtsein,
> den Schrecken – das alles drängt sich zusammen in dem Zeilensprung: M'EFFRAIE.
> Das Gedicht ist vollkommen.

– Was aber kritisiert Valéry daran?

– Die Stimmung: Nicht vom Himmel, erst recht nicht aus der Wissenschaft, sondern »aus sich selbst hat [Pascal] dieses ewige Schweigen hervorgeholt«. So habe er »den Gegensatz zwischen Erkenntnis und Seelenheil auf eine grobe und entsetzliche Weise übertrieben«.

– Oje! Da lassen wir zunächst einmal das Seelenheil ruhig beiseite! Ansonsten bestätigt nämlich Paul Valéry in seiner Kritik dieselbe Erfahrung, die auch Blaise Pascal angesichts der unfaßbaren Weiten des Weltenraums evoziert hatte: den Schrecken einer Grundlosigkeit im Bewußtsein.

Auch Valéry fühlt sich ja des Nachts mit dem Blick auf »unerreichbare Klarheiten« der Sternbilder geheimnisvoll berührt. »Wir finden uns seltsam vereinfacht. Alle Nähe ist unsichtbar; alles, was unsere Sinne erfassen, ist unberührbar. [...] Wir finden uns überwältigt, gesteinigt, verschlungen, vernachlässigt von diesem vielzähligen Funkeln.« So erfahren wir uns und den bestirnten Himmel als »zwei voneinander getrennte Anwesenheiten und zwei nicht an einander meßbare Naturen«; so »verlieren [wir] für eine Weile die vertraute Illusion, daß die Dinge uns entsprechen«.

Daß es zwischen uns und dem gestirnten Himmel »keinerlei Reziprozität« gibt, versetzt uns selbst in Unruhe: »An diesem toten Punkt können wir nicht verweilen.« Weil nun für Valéry »unser Empfindungsvermögen kein Gleichgewicht kennt«, fühle sich »unser Geist genötigt, sich selber anzureizen«. Der »Sternenunzahl, die den Augen ein Wunder ist, setzt unser Wesensgrund ein bestürztes Gefühl des Selbstseins entgegen, ein Gefühl unserer Einzigkeit – und zugleich des Alleinseins«. Und doch ist uns dieser vermeintlich ureigene ›Wesensgrund‹, von dem Valéry hier spricht, unser Selbst- und Bewußtsein, genauso unfaßbar wie der unerreichbare Horizont des Firmaments!

»Weil derart das, was wir am Himmel erblicken, und das, was wir am Grunde unser selbst gewahren, unserer tätigen Einwirkung gleicherweise entzogen ist [...], so stellt sich also eine gewisse Verbindung her zwischen der Aufmerksamkeit, die wir auf das Entfernteste richten, und jener Aufmerksamkeit tief in uns selbst.«

– Könnten wir da nicht wenigstens die »Hoffnung auf ein neues entscheidendes Ereignis am Himmel oder im Herzen« hegen?

– Nun, wenn Sie das unbedingt wollen, so hoffen Sie doch!

Paul Valéry selbst sieht offenbar gar keinen vernünftigen Grund für solche Hoffnungen. Aber »das allgemeine Empfinden religiöser Menschen«, so meint er, das sei anders gestimmt:

Sie sehen Gott in der funkenbestreuten Leere.
Sie hören ihn. Für sie ist das ewige Schweigen
durchtönt von der strahlenden Musik des kosmischen Lobgesanges.

Dem christlichen Apologeten wirft Valéry nicht etwa seinen Glauben vor, vielmehr seinen Schrecken. Pascal entdecke ja sogar noch am wissenschaftlich erforschten Himmel, »durchgesehen mit dem Fernglas, korrigiert von einer neuen Astronomie, [...] neue Gründe, sich zu fürchten«.

– Sind denn Hoffnung oder Furcht die einzig möglichen Alternativen? Und wenn ich nun beim Blick in den Himmel weder sublime Sphärenmusik vernehme noch geheimen Schrecken empfinde?

– *Messieurs!* Wie immer Sie auch gestimmt seien, *faîtes vôtre jeu!* Wollen Sie den Mathematiker als tragischen Poeten empfinden lassen? Empfehlen Sie dem Dichter den *esprit de géométrie?* Fühlt Ihre Seele kosmische Heimatlosigkeit, oder treibt Sie ein heroisches Pathos zur Wissenschaft? Hoffen, staunen, fürchten, streben? *C'est à vous:* M. Pascal, M. Valéry, das bleibt ganz Ihnen überlassen!

Wir Leser mögen solche Stimmungen hier guten Gewissens offenlassen. Soll doch ein jeder, nach eigener Façon, in den Himmel hineinhören, mit Herz und Raison, wie ihm zumute ist: Wird er das ewige Schweigen hören?

– Wir könnten ja die Lichtsignale solch fernster Leeren aus den elektronischen Zahlenreihen der Teleskope, vom Mount Wilson bis Hawaii, auch in Töne übersetzen: mittels elektronischer Musikprogramme von Synthezisern.

– Erhebt Sie denn solche Musik? Vielleicht schrecken uns dann ihre Klänge?

2 ›ÄUSSERE‹ UND ›INNERE‹ TRANSZENDENZ. Gleichgültig, ob wir das ferne Schweigen der Weltenräume nun in Dur vernehmen oder in Moll, auf jeden Fall werden wir uns *selbst* – als das Bewußtsein, das wir sind – stets ein ontologisches Rätsel bleiben. Bildlich gesprochen lauert also die Transzendenz nicht nur ganz weit ›draußen‹: dort, wo wir jenseits aller Galaxien, in Raum und Zeit, keinen festen Halt finden – sondern auch tief ›drinnen‹: in uns selbst, wo wir den Grund im Bewußtsein nicht fixieren können.

Die wissenschaftliche Neugier wird uns stets zu neuen, fernen Horizonten kosmologischer Forschung (ver)führen. Und die westliche Metaphysik (be)drängt uns, auch noch jenseits des Horizonts weiter nach dem ›Warum‹ zu trachten. Aber schon vor Beginn dieser Reisen tut sich bereits an unserem eigenen ›Wesensgrund‹ (wie Paul Valéry sich ausdrückte) ein Abgrund an Unfaßbarkeit auf. Kein Welthorizont enthält mein Ich; keine Weltgeschichte seit dem Urknall erklärt mich selbst; keine *theory of everything* und auch keine Weltformel wird mir jemals die Frage beantworten: Welchen Ort hat eigentlich mein eigenes Bewußtsein in der Wirklichkeit?

– Was wollen Sie denn eigentlich wissen? *Daß* Sie ein bewußtes Wesen sind, wissen Sie bereits (sonst könnten Sie ja Ihre Fragen gar nicht stellen!). *Wo* Sie Ihr Bewußtsein finden? Na, doch wohl bei sich selbst (so wie ich es in mir finde).

– Was aber bedeutet *in* mir, *bei* Ihnen? Das begreife ich nicht: Ich kann zwar mit dem Finger auf mich zeigen (ebenso wie auf Sie), aber mein Bewußtsein kann ich Ihnen nicht zeigen (und auch Ihres kann ich nur aus Ihren Äußerungen erschließen).

Ich kann gewiß mein Bewußtsein äußern, Ihnen meine Gedanken mitteilen. Schon dadurch, daß ich ›ich‹ sage. Aber in meinem ›ich‹ (und in *jedem* ›ich‹) liegt offenbar ein unaufhebbares Paradox unserer Weltbeschreibung. Wie kann es nur sein, daß die *Welt, wie sie ist,* zugleich *mich* enthält: die Existenz, die ich als das Bewußtsein, das Kontinuum, die Erinnerung meines Lebens bin? Denn ich bin ja das Zentrum meiner Weltwahrnehmung.

– Nicht jeder ist solch ein Egozentriker!

– Darum geht es doch nicht. Natürlich bin ich *nicht* das Zentrum der Welt. (Genausowenig wie Sie.) Jeder ist nur der perspektivische Mittelpunkt seines *eigenen* Welthorizontes; und wir erkennen diese ›zentrierte‹ Weltwahrnehmung sprachlich sofort an der ersten Person der Rede, welche Sie ja ebenfalls für sich verwenden, wenn Sie ›ich‹ sagen. Ein ontologisch einigermaßen ›faires‹ Weltbild wäre darum in den Worten des amerikanischen Philosophen Thomas Nagel ›azentriert‹: also *ohne* jedes privilegierte Zentrum der Beobachtung. – Oder eben mit so vielen Zentren, mit all jenen Milliarden von Bewußtseinen, daß diese sich wechselseitig aufheben oder aufsummieren zu etwas anderem: zur objektiven Beschreibung der *Welt, wie sie ist,* die mich nur als ein Faktum neben anderen enthält.

In dieser objektiv beschriebenen *Welt, wie sie ist,* finden zwar meine Existenz, mein Tun und Lassen ihren Platz; sogar den Inhalt all meiner Gedanken könnten wir mitprotokollieren. Aber alle diese Protokolle werden dennoch niemals *mich* in erster Person – *als* Subjekt – enthalten können. Und das ist ganz und gar unabhängig davon, wie präzise und vollständig, sensibel oder reflektiert die Tatsachen der Welt, auch die Erfahrungen meiner ›Innenwelt‹ beschrieben werden. Jeder Versuch, mich selbst so zu begreifen oder zu beschreiben, wie ich die Ereignisse der *Welt, wie sie ist,* beschreiben und begreifen kann – als Tatsache –, verfehlt mich zugleich als perspektivisches Zentrum meiner Erfahrung: als bewußtes ›ich‹, dem es in seinem Sein um sich selber geht.

Noch die vollständigste Beschreibung der Welt (sie enthielte auch alle in ihr lebenden Personen, inklusive der Protokolle aller physischen Ereignisse und psychischen Erlebnisse) ließe nämlich immer noch die Nachfrage offen: »Und welche dieser Personen bin *ich?*« Der subjektive Blickwinkel und der objektive Blick auf mich sind nicht ohne Rest in einander übersetzbar; mein Bewußtsein meiner selbst fällt nicht zusammen mit dem Wissen um mich als Person mit diesen oder jenen Eigenschaften, auch Bewußtseinszuständen.

**3** SEIN UND BEWUSSTSEIN. Mein Wissen um mich kann ich (mit)teilen, ich mag es sogar von anderen Personen beziehen (etwa von meinem Therapeuten oder Steuerberater), aber mein Bewußtsein nicht. Mein ›ich‹ kommt bei meinem So-oder-so-Sein immer zu spät an – oder es ist schon zu früh da. Die beiden Perspektiven bleiben einander unzugänglich: auch ich selber kann mein ›ich‹ nicht einfach wie ein Sein auffassen, weil ich dazu mein Bewußtsein »als reine Interiorität und Transzendenz *zugleich* denken müßte, was unmöglich ist« (meint Jean-Paul Sartre).

– Jedenfalls unmöglich für eine endliche Person.

– Wir, Sie und ich, sind aber endlich. So bleiben wir dazu verurteilt, die Perspektive der ersten Person immer zugleich einnehmen und transzendieren zu müssen. Wir kommen gar nicht umhin, sie auch dann einzunehmen, wenn wir von ihr in unserer Weltorientierung gerade absehen (wollen). Das ›ich‹, das ich bin, ist stets *zu früh:* es ist vor jeder objektiven Skizze der Wirklichkeit immer schon da.

Ich kann gar nicht anders, als die ›ich‹-Perspektive der ersten Person auch (und gerade) dann einzunehmen, wenn ich von ihr abstrahieren will (um von mir abzusehen, muß ich erst einmal ›ich‹ sein). So bleibe ich in jedem Erfahren oder Wissen der Welt meiner selbst (mit)bewußt. Mir bleibt gar nichts anderes übrig, als das Leben und die Welt in (oder aus) *meinem* Bewußtein wahrzunehmen, und zwar auch dann, wenn ich diese subjektive Hinsicht gerade außer acht lassen will. (Etwa: wenn ich aus moralischen oder anderen, etwa wissenschaftlichen Motiven zur Einstellung komme, daß die *Welt, wie sie ist,* ›azentriert‹ sein muß.)

Jedes Beschreiben oder Begreifen-Wollen meiner Situation in der Welt aber kommt auch stets *zu spät:* denn es erreicht mein ›vorreflexives‹ Bewußtsein nicht, welches alle meine Wahrnehmung immer schon begleitet, ohne ihr Thema zu sein. Um welchen Gegenstand es nämlich in meiner Weltwahrnehmung auch gehen mag, stets bin ich doch dabei – ob nun dieses oder jenes bemerkend – zugleich meiner selbst gewahr. Wenn ich jetzt das warme Rauschen des Sommerregens vor meinem offenen Fenster sehe, höre, spüre, atme, so muß ich dabei ja nicht eigens an mich (als den Wahrnehmenden) denken. Nicht einmal naß bin ich geworden. Und doch bin ich im Anblick, Geräusch, Gefühl, Geruch des Regens unmittelbar meiner gewärtig (oder mitbewußt).

»Mein unmittelbares Bewußtsein, wahrzunehmen, läßt kein Urteilen, Wollen oder Sich-Schämen zu. Es erkennt meine Wahrnehmung nicht, es setzt sie nicht: alles, was es an Intention in meinem aktuellen Bewußtsein gibt, ist nach draußen gerichtet, auf die Welt. Umgekehrt ist dieses spontane Bewußtsein von meiner Wahrnehmung konstitutiv für mein Wahrnehmungsbewußtsein.« (So wieder Jean-Paul Sartre.) Als nicht-reflexives Bewußtsein ermöglicht es erst die Reflexion, doch keine Reflexion kann es je einholen. Der in solche Paradoxa des Bewußtseins geradezu vernarrte Existenzphilosoph Sartre hat dafür den schönen – bewußt zirkulären, also treffenden – Satz geprägt: »jede bewußte Existenz existiert als Bewußtsein, zu existieren.« Und wenn der Existenztheologe Karl Rahner von der »mitbewußten Selbstgegebenheit des Subjekts« sprach, so meinte er wahrscheinlich dasselbe...

Ob es nun um mein implizites, ›unthematisches‹ Ich geht oder um mein reflektiertes, explizites Selbstbewußtsein, beide Versionen des ›ich‹ – das präreflexive Cogito und die Selbstgegebenheit des Subjekts (in) der Reflexion – bleiben für jede objektive Weltbeschreibung aus bloßen Tatsachenbehauptungen unerreichbar.

»Die objektive Wirklichkeit ist *nicht* die gesamte Wirklichkeit« – denn *ich* bin jedenfalls keine Tatsache. Meine endliche Subjektivität in erster Person »scheint also eine Tatsache zu sein, für die es keinen Platz in der Welt gibt, und nicht nur etwas, das in irgendeiner besonderen Form der Beschreibung und Auffassung der Welt keine Berücksichtigung finden könnte. Die Welt kann keine irreduziblen Tatsachen der ersten Person enthalten«, faßt der analytische Metaphysiker Thomas Nagel zusammen.


4 GRENZGÄNGER UND NETZWERKER. Unsere Lebens- und Wissenswelt weist unaufhebbare, nicht durch weiteres Forschen zu überwindende ›innere‹ Grenzen auf. Unsere Gewißheiten – seien diese nun lebensweltlich vertraut oder wissensweltlich konstruiert – haben unweigerliche Kehrseiten, wo unser Wissen blind wird oder unsere Rede leerläuft, weil sie nicht fassen kann, was wir meinen. Offenbar gehören solche notwendigen blinden Flecke zu unserer Endlichkeit als wahr-nehmende Lebewesen.

Zwei entgegengesetzte Extreme oder auch Varianten dieser Grenze haben wir nun skizziert: Im letzten Kapitel ging es um die prinzipielle Nicht-Erreichbarkeit des ›äußeren‹ Horizontes unserer Weltwahrnehmung (in Raum *und* Zeit). In diesem Kapitel nun stellen wir fest, daß wir unsere eigene Subjektivität prinzipiell nicht in objektive Weltbeschreibung übersetzen können. Gerade das uns Allervertrauteste – daß ich ›ich‹ bin – ist uns in keiner noch so trefflich objektiven Darstellung verfügbar. Oder, wie Ludwig Wittgenstein in seiner logischen ›Grammatik‹ von Tatsachenaussagen festhält: »Das Subjekt gehört nicht zur Welt, sondern es ist eine Grenze der Welt« (Tract. 5.632).

Sofern wir unserer ›ich‹-Existenz bewußt sind, haben wir somit die Welt der Tatsachen bereits verlassen, haben das ›an sich‹ negiert (wie Sartre sagte), sind darüber hinaus. Wir können somit in der Tat von ›innerer Transzendenz‹ sprechen.

– Die ist aber für jede(n) eine andere.

– Gewiß, und sie ändert sich auch beständig. Denn wir wissen natürlich, daß die prinzipielle Grenze von Sein und Bewußtsein historisch, sozial, kulturell immer wieder anders erfahren wird. Hier treten dann die historischen, die Kultur- oder Sozialwissenschaften des Glaubens und des Wissens in Aktion. Deren Befunde mögen auch wohl umstrittene Grenzziehungen von Immanenz und Transzendenz immer wieder neu verschieben – abschaffen werden sie sie nicht.

Was Menschen jeweils als un(er)faßbar gilt, hängt von ihrem Welt- und Erwartungshorizont ab. Der aber ist beständig neuen Veränderungen unterworfen: mal durch individuelles Lernen, durch kollektive Wissensschübe oder wissenschaftliche Revolutionen, mal durch unerwartete Erfahrungen oder Entdeckungen, die Anlaß für kollektive Ängste oder umgekehrt für übergreifende Hoffnungen sein können – und überhaupt durch die ›Episteme‹, die Wissensordnung einer Epoche. »Ist für den Angehörigen einer Naturreligion schon der nahe gelegene Hain ein Ort der Transzendenz, so für den aufgeklärten Christen erst ein jenseitiger Gott«, erinnert uns der Kultursoziologe Detlef Pollack: »Der Transzendenzbegriff ist also ein Relationsbegriff, der sich stets nur in Abhängigkeit vom Immanenzbegriff bestimmen läßt.«

– Können wir denn diese (meine/Ihre/unsere) relative Blindheit nicht doch überwinden?

– Wie sollte das gehen, bitte?

– Etwa durch Universalisierung des Blickwinkels: wenn ein jeder *seinen* Horizont aufgehen läßt im Horizont *aller?*

– Klingt gut: Und wie sollte man das tun?

– Na, durch offene, im Prinzip *all*umfassende Kommunikation, am besten über einen rationalen Diskurs! Die Perspektive auf einen umfassenden Horizont liegt ohnehin jeder Verständigung über unsere Welt- und Wissensgrenzen zugrunde. Einige Philosophen haben hier sogar vom ›Apriori der universalen Kommunikationsgemeinschaft‹ gesprochen; und in solch einer ›Fusion aller Horizonte‹ suchen sie sogar das perspektivische Modell für einen irgendwie umfassenden (zugleich sozialen *und* kognitiven) Fortschritt in der Weltwahrnehmung.

– Sehr sympathisch!

Als Spielregel für gleichberechtigte Verständigung zwischen vernünftigen Menschen scheint es nur fair, auch die Perspektiven der anderen in den eignen Horizont einzubeziehen. (Ob das aber unbedingt ›A priori‹ zu geschehen hat? Vielleicht geht's zur Not auch später: besser a posteriori als gar nicht...). Aber was, bitte schön, soll denn die ›Fusion‹ aller Horizonte heißen? (Schon das Bild hängt schief: die Horizonte sollen verschmelzen, wir selber wollen aber separate Einzelne bleiben? Damit behielten wir ja gerade unseren je eigenen Blickwinkel.) Doch einmal angenommen, solch eine Verschmelzung *aller* Horizonte zu *einem* Horizont wäre tatsächlich möglich: dann müßten in diesen Super-Horizont eben auch unsere mannigfachen Grenzen eingehen. Auch ein Universalhorizont aller Menschen begrenzt eine endliche Welt. Die Addition aller Grenzen hebt sie nicht auf: die Grenzen unserer Welt und unserer Erfahrung würden damit eher noch befestigt.

Vielleicht denken Sie ja eher an eine kommunikative Vernetzung von Horizonten als an ihre Verschmelzung. Da mögen wir von anderen Gesichtspunkten wissen, ohne deshalb gleich die eigene Perspektive einschmelzen zu wollen. Wir alle basteln doch am *World Wide Web* aller möglichen Denk- und Wissenshorizonte (und ihrer je perspektivischen Blindheiten und spezifischen Grenzen). Wir verknüpfen sie durch *Links* von dieser Lebenswelt zu jener Wissensgrenze: wo etwa meine Grenze x durch deine Grenzerfahrung y korrigiert oder für seinen Horizont z geöffnet werden mag. In diesem kognitiv immer zum Nicht-Wissen offenen und diskursiv nach Möglichkeit flexiblen Netzwerk entdecken wir dann immer neue Horizonte des Wißbaren, aber auch immer neue Konfigurationen perspektivischer Blindheit.

Die Vernetzung unserer Horizonte überwindet unsere Grenzen nicht, sondern vervielfacht sie. Vielleicht verliert dabei die Transzendenz damit sogar ihr Privilegium auf einige wenige Einfallstore in unserer Welt – heilige Haine, Kirchen, Hubble-Teleskope. Nun kann sie uns *überall* befremden.

5 SINN ODER LEBEN? »Alles Beobachten muß unterscheiden, um etwas bezeichnen zu können«, erinnert uns der Sozial- und Systemtheoretiker Niklas Luhmann. Dabei sondert das beobachtende System durch seine konstitutive Unterscheidung immer zugleich »einen *unmarked space* ab, in den der Letzthorizont der Welt sich zurückzieht. Die damit alles Erfaßbare begleitende Transzendenz verschiebt sich bei jedem Versuch, die Grenze mit neuen Unterscheidungen und Bezeichnungen zu überschreiten. Sie ist immer präsent als Gegenseite zu allem Bestimmten, ohne je erreichbar zu sein.« Kein Fortgang unserer Erkenntnisse, keine Erweiterung unserer Weltbeschreibungen werden also Transzendenz beseitigen können. Sie bestätigen sie nur, beschreiben das Unbeschreibliche neu.

Ergo: Warum die Welt (überhaupt) ist und was wir (selbst) sind, bleibt jeder objektiven Wahr-Nehmung unzugänglich. Nicht etwa, weil unser Wissen schlecht begründet wäre. Nein, auch wenn wir die Welt in plausiblem Wissen und erfolgreichem Tun erfahren, indem wir *alles, was ist,* sachgemäß beschreiben, und insofern wir dabei auch uns selber als Bestandteile der Welt begreifen – gerade dann vermag all unsere Wissenschaft keinen Grund für das Bestehen der Welt zu fassen; und auch jetzt findet sich jeder von uns als ›ich‹ im Reich der Tatsachen nicht wieder.

– Na, um so besser! – möchte man da doch einwenden. Dann bleibt die Chose wenigstens interessant … Welch ein redundantes Leben, welch ein repetitives Denken wäre es denn wohl, wenn wir tatsächlich die ganze Welt (und auch Sie und mich) auf die *eine* definitive Perspektive für *alle* und alles festnageln könnten!

Wollten Sie *das* wirklich erleben? Jede neue, alle weitere Erfahrung wäre überflüssig, öde, langweilig. Gar nicht auszuhalten! Zuallererst würden da bereits die Begriffe ›Horizont‹ oder ›Perspektive‹ bedeutungslos! Die stehen doch für den Umstand, daß es außer meinem (und neben Ihrem) Blickwinkel noch andere und anderes gibt. Sollten wir da, lieber Herr Magister, nicht erst einmal unseren Wortgebrauch klären?

– Und alle Sprachklärungen beseitigen doch die Unruhe nicht, die mich mitunter anfallen mag. Wenn ich ob der Haltlosigkeit all dessen, was wir doch wohlbegründet wissen, ins Grübeln komme. Plötzlich, ach!, mutet all unsre Wissenschaft mich fremd an, oberflächlich, leer ... Da möchten mir unsere Kenntnisse nicht bloß als unzureichend erscheinen. Als reichten bessere Theorien, mehr Interdisziplinarität und zusätzliche Forschungsmittel hin, sie auf den entscheidenden Punkt zu bringen! Oder aber Zwischentöne, Fingerspitzengefühl, sechster Sinn. Nein, keines jener Paradigmen und Projekte kann Ihnen über die Schwelle unseres ›äußeren‹ Welthorizonts helfen! Und keine dieser Tugenden und Fertigkeiten wird mich je auf die Kehrseite des Spiegels meiner ›inneren‹ Transzendenz schauen lassen.

Albert Camus hat für solch ein Grübeln in der ›Grenzsituation‹ von der Erfahrung des Absurden gesprochen: »Ich weiß nicht, ob diese Welt einen Sinn hat, der über mich hinausgeht«, heißt es in *Der Mythos von Sisyphos*. »Aber ich weiß, daß ich diesen Sinn nicht kenne und ihn zunächst unmöglich erkennen kann. Was bedeutet mir ein Sinn, der außerhalb meiner Situation liegt? Ich kann nur innerhalb menschlicher Grenzen etwas begreifen. [...] Und ich weiß außerdem: diese beiden Gewißheiten – mein Verlangen nach Absolutem und das Unvermögen, die Welt auf ein rationales, vernunftgemäßes Prinzip zurückzuführen – kann ich nicht miteinander vereinigen.«

– Und wieso suchen Sie dann weiter nach einem Absoluten, nach Sinn, in oder jenseits der Welt?

– Zuweilen, dann und wann, eben wenn ich die Welt *als* Grenze empfinde, kann ich gar nicht anders, als über sie hinauszuwollen, als *gegen* sie anzudenken. »Und worauf beruht denn dieser Konflikt, dieser Bruch zwischen der Welt und meinem Geist, wenn nicht auf dem Bewußtsein, das ich von ihm habe? Wenn ich also an ihm festhalten will, dann nur durch ein beständiges, immer wieder neues, stets angespanntes Bewußtsein.«

– Ich verstehe: Sie wollen sich wie Sisyphos heroisch, aber vergeblich quälen und beständig wider die *condition humaine* anrennen. Um unsere Endlichkeit wissend, ›Für-sich‹ wider ›An-sich‹, in Revolte gegen die Faktizität.

Fragen Sie also verbissen weiter nach dem Sinn der Schöpfung! Rollen Sie also Ihren Stein der Philosophen nur immer wieder den Berg hinauf! Kurz vor dem Horizont wird er jedesmal unweigerlich zurückrollen ... immer wieder.

– Sollten wir statt dessen unser Nicht-Wissen um den letzten Sinn eines uns unzugänglichen Ganzen einfach auf sich beruhen lassen?

– Albert Camus' eigene Antwort auf die Erfahrung der absurden Situation lag jedenfalls nicht in permanenter Wiederholung der Sinnfrage! Statt in solch vergeblich ermüdender Prinzipienreiterei suchte er sie im Schaffen, im Schreiben, im Kunstwerk – in der *création absurde:* »Wir müssen uns Sisyphos als einen glücklichen Menschen vorstellen.«

– Vielleicht sollten wir unser ›ich‹, welches da grimmig grübelt auf seiner Grenze, einfach fallenlassen. Mitsamt der Grenze.

– Wie geht denn das?

– Alles Training, *mon cher:* Wir können lernen, unsere Unruhe (mein ›ich‹ oder Ihr ›Selbst‹) wegzumeditieren. Sie verstehen, nach fernöstlicher Manier! Denken wir nur an die buddhistische *Pratityasamutpada*-Lehre vom Entstehen in Abhängigkeit, wonach ausnahmslos alle Phänomene, ob nun geistige oder materielle, leer sind und keinerlei Eigenexistenz besitzen, weder ›Selbst‹ noch ›Substantialität‹.

– Uff! Und auch Schopenhauer hat auf die Unterredung des sterbenden Buddha mit Brahma verwiesen, wo es heißt, »daß Alles in der Welt bloße Illusion sei, keine Realität in den Dingen, Alles leer«.

– *Voilà!* Damit erübrigt sich dann jede Sinnfrage. Wir hätten sie einfach wegdefiniert. Und wenn wir lange genug üben, vergessen wir sie ganz...

– Und *das* wäre dann die Antwort? Die Frage gar nicht mehr zu stellen!

– Sagen wir: Es wäre *eine* Antwort.

– Es gibt freilich noch Antworten, die weder buddhistisch noch existentialistisch ausfallen. *Lebensanschauung* etwa, das letzte Buch Georg Simmels, beginnt als Meditation über unsere Wahrnehmung von Grenzen: »Damit, daß wir immer und überall Grenzen *haben, sind* wir auch Grenze.« Doch Simmel, der philosophischste unserer soziologischen Klassiker, beißt sich eben nicht mit titanischem Grimm in der Transzendenz des Bewußtseins fest. Weit über die Dimension personaler Subjektivität hinaus wird ihm vielmehr die »Selbsttranszendenz des Lebens« zum Signum der dynamischen Kontinuität des Lebensprozesses überhaupt.

Wie schon die elementarste Lebensform in ihrem Stoffwechsel – als Austausch mit der Umwelt, als ihre Aneignung durch die Zellmembran – zugleich eine Grenzüberschreitung vollzieht, so ist Transzendenz jedem Lebensvollzug immanent. Und »da schon die physiologische Selbsterhaltung fortwährende Neuzeugung ist«, ist für Simmel jedes Leben ›Mehr-Leben‹ und ›Mehr-als-Leben‹ zugleich: Weiterleben der Vergangenheit (im genetischen oder bewußten Gedächtnis) und Erzeugung von Neuem … bis hin zur bewußten schöpferischen Produktivität: »Man kann es geradezu als Definition des geistigen Lebens aussprechen, daß es etwas erzeugt, was eigenbedeutsam und eigengesetzlich ist.«

Auch unser Bewußtsein und personales Selbstbewußtsein, auch das Sich-selbst-Überschreiten des Geistes deutet Simmel als Formen desselben vitalen Kontinuums, das sich im Individuum konzentriert, als ›individuelles Gesetz‹ kristallisiert, und dessen individuelle Gestalt doch immer wieder überschreitet. »In einem Akt bildet [das Leben] etwas, was mehr ist als die vitale Strömung selbst: die individuelle Geformtheit – und durchbricht eben diese, […] läßt sie über ihre Grenzen hinausgreifen und wieder in seinen Weiterfluß zurücktauchen.«

Jeder Organismus und erst recht das bewußte Sein leben von und aus Anderem; in ihrer Evolution und als bewußte, schöpferische Produktion setzen sie Anderes, Fremdes, Neues frei. Und darum sieht Simmel in diesem Umstand, »daß das Leben zugleich es selbst und mehr als es selbst ist«, überhaupt keinen Anlaß für Tragik, Absurdität oder Revolte.

– Könnte Georg Simmel nicht doch ein bißchen Buddhist gewesen sein?


**6** **TRANSZENDENTALE ERFAHRUNG?** Nun läßt sich diese paradoxe Erfahrung der Selbstüberschreitung des Menschen als Lebewesen, das sich stets zwischen Grenzen weiß und doch in seinem Wissen darum stets über diese hinauswill, auch weniger harmlos deuten: nämlich als Offenheit zu Gott. Und genau das hat einer der bedeutendsten katholischen Theologen der Moderne getan.

– *Aha:* Und ich möchte wetten, daß es sich dabei um einen Jesuiten handelt.

– Die Wette haben Sie gewonnen. Aber wie kommen Sie nur darauf?

– *Ha!* Weil ich diese schwarzen Dialektiker von der Societas Jesu kenne. Gerne knüpfen sie immer wieder an jeweils aktuelle Diagnosen zur geistigen Situation der Zeit an, sie durchforsten geradezu alle philosophischen Interpretationen unserer weltlichen Moderne auf ihre Ängste. Doch warum tun sie das? Natürlich nur, um am Ende ihre Wahrheit des Glaubens über alle existentiellen Engpässe bloß weltlicher Vernunft triumphieren zu lassen ...

– Mal sehen. (Vielleicht haben sie ja trotzdem interessante Gründe?) Der Jesuit Karl Rahner (denn um diesen handelt es sich hier) greift ebenso auf die existentialistische Skizze einer unmittelbaren Selbstgegebenheit unseres Bewußtseins zurück wie auf phänomenologische Diagnosen über den offenen Horizont allen menschlichen Wissens. Für Rahner ist der Mensch »das Wesen der Transzendenz, insofern alle seine Erkenntnis und seine erkennende Tat begründet sind im Vorgriff auf das ›Sein‹ überhaupt, in einem unthematischen, aber unausweichlichen Wissen um die Unendlichkeit der Wirklichkeit«.

– *Sehen Sie!* Schon hat unser Begriffsfischer seine Netze ausgeworfen! Gewiß werden sich schon bald einige arme Seelen auf der Suche nach Sinn im Sein darin verfangen ...

– Um Himmels willen, welch Furor tönt da aus Ihnen! Sie wirken ja, mit Verlaub, noch weitaus (un)glaubenskämpferischer als zwanzig jesuitische Amtstheologen zusammen. Sind Sie etwa Freimaurer?

Machen wir doch dem armen Theologen keinen Vorwurf daraus, daß er in unserer Erfahrung und ihrer philosophischen Diagnose nach Schnittstellen zur Transzendenz sucht: nach *Interfaces* zwischen unserem Selbstbewußtsein, unseren wissenschaftlichen Weltbeschreibungen und der Gottesfrage. Das ist schlicht und einfach sein Job. Sogar eine akademische Schublade gibt es dafür, die ›Fundamentaltheologie‹. Aber alle philosophischen Denkschulen bemühen sich ja um die begriffliche ›Anschlußfähigkeit‹ ihrer Deutungsprogramme an unsere Lebenswelt und Wissenswelt.

Die Frage ist doch: Erledigt Karl Rahner seine Aufgabe nun gut oder schlecht? Ist die theologische Deutung der Grundstruktur menschlichen Bewußtseins, die uns Rahner vorschlägt, tatsächlich eine plausible Übersetzung moderner Selbst- und Weltbilder oder nicht? Zunächst sieht alles ganz danach aus: Die Existenz- oder Transzendentalphilosophie, einschlägige philosophische Register aus der Mitte des XX. Jahrhunderts, werden bedient (als Rahner seine philosophische Theologie ausbaute). Schauen wir also genauer hin. Wir können ja immer noch prüfen, ob ihm auch noch der Brückenschlag zum Lieben Gott gelingen mag.

Die unmittelbare, in jeder *Welt*wahrnehmung ›mitbewußte‹ *Selbst*wahrnehmung des erkennenden Subjekt nennt Rahner die ›transzendentale Erfahrung‹. Ich will sie mal zu drei Thesen zusammenfassen. Erstens: *Daß* wir (selbst) Subjekte sind, das ist uns in unserem Weltverhältnis stets schon *vor* aller Reflexion gewärtig (auch wenn uns neuerlich gewisse Hirnforscher diese Selbstwahrnehmung als eine Art optische Täuschung ausreden wollen ...). Und zweitens: In der Erfahrung eines unendlichen und mit jedem Erkenntnisfortschritt weiter vor uns zurückweichenden Fragehorizonts werden wir uns unserer erkennenden Subjektivität als einer prinzipiell endlichen bewußt (spätestens seit der geschlossene Kosmos des ptolemäischen Weltbildes durch die kopernikanische Revolution gewissermaßen aufgesprengt worden ist ...). Doch drittens: In unserem Wissen um unsere Endlichkeit haben wir fragend, deutend, strebend ihre Grenzen immer bereits *über*schritten. Und das heißt: Unsere endliche Natur ist zur Transzendenz hin *offen:* »Indem [der Mensch] seine Endlichkeit radikal erfährt, greift er über diese Endlichkeit hinaus, erfährt sich als Wesen der Transzendenz, als Geist.«

Das instinktoffene Lern- und Lebewesen Mensch ist also für Karl Rahner als denkender und deutender ›Geist in Welt‹ *immer schon* mit der ›Seinsfrage‹ konfrontiert. Bereits unser Bewußtsein als endliche Wesen ziele »auf das an sich ungegrenzte Sein«. Als endliche Bewußtseine seien wir doch zugleich »reine Geöffnetheit für schlechthin alles, für das Sein überhaupt«. Und so ist der Mensch ein zugleich kontingentes *und* auf einen absoluten, definitiven Seinsgrund ausgerichtetes Wesen: offen für Transzendenz, wissend um seine Endlichkeit.

Damit nun der Vorgriff auf das ›Sein‹ im Ganzen kein Phantasma, kein Idol ist, muß er für Rahner auch im Ganzen der Wirklichkeit seinen Grund haben – und dieser Urgrund hat in unserer westlich-monotheistischen Überlieferung eben Gottes Namen. ›Gott‹ wird in der Transzendentaltheologie gewissermaßen zum Eigennamen für jenen unbedingten, unerkennbaren Daseinsgrund, der ebenso unser bewußtes Selbst als Frage ins Sein setzt, wie er *immer schon* all unserem Fragen jenseits des Horizonts all unseres Wissens und Wißbaren vorgegeben ist. Und daher kann der Theologe dann sagen: Der Mensch empfängt die Offenheit seiner Welterfahrung (also auch noch seine existentialistische Unruhe) aus einem impliziten Wissen um die Gottesfrage. In all unserer Selbst- und Welterfahrung sei der Liebe Gott schon irgendwie ›unthematisch‹ bereits anwesend.

– Und mir platzt gleich der Kragen! Wenn ich Sie mal übersetzen darf: ER (der Liebe Gott) ist also Thema, auch wenn er nicht Thema ist. Ich nenne das schwarze Dialektik. Dieses Kaninchen hat er selber vorher im Zylinder plaziert: »immer schon«.

– Zugegeben, unser guter Jesuit kann all das nur deshalb behaupten, weil er die transzendentalen Dimensionen der ›Selbsterfahrung‹ von vornherein als ›Gotteserfahrung‹ identifiziert hat, so daß ihm »die ursprüngliche Gotteserfahrung Bedingung der Möglichkeit und Moment der Selbsterfahrung ist [und] ohne

Gotteserfahrung keine Selbsterfahrung möglich ist«. Und das kann man dann in der Tat »genausogut umgekehrt formulieren: die Selbsterfahrung ist die Bedingung der Möglichkeit der Gotteserfahrung, weil nur dort eine Verwiesenheit auf das Sein überhaupt und damit auf Gott gegeben sein kann, wo das Subjekt sich selbst [...] gegeben ist«.

– Die Katze beißt sich hier in den Schwanz.


**7** **DEN LIEBEN GOTT ZUM GRUND?** Wahrscheinlich kann sowieso nur ein Theologieprofessor derartige ›transzendentale Erfahrung‹ als eine wahrhaft ursprüngliche empfinden. Unvermeidlich ist sie wohl ebensowenig wie jene heroischen Paradoxien im Welt- und Selbstbewußtsein, mit denen sich Sartre und Camus herumschlagen. Der junge Karl Rahner war dieser philosophischen Stimmung jedenfalls bereits begegnet: als er in Freiburg bei Martin Heidegger Philosophie studierte. Dessen Existential-Analytik in *Sein und Zeit* hatte ja das menschliche Dasein als – um seine Endlichkeit wissendes – »Sein zum Tode« charakterisiert: »Der ständige Vorgriff auf das Nichts« im Wissen um den eigenen Tod bilde den unwiderruflichen Horizont menschlicher Existenz, präge ihre »Grundstimmung« von Angst. »Fähig – sich – die – Frage – des – Seins – im – Ganzen – zu – stellen«, weiß das *Dasein* (wie Heidegger in seiner Privatsprache die menschliche selbstbewußte Subjektivität nennt), daß seine Endlichkeit nur noch vom Nichts des Todes transzendiert wird.

Beim Meister Heidegger folgte daraus jedoch keineswegs eine »Offenheit seines Systems auf das Unendliche hin«, von einem philosophischen Drang nach Gott ganz zu schweigen. Im Gegenteil: Sein Schüler Rahner hat ja sogar einmal die Frage aufgeworfen, ob nicht »das System Heideggers der wirklich philosophische, aber auch radikalste Versuch einer *atheistischen* Philosophie« sei. Und da eine solche bei den Jesuiten natürlich nicht das letzte Wort behalten darf, fragte der junge Rahner, ob nicht auch noch eine andere, »existentiale Analytik der Demut des endlichen Geschöpfs denkbar« sei. Kann die Existenzerhellung dennoch unendliches Zutrauen im Sein finden?

– Wie soll denn das gehen?

– Karl Rahners eigene transzendentale Theologie vollführt diesen mitunter recht angestrengten Versuch, jenes »letzte Stadium der Analytik« durchzuführen, das er bei Heidegger nicht gefunden hatte. Er will eine apriorische ›Offenheit‹ unserer Existenz für ein absolutes ›Sein‹ Gottes aufweisen – und setzt sie dabei selber stets voraus. Jeder Mensch sei offen für ein die kognitiven Inseln unserer Wissenschaft und die Sicherheit unserer Alltagsroutinen umgreifendes »grenzenloses Meer des namenlosen Geheimnisses«. Erst diese Lichtung auf die »absolute Zukunft« hin ermögliche dann »eine Wahl zwischen dem ewigen Tod und dem ewigen Leben vor Gott und nicht eine bloße Entschlossenheit zum Nichts«. Ohne diese Offenheit für Transzendenz bliebe uns ja die göttliche Offenbarung unverständlich.

Auch Rahners spätere und dann reichlich umstrittene These vom »anonymen Christentum«, eine Art impliziter Gottesglauben (unter denjenigen, welche die kirchliche Verkündigung nicht erreichen oder überzeugen kann), bezog sich auf diese allen Menschen mögliche Transzendenzerfahrung.

– Ach, wissen Sie, was da beim Professor Rahner Gotteserfahrung heißt, ist doch viel zu umständlich, um jemals elementar oder allgemein sein zu können: »die ursprüngliche Verwiesenheit des Menschen auf das absolute Geheimnis, das die Grunderfahrung Gottes ausmacht«. Ein Skeptiker wird hier wenig mehr sehen können (oder: wollen) als die theologisch überladene Interpretation von Momenten unserer Selbsterfahrung als endlicher Wesen. Die lassen sich aber auch völlig anders deuten.

– Na und? Auch theologische Begriffe können nur Angebote formulieren.

Es liegt ohnehin nicht an der Kraft ihrer Argumente allein, ob wir, Zuhörer oder Leser, diese oder jene Strukturbeschreibung der menschlichen Existenz für plausibel halten. Für *alle* philosophisch sinnhaften Lebens- und Weltdeutungen gilt ja: Wir müssen uns in ihren Begriffen, in den Bildern und Geschichten, die sie erzählen, auch wiedererkennen wollen. *Beweisen* aber läßt sich die transzendentaltheologische Lesart der Weltstellung des Menschen also ebensowenig wie das existentialistische ›dennoch‹-Gefühl heroischer Sinnlosigkeit bei Albert Camus oder die softe Lebensphilosophie Georg Simmels.

Und unser transzendentaler Theologe nennt zwar das »Worauf-hin der Transzendenz« Gott. Doch Rahner weist sogleich darauf hin: SEin Geheimnis wird durch keine Definition verfügbar. *Daß* es einen absoluten Grund der Welt als absolutes *Du* (jenseits der Welt) gibt, das mögen wir ahnen oder hoffen, wir können es (in der Welt) aber nur aus Offenbarung wissen.

– Einverstanden! Doch ›Wissen‹ sollten wir dann solchen Offenbarungsglauben nicht nennen. Zwar mag sich Ihr gläubiges ›ich‹ vom Absoluten angesprochen fühlen wie von einer Person (denn ein Grund kann Sie nicht rufen, nur eine Person!). Diese Person aber, das ›absolute Du‹ Gottes, läßt sich umgekehrt zwar anbeten oder verehren, aber nirgends dingfest machen.

– Gewiß: Gott entbirgt sich eben *nur* als Geheimnis: Der absolute Grund bleibt Maß SEiner selbst. Bin ich aber von IHM gerufen, im Innersten meines Selbst- und Weltverhältnisses angesprochen, dann weiß ich doch zugleich, daß all mein Reden vom verborgenen Gott IHN zugleich stets verfehlen muß. Übrigens hat auch der alte Professor Rahner, ein Lehrer der Tradition und zugleich ihr Modernisateur, in seinem allerletzten Vortrag von der Überforderung des Theologen gesprochen: »der Überforderung, die jedem theologischen Bemühen wesentlich innewohnt, weil es von der Unbegreiflichkeit Gottes reden muß«.

8 DAS SELBST UND DAS NICHTS. Ich habe zu alldem einen ganz simplen Einwand: Woher *(zum Teufel!!)* weiß Karl Rahner denn, daß wir in unserer Offenheit für das ›Sein im Ganzen‹ keiner puren Fiktion hinterherjagen? Wir mögen ja immer schon eine Ahnung vom ›Sinn‹ haben, aber das beweist doch noch nicht, daß es ihn gibt! Bei Pater Rahner hingegen (und das ist so gewiß wie das Amen in der Innsbrucker Jesuitenkirche) folgt auf die Transzendenz des ›Geistes‹, auf transzendentalem Fuße, sogleich der Liebe Gott....

Und hier sagt Sisyphos: *Nein!* Aus unserer inneren Unruhe, aus unserem forschenden und (sich) fragenden Bewußtsein folgt weder das ›Sein‹ (im Ganzen) noch sein (transzendenter) ›Sinn‹! Und dieser Befund ändert sich auch dann nicht, wenn wir diese Unruhe x-mal und noch so reflexiv repetieren! Da mögen uns die philosophischen Herren Patres noch so häufig mit transzendentalem Weihwasser taufen!

– Gemach, verehrter Freund, nun beruhigen Sie sich doch. Sie haben ja Schaum vor dem Munde …

Vielleicht haben Sie ja recht. Vielleicht schlägt Karl Rahners transzendentale Analyse tatsächlich in metaphysisch ungedeckte Behauptungen um: In seiner Selbstgegebenheit und Weltoffenheit handele jedes menschliche Bewußtsein irgendwie auch bereits vom Ganzen des Seins, meint Rahner. Schön und gut, fragen Sie, was ist mit diesem ›Ganzen‹ eigentlich gemeint? Woher wollen wir überhaupt wissen, daß es *ein* Sein als (irgendwie zusammengehöriges) Ganzes gibt und nicht bloß (zusammenhanglose) Sachverhalte?

Und weiter: Warum kann der fragende, forschende Vorgriff des Menschen auf das Sein (im ›Ganzen‹) nicht selber im Nichts gründen? Rahner meint hier lapidar: »denn das Nichts begründet nichts«.

– Um so schlimmer für die Transzendenz! Das wird ihm hier der Existentialist antworten. Vielleicht suchen wir mit all unseren Totalisierungen ohnehin nur vergebliche Ausflüchte aus einer ontologisch grundlosen Endlichkeit? Die Metaphysik wäre somit (wie) ein Illusionstheater, aus unserem *horror vacui* heraus gegründet, und erhaben wie die Kuppel von Sant' Ignazio in Rom: perfekt, aber bloß gemalt!

Kurz: Schon der Begriff vom Seinsganzen wäre eine Projektion, ein *Aus*griff ins Offene, eine grundlose Extrapolation aus ›transzendentalem Schein‹ (um mit Immanuel Kant zu reden, einem selber durchaus gottesfürchtigen Kritiker an aller Selbstanmaßung unseres Vernunftgebrauchs). All unsere philosophischen Entwürfe hin auf einen letzten Halt im Sein oder Sinn (mit einem absoluten Wesen als dessen Urgrund oder Garant) wären imaginäre Amphibolien reiner Vernunft. Wie furchtsames Pfeifen im tiefen Walde möchten solche Großbegriffe zwar durchaus wahrhaftigen Bedürfnissen von (uns) denkenden Sterblichen entspringen. Nur psychologisch wären sie wahr, ontologisch aber sind sie leer, metaphysische Placebo-Effekte – ihr Trost in der Wüste endloser Weltenräume beruhte nur auf rhetorischer Suggestion.

◆

»Denn was ist am Ende der Mensch in der Natur?« fragt der Existentialist: »Ein Nichts angesichts des Unendlichen, ein Alles angesichts des Nichts, eine Mitte zwischen Nichts und All, unendlich weit entfernt vom Begreifen [beider] Extreme. Das Ende der Dinge und ihre Prinzipien sind für ihn unbezwingbar verborgen in einem undurchdringlichen Geheimnis. Gleichermaßen unfähig, das Nichts zu sehen, aus dem er gehoben wurde, wie das Unendliche [zu fassen], das ihn verschlingt, was also wird er tun? [Er vermag nur] einen bloßen Anschein der Mitte der Dinge wahrzunehmen, in ewiger Verzweiflung darüber, daß er weder ihre Prinzipien noch ihr Ende erkennen wird. Alle Dinge sind hervorgegangen aus dem Nichts und reichen bis ins Unendliche. Wer vermag diesem erschreckenden Weg zu folgen?« (Fr. 72)

Diese Fragen stellte der französische Mathematiker und Philosoph Blaise Pascal.

– *Voilà un homme,* ein unerbittlicher Gegner der Jesuiten!

– Gewiß, aber aus ganz anderen Gründen (und die müssen uns hier nicht interessieren). Pascal stand auf dem Boden der neuzeitlichen Wissenswelt; mit der (auch) von ihm begründeten Infinitesimalrechnung läßt sich sogar noch das Zurückweichen des Horizonts bis ins Unendliche mathematisch abbilden. Doch er war kein ungläubiger, sondern ein gläubiger Existentialist. Aber sein Glaube vermittelt uns weder metaphysischen Trost noch kosmologische Geborgenheit. Nein, das ewige Schweigen der unendlichen Räume läßt uns schaudern – und Pascal weigert sich konsequent, die epistemische Unruhe unserer westlichen Moderne durch irgendwelche ontologische Rückversicherungen zu kompensieren.

Wer vermag den erschreckenden Abstand zwischen dem unendlich Großen wie dem unendlich Kleinen zu ermessen? Allein Gott, »der Schöpfer dieser Wunder, begreift sie«, fährt Pascal fort: »niemand anders ist dazu in der Lage. Weil nun die Menschen versäumt hatten, über diese [beiden] Unendlichkeiten nachzudenken, wagten sie sich tollkühn an die Erforschung der Natur, als ob sie irgendein gemeinsames Maß mit ihr hätten. Denn ohne Zweifel kann man diesen Plan [zur wissenschaftlichen Naturerkenntnis] ohne Anmaßung gar nicht fassen oder ohne eine Fähigkeit, die so unendlich groß ist wie die Natur« (Fr. 72).

Als endliche Bewußtseine verfügen wir Menschen über diese Fähigkeit nicht; also beruhte schon unser neuzeitliches Projekt der Naturwissenschaft auf Anmaßung – auf einer effektiven Anmaßung, wohlgemerkt! Sie hat hervorragend funktioniert. Die modernen Wissenschaften haben ja tatsächlich zu zahlreichen neuen Erkenntnissen und kontrollierbaren Ergebnissen geführt und werden dies wohl auch weiter tun. Aber einen über unser endliches *milieu* – »die Mitte der Dinge« – hinausreichenden Ausblick gestatten sie uns dennoch nicht. Das Ermessen der beide Unendlichkeiten umgreifenden Totalität physischen Seins ist uns Menschen unmöglich.

Von metaphysischen Ganzheiten aber, die sich nur auf begriffliche Totalisierung berufen können, hält der experimentell arbeitende Naturwissenschaftler Blaise Pascal wenig. Nur »wer die letzten Prinzipien der Dinge verstanden hätte, könnte auch dahin gelangen, das Unendliche zu erkennen« (Fr. 72). Daß wir endlichen Subjekte beides nicht können, darin sieht Pascal einen durchaus angemessenen Hinweis auf das unerlöste Elend des Menschen ohne Gott. Deswegen plädiert er jedoch keinesfalls dafür, aus existentieller Verzweiflung nun auch gleich alle Wissenschaft in Zweifel zu ziehen. Auch das rechte Zweifeln will gelernt sein! (Fr. 268)

# *Schauder und Licht*

»Wäre ich Gott, ich würde keine Huldigun-
gen entgegennehmen, die in Augenblicken
größter Angst, innerer Verwirrung oder tiefen
Schmerzes ihre Wurzeln haben. Es würde
mir nicht gefallen, der einzige Ausweg zu
sein; das *Mittel,* eine gewisse Art Selbstmord
zu verüben.«
Paul Valéry, *Cahiers*

---

*Warum fragt auch der Zweifler noch nach Gott?* – Tut er
das wirklich? Das kommt darauf an, woran er zweifelt. – Oder ist
er etwa verzweifelt?

*Sind alle Menschen Frager und Sucher?* – Ganz Verschie-
denes suchen ja die Menschen im Leben und Denken, und so
forschen sie mit Geist und Sinn in recht unterschiedliche Richtungen weiter: Manche streben nach Gewißheit. Andere suchen
ihr Heil. Wiederum andere spekulieren vielleicht auf das Absolute.
– Einige wundern sich nur.

*Müssen wir denn immer weiterfragen?* – Nur, wenn Sie eine
Antwort suchen. – Eine Antwort? Oder *die* Antwort?

---

1 ANGST ODER METAPHYSIK? Einen zwingenden Hinweis auf die Existenz einer zugleich ›*außer*weltlichen‹ und
doch *diese* Welt verantwortenden Macht (namens ›Gott‹) liefern
uns doch all unsere metaphysischen Bedürfnisse nicht. Ganz egal,
wie natürlich oder künstlich, wie östlich oder westlich uns solche
Fragen nach dem Sinn und Zweck der Welt und unserer Rolle
in ihr auch anmuten mögen. Und schon gar nicht können wir
aus unseren metaphysischen Denkformen auf das Wirken einer

*absoluten* Macht schließen, die wir ›Gott‹ nennen (und uns wie eine Person vorstellen).

– Suchen Sie überhaupt nach Gott? Oder eher nach dem Absoluten? Wer weiß schon, ob Sie wirklich IHN finden, wenn Sie nur nach dem Absoluten hindenken? (Gut, auch darauf müssen wir noch zurückkommen.)

– Gottlob fragen die Leute ja nur in Ausnahmesituationen nach dem Lieben Gott! (Wohl noch seltener fragen sie nach dem Absoluten.) Schließlich scheitern unsere Denkroutinen nur in Krisenmomenten; die wirkliche »Welt der Selbstverständlichkeiten« (Alfred Schütz) bricht auch nicht alle Tage auf.

– Selten, gewiß. Aber es geschieht doch hin und wieder. Und dann passiert es auch nicht nur Existentialisten oder Gottesmännern. Und vielleicht bedarf es ja solcher Ausnahmen, damit uns eine *außer*-alltägliche Hochspannung dazu zwingt, ausgetretene Pfade zu verlassen? Endlich raus, weg, ins Offene, Freund!

Dann ist es wohl so (oder fühlt sich so an), als ob unsere ganze Welt irgendwo einen *Riß* bekäme: Wir spüren ihn dann, wenn wir plötzlich mit *ganz* anderen Erfahrungen (anderer) konfrontiert werden. Wenn wir unerwartet ganz neue (eigene, aber unerwartete) Erfahrungen an Leib und Seele machen. Oder auch nur: Wenn wir unsere (alten, gewohnten, erwartbaren) Erfahrungen plötzlich (aufgrund eines neuen Blicks – oder eines anderen Gedankens) ganz anders verstehen müssen.

– Ganz anders? »Riß im Sein«? Übertreiben Sie da nicht ein wenig? Und warum muß es nur immer die Ausnahme sein, eine Krisis, welche Ihren Hunger nach Transzendenz weckt? (Stillen vermag sie ihn dann ja offenbar auch nicht.)

– Weil *dann,* in der Krise, unser bisher selbstverständliches Verständnis all unserer Erfahrungen auf einmal nicht mehr ›stimmt‹. Weil sich hier, ganz plötzlich, unsere – lebensweltlichen, wissensweltlichen – Horizonte unerwartet geöffnet haben (und *jetzt* sehe ich nichts als Fragen, wo vorher Gewißheit war) oder dort vermeintliche Zukünfte hoffnungslos schließen (und *nun* scheint Ihnen all das sinnlos, worauf Sie doch stets aus waren).

Da wird in den Worten des Soziologen Peter L. Berger unser Erfahrungsraum auf einmal, hier oder dort, ›doppelbödig‹. Jetzt merken wir vielleicht *erstmals* (oder: jetzt erinnern wir uns *wieder* daran), daß es überall Einfalltüren einer ganz anderen, unvertrauten Dimension gibt.

*Last, but not least:* Mitten in dem Leben sind wir vom Tod umfangen.

– Das ist doch auch nur einer der Horizonte, über die wir nicht blicken können…

– Aber gewiß der nächstliegende Anlaß für »das metaphysische Bedürfnis des Menschen« (Arthur Schopenhauer).

– Sind Sie da sicher? Gewiß, ich mag ja *Angst* haben. (Wovor eigentlich: vor dem Sterben? vor dem Nicht-mehr-Sein? Oder stört mich nur, daß die Welt auf mich nicht angewiesen ist?)

Zugegeben, das Faktum unserer Sterblichkeit, diese unsere offenbare Begrenztheit als Lebe- und Sterbewesen, wird mich zuweilen existentiell verstören. (Vor allem dann, wenn ich akut bedroht bin.) Aber intellektuell gesehen ist das ja doch keine sonderliche Herausforderung. Was wäre denn schon daran verwunderlich? Schließlich sterben andere Tiere ja auch.

Nein, wahrhaft erstaunlich ist doch der bloße Umstand, daß es *all das* gibt.

– All was?

– *All das:* dies und jenes, Flora und Fauna, Mikro- und Makrokosmos, Evolution und Interpretation, Natur und Kultur. Übrigens auch *uns* selbst, mit all unseren unmöglichen ›Warum überhaupt?‹-Fragen. (»Wie erstaunlich, daß wir darüber staunen können, daß es etwas gibt«, wundert sich der deutsche Philosoph Ernst Tugendhat, mit Recht. Freilich, *ohne* deshalb gleich nach dem Lieben Gott oder dem Absoluten zu suchen!) Und dann erst *mich* (selbst) mit meiner unverfügbaren ersten Person ›ich‹! Mit meiner von niemand anderem einnehmbaren Perspektive auf die Welt (und auf meine eigene Endlichkeit, meinen eigenen Riß im Sein).

Kann denn Sie *all das* nicht mitunter verstören? Versteht sich *all das* etwa von selbst? Einfach so?

– Was finden Sie denn daran erstaunlich?

– Bedenken Sie doch nur diese unendliche Verschwendung: an Material, an Zeit, an evolutionären Sackgassen! Betrachten Sie nur den Reichtum an funktionslos gewordenen Ornamenten, an interessenlosen Symmetrien, bis hinein in die Teilchen- und Wellenballette der Feinstruktur der Materie. *All das* ist doch ganz und gar verwunderlich und seltsam!

– Schauderhaft und schrecklich: Sehen Sie nur die Obszönität von Galaxien, all den kosmischen Müll!

– Wohl eine Frage der Perspektive.

– Oder bedenken Sie die Entwicklungsketten in der Biosphäre, all jene Überlebenskämpfe organischer, fühlender, vergehender Existenzen (welche allesamt, früher oder später, am Ende doch scheitern müssen)! Mein Gott, all jene Grausamkeiten, die endlose Wiederverwertung von Tod und Fäulnis … welch ein Reichtum an Unflat!

– Kosmischer Kompost, beeindruckend fürwahr! Schauderhaft, doch manchmal auch wunderschön. Die quallige Majestät von Medusen im Meer.

– Also, *das* finde ich eher unappetitlich.


2 **WIE DIE KINDER.** Gut, man kann diesen eigenartigen Schauder, der immer dann aufkommt, wenn uns alltags oder am Feiertag, in der Sternwarte oder im Krankenhaus, Absurdität anwehen mag, ja auch schnell wieder auflösen. So wie man das Kopfschmerzpulver in einem Wasserglas auflöst. Wir tun das meistens, indem wir schnell über den Schwindelpunkt des Staunens hinausschauen, oder hinausrechnen, oder hinausdenken. Wir bauen dann das unerwartet Unvertraute in einen weiteren, sinnvollen Kontext ein, in einen größeren Horizont von Plausibilität. Eine Frage der Perspektive.

Verständlich wird *dieses und jenes* also dadurch, daß wir jeweils eine übergreifende Perspektive wählen, eine etwas ausführlichere Geschichte erzählen.

– Und wenn mir diese Geschichte dann *noch* erstaunlicher vorkommt?

– Dann müssen Sie sich halt zu einer *noch* ausführlicheren Story bequemen.

– Aber wenn auch dann meine Fragen nicht aufhören wollen?

– Natürlich kann man immer wieder und immer weiter fragen, wenn das Erstaunen, Erschrecken, Erschaudern immer noch nicht nachlassen will. Kinder oder Fremde oder andere Menschen, die die soziale Routine unserer lebensweltlichen, wissensweltlichen Plausibilitäten noch lernen müssen, fragen da vielleicht jedesmal nach: Warum ist die Banane krumm? Warum krümmt Gravitation die Raumzeit? Warum müssen wir sterben? Erwachsene, Erfahrene, Eingefahrene müssen diesen Verlust von Selbstverständlichkeiten häufig erst wieder lernen. – Wenn ihr nicht werdet wie die Kinder, werdet ihr das Himmelreich nicht mal suchen. Ihr merkt dann gar nicht, welche Fragen euch entgehen.

Mitunter freilich, phasenweise oder krisenweise, kann das Unvertraute auch anstecken, sich ausbreiten, überhandnehmen. Die Allgegenwart von Fragwürdigkeit mag da geradezu eine Obsession werden, eine stetige Bedrängung oder Versuchung. Hinter jeder unschuldigen Tatsache des Lebens lauert dann gleich eine Sinnfrage. Auch die so unschuldig anmutende »Mitteilung, Sinnlosigkeit an Welt und Leben werde empfunden«, ist nun keine bloße Beschreibung mehr. Der Philosoph Hans Blumenberg bemerkte einmal zu Recht, sie sei ein »Instrument der Konfrontation«.

Blumenberg übertreibt wohl nicht, wenn er die in solchem Weiterbohren angedeutete radikale Fragwürdigkeit der *Welt, wie sie ist,* einer recht spezifischen, nämlich *unserer* westlichen und christlichen (oder eben mittlerweile *nach*christlichen) ›Kontingenzkultur‹ zuschreibt. Kontingent ist etwas, was es zwar gibt, das jedoch genausogut auch ganz anders ausfallen oder aber gar nicht der Fall sein könnte (dann wäre es nicht mehr – oder doch nicht mehr dasselbe). Und Blumenberg hat recht: Der Grundgedanke, »daß nicht sein muß, was ist«, ist keineswegs derart selbstverständlich, »wie es sich im [zwanzigsten] Jahrhundert des obsiegenden Evolutionsgedankens ausnimmt«.

Denn es ist zwar problemlos möglich, sich oder andere zu fragen, (a) ›warum‹ *dieses oder jenes* der Fall ist – aber doch wohl nur, weil wir gleichzeitig auch die Frage (b) stellen können, ›ob‹ *dieses oder jenes* der Fall ist. Genauer: weil und insofern wir diese zweite, die ›ob‹-Frage (b) unter Umständen auch mit ›Nein‹ beantworten könn(t)en. Etwas, was ebensogut nicht der Fall sein kann oder könnte, verdankt dann die Tatsache seiner Existenz offenbar einem besonderen Grund. Und so leuchtet uns auch die Frage (a) nach dem ›Warum‹ seines Vorkommens *in* der Welt sofort ein. Es ist ein ganz konkretes ›Warum‹: Der Pudel ist naß. Hätte er denn auch trocken bleiben können? Aber selbstverständlich, Madame, wenn er im Hause geblieben wäre. Warum also ist er naß? Weil Monsieur ihn mitten im Sommerregen ausgeführt hat.

## 3 SONDERBARE KONTINGENZ. Welchen Sinn kann nun die Frage nach einem ›Warum‹ haben, wenn wir sie auf die Welt überhaupt beziehen: auf *alles, was es gibt?*

– Wir sollten dieses tiefsinnige Nachbohren tunlichst meiden. Wir geraten da nur in einen Strudel obsessiver Fragen nach dem ›Warum überhaupt‹, aus dem es keinen sinnvollen Ausweg mehr gibt, sobald man sich einmal darauf eingelassen hat. Lassen Sie also diese Art Tiefsinn! Könn(t)en wir denn wahrhaftig, wirklich, ehrlich fragen, ›ob‹ es die Welt gibt? Allen Ernstes?!

– Sie meinen: Wäre auf diese Frage für uns ein ›Nein‹ eine ebensogut mögliche Antwort wie das ›Ja‹? Aber wer fragte (sich) denn da und wer antwortete (uns), wenn nicht wir selbst?

– Und wir, Sie und ich, gehören wir etwa nicht zur Welt? Mitsamt dem Regen, samt dem Pudel, mit *allem, was es gibt?* »Im Sommerregen / schwimmen die Frösche mir / bis vor die Haustüre.« (Sampû)

Natürlich gibt es die Welt! Wollen Sie *all das* etwa bestreiten? Wer wird den Sommer leugnen und den Regen, Monsieur und seinen Pudel, die Welt und unser natürliches Weltbewußtsein? Und warum sollte man das tun?

– Nun, Gorgias von Leontinoi, der größte der später so übel verschrienen Sophisten, soll immerhin das Gegenteil behauptet haben. Auch ein Buch »Über die Natur der Dinge oder über das Nichtseiende« habe er verfaßt. Sein Dreisatz (wie Hans Blumenberg ihn nennt) lautete: »Es gibt nichts. Gäbe es etwas, wüßten wir davon nichts. Wüßten wir etwas davon, könnten wir es nicht sagen.« Freilich heißt es in der abendländischen Philosophiegeschichte zumeist, die Sophisten – diese Meinungsnachahmer, welche die wahrhaft Weisen bloß rhetorisch imitieren – hätten ihre Behauptungen gar nicht allen Ernstes vorgebracht. Sie argumentierten ›ironisch‹, wie es bei Platon heißt (*Sophistes*, 268 c), in bewußter Verstellung.

– Wissen wir denn, wie Gorgias im einzelnen diesen ›Dreisatz‹ begründet hat?

– Nein, das wissen wir nicht. Aber aus den großen antisophistischen Dialogen Platons wissen wir, daß die Sophisten gar nicht die ersten waren, die das Sein der uns bekannten Wirklichkeit in Frage stellten. Vor ihnen legte bereits ein anderer Kritiker des gesunden Menschenverstandes, Zenon aus Elea, seine berühmten Antinomien und Paradoxien vor, die uns allen Ernstes zum Schluß führen können, »daß nicht Vieles sei«. Das vielfältige, veränderliche, bewegliche Sein, mit dem wir doch in unserer Welt tagtäglich vertraut sind, hat dann, im Lichte dieser Paradoxa, plötzlich keine wirkliche, letzte, zweifelsfreie Konsistenz mehr. Zenon bejaht die Frage des Sokrates: »Ist es dieses, was deine Beweisgänge sagen wollen, nichts anders als allem sonst Geglaubten zuwider behaupten, daß nicht Vieles sei?« (Platon, *Parmenides*, 127 e)

Wenn wir aber die vielfältigen, beweglichen, ausgedehnten Dinge, aus denen unsere Welt besteht, nicht als wirkliches, solides, beständiges Sein anerkennen, worauf beruhen sie dann? Die empirische Welt, unsere Welt, *alles, was es gibt,* braucht jetzt eine andere Rede vom Sein (eine Onto-Logie), einen anderen Seins-Grund. Denn der Horizont des Wirklichen ist brüchig geworden. Der schnellste Läufer, Achilles, kann den winzigen, unendlich teilbaren Vorsprung der langsamen Schildkröte niemals aufholen. Denn die Schildkröte der Metaphysik ist nicht von dieser Welt.

# 4 SEIN ALS OFFENBARUNG.

Der Gedanke, nicht nur *dieses und jenes* in Frage zu stellen, sondern die gesamte Welt unserer Erfahrung, ist in der Tat unerhört. Wie konnten Sterbliche nur auf solche ›Überhaupt‹-Fragen kommen?

– Nun, die Geburtsstunde der westlichen Metaphysik ist das Ergebnis einer göttlichen Offenbarung. Sie fand ungefähr ein halbes Jahrtausend vor der Geburt Jesu Christi statt; und Parmenides aus Elea in Süditalien hat in seinem Lehrgedicht *Peri Physeos* (Vom Wesen des Seienden) von ihr berichtet.

Am Anfang des »an Kunde reichen Weges«, welcher den »Wissenden durch alle Städte führt« und uns im Westen zur Philosophie und Wissenschaft geführt hat, steht die Offenbarung der *wahr*-nehmenden Vernunft: des *Nous*. Dazu mußte Parmenides, von »unsterblichen Lenkerinnen«, den Sonnenmädchen, auf einem Pferdewagen in atemberaubender Geschwindigkeit zum Hause der Gottheit gebracht, das Haus der Nacht erst hinter sich lassen, »dem Lichte zu«. Die Göttin geleitete ihn dann bei der Hand durch ein Tor aus Ätherlicht ins Haus der Wahrheit – hinweg von der Welt der Erscheinungen und der Meinungen der Sterblichen, in denen keine Verläßlichkeit wohnt. Es ist Dike, die unbestechliche Gerechtigkeit, die nichts unvergolten läßt und die niemand täuschen kann; und sie weist dem Philosophen den Weg hin zum unsterblichen Reich der Argumente (Fr. 1).

Vernunft ist Offenbarung: Ganz plötzlich hatte sich dem Parmenides der rationale Zugang hin zum »unerschütterlichen Herz der runden Wahrheit« aufgetan. Dieser Weg geht nicht auf *dieses und jenes,* betrifft keine kontingenten Dinge, sondern zielt auf das, was ist und unmöglich nicht sein kann: Nur *to eón,* das Seiende, kann (mit dem *Nous*) wahr-genommen werden. Und dieses Seiende hat eine Reihe von Eigenschaften, die sich aus unseren empirischen Erfahrungen und Gewohnheiten, aus dem *ethos* der Sterblichen, ganz gewiß nicht gewinnen lassen. Ungeworden, unvergänglich, rund und ganz, einheitlich und ontologisch stabil ist »das Seiende, das sein kann«, das Universum alles Möglichen. Wie aber zeigt Dike, die Unbestechliche, dem Eleaten einen Ausweg aus dem täuschenden und wandelbaren Zeugnis der Sinne hin zu einer direkten Wahr-Nehmung des Seienden durch die Vernunft (den *Nous*)? Wieso sind ihre Fingerzeige, den *Nous* auf die Spur des einen, einfachen, unbewegten und vollständigen Seins zu setzen, dem Dünken der Sterblichen überlegen?

Offenbarung ist Vernunft: Zwei Wege der Untersuchung legt die Göttin dem Parmenides vor. »Die erste, daß [es] ist und daß nicht ist daß [es] nicht ist, ist die Bahn der Überzeugung, denn sie richtet sich nach der Wahrheit.« Die Alternative, »daß [es] nicht ist und daß es sich gehört, daß [es] nicht ist, – das ist [so sagt die Göttin dem Philosophen] ein völlig unerkundbarer Pfad« (Fr. 2). Wieso? Die Offenbarung des Parmenides liegt in der Begründung, welche ihm die Göttin für die Behauptung von der Asymmetrie zwischen dem Sein und dem Nicht-Sein des Seienden vorlegt: »Denn das, was nicht ist (*to mê eón,* das nicht Seiende) kannst du weder erkennen noch verkünden« (Fr. 2); »denn daß man [es] denkt [oder: erkennt, *noeîn*] ist dasselbe wie daß [es] ist« (Fr. 3); »denn niemals werden sich nicht seiende [Dinge: *mê eonta*] dazu zwingen lassen, zu sein« (Fr. 7).

Diese *denn-*Sätze markieren tatsächlich einen revolutionären Anfang: den der westlichen Metaphysik. Mit Argumenten vernünftiger Rede, mit dem *logos,* muß daher der Philosoph über die hart umstrittene These der Göttin entscheiden *(krinein).* Er darf sich hingegen keineswegs auf die vielerfahrene Gewohnheit *(ethos)* verlassen. Oder etwa auf seine Sinne, auf das ziellose Auge, das widerhallende Ohr, auf die Zunge – auf Dokumente, auf Traditionen, aufs Hörensagen (Fr. 7). Und damit bleibt ihm nur, der Göttin auf den »Weg, daß [es] ist«, zu folgen.

Auf diesem Weg gibt es dann weitere Argumente dafür, »daß Seiendes ungeworden und unvergänglich ist, ganz und einheitlich und unerschütterlich und vollendet« (Fr. 8). Etwa: Wäre das Seiende – *alles, was ist* – irgendwann einmal entstanden, dann müßte es ja aus dem Nichts gewachsen sein. »Und welches Bedürfnis hätte es auch veranlassen sollen, früher oder später aus dem Nichts beginnend, sich zu bilden? Also muß [es] entweder ganz und gar sein oder nicht.« Oder: Wäre das Seiende nicht kontinuierlich zusammenhängend – »Seiendes an Seiendes stoßend« –, dann wäre *alles, was ist,* unterbrochen oder getrennt von schwarzen Löchern des Nichts. Es hörte zu sein auf, hätte hier einen Anfang und dort ein Ende – ob etwas ist, wäre somit kontingent, wandelbar, ungewiß. Was *ist,* ist aber zusammenhängend, homogen, beständig: »als ein Selbiges und im Selbigen verharrend ruht es in sich« (Fr. 8).

Unzulässig – weil implizit selbstwidersprüchlich – wäre demgemäß auch ein pragmatisches ›mal so – mal so‹ und ›sowohl als auch‹, je nach den Umständen unseres Erkennens. Jener Pragmatismus ist der unphilosophische dritte Weg, die Wischiwaschi-Gangart der Sterblichen, der »Doppelköpfigen«. Unentschieden schwanken sie hin und her zwischen dem Wahrheitswege des unveränderten Seienden und der Vielfalt der vergehenden Erfahrungen: »denn Ohnmacht lenkt in ihrer Brust ihren schwankenden Verstand, und sie treiben dahin so taub als blind, blöde verdutzte Gaffer, unterscheidungslose Haufen, bei denen Sein und Nichtsein [als] dasselbe gilt und nicht [als] dasselbe, und es in allen Dingen einen [ins Gegenteil] umschlagenden Weg gibt« (Fr. 6).

5 GEWISSHEIT UND ERLEUCHTUNG. Nun, diesem fragwürdigen empirischen, pragmatischen, falliblen, stets anpassungsbereiten Weg eines Wischiwaschi-Wissens würden der Eleat und seine Göttin wohl die allermeisten Philosophien und Wissenschaftslehren von heute, zu Beginn des XXI. Jahrhunderts, zuordnen. Vor zweieinhalbtausend Jahren, als die unsterbliche Gottheit dem sterblichen Parmenides die unumstößliche Wahrheit kündete, forderte sie von ihm zugleich das Vertrauen in den *nous* als einzig untrüglichen Weg der *Wahr*-Nehmung dessen, was ist. Dike berief sich auch nur auf Gründe, die für den *nous* selbst evident sind.

Heute aber ist dieses Vertrauen in die reine Vernunft als den einzigen Weg zur Wahrheit (des *einen* ungewordenen, unveränderlichen, kontinuierlichen Seins) den modernen Wissenschaften längst abhanden gekommen. In neueren und neuesten Zeiten ist nämlich die einst *ein*deutige Vernunft selber pragmatisch, anpassungsfähig, also vielfältig geworden. Wenigstens ›bei uns‹ (im Westen) hat sie ihre metaphysische »Suche nach Gewißheit« aufgegeben, welche John Dewey, der Vordenker des amerikanischen Pragmatismus, am alteuropäischen Vernunftglauben kritisierte.

Und mit der einen, reinen, unwandelbaren Vernunft kam uns auch ein fixer, ontologisch unverrückbarer Begriff vom Sein »glücklich abhanden« (Richard Rorty): Wer glaubt denn noch an ein Sein, welches irgendwo ›da draußen‹ all unseren wandelbaren

Vorstellungen zugrunde liegen soll? Die zeitgenössische Vernunft möchte also die auf letzten Gründen fußende und auf letzte Seinserkenntnis abzielende Himmelsleiter der Metaphysik endlich hinter sich wegstoßen. Besser gesagt: Sie will sie erst gar nicht mehr besteigen.

– Ist sie denn dann noch Vernunft?

– Heute meinen zumindest die Erfahrungswissenschaften, gute Gründe dafür zu haben, auf letzte Gründe verzichten zu können! Daß uns der Weg des Parmenides zur unumstößlichen Wahrheit, zur Gewißheit ungewordenen Seins führen möchte, das glaubt doch längst auch der philosophisch gebildete Gemeinverstand nicht mehr. Wo denn, außer im Museum der Philosophiegeschichte, ließe sich die eine, unverrückbare Wahrheit des Seins schon suchen? Ungewordene Beständigkeit dessen, was ist und gar nicht anders sein kann, finden wir jedenfalls *nicht* in unserer Erfahrungswelt. Gerade Wissenschaftler müssen das beständig feststellen: bei jeder Fallstudie zu dieser oder jener empirischen Frage, mit jedem neuen *update* ihrer Theorien: Alle unsere Sinne (können) täuschen; alle unsere Hypothesen sind fallibel. Das allein ist gewiß!

Wir Sterblichen kennen eben *nur* kontingente Fakten: Dinge, welche entstehen und vergehen, Zustände, welche der Fall sein mögen oder auch nicht. Wer noch nach unbedingter Gewißheit sucht, der müßte in der Tat hinausgehen über all jene empirischen, wandelbaren, sinnlichen Erfahrungen, wie wir Sterbliche sie machen (können). Aber wohin? Nein, als Gewißheit bleibt uns *nur* die Ungewißheit: Alles nur aus menschlicher Erfahrung Festgestellte kann wanken und weichen...

– Genau! Eben darin bestand schon der Schock des Parmenides von Elea, dessen gewahr zu werden, daß es in all unsrer Erfahrung keinerlei festen Grund gibt. Darum verließ sich der Eleat ja auch nicht mehr auf die bloße Erfahrungswelt aus kontingenten Sachverhalten.

– Aber wie gelangt er denn nur wieder hinaus aus dieser epistemischen Erschütterung all unseres Wissens, seiner Endlichkeit, Fehl- und Wandelbarkeit? Dazu muß ihn die unerbittliche Dike erst auf den Pfad *abseits* der menschlichen Wege befehlen, auf eine Straße *jenseits* des »Tors der Straßen von Nacht und Tag« geleiten.

Parmenides sollte aber nicht der einzige Empfänger und Künder derart metaphysischer Offenbarung bleiben. Durchaus ähnliche Erschütterungen (in) der vermeintlich so verläßlichen Weltweisheit, die doch nur auf variable Daten und fallible Theorien zu bauen vermag, erfuhren später auch andere Revolutionäre der Denkungsart, immer wieder. Es geschah übrigens häufig des Nachts, nicht selten gar im Traum. Interessant, nicht wahr?

– Das wiederum finde ich ganz und gar einleuchtend: Die Offenbarung der Vernunft ist schließlich kein Ergebnis des *ordinary business* im tagtäglichen Forschen und Schreiben. Offenbarung ist keine Routinesache, sondern *lux in tenebris*. Des Nachts zeigt sie dem Denker die Nacht, in welcher die herrschenden Lehren sogar am hellichten Tage befangen bleiben. Die Aufklärung durch das Licht der Wahrheit ist ein Ereignis: Sie geschieht als Erleuchtung.

6 **LICHT DES ZWEIFELS.** Mehr als zwei Jahrtausende nach Parmenides widerfuhr solche Erleuchtung dem französischen Denker und Fechter René Descartes. Auch der fragte sich: Wie kann ich das verzwickt verknotete Netzwerk aus vielfältigen und widersprüchlichen Meinungen und Erfahrungen der Menschen entwirren, die im »Gedränge so vieler Zweifel und Irrtümer« doch immer wieder fehlgehen? Da hatte er selber schon sein Bücherstudium hinter sich, bei den Jesuiten (natürlich!), im Kolleg La Flèche. Aber seine Unruhe im Umsturz der Weltbilder hatte ihn schon in jungen Jahren auf die Wanderschaft getrieben, um »im Buche der Welt zu studieren«.

Als Freiwilliger nahm Descartes am großen europäischen Krieg teil. Der war ein greulich Hauen und Stechen, Morden und Brennen um Glaubenswahrheiten, über dreißig Jahre lang. Vielleicht hat Descartes im November 1620 sogar die entscheidende Schlacht am Weißen Berge westlich von Prag aus nächster Nähe miterlebt, in der die katholische Liga den protestantischen ›Winterkönig‹ von Böhmen, Kurfürst Friedrich V. von der Pfalz, besiegte. Es war jedenfalls mitten im Krieg, als dem Franzosen des Nachts in seinem böhmischen Quartier plötzlich ein Licht aufging. Viel später erst hat Descartes von dieser methodischen Offenbarung im ersten und zweiten Kapitel seines berühmten *Discours de la méthode* (1637) berichtet.

Die Aufklärung des Descartes läuft darauf hinaus, alle bloß gelehrten Knoten aus Theorien und Meinungen zu zerhauen wie Feldherr Alexander den Gordischen Knoten: durch Rückgriff auf ein von jeder Kultur, Lehre oder Neigung freies und somit fragloses, ganz unbezweifelbares Faktum – auf das (Selbst-)Bewußtsein des Denkens, das ja auch der Zweifler hat. Wie sehr auch immer ich an allen möglichen Wahrheiten zweifeln mag – daran, daß ich *denke,* wenn immer ich diese Zweifel hege, vermag ich nicht zu rütteln. Wenn ich nun methodisch von dieser unbestreitbaren Gewißheit (zu denken) ausgehe und keinen falschen Schritt tue, dann kann ich »allein und im Dunkeln fortschreitend« dennoch sicher sein, den Weg der wahren Wissenschaft zu konstruieren. Schritt für Schritt, zwar langsam, aber irrtumsfrei. So daß ich, »wenn ich auch nur wenig vorwärts käme, doch wenigstens nicht Gefahr liefe, zu fallen« (*Discours,* ii).

– *Safety first!*

– An diese Maxime scheint sich René Descartes ja auch sonst im Leben gehalten zu haben: Der getreue Katholik löste nach seinem Ausscheiden aus dem Krieg zwar das Gelübde einer Wallfahrt zur Madonna von Loreto ein, zog es jedoch vor, in den protestantischen Niederlanden zu forschen. Wohlweislich außerhalb der Macht des römischen Papstes oder des katholischen Sonnenkönigs. Sicher ist sicher!

– Mit gutem Grunde! Descartes war teilnehmender Beobachter der ideologisch umkämpften Revolution im Selbstverständnis der Naturwissenschaften; und er wußte sehr wohl um die theologischen Intrigen, mit denen man in Rom die ›kopernikanische Wende‹ in der Kosmologie verfolgte. Er selbst hatte den berühmten Galileo Galilei in Italien besucht, und dessen späteres Geschick war ja nicht unbedingt ermutigend …

Descartes' rechter methodischer Dreh auf der Suche nach gesicherter Erkenntnis liegt im unbeirrbaren Festhalten an dem einen, evidenten Ankerpunkt: an der unbezweifelbaren ›inneren‹

Gewißheit auch noch des Zweiflers. Das ist das famose *cogito* des *dubito,* das ›ich denke‹ in jedem ›ich zweifle‹. Noch im Denkakt des Zweifelns bin ich mir doch zumindest meines Denkens (*als* bewußten Seins) bewußt: *ergo sum* ... Dieses Grundfaktum des (seiner selbst bewußten) Bewußtseins bildet dann den archimedischen Punkt, an dem Descartes das ganze Baugerüst der Vernunft solide verankern will.

Die Offenbarung einer Wahrheit, welche ich nur als ›Innere Wahrheit‹ (denkend – als *animus*) erfahren kann, hatte aber gar nicht Descartes, der Begründer des modernen Rationalismus, als erster formuliert. Wir finden sie bereits beim heiligen Augustinus, der sich immer wieder mit skeptischen Argumenten des akademischen Neuplatonismus auseinandersetzt, die er in seiner Jugend kennengelernt hat (vera rel., xxxix.73; Civ. Dei, XI.26). Nur indem sich der Mensch ›nach innen‹ wendet, kann er auch der Wahrheit innewerden; denn nur darin wird er auch Gottes gewahr.

– Aber dem Kirchenvater ging es doch weder um ein methodisches Kontrollverfahren beim Aufbau der Wissenschaften noch um einen ›Beweis‹ für die Existenz Gottes!

Augustin beschreibt im menschlichen Selbstbewußtsein eine Erfahrung, die er als Spur oder Abbild von Gottes Gegenwart deutet. Diese ›Spur‹ Gottes, deren wir in unserer Selbst-Gegenwärtigkeit innewerden, ist aber für Sankt Augustin gerade keine bloß intellektuelle Gewißheit. Er spricht ja sogar von der ›Liebe‹ zur eigenen Existenz in der Selbsterfahrung, als möglichem Zugang zu Gott. Descartes wurde zwar bereits von zeitgenössischen philosophischen Korrespondenten (Arnauld, Colvius, Mersenne) auf Ähnlichkeiten seines *cogito* mit Argumenten des Kirchenvaters aufmerksam gemacht. Wieweit aber Augustin wirklich als der ›Vater‹ des cartesischen Arguments angesehen werden kann, bleibt bis heute umstritten (Matthews, Hanby).

Lassen wir doch diese Copyright-Fragen beiseite, wer nun immer der erste war, Augustin oder Descartes, und ob bei beiden das unbezweifelbare *cogito* dasselbe meint. Aber ist nicht dieses (seiner selbst bewußte) Sein noch des zweiflerischen Nachdenkens weit eher ein *fare* als ein gesichertes *factum? Also* eher ein ›Tun‹ oder ›Erfahren‹ von Denkakten, ihre ›Performanz‹ (Jaako

Hintikka), aus der man jedoch über das wirkliche Sein noch rein gar nichts erschließen kann? Weder über das Sein des fragenden Selbst (ist es eine bloße ›Denksache‹, eine *res cogitans?*) noch über das Sein der Welt, nach der es fragt. Ganz zu schweigen endlich vom Sein des Schöpfers der Welt...

– Da mögen Sie durchaus recht haben.

Der Rückgang auf das unbezweifelbare *dubito/cogito* war für Descartes ja auch nur der erste Schritt. Der führte noch nicht zum Aufbau der Welt, sondern erst zu Grundbausteinen einer verläßlichen wissenschaftlichen Vernunft. Die weitere Konstruktion – *more geometrico* – dieser exakten Wissenschaft soll uns hier aber nicht interessieren, das können Sie gerne im Philosophielehrbuch nachlesen. Gewiß liegt auch für Descartes die *ratio essendi* der Welt, die Ursache für all das, was es gibt und was wir (möglicherweise) erkennen können, in Gottes Willen allein. Doch haben wir damit die Fragen unserer *ratio cognoscendi* noch nicht beantwortet: danach, wie *wir* denn die Sachverhalte in der von Gott so und nicht anders gewollten Welt zuverlässig erkennen können. Und dazu – und nur dazu! – brauchte es eben die cartesische Gewißheit des Zweifels.


7 PINGPONG. So – und wie geht's weiter? Gesetzt, Sie haben nun Ihre nach allen Regeln des Zweifels methodisch (selbst)-bewußte (Selbst)Gewißheit. Aber was haben wir davon – für unser ängstliches Suchen nach metaphysischem Halt, ob innerhalb des Seins oder jenseits davon? Der sichere Pfad der wissenschaftlichen Vernunft führt uns ja dennoch nie über unser endliches Wissen und Bewußtsein hinaus, sondern stets nur bis zu dessen Horizont. Aus unserer überschaubaren Lebenswelt und vermittels Ihrer dank Descartes oder Newton rationalisierten Wissenswelt schauen wir dann (Sie erinnern sich) weiter in jene unendlichen Räume, deren »ewiges Schweigen« einen Blaise Pascal so poetisch erschaudern ließ.

– Und sämtliche weiter- oder ›tiefer‹gehenden Ahnungen, die wir da noch entwickeln mögen (oder von denen Sie partout nicht lassen wollen), machen die Sache ja um so schlimmer! Da wird mir jeder Welt- oder Seinsbegriff ganz schnell zur Spiegelfechterei. Jeder hurtige ›Vorgriff‹ (oder implizite ›Vorbegriff‹) meines Bewußtseins auf das Ganze von Sein wirft Sie und mich ja nur auf die Strukturen unserer Selbsterfahrung zurück, auf die Paradoxien endlicher Selbstbewußtseine angesichts des unendlichen Horizonts.

– Aber darüber haben wir doch bereits gestritten! (Sie erinnern sich: anläßlich Karl Rahners transzendentaler Theologie.)

– Dann soll es damit auch genug sein.

– Wir mögen dennoch weiter den Eindruck haben, daß die Kontingenz alles ›innerweltlichen‹ Geschehens irgendwie nach etwas Absolutem, Nicht-Kontingentem dürste. Doch was besagt das? Zunächst heißt das ja nur, daß *wir* es sind, die danach dürsten! Wir hegen unerfüllbare Wünsche: nach ontologischer Fülle, nach einem unwiderruflichen Grund im Sein (also einem mehr als empirischen Halt), nach überweltlicher Notwendigkeit. Und wer sind ›wir‹?

– Zählen *Sie* sich etwa nicht dazu?

– Zu denjenigen, welche nach über zwei Jahrtausenden immer noch das Sein (in) der Welt metaphysisch überziehen oder überbieten wollen? Ach, derer werden es doch auch im Westen ständig weniger. Eine längst *uncoole* Truppe. Warum sind die nur so überspannt?

Und muß es denn unbedingt *einen* Sinn der Welt geben, den Sinn der *einen* Welt? Wissen wir denn, ob es nur diese eine Welt gibt und nicht vielleicht drei oder fünfundzwanzig oder x Universen? Warum also nur *einen* Sinn, warum nicht drei oder fünfundzwanzig oder x? Könnte nicht auch der Umstand, daß es drei, fünfundzwanzig ... oder gar ebenso viele Antworten auf die Sinnfrage gibt wie Fragesteller, just die *eine* rechte Antwort sein?

✦

Ach, angespannt ist unser metaphysischer Horizont! Wie schwer unsere Gründe auch anmuten, stets federt der Sinn zurück. *Pingpong:* Am Ende landet die Frage dann wieder bei den Einzelnen, bei Ihnen und bei mir, seien wir nun Gläubige oder Indifferente, Buddhisten oder Existentialisten.

VI. Kapitel: Schauder und Licht

Na, dann lassen wir doch die Frage nach dem Sein einfach in der Schwebe! Was soll denn schon passieren, wenn wir ihren Sinn auf sich beruhen lassen?

– Auch dann pendelt sie sich wieder ein, meint Meister Martin: noch im »Sichloslassen in das Nichts«, frei »von den Götzen, die jeder hat und zu denen er sich wegzuschleichen pflegt, zuletzt [in] das Ausschwingenlassen dieses Schwebens«. Ausschwingend zwischen Dasein und Nichts, zwischen Seiendem und Sein. Auch dann, meint Heidegger, schwinge das Schweben »ständig zurück [...] in die Grundfrage der Metaphysik, die das Nichts selbst erzwingt: *Warum ist überhaupt Seiendes und nicht vielmehr Nichts?*«

## SIEBTES KAPITEL

## *Kosmos und Wüste*

>»Aus unklaren Gründen,
> unter unbekannten Umständen
> hörte das Ideale Sein auf, sich zu genügen.
> Es hätte ja dauern endlos dauern können,
> aus dem Dunkel geschält, aus Helligkeit gehämmert,
> in seinen, schläfrigen über der Welt, Gärten.«
> Wisława Szymborska, *Platon oder warum*

>»Le désert est monothéiste.«
> Ernest Renan, *Histoire du peuple d'Israel*

---

*Ist der Mensch ein metaphysisch gestimmtes Tier?* – Ich weiß nicht recht: Haben wir denn wirklich Hunger auf das Absolute, sobald wir nur die Welt ernstlich *wahr*-nehmen? Vielleicht sind ja nur wenige so eingestellt. – Oder *ihr* seid es: *dead white males* aus der Denkgeschichte des Westens.

*Ist denn der Mensch nicht stets auf der Suche nach seinem Ort im Sein?* – Ach was, die Menschen suchen doch nach allem möglichen: nach Sicherheit und Halt, nach Vertrauen und Zuneigung, sie wollen ihre Angst überwinden, vielleicht auch ihren Gott finden. – Eher selten suchen sie das Absolute.

*Und wenn nun der Mensch ein animal religiosum wäre?* – Die Religion sucht Gott, aber nicht das Absolute. Der religiöse Mensch hört irgendwann auf zu fragen. – Er würde Gott nicht suchen, wenn er IHN nicht bereits gefunden hätte.

---

1 **SOFTWARE UND HARDWARE.** »Der Sinn der Welt muß außerhalb ihrer liegen.« So steckt Ludwig Wittgenstein in seinem *Tractatus logico-philosophicus* die selbstgezogenen Grenzen des logischen Positivismus ab: »In der Welt ist alles wie es

ist und geschieht alles wie es geschieht; es gibt *in* ihr keinen Wert – und wenn es ihn gäbe, so hätte er keinen Wert« (Tract. 6.41). Was Wittgenstein hier offenbar meint, ist ein *un*bedingter, eben nicht kontingenter Wert. Ein Wert, der so gewiß wäre wie jene *einzige* unumstößliche Wahrheit, welche die Göttin Dike einst dem Eleaten Parmenides eröffnete.

Ihre metaphysische Offenbarung wies eben nur dem unwandelbaren, dem in sich homogenen, selbigen und vollendeten Seienden einen solchen Wert zu, »daß [es] ist und daß nicht sein kann, daß [es] nicht ist«. Was die Göttin damit aber offenließ, das war nun gerade der Wert unserer kontingenten, wandelbaren Welt, jener Wert, der in ihr nicht zu haben ist. Anders gesagt, ließ uns die eleatische Offenbarung am Ende mit der Frage allein, wie wir denn von der ewigen unwandelbaren Ein(s)heit des unabänderlichen Seins zur heterogenen Vielfalt der vergänglichen Erscheinungen kommen.

– Sie meinen, fehlbare Bewohner von Raum und Zeit (wie wir) bräuchten dazu auch noch ein eigenes Übersetzungsprogramm?

– Wenn Sie es so nennen wollen. In der Tat haben Parmenides' Nachfolger etwas Ähnliches formuliert. Bei Platon, dem wohl wichtigsten und folgenreichsten unter ihnen, heißt dieses Programm ›Weltseele‹. Die Konstruktion dieser Weltseele vermittelt zwischen dem »immer Seienden, welches kein Werden zuläßt« und dem »immer Werdenden, welches niemals zum Sein gelangt« (*Timaios*, 28a), sie leistet also die Umsetzung ewiger idealer Software in dinghafte vergängliche Hardware.

– Und wie tut sie das?

– Das geschieht durch die mathematischen Proportionen der Sternenbahnen: Die ewigen Bewegungen der Himmelssphären verwandeln ein zunächst unstrukturiertes Chaos in die Ordnung »dieser unserer Welt«, die damit »ein bloßes Abbild von etwas Ewigem« wird (*Timaios*, 29a). Diese Geschichte vom Übergang »aus der Unordnung in die Ordnung« erzählt der Phythagoräer Timaios seinen Freunden im gleichnamigen Platonischen Dialog.

– Und der Liebe Gott spielt dabei gar keine Rolle?

– O doch, Platon und der Mythenerzähler Timaios kennen sehr wohl eine Art ›Gott‹, der selber ungeschaffen, also von Anfang an da ist (und der dann später auch noch weitere Götter hervorbringt: die Gestirne und Planeten sind Götter, Untergötter und Göttersprößlinge). Aber man kann diesen Gott nicht wirklich als Schöpfer der ganzen Welt, von *allem, was ist,* ansehen. Eher schon als einen Baumeister *(demiourgos),* der ja auch seine Baumaterialien bereits vorfindet.

Die ewigen Wahrheiten, welche allem Seienden zugrunde liegen, hat Platons »Vater des Alls« jedenfalls nicht geschaffen. Aber er ist dafür verantwortlich, daß diese platonischen Ideen nicht leerlaufen. Dieser »von Ewigkeit seiende« Gott will die (ebenfalls ungeschaffenen) vollkommenen Vernunftideen in einer wirklichen Welt umsetzen, »auf daß, soweit es möglich, Alles gut und Nichts schlecht sei«. Aber er findet die materielle, sichtbare Welt »in regelloser und ungeordneter Bewegung« vor, als Chaos. Und so »führte er [sie] aus der Unordnung in die Ordnung, weil er der Ansicht war, daß dieser Zustand schlechthin besser als jener sei« (*Timaios,* 30 a).

– Geht es denn nicht in *allen* Kosmogonien der Alten Welt um die Transformation von Chaos in Kosmos? Auch der Weltzustand zu Beginn der hebräischen Bibel heißt ja *tohu* und *bohu:* Die Welt ist schon da, ›wüst‹ und ›leer‹, strukturlos und unbelebt, aber nicht Nichts.

– Gewiß, das Buch Genesis bedient sich dieser überlieferten Bildwelten eines Chaos, aus dem irgendwie Ordnung wird. Doch wie geschieht das? Das erste Kapitel der Bibel benennt nur eine Serie von göttlichen Entscheidungen: die Trennung von Licht und Finsternis, von Himmel und Erde *(et cetera). Daß* es diese und jene gibt (so erfahren wir), ist das Ergebnis von Gottes Willen allein. (Aber mehr erfahren wir überhaupt nicht!)

Die Bibel enthält *keine* eigene Weltentstehungstheorie, sie begründet darum auch *keine* Schöpfungswissenschaft. Irgendeinen kausalen oder anderen Mechanismus, der die Verwirklichung von Gottes Willen erklärte, indem er uns nun zeigte, *wie* das Hervortreten der kosmischen Ordnung aus *tohu* und *bohu* möglich wird, finden wir in der biblischen Schöpfungsgeschichte jedenfalls nicht.

– Und bei Platon ist das anders?

– Das kann man wohl sagen. Der Erzähler des Mythos vom Weltbaumeister versucht durchaus, eine Wissenschaft der Entstehung von Ordnung zu skizzieren: Wenn die raum-zeitlos ewigen (und dem Platonischen ›Gott‹ vorgegebenen) Wesenheiten des *Nous* das ungeschaffene Urbild jeder möglichen Vollkommenheit sind, dann braucht der göttliche Demiurg sein ›Übersetzungsprogramm‹, um die immateriell ewige Schönheit oder Ordnung in der materiellen Welt zu verwirklichen, auf daß diese zum »Schönsten von allem Entstandenen« werde. Nichts anderes aber ist für Platon die ›Seele‹: Trägerin der (ewigen) Vernunft in einem (raumzeitlichen) Körper. Sie vermittelt zwischen dem Ewigen und dem Wandelbaren, denn sie übermittelt die Ordnungsmuster des Geistes in eine ohne ihn strukturlose Materie. »Und so bildete er [Gott] die Vernunft in eine Seele und die Seele in einen Körper ein, und fügte so aus ihnen den Bau des Weltalls zusammen« (*Timaios,* 30 b).

– Ich sehe schon, warum Ihnen Platons »Schöpfer und Vater dieses Alls« am Ende tatsächlich als eine Art Programmierer vorkommt. Aber wie kann er dann noch (ein) Gott sein?

## 2 MATHEMATIK ALS MUSIK. Verachten wir doch die Kreateure von Software-Programmen nicht! Der göttliche Baumeister Platons ist zwar nicht Urheber von *allem, was es gibt.* Wenn Sie es vorziehen, können wir ihn ja einen Komponisten nennen: einen Produzenten von Harmonie, nach einem vorgegebenen ewigen Kanon für Schönheit. Mit der Weltseele komponiert Gott die Sphärenmusik. Die Seele des Alls steht »in der Mitte zwischen dem Unteilbaren und dem an den Körpern haftenden Geteilten«; die Seelensubstanz ist somit gebildet »aus der Natur des [ewig mit sich] Selbigen und des Anderen« (*Timaios,* 35a); und daraus mischt der kosmische Schöpfer ihre Substanz zusammen, um sie dann nach festen Verhältnissen zu teilen und die Teile wieder zu verbinden.

Die Harmonie, welche die Weltseele in den sich kugelrund drehenden Weltkörper transportiert, ergibt sich aus den Zahlenproportionen ihrer Bestandteile: »einen Teil von dem Ganzen, darauf das Doppelte desselben, zum Dritten sodann das Anderthalbfache des zweiten Teils, zum Vierten das Doppelte des zweiten, zum Fünften das Dreifache des dritten, zum Sechsten das Achtfache des ersten und zum Siebten das Siebenundzwanzigfache des ersten« (*Timaios*, 35 b, c). In diese Bruchteile gliedert der Demiurg die Seelensubstanz erst auf und setzt dann ihre Teilglieder in diversen Mischungen und Zwischenräumen in komplizierten Proportionen wieder zusammen.

– Kann man diese programmierte Musik denn hören?

– Nein, vielleicht ließe sie sich mit einem numerischen Synthesizer hörbar machen. Schauen Sie sich aber die wunderschönen Maße an: »Dies ganze so zusammengefügte Gebilde aber spaltete [der Demiurg] hierauf der Länge nach in zwei Teile, verband dieselben kreuzweise in ihrer Mitte, so daß sie die Gestalt eines X bildeten, und bog dann einen jeden in einen Kreis zusammen [...] und machte einen dieser Kreise zum äußeren und den andern zum inneren«...

– *Bitte!* Können wir uns diese Berechnungen *en détail* nicht ersparen?!

– Wenn Sie wollen. Man muß eine Software ja auch nicht unbedingt selber programmiert haben, um sie zu benutzen.

– *Okay,* und auch Sie müssen nicht komponieren können, um die Kunst der Fuge zu genießen.

– Nun, für die Armen im Geiste, denen solch himmlische Schönheit aus mathematischen Harmonien immer noch zu kompliziert sein sollte, liefert Platon dann auch noch den *Link* zur Kinofassung mit: da identifiziert er die Gestirne mit Göttern, götterartigen Wesen und Götterkindern aus dem Pantheon der griechischen Mythologie.

Im Ergebnis präsentieren uns dann Timaios oder Platon oder sein kosmischer Demiurg die Weltseele als programmierte Bewegung sieben ungleicher Kreise, in deren konzentrischer Hierarchie die Himmelsbahnen der Gestirne umeinander rotieren (*Timaios,* 34 b–36 c). Und dieses kosmische Perpetuum mobile mit seinem mathematisch programmierten ›Seelenleben‹ aus wohlproportionierter Bewegung gefällt dem »Vater, welcher das All erzeugt hatte«, am Ende so sehr, daß er aus der Bewegung der Himmelssphären auch noch die Zeit hervorgehen läßt. So wird dem Platonischen Gott auch die vergängliche Zeit noch zum Abbild der ewigen Harmonie.

– Und all das soll schön sein?

– Schönheit ist für Plato numerisch: Mathematik *ist* Musik.

◆

Übrigens nicht nur für Platon! Auch für den heiligen Augustinus ragen die »Zahlen der Vernunft durch ihre Schönheit heraus« (mus., VI. xi. 31). Gewiß, Augustinus glaubte an den wahren Gott, nicht bloß an einen kosmischen Handwerker. Doch im Traktat »Über die Musik« beschreitet auch er (wie noch andere monotheistische Platoniker vor und nach ihm) den Weg von der Mathematik zur Schönheit: Und dieser vom Wohlgefallen geleitete Aufstieg der Seele von der sinnlichen über die numerische zur wahren Schönheit ist zugleich die Rückkehr *(reditus)* der Seele zu Gott. Denn die mit Sinn und Seele wahrnehmbare Schönheit, die sich in poetischen Reimen und in zeitlichen Rhythmen ausdrückt (und mit ihnen vergeht), ist für uns gefallene Sterbliche ein innerweltliches Abbild der ewigen Harmonie in Gott.

»Die Gleichheit, die wir in den sinnlich wahrnehmbaren Rhythmen nicht als sichere und bleibende gefunden, sondern nur als angedeutete und vergängliche erkannt haben«, führt uns über die Vernunft-Idee »ewiger Gleichheit« schließlich zu Gott, dem Schöpfer und ewigen Urbild aller Schönheit und Wahrheit (mus., VI. xii. 33–34).

Gottes unwandelbare Vollkommenheit und ewige Weisheit läßt sich, so Augustinus, zwar nicht mit den äußeren Sinnen *wahr*nehmen, sondern nur vom »inneren Menschen«, der sich vom »inneren Lehrer« Christus belehren läßt (mag., I.2, XI.38). Aber das ästhetische »Wohlgefallen ist ja gleichsam das Gewicht der Seele. Wohlgefallen ordnet daher die Seele« (mus., VI.xi.29). Unser Gefallen an wohlgeformten Reimen und Rhythmen kann daher die Seele auf den inneren Weg zur letztlich unkörperlichen Wahrheit geleiten, bis wir endlich »Gott im Innern besitzen, wo alles, was wir lieben, sicher und unvergänglich ist« (mus., VI. xiv.48).

# 3 DICHTUNG UND WAHRHEIT.

Aber zurück zur platonischen Ordnung und Harmonie: Platons mathematisch ›lebendige‹ Weltseele ist doch wohl nicht der wahre Gott?

– Nein, aber dafür ist sie ein wahrheitsproduzierender Gott!

– Da hätten wir ja schon zwei Götter?

– Der ungeschaffene ewige Gott programmierte die Weltseele als einen geschaffenen ›Gott‹. Und dieser rotiert offenbar nicht nur voll seliger Harmonie im Dasein (Platon spricht hier sogar von *eudaimonia:* vom Glücke dieses geschaffenen ›Gottes‹). Durch wohlproportionierte Bewegungen übt dieser Gott (diese ›Weltseele‹) auch noch Erkenntnis(tätigkeit) aus.

Platon verstand ja die Maßverhältnisse der himmlischen Rotationen »ohne Laut und Schall« gleichzeitig als ›Kundgebung‹ der Wahrheit: Im Bereich des sinnlich Wahrnehmbaren rufe der »Kreislauf des Anderen« sichere und wahre Meinungen und Überzeugungen hervor; im Bereich der Vernunft sei es »der Kreislauf des Selbigen, indem er wohl von statten gegangen, ihr solche Kunde gebracht hat; dann kommt notwendig vernünftige Einsicht und Wissenschaft zustande« (*Timaios,* 37c). Kurz gesagt: In der Seele des Platonischen »Weltganzen, eines im Kreise sich drehenden Umkreises« (*Timaios,* 34b), kreist eine Wahrheitsmaschine.

– Sie hat nur einen Schönheitsfehler: Die gesamte Geschichte vom Bau dieser Maschine ist eine reine Erfindung! Sagt das nicht sogar Timaios selber, als er diese Story zum besten gibt?

– Er sagt uns vor allem, sie sei plausibel. Hätten Sie denn unter platonischen Verhältnissen ein Mehr an Gewißheit erwartet? Wenn wir Menschen über die Kosmogonie (die Entstehung der Welt) reden, dann kann doch unsere Rede nur eine bestenfalls wahrscheinliche sein! Sterbliche wie wir sind nun einmal fehlbare Wesen, und unsere Raum-Zeit-Welt ist nur ein ungewisses, vergängliches Abbild der bleibenden, unumstößlichen, ewig ›selbigen‹ Wahrheit des Seins. Also betont Timaios völlig zu Recht, »daß wir alle, ich, der Darsteller, und ihr, die Beurteiler, nur von menschlicher Natur sind, so daß es sich bei diesen Gegenständen für uns ziemt, uns damit zu begnügen, wenn die Dichtung *(mythos)* nur die Wahrscheinlichkeit für sich hat, und wir nichts darüber hinaus verlangen dürfen« (*Timaios,* 29d).

– Na bitte! Der Mythos vom kosmischen Baumeister ist also doch erfunden!

– Aber gut erfunden, für glaubwürdig befunden: *se non è vero, è ben trovato.* Und diese Wahrscheinlichkeit ist auch seinem Gegenstand völlig angemessen, nämlich der geschaffenen Welt, die ja auch nur ein unvollkommenes Abbild des Ewigen ist: »und wie zum Werden das [ewige] Sein, verhält sich zum Glauben die Wahrheit« (*Timaios,* 29c).

– Ja, aber damit sagt uns der Philosoph doch zugleich, der Glaube sei nur eine mindere Form der Wahrheit: *Glauben ist weniger als Wissen!*

Wie steht es nun mit unserem Gottesglauben, dem der Christen oder anderer Monotheisten? Der wäre dann wohl ebenfalls nur eine Halbwahrheit: eine Wahrheit für Minderbemittelte?

– Nein, natürlich nicht. Auch wenn die heidnischen Platoniker der Spätantike genau diese Schlußfolgerung gezogen haben. Aber Kelsos, Porphyrios und wie sie immer hießen, hatten unrecht.

– Wieso? Wo liegt denn der Unterschied?

– Ganz einfach: Platon und die heidnischen Platoniker glauben gar nicht an den Einen Gott persönlich.

Es ist schon recht fraglich, ob sie an ihre eigene Vielgötterwelt, an das Auf und Ab der Kriege zwischen Göttern und Titanen, an die turbulenten Familienfehden der Olympier, an die nicht enden wollenden Liebesaffären zwischen Sterblichen und Unsterblichen *wirklich* glaubten, oder ob das für sie eher eine Art ›Fernsehprogramm‹ war. Französische Althistoriker und Ethnologen wie Jean Pierre Vernant, Paul Veyne, oder Marc Augé haben dazu ein paar treffende, skeptische, bissige Essays geschrieben: *Glaubten die Griechen an ihre Mythen?*

– Was heißt hier schon glauben? Es gibt doch auch heute genügend Leute, für die Helden und Antihelden von Fernsehserien (oder Sterne und Götter aus der Hollywood-Welt) weitaus ›wahrer‹ sind als die Menschen, mit denen sie im vermeintlich wirklichen Leben zu tun haben.

– Eben! Platon hielt nicht viel vom Theater.

Ob man die höchste Vollkommenheit des ungeschaffenen Ewigen nun ›Gott‹ nennt (oder nicht); ob Timaios das Weltseelenprogramm dann einen weiteren ›geschaffenen Gott‹ nennt (und ihm sogar eine Art Persönlichkeit, mit eigener *eudaimonia* und eigenen Erkenntnisprozessen zuschreibt) oder ob es sich nur um eine Art *software* handelt; ob wir schließlich mit den Erddrehungen, den Gestirn- und Planetenbahnen noch weitere himmlische Göttergeschichten verbinden sollen … sehen Sie: *all das* ist diesen metaphysisch aufgeklärten Heiden doch völlig gleichgültig! Die Götterwelt ist eh nur Bestandteil ihres Kosmos.

– Oder seine mythische Kehrseite.

Soweit unsere Mathematik reicht, sagt Timaios, können wir die Fixsterne, »welche wandellos als lebendige Wesen göttlich und unsterblich und gleichmäßig in demselben Raume sich drehend ewig verharren« (*Timaios*, 40b), bestimmten mythologischen Obergottheiten zuordnen und andere, bewegte Sterne den minder mächtigen Göttern.

– Und wenn wir keine mathematische Formel mehr finden?

– Kein Problem, dann übernehmen wir eben die landläufigen Göttergenealogien der Dichter, oder wir vertrauen »dem Herkommen«, der Volksreligion oder politischen Tradition, auch »ohne wahrscheinliche oder zwingende Beweisgründe« (*Timaios*, 40 d, e).

4 GLAUBEN UND WISSEN. Die Frage nach DEM einen, einzigen, wahren Gott löst also bei diesen Nachfolgern des Parmenides wenig Leidenschaft aus. ›Göttlich‹ ist für Platon & Co. vor allem ein Qualitätsmerkmal: das Indiz für die Reinheit, Unwandelbarkeit und Dauerhaftigkeit der gesuchten Ideen und gefundenen Seinsgestalten. Wie schon die Anhänger der parmenideischen Offenbarung, die Eleaten, sehen auch die Platoniker den Grund unserer raum-zeitlich situierten, wandelbaren Welt in unveränderlichen, ewigen, selbigen Wesen- und Wahrheiten: Die Welt ist, was *immer und ewig, bleibend und unabänderlich* der Fall ist. Der Rest ist Gerede.

Für Parmenides und Platon sind diese ewigen (also ›göttlichen‹) Wahrheiten unpersönliche Fakten. Man mag diese mehr oder weniger begreifen (wenn man sie denn begreift). Man kann besser oder schlechter über sie Bescheid wissen (nach der Faustregel:

Je weniger wir uns vom Pragmatismus unserer lebensweltlichen Gewißheiten beeinflussen lassen, desto besser). Aber ihre Dimension des Bleibenden, Unveränderlichen, ›dessen was ist und von dem unmöglich der Fall sein kann, daß [es] nicht ist‹, dieses Reich der Wahrheit ist uns nicht direkt zugänglich. Einzig die parmenideische Offenbarung und ihre platonische Aufklärung vermöchten einige (wenige!) Auserwählte ins epistemische Jenseits einer zeitlos wahren Wissenswelt einzuführen.

– Und diesseits dieses Reichs ewiger Wahrheit, unterhalb seiner Sphäre ortloser Stabilität, woran orientieren sich da die anderen Menschen, also wir meisten?

– An Mythen. So heißt es bei Platon: an Erzählungen, die ja heute im (post)strukturalistischen Sprachgebrauch auch schon wieder ›Narratives‹ heißen. Da gibt es dann wissenschaftliche Dichtungen ebenso wie lebensweltliche Mythen. Und beide Formen der Erzählung sind naturgemäß weitaus weniger gewiß als das unveränderliche Sein aus parmenideischer Offenbarung oder platonischer Vernunft. So wie ja auch unsere Welt (egal, ob sie nun gerade so entstanden ist, wie Timaios erzählte, oder irgendwie anders), in der wir leben (und sterben), weitaus weniger stabil ist als jene homogene Beständigkeit des Seins, welche einst die Göttin Dike dem Philosophen Parmenides kündete.

– Aber ist deshalb zum Beispiel die platonische Weltentstehungs-Erzählung vom Demiurgen »um nichts minder wahrscheinlich als die Darstellung irgendeines Anderen« (*Timaios*, 29c)?

– Das, mit Verlaub, hängt doch wohl vom Stand der kosmologischen Wissenschaften ab. Und diese haben unterdes etliche neue Sackgassen ausprobiert, zahlreiche konkurrierende Wahrscheinlichkeitengegen einander abgewogen und dabei sogar einige neue Erkenntnisse verzeichnet. Ich denke, auch Platoniker hätten da gar nichts gegen empirische Forschungsprogramme einzuwenden, gegen Hubble-Teleskope und Teilchenbeschleuniger.

– Wissen Sie, mir kommen gerade die heute so heiß gehandelten Supersymmetrien und eleganten Universen mitunter recht platonisch vor.

– Und dann, nicht zuletzt, gibt es natürlich, für Metaphysiker ebenso wie für normale Menschen, das weite Feld mehr oder minder plausibler Storys zu allen möglichen Fragen unserer Lebenswelt: von den gewöhnlichen ›Mythen des Alltags‹ (Roland Barthes) bis hin zu den eher dramatischen Geschichten von Hoffnung und Heilung. Hie finden wir sie mit handgestricktem Aberglauben vermischt, dort aus dem Bodensatz wissenschaftlicher Welterklärungen gedüngt und zuweilen noch mit abgelegenen (oder abgelegten) Großtheorien oder gar fremdartigen Glaubenslehren vermengt.

– Also Kraut und Rüben?

– Aber gerne nach fernöstlichen Rezepten zubereitet.

Einige dieser Erzählungen sind sogar glaubwürdig (sie folgen offenbar auch den elementaren Regeln der Wahrscheinlichkeit), andere Rezepte funktionieren immer wieder (auch wenn wir nicht genau wissen, warum). Uns an solcherart plausiblen Mythen zu orientieren mag darum für uns Menschen, die wir ja unser Wissen unter den pragmatischen Bedingungen von Zeitlichkeit, Wandelbarkeit, Sterblichkeit zusammenschustern müssen, häufig die zweitbeste Möglichkeit sein.

– Für all die vielen, die Platons ungeschriebene Geheimlehren nicht kennen (oder nicht begreifen), ist es vielleicht die einzige?

✦

Völlig anders stellt sich das Verhältnis von Glauben und Wissenschaft aber dar für Gläubige, die im ewigen Gott keine bloßen Tatsachenwahrheiten suchen (denn auch ewige Tatsachen sind Tatsachen), sondern in ihm ein persönliches Gegenüber gefunden haben. Für diese – Juden, Christen, Muslime – ist die Gewißheit im Glauben etwas völlig anderes als ein bloß wahrscheinliches (also: minder gewisses) Wissen. Sie glauben schließlich nicht deshalb an den Lieben Gott, um die kosmische Sphärenmusik der sieben Himmel oder den *Big Bang* vor der Entstehung unserer gekrümmten Raumzeit besser erklären zu können als die Ungläubigen. Die monotheistische Offenbarung, der Moses in der Wüste begegnet und die der Bund am Berge Sinai bekräftigt, beantwortet eine ganz *andere* Frage als jene metaphysische Offenbarung, welche Parmenides jenseits der Pforten von Nacht und Tag erfuhr.

– Gibt es nicht wenigstens eine Parallele zwischen beiden: zwischen der Offenbarung des monotheistischen Glaubens an den wahren Gott und der Eröffnung des metaphysischen Wissens vom unveränderlich wahren Sein? Das meint etwa der Ägyptologe Jan Assmann. Er hat unlängst die ›parmenideische Unterscheidung‹ von wahr und falsch an den Anfang der Wissenschaft gestellt, während die ›mosaische Unterscheidung‹ zwischen dem wahren Gott und den falschen Götzen die monotheistische Weltsicht begründet habe.

– Zumindest soviel ist richtig an dieser Analogie: Beide Unterscheidungen sind zugleich Entscheidungen *gegen* andere Lehren.

Das parmenideische *Gegen*wissen aus beständiger Wahrheit richtet sich systematisch wider das mythologische ›wilde Denken‹ (Claude Lévi-Strauss), das mit allen möglichen Versatzstücken herumbastelt. Und die mosaische *Gegen*religion wendet sich wider alle Gestalten von Vielgötterei, Magie und Weltfrömmigkeit.

– Aber bedeutet ›Wahrheit‹ denn nicht in beiden Fällen etwas völlig anderes?

– Damit haben Sie recht. Eben deshalb geht die schöne Parallele Jan Assmanns ja auch nicht auf.

Das wahre Wissen der parmenideischen Metaphysik aus reiner geoffenbarter Vernunft konstituiert sich gegen alle möglichen lebensweltlichen Formen nur pragmatischen Wissens, die ja durchaus in Gestalt von Mythen überliefert werden mögen. Denn auch wenn solche Traditionen funktionieren, sind doch die Annahmen, auf die sie gründen, nicht gewiß, beständig, ewig. Bei ›uns‹, im Westen beginnt die »Suche nach Gewißheit« (John Dewey) also mit der parmenideischen Revolution der Denkungsart.

Zu Beginn der Neuzeit suchte und fand Descartes dann im radikalen Zweifel des Bewußtseins einen metaphysischen Ausgangspunkt methodischer Gewißheit: Auch diese sollte sich ja nicht bloßen kulturellen Traditionen und Routinen verdanken, sondern in unpersönlichen Verfahren gründen, die menschliches Versagen ausschließen.

Nun sind die metaphysische Einheit des Seins und das moderne Projekt der Einheit der Wissenschaft nicht dasselbe. Schon deshalb wäre es mehr als fraglich, wie Jan Assmann die wissenschaftliche Weltauffassung einfach mit Parmenides beginnen zu lassen. Aber einmal gesetzt, man könnte dies tun: angenommen also, eine einheitliche wissenschaftliche Weltsicht von Mensch und Kosmos (wenn sie denn möglich wäre) ließe sich als Vollendung der parmenideischen Offenbarung ansehen (und weiter als Verwirklichung der cartesischen Revolution). Selbst dann aber wäre die Frage, die (uns) der Monotheismus stellt, noch überhaupt nicht gelöst. Die biblische Treue zu DEM, DER IST als dem wahren und einzigen HERRn und Gott erwächst niemals aus der Erkenntnis der Grammatik der Weltordnung allein, auch wenn diese für alle – in ihrem Glauben – zugleich Wissenden die Allmacht des einen Gottes bezeugt.

Der monotheistische Glaube erwächst nicht aus reiner Vernunft, sondern aus reinem Herzen. Seine Gewißheit wurzelt in Treue. Denn das ›Herz‹ meint im biblischen Sprachgebrauch weitaus mehr als bloße Gefühligkeit, es bezeichnet das Willenszentrum des Menschen. Und *rein* ist ein Herz für JAHWE erst dann, wenn es sich von der Verehrung anderer Gottheiten gereinigt oder frei gemacht hat und damit für SEinen Ruf, SEin Gebot, SEinen Bund offen wird.

Die abrahamische »Erfindung des Glaubens« (Guy Lafon) und die mosaische Gegenreligion konstituieren sich ja nicht primär als propositionale Lehre (*daß* dieses oder jenes der Fall ist), sondern als personale Beziehung: als Treue und Vertrauen zum einzigen Gott. Mit den Tatsachenwahrheiten aus der epistemischen Wissenswelt tritt also der wahrhaft monotheistische Glaube überhaupt nicht in Konkurrenz oder Konflikt. Das gläubige ›Wissen‹ von Gott versteht sich eher als Ergebnis einer Begegnung denn als Konsequenz einer Schlußfolgerung.

5 **WEISHEIT ODER REINHEIT?** Ich sehe da noch einen ganz anderen Unterschied zwischen den Lehren eines Parmenides und denen eines Mose. Oder auch zwischen Platon und Mohammed. T. E. Lawrence, der walisische Archäologe und britische Agent des ›arabischen Kriegs‹ gegen das zerfallende Osmanische Reich (1916–1918), stellt im dritten Kapitel seiner Helden-

saga *Die sieben Säulen der Weisheit* ein eigenartiges Axiom auf: »Der Glaube der Wüste war für die Städter unmöglich.«

– Mit Verlaub, Lawrence von Arabien ist aber keine besonders vertrauenerweckende Quelle, um das Mindeste zu sagen!

– Ja, ja! Sie haben schon recht. Sein Erinnerungsroman ist ein durchaus fragwürdiges Epos, faszinierend, aber vollgestopft mit Vorurteilen, in denen der Brite offenbar auch gegen den eigenen, erklärten ›Selbsthaß‹ anschreibt: Helden der Wüste gegen Bürokraten (in Istanbul wie in London). Gegen den kranken Mann am Bosporus, wider das an seiner korrupten Elite »lasterhafter levantinischer Offiziere« dahinsiechende Osmanische Reich, erhob sich ein Männerbund aus den edelsten Stämmen Arabiens, den unser Brite dann berät, unterweist und (ver)führt ... bis dann am Ende die Mächte in Versailles die Araber verraten.

Woher kommt nun dieser arabische Kampfesgeist und Todesmut? Nach der Schilderung von Lawrence verdankt er sich der Gottesunmittelbarkeit der Wüstenstämme. Sie allein wissen um »die Nichtigkeit alles Irdischen«, und darum kennen die Wüstensöhne auch »keine Halbtöne in den Registern ihrer transzendentalen Schau«. Ja, ja und nein, nein geht ihre Rede, »nur Schwarz und Weiß ihre Grundfarben«.

– Sie gehen dem Duktus der Erzählung dieses abgebrochenen Archäologen offenbar gänzlich auf den Leim! Sehen Sie das denn nicht?

Mit dem ambivalenten Porträt der semitischen Stämme Arabiens, in dem Lawrence seine Kampfgefährten als edle monotheistische Fanatiker zeichnet (und doch karikiert), kann der Autor seine eigene Faszination gegenüber diesen puritanischen Wüstensöhnen zugleich feiern und auf Distanz halten.

– All das gebe ich Ihnen durchaus zu. Und dennoch scheint mir Lawrence einen entscheidenden Punkt zu treffen: »Ihre [der Semiten] Haupttätigkeit bestand in der Herstellung von Glaubensbekenntnissen, sie besaßen geradezu ein Monopol auf Offenbarungsreligionen. Drei von ihnen haben sich unter ihnen erhalten, von denen zwei auch in abgeänderten Formen zu nichtsemitischen Völkern gelangten« – gemeint sind natürlich Christentum und Islam. Und diese in ihrer Reinheit zugleich asketischen und fanatischen Monotheismen sind für unseren zivilisationsmüden Agenten des Empire die einzigen »Erfolge der Semiten. Ihre Mißerfolge behielten sie für sich. Der Saum ihrer Wüsten war mit Trümmern von Glaubenslehren übersät.«

Kurz, was ich übernehmen möchte, ist die Frage: Warum ereignet sich die monotheistische Offenbarung in der Wüste?

– Ach, diese Frage haben auch andere gestellt. »Die Wüste ist monotheistisch«, bemerkt der große französische Religionshistoriker Ernest Renan, und zwar Jahrzehnte vor den Spekulationen Ihres britischen Agenten: »Erhaben in ihrer gewaltigen Einförmigkeit, offenbart sie dem Menschen sogleich die Vorstellung der Unendlichkeit.« Den unbedingten, den gestrengen Ruf des *Einen Ewigen Gottes* vernehmen zuerst Hirten, Beduinen, Nomaden. Später mögen sie Gemeinwesen gründen, dann werden ihre Patriarchen zu Gesetzgebern.

– Vorsicht! War nicht Jesus ein Zimmermannssohn, und war nicht Mohammed ein Kaufmann?

– Aber ihre göttliche Offenbarung erfuhren sie in der Wüste, fernab der Bazars, der Tempel, der Gesetze der Stadt. Jesus von Nazareth entfernt sich vierzig Tage von den städtischen Zentren Palästinas (und im biblischen Sprachgebrauch ist vierzig eine symbolische Mega-Zahl: das heißt *sehr sehr lange*), weit weg auch vom Tempel in Jerusalem. Der Menschensohn geht über den Jordan in die Wüste, um sich über seine Mission und Rolle im Heilsplan des Vaters im Himmel klarzuwerden. Erst danach predigt er das Reich Gottes.

Und auch später treibt die Suche nach Gottes Geheiß immer wieder Seher, Mahner und Visionäre hinaus aus den Metropolen, ob aus Alexandrien, Antiochien oder Ephesus. Propheten und Anachoreten, mönchische Einsiedler und apokalyptische Gemeinschaften (wie etwa die Qumran-Sekte) – periodisch suchen sie in der Wüste Zuflucht vor dem städtischen Pluralismus hellenistischer Sekten, therapeutischer Kulte und rationalistischer Philosophen.

◆

Wenn wir nun damit die Anfänge der Metaphysik vergleichen, was sehen wir? – Die philosophische Offenbarung des *Einen*

*Ewigen Seins* als Urgrund aller Vielheit, als ewiges Jenseits von Werden und Vergehen, ist ein Produkt der Stadt. Die griechischen Denker des Einen lehrten in den griechischen Stadtstaaten, an den Knotenpunkten der Vielfalt, des Handels und des Wandels. Sammelten sich an den Rändern der Wüste die »Trümmer von Glaubenslehren« (T. E. Lawrence), so waren die jonischen Handelsstädte und hellenischen Kolonien von Kleinasien bis Unteritalien Schnittstellen des Verkehrs von Waren und Informationen, der Begegnung von Sternenkunde und Mathematik, von Technik und Handwerk, der Kommunikation zwischen den Göttern aller Herren Länder und der Konkurrenz zwischen Kulten und Kulturen.

– Wissen Sie, ob nun die Frage nach *dem Einen* an mittelmeerischen Küsten des Lichts entsprang oder der Ruf *des Einen* in der Monotonie der Wüste vernommen wird: Am Ende aller Überlieferungen, nach allen rekonstruierten Papyri und kopierten Pergamenten landet die Frage doch wieder bei uns selbst. Es mag dem Propheten, dem Einsiedler, dem Büßer zwar helfen, sich wie Johannes der Täufer oder Mohammed in die Einöde zurückzuziehen und dort vierzig Tage und Nächte lang zu fasten wie Jesus von Nazareth (auf daß Ihm, dem ›Menschensohn‹, SEine Sendung klar werde). Lebenslang gar harrten die Stiliten aus, Wüsten- und Säulenheilige der Alten Kirche Ägyptens, Syriens, Libanons und überhaupt des christlichen Orients. Um sich zu reinigen und zu öffnen für den Ruf des Vaters im Himmel.

Aber keine Einsamkeit, weder Fasten noch Meditation können den Ruf des persönlichen Gottes ersetzen.

– Und wie sieht dann diese Begegnung mit dem persönlichen Gott aus, einem ›absoluten Du‹?

– Darauf gibt es weder eine einzige noch eine einfache Antwort, sondern ganz verschiedene Weisen der Begegnung, vermutlich ebenso viele, wie es Glaubende gibt. Dem amerikanischen pragmatistischen Philosophen und Psychologen William James war die Wüste der modernen Seele gut vertraut. In seinem grundlegenden Buch spricht er mit Recht von der gewaltigen »Vielfalt religiöser Erfahrung«.

**6** GEGENRELIGION UND SOZIALKRITIK. *Gegen*-Religion ist der biblische Monotheismus zunächst in der Abwehr anderer Gottheiten: JAHWE, der Gott Abrahams, Isaaks und Jakobs, ist ein äußerst eifersüchtiger Gott (Halbertal/Margalit). »Du sollst keine anderen Götter neben mir haben«, fordert der Eine Herr und Vater Gott. SEinen Gläubigen und Getreuen verbietet ER sämtliche Liebesbeziehungen zu allen anderen Gottheiten.

Diese Treue zum wahren Gott macht aber die Gläubigen zugleich frei; denn sie beseitigt die Abhängigkeit von falschen Göttern: ›Falsch‹ sind diese, insofern es sich bei ihnen allesamt nur um innerweltliche Mächte handelt. Auch der mosaische Monotheismus ist also eine Aufklärung: aber nicht über die Mathematik der Gesetze des Kosmos, sondern über den falschen Schein von Gestalten sozialer Macht.

Darum kann Michael Walzer, ein Vordenker der amerikanischen Linken, die Propheten des Alten Testaments noch heute als Vorläufer und Vorbilder moderner Sozialkritik charakterisieren: Das Verbot der Verehrung falscher Götter – als ›Götzen‹, als *idola* – gründet letztlich darin, daß wir in ihnen keine wahrhaft transzendente (All-)Macht verehren, sondern nur von Menschen geschaffene Bilder und Mächte:

> Unser Gott ist im Himmel; alles, was ihm gefällt, das vollbringt er.
> Die Götzen der [anderen] Völker sind nur Silber und Gold,
>     ein Machwerk von Menschenhand.
> Sie haben einen Mund und reden nicht,
> Augen und sehen nicht,
> sie haben Ohren und hören nicht,
> eine Nase und riechen nicht,
> mit ihren Händen können sie nicht greifen,
> mit ihren Füßen nicht gehen,
> sie bringen keinen Laut hervor aus ihrer Kehle.
> (Psalm 115)

Aber nicht nur in hölzernen Bildwerken beten wir falsche Götter an (Jes 44), die manchmal nichts anderes sind als Herrscherstatuen (Weish 14,18–20). Götzendienst kann allen möglichen menschlichen Produkten oder Institutionen gelten, von denen man sich ein Bild machen kann und die über uns Menschen Gewalt ausüben, sei es mit großem Pomp oder mit stummem Systemzwang (Thomas Ruster). Am Ende – also heute – mag da auch die Verehrung und Vermehrung von Geld und Macht zur Religion werden. Wenn zum Beispiel Papst Johannes Paul II. in seinen Sozialenzykliken den neoliberalen Vorbetern eines wildgewordenen Kapitalismus *idolatria* vorwarf, die Vergötzung des Marktes, dann war das mehr als Rhetorik *(Centesimus annus,* n. 40). Er stand dabei voll und ganz in der Tradition der prophetischen Kritik des Alten Israel.

Ebenso war auch das Christentum der ersten Jahrhunderte zunächst ein Gegenglaube. Sobald sie sich theologisch artikuliert, als Wissenschaft vom Lieben Gott, wird die christliche Botschaft vom wahren Gott zur Apologie: Auseinandersetzung mit dem gnostischen und therapeutischen *New Age* der Spätantike, mit der hellenistischen Philosophie der aufgeklärten Eliten, mit der vielfältigen Folklore lokaler Kulte. Die Denkschulen oder ethischen Sekten der gebildeten Oberschicht, ob nun Platoniker oder Stoiker, vermochten es ja zumeist hervorragend, die Kosmosverehrung ihrer Philosophien mit den etablierten Lokalreligionen des spätrömischen Reiches in Einklang zu bringen. Oder mit wechselnden Moden orientalischer Mysterienkulte, Heilern und Heilslehren mit magisch-therapeutischen Praktiken.

Später dann, als das Christentum selber zur Reichsreligion geworden ist, wird es selber von der Gefahr eines Götzendienstes der Macht unterwandert. Idolatrie *im* rechten Glauben (oder im Namen des rechten Glaubens) droht also stets dort und dann, wenn dem transzendenten Gott (IHM, DER DA IST *jenseits* aller Welt – und doch Schöpfer von allem, was da ist) *inner*weltliche Attribute zugesprochen werden. Wo immer es da heißt: Gott sei (wie) ein Herrscher, (wie) ein König, (wie) ein Kriegsherr, (wie) Reichtum, Schönheit *(et cetera).* Da wird Gott zu leicht vermenschlicht ... oder umgekehrt der Herrscher, der Kriegsherr, Filmstar (oder was auch immer) zu schnell vergöttlicht. Sobald Gottes Name der politischen Macht zu Dienste steht, wird falschen Göttern gehuldigt.

**7** ABGÖTTER UND WELT. Sogar die Wissenschaft kann schließlich zum falschen Gott werden. Dies geschieht heute überall dort, wo Wissenschaftsgläubige vor den in der Tat erstaunlichen Erfolgen organisierter Forschung auf die Knie fallen und sich den moralischen Geboten oder politischen Rezepten weißbekittelter *Doctores* und drittmittelbewaffneter Experten als der neuen Hohenpriester unterwerfen.

– Na hören Sie mal! Hatten da nicht kirchliche Apparate und klerikale Ideologen in Europa, jahrhundertelang, einen erbitterten heiligen Krieg mit den modernen Naturwissenschaften geführt?

– Leider Gottes hat die Kirche diesen Machtkampf geführt. Gott sei Dank hat sie ihn verloren. Ob sich die Kleriker nun aus Dogmatismus und Arroganz verrannt oder aus Angst und Irrtum verschanzt haben, es geschah jedenfalls zum eigenen Schaden. Und so setzten sich dann die neuen Kleriker des exakten Wissens am Ende wider den alten Klerus des rechten Glaubens durch.

– Hatten die Propheten der exakten Wissenschaften nicht die besseren Argumente?

– Zumeist. Nicht immer. Aber es ging doch zugleich um Fragen der Macht. Die moderne Popularität der Wissenschaft speist sich nicht nur aus ihren Leistungen, sondern auch aus dem Protest wider Jahrhunderte von Priesterherrschaft. Und nachdem sich die kirchlichen Glaubensbeamten allzu lange als Monopolisten einer höheren Wahrheit aufgeführt hatten, die alle anderen Lebenswelten und Wissenssphären nach ihrer Pfeife tanzen ließ, hat das klerikale Wissensregiment in Europa seine Niederlage bei Gott verdient.

– Mein Lieber, wir beseitigen doch einen Fehler nicht dadurch, daß wir ihn nun, nur umgekehrt, wiederholen!

Mittlerweile hat sich die Situation doch ziemlich geändert. Heute führen sich die siegreichen Kleriker des wissenschaftlich-technischen Komplexes nicht minder arrogant auf als frühere Priesterkasten, Tempelherren und Kirchenfürsten. Und vergessen wir nicht: Sie haben mit ihren Apparaturen der medizinischen und Lebenswissenschaften längst weitaus mehr Macht über jeden Einzelnen von uns erlangt, als dies die Inquisition oder der Beichtstuhl je hatten. Da haben wir offenbar die rechte Gewaltenteilung noch nicht gefunden.

Der einheitliche Wissenschaftsglaube in den modernen westlichen Gesellschaften, unser Streben nach einer einheitlichen und umfassenden Welterklärung gemäß vernünftig einsichtigen (sogenannten ›Natur‹-)Gesetzen, schließt jedenfalls eine lebenspraktische Vielgötterei beim Götzendienst gegenüber dem Mammon, dem Ruhm, dem Sex, der Macht, der Wellness *(et cetera)* überhaupt nicht aus. Trefflich hat schon vor einem Jahrhundert der große deutsche Soziologe Max Weber für die westliche Moderne von einem »Polytheismus der Werte« gesprochen.

Schon in der Entwicklung des biblischen *Mono*-Theismus steht der Eine Gott ja nicht nur gegen die (vielen, falschen) Götter; und führt ER SEin Volk Israel nicht nur wider die (vielen, götzenverehrenden) Völker. Die biblische Weltsicht ist zugleich geprägt durch ein radikales ›Nein!‹ wider *alle* Formen von Kosmos-Theologie. Dies hat Jan Assmann mit Recht hervorgehoben (der die ägyptische Kosmologie des *Ma-at,* der Himmel und Erde ordnenden Gerechtigkeit, präzise analysiert hat). Auch die theoretische Weltfrömmigkeit der Heiden und deren praktische Vielgötterei schließen einander keineswegs aus. Wir sahen das ja oben an Platons eigenem, philosophisch gestricktem Schöpfungsmythos, den er problemlos mit der vielgestalten Götterwelt der griechischen Mythologie kombiniert: ein philosophischer *Kosmo*-Theismus verträgt sich also mit religiösen *Poly*-Theismen ganz hervorragend.

Die Heiligen Schriften des Judentums aber trennen sich bis auf wenige Spuren ebenso von der ägyptischen Kosmologie wie von den babylonischen und assyrischen Welterzählungen. In ihrer erinnerten Geschichte, in rituell erneuerten Erzählungen vom Auszug aus Ägypten bis zur jahrhundertelangen Selbstbehauptung in Exil und Fremdherrschaft, müssen sich die Stämme Israels immer wieder von der reichen, vielgestalten Götter- und Bilderwelt der heidnischen Großreiche und Tempelstädte des Alten Orients emanzipieren: vom ägyptischen Stiergott Horus, vom Tanz um das Goldene Kalb, von babylonischen Priestern und Königen, vom Kulte Baals und der Verehrung anderer Götter und Machthaber.

**8** GOTTESBUND UND DISZIPLIN. Schon wieder habe ich den Eindruck, Sie verstehen die Glaubensfragen viel zu philosophisch. Sie vernachlässigen dabei die physische Geographie, die Ökologie, die Soziologie, die Politik. Die aus dem fruchtbaren Niltal, dem ägyptischen Hause der Knechtschaft, entlaufenen israelitischen Stämme werden doch erst auf dem langen Marsch durch die Wüste zu einem Volk, zu SEinem Volk – zum erwählten Bundesvolk des Einen Gottes. Offenbar braucht der rechte Ein-Gott-Glaube die Inkubationsphase in der Wüste, wenn er sich auch moralisch durchsetzen will. Schon im wohlbewässerten Garten Eden, im Flüsse-Geviert von Pischon, Gihon, Euphrat und Tigris, mit idealem Klima und köstlicher Vegetation (Gen 2,8–14), hielt sich der Gehorsam vor Gottes Gebot ja nicht sehr lange, wie wir wissen.

Und nicht ohne innere Kämpfe gelingt es Israel, ein Volk Gottes zu werden und dies wider alle Anfechtungen auch zu bleiben: Ein einfaches, *äußeres* ›Nein!‹ wider die falschen Götter der Herrschervölker reicht da offenbar nicht. In Israels eigener Geschichte taucht es als beständiger Einspruch wider die *innerlich* neu entstehenden Versuchungen zum Götzendienst auf. Schon auf dem langen Marsch der Befreiung aus ägyptischer Fremdherrschaft und Vielgötterei muß der Gesetzgeber Moses das »Murren« der Israeliten in der Wüste besiegen. Sie sehnen sich ja zurück zu den Fleischtöpfen der ägyptischen Abhängigkeit. Und obwohl sie doch gerade einstimmig mit JAHWE den Bund geschlossen haben, errichten sie bei der nächsten Anfechtung ein goldenes Götzenbild, wohl nach dem Vorbild der ägyptischen Horusstatuen. Der Säuberung, welche dann die Leviten auf Mosis Geheiß im JAHWE abtrünnig gewordenen Volke durchführen, fallen dreitausend Mann zum Opfer (Ex 32,28).

Nach dem ersten Abfall muß dann der Bundesschluß der Israeliten vor dem Berge Sinai erneuert werden. Und diese paradoxe Geschichte von »gleichzeitiger Bereitschaft und Unwilligkeit der Menschen, Ägypten hinter sich zu lassen« (Michael Walzer), muß später beständig wiedererzählt werden. Erneuert wird sie in ritueller Erinnerung, bei allen späteren Nöten, über alle Versuchungen von Verfolgung und Exil hinweg.

Daß das Testament der monotheistischen Befreiung diese beständige soziologische Anstrengung erfordert, hängt mit seiner komplexen politischen Struktur zusammen. Denn der biblische Bund (*b'rith, diathéke, foedus* oder *pactum, covenant* und Testament) ist zugleich ein ›horizontaler‹ Gemeinwillen des Volkes und ein ›vertikales‹ Gehorsamsversprechen gegenüber dem unsichtbaren Gott. Von des allmächtigen Gottes Seite aus besteht der Bund natürlich in einer souveränen, also ›asymmetrischen‹ Setzung: dem Geschenk, das Volk Israel überhaupt in den Stand zu versetzen, SEin Gesetz zu empfangen (Joseph Ratzinger).

Kurz: Ohne den langen Marsch durch die Wüste fehlt dem Glauben einfach der lange Atem zur Verinnerlichung des freien Gehorsams. So entspricht die Geschichte von der ethisch-politischen Einigung Israels zu JAHWEs ›heiligem Volk‹ zugleich einem ebenso durch Entbehrung gezeichneten Prozeß der religiösen Reinigung, einem Fortschritt in der ›Geistigkeit‹ (Sigmund Freud): dem Schmerz beim Abstreifen und Überwinden aller Reste von Götzen- *und* Weltverehrung. Auch der Begriff der Idolatrie und die Kritik am Götzendienst haben sich später in der jüdischen Glaubens- und Geistesgeschichte – vor und nach dem Exil, vor und nach der zweiten Zerstörung des Tempels – noch entwickelt, verfeinert, vergeistigt.

Man könnte am Ende sogar noch, und zwar mit guten Gründen, die neuzeitliche Religionskritik an den allzumenschlichen, allzuweltlichen, allzu herrschaftskonformen Zügen des (Aber-)Glaubens noch in diese Tradition der biblischen Aufklärung stellen. Zwei israelische Philosophen, Moshe Halbertal und Avishai Margalit, haben darüber ein faszinierendes Buch geschrieben.

Am Anfang der Geschichte Israels, beim Auszug des Volkes aus Ägypten, steht die äußere Abgrenzung von fremden Idolen und Mächten im Vordergrund: der HERR besiegt die anderen Götter und Völker (und bestraft die Götzendiener im Volke Israel). Später, und in der jüdischen Geistesgeschichte der Diaspora, verlagert sich dann der Fokus zunehmend auf die innere Gefährdung der eigenen Gottesvorstellung. Auch der Gottesdienst am wahren Gott kann Elemente von Idolatrie beinhalten, erfahren wir nun. Auch Gottes erwählte Braut Israel kann noch in Versuchung fallen, kann sich an der Götzenverehrung anstecken. Israels Gottesgehorsam kann verunreinigt werden – so daß dem HERRn der Fettgeruch der Opferlämmer zuwider wird.

> Liebe will ich, nicht Schlachtopfer,
> Gotteserkenntnis statt Brandopfer,

klagt in SEinem Namen der Prophet Hosea (6,6) über Israels Treulosigkeit. Denn nur ein reines Herz gefällt DEM, DER IST. Den Propheten Amos läßt ER darum (an)klagen:

> ... ich kann eure Feiern nicht riechen.
> Wenn ihr mir Brandopfer darbringt,
> ich habe kein Gefallen an euren Gaben,
> und eure fetten Heilsopfer will ich nicht sehen.
> (Amos, 5,21)

**9 SOZIOLOGIE DER WÜSTE.** Und wie steht es mit Mohammed? Der Gesandte Gottes, des allbarmherzigen Erbarmers (gepriesen sei SEin Name!), auch Mohammed mußte mit seinen Getreuen zunächst durch die Wüste ziehen und die *Hedschra* hinter sich bringen, den Exodus aus seiner Vaterstadt Mekka, deren machthabende Quraijschiten-Elite die Radikalität seiner Weisungen ablehnte. Erst in Medina sollte es ihm gelingen, eine auf die Rechtleitung durch die Botschaft des Einen Gottes vertrauende »prophetische Gemeinschaft« (Nagel) aufzubauen, die dann Mekka und bald die gesamte arabische Welt dem rechten Glauben unterwarf. So ist auch der Islam Gegen-Religion: Er entsteht im *Dschihad,* dem ›großen‹, also inneren, seelischen Ringen sowie dem ›kleinen‹, äußeren (zuweilen auch militärischen) Krieg des Propheten Mohammed und seiner Anhänger wider die auf der arabischen Halbinsel herrschende *Dschahilliya:* die Stammes- und Vielgötterei lokaler Eliten.

Gottesmänner wie Moses und Mohammed (Segen und Heil sei über ihnen) waren weise Praktiker des Monotheismus, wie ein *Hadith* Mohammeds belegt: »Allah schickt keinen Propheten, der nicht Rückhalt durch seine Stammesgenossen besitzt.« Als politische Führer wußten sie, daß die Botschaft des Einen Gottes ohne die Disziplin von Nomadenstämmen auf ihrem langen Marsch, ohne den »Wüstenpuritanismus« (Michael Walzer) beständig in Gefahr gerät.

Diese Erfahrung hat auch ihre von Jean-Jacques Rousseau aufrichtig bewunderte Weisheit als Gesetzgeber geprägt (*Contrat social*, II.7); und der große Historiker, Richter und Gesellschaftstheoretiker Ibn Khaldun (1332–1406), der ›Montesquieu des Islam‹, hat diese Weisheit mit seiner These, »daß die nomadische Bevölkerung stärker zum Guten neigt als die seßhafte«, auch soziologisch ausbuchstabiert. (Im XX. Jahrhundert ist ihm der britische Anthropologe Ernest Gellner darin gefolgt.)

Moses und Mohammed wußten offenbar genau, was später noch viele ihrer prophetischen, reformatorischen oder fundamentalistischen Nachfolger beim beständigen Ringen um die unverfälschte Reinheit des Ein-Gott-Glaubens beherzigen werden: In der Stadt blühen Handel und Industrie, am königlichen Hofe gedeihen Kultur, schöne Künste, auch die Erforschung des Sternen- und Weltenlaufs. Doch weil »die seßhafte Bevölkerung in starkem Maße mit verschiedenen Arten von Vergnügungen und Luxus befaßt ist, sich den irdischen Dingen zuwendet und ihren Begierden frönt, sind [in der Stadt] die Seelen der Menschen stark von verwerflichen Eigenschaften und dem Bösen durchtränkt«.

Darum drohen in der Stadt und bei Hofe, hinter dem Schutz der Mauern, in Wohlstand und Luxus nicht nur Verweichlichung und Verlust der Stammessolidarität *(asabiya)*, sondern bald auch polytheistische Gefahren: die Suche nach Vermittlern und Stellvertretern, Formen von Idolatrie oder Götzendienst, die Versuchung durch religiöses *business* der Heiler, Heiligen oder Halbgötter, Ablaß und Nachlaß der Gottesfurcht, soziale Hartherzigkeit und sittlicher Verfall. So kann Ibn Khaldun sagen, daß das städtische und höfische Leben, »das seßhafte Dasein den Abschluß der menschlichen Kultur und zugleich den Ausgangspunkt ihres Niedergangs darstellt; zugleich ist es der äußerste Grad des Bösen und die weiteste Entfernung vom Guten«.

»Ein unverständliches leidenschaftliches Sehnen trieb sie in die Wüste hinaus«, schreibt auch T. E. Lawrence über die Propheten Israels und Arabiens: »Dort lebten sie längere oder kürzere Zeit in Betrachtung und Einsamkeit; und von dort kehrten sie mit einer Botschaft zurück, die, wie sie meinten, ihnen zuteil geworden war, um sie früheren, nun zweifelnden Gefährten zu predigen. Die Gründer der drei großen Glaubenslehren haben alle diesen Kreis durchlaufen.«

Die Erneuerung des radikalen Monotheismus, der reinen Gesetzes- und Gottesfurcht, ist häufig Anklage wider die Stadt. Gewiß, »nur Stämme, die durch Gemeinschaftsgeist *[asabiya]* zusammengehalten werden, können in der Wüste leben« (Ibn Khaldun). Doch gerade dann, wenn diese Anklage der städtischen Gottlosigkeit selbst von städtischen Intellektuellen formuliert wird, bemühen diese Theologen oder Rechtslehrer eine Rhetorik des Zusammenhalts, die nur in der Wüste wachsen konnte – um sie auf alle Kinder des Einen Gottes auszuweiten.

Die Reformatoren predigen in der Stadt den Ruf nach Umkehr zur Reinheit des Gesetzes; sie rufen die Stadt auf zur Rückkehr zu den Ursprüngen des Ethos der strengen Wüstensolidarität. Michel Foucault beschrieb 1978 seine Furcht und Faszination beim Hören der Tonbandkassetten der Mullahs in Persien, »furchterregend wie einst die Stimme Savonarolas in Florenz, der Wiedertäufer in Münster oder der Presbyterianer zu Cromwells Zeiten«. Die Prediger der radikalen Reformation rufen mit hohlen Wangen statt mit gesetzten Worten; Furcht und Schrecken, die ihre Stimmen verbreiten, bezeugen die Angst vor dem Fundamentalismus eines Aufbruchs, der doch zurückführen soll: in die Glut der Wüste.

✦

Denn nur dort, wohin Moses die Schafe und Ziegen »über die Steppe hinausgetrieben« hatte, spricht der Engel des Herrn in der Flamme aus dem Dornbusch: »Da brannte der Dornbusch und verbrannte doch nicht« (Ex 3,2).

## ACHTES KAPITEL

# Multiversum und Monotheismus

>»Sprechen wir also mit Recht nur von einer
>Welt, oder wäre es richtiger von vielen, ja von
>einer unbegrenzten Zahl zu sprechen?«
>Platon, *Timaios*

>»Die Physik der Unwissenden ist eine
>Volksmetaphysik *[volgar metafisica],* kraft
>deren sie die Ursachen der Dinge, die sie
>nicht kennen, auf den Willen Gottes zurück-
>führen, ohne die Mittel zu bedenken, deren
>sich der göttliche Wille bedient.«
>Giambattista Vico, *Princìpi di Scienza
>Nuova*

*Warum würfelt der Liebe Gott nicht?* – Können wir etwa
ausschließen, mit zwingenden Gründen, daß die Welt ein Zufall
ist? Dabei gibt es doch so viele Zufälle, erstaunliche und banale,
*in* der Welt. – Was sind denn zwingende Gründe? Und was heißt
überhaupt Zufall?

*Und wieso gibt es nur Einen Gott?* – Und nicht so viele
Götter wie mögliche Welten, wie Sterne und Gewalten, wie Städte
und Geschichten, wie Traditionen und Therapien?

1 **VIELE WELTEN – EINE SCHÖPFUNG?** Wissen Sie,
nicht jeder will den Weg des Lawrence gehen. Denn ehrlich
gesagt, in der nur von monotheistischen Stämmen bevölkerten
Wüste kann einem schon unheimlich werden. Ziemlich alternativ-
los geht es da zu, und recht langweilig: lauter Kamele – aber nur
eine Richtung. Unsere Debatten um die theoretischen Modelle aus
der Sternwarte oder beim kosmologischen Plausch im Gymnasion

sind da doch viel lebendiger. Sie kommen auch ohne Säuberung aus. Dafür wundern wir uns permanent.

Für westliche Metaphysiker mag ja schon das pure Vorhandensein der Welt an sich erstaunlich anmuten. Doch die Beschaffenheit dieses unseres Universums *gerade-so-und-nicht-anders* bleibt auch für empirisch arbeitende Kosmologen ein ziemliches Rätsel.

– Nun, ich denke: Gerade für die Empiriker ist womöglich das Rätsel noch gewaltiger! Denn die suchen eben nicht nach einem möglichst ›eleganten Universum‹ (wie Brian Greene und die Superstring-Symphoniker). Mit bloßen Formeln mathematischer Eleganz, theoretischer Schönheit, musikalischer Harmonie dürfen sich empirische Physiker daher auch nicht zufriedengeben ...

– Gewiß, mein Freund. Und dennoch führt uns der beliebte Kontrast zwischen irgendwie ›abstrakter‹ (also *bloß* mathematischer) Theorie und harter (vermutlich irgendwie ›stofflicher‹) Empirie überhaupt nicht weiter! Ohne mathematische Berechnungen könnten wir doch die Elementar-›Teilchen‹, Energie-›Fäden‹ oder Schwingungs-›Felder‹ in ihren Planck-Dimensionen ebensowenig sehen, wie wir die Entfernungen zwischen Tausende von Lichtjahren entfernten Galaxien in Kiloparsec zu messen vermöchten! Ohne theoretische Interpretation wären alle Zahlenreihen auf den diversen Computerausdrucken des CERN in Genf, in den Datenspeichern der Teleskope von Mount Palomar in Kalifornien oder Arecibo in Costa Rica völlig unverständliches Chaos, numerischer Salat. (Ich gebe zu, für viele bleiben sie das so oder so ...)

– Einverstanden, Sie haben recht: Theoriefreie Empirie gibt es natürlich nirgends. Erst recht nicht in der Physik. Aber deshalb ist doch unsere physikalische Welt nicht weniger bizarr. Der ›Supernova-Jäger‹ am Harvard-Smithsonian Center for Astrophysics Robert P. Kirshner charakterisiert unser Weltall mit seiner offenbar beständigen Expansion als ein ziemlich ›extravagantes Universum‹. Schon seine Entstehung aus einem kosmischen *Big Bang* (der heute für die meisten Physiker und Kosmologen wahrscheinlichsten Hypothese) setze ja für diesen Anfang eine ziemlich »barocke Mischung« von Masse und Energie voraus, die jedem gesunden Menschenverstand widerspreche. Da müßte es ja schon im Moment des Urknalls im hyperkonzentrierten Masse/Energie-*Mix* der ersten Singularität ganz verschiedene Arten von unsichtbarer ›Dunkelmaterie‹ und ›Dunkler Energie‹ geben, ohne deren Ladung dann auch die beschleunigte Expansion des Universums unvorstellbar wäre: »Das Universum ist also weitaus wilder, als wir gewöhnlich anzunehmen wagen«, meint Kirshner.

– Na und? *Wild is beautiful.* Barock kann ja ausgesprochen elegant sein.

– Aber was folgern Sie daraus? Deshalb ist doch diese unsere Welt noch lange nicht das direkte, irgendwie bewußt intendierte Ergebnis eines (sagen wir: göttlichen) Schöpferwillens oder Weltenplans, der damit ein (wie auch immer) transzendentes *grand design* verwirklichte. Das, in der Tat, wäre freilich eine extravagante Annahme!

Diese Version wäre aber nur dann zwingend, wenn alle anderen Geschichten, Theorien oder Hypothesen zum Entstehen und Bestehen dieser Welt völlig unwahrscheinlich wären. Dann (und *nur* dann!) mögen Sie auch nach den speziellen Erklärungen Ihrer theistischen Schöpfungslehre rufen; dann dürfen Sie ruhig Ihren *deus ex machina* aus der Kulisse holen oder *ex metaphysica* deduzieren. Sonst aber, *mon cher,* lassen Sie ihn bitte im Schrank...

– Hätten Sie denn eine bessere Version anzubieten?

– Na, eine zumindest genauso plausible Option: Dieses Weltall, unser Universum könnte ja auch selber ein Evolutionsprodukt sein.

– Was soll das heißen? Evolution wovon denn? Und wohin?

– Daß es diese Welt gibt (oder: *eine* Welt von der Art der unsrigen), könnte ja einfach das statistisch zu erwartende Ergebnis aus dem Entstehen und Vergehen von Millionen und Abermillionen von Welten sein. Unser Universum wäre damit das Ergebnis eines Selektionsprozesses zwischen zueinander alternativen Universen, von miteinander konkurrierenden Ontologien, von Masse/Energie-Mischungen, vielleicht mit anderen Raum/Zeit-Dimensionen (wer weiß?): von Universen, die allesamt kosmologische Probeläufe absolvieren.

– Aber *unser* Urknall wäre dann ja gar nicht mehr der *einzige,* nicht mehr der Beginn *des* Universums!

– Genau, Sie verstehen mich ganz gut: Andere Masse / Energie-Aggregate, andere Singularitäten setzen womöglich andere Universen in Gang…

– Und was ist mit all den anderen Welten geschehen?

– Keine Ahnung. Woher soll ich das wissen? (Ich bin schließlich nicht allwissend.) Ich denke, die meisten dieser Aggregate überdauerten wohl den zufälligen Augenblick ihrer Entstehung nicht (oder eben nicht lange genug). Sie konnten sich jedenfalls ontologisch nicht ›einnisten‹. Oder sie entstanden und vergingen lange vor unserer Raumzeit, spurlos. Oder sie befinden sich in Raumzeitsektoren, die mit *unserem* Kosmos überhaupt nicht kommunizieren können (etwa im Innern ›Schwarzer Löcher‹).

Unsere Welt, mit ihrer singulären, extravaganten, eleganten Masse / Energie-Ladung beim Urknall, wäre dann eben nur eine dieser Abermillionen von Möglichkeiten: ein *Mix,* der im ontologischen Wettbewerb relativ stabil war und so für eine kleine Ewigkeit ›überleben‹ darf. Zudem wissen wir doch gar nicht, wie viele Parallelen, Analogien, Doubles oder Negativwelten es zu unserem Weltall gibt…

Sie lächeln? Heute wird in der kosmologischen Zunft diese Auffassung ganz ernsthaft gehandelt: als *Multiversum*-Theorie.

– Die käme dann wohl reichlich spät. Wahrhaft Erleuchtete mußten nämlich auf solchen physikalischen Barock nicht warten. Sie kannten diese Einsicht schon längst.

– Und woher bitte?

– Natürlich aus der buddhistischen Lehre. So erklärt das *Große Tantra der Initiation Vajrapanis* (nach Auskunft des Dalai Lama), »daß eine Milliarde solcher Weltensysteme aus je einer Milliarde Welten ein ›Endloses Meer‹ bilden, eine Milliarde aus diesen ein ›Kontinuum von Endlosen Meeren‹, eine Milliarde von diesen ein ›Mittleres Kontinuum von Endlosen Meeren‹ und eine Milliarde aus diesen ein ›Drittes Kontinuum von Endlosen Meeren‹. Diese letzte Größe stellt die höchste Zahl dar, darüber hinaus wird nur noch von ›endlosen‹ Welten gesprochen.«

# 2 ANTHROPIE UND UTOPIE.

Aber nun lasset uns bedenken, wie hochspeziell die ›ontologische Nische‹ gerade dieses, *unseres* Universums unter Milliarden von Weltensystemen beschaffen ist! Wie fein abgestimmt sie doch von Anbeginn an war – in ihrer Raumzeitlichkeit, in Energien und Elementen – und sein *mußte,* damit später (rund 15 Milliarden Jahre nach dem Urknall) überhaupt organisches Leben entstehen konnte! Das kann doch kein bloßes Zufallsprodukt sein!

Wären in diesem Universum etwa die Elektronen nur um eine winzige Idee schwerer (oder leichter) ausgefallen, als sie es in *unserer* Welt tatsächlich sind … Oder: Hätte diese Welt mehr operative Dimensionen in Raum und Zeit als *unsere* vier … (oder hätte sie weniger davon, oder wären diese in ihren subatomaren *swing* mit anderem *spin* ›eingespult‹) … Oder: Hätten sich nicht aus dem jahrmilliardenlangen Entstehen und Vergehen diverser Sternengenerationen gerade jene, in *unserem* Sonnensystem vorkommenden (Kohlenstoff-, Wasserstoff-, Stickstoff-)Urgase gebildet, deren Reaktionen und Variationen schließlich auch organische Zellbildung ermöglichten … *Tja,* dann gäbe es überhaupt keine Lebewesen.

– Also gäbe es auch uns nicht, die wir uns darüber den Kopf zerbrechen.

– Da es uns aber nun gibt und also auch *unsere* Existenzvoraussetzungen in der kosmologischen, chemischen, biologischen Evolution, wollen Sie da wirklich all das für ein bloßes Zufallsprodukt halten? Sind nicht im Gegenteil all diese Zusammenhänge gerade Indizien für einen *teleologisch* eingerichteten Kosmos, für einen Schöpfungsplan mit Sinn und Zweck? Spricht nicht der Umstand, daß nur ein mikrophysikalisch wie das unsere ausgestattetes Universum in einem seiner raumzeitlichen Winkel auch ein Habitat für organisches Leben möglich macht, geradewegs für das ›anthropische Prinzip‹? So nämlich heißt die kosmologische Annahme, wonach der Bau des Universums bis in die feinste Feinabstimmung der Materie geradewegs auf uns zuläuft.

Denn wäre bei der anfänglichen Singularität des *Big Bang* auch nur ein winziges Detail anders programmiert gewesen, wäre wohl der Weltenraum weiterhin wüst und leer. Vielleicht voll der Dunklen Energie. Aber organisches Leben gäbe es nirgends … Und so läßt sich doch die Frage nicht abweisen: Wer hat die Grundstruktur des Alls wohl so weise eingerichtet? Muß nicht unsere Existenz als bewußte Lebewesen am Ende der Evolution von langer Hand gewollt sein, von Anbeginn an? »Der Mensch ist nicht, wie er so lange geglaubt hat, fester Weltmittelpunkt, sondern Achse und Spitze der Entwicklung«, hat dazu der große Theologe und Naturforscher des XX. Jahrhunderts Pierre Teilhard de Chardin geschrieben, ein Denker, der natürlich vom Heiligen Offizium gemaßregelt wurde – »und«, fügt er hinzu, »das ist viel schöner.«

– Wer sagt Ihnen eigentlich, daß diese Geschichte mit *uns* Menschen aufhört? Vielleicht steckt im anthropischen Anfang ja noch ein ganz anderes Ende verborgen, das wir gerade erst entdecken, und dieses führte dann auch noch über die Menschheit hinaus. Wir wären gerade nicht der Endpunkt der Evolution, die Krone der Schöpfung, sondern irgendein Zwischenstadium.

– Und was kommt danach? Computer, Cyborgs, künstliche Intelligenz?

– Wir müssen dazu gar nicht die Science-fiction bemühen. Bleiben wir ruhig bei Ihrem Theologen. Auch Teilhard de Chardin hat immerhin die These vertreten, die Entwicklung des Kosmos weise in einer »Mega-Synthese« über uns Menschen hinaus auf eine »überpersönliche« Energie. In dieser soll sich die ganze Menschheit in wissenschaftlich informierter Liebe verbinden. Den superpersonalen »Omega-Punkt« göttlich inspirierter Energie identifizierte der Jesuit und Naturwissenschaftler mit dem »Christus Evolutor« am Ende der Zeiten, wenn alle natürliche Entwicklung *und* alles menschliche Streben am Ende »erfüllt und vollendet« werden.

– Um Himmels willen, da wird es mir doch extrem unbehaglich. Vielleicht hatte ja die römische Glaubensbehörde so unrecht nicht, diese optimistisch gestrickte Synergie aus Erlösungshoffnung, kollektiver Nächstenliebe und *hard sciences* für ein paar Jahrzehnte aus der Christenlehre zu verbannen? Pater Teilhard schrieb all das ja noch vor der ersten Atombombe, und lange vor Tschernobyl. Nichts ist zeitgeistabhängiger als die ganz große Hoffnung. Doch wenn ich solche Verheißungen von gesellschaftlich organisierter und wissenschaftlich kompatibler ›überpersonaler‹ Liebe höre, da kommen mir gleich George Orwells Ängste in den Sinn ...

– Das mag uns dabei helfen, alle anthropischen Spekulationen über Sinn und Zweck der kosmischen Evolution auf sich beruhen zu lassen. Ihre theologischen Rückschlüsse auf den Lieben Gott führen jedenfalls allesamt in Sackgassen. Ein anderes Universum zu erwarten als genau das, in welchem auch wir als seine Bewohner und Beobachter vorkommen (und also möglich sind) ... das, nicht wahr, wäre ja wohl absurd. Wie 1974 der britische Kosmologe Brandon Carter trocken feststellte: »Was immer wir beim Beobachten erwarten können, ist eingeschränkt durch die Bedingungen, die für unsere Existenz als Beobachter nötig sind.«

– Und was folgt daraus?

– Gar nichts. Bestenfalls drehen wir uns dabei im Kreise von Voraussetzungen. Aber daraus werden Sie keinen ›Beweis‹ (oder ›begründeten Hinweis‹) auf den Lieben Gott als Schöpfer oder Anstifter dieses Universums herausklauben können. Das Unterfangen erinnert mich immer an die Abenteuer des tollkühnen Barons von Münchhausen, welcher sich ja auch schon einmal am eigenen Schopf aus dem Sumpf gezogen hatte.


**3** DAS EXTRAVAGANTE MULTIVERSUM. Die Hypothese von den vielen Welten können wir hingegen nicht so einfach von der Hand weisen. Sie besagt ja, daß diese *unsere* Welt mit ihren hochspeziellen Rahmenbedingungen (jenen, die am Ende sogar organisches Leben ermöglichen) nur *eine* von vielen Welten ist: eines der nicht untypischen Resultate in einem Selektionsprozeß, bei dem Millionen und Abermillionen von Parallelwelten (mit je anderen Kosmologien) um ihr Bestehen konkurrieren.

– Oje, welch ein Schau- oder Gedankenspiel! Konkurrierende Ontologien, alternative Masse/Energie-Konstellationen im Kampf ums Überleben, Weltordnungen im Zusammenstoß, zwischen immer neuen *Big Bangs* und Schwarzen Löchern ... Das ist ja nachgerade ein kosmologischer Darwinismus!

– Nun, nach solch einer Multiversum- oder ›Viele-Welten-Hypo-these‹ brauchten wir jedenfalls keine spezielle Feinabstimmung der Bandbreite möglicher struktureller Vielfalt der Elementarteilchen, der Grundkräfte, der Muster von Naturgesetzen *et cetera* anzunehmen. Die Rolle des Lieben Gottes als Kontrollingenieur in unserer Welt kann getrost entfallen, sobald wir nur hinreichend viele Universen postulieren, Millionen, Abermillionen von kosmischen Starts: »Wenn es nämlich genügend *Big Bangs* gäbe« – meint der Oxforder Philosoph Parfit –, »dann wäre es nicht weiter überraschend, daß bei einigen wenigen von ihnen am Ende auch die rechten Rahmenbedingungen für Leben herauskommen. Und es wäre dann auch nicht weiter verwunderlich, daß der unser Universum hervorrufende *Big Bang* einer dieser wenigen war.«

Das (das heißt *unser*) Universum wäre also das Ergebnis dieser *multi*versalen Selektion. Nur ein Kosmos unter den vielen, dem es gelingt, gerade die uns bekannten Strukturen der Raumzeit (der Gravitation, der Grundkräfte, der Elementarteilchen ...) zu stabilisieren, ist elegant genug für Biosphären, in denen sich auch organisches Leben entwickeln kann. Nur dieser Kosmos ist also extravagant genug, auch noch unsere Spezies selbstbewußt denkender Lebewesen zuzulassen. Spricht etwa irgend etwas gegen diese Beschreibung?

– Gar nichts, mein Lieber. Sie ist reine Spekulation. Ich liebe Spekulationen.

Doch sollten Sie nun meinen (oder gar hoffen), mit dieser extravaganten Multi-Kosmologie endlich aus dem Teufelskreis der Theologie herauszukommen, dann täuschen Sie sich ganz gewaltig. Das hat der britisch-australische Physiker und Kosmologe Paul Davies ganz offen zugegeben: Auch wenn sie sich heutiger wissenschaftlicher Sprache bedient, so fordert doch die Multiversum-Lehre keinen geringeren »Sprung in den Glauben« als den, welchen die alte theistische Schöpfungslehre (er)forderte. Auch damals schrieben ja die Heiligen Anselm, Albert, Thomas *et cetera* in der Wissenschaftssprache ihrer Zeit.

Davies arbeitet heute am australischen Center für Astrobiologie, wo er sich zum Beispiel mit der Frage befaßt, ob und unter welchen Bedingungen es auf anderen Planeten, Sternen, Galaxien

Leben geben mag. Und für Davies unterscheiden sich die heutigen Debatten um die Multiversum-Theorie kaum von jenen theologischen *disputationes,* in denen sich jahrhundertelang die alteuropäische Vernunft übte. »Eine Vielzahl nie gesehener Universen als Erklärung für die außergewöhnlichen Eigenschaften des Universums heranzuziehen, das wir vor uns haben«, das ist für Davies »genauso eine *ad hoc*-Hypothese, wie wenn man dafür einen unsichtbaren Schöpfergott bemüht«.

– Das mag ja sein. Aber es gibt bessere und schlechtere *ad hoc*-Hypothesen. Mir erscheint eine ›multiverse‹ Vielzahl alternativer Welten immer noch wesentlich wahrscheinlicher als die Vorstellung, ausgerechnet ›Gott‹ habe *unser* Universum erschaffen! Ausgerechnet der HERR, der Allmächtige und Allerbarmer: ein vollkommenes, aber persönliches Wesen, dessen Eigenschaften genau *unserer* überkommenen westlichen (jüdischen, christlichen, islamischen) Vorstellung von IHM entsprechen?

– Verehrter Mitbruder im Zweifel: Das kommt doch ganz darauf an, wie bilderbuchhaft Sie und ich uns diese Schöpfung ausmalen, darstellen und vorstellen wollen. Denken Sie an den Lieben Gott aus der Kinderbibel mit weißem Weihnachtsmännerbart, der in seinem Sandkasten Eden die ersten Menschen backt und hie eine Raupe, dort einen Elefanten und da drüben noch ein Bambi in den Paradiesgarten setzt? Nun, der ist fürwahr nicht nur mit neueren Multiversums-Theorien unvereinbar, sondern auch mit allen klassischen theistischen Schöpfungslehren.

– Zugegeben, es gab im christlichen Mittelalter bunte Schöpfungs-*Comics* für die illiteraten Massen – die gleichen, die heute ihr Weltbild aus dem Fernsehbild beziehen. Monotheistische Bilderzerstörer wie Moses und Mohammed oder später auch die christlichen Ikonoklasten des griechisch-orthodoxen Byzanz im Osten oder der radikalen Reformation im Westen haben sicherlich mit Gewalt und Zensur übertrieben. Aber sie hatten gute Gründe, wenn sie den Bildern keine Gewalt über Gottes Buchwahrheiten einräumen wollten. Keinem Al-Farabi oder Anselm von Canterbury, keinem Thomas von Aquin oder Maimonides wäre es jemals in den Sinn gekommen, alle biblischen Bilderwelten, alle prophetischen Szenarios und alle mystischen Allegorien für wortwörtliche Tatsachenbeschreibungen zu halten. (Das tun ja auch heute nur evangelikale Fundamentalisten in den Vereinigten Staaten!)

Der »Herr der Welten« – wie IHN »die Eröffnung« anredet, die erste Sure des Koran *Al Fatiha* –, also Gott, hätte in der Tat diese unsere Welt mit all ihren kosmologischen Eigenarten und physikalischen Besonderheiten auch mittels eines Selektionsprozesses zwischen konkurrierenden Universen erschaffen können. Etwa nach der von Lee Smolin und anderen gut erzählten Story, in der sich alternative Welten und ihre Naturgesetze kraft der Produktion ›Schwarzer Löcher‹ sozusagen fortpflanzen. Es kommt dabei zwischen diesen Welten (beziehungsweise ihren Kosmologien) gewissermaßen zu einem evolutionären Wettbewerb, also zu einer Selektion der ›überlebensfähigsten‹ Universen. (Je mehr Schwarze Löcher ein Universum ausbildet, um so eher können seine physikalischen Konstanten an Tochteruniversen weitergegeben werden.)

Solch eine evolutionäre Selektion von Welten läßt sich durchaus als fortgehende Schöpfung ansehen – und ER, DER IST könnte diese ja für die interessanteste Schöpfungsmethode halten, sowohl bei der Kreation von Universen als auch bei der Generation von Lebewesen in unserem Universum. Vielleicht erschien IHM solch prozessuale, offene Schöpfung aus multiversaler Selektion viel spannender als bloß solitäres Würfeln.

– Und woher wollen Sie das wissen?

– Darüber wissen wir gar nichts!

Aber dessen dürfen wir gewiß sein: Noch die extravaganteste *Multiversum*-Variante einer Genesis unseres Universums wird IHN weitaus interessanter anmuten als jenes pseudo-biblische Bilderbuchverfahren, an das manche evangelikale Radikale noch immer glauben (und das sie den Schulbehörden in Colorado oder Kansas vorschreiben wollen). Nach diesen ›wortwörtlichen‹ Lesarten der ersten Kapitel aus dem ersten Buche Mosis habe Gott der HERR jede einzelne Spezies, jedes Sternbild, jede Kosmologie *et cetera* am fünften, vierten, dritten … Schöpfungstag gewissermaßen fix und fertig ›in die Welt‹ gesetzt. So wie Klötzchen aus einem Stabilo-Baukasten … oder Gattungen aus der Inventurliste des Buchhalters bei der Weltschöpfung: Da die oberen Himmel, dort die Gewässer, hie lasset Uns Flora und Fauna plazieren, hier diese, dort jene Gattung (und sodann heißt's; »wachset und vermehret euch« ...)

Welch lächerliche Vorstellung des Höchsten Wesens! Für intelligente Gottesdenker von Welt verbieten sich derart triviale Schöpfungsgeschichten von selbst: Einen so schlechten Geschmack kann der Herrgott nicht gehabt haben, daß IHM SEine Rolle in dieser Art von Schöpfungsgeschichte hätte gefallen können. ER, DER IST hätte jeden Drehbuchschreiber, Propheten oder Theologen, der IHM diese ›bibelgetreue‹ Eins-zu-Eins-Version der Weltentstehung vorgeschlagen hätte, auf der Stelle gefeuert.

## 4 WASSER UND GEIST. *Aber warum ist Gott eigentlich (nur) einer?* Wieso sollte es nicht drei oder vier Götter oder auch fünfundzwanzig geben?

– Vielleicht ist ja auch »alles voller Götter«: Das zum Beispiel glaubte offenbar Thales von Milet, einer der ersten griechischen Philosophen. Jedenfalls hat das später sein Kollege Aristoteles über ihn berichtet (De an., 411a).

– Ach, wissen Sie: Thales ist für theologische Streitfragen wohl nicht der ideale Zeuge. War der nicht überhaupt eher eine Art Materialist? Suchte Thales nicht den Ursprung aller Dinge im Wasser (also etwas Stofflichem!)?

– Ja, das schreibt Aristoteles an anderer Stelle (im ersten Buch seiner Metaphysik). Thales habe als grundlegendes ›Element‹ das Wasser angesehen, als das über alle Weltenveränderungen hinweg beständige Seinsprinzip. »Deshalb erklärte Thales ja auch, die Erde ruhe auf dem Wasser, wobei er vielleicht deshalb zu dieser Ansicht kam, weil er beobachtete, die Nahrung aller Lebewesen sei feucht« (Met. 983b). Auch Wärme und Lebenskraft entstünden aus dem Feuchten; und die Samen aller Dinge hätten eine feuchte Natur; für alles Feuchte aber sei nun einmal das Wasser das Grundprinzip ...

Offenbar schließt für den so interpretierten Thales das Wasser als stoffliches Grundprinzip ›von allem‹ keineswegs das Wirken der Götter ›in allem‹ aus. Und dann soll ja (und zwar ebenfalls

nach Auskunft des Aristoteles) derselbe Thales auch noch die
»Seele dem All beigemischt« gesehen haben. Thales habe irgendwie die Seele als Bewegungskraft (in) der Natur aufgefaßt, wenn
»er sagte, der Magnet habe eine Seele, weil er das Eisen bewegt«
(De an. 405 a; 411 a).

– Läuft es denn für Thales auf dasselbe hinaus, ob nun Götter
oder Seelen Wasser und Welt bewegen?

– Vielleicht ist das aber nur eine Karikatur. Womöglich kannte
Aristoteles die Lehren des Thales (der ja über zwei Jahrhunderte
vor ihm lebte) ohnehin nur vom Hörensagen. Wollte er sich etwa
über die Vielgötterei seiner Vorläufer lustig machen?

– Möglich ist das schon. Aber Vorsicht! Auch Aristoteles kennt
viele Götter. Zwar votiert der Philosoph in seiner berühmten
›Theologie‹ (im Buch Lambda der *Metaphysik*) für eine Art von
Monotheismus der prinzipiellen Einheit der Welt. Doch diesseits
der Frage nach dem ursprünglichen, letzten Sein oder ›Wesen‹
*(ousia)* hält seine Lehre durchaus Anschlußstellen für die herrschenden polytheistischen Vorstellungen der griechischen Welt
bereit. Die Vielgötterei habe *kosmologische* Anhaltspunkte in der
Vielzahl der himmlischen Fixsterne; und deren ewige Bewegungen hätten sich dann die Menschen *mythologisch* mit Götterper-
sonal ausgemalt. Warum sollten sie auch nicht? (Aristoteles ist
kein Ideologe seiner Metaphysik.)

Aber der Gott der Philosophen hat mit diesen Mythen nichts
zu tun: Er ist gerade insoweit (nur) einer, als er *keine* Person
ist, sondern für den Zusammenhalt des (einzigen) Kosmos steht.
Und für diese kosmische Einheitsfunktion hatten dann diverse
Philosophen oder Schulen durchaus unterschiedliche Theorien
parat. Die wahrhafte Einheit der Welt gründet etwa für Aristoteles in einer ersten, höchsten, vollkommenen Wesenheit (»denn
das erste ist immer das Beste«), welche Ursprung und Ziel aller
Bewegung ausmacht, zuerst der ewigen Sternenbahnen am Himmel. Die höchste (und also erste) Vollkommenheit sei der Geist,
das sich-selbst-denkende Denken. Dieses verwirklicht ja das an
sich Beste, den *Nous* (die Vernunft oder den Geist) auch in der
vollkommensten Form, als Selbst-Teilhabe: »Sich selbst denkt die
Vernunft, indem sie am Gedachten Anteil hat« (Met. XII 7, 1072 b).

– Und was hat all das mit dem Lieben Gott zu tun?

– Gemach, wir sind gleich soweit: Die Qualifikation ›göttlich‹ ist ja für Aristoteles zugleich eine Art Indikator für Vollkommenheit und Reinheit. (Je göttlicher, desto perfekter – und umgekehrt.) So ist ihm der reine *Nous,* der nur sich selber (in seinen unwandelbaren Wahrheiten) zum Gedachten macht, vollkommener als jedes Nachdenken über andere oder anderes: »Also ist der Besitz des Gedachten in höherem Maße göttlich«, gewiß göttlicher als alle materiellen Gegenstände, die heterogen und veränderlich sind. Und das denkende Sein des ersten Bewegers als vollkommene *energeia,* als geradezu lustvoll auf sich selbst bezogene ultimative geistige Wirklichkeit identifiziert dann Aristoteles mit ›*dem* Gott‹.

*Voilà:* Der Geist oder *Nous,* der sich selber denkt, ist als ›unbewegter Beweger‹ Gott im Singular (oder eben Gott *par excellence*). »Wir sagen also, daß *der* Gott ein lebendes, ewiges und bestes Wesen sei; *dem* Gott kommt demnach ununterbrochenes, fortdauerndes und ewiges Leben zu: denn das ist eben *der* Gott« (Met. XII 7, 1072 b).

– Na und? Der Denker hat damit Gott doch nur zu einem Begriff gemacht: *den* Gott zu *dem* Begriff eines ewigen Lebens aus reinem Denken, das sich selbst genug ist. Aristoteles hat sein Postulat von der einen und reinen, höchsten und besten, ewig (und lustvoll) mit sich selbst befaßten Geistwirklichkeit bloß mit Gottes Namen belegt.

Faszinierend! Aber warum sollte ich diesen unbewegt/selbstbewegten Begriffsgott wohl anbeten? Dieses *perpetuum (im)mobile* des obersten Himmels, DER / DIE / DAS da in sich kreist, von Ewigkeit zu Ewigkeit, in reiner »noetischer Lust« (Ottfried Höffe)? Und wollte ich auch meine Gebete an IHN richten, der ›unbewegte Beweger‹ würde mich doch gar nicht hören …

**5** EINE WELT – VIELE GÖTTER? Nein, bei dieser Veranstaltung kommt keine Andacht auf! Der Geist-Gott Ihres Philosophen mag ja so vollkommen sein, wie er will, damit wird er doch nicht zum ›Lieben Gott‹.

– Wenn Sie Andacht suchen, müssen Sie in den Tempel gehen!

– In welchen?

– Nun, ins Heiligtum Ihrer Wahl: »*Join the church of your choice:* Gehen Sie doch in die Kirche Ihrer Wahl!« – heißt's heute im religiösen Supermarkt der Vereinigten Staaten … In der Antike hätten Sie eine noch reichere Auswahl gehabt. Die Philosophen hatten gegen solche Volksfrömmigkeit überhaupt nichts einzuwenden. In seinen letzten Worten erinnerte etwa der Aufklärer Sokrates seine trauernden Freunde daran, er sei »dem Asklepios einen Hahn schuldig, entrichtet ihm den, und versäumt es ja nicht« (*Phaidon,* 118 a).

Auch Aristoteles leugnet die Vielgötterwelt nicht, an die seine Zeitgenossen glaubten. Im Gegenteil, er rationalisiert sie noch, wenn er die Anzahl der Götter berechnet und dazu astronomische Theorien diverser Vorläufer heranzieht, die er noch durch eigene Kalkulationen ergänzt: Der eine Himmel hat demnach 55 Sphären, denen Aristoteles ebenso viele Fixsterne in ihren ewigen Bahnen zuordnet: »ewig und ohne Stillstand nämlich ist der im Kreise laufende Körper«. Jede dieser 55 Himmelssphären mit ihren ewigbewegten Sternbahnen hat also auch ihren eigenen ›unbewegten Beweger‹ (Met. XII 8, 1073 a).

– Kein Wunder! Wenn ›*der* Gott‹ des Aristoteles ausschließlich damit befaßt ist, sich selber zu denken und ›noetisch‹ seine eigene Vortrefflichkeit zu reflektieren, dann müssen die Sterne bei ihrem ewigen Kreisen ja unweigerlich mit eigenem Antriebe fahren.

– Nun machen Sie sich ruhig lustig … aber Aristoteles formuliert hier die Anschlußfähigkeit seiner (meta)physischen Doktrin an die Volksmythologie. Er kann nämlich jetzt auch die Vielgötter-Religion seiner Zeitgenossen im eigenen System einer ›monotheistischen‹ Kosmologie unterbringen. Denn die mythische Überlieferung der Alten und Urahnen, »wonach diese Himmelskörper Götter seien und das Göttliche die ganze Natur umfasse«, hat nun einen plausiblen Hintergrund. Daß man sich dann die Vielzahl dieser Götter als »menschengestaltige« Wesen vorgestellt hat, »oder auch anderen Tieren gleichend«, das steht auf einem anderen Blatt. »Das Übrige ist dann in mythischer Weise zur Überredung der Volksmenge und zum gesetzlichen und allgemeinen Nutzen hinzugefügt worden« (Met. XII 8, 1074 b).

– Und welche Götter, mit welcher Persönlichkeit, mit welchen Heiligtümern, Geschichten und Dramen, sollen denn die Massen verehren »zum gesetzlichen und Allgemeinwohl«?

– Nun, das läßt sich kaum auf einen Nenner bringen: Da gibt es politische Schutzpatrone, Stadt- oder Reichsgötter. Von göttlicher Stiftung der Staaten oder Dynastien künden Gründungsmythen, die in lokalpatriotischen oder Reichskulten, mit jährlich wiederkehrenden Gottesdiensten und Gemeinschaftsriten erinnert und gefeiert werden.

Dann gibt es die Mysterien der Natur, die sich im klimatischen Wechsel und Jahreskreislauf von Wintertod und Frühjahrsfruchtbarkeit entfalten und verbergen, gehütet von Erd- und Muttergottheiten. Es gibt Gottheiten des Schicksals, kosmische Mächte im Konflikt (im olympischen Pantheon – wie in der hinduistischen Vielgötterwelt), die Folgen erfahren wir Sterblichen im wechselhaften Geschick der von den Göttern geliebten oder bestraften Reiche der Menschenwelt.

So haben die Menschenkinder in »poetischer Metaphysik« den Götzendienst erfunden, denn »die Phantasie ist um so kräftiger, je schwächer die Fähigkeit zum vernünftigen Denken ausgebildet ist« (SNS 185).

– Wer sagt das?

– Das schreibt der neapolitanische Jurist und Rhetoriker, der barocke Geschichtsdenker und Enzyklopädiker Giambattista Vico in seiner *Neuen Wissenschaft von der gemeinsamen Natur der Völker* (1744). Aber in solcher Physik der Phantasie wurzeln für Vico zugleich die poetischen Götterbilder, mit denen sich die Menschheit seit Urzeiten Ordnung und Unordnung der Welt ausgemalt hat. (Und wir sollten nicht glauben, wir hätten diese Kindheit der Menschheit ein für allemal hinter uns.)

Erst wenn wir die Dinge und den Zusammenhang der Wirklichkeit begrifflich erfassen und reproduzieren können, folgen wir laut Vico ja dem Vorbild des wahren Gottes (welcher die Welt zugleich begrifflich erkannt und aus geistigen Ideen erschaffen hat).

Solange wir zu dieser wahrhaften Metaphysik aber nicht in der Lage sind, müssen wir auch die Natur und Schöpfung Gottes verfehlen. Wir erfassen dann Gott und die Welt nur, indem wir sie

in unserer Phantasie »mit einer Einbildungskraft voller Körper-
lichkeit« beleben: *d'una corpolentissima fantasia.* Und darum
waren auch die Poeten (griechisch ›Schöpfer‹) die ersten Theologen. Ihr Weltbild war metaphysisch falsch (denn sie kannten
den wahren Gott noch nicht), aber moralisch und politisch taten
sie recht: »Das nämlich sind die drei Arbeiten, die die große
Dichtung zu leisten hat, nämlich erhabene Mythen [oder Märchen:
*favole*] zu finden, die dem Verständnis des Volkes zusagen, und
im Übermaß zu erschüttern, damit sie das Ziel erreiche, das sie
sich vorgesetzt hat, nämlich das Volk zu lehren, wie man tugend-
haft handelt« (SNS 376).

6 **PANTHEON UND VOLKSMUSIK.** Der Rest, vor allem
die genaue Besetzung der himmlischen Rollen, ist immer
auch eine Drehbuchfrage. Da geht es um Details der Inszenierung,
um Quote und *Public Relations,* Hollywood und Staatsräson.
Opfern Sie dem Gott Ihrer Wahl! Darum finden wir in solchen
Mythen ebenso ›liebe‹ Götter im Himmel wie Halbgötter auf Erden,
Kabale und Liebe zwischen den Göttern, böses Blut und himmlische Rache.

– Diese Folklore lassen wir jetzt wohl lieber beiseite...

– Aristoteles hat sich ja nach eigener Auskunft nur darauf beschränkt, mit seiner Gestirngeister-Theorie für die Menge eine
Brücke zu deren populären Mythen von der Vielzahl der Götter
zu bauen, ohne deshalb freilich (wie wir sahen) selber daran zu
glauben.

– Aha! »Zur Überredung [oder: für den Glauben] der Menge«
*[pros ten peitho ton pollon]* braucht man die menschlich anspre-
chenden Götter, wie Aristoteles sagt (XII 8, 1074 b). Das gemeine
Volk braucht offenbar stets eine leicht faßliche Religion, und diese
gestehen ihm die Philosophen freundlicherweise zu, mehr oder
minder herablassend.

– So ist es.

Und das hat sich auch bis heute gar nicht geändert. Noch ein
strikt »methodologisch atheistisch« vorgehender Diskursphilo-
soph der Spätaufklärung wie Jürgen Habermas bezeichnet sich

zwar als »religiös unmusikalisch« (wirkt allerdings gerade darin irgendwie protestantisch). Aber im Gespräch mit dem obersten katholischen Glaubenshüter Kardinal Ratzinger hält Habermas religiöse Überzeugungen nicht für »schlechthin irrational«.

– Inwiefern sind sie denn auch für Unmusikalische rational?

– Nun, die Religion stiftet immerhin Trost, und mehr als das: Religiöse Überzeugungen beleben »Sensibilitäten für verfehltes Leben« und »entstellte Lebenszusammenhänge«, die von reinen Psycho-Experten überhaupt nicht mehr wiederhergestellt werden können (sobald sie im Prozeß der Säkularisierung einmal verlorengegangen sind). Und auch in einer religiös neutralen Demokratie stabilisieren dann solche Glaubenstraditionen mit ihren »normativen Begriffsnetzen« sittliche Interpretationsgemeinschaften, welche ihrerseits wieder wichtig werden für die Demokratie (da sie den kommunikativen Zerfall der Gesellschaft in Vereinzelte verhindern sollen).

– Na, ob deswegen wohl irgend jemand zusätzlich in den Tempel geht?

– Ich finde, das kommt ganz auf den Gottesdienst an, auf die Liturgie…

– Verstehe: auf die Musik! Aber die ist jetzt nicht unser Problem. Wir fragen doch nach dem *wahren* Gott! Nicht nach irgendeinem Schutzpatron oder Seelentröster, nicht nach Orgelklang, nach Kerzen und Weihrauch, sondern nach dem allwaltenden Schöpfer des Universums. Nach DEM, der *alles, was es gibt,* im Sein erhält.

– Aber da werden wir mit Thales oder Aristoteles nicht weiterkommen. Ganz gleich nämlich, ob wir nur einen ›unbewegten Beweger‹ annehmen oder mehrere ewige Bewohner des Himmels, oder ob gar auf Erden »alles voller Götter« steckt … und hinter jeder Ecke ein Lokalgott haust, in jeder Quelle eine Nymphe lockt: Solange wir die Einheit unseres Universums *immer schon* als irgendwie ›göttlich‹ oder ›beseelt‹ begreifen, kommen wir doch mit der Frage nach (›dem‹) Gott überhaupt nicht hinaus aus der Welt. Die Einheit der Welt – ihr Logos, der sie als Kosmos zu erklären vermöchte – liegt dann *in ihr* selbst beschlossen, auch wenn wir sie in der Bildersprache der Mythen ›Gott‹ nennen.

›Göttlich‹ nannten die antiken Philosophen die ewige Kreisbewegung der Gestirne im Kosmos, wie immer ansonsten der Ur- oder Grundstoff ihres Kosmos beschaffen sein mochte: ob nun aus Wasser, Gas oder Atomen. Und wenn die Philosophen mitunter den Chef des olympischen Pantheon, Götterkönig Zeus oder seine römische Version Jupiter, mit dem obersten Prinzip, mit dem Ersten Beweger oder auch der ›Seele‹ der Weltordnung identifiziert haben, so übernahmen sie damit eher eine mythische (oder poetische) *façon de parler* als eine kohärente ›Theologie‹.

*Dieser Gott der Philosophen ist ein Faktum der Welt!*

**7** **DREIERLEI THEOLOGIE.** Der ›Gott‹ der antiken philosophischen Kosmologie war bloß ein anderer Name für die dynamische Einheit der Welt, für ihr Steuerungsprinzip. Marcus Terentius Varro, Staatsbeamter im Ruhestand, römischer Universalgelehrter und stoischer Philosoph, hat im ersten vorchristlichen Jahrhundert diesen ›Gott‹ geradezu als *animam motu ac ratione mundum gubernantem* definiert: »als die Welt durch Bewegung und Vernunft steuernde Seele« (nach Augustinus, Civ. Dei, IV. xxxi. 2). Doch aus solch einer ›Theologie‹ vom einen Kosmos folgte keinesfalls auch die religiöse Verehrung des Einen Gottes.

Eher schon trifft das Gegenteil zu: Sieht man nämlich ab vom Bundesvolke Israel als der großen weltgeschichtlichen Ausnahme, so scheiterte die einzige amtlich versuchte Einführung eines Ein-Gott-Glaubens im Neuen Reich Altägyptens sofort.

Auch die Ägypter kannten ja ein durchaus einheitliches Weltbild von der kosmischen Ordnung oder Gerechtigkeit: *Ma'at.* Aber sie verehrten eine hierarchische Vielzahl von Göttern. Und Pharao Amenophis' IV. (beziehungsweise ›Echnatons‹) kurzlebiger Versuch, dieses Pantheon zu beseitigen und außer der Verehrung der lebendigen Sonne *Aton* alle anderen Götterkulte abzuschaffen, war völlig erfolglos. Mehr noch: Diese monotheistische ›Revolution von oben‹ fand nicht nur keine Nachfolger, sie scheint zudem eine Art Trauma im kollektiven Gedächtnis verursacht zu haben. Der Religionsstifter Echnaton verfiel der *damnatio memoriae,* sein Lichtgott Aton hinterließ ein schwarzes Loch.

– Vielleicht taucht aber in der Geschichte vom jüdischen Exodus aus dem ägyptischen Sklavenhaus eine verdrehte, verdrängte, indirekte Erinnerung an Echnatons monotheistische Revolution auf? Das ist eine unter Religionswissenschaftlern recht umkämpfte These, die schon vom Analytiker Sigmund Freud aufgestellt wurde und zuletzt vom Ägyptologen Jan Assmann eine gedächtnisgeschichtliche Neuauflage erfahren hat.

– Nein, die Annahme einer einheitlichen kosmischen Ordnung oder göttlichen Weltseele hinderte antike Denker überhaupt nicht daran, weiterhin einer Mehrzahl von Göttern zu opfern, eine Vielzahl von Mythen über sie zu erzählen und sie in einer Vielfalt von Gottesdiensten zu verehren. In der griechisch-römischen Welt waren diese Liturgien nicht nur dem Pantheon der Olympier gewidmet, sondern auch älteren, chthonischen Gottheiten und Fruchtbarkeitskulten, und vor allem den ›politischen‹ Göttern: mythischen Stadtgründern, dynastischen Heroen, lokalen Schutzpatronen.

Götter und Kulte anderer Völker oder Staaten erfuhren mitunter sogar eine Art ›diplomatischer‹ Anerkennung oder waren in das eigene Pantheon ›übersetzbar‹. So hatten die Assyrer bei der Beeidigung von Vertragsabschlüssen mit anderen Völkern regelrechte Götterlisten benutzt, auf denen die jeweils zueinander passenden Schwurgötter der vertragsschließenden Seiten verzeichnet waren (Assmann). Nach der Durchsetzung der Pax Romana forderte dann der römische Reichskult zwar von jedermann politische Loyalität, ließ aber allen anderen Kulten ihre Freiheit. Ein jeder mochte nach seiner Façon Gottesdienst treiben, solange er dem Kaiser seinen liturgischen Tribut nicht versagte.

Der Enzyklopädist Varro, der »scharfsinnigste und gelehrteste aller Menschen« – wie ihn ein prominenter Kritiker nennen wird, der heilige Augustinus (Civ. Dei, VI. vii) – spricht in diesem Zusammenhang von drei verschiedenen ›Theologien‹: Die fabulierte Gottesrede oder *theologia mythica* der Dichter behandelt die Genealogien und Konflikte der antiken Götterwelt in mannigfachen Storys; ihr Ort der Vergegenwärtigung sind die Kultdarbietungen im Theater. Auf diese mythischen Erzählungen greife dann auch die *theologia civilis* der Völker zurück, aber ihr Thema sei die

›politische‹ Natur von Gottesdienst und Götterkult im öffentlichen Raum der Stadt. Diese beiden Theologien befassen sich also mit Gottesdienst, Göttermythen und Kulten als menschlichen Institutionen: mit *divina instituta hominum,* von Menschen erzählt, überliefert, eingerichtet.

Nur Varros dritte Variante, die *theologia naturalis* der Philosophen oder ›physische‹ Theologie, bezieht sich auf den Kosmos, das Gesamt der Wirklichkeit. Und nur sie befaßt sich auch mit der wahrhaften ›Natur‹ (oder dem Wesen) der Götter: »welche Götter es sind, wo und welcher Art sie sind, ob sie von einer bestimmten Zeit an oder von Ewigkeit her sind, ob sie aus dem Feuer stammen, wie Heraklit glaubt, oder aus den Zahlen nach Pythagoras, oder aus den Atomen, wie Epikur sagt, und anderes mehr, was man sich besser in der Schule hinter Wänden als draußen auf freiem Markt anhört« (nach Augustinus, Civ. Dei, VI.v).

Folgt man hier dem deutschen Professor und dann Kardinal Joseph Ratzinger (heute ist er Papst Benedikt XVI.), so hatte die polytheistische *theologia civilis* letztlich keinen Gott, nur ›Religion‹ zum Gegenstand, den öffentlichen Kultus – wohingegen die philosophische *theologia naturalis* keine Religion, sondern nur eine Gottheit zum Ergebnis hatte: an die Stelle der vielfarbigen Mythen tritt die eine kosmische Weltseele, der Gott der Philosophen.

– Widersprechen sich beide Theologien dann nicht?

– Genau dies war ja schon die These des heiligen Augustinus im VI. und VII. seiner Bücher vom Gottesstaat, und auf ihn hat sich auch der Theologe Ratzinger berufen: Die antike philosophische Aufklärung von Thales bis Varro widerspreche den würde- und schamlosen polytheistischen Mythen der alten Welt; von den antiken ›Zivilreligionen‹ bleibe nur Lokalpatriotismus und römische Reichsideologie übrig.

**8** AUFGEKLÄRTER RELATIVISMUS. Ein darüber hinausgehendes, ›logisch‹ *ein*heitliches System der Welterklärung mitsamt kosmologisch kohärentem Gottesbild war sowieso nur das Steckenpferd der Philosophen. Die mochten dann in der Sauna oder beim Symposium darüber streiten, welcher Urstoff des All-Einen, welches Grundprinzip allen Seins oder Werdens, welch ›unbewegter Beweger‹ oder welche Weltseele den Kosmos wohl im Innersten zusammenhalten möchte. Die ›poetische‹ Plausibilität einer Vielfalt von lebens- und jahresbegleitenden Mythen war davon überhaupt nicht berührt. Und erst recht nicht die ›politische‹, patriotische Pflicht zur Pflege der Heiligtümer der Heimatstadt und zur Verehrung des göttlichen Caesar.

Das Wasser des Thales, das Feuer des Heraklit, die Zahlen des Pythagoras eignen sich schließlich nicht zur Götterverehrung oder zum Theaterspiel. Wenn das Volk die Stadt- und Reichskulte befolgen soll, dann braucht es eine faßliche Religion – und wer weiß schon, wieviel davon nach den Disputen der Philosophen noch übrigbleibt? Besser, wir fragen auf dem Marktplatz gar nicht erst nach dem wahren Gott.

Strikte Wahrheitsansprüche stellten die römischen und hellenistischen Intellektuellen eben nur an die philosophische oder ›natürliche‹ Theologie und nicht an die ›poetischen‹ Mythenerzählungen oder die ›politischen‹ Kulte. Das ist nicht einmal so schwer zu verstehen. Dieselbe Einstellung ist nämlich seit gut drei Jahrzehnten unter den Intellektuellen unserer demokratischen Konsumgesellschaften des (nach)christlichen Westens ebenso *en vogue* wie weiland in der intellektuellen Elite der (Spät-)Antike. Wir bringen unsere Kinder regelmäßig zum Kommunionsunterricht oder zur Bar-Mizwa, aber gleichzeitig schwören wir auf fernöstliche Weisheit. Und natürlich glauben wir alle an die Grundwerte des Freien Westens!

Für meine leib-seelische Wellness folge ich blind den Ratschlägen meines Zenmeisters ... oder Sie vertrauen Ihrem Psychoanalytiker! ... Aber keiner von uns würde doch deshalb den Wahrheitsansprüchen der modernen Naturwissenschaften oder der relativen Verläßlichkeit der wissenschaftsgeleiteten Technik das Vertrauen entziehen (oder gar auf seinen Internet-Anschluß verzichten: im Gegenteil! Gerade dort finden wir ja die besten Zen-*Links* und Shrink-Tips).

Auf die Frage Paul Veynes, ob die Griechen und Römer nun an ihre Götter *wirklich* geglaubt haben oder nicht, antworten wir am besten mit der berühmten Anekdote, die man schon Albert Einstein, auch schon Lord Russell oder anderen aufgeklärten Freigeistern zugeschrieben hat: Wieso hängt da ein Hufeisen zur Abwendung von Mißgeschick und bösen Geistern über Ihrer Tür, Mister Nobelpreisträger? Sie glauben doch an dessen magische Kräfte gar nicht! – Ach, wissen Sie, man hat mir gesagt, es nutze auch dann, wenn man nicht daran glaubt ...

✦

Es ist, mit anderen Worten, auch für einen Ungläubigen sehr wohl möglich, einem Aberglauben zu folgen (ihm *ein bißchen* oder *ironisch* zu glauben). Der Götzendienst verlangt zumeist keine vollständige Hingabe. Der Religionsskeptiker mag diesen lokalen Ritus oder jenen traditionellen Mythos ehren und, wenn es dabei um irgendwelche Wundermittelchen geht, insgeheim vielleicht sogar noch auf Heilung hoffen (sagen wir: wenigstens auf einen heilsamen Placebo-Effekt).

All dies bereitet ihm überhaupt keine Schwierigkeit, natürlich nur unter einer Bedingung: Er darf diese mythischen Erzählungen oder jene rituellen Rezepte nicht *in derselben Weise* für wahr halten wie die Erkenntnisse der Wissenschaft. Denn dann – und nur dann – müßte es zwischen Glauben und Wissen zum expliziten Widerspruch kommen.

– Gott bewahre! Solch ein Antagonismus zwischen Aberglauben und Wissenschaftsglauben nimmt nämlich selber leicht die Form eines Religionskrieges an: wie in manchen lateinischen Ländern im XIX. und für etliche Jahrzehnte auch noch im XX. Jahrhundert, als sich Kleriker und Antiklerikale, katholische Wunderprediger und positivistische Wissenschaftspropheten heftig und nicht allein mit geistigen Waffen bekriegten.

## NEUNTES KAPITEL

# Abgötter und Gotteskrieger

»Götter, Bilder unsres Auges,
Götter, Herren unsrer Sinne!
Ihre leibliche Sichtbarkeit,
Gegenwart, verbürgt unsre Sicherheit;
ihre Grenzen und Meßbarkeit,
fordern nicht, was unserm Gefühl versagt.«
Arnold Schönberg, *Moses und Aron*

»It is remarkable that the principles
of religion have a kind of flux and reflux
in the human mind, and that men have
a natural tendency to rise from idolatry
to theism, and to sink again from theism
into idolatry.«
David Hume, *The Natural History
of Religion*

---

*Was spricht eigentlich gegen den Glauben an viele Götter?*
– Lebenspraktisch sind wir ja eher Pluralisten. Oder haben Sie
nur Meinungen aus einem Guß? Stehen Ihre Überzeugungen stets
stramm, in Reih und Glied?

*Laufen alle Ihre Wünsche in dieselbe Richtung?* – Haben
Sie denn gar keine widersprüchlichen Ängste? Da müssen Sie sich
ja an nur Einen Herrgott halten.

*Antworten Ihre Götter etwa bloß auf Wünsche?* (oder Ängste, oder Meinungen?) – Ich wünsche mir wohl dies und das,
zuweilen sogar das Gegenteil. Aber auch meine Widersprüche
gehören zur Welt. Wer ist nun für sie verantwortlich? – Für Ihre
Widersprüche? – Für die Welt, *mit* meinen Widersprüchen?

---

**1** RELATIV BUNT. Auch in der wissenschaftlich aufgeklärten Moderne muß der Polytheismus nicht notwendigerweise verschwinden. Wohlgemerkt, *ohne* deshalb die Fortschritte der Naturwissenschaften in Frage zu stellen. Ohne der ausdifferenzierten Wissenswelt ihre Erkenntnisse streitig zu machen, der Technik ihre Leistungen, diesem oder jenem philosophischen Einheitsdenken seine Gesamtsicht: Warum sollten wir uns keine Vielfalt von Göttern oder jedenfalls höheren Mächten vorstellen können?

– Vorstellen kann ich mir viel. Bedeutet das aber auch, an diese Götter zu glauben?

– Nicht unbedingt aus vollem Herzen. Vielen Götter sind ja (dem Himmel sei Dank!) weniger eifersüchtig als der Eine Gott.

Eine »entzauberte Wiederkehr des Polytheismus« hat Ende der siebziger Jahre auch der Gießener Philosoph Odo Marquard vorgeschlagen, als Rückkehr aus der einen, einsinnigen, einsilbig gewordenen Geschichte der Moderne in die alte Vielfalt der Formen mythischen Erzählens.

– Sie meinen wohl eine Rückkehr zur ›poetischen Metaphysik‹, wie sie der barocke Jurist Giambattista Vico für die Kindheit der Zivilisationen annahm? Oder die Wiederkehr jener ›mythischen Theologie‹, welche der römische Gelehrte Marcus Terentius Varro den Dichtern der römisch-griechischen Hochzivilisation zuwies: der Poesie, dem Theater, um nicht zu sagen dem Film.

– Gott bewahre!

– Sie haben also Angst vor Hollywood? Der Starkult des XX. Jahrhunderts trägt mit seinen Diven und Halbgöttern in der Tat recht polytheistische Züge. Nicht selten sind es Pop- oder Filmstars, die neue Kulte verbreiten helfen. Und da gibt's nicht nur den netten California-Buddhismus oder eine sexy Kabbala zum Selbertun, sondern wahrlich sinistre Vereine und Gemeinden: von Charles Mansons mörderischer ›Family‹ bis zur geschäftstüchtigen ›Firma‹ der Scientology-Kirche.

– Ihre Beispiele sind unfair! Scharlatane gibt es nun wahrlich auch unter monotheistischen Frömmlern zuhauf: von pädophilen katholischen Priestern bis zu geldgeilen evangelikalen Fernsehpredigern. Was ist mit Terroristen, die sich und andere mit dem Rufe »Gott ist größer!« in die Luft sprengen?

– In Zeiten des monotheistischen Unfriedens mögen Vielgötterei und Vielgeisterei attraktiv erscheinen. Aber was sagt das schon aus über ihre Wahrheit? Bleiben wir darum lieber bei der Macht des Erzählens, im Reiche der poetischen Metaphysik oder Theologie. Trotz des in modernen Gesellschaften siegreichen *Mono*-Mythos der ökonomischen Vernunft, des »Kapitalismus als Religion« (Walter Benjamin), bleiben doch die Bewohner der wissenschaftlich-technischen Zivilisation weiterhin *mythophiloi:* Leute, die gerne viele Geschichten hören. Gerade der Siegeszug eines alternativlosen okzidentalen Rationalismus produziert – oder provoziert – zugleich einen neuen ›Polytheismus der Werte‹.

Und so predigte Marquard bald in allen geisteswissenschaftlichen Fakultäten, bei allen hermeneutischen Kolloquien, auf allen philosophischen Kongressen, wir dürften den Reichtum alter und neuer Mythologien nicht einfach auf die Müllhalde der Religionsgeschichte entsorgen. *Narrare necesse est,* wir müßten diese Mythen wieder- und weiter- und umerzählen. Und sei's als Kompensation für unseren funktionalisierten Alltag. Wir lieben gute Storys, und je mehr davon, desto besser …

Für diese frivole Verteidigung von Mythenvielfalt und Götterpluralismus bezog der konservative Skeptiker und (wie er sich nannte) ›Transzendentalbelletrist‹ Marquard in Deutschland natürlich sofort heftige Prügel. Insbesondere seitens der theologisch korrekten Aufklärung, von Johann Baptist Metz und Jacob Taubes, von Alois Halbmayer oder Jürgen Manemann.

– Na und? Ein Pluralismus mythologischen Erzählens, ein Polytheismus von Heroen und Idolen, auch ein skeptisch aufgeklärtes Wissen um die Vielfalt letzter Werte bleiben allemal interessanter als die stete Wiederholung immer derselben Geschichte: der Einen großen Meistererzählung mit dem Einen Sinn (der Welt, des Lebens, der Geschichte); mit stets demselben Einen allmächtigen und für alles (und sein Gegenteil) zuständigen HERRgott im Zentrum; mit stets derselben MONOtheistischen Moral als unausweichlicher Konsequenz für alle Gläubigen.

– Sie machen es sich zu einfach! Was heißt schon interessant? Gottesdienst ist doch keine Modenschau! Und Buntheit ist schon überhaupt kein Argument. Der Regenbogen gehört vielleicht auf den Karneval der Kulturen, aber ein Zeichen für Wahrheit ist er nun einmal nicht. Überhaupt, welcher all der vielen Götter oder Mythen oder Werte ist denn nun der wahre (oder, wenn Sie das Wort stört: der für diese oder jene Situation, Notlage, Existenzfrage angemessene)? Welcher Schutzgott ist wofür zuständig? Sobald sie einander ins Gehege kommen, werden sich Ihre von weitem so bunt und lustig anmutenden pluralistischen Gottheiten schnell wechselseitig entwerten, unterminieren, relativieren!

– Bitte sehr! Auch das muß ja kein Schaden sein, ganz im Gegenteil: Sollen sie einander doch relativieren, solange diese Götter (und ihre Gläubigen) sich gegenseitig keine Gewalt antun. Aber die Macht zu solcher Gewalt wird ihnen ein reflektierter ›polymythischer‹ Pluralismus von Göttern und Geschichten gerade verweigern.

◆

»Interessant ist, daß die einzelnen Religionen respektvoll miteinander umgehen. Wer von *Xangô* abstammt, wird niemanden von *Oxum* oder irgend jemand anderen verachten. Ich stamme von *Xangô,* du von *Oxum,* alles klar.« So schilderte der legendäre französische Photograph und Ethnograph Pierre ›Fatumbi‹ Verger kurz vor seinem Tode (im Februar 1996 in Salvador da Bahia) ein Motiv seines lebenslangen Interesses für die afro-brasilianischen Candomblé-Religionen. Diese unter ehemaligen Negersklaven entstandenen synkretistischen Kulte verehren zahlreiche *orixá*-Gottheiten (die häufig nicht nur von afrikanischen Göttern, sondern auch noch von katholischen Heiligen abstammen), darunter auch den erwähnten kämpferischen Donnergott *Xangô* und die verführerische Göttin der Flüsse *Oxum.*

Während nun in Europa Katholiken und Protestanten einander umgebracht hätten, sei bei den afrikanischen Religionen Brasiliens »genau das Gegenteil [der Fall]. Jeder hat seinen Heiligen, seinen Namen, seinen besonderen Charakter und respektiert den anderen«. Verger hatte den Weg der »Schwarzen Götter im Exil« zu beiden Seiten des Atlantik verfolgt und viele ihrer Anhänger porträtiert, wiederholt wurde er ebenso in Bahia wie in Westafrika in ihre Kulte initiiert.

Nun charakterisierte er im Gespräch mit dem brasilianischen Sänger Gilberto Gil die rituelle Trance des Candomblé (wenn die jeweilige Gottheit von einem ihrer ›Söhne‹ oder einer ihrer ›Töchter‹ Besitz ergreift) als »Manifestation der wahren Natur des Menschen, eine Möglichkeit, alles zu vergessen, was nichts mit einem selbst zu tun hat«. Der selber aus Bahia stammende Gil fragte den ›Meister‹, ob er denn dieses totale Vergessen auch selber erfahren habe. »Leider nicht«, antwortet ihm Pierre Verger: »Weil ich ein Idiot von einem Franzosen bin, ein Rationalist. Ich komme nicht vor in dieser Geschichte, weil ich nicht an diese Dinge glaube.«

2 VERNUNFT UND SORGEN. Heute betont der Mailänder Wissenschaftsphilosoph Giulio Giorello: »Der Relativismus steht ja nicht im Gegensatz zur wissenschaftlichen Objektivität oder Wahrheit, sondern zum Absolutismus«. Giorello richtet seine polemische Spitze natürlich vor allem gegen die Kirche Roms, deren langjähriger oberster Glaubenshüter Joseph Ratzinger als Professor, Kardinal und Papst mit aller geistlichen Macht zum Kampf wider einen um sich greifenden Relativismus in den westlich-liberalen Gesellschaften aufruft. »In der Menschheitsgeschichte waren es aber stets die Absolutismen oder Fundamentalismen, die Katastrophen hervorgerufen haben«, warnt Giorello.

Diese Relativisten meinen offenbar, der Glaube an eine Vielfalt von jenseitigen Mächten zeitige auch positive Konsequenzen für das soziale, politische, kulturelle Zusammenleben von Gläubigen, Anders- und Ungläubigen. Eine »Gewaltenteilung im Absoluten durch den Pluralismus der Götter«, so Marquard, verhindert den Absolutismus auch und gerade im Diesseits.

– Aber diese Einsicht verdanken wir doch nicht erst der konservativen Postmoderne (Marquard) oder gar dem neueren wissenschaftsphilosophischen Pluralismus (Giorello)! Diese These hat schon vor 250 Jahren ein grundsolider und ganz gewiß fortschrittlicher Empiriker vertreten: Ich meine natürlich David Hume, Aufklärer des gesunden Menschenverstandes und des moralischen Gefühls.

Der ›heilige David‹, wie der schottische Menschenfreund und Philosoph Hume von seinen Freunden geheißen ward, kam aus calvinistischem Hause. Vielleicht auch deshalb hielt er, was die Fragen nach einer kausalen Welterklärung angeht, den Einen Schöpfergott des Theismus für die im Vergleich zur (an sich ja durchaus denkbaren) Vielgötterei weitaus vernünftigere Annahme. Alle Dinge im natürlichen Universum seien schließlich aus einem Guß, so heißt es im zweiten Kapitel von Humes *Natural History of Religion:* »Jedes Ding ist auf jedes andere abgestimmt. Ein einheitlicher Plan durchzieht das Ganze. Und diese Einheitlichkeit führt unseren Geist dahin, einen Urheber [der Welt] anzuerkennen; denn die Annahme von mehreren Autoren [der Erschaffung der Welt] ohne spezielle Eigenschaften oder Aufgaben würde unsere Vorstellungen nur verwirren, ohne dabei unser Verständnis irgendwie zu befriedigen.«

Die ursprüngliche Neigung zum Polytheismus hingegen, zur Viel- und Abgötterei als der *primitive religion of uninstructed mankind,* lasse sich eher aus unserer Angst vor allen möglichen »Spuren unsichtbarer Macht in den vielfältigen und gegensätzlichen Widerfahrnissen des menschlichen Lebens« verstehen: seien es nun Naturkatastrophen oder Hungersnöte; seien es Eroberungen oder Niederlagen, das Glück dieser und das Verhängnis jener Nation; seien es unsere beständigen Sorgen um Krankheit und Tod, Schwäche und Verlassenheit.

All diese Kümmernisse und Sorgen bewegen den menschlichen Geist. Sie führen uns – ob als Einzelne oder als Völker, Stämme, Sippen – dazu, nach allen möglichen Schutzgöttern im Jenseits und guten Geistern im Diesseits Ausschau zu halten. Und je präziser dann diese Schutzpatrone spezialisiert sind, um so besser. Bis es für jeden Fall besonderer Risiken oder jede Kategorie erhoffter Segnungen eine eigene Gottheit gibt: Je mehr Motive zur Sorge wir haben, desto mehr widrige Dämonen mag es wohl geben, beleidigte Ahnen oder zürnende Götter, die wir sicherheitshalber besänftigen sollten – und um so mehr eigene Schutzgottheiten und Nothelfer suchen wir zu gewinnen.

Hume verweist hier auf die Arbeitsteilung in der römischen Götterwelt, mit Juno als Behüterin von Ehe und Hausstand, dem

Herrn der Meere Neptun als Schutzpatron der Seeleute, der fruchtbaren Ceres als Göttin der Bauern und dem zirkulierenden Merkur
als Autorität der Fahrer und Kaufleute: »Jedes Naturereignis fällt
unter die Autorität eines intelligenten [göttlichen] Wesens; und
nichts Förderliches oder Bedrohendes kann in unserem Leben
geschehen, das nicht zum Gegenstand spezieller Gebete oder
Danksagungen zu werden vermag« (*Natural History,* II).

– Taucht denn dieselbe Spezialisierung nicht auch, in christlicher Verkleidung, bei den heiligen Nothelfern und Schutzpatronen auf? Der heilige Blasius hilft bei Halserkrankungen, Sancta
Barbara ist Schutzpatronin der Bergleute, die heilige Caecilia die
der Musiker, Bischof Nikolaus von Bari behütet und beschenkt die
Kindlein, und jeder von uns hat einen eigenen Schutzengel.

– Vielleicht liegt aber in dieser katholischen *complexio opposi-
torum,* der Fähigkeit der unzweifelhaft monotheistischen Kirche
Gottes, mit dem Heiligenkult und Wunderglauben dennoch auch
ihr Gegenteil in sich einzuschließen, gerade die Weisheit Roms?
Müßte nicht der ›heilige David‹ solch katholische Fürsorge für den
Aberglauben auch verstehen können?

– Bittesehr, es gibt Grenzen! Alles zu verstehen suchen heißt
ja noch lange nicht, jeder volkstümlichen Devotion für lokale
Gottheiten zu trauen. Oder jedem Weihrauchfässer schwingenden
Zeremonienmeister und Wallfahrtsführer.

Außerdem war Hume ein vernünftiger Schotte. Da »wir uns in
dieser Welt wie in einem großen Theater befinden, dessen wahrhafte Triebkräfte und Ursachen uns völlig verborgen bleiben«
(*Natural History,* III), gibt es gute Vernunftgründe, die allerletzten dieser »unbekannten Ursachen« eher in dem Einen Allerhöchsten zu vermuten, als einer unüberschaubaren Vielfalt von Kon-
kurrenzgottheiten, Halb- oder Abgöttern zu trauen.

Natürlich sah auch Hume die zahlreichen Motive der Volksreli-
giosität, die für die Verehrung vieler Abgötter, unsterblicher Heroen
und himmlischer Schutzpatrone sprechen. Die liegen freilich
auf einer ganz anderen Ebene, der der menschlichen Schwäche:
Für die *eine supreme intelligence* des einzigen Schöpfergottes
spreche das große Design der Natur und das Einheitsstreben in der
Architektur unserer Wissenswelt – zur mannigfach spezialisierten

*Viel*götterei treiben uns hingegen die vielfältigen Ängste unserer Lebenswelt, von den Naturkatastrophen bis zum geschichtlichen Wandel.

Der Menschenfreund und Skeptiker David Hume fordert uns dazu auf, beide Tendenzen ernst zu nehmen: den Enthusiasmus für den Einen Gott und den polytheistischen Aberglauben. Aber das änderte natürlich überhaupt nichts an seiner eigenen intellektuellen Vorliebe, welche dem Unitarismus des Einen Gottes galt: Unitarier oder Vernunftmonotheisten glauben bekanntlich daran, daß es (wenn überhaupt) *höchstens* einen Gott gibt.

**3 HUMES PARADOX.** Doch aufgepaßt! Nun kommt das Humesche Paradox: In seiner politischen Bewertung gelangte der ›heilige David‹ zu einem Ergebnis, das seiner philosophischen Wertschätzung genau widersprach. Er hielt nämlich die »Intoleranz fast aller Religionen, die die Einheit Gottes behauptet haben, für ebenso bemerkenswert wie das entgegengesetzte Prinzip der Polytheisten« (*Natural History,* IX). Und diesen Widerspruch zwischen der eigenen intellektuellen Vorliebe für den Monismus oder Glauben an (höchstens) einen einzigen Gott und seiner ethisch-politischen Vorliebe für den Pluralismus, für die Verehrung (möglichst) vieler Gottheiten, hat Hume weder getilgt noch beschönigt. Das spricht für seine philosophische Redlichkeit.

– Es bezeugt vor allem sein historisches Denken. Den Religionskrieg des XVII. Jahrhunderts auf den Britischen Inseln hatte David Hume selbst in seiner *History of England* ausführlich behandelt. Diese Revolutionen und Konterrevolutionen waren ja zwischen gestrengen Monotheisten ausgefochten worden, im blutigen Streit um die rechte Auslegung ihrer Lehre. In Humes Terminologie war das ein Kampf zwischen mehr oder minder radikalen »Enthusiasten«: Vertretern eines radikal auf die reine Verehrung des Einzigen Gottes und den reinen Gehorsam gegenüber Seinem Gesetz fixierten Christentums. Und im Vergleich zu diesen modernen Puritanern – so meint Hume – seien die heidnischen Götzenanbeter der Antike von weitaus toleranterem Geiste gewesen.

– Wie bitte? Und was ist mit den Christenverfolgungen!?

– Ach, bei diesen beklagenswerten Grausamkeiten ging es doch im Grunde gar nicht um den wahren oder falschen Gottesglauben, vielmehr um die Gebote der Staatsräson: diese renitenten Galiläer wollten einfach dem römischen Kaiserkult nicht opfern.

– Um die Staatsräson ging es ja wohl auch bei den Konfessionskriegen der frühen Neuzeit, nicht bloß um den »Enthusiasmus« von Protestanten. Wieso sollte denn die Begeisterung für die (laut Hume) an sich bessere, zumindest rationalere Religion des Einen Gottes zu größerer Intoleranz führen?

– In Humes Augen werden die Vertreter des Einen Gottes leicht zu Fanatikern: Indem sie in ihrem wahren Gott »nur einen einzigen Gegenstand der Verehrung anerkannten, wurde die Anbetung anderer Gottheiten als absurd und gottlos angesehen. Ja, diese Einheit des [verehrten] Gegenstandes scheint natürlicherweise die Einheit des Glaubens und der Zeremonien zu erfordern und liefert hinterhältigen Menschen einen Vorwand, ihre Gegner als Religionsschänder darzustellen, die darum [verdientermaßen] zum Gegenstand göttlicher und menschlicher Rache werden.« (*Natural History,* IX)

– Wird damit nicht »natürlicherweise« der fanatische Fundamentalismus zur Konsequenz des reinen Monotheismus?

– Schwierige Frage. *So* hat das Hume ja nicht formuliert (er verweist ja auf »hinterhältige Menschen«). Aber möglicherweise hat er es doch so gemeint.

– Obwohl er doch den Einen Schöpfergott zur vernünftigeren Religion erklärt? Humes Religionstheorie ist hier nicht wirklich überzeugend. So rettet er sich in ein christliches Bonmot: *corruptio optimi pessima.* Nichts sei schlimmer als die Verderbung des Besten.

Wir dürfen freilich nicht vergessen, daß ein freier Denker im frommen Schottland des XVIII. Jahrhunderts seine Worte wohl zu wägen hatte. Wiederholt mußte Humes Freund und Mitdenker Adam Smith, der große Philosoph und Nationalökonom, ihn zur Vorsicht mahnen. Und Humes *Dialogues Concerning Natural Religion* mit der metaphysischen Begründung seiner Skepsis gegenüber dem christlichen Gottesbegriff wurden überhaupt erst nach seinem Tode, im Jahre 1779 veröffentlicht.

Aber David Hume ist jedenfalls darin ein ehrlicher Aufklärer, daß er seine vernünftige Wertschätzung des Monotheismus nicht mit der Antwort auf die Frage verwechselt, warum sich wohl in der (westlichen) Weltgeschichte bisher die monotheistischen Glaubenslehren immer weiter ausgebreitet und die polytheistischen Religionen verdrängt haben. Mit dieser Unterscheidung von interner Rationalität und sozialer Plausibilität des Gottesglaubens gehört er zu den Begründern der modernen Religionssoziologie (und ist heute als solcher natürlich vergessen).

Für Hume ist es nämlich gerade *nicht* die rationale Überlegenheit des biblischen Gottesbildes, »die Lehre einer allerhöchsten Gottheit als Urheber der Natur«, welche den Siegeszug des Monotheismus erklären kann. Oder gar »die Schönheit der Finalursachen« des Universums, die auf einen einzigen und allmächtigen Schöpfergott verweisen. Solche Gründe vermöchten allenfalls eine winzige Anzahl von Naturforschern oder Philosophen zu überzeugen. Wenn sich Ein-Gott-Religionen historisch durchsetzen, dann geschieht das in der Regel aus ganz anderen Motiven als der Suche nach der richtigen Kosmologie. Der rechte Gott siegt gewissermaßen aus den falschen Gründen, so daß der Vernunftbegriff des einzigen Weltenschöpfers als des höchsten und vollkommenen Wesens »rein zufällig« mit dem Sieg des Monotheismus zusammenfällt (*Natural History*, VI).

Wo und wenn der Monotheismus über die Vielgötterei siegt, folgt er eher einem psychologischen Trend (aber)gläubiger Individuen oder Völker: In ihrem angstvollen Suchen nach möglichst mächtigen jenseitigen Behütern und Beschützern streben sie nämlich danach, die eingebildete Macht ihrer Gottheiten immer weiter zu übersteigern, »bis sie bei der Unendlichkeit selbst anlangen, über die hinaus es keine weitere Steigerung gibt«. So lange, bis am Ende nur der allerhöchste, allermächtigste, allzuständige Gott übrigbleibt – einer, über den hinaus Größeres nicht mehr gedacht werden kann. »Doch wurden sie zu diesem [Gottes-]Begriff keineswegs durch die Vernunft geleitet, über deren Gaben sie in großem Maße gar nicht verfügen, sondern durch die Schmeicheleien und Ängste des allergewöhnlichsten Aberglaubens« (*Natural History*, VI).

**4** EBBE UND FLUT. Freilich ist dieser Sieg des Einen Gottes niemals definitiv. So glaubte Hume auch nicht wie der deutsche Aufklärer Gotthold Ephraim Lessing an eine zwangsläufige *Erziehung des Menschengeschlechts* (1780) durch die geschichtliche Offenbarung des Monotheismus: von der »Vielgötterei und Abgötterei« der Achsenzeit über den »wahren Begriff des Einigen« Gottes bis hin zur moralischen Vernunftreligion der Zukunft. Derartige Fortschrittsideen wurden in der Geschichtsphilosophie des protestantisch aufgeklärten Westens schnell populär, ganz besonders im deutschen Idealismus. Für den skeptischen Schotten Hume waren das bestenfalls fromme Wünsche; eine Geschichtsphilosophie auf den Glauben an die Vernunft zu gründen lag ihm nicht. Statt hochherzige Spekulationen anzustellen, versuchte er sich an der empirischen, historischen, soziologischen Betrachtung des Glaubens.

Da nun sieht David Hume in der Religionsgeschichte keine stetige intellektuelle Höherentwicklung oder moralische Erziehung am Werk, sondern Ebbe und Flut – ein historisch abwechselndes Hin und Her zwischen Monotheismus und Polytheismus. Oder besser noch ein Auf und Ab – zwischen der souveränen Höhe des Einen Gottes und der lebensweltlichen Vielfalt mannigfacher Abgötter.

Und das geht so: Sobald einmal die Vorstellung des wahren Einzigen Gottes allzu abstrakt, allzu erhaben, allzu entfernt geworden ist, um uns in unseren alltäglichen Ängsten und Nöten noch helfen zu können, da setzen mit der Zeit auch sozialpsychologische Gegentendenzen ein. »Volk, auserwählt dem Einzigen, kannst du lieben, was du dir nicht vorstellen darfst?« fragt Aron seinen Bruder gleich zu Beginn von Arnold Schönbergs Oper *Moses und Aron* (I. Akt, 2. Szene), nachdem Moses ihm von der Stimme des Einen Gottes aus dem Dornbusch erzählt hat. Wir kennen die Fortsetzung: Das unter Anleitung des Priesters Aron gebildete Goldene Kalb (ein Bildnis des ägyptischen Stiergottes Horus) war ein Versuch, Gottes Ferne durch das faßliche Idol zu überbrücken.

Auch wenn sie die Wüste verlassen haben, streben die Gläubigen weiter danach, sich die jenseitigen Mächte menschenähnlicher und gefühlsbewegter vorzustellen: als für diese Unbill verantwortliche Rächer oder für jene Gefahr zuständige Nothelfer. Als Instanzen, die wir mit unseren Gebeten auch erreichen und mit unseren Opfern oder unserem Wohlverhalten gewissermaßen beeinflussen können. Und so erhält der allerhöchste Gott zunehmend weitere Stellvertreter, ob Vasallen, Verwandte oder Mittelspersonen, die für menschliche Bitten zugänglicher sind als die ferne Größe einer *prima causa* oder eines ›unbewegten Bewegers‹.

– Nun gut, aber all das war *vor* dem Siegeszug des Christentums!

– Gewiß, aber der Pendelschlag des Aberglaubens läßt sich auch in der Christenheit beobachten: Im Heiligenkultus Lateineuropas, in der Verehrung von allerlei Mittelsmännern, Fürsprechern und Spezialheiligen sah Hume Paradebeispiele für insgeheim polytheistische Neigungen im institutionalisierten Christentum. Immerhin seien die Katholiken dafür weniger unduldsam als die ›Enthusiasten‹ oder radikalen Calvinisten (ein Milieu, das Hume nur zu gut kannte).

– Wie bitte? Katholiken seien nur deshalb toleranter, weil sie im Grunde abergläubig sind?

– Das war jedenfalls Humes Vermutung.

– Welch eine Unverschämtheit!

– Nun seien Sie nicht wieder gleich beleidigt! Das war nun überhaupt keine sonderlich originelle Auffassung Humes, er folgte hier nur dem protestantischen Common sense. Denn natürlich wurde der katholischen Christenheit aufgrund ihrer volkstümlichen Heiligenverehrung und mancherlei farbiger Wunderlegenden von allen Reformatoren eine gewisse Nähe zur heidnischen Vielgötterei unterstellt. Seit Johann Calvins *Traktat über die Reliquien* wittern Puritaner beim Anblick katholischer Heiligenbilder den Schwefelgeruch von Götzendienerei. Manche Muslime könnten das übrigens ähnlich sehen. Der britische Sozialanthropologe Ernest Gellner hat Humes Diagnose für eine ähnliche Pendelbewegung im Islam herangezogen: hier die puritanischen Fundamentalisten und rigiden Gesetzeslehrer – dort die vielfältige Rolle von Marabouts, von heiligen Mittlern und mystischen Meistern.

– Die protestantischen Reformatoren hatten ja wohl auch einigen Anlaß für ihren Verdacht: »Denn die Verehrung, die die Papisten den Heiligen angedeihen lassen, unterscheidet sich ja tatsächlich offenbar nicht von der Verehrung Gottes« – konnte der nüchterne Calvin zu den kerzenumlagerten Heiligenbildern und weihrauchgeschwängerten Wallfahrtskirchen lateinischer Frömmigkeit feststellen – »denn man betet ja Gott und die Heiligen durcheinander an« (Inst. I, 12, 1). Der katholische Kultus um ›echte‹ Reliquien der Passion des Erlösers, um Haare, Knochen oder Habseligkeiten von Aposteln, das geronnene Blut von Märtyrern, das ganze barocke Gedöns der Heiligenverehrung in teuren Wallfahrtskirchen … all das mochte wohl der priesterlichen Macht ›Roms‹ frommen und manch klerikale Pfründen alimentieren. Aber wo blieb da das Gebot, Gott *allein* die Ehre zu erweisen?

– Andererseits: In einem volkstümlichen Pantheon mit allerlei Spezialheiligen findet sich dann am Ende auch für jeden Topf sein Deckelchen … Und da haben Sie auch Ihre Polymythie: viele Heiligenlegenden, *narrare necesse est.*

◆

Wie schade, daß der ›heilige David‹ Hume die heidnisch-katholischen Voodoo-Kulte und die spiritistische Santería aus der Karibik nicht gekannt hat! Oder die afro-brasilianischen Candomblé-Riten Brasiliens, von denen oben bereits die Rede war, mit ihren zahlreichen *orixás.* Denn all diese von den »Heiligentöchtern oder -söhnen« *(filhas / filhos de santo)* verehrten Gottheiten wären ihm nun wahrlich als schlagende Belege für die ›natürliche‹ Tendenz lebensweltlicher Religiosität zum Polytheismus erschienen, wie sie vor allem der katholischen Heiligen- und Bilderwelt und den bunten Facetten ihrer Liturgie eignet. Wie die Ethnologin Astrid Reuter schreibt, bot »der nach Amerika exportierte iberische Volkskatholizismus den Afrikanerinnen und Afrikanern sehr viel mehr religiöse Anknüpfungspunkte für die eigenen religiösen Traditionen als die strengere, rationalistischere Variante des protestantischen Christentums«.

Denn der allerhöchste Christengott *Bondye* (der Liebe Gott des Voodoo) mischt sich ja direkt ins Leben der Menschen nicht ein. Aber er wird in Haiti vertreten von den *lwa,* von zahllosen Heiligengestalten oder Schutzgeistern (wie in Bahia den *orixás*). Unter ihnen die guten Geister wie *Ougou,* der etwa als *Sen Jak Majè* (Sankt Jakobus der Ältere) im Kampf für Ehre und Gerechtigkeit steht, oder *Ezili Dantò* als alleinerziehende Schwarze Madonna, eine starke Mater dolorosa (neben der es zahlreiche andere *Ezili*-Schwestern, schmerzreiche, glorreiche, freudenreiche Gesichter der Madonna gibt); sowie die unheiligen Geister unter ihrem unheimlichen Oberhaupt *Baron Samdi,* die Totengräber *(Baron Cimitière),* Wiedergänger und Untoten der *Gede,* welche an der Schwelle zum Totenreich *Ginen* (Afrika) den Sex und das Wissen der Ahnen hüten.

Für den Zugang zum Reich der Ahnen, um ihr Wissen, die Gunst der guten *lwa* und den Schutz vor bösen Mächten zu erlangen, braucht man die Hilfe von Priesterinnen *(manbo)* oder Priestern *(oungan).* Sie führen – wie Alourdes Margaux alias ›Mama Lola‹ aus Brooklyn, der Karen McCarthy Brown eine eindrucksvolle Biographie gewidmet hat – die Gläubigen an die Trance heran (in der dann ein Geist von ihnen Besitz ergreift), begleiten sie bei Initiationen und leiten öffentliche Feiern und Rituale zum Fest der Schutzpatrone.

In solcher Vielfalt heiliger Mächte und Schutzgeister finden also Priesterinnen und Mittelsmänner eigene Macht aus der Kraft ihrer Spezialgottheit. Eine synkretistische Priesterin wie Mama Lola agiert noch ganz aus familiärer Tradition, mündlicher Überlieferung und in direkter, magischer Verbindung mit den (un)heiligen Quellen von Weisheit und Macht – während monotheistische Kleriker erst einen elaborierten Code erlernen müssen: den schriftlichen Kanon der Gotteswissenschaft und die sakramentalen Regeln des Gottesdienstes, die im fernen Rom von Kongregationen und heiligen Uffizien kontrolliert und bestätigt werden müssen.

✦

Aber je schriftgelehrter die Priesterkasten werden, je routinierter und rationalisierter sie ihre Rituale verfeinern und je prachtvoller sie ihre Heiligtümer ausgestalten, um so mehr werden sie auch dazu neigen, sich zu verselbständigen. Da (er)finden die einen hierarchische Stufenfolgen eines intellektuellen Aufstiegs zum heiligen Wissen; da entwickeln andere eigene Standeskriterien religiöser Virtuosität; da verwalten dritte vielleicht sogar materielle Pfründen, saftige Privilegien und mächtige Sonderinteressen.

– Aber nur, solange das fromme Volk diese Dunkelmänner gewähren läßt.

– So lange, bis endlich dem Herrgott der Geduldsfaden reißt!

Bis es irgendwann zu einer Reformation kommt. Dann vernehmen wir erneut den Aufruf der Rückkehr zur Reinheit des Ursprungs. Da kündet der Prophet erneut das Gesetz des EINEN, DER IST: Gott ist größer! *Allah 'akbar!*

– Ich verstehe: wir hören wieder die Stimme der Offenbarung aus der Wüste. Das große ›Nein!‹ der Gegenreligion wider alle städtischen Abgötter und gildenen Götzen.

Und jetzt entflammt auch die enthusiastische Glut der Wüstenpuritaner. Ihr Einspruch geht wider alle Sondergewalten, Heiligenkulte und vermeintlich höhere Stände: Gott *allein* ist zu ehren, wie im Himmel so auf Erden.

Vor allem aber richtet sich die Wut der Revolutionsgarden wider alle Götzendiener: Hinaus mit diesen Frevlern aus dem Gottesstaat!

– Da werden Propheten und Reformatoren zu Fanatikern. Und wir verstehen nun auch die paradoxe Motivlage David Humes: seine skeptisch aufgeklärte Sympathie für den Polytheismus.


5 GÖTTLICHE BALANCE. Die Vielgötterei erlaubt ja in den Augen David Humes wenigstens eine himmlische Gewaltenteilung. Anders als der Enthusiasmus der Monotheisten habe sie den offenkundigen Vorteil, »die Mächte und Ämter ihrer Götter zu begrenzen und damit auch den Göttern anderer Sekten und Nationen einen Anteil der Gottheit zu überlassen; [und dies] macht all ihre verschiedenen Gottheiten ebenso miteinander vereinbar wie die diversen Riten, Zeremonien oder Traditionen« (*Natural History,* IX).

– Ich gebe zu, das Argument klingt für moderne Liberale recht verführerisch.

– Aber mit dem antiken Polytheismus hat es wenig zu tun: die Behauptung einer Gewaltenteilung im Himmel wäre hier pure Konstruktion, die Vorstellung von *checks and balances* auf dem Olymp ist geradezu absurd! Wenn ich etwa an die Götter- und Menschenwelt in *Ilias* und *Odyssee* denke, kommt mir der antike Polytheismus nicht unbedingt duldsam vor: Ich sehe da eher den Krieg aller gegen alle. Die Olympier bekriegen einander nach Eifersucht und Herzenslust – und die Menschen machen's genauso! Mehr noch, hinter allem menschlichen Händel steckt zumeist der Götterzwist. Und die Feindschaft der Götter hintertreibt mögliche friedliche Arrangements in der Menschenwelt.

Woher soll denn da Ihre polytheistische Toleranz kommen? Die hätte ja nur dann eine Chance, wenn die Aufteilung des Himmels auch zu einem offeneren Gemüt auf Erden führte, zur *inter*-religiösen Toleranz unter den Götzendienern. Gibt es denn dafür irgendeinen historischen Beleg? Sie haben mir jedenfalls bisher noch kein einziges Beispiel gebracht, noch keinen toleranten Polytheisten vorgestellt.

– Den können Sie sofort kennenlernen. Und da Sie sich ja gewiß nicht mit einem dahergelaufenen Schamanen abgeben werden, wähle ich einen Bildungsbürger, einen der fruchtbarsten Schriftsteller der Antike: den Polyhistor Plutarch aus Böotien (ca. 45 bis 120 nach Christus). Dieser eklektische Platoniker war auf seine Weise durchaus ein antiker Geistesverwandter unseres neuzeitlichen Pluralisten David Hume. Wie dieser Skeptiker war auch Plutarch der Meinung, der unverständige, angstbesetzte Aberglaube sei womöglich ein größeres Übel als der Atheismus (*Isis*, c. 11, 355 d). Auch im kleinen Traktat *De superstitione,* wo Plutarch Atheismus und Aberglauben als gegensätzliche Extreme kontrastiert, um dann nach antiker Manier die wahrhafte Frömmigkeit als goldenen Mittelweg zu empfehlen, kommt eigenartigerweise der Atheismus besser weg (Hans-Josef Klauck).

Plutarch war ein in der platonischen Akademie Athens ausgebildeter griechischer Weltbürger, der auch zum machtpolitischen Zentrum des *Empire* – nach Rom zum Kaiserhof – beste Beziehungen pflegte. Doch blieb er zeitlebens ein geachteter Lokalpolitiker seiner Heimatstadt Chaironeia und wurde auch noch

Oberpriester am alten griechischen Nationalheiligtum des pythischen Apoll im nicht weit gelegenen Delphi.

Dieser umfassend belesene Vielschreiber hat nun außer seiner humanistischen Bestsellerserie etlicher Jahrhunderte, seinen berühmten griechisch-römischen Doppelbiographien (oder *Vitae parallelae*), und neben zahlreichen Schriften zur Lebensführung (seinen *Moralia*) nicht nur einige »pythische Dialoge« über die delphischen Orakel, Mythologien und Liturgien verfaßt. Diese betrafen ja nur sein eigenes liturgisches Amt. Er hat eben auch noch eine regelrecht sympathisierende Deutung des ägyptischen Isis-Kults vorgelegt (Del Corno). Da geht es um die Verehrung der Göttin Isis und um den Mythos ihrer Suche nach dem Leichnam ihres Brudergatten Osiris (welcher vom mißgünstigen Typhon/Seth getötet wurde, dann von ihrem Sohn Horos gerächt wird *et cetera*).

Nun stellen Sie sich vor: Der Apollo-Priester Plutarch verteidigt einen Konkurrenzkult wider falsche Genealogien und Unterstellungen, wehrt atheistische Deutungen des Isis-Mythos ab. So wie nämlich der Regenbogen keine bloße Einbildung sei, sondern auf verwirrende Brechungen des Lichts der wirklichen Sonne zurückgeht, so seien auch die Mythen keine bloßen Phantasien, keine leeren und haltlosen Erfindungen von Dichtern oder Schriftstellern, sondern Reflexe einer transzendenten Wirklichkeit. Sie zwingen unseren Geist, sich anderen Gegenständen zuzuwenden. (*Isis*, c. 20, 358 f – 359 a).

Es komme also darauf an, Mythen richtig lesen zu können, will man sich nicht an der »Bewegung unbeweglicher Dinge« versuchen und – wie die Atheisten – der »Vermenschlichung der göttlichen Angelegenheiten« schuldig machen (*Isis*, c. 23, 360 a). Plutarch folgt dabei dem wohlwollend-kritischen Interpretationsprinzip der Wahrscheinlichkeit (*Isis*, c. 58, 374 e) – ähnlich wie Platon im *Timaios*. Anders als Platon ist er freilich hermeneutischer Pluralist, er präsentiert alle möglichen Anschlußstorys und hermetischen Überlieferungen, er untersucht die griechischen Parallelmythen samt ihren Deutungen, was uns aber hier zu weit führen würde. Er versucht sogar, den symbolischen Sinn der ägyptischen Tierkulte kritisch zu verstehen (*Isis*, c. 74, 380 f);

und immer wieder übersetzt er die fremden Götter Ägyptens in das heimische Pantheon der griechischen Götterwelt.

Am Ende lehrt Plutarch sogar die Vereinbarkeit der (recht verstandenen) ägyptischen Geheimlehren mit denen des Platon. Und gewidmet hat er sein Traktat einer delphischen Kollegin, der Isis-Priesterin Klea (*Isis*, c.35, 364e), gleich mit einem Kompliment: Wer wohl vermöchte besser als sie zu begreifen, daß sich die ägyptische Osiris-Geschichte auch mit dem griechischen Dionysos-Mythos identifizieren lasse?

Nun geben Sie zu: Ist das nicht phantastisch? Sollten wir solchen Pluralismus aus toleranter Polymythie nicht sogleich in unsere Gegenwart übernehmen? Als Haltung, um den ja (Isis sei's geklagt!) wachsenden Friktionen unserer multikulturellen Zukunft gelassener begegnen zu können?

– Nun ja, Ihr Plutarch war gewiß ein recht zivilisierter und charmanter Mann. Ob Sie aber deshalb seine Tugenden ohne weiteres auf *den* Polytheismus übertragen können? Das scheint mir recht fraglich.

6 DELPHISCHE KONKORDANZ. Plutarchs Büchlein zum ägyptischen Mythos und Kultus der Isis ließe sich auch ganz anders deuten: Vermutlich waren diese reichlich ›platonisierten‹ ägyptischen Mysterien ohnehin nur eine griechische Projektion eines »imaginären Ägypten, das als tiefste Quelle allen Geheimwissens gilt« (Hornung). In der Antike begeisterten sich bereits Pythagoräer und Platoniker für das »geheime Wissen der Ägypter«, in der Neuzeit sollten es dann die Rosenkreuzer und Freimaurer sein. Wie die Ägyptologen Erik Hornung und Jan Assmann gezeigt haben, wurde solche *Agyptosophie* zur ersten Quelle der Esoterik im Abendland. (Die heute so verbreitete Faszination des Buddhismus im Westen und unsere Kuriosität für den fernsten Osten setzte ja erst sehr viel später ein, so ab dem 18. Jahrhundert.)

Und überhaupt: was heißt hier schon Ägypten? Zu Plutarchs Zeiten war doch die Isis-Verehrung bereits seit fast vier Jahrhunderten in Griechenland verbreitet; Isis war längst zu einer universellen Göttin aufgestiegen, zur *una quae es omnia:* zur »einen, die du alles bist«, wie es auf einer Inschrift in Capua heißt (Hornung). Und umgekehrt: als Plutarch Ägypten besuchte, gab es dort schon seit langem griechische Grammatiker und Philosophen, vor allem in Alexandria mit seiner berühmten Bibliothek, dem Weltwunder von Gelehrsamkeit (Luciano Canfora). Und vielleicht war sogar Ammonios, der Chef der platonischen Akademie Athens und Lehrer Plutarchs, selber ein Ägypter? Typisch griechisch klingt der Name ja nicht...

– Na und? Worauf wollen Sie damit hinaus?

– Was ich meine, ist folgendes: Diese delphische Toleranz ist doch fiktiv oder rein ›platonisch‹. *Wenn* man die Göttin Isis von vorneherein mit der göttlichen Weisheit identifiziert hat (wie das Plutarch, offenbar im Einklang mir der griechisch-römischen Bildungselite seiner Zeit tut) – nun, *dann* kann man nachher leicht in den Chor ihrer Verehrer einstimmen. In Isis' göttlichem Brudergatten Osiris vermag man dann sofort (das heißt: mit der entsprechenden ›Übersetzungshilfe‹ unseres Philosophen) den ewigen Logos wiederzuerkennen, dessen Seele unzerstörbar ist und der alle Zerstückelungen seines Leibes überdauert: deshalb kann in der mythischen Erzählung Isis den nach langer Suche wiedergefundenen Leichnam des gemordeten Brudergeliebten wieder zusammensetzen, um sich erneut mit ihm zu vereinen (*Isis,* c.54, 373a).

Und auf diese Weise wird man dann im Isis-Mythos und Kultus, im Streben der Vereinigung von Isis und Osiris über den Tod hinaus, im Kampf gegen den Finsterling Seth, leicht allerliebste Allegorien für die eigene Suche nach Weisheit wiederfinden: leicht verfremdete Formen des eigenen Strebens nach zeitloser Wahrheit, nach ewigem Leben, nach Erkenntnis des Göttlichen (*Isis,* c.1, 351d).

Da wird es dann am Ende fast egal, ob diese Mythen nun der griechischen oder ob sie der ägyptischen Religion entstammen; denn die vielgestalte Götter- und Heroenwelt von den chaldäischen Mythen bis zum Mediterran ist ohnehin zum bloßen Reservoir für Symbole des wahren Wissens geworden. Wie das verschleierte Athena- oder Isis-Bildnis von Sais verhüllen und offenbaren sie zugleich die wahre, ewige Gottheit oder Weisheit (*Isis,* c. 9, 354 c).

Der Götter(namen) mag es darum zwar viele geben, und mannigfach sind ihre Mythen und Kulte. Wie ja auch Sonne, Mond und Sterne von verschiedenen Völkern im Norden und Süden, unter Hellenen und Barbaren, je nach Tradition und Sitte mit anderen Namen belegt werden. Dennoch ist es nur *ein* göttlich beseelter Kosmos, der allen gemeinsam ist, weiß Plutarch: derselbe Logos ordnet alle Welt; und nur eine Vorsehung steuert sie mitsamt allen Göttern, Patronen und Hilfsmächten. Zur Gefahr wird die Vielfalt der religiösen Traditionen und geheiligter Symbole – »von denen einige dunkel und andere klarer sind, die aber gemeinsam das Denken auf das Göttliche hinführen« – für diejenigen, die sie nicht recht zu lesen verstehen. »Denn einige wichen gänzlich vom Weg ab und verfielen dem Aberglauben, während andere, die vor dem Aberglauben flohen wie vor einem Sumpf, wieder unvermerkt wie in einen Abgrund in den Unglauben stürzten« (*Isis,* c. 67, 378a).

Wahre Mystagogen aber nehmen ihre Kriterien nur aus der wahren Philosophie (*Isis,* c. 68, 378 b). Und so befolgen am Ende offenbar der Apollo-Priester Plutarch und die Isis-Priesterin Klea ein und dasselbe Weisheitsidiom: Viele Götter – ein Logos. Philosophen aller Kulte, vereinigt euch!

7 FRAGLICHE TOLERANZ. Was haben Sie denn dagegen? – Ich bitte Sie, rein gar nichts. Was sollte ich wohl am gemeinsamen Philosophieren von Isis- und Apollo-Priestern auszusetzen finden? Worauf ich nur hinweisen will, ist etwas anderes: diese Einstellung des *Symphilosophein* hat überhaupt nichts mit (inter)religiöser Toleranz zu tun. Wer sich mit den ägyptischen Priestern von vornherein (und gewissermaßen hinter dem Rücken der Gläubigen und ihrer Volksreligion) darauf verständigt hat, die wahre Philosophie sei »nahezu von Mythen maskiert« (*Isis,* c. 9, 354 c), der mag hinterher auch leicht tolerant sein. Aber er toleriert nur, was er längst zur Allegorie uminterpretiert, sich also zuvor bereits angeeignet hat.

Diese Methode beschränkte sich übrigens nicht auf heidnische Priester oder Philosophen: Mit solcher Allegorese hat ja Porphyrius, der neuplatonische »Poet, Philosoph und Hierophant« (wie ihn sein Meister Plotin einmal nannte) die Erfahrungen des Odysseus als Fahrten auf dem wahren Weg zur Weisheit gelesen oder auch der Alexandriner Philo Judaeus die Bücher Mosis vernunftgemäß ausgelegt. Und christliche Lehrer und Liturgen sollten später die antiken Mythen und Heroen ebenso durch allegorische Interpretation ›heimholen‹ (Hugo Rahner) – natürlich erst, *nachdem* sie sie zuvor entthront hatten.

Vielleicht ist Ihnen aber ein aktuelles Beispiel lieber? Wir sahen, die gelangweilten Oberklassen im II. Jahrhundert begeisterten sich für eleusinische Nächte oder ägyptische Mysterien (jedenfalls, bevor sie sich einließen mit Soldatenkulten wie den Mithras-Messen oder einer Migranten- und Sklavenreligion wie dem Christentum).

– Und wie steht es heute?

– Das Trendwort für mittelständische Sinnsucher zu Beginn des XXI. Jahrhunderts heißt wohl eher ›Spiritualität‹.

Was ist Spiritualität? Ganz einfach: das ist ›Lifestyle‹ für die Seele, und am besten kommt der aus dem ganz fernen Osten. Stellt aber der auf protestantischen Kirchentagen oder transpersonalen Meditationswochenenden so beliebte Wellness-Buddhismus eine ernstliche Auseinandersetzung mit den »vier edlen Wahrheiten« des Gautama Buddha dar?

– Natürlich nicht! Die Frage ist doch rein rhetorisch.

– Wir mögen auf solchen Veranstaltungen auch das Evangelium nach Carl Gustav Jung vernehmen, im Angebot sind vielleicht noch Sufi-Weisheiten oder sogar Meister Eckhart-Sinnsprüche; neben ganzheitlicher Kräuterkunde nach der heiligen Hildegard von Bingen, Bach-Blüten-Therapie oder Hagebuttentee. Nun frage ich erneut: Üben (oder praktizieren oder erfahren) wir mit solchen *multi*-spirituellen Angeboten tatsächlich *inter*-religiöse Toleranz? Zugegeben, wieder eine rhetorische Frage.

– Warum sind aber solche Spiritualitäts-Workshops derartig erfolgreich? Wir bekommen auf ihnen doch nur eine nachchristlich verwässerte Schwundstufe von Buddhismus, Sufismus, Schamanismus *et cetera* verpaßt. Hätten wir da nicht gleich beim heimischen Kräutertee bleiben können? Da wußten wir wenigstens, worum es sich handelt.

– Sie sehen, der Kunde will halt beides: den Flair der verbotenen oder fremden Religion *und* das vertraute gute Gefühl. Und beides liefert ihm dann ein Mystik-Mitfühl-Mischmasch, der gerade deshalb so wohlig wirkt, weil ihm der buddhistische Benediktiner oder die transpersonale Feministin die wahren Schrecken und Widersprüche des fremden Weltbildes gerade vorenthält (oder in derart homöopathischen Dosen verabreicht, daß sie nur noch als Aromastoff wirken).

Die Alteuropäer haben alle christlichen Traditionen und Routinen der Kontemplation gründlich verlernt; und so suchen wir bei Lebens- und Sinnkrisen möglichst schnell verfügbare, beliebig anwendbare Instant-Spiritualitäten, handlich und kompatibel gemacht von soften Seelenberatern. So als gäbe es ein weltreligiöses Mystik-Reservoir, aus dem wir uns die passenden Formeln oder Übungen gleichsam herunterladen oder abkopieren könnten (was übrigens recht gut zum ansonsten gerne empört kritisierten globalen ökonomischen Liberalismus passen würde).

Gewiß sollten unsere Meditations-Meister durchaus erkennbare, hinreichend unterschiedliche religiöse Duftnoten haben, diesen oder jenen exotischen Appeal. (Und womöglich klappt es ja mit dem ersten Zen-Meister noch nicht gleich, weil er – oder seine Spiritualität – zu unserem Seelenhaushalt nicht recht passen will. Da probieren wir doch mal das nächste Sufi-Wochenende aus.) Aber für den erhofften Bewußtseinswandel zwischen Karma und ewigem Strom des Lebens werden ihre Wege der Erleuchtung am Ende *gleich*-gültige Rezepte: Hauptsache, sie liefern uns irgendwie ›ganzheitliche‹ Streicheleinheiten, transpersonale Entspannung, meditative Versenkung.

– *Igitt!* Mich stört dabei ja immer der süßliche Geruch der Räucherkerzen. Er bleibt so lange in der Wäsche hängen.

– Werden Sie jetzt nur nicht wieder intolerant! Auch in der ›World-Music‹ lassen sich ja Sitar und Dudelsack mit Tabla oder Saxophon beliebig kombinieren. Wenn der Sound einfühlsam ist, warum nicht auch eine Hitparade der gefühligsten Spiritualitäten aus allen Weltreligionen? Und wenn die globalisierten Softies der gebildeten Stände erst einmal unter sich sind, da fällt es uns auch ganz leicht, multikulti-tolerant zu sein.

Wir bleiben *cool:* wir haben dem weichgezeichneten Anderen schon die eigenen Vorstellungen von ›Spiritualität‹ aufgeprägt und seine gefährliche Fremdheit beseitigt. Im spirituellen Festzelt eines solchen ›Weltethos‹ gibt es daher auch keine echten religiösen Konflikte mehr. Wer draußen bleibt, ist selber schuld (oder er hat seine Kreditkarte vergessen). Und wer sein Kopftuch immer noch nicht ablegen will, ist eine Fundamentalistin.

✦

– Sie gehen, wie üblich, wieder einmal zu weit! Wollen Sie tatsächlich einen feinsinnigen antiken Moralisten wie Plutarch aus Chaironeia auf eine Stufe stellen mit der postmodern weichgespülten Spiritualität aus dem aktuellen Esoterik-Regal!?

– Davor möge Isis mich bewahren!

Doch ein Umstand gibt mir zu denken: Wie sein deutscher Übersetzer Konrat Ziegler schreibt, »gab es eigentlich nichts, was [Plutarch] nicht interessierte«. Dieser umfassend neugierige, vielbelesene und weitgereiste Hellene war nun Zeitgenosse der frühen, schnellen und bald recht massiven Ausbreitung der Christen zu Anfang des II. Jahrhunderts, unter den jüdischen Gemeinden, in den Großstädten des östlichen Mittelmeers wie Korinth und Athen, Ephesos oder Alexandrien, bald sogar in Rom. Das waren Orte, die Plutarch kannte, und Gegenden, die er wiederholt bereist hat.

Um es kurz zu machen: In den Schriften unseres pluralistischen Polyhistors werden die Christen *kein einziges Mal erwähnt!* Solche radikalen Monotheisten, diese verfolgten Außenseiter und verachteten Fundamentalisten kommen im religiösen Panorama eines Plutarch gar nicht vor. Nicht *cool* genug? Hat er diesen Sklavenkult überhaupt wahrgenommen? Und hätte er ihn als Religion ernst genommen?

# Gott im Exil

»Dem All kommt es zu, in der Höhe
zu tanzen. – Amen.
»Wer nicht tanzt, erkennt nicht,
was sich begibt. – Amen.«
*Tanzlied Christi* aus den *Johannesakten*

»Die Geschichte Israels ist unschätzbar
als typische Geschichte aller
Entnatürlichung der Natur-Werthe«
Friedrich Nietzsche, *Der Antichrist*

---

*Entweder – Oder:* Himmlischer Pluralismus oder göttlicher Absolutismus? – Gibt es keine andere Alternative?

*Das sind zwei Idealtypen:* Entweder freie Konkurrenz der Götter und Kulte, der Priester und Therapeuten. Oder die unbedingte Treue zum Einen Gott aus der Wüste. – Und was gibt es jenseits dieser beiden Möglichkeiten? – Was suchen Sie denn?

*Wo hören wir Gottes Stimme?* – Prüfen wir erhebende Angebote, auf dem offenen Markt der Metropole? Oder suchen wir Disziplin und Demut, im Halbdunkel der Katakomben oder Hinterhofmoscheen? – Und wo horchen wir auf?

---

1 EXIL UND EMPIRE. Gegen die auch aus heutiger Sicht reichlich modernen Pluralisten und Ironiker in den gebildeten Eliten des römischen Imperiums hatten es die ersten Theologen der Christenheit im II. Jahrhundert reichlich schwer. Da war Rom noch kein Machtzentrum kirchlicher Autorität, hier konzentrierte sich vielmehr die Ohnmacht der verfolgten Christengemeinden mit ihrer verachteten neuen Heilsbotschaft. Als dissidente jüdische Sekte entstanden, die sich dem römischen Reichskult ver-

weigerte, standen die Christen unter dem mißtrauischen Blick der Fremdenpolizei; immer wieder hatten sie mit Verfolgung zu rechnen und versammelten sich dann im Untergrund, in den Katakomben.

Auch Rom, die Zentrale des *Empire,* war zunächst ein Ort des Martyriums: einer noch heute geltenden Tradition zufolge waren hier sowohl Petrus als auch Paulus als Zeugen des auferstandenen Christus hingerichtet worden. *Daher* (wohlgemerkt!) die Autorität des römischen Bischofs, deshalb sitzt der Papst in Rom, noch heute. In den allerersten als ›christlich‹ zu bezeichnenden Schriften firmiert die römische Gemeinde als Gemeinde aus »Babylon« (1. Petr 5,13) als »Kirche Gottes, die zu Rom in der Fremde wohnt« (1. Clemensbrief). Die römische Gemeinde lebt *im Exil:* Rom ist in den Schriften des Neuen Testaments die Hauptstadt eines ungläubigen Weltreichs, nach dem Bilde der ›großen Hure‹ Babylon, welches noch in der Apokalypse des Sehers Johannes das Gegenbild zur Gottes- und Tempelstadt des himmlischen Jerusalem darstellt (Offb 17,5).

Die ersten christlichen Theologen waren ebenso multinational wie das Migrantenmilieu, in dem sich ihre Gemeinden bildeten – und selber häufig Verfolgte, so wie Justinus aus Rom, *philosophus et martyr.* Aus Kleinasien kam Irenäus, der in seiner Heimatstadt Smyrna im Haushalt des Bischofs Polycarp aufgewachsen war (der wegen seiner Weigerung, Christus zu verfluchen, im hohen Greisenalter öffentlich im Amphitheater bei lebendigem Leibe verbrannt wurde) und später in Lyon eine von neuerlichen Christenverfolgungen dezimierte griechische Gemeinde zusammenhalten mußte, die dabei auch ihren Bischof verloren hatte; Clemens von Alexandrien war in Athen geboren, lehrte in Alexandrien und starb als Priester in Jerusalem; aus Karthago stammte der Polemiker und Sektierer Tertullian; aus Alexandrien der große spekulative Lehrer und Exeget Origenes, der selbst bereits der Sohn eines Märtyrers war. Aber auch Origenes starb während der Christenverfolgungen des Kaisers Decius an den Folgen von Mißhandlungen.

Noch ehe sie Wissenschaftler vom Lieben Gott werden konnten, waren sie ›Apologeten‹: Apologie hieß das Plädoyer der Verteidigung vor Gericht – ob vor dem Gericht der Götter oder dem Richterstuhl der Vernunft, wie es Sokrates in seiner Verteidigungsrede unternahm. Neben der forensischen Verteidigung und der philosophischen Apologie gab es schließlich noch die Form von Denkschriften oder Petitionen an den Kaiser. Damit waren auch schon jüdische Intellektuelle wie Philo aus Alexandrien oder Flavius Josephus Diffamierungen und Verfolgungen ihrer Gemeinden im römischen Reich entgegengetreten.

Die christlichen Apologeten knüpften an alle diese literarischen Vorbilder an. Aber sie wollten das Bekenntnis der im gesamten Imperium immer wieder blutig verfolgten Christengemeinden nicht nur gegen politische Schikanen und üble Nachrede verteidigen, sondern vor allem gegen neue, intellektuelle Gefahren: Zum einen mußte der neue Glauben wider die spöttische Kritik und philosophische Verachtung gefestigt werden, welche die junge Religion in den Kreisen der hellenistisch aufgeklärten römischen Elite erfuhr. Zum andern hatte er sich gegen die stürmische Konkurrenz einer Vielfalt charismatischer Sekten und spiritualistischer Kulte zu behaupten, unter denen eine bunte Mischung sogenannter ›Gnostiker‹ auch deshalb so irritierte, weil sich ihre Verkündung eines ›fremden Gottes‹ häufig auf denselben Messias, auf dieselben Botschafter, Propheten und Apostel berief wie die der Christen.

Nun, die Namen der biblischen Akteure mochten in den Schriften dieser Gnostiker wohl dieselben sein wie für die christlichen Gemeinden: Jesus und Maria von Magdala, Petrus und Paulus, Johannes und Thomas, Philippus und Jakobus. Doch die ›apokryphen‹ und ›gnostischen‹ Evangelien (also Geheimschriften und Frohbotschaften für eingeweihte ›Wissende‹) enthalten eben weit mehr als jene ›kanonischen‹ Schriften und Briefe der vier Evangelien, der Apostelgeschichte, Apostelbriefe und Johannes-Offenbarung, welche im II. Jahrhundert von Irenäus und seinen Nachfolgern ausgewählt und zusammengefaßt wurden, um den gebeutelten, verfolgten und verwirrten Christengemeinden als verläßliche Richtschnur (›Kanon‹) zu dienen.

Seit 1945 ein ägyptischer Bauer in Nag Hammadi in einem versiegelten Tonkrug eine ganze Bibliothek solcher esoterischen

Texte entdeckte, wurden mittlerweile die meisten dieser ›geheimen‹, ›wahren‹, ›vergessenen‹ oder ›alternativen‹ Sprüche Jesu, ›verborgenen‹ Evangelien oder Apostel-Überlieferungen dokumentiert, übersetzt, kommentiert: von Klaus Berger, Harold Bloom, Hans Jonas, Christoph Markschies, Elaine Pagels, Eckhart Plümacher, Wilhelm Schneemelcher, Karl-Wolfgang Tröger und vielen anderen.

– Könnte man daraus nicht eine ANDERE BIBEL basteln?

– Was Sie nicht sagen: nur eine? Bitte sehr: drei, vier, viele wahre Lehren! Denn apokryphes Material für solch alternative Heilige Schriften finden Sie im I. oder II. Jahrhundert nach Christus beziehungsweise nach der Zerstörung des Zweiten Jerusalemer Tempels mehr als genug. Und zuweilen taucht dann über dubiose Zwischenhändler wieder ein neues Bruchstück alter Alternativ-Evangelien aus dem Wüstensand auf.

– Gerade lese ich in der Zeitung, man habe jetzt sogar das Evangelium nach Judas Iskariot gefunden (Stegemann). Stellen Sie sich vor, wenn uns nun der Verräter Jesu selber über das ›Mysterium seines Verrats‹ aufklären könnte? (adv. haer. I. 31.1)

– Mein Lieber, Sie dürfen doch nicht alle echten Papyroi schon für wahre Frohbotschaften halten! Immerhin befinden wir uns im II. Jahrhundert mitten in einer religionshistorischen Hochspannungszone und Spaltungsperiode. Apologet Irenäus vergleicht seine gnostischen Gegner gar mit der lernäischen Hydra: Für jeden Kopf, den Herkules der Schlange abschlug, wuchsen ihr zwei neue nach. Jeder der gnostischen Seher und Lehrer »erfinde täglich, so gut er könne, eine weitere Neuheit hinzu« (adv. haer. I.18.1). Am Ende hatte wohl jede Gruppe ihre eigene Version der überlieferten Sprüche des Herrn Jesus, und ihren eigenen Gewährsapostel für alle möglichen (vor-/halb-/quasi-/anti-)›christlichen‹ Alternativ-Testamente. Warum nicht auch Judas?

Man kann auch heute noch aus diesen Apocrypha wunderschöne Gnosis-*Sampler* zusammenstellen, mit wechselnden Zutaten aus der europäischen Geistesgeschichte oder dem postmodernen Esoterikregal. Da finden Sie alles, was man für das *Feeling* einer ›Weltrevolution der Seele‹ brauchen kann: Erlösungsbotschaften und Heil(ung)sversprechen, aus ägyptischen

Wiedergeburtskulten und mesopotamischen Schöpfungsmythen, Weisheitslehren gnostischer Charismatiker und Kabbalisten, Endkampfszenarien messianischer jüdischer Sekten und sowieso jede Menge von *positive vibrations* philosophischer Therapeuten.

2 **DAS TAO DER GNOSIS.** Lesen Sie doch nur die Ratschläge Jesu im »Geheimen Thomasevangelium«. Oder, besser noch: Swingen Sie mit Jesus im (wie Elaine Pagels zu Recht anmerkt) fast buddhistischen Tanzhymnus in den apokryphen *Johannesakten*.

Der Meister stimmt an:

> Im Einklang befindlich will ich haben
> heilige Seelen mit mir,

und die Meditationstrommel rührt sich. *Hear the sound of the one hand clapping.* Im kosmischen Reigen folgen wir dem Klang eines Liedes, das der Meister mit seinen Jüngern im Ringelreihen zu singen anhebt, bevor er von seinen Häschern ergriffen und zum Kreuz geführt wird. Aber da wird auch das Kreuz schnell zur bloßen Metapher vom großen Gnadentanz der Eingeweihten:

> Erlöst werden will ich,
> und erlösen will ich. – Amen.
> Verwundet werden will ich,
> und verwunden will ich. – Amen.
> Gezeugt werden will ich,
> und zeugen will ich. – Amen.
> Essen will ich,
> und gegessen werden will ich. – Amen.
> Hören will ich,
> und gehört werden will ich. – Amen.
> Gedacht werden will ich,
> der ich ganz Denken bin. – Amen.
> Gewaschen werden will ich,
> und waschen will ich. – Amen.
> – Die Gnade tanzt. [...]

Da verstehen wir schnell, warum gegen Ende des XX. Jahrhunderts solche gefällig gnostischen Klänge bei kalifornischen Zen-

X. Kapitel: Gott im Exil

Meistern, europäischen Buddhisten und anderen postchristlichen Sinnsuchern wieder beliebt wurden. Jedenfalls finden sie weit eher Gehör als die gestrengen Mahn- und Lehrbriefe des heiligen Paulus an die römischen und korinthischen Gemeinden, mit ihren Anfechtungen, in ihrer Heilsgewißheit. Was in den Achtzigern des XX. Jahrhunderts ein Wissenschafts-Hippie wie Fritjof Capra das transpersonale ›Tao der Physik‹ nannte – was in den Neunzigern ein postphilosophischer Leitwortgeber wie Peter Sloterdijk als ›Weltrevolution der Seele‹ ausrief – all das gab es ja schon im *New Age* der Spätantike.

> Dem All
> kommt es zu, in der Höhe zu tanzen. – Amen.
> Wer nicht tanzt, erkennt nicht,
> was sich begibt. – Amen.
> Fliehen will ich,
> und bleiben will ich. – Amen.
> Ordnen will ich,
> und geordnet werden will ich. – Amen.
> Geeint werden will ich,
> und einen will ich. – Amen.

In solch kosmischem Reigen wird auch der Schmerz geheilt durch die Gnosis *light,* die Erkenntnis des Schmerzes. Noch Jesu Tod am Kreuz wird da zur Variante der Medizin des Buddha. Zum Loslassen des Selbst führt das Erkennen, daß im isolierten Ich das Leiden haust (bis wir das Ich im kosmischen Reigen fahrenlassen):

> Würdest du das Leiden kennen,
> das Nicht-Leiden würdest du haben.
> Das Leiden erkenne,
> und das Nicht-Leiden wirst du haben.

Alle hundert Jahre entdeckt dann irgendwo im Vorderen Orient ein Hirte noch weitere im trockenen Wüstensand erhalten gebliebene Papyrusrollen aus Qumran, Nag Hammadi oder vom Schwarzmarkt: mit weiteren uraltneuen Prophezeiungen und westöstlichen Weisheitsregeln, fremdvertrauten Gebeten und versunkenen Tempelordnungen, kultischen Liedern oder Kommandotexten für Essener und Esoteriker, Mystiker und Messianisten. Das bunte Gnosis-Karussell der Religionshistoriker und Zeitgeistritter kann sich weiter drehen.

> Wenn du aber Folge leistest
> meinem Reigen,
> sieh dich selbst
> in mir, dem Redenden,
> und wenn du gesehen hast, was ich tue,
> schweige über meine Mysterien.
> (Tanzlied Christi, *Johannesakten*
> [ed. W. Schneemelcher])

– Und wer unterscheidet die Geister?

**3 ATHEN UND JERUSALEM.** Schon die ersten Theologen der Christenheit bemühten sich darum, die verwirrende Beliebigkeit esoterischer Sekten, der wir heute zu Beginn des XXI. Jahrhunderts wiederbegegnen, auf einige wenige Glaubensregeln zu reduzieren. Und gerade dafür brauchten sie eine Philosophie, die von der Einheit der ewigen Wahrheit sprach. Justin und seine Nachfolger wollten im Gott der jüdischen Propheten auch den ›unbekannten Gott‹ der philosophischen Wahrheits- und Sinnsucher wiederfinden, über den schon Apostel Paulus in Athen gepredigt hatte.

So kommt es in ›Rom‹ – also im imperial befriedeten Mediterran, der zum Marktplatz für alle alten Götterkulte und neuen Heilslehren geworden war – zur geistlichen Begegnung von ›Athen‹ und ›Jerusalem‹: zwischen der griechischen metaphysischen Offenbarung und der jüdischen prophetischen Offenbarung an JAHWES Bundesvolk. In Alexandria waren jüdische Philosophen schon seit längerem davon überzeugt, Platon habe seine Lehre von Moses und der jüdischen Offenbarung übernommen. Und für die ersten, mitunter wüst polemisierenden christlichen Theologen wie den Nordafrikaner Tertullian oder den Kleinasiaten Irenäus stellt der alle Menschenkinder liebende und machtvoll schützende göttliche Vater *zugleich* das höchste Gut dar: der Eine und Einzige Gott ist ihnen auch philosophischer Inbegriff alles

X. Kapitel: Gott im Exil

Vollkommenen. Derselbe Gott, dessen bevorstehendes messianisches Königreich Jesus den Aposteln ankündigte, sei *zugleich* erste Ursache der Welt und wahrhaftiges Ziel alles menschlichen Strebens nach Wahrheit, Güte und Schönheit: die *causa prima* und das letzte Um-Willen aller kosmischen und (inner)weltlichen Ordnung.

Die Denkhaltungen Jerusalems und Athens begegnen sich im Zeichen des wahren Gottes: dieser Gott ist nicht nur Ein einziger (im Unterschied zu den vielen Göttern), sondern ER ist absolut, alle Welt- und Denkordnung übersteigend (denn ER hat sie gesetzt). ER ist also nicht nur deshalb der *wahre* Gott, weil er die heidnischen Abgötter verstieß, ihre trügerischen Götzenbilder zerschlug, ihre tyrannischen Anhänger besiegte: kurz, weil er SEin erwähltes Volk Israel aus der Knechtschaft führte und ihm SEin gerechtes Gesetz gab. Dieser wahre Gott ist zugleich unbedingte Macht und *absolute* Souveränität: ER transzendiert den Kosmos, SEin Wesen übersteigt all unsere Maße und ist in den Kategorien unserer Welt gar nicht mehr zu begreifen. *Diesen* einzigen Gott werden später das christliche und das muslimische Morgen- und Abendland denkend verehren (und die Atheisten werden sich IHM denkend verweigern).

Einen anspruchsvollen Begriff des Absoluten finden wir also erst bei den philosophischen Gottesdenkern, bei Origenes oder Philo in Alexandrien – oder eben Jahrhunderte später in Bagdad, bei Al-Farabi. Unter den Propheten Israels oder den Fischern von Galiläa war vom Absoluten überhaupt nicht die Rede – und natürlich auch nicht unter den Gefährten und ersten Getreuen des Gesandten Mohammed. Es ging ihnen um Gottes Gesetz. Zwar gibt es in den Schriften der Hebräischen Bibel (ebenso wie im Koran) mannigfache Attribute von Gottes allwaltender Übermacht und sprechende Bilder SEiner überragenden Majestät. Aber wir finden noch keine metaphysischen Begriffe vom Einen, des aus sich selbst bestehenden und alles gründenden Seins (oder Mehr-als-Seins) und Anfangs.

– Auch im Neuen Testament nicht?

– Nun, hier konnten spätere Theologen des Absoluten schon eher fündig werden. Sie fragen, warum das so ist? An einigen

Stellen, zuallererst im Johannesevangelium, oder in manchen Formulierungen aus den Geschichten, Predigten, Briefen der Apostel Jesu reagieren Autoren oder Redakteure ja bereits auf die philosophische(n) Gottesrede(n) in den Salons, auf den Akademien und Weltanschauungsmärkten der hellenistischen Weltkultur im römischen Empire. Es geht ihnen schließlich darum, in der harten Konkurrenz wider spiritualistische Beliebigkeiten einen vernünftig nachvollziehbaren ›Kanon‹ des rechten Glaubens bei der Hand zu haben. Darum ist es überhaupt kein Wunder, wenn etwa beim Evangelisten Johannes schon im berühmten Prolog der göttliche ›Logos‹ allen Anfangs und Seins zur Sprache kommt – oder daß der auf dem philosophischen Marktplatz Athens unter Stoikern, Epikureern oder Platonisten predigende polyglotte Missionar und Polemiker Paulus mit seiner Rede vom ›unbekannten Gott‹ auch die Metaphysiker unter seinen Zuhörern und Lesern anspricht.

– Folgen denn nicht Gottes Transzendenz, SEine Absolutheit, auch SEine immaterielle, geistige Natur bereits aus der Idee des Einen Gottes?

– Nein. Oder doch nur, soweit *wir* Kinder des westlichen Monotheismus uns an IHN erinnern. Doch dabei haben wir schon vergessen, welche Weltrevolution des Denkens die bloße Vorstellung eines zugleich persönlichen und transzendenten Gottes einmal bedeutet hat. Nicht jeder Gott, der von seinem Volk als ein Einziger verehrt wurde, war deshalb schon eine absolute Größe.

4 OUT OF AFRICA. Genau besehen hätte ja nicht einmal die monotheistische Licht-Religion, die – vielleicht? – Pharao Amenophis IV. im Ägypten des XIV. vorchristlichen Jahrhunderts einführen wollte, einen wahrhaft transzendenten Gott verehrt. Für diesen Pharao, der sich nun Echnaton nannte, verdiente nur *eine* kosmische Macht göttliche Verehrung, die Sonne: da sie *allein* allen Wandel steuert, alles Licht und Leben generiert. Es ist, als hätte *Aton,* die Sonne, zum Philosophenkönig Echnaton gesprochen: *Du sollst keine andere Ordnungsmacht neben mir (an)erkennen!*

X. Kapitel: Gott im Exil

Davon könnte jedenfalls der berühmte Sonnenhymnus Echnatons zeugen, den man vor etwas über hundert Jahren wiederentdeckt hat: »Du hast dich am Himmel gezeigt, indem du allein bist.« Das alles belebende Licht der Sonne waltet innerhalb der rechten Ordnung *(Ma-at)* der Welt, es belebt, erleuchtet, reguliert den Kosmos, für den im Alten Ägypten normalerweise ein ganzes Pantheon von Gottheiten verantwortlich ist. Aber gewiß hat die Sonne den Kosmos nicht geschaffen!

– Sind Sie überhaupt sicher, daß dieser famose Echnaton und sein Sonnenkult nicht selber eine Legende ist? Die heute von den Ägyptologen Erik Hornung und Jan Assmann vorgeschlagene Deutung von Amenophis'/Echnatons ›monotheistischer Revolution‹ als welthistorischer Ausnahme, als ›erste Religionsstiftung der Geschichte‹, ist ja wohl nicht ganz unumstritten. Schon deshalb, weil sie sich ausschließlich auf Indizienbeweise berufen kann. Vielleicht war diese vermeintliche Revolution ja auch nur der Versuch des Königspalastes, eine mächtige Priesterschaft auszuschalten? Je weniger Götter, um so weniger Tempel und Pfründen ...

– Na hören Sie mal! Was Sie so läppisch einen Indizienbeweis schimpfen, das nennt man heute Gedächtnisgeschichte.

›Hermetische‹ Geheimlehren einer verborgenen ägyptischen Kosmos- oder Vernunftreligion waren schon in der griechischen Philosophie, in der römischen Kultur, im religiösen Mischmasch der Spätantike immer wieder vermutet worden. Denken wir nur an Plutarchs delphischen Flirt mit der Isis-Priesterin! Und sehr viel später, mit der neuzeitlichen europäischen Aufklärung, wurde dann dieser ›ägyptische‹ Hermetismus wiederholt mit der Entstehung des mosaischen Ein-Gott-Glaubens in Beziehung gesetzt. Radikale Pantheisten und Illuminaten suchten nach den verborgenen Vernunftlehren eines ›ägyptischen‹ Moses oder Sarastro.

– Aber mein Lieber, solche genealogischen und archäologischen Spekulationen, von John Spencer über Karl Friedrich Reinhold bis hin zu Sigmund Freud, führen uns keinen Deut weiter! Sie enden nämlich stets im Paradox, in einer Art *double-bind:* Der Gott der Juden, später auch der Christen, bekämpft die ägyptische

Weisheit, *weil* er sie fortsetzt ... Die ›ägyptophile‹ Linie der Aufklärung meint ja, JAHWE, der eine Gott Israels, welcher SEinem Bundesvolk vom Berge Sinai aus das moralische Gesetz gebot, sei ursünglich der ägyptische Sonnengott Aton gewesen. Und dessen Licht hätte ja den Philosophenkönig Amenophis / Echnaton dazu bewogen, die Vielzahl der Götzenbilder, der Stier- und Hundeköpfe, Falken und Skarabäen des ägyptischen Pantheons schleifen zu lassen.

Mußte JAHWE SEin Volk vielleicht deshalb in die Wüste schicken? Dann würde ja der Eine Gott Mosis und der Propheten ausgerechnet mit dem Exodus der Stämme Israels das pharaonische Projekt des Echnaton zu Ende führen: den Kampf gegen den Polytheismus, der zuvor in Ägypten an den Fleischtöpfen der Tempelpriester gescheitert war! Gedächtnisgeschichte hin, Religionstrauma her: Mit solchem Stochern im spekulativen Nebel einer Vorzeit ohne direkte Quellen können Sie alles beweisen und sein Gegenteil.

✦

Gut, dann nehmen wir noch ein anderes, jüngeres Beispiel aus dem Süden: Auch die *Gikuyu,* das größte Stammesvolk in Kenia, glaub(t)en wie viele traditionelle afrikanische Religionen »an einen Gott, *Ngai,* den Schöpfer und Spender aller Dinge«. So hat jedenfalls Jomo Kenyatta, der Vater des modernen Kenia, die Tradition und Religion seines Volkes beschrieben: »*Ngai* hat weder Vater noch Mutter noch Gefährten, von welcher Art auch immer. Sein Werk vollbringt er in Einsamkeit. Er liebt oder haßt die Menschen je nach ihrem Verhalten. Der Schöpfer lebt im Himmel, *Ngai eikaraga matuine,* hat aber auf Erden zeitweilige Wohnstätten. Sie liegen auf den Gipfeln der Berge, auf denen er während seiner Besuche weilt.«

*Facing Mount Kenya* überschrieb Kenyatta sein Buch: Die Aussicht auf den Kenia-Berg steckt den Lebensraum der Gikuyu-Stämme ab; und ihr Blick auf diesen »Berg der Helle« charakterisiert zugleich ihr Verhältnis zur einzigen Gottheit, denn *Ngai* hat diesen Gipfel zu seinem »offiziellen Wohnsitz« erwählt. Daneben gibt es aber auch noch andere göttliche Ruheorte wie im

Osten den großen Regenberg, den Berg des Klaren Himmels im Süden und den Berg des Schlafes oder der Zuflucht im Westen. *Ngai* ruht im Osten und im Westen, zu unterschiedlichen Zeiten, und ist immer derselbe Gott.

Dieser Gott ist zwar von den Menschen unabhängig, *Ngai* ist »ein fernes Wesen, das kaum Interesse an den Individuen in ihren täglichen Lebensläufen nimmt« (Kenyatta). Seine Aufmerksamkeit oder Hilfe können die Menschen daher nur als Gruppen erlangen. Und deren weltliche Machthaber, die ›Väter‹, besser die Patriarchen der Großfamilien oder Sippen, sind unter den Gikuyu zugleich die Schlüsselfiguren für jeden Kontakt mit der Gottheit. Aber Gott *Ngai* ist damit nicht unabhängig von der Weltordnung überhaupt. Es gibt keinen Gott ohne Welt, ohne Zeiten, ohne Raum; er schuf *diese* Welt, über welche er regiert, auf deren Berggipfeln er Rast macht und deren Bewohnern er (mitunter) in ihren Krisen als Spender von Lebensgaben helfen mag. *Ngai,* der eine Gott, ist im Kosmos der Gikuyu wohl das höchste Wesen, aber kein ihn transzendierendes, absolutes Wesen.

Auch wenn dies ein kolonialistischer Blick des Westens mit seinen ›hellenistischen‹ philosophischen Kategorien lange nicht wahrhaben wollte: die traditionellen afrikanischen Religionen kennen durchaus eine ›letzte Wirklichkeit‹; aber diese ist kein ewiges, unwandelbares, parmenideisches *Sein.* Eher schon ließe sie sich als Fluß des *Lebens* bezeichnen, das von Gott als oberster Quelle zu den Menschen fließt: »Das Leben, das von Gott zu den Menschen fließt, wird getragen und erhalten durch die Vermittlung der Vorfahren und durch harmonische Beziehungen zwischen Lebenden und Toten« (Francis A. Oborji).

Der Lebensfluß verweist nicht auf eine transzendente Dimension (oder speist sich aus ihr); denn alles Leben ist ein beständiger Prozeß *in der Zeit.* Daher dürfen die Menschen in ihrem Bestreben nach *union vitale,* nach lebendiger Einheit und Verbundenheit, neben ihren Mitmenschen, Familien und Gruppen auch die Beziehung zu den Geistern nicht vernachlässigen – sie sind Vermittler zu Gott und den Kräften des Lebens. Und es gilt, die Verbindung zu den Ahnen zu pflegen – zu den »lebenden Toten« (John S. Mbiti), welche nach ihrem Tod über Generationen mit den Familien und Orten ihres vergangenen Lebens verbunden bleiben. Geister und Ahnen verbinden die Menschen mit der (noch) lebendigen Vergangenheit, so vermitteln sie eine Kontinuität des Lebens in der Zeit, die abzuschneiden tödlich wäre – die zum individuellen, sozialen und symbolischen Tode führte.

– Und Gott?

– Der Eine Gott Afrikas ist erstens nicht allein; denn er ist häufig ein oberster Gott, an der Spitze einer Hierarchie von Mächten und Geistern – *one Supreme God who mediated his power through a hierarchy of subordinate deities* (Oborji). Er ist zweitens die Quelle alles Lebensflusses, verbürgt ihre Beständigkeit und stete Erneuerung. Aber er waltet drittens nicht jenseits von Welt und Zeit, sondern *in* ihnen.

**5** **GOTTESVOLK UND DIASPORA.** Auch JAHWE war nicht sofort jener Eine, transzendente Gott, als den wir IHN im Westen nach zwei oder drei Jahrtausenden zu kennen meinen, ob wir nun an IHN glauben oder nicht. Das wurde ER erst am Ende einer langen Karriere, die SEin Bundesvolk ins Exil führte.

– Also kam Mose doch aus Afrika?

– Wo sonst liegt denn Ägypten?

Außerdem, und glauben Sie mir: Allein die religionsgeschichtlichen Debatten um diese Frage des Übergangs von der ›Monolatrie‹ (des einen Volks- oder Nationalgottes) zum Monotheismus DESSEN, DER IST in der jüdischen Geschichte füllen ganze Bibliotheken.

– Das mag ja sein, ich glaube Ihnen das auch gerne, und zwar unbesehen: denn diese Bibliotheken will ich jetzt *nicht* konsultieren!

– Also gut, nehmen wir eine halbwegs plausible Kurzversion (etwa von Bernhard Lang oder Uwe Becker).

Zunächst wurde JAHWE offenbar in den beiden hebräischen Staaten Israel und Juda als eine Art *Ober*gott angesehen – so wie dies die Chefgötter an der Spitze einer Götterhierarchie in anderen Königreichen des Alten Orients auch waren. Erst nach der Kultreform König Joschijas in Juda (623 vor Christus) wird JAHWE zum *einzigen* Nationalgott – und tritt damit in einen radikalen Gegensatz zu den Kulten und Götzen der anderen Nationen. Und vermutlich erst seit dem babylonischen Exil (597–539 vor Christus), vielleicht sogar erst danach, in der Erinnerung oder Verarbeitung dieser Erfahrung, wird ER, DER IST zum transzendenten HERRn –, zum »*ewigen* Gott, der die weite Erde erschuf« (Jes 40,28). So firmiert ER dann beim unbekannten Propheten ›Deuterojesaja‹, der Ende des VI. Jahrhunderts schreibt, vielleicht bereits nach dem Ende des jüdischen Exils.

– Wenn ER, DER IST »den Himmel erschaffen und ausgespannt hat, die Erde gemacht hat und alles, was auf ihr wächst, den Menschen auf Erden den Atem verleiht und allen, die auf ihr leben, den Geist« (Jes 42,5): wieso spricht ER aus SEiner Transzendenz offenbar mit besonderer Vorliebe zu Völkern im Exil? Zu Propheten ohne Macht? Zu Gemeinden ohne Staat? Zeigt sich denn Gottes alle Konzentrationen von Macht *über*steigendes Wesen eher den zerstreuten Völkern, der Diaspora? Und wenn ja, wieso?

– Ich denke, Gottes souveräne Majestät ist immer ein und dieselbe, ebenso wie SEine Botschaft der Gerechtigkeit. Doch vielleicht wollen nur Propheten in der Wüste sie hören. Vielleicht sind ja machtlose Völker wie der »kleine Wurm Israel« (Deuterojesaja), in Gefangenschaft und Exil, oder verfolgte Gemeinden wie die Christen in der Diaspora eher empfänglich für den transzendenten Gott. Wenn die Wüste die Völker *mono*theistisch macht, so befördern vielleicht Exil und Zerstreuung SEine *Trans*zendenz: am besten wohl eine Diaspora in den Zwischenräumen des Empire.

– Wenn Sie damit recht hätten, dann wäre ja heute nichts aktueller als der auf transzendente Weise Einzige Gott, schon aus soziologischen Gründen. Leben wir doch in Zeiten, in denen sich auch die Diaspora globalisiert. Aber haben Sie recht?

– Wenn wir die Globalisierung beiseite lassen, so finden wir eine ähnliche Diagnose schon bei Friedrich Nietzsche. Er formuliert seine wahrhaft schlagende Deutung im *Antichrist,* seinem doppelbödigen »Fluch auf das Christenthum«: Völker an der Macht oder Gruppen, die fest im Sattel sitzen, haben ja laut Nietzsche zumeist ein gesundes oder ›natürliches‹ Macht-Bewußtsein. Da hören sie nicht auf einen transzendenten Gott und SEin Gesetz – oder anders: Wenn sie eines Gottes Gebot schon im Munde führen, dann setzen sie dies mit dem *eigenen* Wohl gleich: »Ursprünglich, vor allem in der Zeit des Königthums, stand auch Israel zu allen Dingen in der *richtigen,* das heisst der natürlichen Beziehung. Sein Javeh war der Ausdruck des Macht-Bewusstseins, der Freude an sich, der Hoffnung auf sich: in ihm erwartete man Sieg und Heil, mit ihm vertraute man der Natur dass sie gibt, was das Volk nöthig hat – vor allem Regen. Javeh ist der Gott Israels und *folglich* der Gerechtigkeit.«

Erst später ändert dann der jüdische Gott sein Profil, und zwar als die Macht der Königreiche von Israel und Juda zerfiel: »die Anarchie im Innern, der Assyrer von außen«. Jetzt verliert JAHWE seinen gesunden, in Nietzsches Augen ›natürlichen‹ Realismus und wird fürderhin zum ›moralischen‹ Gott. Die Gerechtigkeit von Gottes Gesetz versteht sich nun nicht mehr von selbst, als »Ausdruck des Volks-Selbstgefühls«, und so wird auch ER selbst eine abstrakte Größe. »Ein Gott der *fordert* – anstelle eines Gottes der hilft, der Rath schafft, der im Grunde das Wort ist für jede glückliche Inspiration des Muths und des Selbstvertrauens …« Aus einem Staats- oder Nationalgott wird ein Gott der Moral.

– Nietzsche schlägt die Juden; denn er meint die Christen.

– Aber prägnant ist seine Diagnose in beiden Fällen. Judäa im Exil: Der Prophet ›Deuterojesaja‹ vernimmt im sechsten vorchristlichen Jahrhundert JAHWEs Botschaft im Exil; er formuliert in seinem ›Trostbuch‹ (Jes 40–55) die vielleicht erste kohärent monotheistische Version der Lehre von JAHWE als dem Einzigen, verborgenen Gott, dem sich in Zukunft alle Welt unterwerfen wird; den in Babylon im Exil lebenden oder bereits in ihre Heimat zurückkehrenden Juden kündet er Gottes väterlich liebende Fürsorge an und verheißt den prachtvollen Wiederaufbau Jerusalems mit Mauern und Zinnen aus Edelstein. Aber Gott ermächtigt nicht die Juden: Großkönig Kyros, der in seinem Blitzkrieg Babylon stürzt und mitsamt den auf Esel geladenen Götzenbildern in die Flucht schlägt, wurde als Instrument von JAHWEs Gerechtigkeit »im Osten erweckt«. Die Macht ist Gottes allein. Das

Würmchen Israel ist Objekt SEiner Liebe und Fürsorge, aber nicht Subjekt von Macht.

Die Christen in der Diaspora: Die Apologeten des II. Jahrhunderts sprechen zu einer im römischen ›Babylon‹ verstreuten und verfolgten (*und:* zerstrittenen) Gemeinschaft aus gottesfürchtigen Nachfolgern Jesu. Um zwischen staatlicher Verfolgung und gnostischer Sektiererei nicht aufgerieben zu werden, brauchen gerade diese Disziplin im Glauben. Also müssen ihre Glaubensgrundsätze standardisiert und ihre Heilshoffnungen rationalisiert werden; und so entsteht erst aus der Apologie von Verfolgten die Wissenschaft vom Lieben Gott.

Wir müssen das Ressentiment des Pfarrerssohns Friedrich Nietzsche wider alle Form allgemeiner Moral ja nicht teilen, um die Prägnanz seiner Diagnose des Übergangs zum Monotheismus würdigen zu können. »Der alte Gott« – also: der Staats- oder Nationalgott der einstmals siegreichen Königreiche Israel und Juda – »*konnte* nichts mehr von dem, was er ehemals konnte. Man hätte ihn fahren lassen sollen. Was [aber] geschah? Man *veränderte* seinen Begriff, – man *entnatürlichte* seinen Begriff: um diesen Preis hielt man an ihm fest.«

Unser monotheistischer Begriff Gottes – vom Gott der Juden, Christen, Muslime (und all derer, die nicht mehr an IHN glauben) – meint heute keinen Nationalgott mehr, sondern einen allwissenden Schöpfer, ein absolutes Subjekt, mit grenzenloser Macht, von umfassender Güte und Weisheit. ER allein hat alles geschaffen: Himmel und Erde, Menschen und andere Lebewesen (sowie, wenn es sie denn gibt, auch die Engel und andere rein geistige Kreaturen), unsere natürliche Umwelt, die Biosphäre, das Planetensystem, das ganze Universum (und *alle* möglicherweise noch bestehenden Parallel- oder Antiwelten).

Aber dennoch bleibt ER – wie schon ›Deuterojesaja‹ schrieb, der Prophet des Exils – »ein verborgener Gott« (Jes 45,15). Im Osten hat er den Kyros erweckt und die babylonischen Götzen gestürzt. Im Westen, von Bagdad bis Toledo, sollte dieser Gottesbegriff bald wieder zurückwirken auf die Philosophie, auf abendländische Physik und Metaphysik.

**6** EIN NEUES LIED? Gewiß haben all diese Religions-
geschichten ihren Reiz. Dennoch sehe ich in Ihrer Erzählung
noch keine neue Dynamik. Ist denn Friedrich Nietzsches herrische
Genealogie wirklich eine Alternative zu David Humes Religionssoziologie? Was meinte da der Philosoph mit dem Hammer?
JAHWE stieg auf zum transzendenten Gott aller Welten als Kompensation für jüdischen Staats- und Machtverlust in Palästina!
(Oder so ähnlich.)

– Na gut, nehmen wir also an, Nietzsche habe recht. (So ungefähr.) Aber wir wissen jetzt schon, wie's weitergehen wird! Am
Ende mündet auch die Begegnung zwischen hellenischer Wahrheit und jüdischer Offenbarung wieder im Auf und Ab der Hume-
schen Gezeiten: zwischen Isis-Amuletten auf dem pluralistischen
Supermarkt der Religionen und dem Exodus in die Wüste der
Schrift, zum allerhöchsten Gesetz. Mannigfache Mythen *versus*
Monotheistische Zucht. Vielfalt der Kommentare *versus* Einheit
der Welt. Hin und her.

Ach, träge versanden Ebbe und Flut im Nildelta von Alexandrien, es bleibt nur ein Weltwunder an Bibliothek. Hunderttausende von Schriften, Papyroi, später Pergamenten: Software ohne
Leben, ewige Interpretation, unendliche Kommentare, vergänglich
ist nur das Speichermedium. Blind ist der Bibliothekar (Jorge von
Burgos). Brände beenden noch alle Legenden der großen Bibliotheken.

Waren die Rechtgläubigen, welche die 4000 Bäder Alexandrias
mit den Schriftrollen der Bibliothek des Serapion heizten, wirklich Muslime? Nach der Eroberung dieser Hafen- und Gelehrten-
metropole der Alten Welt durch die Truppen des rechtgläubigen
Kalifen Omar, welcher 640 nach Christus die Fahnen des Propheten auf den Mauern der Stadt hissen ließ, im zwanzigsten
Jahre der Hedschra, jener radikalen Reprise des Exodus, soll der
Kalif über die Hunderttausende von Büchern und Schriften der
Alexandrina verfügt haben: »Wenn ihr Inhalt sich mit dem Buch
Allahs vereinbaren läßt, so können wir auf sie verzichten. Enthalten sie hingegen Dinge, die vom Buch Allahs abweichen, so
gibt es erst recht keinen Grund sie aufzubewahren. Schreite also
zur Tat, und vernichte sie!« – So soll Omar seinem Feldherrn Amr

ibn al-As geschrieben haben. Oder hatten christliche Kulturkrieger schon längst in den Jahrhunderten zuvor die zahllosen Kommentare zu allen Lehren und Mythen der heidnischen und christlichen, jüdischen und gnostischen Weisheit den Flammen übergeben? (Canfora)

Keiner der Hirten aber, die heute in abgeschiedenen Wüstenhöhlen noch obskure essenische Apokalypsen, apokryphe Evangelien, häretische Hymnen auffinden, kann die koptischen, griechischen, aramäischen Lettern noch verstehen. Die Schriften gehen an den höchstpreisigen internationalen Schwarzmarkt; ihre Wahrheiten erreichen nur noch den akademischen Kommentar.

◆

Nein, ich denke, hier braucht es einen Neuansatz: Läßt sich der Liebe Gott, ewiger Schöpfer der Welt, HERR *über* alle Möglichkeiten, nicht doch *in* dieser Welt erfahren, als Seele ihrer Möglichkeiten? Gott allein *hat* alle Macht, so heißt es. Sollten wir nicht eher sagen: Er *ist* diese Macht? Auch in uns. SEine Gegenwart überschreite alle Grenzen, so heißt es. Müßten wir nicht lieber sagen: Gottes Allgegenwart liegt *in* den Grenzen, welche ER selber sich setzt, indem ER die Welt schöpferisch begrenzt?

– Ach so, Sie wollen Gott mit der Welt gleichsetzen? Das nennt man *Pan*theismus. ALLES sei Gott, oder ER wenigstens die Seele von Allem. Ein uraltes Lied. Ich will Ihnen das ja auch gar nicht miesmachen. Doch daß Sie damit Gott und die Welt besser begreifen können, das müßten Sie mir erst zeigen.

– Nichts einfacher als das. Ich schlage vor: ›Gott‹, so nennen wir die Energie, welche den ganzen Kosmos in all seiner Vielfalt trägt und treibt, ihn strukturiert und belebt, die aus ihm *ein* Ganzes macht, das auch noch *alle* Einzelheiten, Widersprüche oder Zufälle umgreift (und worin sich alle seine Entwicklungen treffen).

– Ich verstehe: Pantheismus heißt offenbar, den Lieben Gott eher im Großen und Ganzen zu finden.

– Keineswegs: Es geht mir auch darum, IHN im Kleinen und Verstreuten zu suchen.

– Aha: Ihr *pan*-theistischer Gott ist offenbar ontologisch so demütig, daß er *jedem* Dreck innewohnt, noch anwest im Leiden jeder Fliege. Gut, das ist SEin Problem. Solange ich *diesen* ›Gott‹ dabei nicht auch noch verehren muß!

◆

Ein wackerer Buddhist und Atheist wie Arthur Schopenhauer konnte darob jedenfalls nur grimmig feixen: »Denn offenbar müßte es ein übel beratener Gott sein, der sich keinen besseren Spaaß zu machen verstände, als sich in eine Welt, wie die vorliegende, zu verwandeln, in eine so hungrige Welt, um daselbst in Gestalt zahlloser Millionen lebender, aber geängstigter und gequälter Wesen, sämmtlich nur dadurch eine Weile bestehen, daß eines das andre auffrißt, Jammer, Noth und Tod, ohne Maaß und Ziel zu erdulden.«

## ELFTES KAPITEL

# *Einer oder Alles*

»Sans quitter le Monde, enfoncons-nous en Dieu.«
P. Teilhard de Chardin, *Le Milieu Divin*

»Nach dem Pantheismus ist Gott nur noch das bloß Seiende; die Gottheit aber erhebt sich auch über ihr notwendiges Sein.«
F. W. J. Schelling, *Philosophie der Offenbarung*

---

*Tertium non datur?* – Viele Götter, überall. Oder Ein Gott, jenseits von allem. – Es muß doch noch ein anderes Verständnis geben von Gottheit und Welt!

*Einer oder Alles? Der Eine als All?* – *In* Allem erfahren wir die Macht des Allerhöchsten, warum können wir Gott nicht *ein*gefaltet in alle Vielfalt der Welt erleben? – Können wir das?

---

1 NEIGUNG ZUM ALL ... Wenn es sich beim Pantheismus nicht nur um eine andere Wortwahl handeln soll, was ist mit der Rede vom Lieben Gott in jedem Zipfelchen des Alls eigentlich gewonnen?

– Es geht dabei nicht nur um Worte! Sondern darum, was aus dem Begriff und Gefühl des göttlich beseelten Alls folgt: Um uns wirklich auf Gott als *Ein und Alles* einzulassen, müßten wir nämlich zugleich auch unser gesondertes ›Ich‹ loslassen lernen.

– Lassen Sie doch los! Und dann?

– Wenn wir so beginnen, die das Universum (bis in alle Fasern seiner Zerstreutheit) einende Kraft in unser Bewußtsein aufzunehmen – und es damit zugleich als *bloßes* Bewußtsein zu überschreiten: da könnten wir am Ende auch all unsere vorgefaßten, getrennten, starren Begriffe von ›Gott‹ und ›Ich‹ und ›Welt‹ fallenlassen. Und indem uns dies nun mehr und mehr gelänge, hätten nicht dann auch wir selbst am göttlichen Leben des Universums irgendwie Anteil?

– Fragen Sie nicht mich! Ich hatte Sie gefragt, was wir mit dem pantheistischen Umtiteln des Alls oder seiner Kraft zum Lieben Gott gewinnen. Leider ist mir Ihre Antwort nicht recht klargeworden. Sie wollen offenbar auf ein verändertes Bewußtsein hinaus: welches denn?

– Sie müssen das mehr als einen Prozeß sehen. Er wird um so intensiver, je mehr es uns gelingt, die alles Seiende durchströmende, alles einende Energie in uns widerhallen zu lassen, uns auf ihre Schwingungen einzustimmen, in ihrem machtvollsanften Rhythmus zu treiben: »Wer zum Strom des Lebens durchstößt, erfährt das ewige Jetzt«...

– Und woher wollen Sie das so genau wissen?

– Das verspricht uns ein in deutschen Landen recht populärer benediktinischer Zen-Meister namens Willigis Jäger für den Fall, daß »wir ins Transpersonale vorstoßen, in jene umfassendere Dimension unseres Bewußtseins...«

– Gut, danke, das reicht! Ihre *good vibrations* in allen Ehren! Auch Ihren buddhistischen Benediktinern möge aller Seelenfrieden des Universums zuteil werden! Aber verschonen Sie mich und Ihre Leser doch mit dieser galaktischen Lyrik!

– Was haben Sie gegen Lyrik?

– Ich habe nur etwas gegen *schlechte* Elegien und *ausgeleierte* Metaphern, gegen den *Kitsch* vom Kosmos und der sanften Energie. Diese Mystik-Pop-Textbausteine kennen wir bereits zum Überdruß aus dem *New Age*-Sortiment der Weiches Wasser GmbH. Darum eine andre Melodie, bitte! Ein neues Lied. Oder das alte, geistliche Lied, aber richtig intoniert!

– So kommen wir bei unserer Suche nach einem zeitgemäßen Gottesbild aber nicht weiter. Auch dem großen Evolutionstheoretiker Teilhard de Chardin (1881–1955) hat man in diesem Zusammenhang ja gleich ›Lyrismus‹ vorgeworfen. Zuletzt tat das etwa sein philosophischer Kollege Xavier Tilliette, an demselben Institut Catholique in Paris, an dem ein halbes Jahrhundert zuvor auch Teilhard gelehrt hatte.

– So? Und worum ging es?

– Na ja, auch Teilhard hatte von unserem »Bedürfnis nach Vereinigung« in einem »kosmischen Bewußtsein« gesprochen. Und seine zuweilen hymnische Beschreibung der Evolution erinnert in der Tat an die vitalistischen Phasen und schwärmerischen Phrasen der Naturphilosophie des großen deutschen Idealisten F.W.J. Schelling, dessen bester Kenner wiederum der Philosophiehistoriker Tilliette ist.

– Also schon wieder Texte, Kommentare, Bibliotheken. Wollten Sie nicht endlich heraus aus den Bibliotheksregalen von Alexandria? Um im großen Buche der Welt zu lesen?


## 2 ... ODER PFLICHT ZUM KOSMOS? Das hat Pierre Teilhard de Chardin getan wie kein anderer. Er war keiner der halbseidenen *New Age*-Physiker vom Typ eines Fritjof Capra, sondern hat zeitlebens als Geologe, Paläontologe, Anthropologe gearbeitet. Immerhin gehörte er zu der Forschergruppe, die das Skelett des ›Pekingmenschen‹ entdeckte. Zugleich aber war Teilhard christlicher Theologe: darum bemüht, den (nach-)aufklärerischen Gegensatz zwischen christlichem Glauben und moderner wissenschaftlicher Weltsicht zu überwinden, die ja gerade im republikanischen Frankreich ein tiefer politischer und ideologischer Graben trennte. Und natürlich (aber das zu betonen, ist fast überflüssig) war Teilhard ein Jesuit.

– Na, dafür hat er doch sicher bluten müssen, wie ich seine Firma kenne?

– In der Tat: Die Gesellschaft Jesu verbot ihm, nach dem Kriege den Ruf auf eine Professur für Paläontologie am Collège de France anzunehmen, also auf den Olymp der französischen Wissenschaft aufzusteigen. Damit wären natürlich seine Thesen ins Zentrum der bewegten philosophischen Debatten der Pariser Nachkriegszeit gerückt. So war sein Orden heilfroh, wenn er mit dem Geld irgendwelcher amerikanischer Stiftungen in Südafrika Feldforschungen trieb oder in Peking am naturhistorischen Museum prähistorische Knochen sortierte. Als Teilhard 1955 in New York starb, praktisch von seinem Orden in die Verbannung geschickt, war er bis auf einige Seelenfreundinnen völlig isoliert. Nur zwei Ordensbrüder folgten seinem Sarg.

Dabei hatte sich Teilhard de Chardin als folgsamer Jesuit an das jahrzehntelange philosophische und theologische Lehr- und Veröffentlichungsverbot des Vatikans gehalten. Sein Hauptwerk *Der Mensch im Kosmos* konnte erst nach seinem Tode erscheinen. Dennoch (oder deshalb) war dieser Naturforscher, Biologe und Philosoph in fortschrittlich katholischen Kreisen lange ein Geheimtip: Teilhard galt als einer der wichtigsten Denker des XX. Jahrhunderts überhaupt.

– Deswegen muß er ja immer noch kein Sprachgefühl haben.

– Könnten wir diese Geschmacksfragen nicht ausklammern? Wir sind Teilhard außerdem bereits begegnet, oben im achten Kapitel. Denn er hatte (ohne es so zu nennen) das später von Brandon Carter so genannte ›anthropische Prinzip‹ zur Klärung der Frage, warum das (›unser‹) physische Universum gerade *so ist, wie es ist,* um fast ein halbes Jahrhundert vorweggenommen. In Pater Teilhards Weltsicht ist die Kosmogenese bereits im ›Urstoff‹ auf die Entstehung der Biosphäre angelegt: Es handelt sich um eine ›gerichtete‹ Entwicklung (›Orthogenese‹), gewissermaßen geeicht auf die Herausbildung des Menschen und schließlich, als Gipfelpunkt der großen biologischen Synthese, auf die geistige Evolution der Menschheit.

Daß die Masse/Energie-Mischung in ihrem Aufbau bereits zum (Raum-)Zeitpunkt des ›Urknalls‹ teleologisch auf eine physikalische Gesetzlichkeit feinabgestimmt sein mußte, die sich mit zunehmender Komplexität hin zur Bio-, Anthropo- und Noosphäre entwickelt, statt einfach zu stagnieren (oder in Entropie zu verfallen) – *voilà:* diese These wird doch seit Mitte der siebziger Jahre des XX. Jahrhunderts in der avanciertesten theoretischen und Astrophysik (George V. Coyne, Paul Davies) ebenso intensiv diskutiert wie in der Kosmologie und Naturphilosophie.

»Da Leben mit Innerlichkeit, Interesse und Zweckwollen aus dem Weltstoff hervorgegangen ist, kann diesem in seinem Wesen dergleichen nicht gänzlich fremd sein«, schrieb Hans Jonas Ende der Achtziger: »und wenn seinem Wesen nicht, dann [hier wird das Argument kosmogonisch] auch seinem Anfang nicht: Schon der im Urknall sich bildenden Materie muß die Möglichkeit zu Subjektivität innegewohnt haben.«

Dieses (›starke‹) anthropische Prinzip, wonach das Universum bereits in seiner ›Urmaterie‹ die physikalischen Charakteristika haben *mußte,* welche dann auch die Entstehung von organischem Leben und schließlich die Herausbildung bewußter Subjektivität möglich machten, bleibt natürlich weiter heftig umstritten (Barrow/Tipler, Rees, Blome/Zaum *et cetera*).

– Das gehört sich auch so. Es handelt sich schließlich um eine reine Spekulation. Für uns als denkende Lebewesen mag diese naheliegen, wenn wir (im Fragehorizont westlicher Subjektivität) über uns selbst und unsere Stellung in der Evolution von Kosmos und Physis nachdenken. Aber sie führt jedenfalls zu keiner Behauptung, die sich empirisch bestätigen oder widerlegen ließe.

– Hans Jonas formuliert die Frage so: Was trägt die Tatsache, daß es (selbst)bewußte, (nach)denkende Wesen wie uns Menschen gibt, zum kosmologischen Befund bei? »Kann etwas [die Materie zum Zeitpunkt des Urknalls], das weniger als Geist ist, erste Ursache des Geistes sein?« Und für Jonas führt dieses »anthropische Zeugnis als Teil des kosmischen Befundes zum Postulat eines Geisthaften, Denkenden, Transzendenten, Überzeitlichen am Ursprung der Dinge: als erste Ursache, wenn es nur eine gibt; als Mitursache, wenn es mehr als eine gibt.«


**3 GLAUBEN UND DICHTEN.** Aber für Teilhard de Chardin war die anthropische These von der Konvergenz des Universums zum Projekt der Menschheitsentwicklung eben zugleich ein Glaubensartikel. Und da hört der Spaß schnell auf. Unser Pater und Paläontologe betrachtet nämlich den Erlöser der Menschheit auch als den ›Punkt Omega‹ allen physischen Seins und Werdens: der ›kosmische Christus‹ wird ihm so zum Sinn und Ziel aller biologischen Evolution, welche schließlich mit der Entstehung der Menschheit auch zur (selbst)bewußten Evolution wird.

– *Mmh.* Und wie begründet er das?

– Kein Problem: Von Anbeginn an habe jedes im Kosmos physisch vorhandene Element neben seiner Materialität auch ein

›inneres Sein‹; mit der menschlichen Existenz wird diese ›Innenseite der Dinge‹ dann auch (selbst)bewußt; und im kosmischen Christus wird endlich auch die menschliche Existenz erlöst.

– So einfach geht das?

– So einfach geht das: Für Teilhard de Chardin war/ist das physische Universum eine zwar offene, also noch unvollendete Schöpfung, aber stets ein ›zentriertes‹ Ganzes. Denn im ›Herzen der Materie‹ stand ihre Richtung, die radiale Energie der ›Hauptachse des Alls‹ von Anfang an fest: über die Entfaltung wachsender Komplexität *und* höherer Dimensionen von Vereinigung ist die physische, dann biologische, dann geistige Evolution ausgerichtet auf die Vereinigung der Menschheit mit dem kosmischen ›Super-Christus‹.

Mehr noch: Diese Vereinigung der Seele(n) mit dem göttlichen Bereich (zum *Milieu Divin*) wird am Ende für Pater Teilhard sogar zur Pflicht des modernen Forschers. Da überbietet er gewissermaßen noch sein eigenes Keuschheitsgelöbnis als Jesuitenpater: geistig ›unrein‹ oder ›unkeusch‹ wird ihm nun alles egoistische Genießen, welches im Leben oder Bewußtsein des Menschen seinen Elan hin zur Vereinigung des Universums in Gott verlangsamen oder aufhalten könnte.

Sein Biograph Günther Schiwy nennt diese Haltung »Mystik im Zeitalter der Globalisierung«.

– Und ich verstehe allmählich, warum andere das als schlechte Lyrik empfinden.

> Ich glaube, daß das Universum eine Evolution ist.
> Ich glaube, daß die Evolution in Richtung auf den Geist geht.
> Ich glaube, daß der Geist sich im persönlichen Gott vollendet.
> Ich glaube, daß das höchste Personale der universale Christus ist.
> (P. Teilhard de Chardin, *Comment je crois*)

So lautete Teilhards persönliches Credo. Seit den zwanziger Jahren warf der Priester und Naturforscher die Frage auf, etwa in seinem Versuch über *Pantheismus und Christentum,* die ihn dann sein Forscherleben lang nicht loslassen sollte: »ob es in unserer Seele nicht eine Art kosmischen Bewußtseins gibt, das diffuser, zeitlich unterbrochener als das individuelle Bewußtsein, aber doch durchaus ausgeprägt ist«.

– Wie bitte?

– Nun, er meinte ein intuitives Wissen vom Ganzen des Universums, in seinen Worten: »eine Art Empfinden für die Gegenwart aller Seienden zugleich, wobei diese Seienden nicht als Viele und Getrennte wahrgenommen werden, sondern als gehörten sie zu ein und derselben, zumindest zukünftigen Einheit«. Und dieses *Ganze,* so Teilhard de Chardin, »vermöchte sich uns nicht zu zeigen, ohne daß wir darin Gott oder den Schatten Gottes erkennen«.

– Das nennen Sie aber hoffentlich nicht gute Lyrik!

Auch als kosmologischer Begriff ist dieses ›Ganze‹ reichlich verwaschen. Im Ernst, verstehen Sie wirklich, worauf Pater Teilhard damit hinauswill? *Kann* sich denn ›das Ganze‹ wirklich zeigen (wer oder was immer es sei)? Und kann es sich *uns* zeigen (uns Menschen)? Denn mögen wir auch noch so verzweifelt streben nach Totalität oder Einheit, wir bleiben doch weiterhin *endliche* Sinnes-, Denk- und Lebewesen, mit beschränkten Fähigkeiten zur *Wahr-*Nehmung!

– Aber genau deshalb empfinden wir ja das »affektive und willentliche Bedürfnis nach Vereinigung« mit dem kosmischen Gesamtprozeß! (Oder wenigstens *einige* von uns tun das.) Und auf diesen Wunsch antwortet Teilhards neue Mystik des wissenschaftlichen Zeitalters.

– Mich sollten Sie sofort von der Liste streichen, *subito!* Nein, ich habe dieses affektive Bedürfnis nicht, das Sie oder Ihre fortschrittlichen Jesuiten von vorgestern mir hier unterschieben wollen. Vereinigen möchte ich mich vielleicht mit ganz bestimmten Personen, und aufgehen will ich womöglich in ganz bestimmten Situationen. Zuweilen, wenn die Seele selig mir zerfließt. Aber eine beständig brennende Leidenschaft nach Vereinigung mit dem Weltganzen, mit dem ›Herzen der Materie‹ auf der ›Innenseite der Dinge‹? *Sorry,* der Wunsch ist mir schlicht unverständlich.

Und weiter: Wenn sich ›das Ganze‹ nun zeigte, könnten wir *es* da überhaupt *sehen?* Und zwar wir hier, wir auf Erden? Nicht im intellektuellen Paradies irgendeiner *visio beatifica!* Auf diese Schauensseligkeit im Angesichte Gottes (nicht ›des Ganzen‹) kommen wir später noch zurück.

– Vielleicht zeigt *es* sich ja überhaupt nur im »Feuer der Dichter«? Das legt Teilhard de Chardin zuweilen selber nahe. Womit wir freilich schon wieder bei der Lyrik wären.

– Ach, mit ein wenig Grammatik läßt sich mancherlei Litanei anstimmen. Sogar die vom Großen und Ganzen.

> *Es* ist unvermeidlich. *Es* ist kein Zweifel.
> So ist *es* nun einmal. *Es* ist zu bedauern.
> *Es* ist allerhand. *Es* bleibt wie *es* ist.
> *Es* ist, um aus der Haut zu fahren.
>
> (H. M. Enzensberger, »Litanei vom *Es*«, in: *Zukunftsmusik*)

**4 UNFEHLBARES UNIVERSUM?** Als Pierre Teilhard de Chardin im letzten Jahrhundert eine pantheistische Weltverehrung als die *einzige* ernsthafte Alternative zum Christentum ansah, war er da nicht ziemlich voreilig?

– Er hat jedenfalls andere monotheistische Religionen völlig vernachlässigt: Das Judentum oder der Islam kommen in Teilhards Werken praktisch nicht vor. Doch der Gedanke, daß Kosmosfrömmigkeit und Ein-Gott-Glaube einander in letzter Instanz ausschließen, ist ja völlig richtig: Eine ›Religion des Ganzen‹ ist (oder wäre) das genaue Gegenteil des westlichen Monotheismus.

– Nun hat sich Teilhard de Chardin aber an seine eigene Diagnose gar nicht gehalten! Er selber strebte nämlich danach, den Gegensatz zwischen Pantheismus und Monotheismus zu überwinden.

– Vorsicht: Der ›Pantheismus‹, mit dem Pater Teilhard sich auseinandersetzen wollte, verstand sich zunächst als wissenschaftliche Weltanschauung, war eher Spinozismus als Buddhismus, eher Materialismus als Spiritualität. Dieser asketische Forscher hatte gewiß mit all den *New Age*-Propheten des Wassermann-Zeitalters nichts zu tun, die sich später nur zu gerne auf ihn berufen sollten.

Dennoch haben Sie recht: In der Tat hat sich Teilhard de Chardin mit all seiner intellektuellen Leidenschaft an der Vereinigung beider einander widersprechenden Universalismen zu einer Mystik der »Totalisation« versucht. Und sein super-ökumenischer

Versuch einer christlich-pantheistischen Umarmung (oder Synergie) wurde gerade in der Mitte des XX. Jahrhunderts ziemlich paradox: theologisch umstritten und ideologisch riskant. Er konnte immerhin auch als geistliche Brücke über die Gräben des Kalten Kriegs (miß)verstanden werden: zwischen der christlichen Weltanschauung des Abendlands und der Staatsreligion des Kommunismus, dem ›wissenschaftlichen Sozialismus‹.

– War das denn ein Mißverständnis?

– Was Teilhard de Chardin anstrebte, war in seinen Worten eine »christliche Transposition der pantheistischen Grundtendenz«. Und in der Tat, *nur* eine solche könnte die göttlichen Attribute »Universalität, Einheit, Unfehlbarkeit« (die Teilhard in *Pantheismus und Christentum* ja explizit anspricht) nicht mehr bloß einem personalen Weltenschöpfer zuschreiben, sondern als Attribute einer werdenden kosmischen Ganzheit oder *des* Weltprozesses ansehen.

– Ach, verehrter Mitstreiter *ad maiorem Dei gloriam,* da klemmen doch sofort alle Begriffe, sobald wir die Lyrik verlassen. Die Rede von ›Einheit‹ und ›Universalität‹ mag ja noch angehen, wenn vom Prozeß des Entstehens unserer Welt(en) die Rede ist. Aber was, zum Teufel, soll denn Gottes ›Unfehlbarkeit‹ bedeuten (sprich: die Eigenschaft eines allwissenden, allmächtigen, persönlichen Wesens), wenn Sie damit die Entwicklung des ganzen Universums meinen?

– Na, wenn etwa die Evolution der Materie nicht zur Entstehung der Biosphäre geführt hätte, sondern irgendwo unterwegs hängengeblieben wäre: von der Entropie überwältigt, von schwarzen Löchern verschluckt, oder wegen schlechter Feinabstimmung zwischen der Gravitation und den anderen mikrophysikalischen Kräften zu einem langweilig gasförmigen All diffundiert (Martin Rees), ohne je Galaxien auszubilden. Dann hätte sich die Kosmogenese ja wohl als ›fehlbar‹ erwiesen. Nun hat sich aber die Biosphäre und in ihr die Menschheit entwickelt und die Noosphäre ... (sonst könnten wir uns schließlich nicht über Teilhard de Chardin streiten).

– Aber das ist doch eine Tautologie! Weil es uns gibt (wegen der rechten ›Feinabstimmung‹ zur Entstehung unserer Galaxie, unseres Planeten, der Biosphäre ...), war die kosmische Entwicklung unfehlbar? Da wäre ja *jede* Evolution der Materie *et cetera* zu einem Kosmos, der uns enthält, ›unfehlbar‹. Was haben Sie also mit ihrem theologischen Attribut gewonnen? Man kann über das anthropische Prinzip streiten, gewiß. Aber wenn Sie die Geschichte des Universums schon von vornherein *wie ein Subjekt* auffassen, worüber sollen wir da noch diskutieren?

**5** HIMMEL AUF ERDEN. Ich denke, in Teilhards paradoxen Versuchen zu einem christlichen Pantheismus kamen zwei Elemente zusammen: *Erstens* die ideenpolitische oder wenn Sie so wollen: ›ideologische‹ Operation eines Jesuiten im Dialog mit der fortschrittlichen, an die Naturwissenschaften ›glaubenden‹ Intelligenz seiner Zeit. Und *zweitens* die sehr persönliche, ›existentielle‹ Erfahrung eines Mystikers.

– Das ist doch die klassische Kombination: Astrolabium und Manresa.

– Man(n) könnte bei der Lektüre der ›privaten‹ Biographie des Forschers freilich zugleich an zwei Seelenfreundinnen denken, mit denen Pater Teilhard eng zusammengearbeitet und jedenfalls heftig korrespondiert hat: einerseits die überzeugte amerikanische Marxistin und Geologin Ida Treat (die in Paris zeitweilig mit dem Chefredakteur der kommunistischen Parteizeitung *L'Humanité* und roten Bürgermeister von Villejuif Paul Vaillant-Couturier verheiratet war und dort gleich noch ein zweites Doktorat in Paläontologie absolvierte). Und andererseits die Bildhauerin Lucile Swan, die wie andere sensible Amerikanerinnen auch Neigungen zur östlichen Mystik entwickelte (Günther Schiwy).

– Na, lassen wir das lieber.

✦

Also zum Ersten: Pantheismus, das war für Pater Teilhard gerade der »moderne Unglaube«, als welchen die katholische Kirche zu Anfang des XX. Jahrhunderts die Weltauffassung der modernen Wissenschaften verstand und bekämpfte: »als eine Art Religion der Welt[verehrung], die zwar in ihren Dogmen konfus, in ihrer moralischen Ausrichtung jedoch völlig klar [sei], nämlich: Vorrang des Ganzen vor dem Individuum; leidenschaftlicher Glaube an den Wert und die Möglichkeiten menschlichen Einsatzes; lebendige Achtung vor der Heiligkeit der Forschung, in all ihren Formen« (»L'incroyance moderne«, 1933).

– Wissen Sie: *Nur* ein Franzose kann doch auf die Idee kommen, die wissenschaftliche Forschung als heilig zu bezeichnen!

– Wahrlich, in Frankreich gehört die Religion der Wissenschaft zur laizistischen Staatsräson. *La République* hatte übrigens in Teilhards Jugend den Jesuitenorden zeitweilig verboten, so daß der junge Novize aus adligem Hause im Ausland studieren mußte.

Der Unglaube der Moderne ist also selber eine Religion: der wissenschaftliche Glaube an die Welt als Gott (den *Dieu-Monde*) habe den Gott der christlichen Offenbarung (den *Dieu-révélé*) verdunkelt. Diese Religion ist der Pantheismus, den Teilhards Christentum überwinden will. Doch darf die christliche Verkündigung dabei die Frontstellung zwischen Welt-Gott und Offenbarungs-Gott auf keinen Fall akzeptieren! Sie soll ja den Gegensatz zwischen der pantheistischen, immanenten, organischen, evolutionären Weltanschauung der Naturwissenschaftler und dem christlichen Glauben mit seinem transzendenten Theologen-Gott und dem Personalismus des christlichen Menschenbildes überwinden.

– Und wie soll das geschehen?

– Lachen Sie nicht: Teilhard setzt für diese Umkehr der Herzen auch auf den Fortschritt in der naturwissenschaftlichen Forschung. Für ihn ist nämlich, wie er auf einer Studienwoche der französischen Jesuiten ausführt, »seinem Wesen nach – ›ontologisch‹ – jedes Forschungsergebnis von Natur aus christifizierbar (*christifiabilis* und *christificandus*), auf daß die Welt vollendet sei«. In jedem Zuwachs an Erkenntnis verwirkliche sich Gottes Schöpferkraft. Darum müsse sich der Klerus nicht nur für die Forschung interessieren: »Wir Priester und Jesuiten müssen an die Forschung *glauben;* denn die ›mit rechtem Glauben‹ betriebene Forschung ist das eigentliche Feld zur Erarbeitung jener einzigen humanistisch-christlichen Mystik, die morgen vielleicht die Eintracht der Menschheit herstellen kann« (»Sur la valeur religieuse de la Recherche«, 1947).

– Dieser christliche Wissenschaftsglauben sollte offenbar auch die ›beiden Frankreich‹ versöhnen, die revolutionäre Nation der republikanischen Marianne und die katholische Nation der heiligen Jeanne d'Arc.

– Ach wissen Sie, Teilhards Evangelisierungsauftrag hat den noch viel weiteren Anspruch, sogar die (relativen) Wahrheiten der kommunistischen, ja sogar der faschistischen Bewegungen einzubeziehen. Am Realitätsgehalt der Ferndiagnosen, die unser Paläontologe aus dem Pekinger Exil nach Europa schickte, mochten freilich schon damals manche Leser zweifeln.

In einem im November 1936 in der Jesuitenzeitschrift *Études* veröffentlichten Artikel zur »gegenwärtigen Krise« will Teilhard etwa die universalistische Zukunftsbegeisterung der kommunistischen Bewegung vor ihrer »Religion des Irdischen« retten (in welcher »die Materie den Geist verhüllt [und] ein Pseudodeterminismus die Liebe getötet« habe). Die künftige »Menschenfront« müsse neben dem demokratischen Sinn der Rechte der Person und neben dem faschistischen Ideal der organisierten Eliten (!) eben auch die kommunistische Zukunftsvision der Kräfte der Materie in eine »neue Synthese« aufnehmen – das schreibt Teilhard im Jahr des Wahlsiegs der französischen *Volks*front und des beginnenden spanischen Bürgerkriegs (»Sauvons l'Humanité«, 1936).

Seine Frohbotschaft formulierte Teilhard aus dem ihm kirchlich auferlegten Exil in beständigen Thesenpapieren und Memoranden an Ordensobere, Wissenschaftler, Freunde: Die Bekehrung der Welt könne unter den Bedingungen der Moderne nur dadurch geschehen, »daß man aufzeigt und demonstriert, daß die moderne ›Religion der Erde‹ in ihrem Wesen nichts anders ist als ein Streben zum Himmel, das sich seiner nur nicht bewußt ist«. Werde aber diese in der modernen Wissenschaft wirksame ›natürliche Religion‹ des Menschen (an)erkannt, dann könnte diese Wissenschaftsreligion mit all ihren »der Kirche so bedrohlich erscheinenden Energien einen neuen Zufluß bedeuten, der die alte christliche Basis wiederbeleben kann. Nicht verurteilen, sondern taufen und übernehmen!« – So lautet also das Rezept Teilhards für den Umgang der Kirche mit dem Wissenschaftsglauben der Welt des XX. Jahrhunderts: »Diese Welt ließe sich virtuell auf einen Schlag bekehren, sobald man ihr deutlich machen kann, daß die neue Gottheit, die sie anbetet [die Welt-Wissenschaft], nichts anderes ist als der tiefer verstandene christliche Gott« (»Quelques réflexions sur la conversion du Monde«, 1936).

Da haben wir ihn endlich, *l'infâme!* Das, fürwahr, ist Jesuitismus in Reinkultur. Dem Kaiser von China predigte weiland die Societas Jesu konfuzianisch, wie Padre Matteo Ricci zu Beginn des XVII. Jahrhunderts; den Existentialisten begegnet sie existentialistisch und den Materialisten kommt sie evolutionistisch, so wie im XX. Jahrhundert die Patres Rahner und Teilhard de Chardin. Nie verurteilen, sondern taufen und übernehmen? Wie wunderbar! Vermutlich wird den Jesuiten im XXI. Jahrhundert der Liebe Gott eine Künstliche Intelligenz sein und SEin Ebenbild eine autopoietische Software… Wie aber tauft man elektronische Netzwerke?

– Jetzt enttäuschen Sie mich, *mon cher.* Solche billigen Scherze sind ja nicht mal schlechte Lyrik, sondern einfach bloß schlecht. Wir wissen doch überhaupt nicht, wie weit Pater Teilhard de Chardin selber an solche hyper-jesuitischen »Réflexions sur la conversion du monde« geglaubt hat, als er 1936 in Peking einem Mitglied der päpstlichen Delegation sein Perspektivenpapier zum »pan-Christismus« nach Rom mitgab wie einen Kassiber, mit dem Vermerk: »für einen Kirchenfürsten«.

– Aber daß diese Reflexionen im Jahr der französischen Volksfront entstanden sind, war doch kein Zufall!

– Na und? Ist das denn ein Gegenargument?

– Handelte es sich etwa bei Teilhards Kassibern bloß um kircheninterne Camouflage für verbotene Spekulationen jenseits des Dogmas einer damals im Antimodernismus verbunkerten katholischen Kirche? Oder rationalisiert Teilhard in ihnen auch eine neue kosmologische Vision?

– Worin bestünde denn der Unterschied? Ich denke, er versuchte stets beides. Und vermutlich scheiterte er doppelt.

**6** GOTTES ALLGEGENWART ... Damit zum Zweiten: Ein wesentliches Motiv für Teilhards christlich-pantheistische Bestrebungen bestand offenbar darin, daß er eigene mystische Erfahrungen ausdrücken wollte.

– Und warum bemerkt unser Wissenschafts-Mystiker dabei eigentlich nicht, wie schnell ihm die Formulierung von Empfindungen der Einheit mit dem Göttlichen Weltprozeß zur griffigen theologischen Weltformel wird?

– Wissen Sie, das ist bei Mystikern auf der Suche nach Jüngern gar nicht mal so unüblich. Ihre tiefsten mystischen Erfahrungen wirken in ihrer Übersetzung – als Botschaft – oft standardisiert und trivial. Und im Vergleich zur landläufigen Mystik (egal aus welcher Weltreligion) ist Teilhard de Chardin geradezu ein Feingeist.

– Dafür ist er aber in seinen *esprit de finesse* allzu (selbst)verliebt und kann seine dialektischen Wortkaskaden der All-Einheit vom Kosmos zum Christus nicht oft genug wiederholen.

– Auch das müssen Sie verstehen: Er hat seine Ideen doch nie offen ausdiskutieren können, sondern stets nur als persönliches Credo, in seiner privaten Korrespondenz mit Gesinnungsgenossen, jesuitischen Seelenführern und Freundinnen im Geiste formuliert. Niemand ist narzißtischer als das verkannte Genie, der verbannte Dissident, der sich beständig die eigenen Visionen vergegenwärtigt ...

– Gut, und wie beschreibt Teilhard de Chardin denn nun seine mystischen Erlebnisse?

– Er hat solche Erfahrungen zwar wiederholt angesprochen, aber wie häufig in solchen Fällen sind die nachträglichen Beschreibungen wortreich unpräzise. Nehmen wir die folgende: Am Heiligabend 1915 erfuhr der junge Jesuit, der seinen Kriegsdienst als Sanitäter an der Front leistete, im Gebet »das immer größer werdende Licht jener einfachen, aber unendlich reichen, immer wieder anwendbaren Wahrheit: *Gott ist alles*«. Dieses zugleich Frieden und Güte ausstrahlende Licht Gottes habe er just in dem Moment wahrnehmen können, als es ihm gelang, sich im Denken und Beten zusammenzunehmen und sich IHM ohne Verlustängste, mit aller seelischen Energie anheimzugeben: »Durch einen einzigen [Denk-]Akt, in einer einzigen [inneren] Einstellung begreifen wir die gesamte Komplexität all unserer Hoffnungen und Pflichten.«

– Was fangen wir nun mit solchen Äußerungen an? Ist denn Teilhards ›Wahrheit‹ – *Gott ist alles* – eine (irgendwie) allgemeine Einsicht oder handelt es sich dabei um eine (nur) persönliche Empfindung?

– Sehen Sie, das läßt sich eben nicht voneinander trennen. Charakteristisch für eine mystische Erfahrung ist ja gerade die Intensität, die aus einer Art Rückkoppelung zwischen beiden Dimensionen erwächst: eine *Empfindung* im Licht einer bestimmten *Einsicht* neu oder anders zu erfahren; oder umgekehrt: eine *Wahrheit* im Licht einer bestimmten Erfahrung neu oder anders zu *empfinden*.

Ludwig Wittgenstein nannte solche Erlebnisse ›ethisch‹ statt mystisch (die Terminologie ist wohl unglücklich gewählt). In seiner Vorlesung über ›Ethik‹ spricht er etwa vom Erlebnis einer ›absoluten Sicherheit‹: ich bin aufgehoben in Gottes Hand, so daß mir gar nichts geschehen kann – ganz *egal,* was mir auch passiert. Wir wissen um unsere Endlichkeit, um die Grundlosigkeit, die Geworfenheit, die Brüchigkeit unserer Existenz, vielleicht sogar um das Scheitern unserer Pläne – und *dennoch* wissen wir uns in Gefahr und höchster Not geborgen. Oder: Ich grüble, wie vergeblich, über der Lösung eines Widerspruchs, suche den Ausweg aus einer wissenschaftlichen (oder lebenspraktischen) Sackgasse, ich martere mein Hirn, ich fluche oder bete – und *plötzlich* wird mir die einfache Wahrheit wie evident: »Gott ist alles, der HERR ist doch in allem«, und ich tue meine Pflicht.

Es reicht dann nicht aus, diese Erfahrungen im nachhinein nur als *persönliche* Erlebnisse zu beschreiben oder als Tatsachen, Ereignisse *in der Welt* (obwohl sie natürlich beides auch sind). Da geschah noch etwas anderes: Meine Existenz, die mir selber zum Problem geworden war, fand sich plötzlich angenommen – oder: die Welt selber, deren Sinn und Bestand mir fragwürdig war, erhielt auf einmal neue Gewißheit. In der Sprache von Sachverhalten können wir diese Erfahrung, »ein Erlebnis habe absoluten Wert«, nicht ausdrücken. Dies hat Wittgenstein recht präzise bemerkt: »Denn ich wollte [solche Aussagen über ›absolute‹ Erlebnisse] ja gerade dazu verwenden, über die Welt – und das heißt: über die sinnvolle Sprache – *hinauszugelangen*.«

*Wie* genau wir solch eine Wahrheit (bei Teilhard: der Allgegenwart Gottes) oder Erfahrung (der All-Einheit mit Gott) erleben, ob im Zustand der Extase oder in tiefer Gelassenheit, das spielt für ihren mystischen Charakter keine Rolle. Entscheidend ist, *daß* es sich dabei um höchst *intensive* und daher für das eigene Erleben häufig *letzt*gültige Empfindungen handelt. Ihre Intensität mag mich plötzlich überfallen oder langsam in mir wachsen, sie mag ›heiß‹ oder ›kalt‹ sein; eine Einsicht kann mich durchfahren wie ein Blitzschlag, oder sie mag erwachsen aus langer, beständiger Routine der Meditation.

– Bei Teilhard de Chardin war vermutlich eher letzteres der Fall. Und wenn er seine Hymnen auf die All-Einheit der im kosmischen Christus mündenden Evolution immer wieder mit Begriffen der Pflicht zur Einheit und Reinheit kombiniert, so ist der stilistische Einfluß der jesuitischen Exerzitien offenkundig. (Der heilige Ignatius erwies sich gerade darin als großer Mystiker, daß er zugleich ein großer ›Techniker‹ der Anleitung der Vorstellungskraft war.)

Man sollte Mystik jedenfalls eher durch ihre Erlebnisse definieren als durch bestimmte inhaltliche Weltsichten – auch wenn beides sich (*gerade* in mystischen Erfahrungen) nie *völlig* voneinander trennen läßt. Es gibt zwar ganz unterschiedliche Formen und Richtungen der Mystik zwischen einem *(grosso modo)* westlichen Idealtypus des ›Mystizismus der Persönlichkeit‹ und einer vor allem (aber nicht ausschließlich) fernöstlichen Tradition des ›Mystizismus der Unendlichkeit‹, um die Begriffe des amerikanischen Religionssoziologen Peter L. Berger zu verwenden. Aber diese unterschiedlichen Mystiken mögen durchaus auf ähnlichem Erlebnismaterial beruhen, welches dann verschieden theoretisiert, mit entgegengesetzten Interpretationen theologisiert und mit anderen Meditationsroutinen stabilisiert wird.

Auch Teilhard de Chardin hat diese Differenz zwischen Erfahrung (hier: der Praxis der Askese) und theoretischer oder theologischer Weltanschauung in einem Brief an Henri de Lubac

angesprochen, seinen jüngeren Freund und geistlichen Gesprächspartner, den späteren großen Theologen: »Der Buddhist tötet sich
ab *[se nie]*, um das Begehren zu töten (denn er *glaubt nicht* an
den Wert des *Seins*). Der Christ tut dasselbe aus *Übermaß* des
Begehrens und des Glaubens an den Wert des Seins«, schrieb
Teilhard an de Lubac aus Tsien-Tsin. Das sei einer der Fälle, in
denen dieselben Erscheinungen entgegengesetzte Wirklichkeiten
verdeckten. Natürlich bedeute dies nicht, »daß die buddhistische
Selbstverleugnung keinen moralischen Wert hätte. Aber sie drückt
sich in einer falschen Theorie aus (wie so viele andere Pantheis-
men auch)« (8. Oktober 1933).


7 ... ALS MYSTISCHE ERFAHRUNG. Gibt es denn keine
Mystik *ohne* solche mystischen Erfahrungen, einen Mystizismus, der ausschließlich das Produkt von Argumenten wäre?

– Nein, ich denke, man sollte solch eine ›Mystik ohne Mystik‹
wohl anders nennen. Und alle Versuche – zuletzt etwa des deutschen Philosophen Ernst Tugendhat –, Mystik von der »Bezugnahme auf einen bestimmten Bewußtseinszustand fernzuhalten«,
scheinen mir das Phänomen zu verfehlen. Bei Tugendhat bleibt
ja von der Mystik am Ende nur eine reflektierte Haltung übrig,
in der unser normalerweise egozentrisch eingestelltes Ich lernen
soll, sich selbst (das heißt das eigene Wollen) nicht mehr so
wichtig zu nehmen – entweder in die Richtung einer völligen
Selbstverneinung (wie im buddhistischen *Nirwana*) oder als nur
relative Perspektivenverschiebung weg vom sich-um-sich-sorgen-
den Ich hin zur Fähigkeit, »sich von der Welt her zu sehen« (wie
in der eher ›coolen‹ Form des Taoismus, die Tugendhat offenbar
selber bevorzugt).

Mystisch nennen wir ja Situationen oder Erlebnisse, wenn
und weil wir in ihnen die Erfahrung machen, unüberschreitbare
Grenzen unserer physischen Existenz, unserer persönlichen und
sozialen Lebenswelt oder Wissenswelt gleichwohl von innen zu
überwinden. Unser (Bewußtsein des eigenen) Ich löst sich gleichsam auf, oder dehnt sich umgekehrt aus, wie ins Unendliche. Oder
aber: wir geben uns IHM anheim oder der Vielfalt der Identitäten

einer offenen Situation hin, ohne im *Ein und Alles* doch unsere Identität zu verlieren. Oder: wir verlieren uns selbst, ohne uns dabei verloren zu fühlen.

Daher die beiden Charakteristika mystischer Erlebnisse, ihr *monistischer* oder eben pantheistischer und ihr *optimistischer* Zug, welche William James in der siebzehnten seiner berühmten Gifford-Lectures über *Die Vielfalt religiöser Erfahrung* präzise charakterisiert hat: »Wir empfinden diese Zustände als versöhnend und verbindend. Sie sprechen mehr das Ja in uns an als das Nein. In ihnen hebt das Unbegrenzte alle Grenzen auf und kommt zu einem friedlichen Abschluß. Ihre ausdrückliche Zurückweisung aller Attribute, die man zur Bezeichnung der letzten Wahrheit vorschlägt [...], ist, obwohl es oberflächlich eine Verneinung zu sein scheint, eine Verweigerung zugunsten eines tieferen Ja.«

Solche Erfahrungen können das Zentrum des Lebens neu austarieren und auch mein Leben völlig verändern: etwa eine für den amerikanischen Protestantismus so typische ›Wiedergeburt‹ einleiten (wie William James sie analysiert) – Aber wie läßt sich über sie reden? »Sie brechen mit der Autorität des nicht-mystischen oder rationalen Bewußtseins, das allein auf dem Verstand und den Sinnen basiert. Sie zeigen, daß dies nur eine Art von Bewußtsein ist.« Obwohl mystische Erlebnisse für diejenigen, die ihrer teilhaftig geworden sind aufgrund ihrer »noetischen Qualität« eine besondere, »meist höchste Autorität [besitzen], und das mit gutem Recht«, sind sie in der Regel unaussprechlich und zudem häufig flüchtig. So stellen sie »für Außenstehende keine Autorität dar, die sie verpflichtet, ihre Offenbarungen unkritisch anzunehmen«.

Ohne solch eine ›tiefe‹ existentielle Erfahrung aber oder ohne ihren ›weiten‹, existentiellen Widerhall im eigenen Erleben gibt es keine echte Mystik. Ohne die eigene seelische Anteilnahme (ökonomisch ausgedrückt: ohne ›Eigenbeteiligung‹) kommt nämlich die produktive Paradoxie der mystischen Erfahrung nicht zustande: In mystischen Erlebnissen kann das Ich gleichzeitig in seiner Empfindung gestärkt (intensiviert) und in seiner Identität geschwächt (relativiert) werden. Daß die Selbsthingabe oder *Selbstaufgabe* als Erweiterung des Ich, als *Selbststeigerung* erfahren werden kann, ist wohl mystischen Erlebnissen des Westens und des (fernen) Ostens gemeinsam.

Sie unterscheiden sich dann ›nur‹ in ihrer Interpretation – in ihrer (wie William James sich ausdrückte) ›sekundären Übersetzung‹, der theologischen oder philosophischen oder kosmologischen Verortung der mystischen Paradoxie einer Selbststeigerung durch Selbsthingabe: Hingabe wohin? An wen oder was? An ein höheres Selbst, welches – wie der Gott der Bibel oder des Koran – immer schon am Grunde des eigenen Bewußtseins anwesend war und daher als unendliche Macht das eigene Ich zu richten und zu retten vermag. Oder in die Einheit mit dem natürlichen oder göttlich beseelten Universum, in dem sich dann das individuelle Ich auflöst, im unendlichen Gesamtprozeß verliert.

Ich vermute, daß Teilhards paradoxer christlicher Pantheismus sich letztlich solchen Empfindungen und Erfahrungen verdankt. Das macht uns zwar seine Gewißheit verständlich, die Geheimnisse des Glaubens ließen sich sogar noch »in die Sprache der organischen und physischen Wirklichkeiten [des Universums] übersetzen« (wie er ja in *Pantheismus und Christentum* schreibt). Freilich werden auch damit seine Versuche zu einer Mystik der All-Einheit des wissenschaftlichen Zeitalters kaum genießbarer.

– Was haben Sie eigentlich gegen die Idee von Gottes All-Einheit, SEines Anwesens in allem, was es gibt?

– Daß damit Gott zur Tatsache würde. Zu einer Welt ohne mögliche Überschreitung. Da könnte uns am Ende auch noch unsre eigene Existenz zum Faktum werden. Zur bloßen Empirie, ohne doppelten Boden.


8 **WELT OHNE SELBST?** Wenn wir den Lieben Gott einfach zum *Ein und Alles* der tatsächlichen Vielfalt unserer Welt oder des Universums erklären, blenden wir ja nicht nur die monotheistische Transzendenz aus, aus der der HERR noch die in der Wüste Verlorenen oder im Exil Verlassenen anspricht: *Höre* Israel! Im weltlich-göttlichen *All-Einen* verdrängen wir dann zugleich auch unsere metaphysische Tradition (oder verharmlosen sie): die im westlichen Weltbild seit der Revolution des Parmenides ein-

gebaute Frage nach einem unveränderlich festen Grund *jenseits* des wandelbar Seienden, inklusive aller naturgemäß zumeist aporetischen Versuche, sie zu beantworten. Wir könnten am Ende nicht mal mehr die Kritiken (an) dieser Metaphysik verstehen, wie sie im XIX. Jahrhundert etwa Søren Kierkegaard und im XX. Jahrhundert Emmanuel Lévinas geübt haben (um zwei aus biblischer Perspektive denkende Kritiker anzuführen) oder aber Friedrich Nietzsche und Martin Heidegger (in dezidiert anti-biblischem Geist).

✦

Als Gegenprobe kann ich auf einen Denker verweisen, dem es trotz bestem Mühen und Wollen nicht gelingen wollte, zum rechten Pantheisten oder, wie es damals hieß: zum ›Spinozisten‹ zu werden. Darum bemühte sich nämlich der idealistische junge Tübinger Stiftstheologe und Radikale Friedrich Wilhelm Joseph Schelling redlich: »Ich bin indessen Spinozist geworden! – Staune nicht«, schrieb er am 4. Februar 1795 dem Freunde und Kommilitonen Georg Wilhelm Friedrich Hegel. Daß ihm dies dann am Ende nicht gelingen wollte, liegt wohl nicht primär an Schellings späterem ideologischen Gesinnungswandel (wie das später, angefangen mit Heinrich Heine, eine weltlich gestimmte Linke immer wieder vermuten sollte).

Schon Schellings Ausgangsstellung, die Suche nach einem weltproduktiven Absoluten, formulierte vielmehr einen Anspruch, der ihn auch als Naturphilosophen zur Transzendenz (zurück)führen mußte: Dem Spinoza sei die Welt Alles gewesen, reine Objektivität, geht sein Brief an Hegel weiter: »Mir ist das höchste Prinzip aller Philosophie das reine, absolute Ich.« Das Ich als Absolutum darf »noch gar nicht durch Objekte bedingt [sein], sondern [muß] durch Freiheit gesetzt«, selbst produziert werden. An dieser produktiven Freiheit seines Absoluten sollte Schelling später ebenso festhalten wie am Versuch, auch noch die selbständige Wirklichkeit der endlichen Dinge zu begreifen, philosophisch ›retten‹ zu wollen.

»Der Begriff keines Einzelnen ist in Gott getrennt vom Begriff aller Dinge«, heißt es in seinem platonisierenden Dialog *Bruno* (1802): in der unerschöpflichen Fülle des Absoluten verfügt der

Ewige über die Gesamtheit der Weltmöglichkeiten – »alles absolut eins und ineinander«. Die Weltschöpfung, also die Heraussetzung endlicher Vielfalt aus Gottes Ewigkeit in die (Raum-)Zeit, bedeutet zwar auch eine Individuierung, Begrenzung, Beschränkung. Der Absolute begreift in sich unendlich mehr als alle Wirklichkeit, die es (nur) gibt. Doch noch in dieser endlichen, bedingten *natura naturata* äußert sich die unendliche Schöpferkraft des absoluten Ich, heiße es nun Gott oder *natura naturans:* die freie Schöpferkraft einer Geistnatur, bevor sie (uns) zum Bewußtsein kommt.

Darum ist Schelling am Ende wohl der Monotheist geblieben, der er schon war, ohne es anfangs doch zu wollen: Ein absolutes Prinzip der Subjektivität (›Ich‹, Freiheit oder Gott), das nicht alles Wirkliche aus sich heraus begreifen könnte, wäre nicht mehr unbedingt. *Es* wäre nicht mehr Gott, nur noch Ein und Alles. Sein Gott muß zwar in der Welt gefunden werden, ER darf aber nicht in ihr aufgehen.

✦

Wo also die pantheistische Religiosität oder Spiritualität (wie sie sich heute zumeist verschämt nennt) Gottes Geist – den Creator Spiritus – restlos in die Welt(seele) versenkt, da verleugnet sie nicht nur SEine absolute Souveränität. Sie verkennt auch SEine absolute Differenz zu allem Geschaffenen. Sei die Welt nun flach oder eine Kugel, statisch oder in Entwicklung begriffen, Pantheisten kennen keine Differenzen *in* der Welt mehr, welche *über* die Welt hinausweisen und *Wahr*nehmung »jenseits des Seins« (Emmanuel Lévinas) eröffnen könnten.

Pantheistischer Spiritualität geht es ja eher um Konvergenz als um Differenz; sie sucht die Integration aller möglichen Unterschiede – zwischen belebt und unbelebt, zwischen niederen und höheren Lebensstufen und -formen, zwischen Handeln und Tun, männlich und weiblich, endlich und endlos, materiell und geistig ... – im Bewußtsein der Teilhabe am Gesamtprozeß des Werdens.

Als konsequente Pantheisten vergäßen, verkennten oder verrieten wir am Ende daher auch noch das moderne Ich-Ideal des

Philosophen, der sich die absurde Freiheit herausnimmt, in seinem Bewußtsein der ganzen Welt (das heißt *allem, was der Fall ist*) gegenüberzutreten und ihre Existenz (ihre zufällige Vorgeschichte, ihr notwendiges *So-und-nicht-anders-sein*, ihren Möglichkeitshorizont) für *frag*würdig zu halten.

– Moment! Ganz so modern ist doch Ihr gottloser Liebling, der existentialistische ›Absurdismus‹ gar nicht! Schon spätantike Gnostiker haben ja das Lebensgefühl einer Weltfremdheit des Geist-Ichs gegenüber der bloß geschaffenen, ihrer Materialität verfallenen Welt mit bewegenden Worten, Bildern und Mythen geschildert. Deshalb wollten sie ja gerade keinem Weltenschöpfer mehr huldigen, keinem kosmischen Demiurgen oder Designer. Der Gott, zu dem sie beteten, war eben ein ganz anderer, ein (welt-)›fremder Gott‹, wenn wir hier den Rekonstruktionen von Adolf von Harnack oder Hans Jonas glauben wollen.

– Ach wissen Sie, Ihr Steckenpferd, diese Gnosis, war doch ein ziemlich hybrides Sammelsurium von allerlei trendigen Mysterien und Kulten, aber eben auch *anti*-trendigen, esoterischen Lehren (Christoph Markschies). Warum sollten da nicht auch ein paar Existentialisten des kosmisch heimatlosen Geistes dabeigewesen sein? Ein Heidegger-Schüler wie Hans Jonas vermag uns diese Versuchung ja immerhin recht plastisch zu schildern.

Aber Pantheisten waren die Gnostiker jedenfalls keine! Diesen Vorwurf, Gott zu sehr mit der mißratenen Welt zu identifizieren, machten sie ja gerade allen ihnen bekannten Formen des Monotheismus: ebenso dem Gott der Philosophen wie dem biblischen Schöpfer von Welt und Gesetz, dem Gott der Juden und Christen. Deshalb suchten sie ja ihren *ganz* anderen Gott, um der mißlichen Verfallenheit der Seelen an unsere *a*kosmische Welt zu entkommen, besser noch (mit dem Ausdruck Rémi Bragues): diese ›antikosmische‹ Welt zu überwinden oder zu verlassen.

Der Pantheismus der Antiken wie der Modernen sagt im Gegenteil: Gott ist schon die (ganze) Welt, und das ist auch gut so.

– Und wenn ich nun ob der Banalität der wirklichen Welt verzweifeln möchte?

– Dann sollten Sie sich solche Zweifel gefälligst abgewöhnen. Verfallen Sie aber dieser Stimmung dennoch, so täuschen Sie sich.

Sie folgen bloß der üblen, egozentrischen Gewohnheit, den ›Blick von Nirgendwo‹ (Thomas Nagel) auf sich selbst oder die Welt als irgendwie absurd zu empfinden. Entkrampfen Sie Ihre Sinn- oder Wozu-Fragen. Der Riß im Sein baut sich dann organisch von selber ab. Entspannen Sie doch zunächst einmal Ihre Nacken- muskeln …

✦

In konsequent pantheistischer Weltfrömmigkeit wird als die eine, letzte, oberste Gottheit also nur noch die Wirklichkeit ver- ehrt: die ontologische Grammatik ihres So-Seins; die kosmologi- sche Ordnung ihres So-und-so-Gewordenseins; oder eben neuer- dings, von den Gefühligeren unter den Pantheisten, ihre *good vibrations*. Daß solch eine Einstellung dann auch sehr schnell in einen lebenspraktischen Polytheismus der Werte, ethischen Routinen, faktischen Autoritäten abrutschen kann, das braucht uns jetzt nicht mehr zu verwundern. Wir sind dem Phänomen ja schon im achten und neunten Kapitel begegnet.

Denn auch *New Age*-Vitalisten sind ja auf ihre Art Pantheisten: Überall, in allen möglichen Prozessen der Wirklichkeit, wollen sie göttliche Energie und Synergie wiederfinden. Und wenn der Gott nur noch dasselbe ist, was wir ohnehin im Fluß der Wirklichkeit erfahren, dann ist in der Tat, wie für Thales von Milet, »alles voller Götter«. Als eigene, alle Wirklichkeit übersteigende Gestalt und normative Autorität braucht *es* Gottes Hand dann gar nicht mehr. Die Welt ist da schon ihr eigener Schatten.

Ohne es zu bekennen und vermutlich sogar ohne es überhaupt zu bemerken, hätten wir mit der pantheistischen Gleichsetzung von Gott und Welt also nicht nur die Herausforderung des bibli- schen Monotheismus ausgeblendet, sondern auch *jeden* ande- ren transzendenten Gesichtspunkt. Denn Transzendenz *ist* jetzt Immanenz! Fragen nach einem Logos, der uns mehr sagte, oder nach einem Nomos, der noch anderes von uns fordern könnte als das, was bereits in der Welt der Fall ist (oder auf der ›Innenseite der Dinge‹ irgendwie angelegt sei), solche Fragen wären über- flüssig oder unverständlich. Mit dem Verlöschen der letzten Er- innerung an Gottes Anspruchshorizont verschwände bald auch der moderne Schock des Bewußtseins menschlicher Freiheit ohne jenseitig vor- oder aufgegebenen ›Sinn‹.

Vergiß *es* doch endlich, dein ›Ich‹ oder Selbst! Es verursacht dir eh nur (Selbst)Bewußtsein – also, wie der Buddha sagt, Leiden. Ist nicht das westliche Selbst sowieso ein Produkt falsch codierter Selbstbeobachtung? Und am Ende noch Produzent unnötiger moralischer Fragen, fragwürdiger strafrechtlicher Verantwortung, aus vermeintlich freiem Wollen? Das wollen ja manche Neurobiologen schon wissen (Wolf Singer, Gerhard Roth).

Wenn wir nun die Frage nach Gott als *dem* Einen transzendenten Autor der Welt beseitigten, hätten wir gleich auch seinen neurotischen Wiedergänger im eigenen Bewußtsein entsorgt: jenes vermaledeite Ich, das da mit seinem Differenzcode permanent unnötige Alternativen in die Welt setzt. Innen oder außen, frei oder notwendig, zufällig oder zweckhaft? Wo alles eins ist und alles Gott, könnten wir uns solches Selbst und solche Sorge sparen. Eine andere Instanz, einen möglichen Bruch im Horizont gibt es nun nimmer. Der pantheistische Gott ist eh' schon ein und alles, was der Fall ist. Ich ist kein Andrer mehr.

✦

»Mir scheint aber, um alles zu sagen, genügt es, folgende Worte zu sprechen:

›Nur eines wird.‹

Nur eines wird.

Wer hat so gesprochen? – Der Christ? Der Pantheist?

Ganz ohne Zweifel der Christ, denn unter der machtvollen Umarmung des allgegenwärtigen Christus weiß der Gläubige, daß die Seelen ihre Personalität nicht verlieren, sondern gewinnen.«

Das schreibt Teilhard de Chardin in *Pantheismus und Christentum*. Doch wäre seine Gebetsformel vom werdenden Einen tatsächlich so personalistisch, wie Pater Paläontologe hier behauptet, hätte er diese Zweifel ja gar nicht zu zerstreuen brauchen.

## ZWÖLFTES KAPITEL

# Welteinheit und Artenvielfalt

»In dieser ausgeformten Gestalt ist sie [diese Welt]
nicht die einzige aller Welten!
Je tiefer [der Künstler] schaut, desto leichter vermag er
Gesichtspunkte von heute nach gestern zu spannen.
Desto mehr prägt sich ihm an der Stelle des einmal
fertigen Naturbildes das allein wesentliche Bild
der Schöpfung als Genesis ein.
Er erlaubt sich dann auch den Gedanken, daß
die Schöpfung heute kaum schon abgeschlossen sein
könne, und dehnt damit jenes weltschöpferische Tun
von rückwärts nach vorwärts. Der Genesis Dauer
verleihend.
Er sagt sich diesseits bleibend: es sah diese Welt
anders aus, und es wird diese Welt anders aussehen.
Nach jenseits tendierend aber meint er: Auf anderen
Sternen kann es wieder zu ganz anderen Formen
gekommen sein.«
Paul Klee, *Über die moderne Kunst*

»That Nature and the God of Nature are distinct,
no thinking being can long doubt. By the former
we imply merely the laws of the latter.«
Edgar Allan Poe, *Eureka*

---

*Wäre die Welt ohne Gott überhaupt EINE Welt?* – Was
macht denn eine Summe der Tatsachen zum All? Worin bestünde
ihre Einheit?

*Gegenprobe:* Was macht die Vielfalt der Lebewesen zu einer
Gesamtheit? – Die Ausdifferenzierung der Arten, ihr Überleben
oder Aussterben ist durch die Evolution verknüpft. – Bildet auch
die Vielzahl aller Dinge in allen möglichen Welten solch eine Gesamtheit?

Wenn es nun keine gemeinsame Dynamik aller Universen gäbe? – Dann müßten wir diese Ganzheit *außerhalb* suchen, im Willen des Schöpfers allein. – *Wie viele Welten schuf Gott denn?*

---

**1 VIELFALT UND EINFALT.** Wir werden darum, im Gegensatz zu den Pantheisten, doch lieber sagen, ›das Ganze‹ sei, auch und gerade als dynamische Totalität, ein Ergebnis der göttlichen Schöpfung.

– Aber sind wir da nicht erneut mittendrin in einer klassisch metaphysischen Lektüre der biblischen Offenbarung? Gerade diese wollte Teilhard de Chardin, ähnlich wie die modernen ›Prozeßtheologen‹, doch hinter sich lassen!

– Um welche Ecke Sie auch um den Schöpfungsbegriff herumzudenken versuchen, wir werden zwangsläufig immer wieder darauf stoßen. Jedenfalls, wenn Sie gleichzeitig weiter vom Ganzen reden wollen. Sobald wir keinen in sich kohärenten Begriff des *Kosmos* mehr haben, wie er etwa (zum Beispiel bei Platon) durch seine mathematischen Harmonien geordnet und geeint wird, ist die *eine* Welt ohne den *einen* Gott als ihren Schöpfer nicht zu haben.

– Das verstehe ich nicht. Es *gibt* doch eine Welt, und sie besteht aus einer Menge von Tatsachen.

– Aber nicht *alles, was der Fall ist,* muß ja deshalb auch schon eine Einheit bilden. Und hier liegt doch das Problem der abendländischen Metaphysik. Die Gesamtheit der kontingenten Tatsachen unserer Welt (oder der vielfachen Welten) ist ja gerade *nicht* homogen. Ein multiversaler Kosmos voller schwarzer Löcher ist ontologisch einfach nicht aus einem Guß: »zur Gänze von Seiendem erfüllt« *[pân d'empleón eóntos]* wie das ungewordene und unvergängliche »Seiende stoßend an Seiendes« der parmenideischen Offenbarung, welches da *jenseits* all unserer vergänglichen Erfahrung ewig »als ein Selbiges im Selbigen verharrt« (Fr. 8).

– Wollen Sie etwa behaupten, das ewig unteilbare Seiende des Parmenides, dem wir bereits schaudernd im sechsten Kapitel begegneten, sei die einzig mögliche Gestalt einer Einheit oder Ganzheit der Welt(en)? Das hieße ja, die Welt sei entweder ein ewig

»gleich« *[homoion]*, zusammenhängend, »voll« *[empleon]* Seiendes, welches »unbeweglich [oder unvergänglich: *akíneton*] in den Grenzen gewaltiger Fesseln« fixiert ist (Fr. 8), oder sie sei gar nicht! Mit Verlaub, damit streichen Sie doch Jahrtausende der Wissenschaftsentwicklung durch!

– Verehrtester Fortschrittsfreund, daß uns irgendwelche empirischen Wissenschaften die Einheit der Welt(en) jemals beweisen könnten, das ist ja wohl ein Ammenmärchen aus dem Bilderbuch der Kinderstube der Moderne. Aber gut, Sie haben schon recht mit dem Hinweis darauf, daß es ja in der Tat ganz verschiedene denkbare Einheitsvorstellungen in der Kosmologie gibt, vom Einfältigen bis zum Komplexen: Wir mögen etwa (ganz einfach) an bloß *ein* physikalisch in sich kohärentes physisches Universum denken.

Vielleicht aber (und da wird es schon etwas komplizierter) vermuten wir in diesem Universum sogar vom Urknall an *eine* gerichtete, radiale, im starken Sinne ›anthropische‹ Teleologie: die im ursprünglichen Materie/Energie-Gemisch angelegte (und ›feinabgestimmte‹) Potenz seiner Ausdehnung, Verstreuung, Kristallisation und Evolution, welche auch schon bereits die spätere Entwicklung des Menschen in unserer scheinbar so zufälligen Ecke des Gesamtuniversums beinhaltete.

Aber wir könnten das Universum auch (noch komplizierter, aleatorischer) als *einen* Horizont für *mehrere* wohldefinierte mögliche ›Welten‹ analysieren: als eine (immer noch, wenngleich elastischer) ›feinabgestimmte‹ Variationsbreite von Möglichkeitsmustern physischer Existenz, die dann eine ganze Reihe von zueinander alternativen, aber nicht beliebigen Wirklichkeiten zuläßt und deren mehr oder minder elegante Regeln dann von der *Grand Theory Of Everything* rekonstruiert werden müßten.

– Die könnten dann ja die Superstring-Symphoniker herausfinden. (An realistischer Eleganz dürfte freilich Edgar Allan Poes ›Prosagedicht‹ *Eureka* bis heute nicht zu übertreffen sein.)

– Und zuletzt, vielleicht, könnte man die Gesamtheit aller Welten sogar als *ein Multi*versum verstehen, als *eine Viel*heit konkurrierender Universen mit völlig verschiedenen physikalischen Grundkonstanten (das heißt mit ganz anders aufeinander abgestimmten raumzeitlichen Mikro- und Makrostrukturen). Wie viele es sind (oder waren), ist dabei vermutlich bei der Einschätzung der Wahrscheinlichkeit wichtig, daß sich in (einigen von) ihnen organisches oder gar bewußtes Leben entwickeln konnte. Nur einige von ihnen stabilisierten sich ja überhaupt lange genug, um Galaxien auszubilden; und wiederum nur in einigen dieser Weltenräume hätte sich organisches und in noch weniger sogar bewußtes Leben entwickeln können – vorausgesetzt, die Biogenese hätte zum rechten Zeitpunkt innerhalb der ›Lebensdauer‹ dieser Galaxie begonnen.

Immerhin hat in unserer Galaxie die Darwinsche Phase der Evolution von der Entstehung erster Einzeller bis zum Auftreten der Spezies Mensch etwa dreieinhalb Milliarden Jahre gedauert – davon allein zweieinhalb Milliarden Jahre für die Entwicklung von Einzellern bis zu vielzelligen Lebensformen, der Voraussetzung für jede Art von intelligentem Leben. »Das ist ein Gutteil der Gesamtzeit, die zur Verfügung steht, bevor die Sonne stirbt. Dies wäre also vereinbar mit der Hypothese, daß die Wahrscheinlichkeit, daß Leben Intelligenz entwickelt, gering ist«, wie Stephen W. Hawking vermutet: »In diesem Fall könnten wir [zwar] damit rechnen, in der Galaxie viele andere Lebensformen vorzufinden, doch es ist unwahrscheinlich, daß [dieses Leben] intelligent ist.«

– Vom extraterrestrischen Leben einmal abgesehen: Worin bestünde denn dabei noch die Einheit Ihres Multiversums, die Ordnung dieser Vielfalt? *Ein* (wie auch immer determinierter) Prozeß des Entstehens und Vergehens von *vielen* Welten (deren einzige Gemeinsamkeit ihre Zusammenhanglosigkeit wäre – oder ihr quasi-darwinistischer Verdrängungsprozeß) wäre ja wohl eine reichlich paradoxe Ganzheit.

– Und wer sagt Ihnen, daß die Wirklichkeit frei von Paradoxen zu haben ist? Warum sollte sich der Schöpfer *aller* Welten damit begnügt haben, einen paradoxiearmen Kosmos zu schaffen? Nur damit unsere Schulweisheit widerspruchsfrei ruhen mag? Da würde ER sich doch auf Dauer *verdammt* langweilen! Und wer weiß, vielleicht ginge es uns am Ende genauso – jedenfalls dann, wenn wir forschenden Geister denn tatsächlich nach SEinem Bilde geformt wären.

**2** MÄNNER IM MOND ... Nun zum anderen Extrem: Bei einer *völlig* zusammenhanglosen, *bloßen* Pluralität von Fakten, Welten oder Ontologien machte der Begriff vom Kosmos, der ja irgendeine Welten-*Ordnung* voraussetzt, wohl keinen Sinn mehr.

– Dafür gäbe es auch kein Paradoxon, *no problem:* Zwischen den Welten oder *kósmoi,* in den *metakósmia* oder *intermundia,* wie Cicero übersetzt (nat. deor., I.viii.18), hausten allenfalls noch die Götter des Epikur.

– Die aber können wir glatt vergessen. Das sind Götter, die uns in der Tat nichts mehr angehen. Weder gehören sie zu unserem Kosmos noch zu irgendeinem anderen, jenseitigen. In ihrem intermundanen Zwischenreich kümmert sie weder der eine noch der andere. Mögen wir auch eine natürliche Vorstellung (eine *prolepsis*) von den Göttern in unserer Seele vorfinden (nat. deor. I.xvi.43), eigentlich ist es gleichgültig, ob es diese Götter Epikurs nun gibt oder nicht. Was sie tun oder lassen, tut nichts zur Sache.

In den *Entretiens sur la pluralité des mondes* hingegen, die Bernard de Fontenelle im Jahre 1686 veröffentlichte, geht es sehr wohl um *ein* zwar offenes, doch physikalisch einheitliches Universum, in dem es freilich mehrere bewohnte Welten gibt.

– Und warum machte das Buch einen derartigen Skandal?

– Nun, Fontenelle (er)fand im Universum auf anderen Sternen oder Planeten bewußtes Leben, nicht einmal vernunftbegabte Bewohner mochte er auf Mond, Mars, Venus *et cetera* ausschließen. Und das war der Skandal, den seine wissenschaftlich und literarisch neugierigen Konversationen im frömmelnden Teil von Hof und Gesellschaft in Paris auslösten.

In Frankreich hatte ja der Sonnenkönig Ludwig XIV. soeben das Toleranzedikt von Nantes aufgehoben (1685): also den Katholizismus zur Staatsreligion gemacht und Protestanten wie Freigeister *en masse* ins Exil getrieben. Da läuteten bei manch bravem Kleriker schnell die Alarmglocken. Würde mit Fontenelles Vielfalt bewohnter Welten nicht die von der Bibel demonstrierte kosmische Exklusivität der menschlichen Spezies geleugnet?

– Aber der gute Fontenelle ist dann ja trotzdem Sekretär der Académie Française geworden.

– Warum wohl? Die Damen waren von seinen Spekulationen begeistert: »*Mon dieu, was machen Sie denn da? Sie wollen mir doch am Ende nicht noch den ganzen Himmel bevölkern?*« unterbricht die schöne Marquise ihren wissenslustigen Philosophen am dritten Abend ihrer Gespräche: »*vous m'allez mettre des habitants dans toutes les planètes?*« – Zweifeln Sie nicht daran, Madame, antwortet ihr lächelnd der Philosoph, welcher am Abend zuvor schon den Mond bevölkert hatte: *pourquois pas?* – Und warum auch nicht? Das Buch wurde ein Bestseller.

Schon Cyrano de Bergerac hatte ja einige Jahrzehnte zuvor in einem phantastischen Roman über »Staaten und Reiche auf dem Monde« fabuliert. Mathematiker wie der Franzose François Bernier oder der große Niederländer Christian Huygens (1629–1695) mit seinem ›Weltenbeschauer‹ oder *Kosmotheoros* (1689) widmeten der Hypothese von den anderen Welten im Himmel ausführliche Spekulationen (Christophe Martin, Steven J. Dick). Und mochten auch solche *de terris coelestibus conjecturae* womöglich einige verängstigte Beichtväter stören, so konnten sie aufrechte Katholiken, welche im Vernunftgebrauch geübt waren, schon damals keinesfalls schrecken.

*Au contraire:* Gerade eine Vielfalt der Welten benötigt ja für ihren Zusammenhalt den Willen des allmächtigen Gottes allein. Umgekehrt vermöchte eine Vielzahl von Welten die Grundgüte Gottes, welche in IHM einfach und einheitlich ist, vielleicht noch besser darzustellen als nur eine Galaxie mit einem Sonnensystem und vielleicht nur einer Evolutionschance für halbwegs intelligente Geschöpfe: *nam bonitas quae in Deo est simpliciter et uniformiter, in creaturis est multipliciter et divisim.* Dieses Argument finden wir – auf die Unterschiedenheit und Vielfalt der Dinge bezogen, noch nicht von Galaxien oder möglichen Welten – immerhin bereits beim heiligen Thomas. *Unde perfectius participat divinam bonitatem, et repraesentat eam, totum universum, quam alia quaecumque creatura:* »Und darum hat das gesamte Universum [oder: *Multi*versum] zusammen vollkommeneren Anteil an der göttlichen Güte und stellt sie besser dar als jedes einzelne Geschöpf« – oder jedes einzelne Universum (Sth Ia, qu. 47, a. 1).

◆

*Multitude is beautiful!*

– Das sollten wir nicht übertreiben. Nicht jede Vielfalt ist schöner; die Anzahl jedenfalls macht's nicht: Bloße numerische Menge *(pluralitas materialis)* hat ja keine bestimmte Grenze und tendiert zur (strukturlosen) Unendlichkeit, die Rede von einer Vielzahl der Welten aber bezieht sich bloß auf solche *materialis multitudo.* In diesem Sinne wird der HERR und Schöpfer Gott *nicht* die größtmögliche Vielzahl als beste der Welten anstreben. *Tale autem melius non est de intentione Dei agentis,* sonst ließe sich ja sagen, wenn ER zwei geschaffen hätte, es wäre noch besser, ER hätte drei Welten geschaffen: *quia eadem ratione dici posset quod, ut fecisset duos, melius esset quod essent tres; et sic in infinitum* (Sth Ia, qu. 47, a. 3).

**3** ... UND EXO-THEOLOGIE. »Ein radikaler Monotheismus ist mit seiner Überzeugung, daß alle Dinge, alle Lebensformen, alle Menschen und alle Welten einen gemeinsamen Ursprung und ein gemeinsames Schicksal haben – in einem Gott, der unterschiedslos alle Wesen erschafft und umfaßt –, noch immer die sicherste Grundlage, die wir besitzen, um uns das, was zuerst fremd schien, zu eigen zu machen«, schreibt heute John F. Haught, Direktor des Center for the Study of Science and Religion an der Georgetown University in Washington. Die beste Vorbereitung für eine derartige ›Exo-Theologie‹ sei ohnehin eine ›Eco-(beziehungsweise Öko-)Theologie‹, die uns lehre, daß die Wirklichkeit Gottes sich bereits auf unserem Planeten in der verschwenderischen Vielfalt unbelebter wie belebter Geschöpfe manifestiert. Warum kann sie sich da nicht genausogut oder noch besser »in einer noch reicheren Diversität anderswo [und] auf Arten ausdrücken, die uns jetzt noch vollkommen unbekannt sind«?

Falls es freilich auf fernen Sternen *Extraterrestrials* (ETs) geben sollte, stellen sich für diese Exo-Theologen neue Fragen. Eine davon ist etwa die, ob Gott ebenso wie uns Menschen auch diese ETs von ihren Sünden erlösen würde – und George V. Coyne, der Chef des Vatikanischen Observatoriums *Specula* (also der päpstlichen Sternwarte), buchstabiert diese Frage ganz nüchtern: »Gott wählte einen sehr speziellen Weg, die Menschen zu erlösen. Er schickte ihnen seinen einzigen Sohn, Jesus, und Jesus opferte sein Leben. Tat er dies auch für die ETs, oder wählte er einen anderen Weg, sie zu erlösen? [...] Konnte Jesus Christus, ganz ein Mensch, auf mehr als einem Planeten öfter als einmal existieren?«

Hier muß sich Pater Coyne geradezu bremsen: »Offensichtlich verfügen wir heute nur über begrenzte Fähigkeiten, solche Fragen zu beantworten«. Daß der Astronom Coyne ebenso ein Jesuit ist wie der Theologe Haught (die Georgetown University ist die bekannteste Jesuitenuniversität Amerikas), wird uns beide gewiß nicht verwundern, oder? *Nihil alienum.*

Jesuitenschüler war natürlich auch René Descartes, der Metaphysiker der vernünftigen Moderne. Descartes sieht in Gottes souverän-wohltätiger Fürsorge um uns Menschen auf unserer Erde (die uns ja viel zu lange als Zentrum des Universums erschienen war) überhaupt keinen Grund wider die Annahme, »daß ER auch einer Unendlichkeit anderer Kreaturen eine Unendlichkeit weiterer großer Wohltaten zugefügt haben könnte«.

– Und warum steht davon nichts in der Bibel? Das würden an dieser Stelle die rechtgläubigen Inquisitoren aus dem katholischen Frankreich, aber auch calvinistische Rigoristen in den reformierten Niederlanden von unserem Philosophen wissen wollen.

– Gewiß, gibt er zu, die Bibel mache in der Schöpfungsgeschichte den Menschen nachgerade zum Hauptgegenstand. Aber das – so schrieb Descartes an seinen Freund Pierre-Hector Chanut (Den Haag, am 6. Juni 1647) – liege vermutlich ganz einfach daran, daß »die Bibel eigens für Menschen verfaßt wurde und darum der Heilige Geist vor allem die Angelegenheiten herausstellen wollte, welche [gerade die Menschen] angehen«. Eine Bibel für Marsmenschen oder Alpha-Centauri-Bewohner oder andere ETs würde hier pädagogisch gewiß andere Schwerpunkte setzen. In ihrem Bemühen, uns zur Gottesliebe anzustacheln, hätten zudem die Prediger der Christenheit diesen Anthropozentrismus der Schöpfungserzählung noch zusätzlich übertrieben.

– Ob er da eher die katholische Inquisition im Frankreich des Sonnenkönigs im Auge hatte oder seinen eigenen Ärger mit rigiden Calvinisten der holländischen Provinzen?

– Einen vernünftigen theologischen Grund dagegen, daß es nicht auch »intelligente Geschöpfe auf den Sternen oder noch woanders geben könnte«, gab es also für Descartes nicht. Darum ziehe er es vor, derartige Fragen lieber unentschieden zu lassen, wie er an Chanut, den französischen Botschafter in Schweden, und auf diesem Wege auch an die junge schwedische Königin Christina schrieb.

Descartes hatte aber offenbar vernünftige Gründe dafür, daß er es vorzog, in den reformierten Niederlanden zu wohnen statt in seiner katholischen Heimat Frankreich unter der rechtgläubigen Herrschaft Ludwigs. Seinem Freund Chanut, übrigens Schwager von Descartes' Verleger und Übersetzer Claude Clerselier, gelang es dann am Ende, den widerstrebenden Denker ins kühle und protestantische Stockholm zu locken, an den Hof der dreiundzwanzigjährigen Philosophenkönigin Christina.

Ach, hätte *Monsieur* Descartes doch nur gewußt, was die extravagante Monarchin von ihm verlangen würde (Veronica Buckley). Das war eine ganz andere Welt: Täglich um vier Uhr morgens mußte er sich im Schloß einfinden, um in der ungeheizten Königlichen Bibliothek mit Ihro Majestät über Gott und mögliche Welten zu diskutieren, wie sein Biograph Baillet berichtet! Nie und nimmer hätte er sich zur Mondfahrt nach Stockholm überreden lassen sollen. So aber holte im September 1649 eine schwedische Schiffsbesatzung den Philosophen ab – und so fing sich der Ärmste unter nordischem Himmel alsbald eine Lungenentzündung ein und verstarb im kalten Februar 1650.

**4** GOTT ODER WELT. Wenn wir *alles, was ist,* als *eine* Ganzheit denken wollen, wenn wir sogar noch ein Multiversum aus vielen Welten als Gesamtheit verstehen wollen, welche mehr wäre als der Universal-Quantor ›alle(s)‹, dann brauchen wir dafür ein Prinzip der Einheit. Und da gibt es nur zwei Alternativen: Entweder suchen/finden wir diese Einheit *innerhalb* der Welt als ihr immanentes Ordnungsprinzip – oder meinetwegen auch, wie Teilhard de Chardin, als die Dynamik ihres Prozesses kosmischer Einigung.

– Wenn es nun kein solches Prinzip kosmischer Einheit, Ganzheit, Dynamis geben sollte, sondern nur eine bloße Vielfalt zerstreuter unverbundener Tatsachen?

– Dann müssen wir eben diese Ganzheit *außerhalb* der Welt suchen: im transzendenten Plan, Willen oder Design ihres Autors. *Tertium non datur!*

Gott allein ist nicht geschaffen: Die Welt – *alles, was der Fall ist* – ist nur Ergebnis SEines Tuns, Gegen-Stand SEines Willens. Indem wir nun Gott als Schöpfer der Welt begreifen, sehen wir ›die Welt‹ als ein Ganzes an, reden von ihr wie von einem Gegenstand: Was die Gesamtheit aller uns bekannten und der noch unbekannten Dinge oder Substanzen vereint, ist eben der Umstand, daß sie alle ihren Daseinsgrund nicht in sich selbst haben. Ihr letzter Grund ist Gottes Wille.

Jahrhunderte christlicher Bilder und Texte haben die Genesis zum Bilderbuch einer krude stofflichen Welt mit nahezu handgreiflichem Schöpfer gemacht. Große Weisheit – das Mosaische Bilderverbot angesichts des ganz Anderen von JAHWEs Gottheit und die muslimische Ehrfurcht vor der Unermeßlichkeit göttlicher Souveränität – hat hingegen das rabbinische Judentum und den Islam in der Regel davor bewahrt, ihre nicht minder handgreiflichen Gottesvorstellungen auch in Menschengestalt abzubilden. – Vielleicht eignen sich ja heute, im Zeitalter der Quantenphysik, mathematischer Modelle und elektronischer Netzwerke, die geometrisch-kristallinen Muster aus der Ornamentik islamischer Kunst oder aber die jüdische Überlieferung der Welt als Text und Verweisungsnetzwerk (der Erzählung, von Tradition und Gesetz) eher als Reservoir plausibler Bilder von Schöpfung und Geschöpflichkeit?

Gewiß wäre es verkürzt und verfehlt, IHN, DER IST, den einen Gott jüdisch-christlich-muslimischer Welt-Anschauungen »gleichsam als Weltduplikat« an einen solcherart »dinglichen Weltbegriff« zu fesseln (Niklas Luhmann). Doch in Bibel und Koran erscheint der Schöpfergott der HERR noch als eine recht menschenähnliche Person. JAHWE Elohim tritt wie Allah auf als Mischung aus einem allmächtigen Herrscher und einem kosmischen Handwerker: SEin Wort ist Gesetz, es scheidet Licht und

Finsternis, Himmel und Erde, das Feuchte und das Trockene;
Gott baut unseren Kosmos per Edikt; durch Namensnennung beziehungsweise Klasseneinteilung unterscheidet ER die Himmelsgewölbe und Stände des Tierreichs und stiftet Ordnung. Am Ende
wird der Monarch Töpfer und knetet den Menschen aus Schlamm.
ER belebt ihn mit SEinem Atem-Geist (Gen 2,7; vgl. etwa Sure 32,
Verse 8,9) – um ihn alsbald per Edikt in seinen Raum und Stand
zu verweisen: ›Zugang zum Baum der Erkenntnis verboten!‹

✦

Doch heute denken wir uns den Prozeß der Weltenschöpfung –
in dem die gesamte Wirklichkeit endlicher Substanzen, Gegenstände und Größen von Gott, einem unendlichen Subjekt, intentional (das heißt mit Wissen und Willen) ›aus dem Nichts‹ hervorgerufen wurde und wird (denn die Schöpfung ist kein einmal
abgeschlossener Prozeß), sicher nicht mehr wie im Bilderbuch
der Genesis: als handwerkliche Produktion von Gegenständen, in
sechs Tagwerken (mit Sonntagsruhe), als Räume und Kreaturen
scheidendes Gebot des HERRn. Dem Himmel sei Dank: Diese
archaische Bilderwelt hat der christliche Westen längst überwunden.

5 EVOLUTION ODER DESIGN? Seien Sie sich dessen nicht
zu sicher! Denken Sie nur an die amerikanischen Kulturkämpfe zwischen ideologischen Darwinisten und ideologischen
Kreationisten. Denn es gibt natürlich auch *nicht*-ideologische,
rein wissenschaftliche Darwinisten (Stephen Jay Gould, James
Watson) – ebenso wie ja auch die Mehrzahl der Christen aus ihrem
Glauben an Gottes Schöpfung keine wissenschaftspolitische Ideologie macht (Peter Sitte). In den Vereinigten Staaten, wo bekanntlich die Bibel in der *King-James-Version* die Muttersprache
einer oft rabiaten Demokratie darstellt, folgen solche Kontroversen seit zweihundert Jahren dem Auf und Ab eines evangelischen
Fundamentalismus, der an die wörtliche Inspiration der Heiligen
Schrift durch den Heiligen Geist glaubt. Auch in der Ära des jüngeren Präsidenten Bush sind sie wieder ausgebrochen.

Einerseits glauben die Ideologen eines wissenschaftlichen Naturalismus zu wissen, die naturhistorischen Forschungen zum Prozeß der Entstehung der biologischen Arten auf unserem blauen Planeten hätten jeden Gedanken an eine göttliche Erschaffung der Welt, ihrer Lebensformen und der Menschen längst widerlegt. Ihre Gegner, die ›Kreationisten‹, verweisen zwar heute nicht mehr einfach auf die Bibel beziehungsweise ein wortwörtliches Verständnis der Schöpfungsgeschichten im Buche Genesis. Dies hatten sie in den zwanziger Jahren beim berühmten ›Affenprozeß‹ in Tennessee noch getan (gegen den Lehrer Scopes, der es gewagt hatte, die Darwinsche Erklärung der Entstehung der Arten in der Schule zu unterrichten). Das Ergebnis war bekanntlich nicht nur die Niederlage der Fundamentalisten vor Gericht, sie mußten bei diesem Medienprozeß auch noch den Spott ertragen, vor aller Augen als provinzielle Hinterweltler vorgeführt zu werden.

Heute treten ihre Nachfolger darum lieber als *Intelligent Design*-Bewegung mit seriösem wissenschaftlichen Anspruch auf, haben gutfinanzierte Think-Tanks und nennen sich dann etwa *Discovery Institute.*

– Haben sie denn neue Erklärungen, warum der weltenplanende Schöpfer bestimmte Spezies wie die Dinosaurier untergehen, aber die Ameisen und Menschen überleben ließ?

– Nein, man versucht eher, Hinweise auf einen ›intelligenten Designer‹ (*alias* den Lieben Gott) in den zahlreichen offenen Fragen, Erklärungslücken (bei der Entstehung ›irreduzibler‹ biologischer Komplexitäten) oder allen möglichen ungelösten Problemen unterzubringen, die es natürlich in der Evolutionstheorie ebenso gibt wie in allen anderen wissenschaftlichen Lehren auch: So finden sie dann *God in the gaps.* Die unsichtbare Hand des intelligenten Planers bei Entstehung und Entwicklung des Lebens auf Erden gilt ihnen nicht mehr als Glaubenswahrheit, sondern als wissenschaftlich bestätigte Theorie – oder doch zumindest als seriöse wissenschaftliche Alternative zur Evolutionslehre.

– Na, aber das *müssen* evangelikale Fundamentalisten doch behaupten (übrigens auch dann, wenn es ihnen eigentlich ›nur‹ um die wortwörtliche Wahrheit der biblischen Schöpfungserzählung geht): Denn andernfalls brauchten sie in Amerika, dem Lande der radikalen Trennung von Kirche und Staat, ihre Forderung nach dem Schulunterricht in *Intelligent Design*-Lehre gar nicht erst aufzustellen: Glaubenslehren haben dort schließlich in staatlichen Schulen nichts zu suchen!

– Hat denn die römische Kirche sich zuletzt nicht ebenfalls in diesen amerikanischen Streit eingemischt?

– Da sei der Heilige Geist vor! Pontifex Johannes Paul II. hatte sogar noch 1996 vor der Päpstlichen Akademie der Wissenschaften eigens erklärt, die bekanntlich im XIX. Jahrhundert auch von Rom aufs Messer bekämpfte Evolutionslehre sei weitaus »mehr als eine bloße Hypothese«.

Auch eine Internationale Theologenkommission der (vom künftigen Papst Kardinal Ratzinger geleiteten) Kongregation für Glaubensfragen hatte zum Thema des Menschenbildes im Lichte des Glaubens noch 2001/2003 ein umfängliches Gutachten erstellt, das es (im Unterschied zu älteren Usancen der römischen Inquisition) explizit ablehnte, die Kirche in solchen Wissenschaftskriegen auf eine der beiden Seiten zu verpflichten: Wille und Vorsehung Gottes könn(t)en ebenso auf dem Wege offener ›Zufalls‹-Auswahl wie dem einer deterministischen Planung zum Ausdruck kommen. Und welchen Weg der Herr wählt, sollten die Theologen IHM gefälligst selber überlassen.

Freilich ließ sich nach dem Tod Johannes Pauls II. ein prominenter Kirchenfürst, sogar ein Schüler und Freund Joseph Ratzingers, von intelligenten amerikanischen Kreationisten aufs Glatteis führen. Der Wiener Erzbischof, Dominikaner und Kardinal Christoph Schönborn veröffentlichte im Sommer 2005, offenbar auf Bitten des *Discovery Institute,* in der *New York Times* eine Polemik gegen den Neodarwinismus und stellte fest: »Jedes Denksystem, das die überwältigenden Beweise für einen Plan [ein göttliches *design*] in der Biologie leugnet oder wegerklären will, ist Ideologie, nicht Wissenschaft.« Dagegen werde »die Katholische Kirche die menschliche Vernunft verteidigen, indem sie den in der Natur offenkundigen immanenten Plan als Tatsache proklamiert« *(proclaiming that the immanent design evident in nature is real).*

Schönborn richtete sich an gleicher Stelle übrigens auch gegen einen kosmologischen ›Darwinismus‹, wie ihn die Multiversum-Theoretiker vertreten, denen wir ja bereits begegnet sind: Auch »die Multiversum-Hypothese [wurde] erfunden, um die in der modernen Wissenschaft gefundenen überwältigenden Beweise für zielgerichtete Planung [im Kosmos] zu meiden« *(invented to avoid the overwhelming evidence for purpose and design);* auch hier gehe es also letztlich nur darum, die göttliche Schöpferhand »wegzuerklären«.

– Aber woher weiß der Wiener Kardinal eigentlich, daß der Liebe Gott eine multiversale Weltenschöpfung nicht viel interessanter findet als ausgerechnet jenen simplen Plan, den IHM amerikanische Kreationisten als intelligent verkaufen wollen? Und warum sollte ER nicht die biologische Evolution als ›Suchmaschine‹ einsetzen für die Entwicklung höherer Organismen, bewußten Lebens, geistiger Schöpfung (Simon Conway Morris)? Würde denn ein intelligenter Designer tatsächlich jede einzelne Spezies des Universums eigens und einzeln konstruieren? In jedem Designerbüro wäre er für diese umständliche Arbeit längst gefeuert worden.

Außerdem erinnert dieses ›kreationistische‹ Designer-Bild vom Herrn der Schöpfung weitaus eher an einen deistischen Uhrmacher-Gott als an JAHWE, den jüdischen oder christlichen Schöpfergott (John Garvey). Und in diese Wunde mußte natürlich ein Jesuit Salz streuen; denn die Jesuiten sind seit ihrer Gründung die schärfsten Konkurrenten der Dominikaner: »Der jüdisch-christliche Glaube ist radikal kreationistisch, aber in einem vollkommen anderen Sinne. [...] Wer als gläubiger Mensch die Ergebnisse der modernen Bibelforschung respektiert, muß sich von der Vorstellung eines göttlichen Diktators, eines planenden Gottes, eines Newtonschen Gottes lösen, der das Universum nach Art einer Uhr geschaffen hat, die gleichmäßig vor sich hin tickt«, schrieb der Jesuit Pater Coyne, der Astronom und Leiter der Vatikanischen Sternwarte, dem Dominikanerkardinal ins Stammbuch.

✦

Aber warum traf ein intelligenter alteuropäischer Erzbischof in der *New York Times* genau den O-Ton amerikanischer Kulturkämpfer (oder ließ ihn sich von einem lokalen *ghostwriter* vorschreiben)?

– Halten Sie nie einen Dominikaner für naiv! Kardinal Schönborn wußte natürlich ganz genau, was er tat und schrieb (oder schreiben ließ); zudem war der ehemalige Chefredakteur des katholischen Weltkatechismus (1992) ein enger Vertrauter des ehemaligen obersten römischen Glaubenshüters Joseph Ratzinger. Kam es ihm etwa darauf an, die unter Präsident Bush junior entstehende Einheitsfront von evangelikalen Fundamentalisten und den katholischen ›Theo-cons‹ oder theologischen Neokonservativen zu stärken? Vielleicht war's ja auch nur ein Versuchsballon.

– Na, dann hat sich der Wiener Kardinal im Intelligenzblatt der amerikanischen Liberalen aber deutlich blamiert: Wäre nämlich das famose immanente *design* der göttlichen Schöpferhand in Kosmologie und Biologie tatsächlich so *evident,* wie er behauptet, dann hätte es wohl keiner kirchenfürstlichen Autorität bedurft, um es eigens als *real* zu proklamieren. So aber hagelte es Protestbriefe, nicht zuletzt aus der Feder von katholischen Naturwissenschaftlern. Schönborn mußte ganz schnell zurückrudern – und der Vatikan hütete sich natürlich wohlweislich, dessen Vorstoß zu ›decken‹.

6 **SUBJEKT UND OBJEKT.** Und wenn ich nun statt dessen glaube, der Liebe Gott höchstselbst sitze gleichsam mitten im Vereinigungsprozeß des Universums, der sich im »Herzen der Materie« in immer höheren Komplexitätsordnungen vollzieht (wie Teilhard de Chardin sagt)?

– Das kommt darauf an, was genau Sie damit behaupten wollen: Wenn Sie ›Gott‹ bloß als Verehrung heischenden Namen für alle möglichen konvergenten Einheitsprozesse im Universum verwenden (gewissermaßen als ihre kosmische Quersumme), bitte sehr: da könnten Sie sich diesen Titel auch sparen. ER wäre kein souveräner Wille und die Welt auch nicht SEine Schöpfung.

Hier gilt übrigens Schopenhauers Verdikt zum Pantheismus, »daß er nichts besagt. Ob ihr sagt ›die Welt ist Gott‹, oder ›die Welt ist die Welt‹ läuft auf Eins hinaus«.

Anders steht die Sache hingegen, wenn wir den Kosmos mitsamt seiner immanenten Einheit(stendenz) als eine von Gott gestiftete Ganzheit begreifen. Dann wäre sie Produkt SEines transzendenten Willens, von IHM in die Welt gesetzt mit dem Urknall (oder wie auch immer).

*Tertium non datur:* Hier der *Pan*theismus, welcher in *allem, was es gibt,* ›Gott‹ als Dynamik der kosmischen Einheit / Einigung sehen will – dort der Pan-*en*-theismus, der alle Entwicklungen *in Gott* (durch SEin Wollen) geeint wissen will. Aber zugegeben, es mag schon manchmal schwer sein, die Grenze zu ziehen: War etwa Pater Teilhard de Chardin nun *Pan*theist, was ihm römische Glaubenskontrolleure und seine Ordensoberen vorwarfen, oder Pan-*en*-theist, wie sein Biograph Schiwy meint?

– *Mon dieu,* vermutlich wußte er das selber nicht so genau.

– Vielleicht hing es auch davon ab, wem Pater Teilhard seinen kosmisch erweiterten Christusglauben gerade plausibel machen wollte (ich kann mir nicht helfen, bei Jesuiten verläßt mich dieser Verdacht einfach nie). Gegenüber den pantheistischen Neigungen seiner Seelenfreundin Lucile Swan, welche wie andere gehobene westliche Sinnsucherinnen der fernöstlichen Mystik zuneigte, warnte Pater Teilhard immerhin vor der Konfusion zwischen einem »Pantheismus der Identifikation« mit dem All und einem »Pantheismus der Vereinigung, basierend auf der Liebe: ›Gott *Alles in Allem*‹«.

◆

Verstehen wir das Universum als eine (wie immer verfaßte) Ganzheit, so müssen wir sein Einheitsprinzip entweder *in ihm* selbst suchen wie der Pantheist – oder jenseits von ihm: in seinem göttlichen Autor, wie der Pan-*en*-theist, der alle Weltprozesse auf Gott hin begreift, in IHM begründet und durch IHN belebt. *Der Schöpfer Gott ist kein Bestandteil der Welt!* Wie aber im einzelnen diese Schöpfung nun stattgefunden haben mag (und vielleicht beständig weiter stattfindet), das ist eine ganz andere Frage. Aber sie ist auch nicht Gegenstand der Offenbarung.

Auch jenes ›Ein und Alles‹, in dem Pantheisten ihre Gottheit sehen oder suchen, ist für die biblische Erzählung eher zweitrangig. Daß es die Welt als *ein* Ganzes gibt, ist eher ein Nebenprodukt von JAHWEs Entscheidung, in die Urflut, die unstrukturierte Finsternis des Uranfangs (des Anfangs vor allem Anfang), Unterscheidungen einzuführen: die Scheidung von Licht und Dunkel, Festem und Flüchtigem, Land und Meer, Tag und Nacht. *Die Welt ist das Objekt der Entscheidungen Gottes:* und nur insofern ist sie Schöpfung, Produkt, auch Zeugnis SEiner Souveränität.

Doch diese Deutung (da haben Sie völlig recht) ist überhaupt nichts Neues. Wir finden sie seit Jahrhunderten im philosophischen Fundus der christlichen Theologen des Mittelalters, welche sich selber ja aus dem Fundus der antiken Metaphysik ganz ohne Scheu bedient hatten. Das geschah nicht nur direkt, sondern auch indirekt: vermittelt durch byzantinische Kirchenlehrer (im Westen spätestens seit ihrer Rezeption durch Johannes Eriugena im IX. Jahrhundert – und dann erneut im XV. Jahrhundert, vor und nach dem Fall Konstantinopels) sowie die jüdischen und islamischen Denker im Mittelmeerraum. Dieser war ja keine bloße Kampfzone zwischen Sarazenen und christlichen Mächten beziehungsweise dem Kalifat und den christlichen Abenteurern der Kreuzzüge – der Mediterran blieb stets auch Handels- und Schmuggelzone für Menschen und Ideen. Auch für die Metaphysik von Gott und der Welt.

7 ORA ET LABORA. Schauen wir etwa in das *Monologion,* ein bemerkenswertes Kompendium der vernünftigen Wissenschaft vom Lieben Gott und die vielleicht erste der später so zahlreichen theologischen ›Summen‹. Es wurden dann immer mehr, weil sich bald an jeder Universität, in jedem Predigt-, Schul- oder Intellektuellenorden, ob bei den Franziskanern, Dominikanern, Augustinern oder Jesuiten, eine konkurrierende Systematik entwickelte. Im XI. Jahrhundert verfaßte es der heutzutage zumeist mit dem Namen seines späteren Bischofssitzes Canterbury bekannte, aber aus dem Aostatal in den Alpen stammende heilige

Anselm (1033–1109) für seine Mitbrüder der Benediktinerabtei Bec in der Normandie, deren Abt er auch bald darauf werden sollte.

Denn »Bete und arbeite!«, das sprichwörtliche Gebot *ora et labora!,* wie man heute die Disziplin der benediktinischen Regel gerne zusammenfaßt, schloß für diesen gläubigen Aufklärer ganz selbstverständlich neben der täglichen Handarbeit auch die Pflicht zur geistigen Disziplin, zur ständigen Übung im Vernunftgebrauch ein. Für kosmisches *feeling* oder das heute wieder so beliebte pantheistische Kuscheln hatten die Benediktiner, über Jahrhunderte die eigentlichen Konstrukteure der geistigen Infrastruktur Europas, einfach keine Zeit. Sie *arbeiteten* mit ihren Begriffen. Und mehr noch: Bec gehörte zur ersten geistigen Reformbewegung Europas, die sich im XI. Jahrhundert ausgehend von der Abtei Cluny in Burgund gebildet hatte, weit über die gut 600 straff organisierten Klöster und Zellen des Cluny-Verbunds ausstrahlte und spätestens mit dem revolutionären Papst Gregor VII. (1073 bis 1085), der selbst aus der ›Cluniazenser‹-Bewegung kam, auch zu einer direkt politischen Macht wurde.

Die Regel Sankt Benedikts verpflichtet die Mönche nicht nur zur täglichen Handarbeit, sondern auch zur *lectio divina,* zur heiligen Lesung. Sie sollen die ihnen während der Tage der Fastenzeit zugeteilten Bücher aus der Bibliothek *per ordinem ex integro legant,* also »von Anfang bis Ende ganz lesen«! Und zum Verständnis der Heiligen Schriften brauchen sie zwar Ruhe, Konzentration und Reflexionsgleichgewicht – aber eben keine *otiositas:* »Müßiggang ist der Feind der Seele«, hebt das Kapitel an, *Otiositas inimica est animae* (RB, 48: *De opera manuum cotidiana*). – »Glotzt nicht so romantisch!«, die Maxime des kommunistischen Theaterarbeiters Bertolt Brecht, hätte auch schon ganz gut zu Anselms cluniazensischen Schulungen zu Anfang des letzten Jahrtausends gepaßt. Für unsere Phantasie gibt seine Terminologie in der Tat recht wenig her.

✦

Was sagt uns nun das *Monologion* des Abts und Geistesarbeiters Anselm zur Ganzheit alles Seienden? Folgen wir der gestrengen Diktion seines ontologischen Arbeitsprogramms, so besteht der gemeinsame Nenner aller Seienden darin (und *nur* darin), daß sie nicht durch sich selber Bestand haben, sondern nur durch das eine, höchste Wesen *(natura)* existieren: *omnia sint ex illa [natura] et per illam et in illa* (Monol. 14). Einzig diese *summa natura* besteht nämlich *durch* und *aus* sich selbst, alle anderen aber durch das(selbe) und aus dem(selben) höchsten Wesen – *sicut illa [natura] est* per *se et alia per illam, ita sit* ex *se et alia ex illa* (Monol. 5). Für Abt Anselm besteht also die in sich zusammenhängende Ganzheit alles Bedingten und Geschaffenen und auch die Einheit, welche alles Seiende im Sein erhält, nur im unbedingten Wesen *(natura)* des einen Schöpfergottes.

Denn die *summa natura* ist ein tätiges Wesen; Gott ist nicht Substanz, sondern Subjekt. ER spricht. Denn am Anfang war das Wort, so heißt es ja im Prolog zum Johannesevangelium (der aber möglicherweise selber schon von neuplatonischer Theologie inspiriert war). – Das höchste Wesen oder vielmehr *der* Allerhöchste (›es‹, das Wesen, diese *natura,* ist ein Subjekt, das wie eine Person spricht), ER allein stiftet alles andere, was es gibt. Und wie tut ER das? Wiederum, indem ER spricht; und er tut dies durch SEin ›Wort‹, welches ER zu sich selbst spricht, *per suam intimam locutionem,* und welches doch nichts anderes ist als das höchste Wesen selbst (Monol. 12). Sein ›Wort‹ ist keine Vokabel, sondern ein Geschehen, das aktive, sich selbst begründende Selbstverhältnis des Allerhöchsten: dieses SEin Tun und Reden fällt mit SEinem Wesen zusammen (Monol. 29). – Und das Wort war bei Gott und Gott war das Wort.

Die klassische antike und später auch die moderne idealistische Metaphysik hat zwar Gottes Selbstverhältnis gerne als puren ›Geist‹ verstanden, als rein geistigen Sprechakt, welchen das höchste Wesen an sich selbst richtet – doch damit hat sie dessen Reichweite auch verkürzt. Seine Wirklichkeit, Wirksamkeit, Aktualität beschränkt sich keineswegs aufs Gedankliche, sondern erfüllt die ganze Welt. Was ER in *intima locutione* spricht, das hallt wider in *allem, was ist;* denn alles, was ist, hat in Gottes Selbstverhältnis seinen Grund.

ER, DER IST ist eben nicht nur Prinzip, sondern Person. Gottes Sein ist personales Sein, »Sein in der Tat«, Ereignis und Entscheidung: »das sich selber wissende, wollende und unterscheidende, das durch sich selbst bewegte Sein«. Dies hat uns im XX. Jahrhundert der protestantische Gotteslehrer Karl Barth in seiner *Kirchlichen Dogmatik,* der wohl letzten großen Summa der Gotteswissenschaft, mit wuchtigen Schlägen wieder und wieder eingehämmert (hier: KD II/1, § 28,1).

– Na, dann ist es wohl kein Zufall, daß sich die letzte selbständige Schrift, die Barth vor seiner Jahrzehnte-Arbeit an der Dogmatik noch publizierte, mit Abt Anselms ›ontologischem Gottesbeweis‹ befaßt: *Fides quaerens intellectum.*

Vor der präzisen Arbeit an diesem monumentalen Gottesbild verflüchtigen sich auch alle pan-theistischen Ganzheiten oder vagen *New-Age-Träume* recht bald: Gerade als höchstes, tätiges Sein kann Gott der HERR eben *nicht* das Ganze sein. Gott ist auch nicht alles: »Es gibt vieles, das Gott nicht ist. Gott ist nicht Kreatur. Gott ist nicht Sünde. Gott ist nicht Tod« (Barth, KD II/1, § 29). Der lebendige Gott ist nicht das Ganze – sondern Schöpfer des Ganzen. Er ist auch nicht bloßer Geist – sondern SEin Geist belebt Himmel und Erde. SEin Wollen und SEin Wort allein setzt und erhält Alles im Sein (im Dasein, im möglichen Sein…).

Nur daß DER, DER IST es schied und schuf, macht aus *allem, was es gibt,* ein Ganzes – und seien *es* auch zahllose Welten. Aus IHM allein ist alles, durch IHN und in IHM. Darum schrieb schon Apostel Paulus an die römische Christengemeinde: *ex ipso, et per ipsum, et in ipso sunt omnia* (Röm 11,36). Nur ER ist durch sich selbst; nur Gott ist ungeschaffen. Nur in IHM also – so könnte man sagen – finden wir jene ›Ganzheit‹, welche Pantheisten aller Couleur vergeblich in den Dingen, Prozessen oder *positive vibrations* des Kosmos suchen.

8 **RETURN TO FUTURE.** Vielleicht würde hier sogar Teilhard de Chardin zustimmen. Wer weiß? In seinem Hauptwerk *Der Mensch im Kosmos* nennt er die Konvergenz von kosmischer Energie und göttlicher Liebe zwar (zugegebenermaßen etwas geheimnisvoll) den ›Omega‹-Punkt der Evolution: sie ist offenbar das *Ziel* der Schöpfung. Aber diese Entwicklung findet

letztendlich ihre Einheit oder Konvergenz wiederum nur in Gott. »Im Mittelpunkt, und von bestürzender Sinnfälligkeit [steht dabei] die bedingungslose Bejahung eines persönlichen Gottes«, heißt es bei Teilhard: »Gott als Vorsehung, die das Universum fürsorglich leitet, und Gott als Offenbarer, der sich dem Menschen auf der Ebene und durch die Wege des Verstandes mitteilt«.

*Voilà!* Ist dies nicht derselbe ›unbekannte Gott‹, welchen schon der heilige Paulus auf dem Areopag in Athen verkündet hatte? Jener Gott des Heils also, aus dem allein wir Menschen *(vivimus, movemur et sumus),* in dem wir leben, uns bewegen und sind (Apg 17, 28)!

– Die Eule der Athena flog nur in der Dämmerung aus. Teilhards kosmischer Messias kommt offenbar erst am Ende der Zeiten, als Krönung der Evolution in die reflexiv gewordene ›Noosphäre‹.

– Aber dann sollen endlich wissenschaftlicher Geist, ethischer Personalismus und christlicher Universalismus weltweit zusammenfallen. Und warum soll da nicht auch ein evolutionstheoretisch reformiertes Christentum zum verbindenden Konvergenzpunkt der Erfahrung der ›Planetisation‹ werden?

– Weil bereits die Sprache den Fortschrittskitsch von gestern atmet!

Wissen Sie: Daß um die Mitte des XX. Jahrhunderts ein naturwissenschaftlich forschender Jesuit seine christliche Überwindung des Pantheismus mit der Evolutionstheorie zu vereinen, ja geradezu durch sie zu begründen suchte, das kann ich wohl verstehen. Diese (mit Verlaub) schlechte Wissenschaftslyrik einer zur ›Mega-Synthese‹ überhöhten »Einheit der Seelen« entsprach doch damals völlig dem Zeitgeist. Erinnern wir uns nur an die kommunistische Weltanschauung. Auch diese politische Religion aller fortschrittlichen Intellektuellen versuchte ja eine Rückkoppelung zwischen dem »Herz der Materie« und einem »harmonischen Bewußtseinskollektiv« (so freilich lesen wir bei Teilhard de Chardin, nicht bei Mao Tse-tung!).

Nun, im XXI. Jahrhundert wird man vielleicht mehr auf die Künstliche Intelligenz als Gottesmetapher setzen. Statt von kosmischer Liebe könnte dann von informationeller Vernetzung des ausdifferenzierten Universums die Rede sein. Schon füllen sich die Feuilletons mit Spekulationen über die Zweite Schöpfung (oder die Dritte *et cetera*). Schon gibt's die ersten Bestseller über *Bible Codes*, über Talmud und Internet.

*Fact or fiction?* Wir können das auf sich beruhen lassen (oder vielleicht den Mentalitätshistorikern überlassen).

# Das höchste Wesen

»Religion ist freie Verehrung der Gottheit.«
G. W. F. Hegel, *Theologische Jugendschriften*

»In allem, was das reine und echte Gefühl
des Schönen in uns weckt, ist Gott wirklich
gegenwärtig. Es gibt gleichsam eine Art
Inkarnation Gottes in der Welt, deren Merk-
mal die Schönheit ist.«
Simone Weil, *Schwerkraft und Gnade*

»I can experience the transcendence
of the beautiful, but (I think) not the transcendence of the good.«
Iris Murdoch, *The Sovereignty of Good*

*Gott ist größer!* – Erheischt ER etwa dadurch Ehrfurcht, daß
ER alle Dimensionen von Größe, Macht und Erhabenheit (in)
unserer Wirklichkeit gewaltig und beständig überbietet? – So wie
eine Supermacht durch pure Abschreckung alle anderen Mächte
aussticht?

*Ist Gott größer?* – Wie wollen Sie das überhaupt feststellen?
Wollen Sie etwa einen Wettbewerb unter allen Göttern veranstal-
ten, und der Sieger wäre dann der wahre, der Supergott? – Wer
wäre denn da Schiedsrichter? Und wäre ein Gott, der sich dem
Schiedsspruch anderer unterwürfe, DER, DER IST? – *Wäre ER
nicht nur ein größerer Abgott?*

*Ist Gott größer?* – Größer als wer oder was? Als ginge SEine
Unendlichkeit bloß hinaus über alle endlichen Wesen, als »Progreß ins Unendliche« (HW 5, S. 155). – *Wäre ER aber da wahrhaft
erhaben?*

**1** UHRMACHER UND DESIGNER. Es macht einen Unterschied ums Ganze, ob die Welt bloß der Fall ist, oder ob wir *alles, was es gibt,* als ›Schöpfung‹ verstehen: als Produkt oder Konsequenz eines bewußten Willens, einer Tat, einer Zwecksetzung. Diese Hinsicht ist freilich auch die einzige Dimension der Weltordnung (*sofern* es sich denn beim Universum um eine Ordnung handelt – und sei es die Ordnung seiner Unordnungen, die Abfolge oder Konkurrenz seiner Varianten), die wir *prinzipiell* nicht erkennen können.

Und das gilt – wohlgemerkt – völlig unabhängig vom erreichten Stand der Wissenschaft: Sei es, daß kosmologisch Gebildete aus den ersten vier Jahrhunderten nach Christus im unveränderlichen *perpetuum mobile* einer platonischen Weltseele, in den Proportionen ihrer konzentrischen Sternenbahnen, das Muster ihrer harmonischen Ordnung such(t)en. Sei es, daß wir heute diese oder jene supersymmetrische Feinstruktur unserer Raumzeitwelt mit den Konstanten unseres beständig expandierenden Makrokosmos in Beziehung setzen.

Für viele Christgläubige der ersten Jahrhunderte unserer Zeitrechnung gehörte ja die vermeintliche Ewigkeit der Sternenbahnen ebenso zu ihrem kosmologisch plausiblen Weltbild, wie heute die jeweilige, so oder anders integrierte, Version der Urknall-Theorie den herrschenden wissenschaftlichen Common sense bestimmt. Doch *beiden* Kosmologien gegenüber (und auch anderen künftig möglichen) bleibt die biblische Lehre von der Schöpfung der Welt(en) aus dem Willen des Einen Gottes bestehen: Denn die Offenbarung behauptet ja gar *keine* bestimmte Version der Kosmogenese, sondern ›nur‹ die Erschaffung aller Wirklichkeit(en) durch SEin (unter)scheidendes Wort, kraft SEiner (ent)scheidenden Tat. Ganz egal, wie dieser Prozeß im einzelnen physikalisch stattgefunden habe oder naturwissenschaftlich zu erklären sei.

*Schöpfung* Gottes zu sein betrifft ja nicht bloß alle Dinge – oder auch Gase, Aggregatzustände, Spannungsfelder – sowie alle belebten und unbelebten Wesen, sondern auch stochastische Wahrscheinlichkeiten, Ereignisfenster oder schwarze Löcher. Die mögen wir uns ja wohl noch als irgendwie gemacht, produziert, gestaltet vorstellen: Solch ein Handwerker-, Architekten- oder

Künstlerbild vom göttlichen Schöpfer haben Sie und ich ja in spätantiken Mosaiken, in mittelalterlichen Buchmalereien und neuzeitlichen Gemälden immer wieder gesehen. Und das bleiben ja wohl die Bilder, die auch unsere spontanen Vorstellungen einer ›Schöpfung‹ prägen.

Mit dem Fortschreiten von Wissenschaft und Technik in der Neuzeit kommen dann die Bilder vom göttlichen Uhrmacher oder Ingenieur hinzu – klassisch etwa in William Paleys *Natural Theology* (1806): Wenn wir irgendwo im Wüstensand eine funktionierende Taschenuhr fänden, würden wir sie ja auch nicht für ein zufälliges Evolutionsprodukt halten. Und solche Gottesvorstellungen waren auch für solche Theisten attraktiv, welche zwar die generelle Verantwortung eines höchsten Wesens bei der Entstehung des Kosmos vermuteten oder wenigstens einen Schöpfer-›Gott‹ als plausible Hypothese zuließen, die aber zugleich jedes *aktuelle* Eingreifen eines HERRgottes in die Weltläufte möglichst minimieren wollten: sei es in Gestalt außerordentlicher Interventionen Gottes, etwa durch Wunder – sei es als SEin indirektes Eingreifen dadurch, daß die Hypothese ›Gott‹ durch die aktuelle Stellung SEiner Stellvertreter, Priester, christlicher Machthaber oder Päpste, machtpolitisch Einfluß gewinnt.

– *Okay,* die Weltordnung mag wohl eine geschaffene sein, konstruiert, ferngesteuert oder vielleicht sogar feingesteuert. Und heute denken wir bei virtuellen Ereignissen, den Abstimmungen von Wahrscheinlichkeiten und Möglichkeitsräumen vielleicht eher an einen Programmierer – *intelligent designer* eben. All das werden solche wissenschaftlichen Theisten der Wahrscheinlichkeit auch gerne zugeben: Wie anders sollten wir uns wohl erklären – fragen sie (sich) –, daß diese Welt in ihren Naturgesetzen so gut in sich abgestimmt ist?

– Ob es aber einen Sinn hat, daß die Evolution der Arten am Ende zum *homo sapiens* uns geführt hat, daß sogar wir selber (mit unserem Denken, Erkennen, Verändern) noch eine Rolle spielen können?

– Einspruch: Solche ›rein philosophischen‹ oder wahrscheinlichkeitstheoretischen Theisten, das wären wohl Gottgläubige ohne Offenbarung, die gibt es doch heute gar nicht mehr! Sie waren ein Übergangsphänomen im frühneuzeitlichen Europa, im Machtkampf und Plausibilitätskonflikt zwischen klerikalem Machtanspruch und entstehendem wissenschaftlichen Weltbild!

– Da täuschen Sie sich gewaltig, mein Freund. Solche Vernunft-Theisten gibt es immer wieder. Das jüngste Beispiel ist der Sprach- und Naturphilosoph Anthony Flew, einer der bekanntesten britischen philosophischen Atheisten, aus seinen jahrzehntelangen Disputen mit den philosophischen Bannerträgern des Christentums hartgesotten wie nur wenige Mitstreiter. Unlängst kam er zu folgendem Schluß: alle verfügbaren Daten und Hypothesen dazu, wie sich aus dem *Big Bang* wohl komplexe Moleküle und schließlich organisches Leben hätten entwickeln können, sprächen wohl doch eher für einen Schöpfergott als dagegen.

– Hat diese Einsicht denn irgendwelche Konsequenzen für unser menschliches Fühlen und Verhalten in unserer Welt und zu unseren Mitmenschen?

– Das ist eine ganz andere Frage. Was etwa den monotheistischen Islam angeht, so erscheint Anthony Flew die Lehre des Propheten weiterhin als »Einigungs- und Rechtfertigungsideologie des arabischen Imperialismus«. Die theistische Hypothese betrifft nur den Gott der Philosophen: den der Physiker und Metaphysiker (als Nachfolgedisziplinen der antiken Philosophie).

– Hat dieser göttliche Welten-Schöpfer auch irgendwelche speziellen Präferenzen oder Vorschriften für unser menschliches Leben und Überleben?

– *Per se* folgt das nicht aus der Tatsache/Hypothese eines göttlichen Uhrmachers, Kosmokonstrukteurs oder Evolutionsdesigners. In der Regel halten philosophische Theisten freilich dafür, Gottes Propheten, vermeintliche Dolmetscher und selbsternannte Stellvertreter möchten uns gefälligst in Ruhe lassen! Wie wir mit SEinem Uhrwerk umgehen, mit den Resultaten der Kosmo-Bio-Maschine Evolution, mit dem Klima des blauen Planeten im Universum *et cetera,* das bleibt weiterhin ausschließlich unsere Sache. Völlig unabhängig davon, ob diese Welt (oder jene Evolutionssequenz) nun erschaffen wurde oder nicht.

**2** **TAT UND TATSACHE.** Anders der biblische Gott. Was der Gott der Offenbarung erschuf – oder was mit dem Begriff (oder der Metapher) der Kreation angesprochen ist –, das sind eben nicht nur alle Elemente, alle physischen Dinge und alle lebendigen Kreaturen. ER, DER IST als der lebendige Geistgrund, bewirkte darüber hinaus *alles, was der Fall ist.* Die Welt *als* Schöpfung zu begreifen, bedeutet also, alle Tatsachen (und »daß es *alle* Tatsachen sind«), ja sogar den logischen »Raum möglicher Sachverhalte« (Tract. 1.11, 2.013) als Ergebnis einer Entscheidung zu verstehen, als Produkt eines Willens, als Intention eines Geistes.

Die ontologische Hierarchie des in den biblischen Schöpfungsberichten von Gott Geschaffenen selbst ist ja keine substantiell andere als die der sonstigen antiken ›Naturphilosophie‹ auch: Es gibt (mit Ausnahme des Lichts) raumzeitlich verfaßte Existenzen, die lokalisiert (oder nicht lokalisiert) sind, beweglich (oder unbeweglich), lebendig (oder nicht belebt), Wasser- und Luftwesen oder Landlebewesen, von denen die Menschen als einzige frei, geist- und willensbegabt und (insofern) Gottes Ebenbilder sind. Und wenn Gott in der biblischen Erzählung für einige (onto)logische Stufen all dessen, was im Universum existiert, bestimmte Intentionen explizit formuliert, so steht das eben dafür, daß diese Schöpfungsdimensionen im Prinzip verstanden werden können:

»Daß die geschaffene Ordnung *erkennbar* ist, das können auch die Menschen als Menschen wissen, aber daß diese erkennbare Ordnung eine *geschaffene* ist – und darüber hinaus, wer ihr Schöpfer ist –, das wissen wir Leser [des Buches Genesis] nur aus den Behauptungen der biblischen Schöpfungsgeschichte: also nur aus der Offenbarung« (Leon Kass).

So gibt es für diese oder jene Ergebnisse der Schöpfung oder Evolutionsprodukte einen je vorgegebenen Möglichkeitshorizont an Vervollkommnung: Tiere sind dazu da (erfüllen ihren Lebenszweck darin), daß sie gedeihen und sich vermehren. Menschen hingegen (als SEine Ebenbilder und verständige Wesen) sollen sich ihre Biosphäre als Habitat ausbauen, den Garten bebauen und hüten und die Erde bevölkern, als Herrscher über alle Lebewesen, doch in freiem Gehorsam gegenüber ihrem Schöpfer.

Originell im Kontext der Weltbilder der Antike ist eine derartige kosmologische Werte-Hierarchie der geschaffenen Wesen überhaupt nicht: freier Geist *vor* beweglichen Lebewesen *vor* bloß vegetativem pflanzlichen Leben *vor* unbelebter Natur. Mit der einen, uns nunmehr leidlich bekannten Ausnahme: Es gibt keine *inner*weltliche, innerkosmische Gottheit mehr, insbesondere nicht die Sterne und ihre translunare mathematische Ewigkeit, wie in der griechischen Kosmologie, oder die Sonne als obersten Gott, wie auch im ägyptischen Pantheon.

Die ganze Weltordnung kann also verstanden, erforscht, begriffen werden – weil und nur soweit der Schöpfer es zuläßt: Gott sagt in der Bibel schließlich nicht, warum ER gerade diese Ordnung der Kreaturen geschaffen hat und keine andere (etwa eine ohne Masse und Energie, ohne Himmel und Erde, ohne Licht und Wasser, ohne Lebewesen und Fortpflanzung). ER deklariert und heiligt diese so-und-so in sechs Tagen (oder ontologischen Schritten) aufgebaute Welt als sinnvollen, im Prinzip verstehbaren Lebensraum. Nur dies, *daß* es einen verständlichen Sinn der Welt und der sie bewohnenden Lebewesen gibt – und für die Menschen ein in freiem Gehorsam erkennbares, erreichbares *Telos*: Dies macht die Welt zur Schöpfung.

*Soweit* Gott uns diesen Sinn und Zweck (dieses Milieu möglicher Selbsterkenntnis oder Realisierung des für den Menschen Guten) im ›Buch der Welt‹ mitgeteilt hat, so weit kann die Ordnung der Welt in sinnvollen Aussagen beschrieben werden (oder: so weit kann sie wie eine sinnvolle Aussage verstanden oder interpretiert werden). Aber *daß* es sie gibt, das gebot SEin ordnendes (Macht-)Wort.


3 **WORT UND ÜBER-ICH.** Und was, bitte sehr, soll das nun wieder heißen? Wie kann denn der Grund von allem (sagen wir ruhig: der *Logos* der Welt) zugleich eine Entscheidung treffen? Haben Sie Obacht, nicht die Grenzen jedes sinnvollen Redens zu überschreiten! Müßte solch ein Grund, der einen Willen hat, nicht auch ein Subjekt sein? Wäre ER dann nicht ein endliches Wesen, ergo: ER wäre nicht der Grund von *allem, was es gibt,* son-

dern selber eine Tatsache? Ein endliches Subjekt aber entscheidet sich in *vor*gegebenen Situationen für bestimmte Handlungsalternativen, ergo: Es ist nicht der absolute Anfang. So oder so ähnlich verstehen jedenfalls *wir,* die wir doch wohl Subjekte sind, für gewöhnlich unsere willentlichen Entscheidungen, welche wir gegebenenfalls als Entscheidungen ankündigen – und über die wir dann unter Umständen auch logisch (mit Worten und aus Gründen) Rechenschaft abgeben.

– Gewiß, ein *bloßes* Subjekt unter anderen Subjekten (so wie wir Menschen es sind), das sich unter gegebenen Bedingungen zu entscheiden hätte (so wie wir Menschen Entscheidungen treffen), kann Gott gerade nicht sein, da haben Sie recht. Gott ist vielmehr Anfang aller Anfänge, der letzte, unbedingte Grund von allem, was der Fall ist.

– Müssen wir denn überhaupt nach einem ersten oder letzten Subjekt suchen, nach einer offenbar recht paradoxen *(Mehr als-)* Subjektivität, der *summa intelligentia* des »lebendigen Gottes«, als Grund alles Seins (KRV, B 661), von der sogar der kritische Aufklärer Immanuel Kant sprach? Warum vergessen wir da die Schöpfungsidee nicht lieber ganz?

– Vielleicht können wir auch gar nicht anders, sobald wir ernstlich nach einem Ganzen der Welt fragen. Das Ganze ist ja mehr als die »Gesamtheit der Tatsachen«, das Ensemble der empirischen Sachverhalte, in welche die Welt ›zerfällt‹ (wie Wittgenstein zu Beginn seines für den logischen Empirismus so wichtigen *Tractatus* schreibt). Tatsachen aber sind kontingent: »Eines kann der Fall sein oder nicht der Fall sein und alles übrige gleich bleiben« (1.12). Und wir sahen im letzten Kapitel: Wer immer von der Welt als Einheit, Ganzem, Kosmos redet, der sucht eine diese empirische Kontingenz übergreifende, überwindende Dimension. Diese Hinsicht aller Hinsichten darf schließlich nicht selber wieder eine bloße Tatsache sein...

– So hätten also die Sophisten und Epikureer, Spinoza und Feuerbach, Nietzsche und Freud recht: Der *eine* Gott, die einzige gegenüber *allem, was es gibt,* transzendente Subjektivität, die nötig wäre, um der bloßen Tatsächlichkeit der Welt einen (wie immer gedachten) Sinn und Zweck zu geben, ist eben doch eine fixe Idee. Der Begriff von Gott als »höchste[m] Wesen, das durch Verstand und Freiheit der Urheber aller Dinge sein soll« (KRV, B 660) sei – so auch der so fromme und vernünftige Immanuel Kant – ein ›transzendentales Ideal‹.

– Sagen Sie's doch prosaischer, reden Sie Klartext: ER ist nur unsere eigene Projektion!

– Der Weltenherr wäre also nur die perspektivische Täuschung unserer eigenen teleologischen Kosmosidee?

– Der Liebe Gott ist der archimedische Punkt außerhalb der Tatsachen, den *wir* brauchen, um unserem eigenen Weltbild metaphysischen Rückhalt zu geben.

– Wir? Wen meinen Sie?

– Mit ›wir‹ meine ich uns aus der Metaphysiktradition im Westen oder jedenfalls die unter uns, die angesichts einer an sich weder sinnvollen noch sinnlosen Welt bloßer Tatsachen ein *telos* wiederfinden wollen.

– Sag ich doch! In diesem Weltbild verbirgt sich somit nur *unser* Selbstbild, unser Ich-Ideal oder auch, in anderer Beschreibung, unser westlich logokratisches Über-Ich. Jacques Derrida sprach sogar von der ›(Phal)Logo-Kratie‹, der (Männer)Wort-Herrschaft der Metaphysik – und der metaphysischen Gottesrede.

– Ach, Verehrter, welch Verve Sie doch in die Entlarvung unserer Gottesidee legen! Erwarten Sie nun aber bitte nicht, daß ich solch emphatisches Verdikt mit gleicher Münze beantworte. Denn worauf wollen Sie eigentlich hinaus? Nehmen wir an, Sie hätten recht mit Ihrer Diagnose vom Lieben Gott als Kehrseite ›unserer‹ ontologischen Heimatlosigkeit, die wir so HERRlich/geistlich/ logisch durch metaphyische Wortgetüme zu dominieren, camouflieren, kaschieren versuchten. Das bewiese ja noch gar nichts: Daß ›wir‹, die von westlicher Metaphysik besoffenen Herren, einen Gott brauchen, spricht ebensowenig gegen seine Existenz wie dafür, daß es IHN gibt.

– *Prima facie* vielleicht doch wohl eher noch dafür, daß irgend etwas ›dran‹ ist an dieser Gottesidee (die Frage bleibt dann nur: was?).

– Wenn Sie also mit gutem Recht auf ›unsere‹ bestimmten Bedürfnisse im Rücken der metaphysisch artikulierten Gottesvorstellung verweisen, wofür oder wogegen ist dieser Hinweis denn ein Argument? Widerlegen ließe sich damit doch bestenfalls die für rationalistische Gottesbeweise charakteristische Behauptung, man könne Gottes Wesen, seine Existenz und seine Eigenschaften mittels irgendwelcher ›reiner‹ Vernunftschlüsse aus objektiven Gegebenheiten der Wirklichkeit herleiten.

Aber eine existentiell bewußte und kulturell reflektierte Wissenschaft vom Lieben Gott müßte eigentlich wissen (oder sollte es immer wieder lernen), daß *wir* natürlich stets unsere Ängste und Hoffnungen, unsere kulturellen Denkgewohnheiten und Identitätsmuster auf DEN, DER IST projizieren. Und sollten diese oder jene Theologen dies wieder einmal vergessen haben, dann sind ja gottlob genügend Ideologiekritiker und Dekonstruktivisten zur Hand, um sie daran zu erinnern und uns zu metaphysischer Demut anzuhalten: DER, DER IST ist ganz anders. Gott ist unendlich größer als all unsere Begriffe von IHM.


4 **ICH UND DU.** Worauf ich hinauswill? Für ›uns‹ biblische oder dem Koran folgende Monotheisten läßt sich offenbar die Frage nach dem Schöpfer der Welt, nach ihrem letzten Sinn und Zweck, nicht einfach durch klare und deutliche Definitionen eliminieren. Oder anders: Wenn wir das tun, verschwindet die mit solchen Fragen verbundene metaphysische Unruhe nur aus unserem Vokabular, aber nicht aus unserem Denken und Leben.

Die metaphysischen Fragen nach dem Schöpfergott erforschen ja keine neuen Sachverhalte oder formulieren keine neuen wissenschaftlichen Hypothesen (und schon gar nicht die These, die Entstehung unseres physischen Kosmos habe sich genau so oder so zugetragen, vor oder nach dem Urknall, mit oder ohne Beschleunigung). Vor dem Plausibilitätshintergrund unserer jeweiligen kosmologischen, physikalischen, biologischen Weltweisheit formuliert die Wissenschaft vom Lieben Gott statt dessen eine Anfrage – und da sich unsere Wissenswelten immer wieder ändern, muß auch die Frage mitunter *re*formuliert werden; aber als Anfrage erwartet sie eher eine persönliche Antwort als einen empirischen Beleg oder logischen Beweis.

Die Fragen der klassischen metaphysischen Theologie betreffen Gott als *ens realissimum,* als den höchsten oder tiefsten oder letzten Grund allen Seins, der SEiner Schöpfung (allem, was ist) Existenz und Konsistenz verleiht. Aber in seinen Anfragen *an* Gott will der Sucher in IHM zugleich eine *Person* (wieder)erkennen können. Wie kann aber ein *all*umfassendes, *un*endliches Wesen ›Gott‹ zugleich (wie) eine Person sein?

»Denn wenn wir von Gott sagen, er sehe alles, und wenn wir vor ihm niederknien und ihn anbeten, scheinen alle unsere Begriffe und Handlungen zu einer umfassenden und komplizierten Allegorie zu gehören, die ihn wie einen Menschen darstellt, der große Macht besitzt und dessen Gnade wir zu erringen trachten, usw. usw.« – schreibt Ludwig Wittgenstein. Aber Wittgenstein besteht dennoch zugleich darauf, daß sich nur in dieser personalen Form der Anfrage oder Anrede bestimmte religiöse Erfahrungen oder Empfindungen beschreiben lassen: das Staunen über das Dasein der Welt, *wie immer sie aussieht;* das Gefühl existentieller Sicherheit, *egal, was passiert;* auch Schuldgefühle und außerordentliche Gnadenerfahrungen lassen sich mit Bezug auf einen persönlichen Gott »als Gleichnisse oder Allegorien« verstehen.

Und wir wissen ja bereits (aus unserem dritten Kapitel): auch der klassische Ungläubige, der Atheist alten Stils, kennt diese *An*fragen an den Herrn im Himmel noch sehr gut. Er stellt sie ja in Frage, er zieht seine *An*rufung des Herrn zurück, er entzieht der Fiktion ›Gott‹ sein Vertrauen. Weil er in der Leere endloser Weltenräume nur Schweigen *wahr-*nimmt, wenn ihm nur ein Echo unserer eigenen Rationalisierungen entgegenhallt, empört sich der Ungläubige wider Gottes *An*maßung auf Existenz!

Nur dann nämlich, wenn das höchste Wesen (wie) eine Person ist, nur dann können wir uns auch durch SEine Gebote verpflichtet fühlen und nicht nur genötigt oder überwältigt. Dem (oder einem) All gegenüber, wie immer es organisiert sei, ist dies nicht möglich. Wir mögen ja durchaus versuchen, uns ins All *ein*zufühlen, uns dem kosmischen *Swing* zu ergeben, uns im intergalaktischen Hier und Jetzt *wohl* zu fühlen ... Aber nur einer Person können wir gehorchen. Und nur wenn Gott (wie) eine Person spricht, verspricht und gebietet, läßt sich sagen, daß ER nicht nur die Macht hat/ist, sondern Autorität. Persönlich verpflichten kann uns nur eine Person.

– Ist also ER, DER IST ein höchstes Wesen, zu dem man auch ›Du‹ sagen kann?

– Der biblische Gott fordert das ›Du‹ geradezu ein. Wir werden noch sehen: anders wäre auch der Bundesschluß am Berge Sinai gar nicht denkbar. JAHWE verlangt ja von SEinem Volk, letztlich von jedem einzelnen Israeliten, ein unbedingtes, rückhaltloses ›Du‹, eine exklusive Treue, wie sonst nur zwischen Liebenden oder Ehepartnern.

Wenn nun der allmächtige Gott, Schöpfer und Anfang aller möglichen Welten, (wie) eine Person ist, dann muß der Allschöpfer zugleich Prinzip und Grund aller Subjektivität sein: ER ist als *absolutes* ›Du‹ für Sie und mich beständig ansprechbar, weil in Ihm zugleich jedes »Ich« sein Urbild findet: Prototyp oder *Archè* jedes Selbst(seins), Über-Ich *jeder* personalen Identität.

Und eben darum kann ER, der ganz Andere, uns dennoch als Personen in freier Einsicht auf SEine Gebote verpflichten. Gottes HERRlichkeit wäre somit Anfang (Prinzip und Vorbild) aller menschlichen Würde – Souveränität, Subjekthaftigkeit, Willenskraft. Gottes Gesetz ist von Anbeginn an Freiheit. (Unser Über-Ich wäre eben nicht bloß eine äußere, fremde Macht, sondern die Form legitimer Pflicht.)

◆

Ich weiß: Mit diesen Bemerkungen habe ich schon viel zu weit vorgegriffen. Vielleicht verstehen wir aber jetzt besser, wie entscheidend es für unser westliches Gottesbild ist – unter Abwandlung der berühmten Programmformulierung Hegels aus der *Phänomenologie des Geistes* (HW, Bd. 3, S. 23) –, das allerhöchste Wesen nicht als Substanz, sondern ebensosehr als Subjekt aufzufassen. JAHWE ist Urgrund der Welt und alles stiftende Schöpfungsmacht *und* zu SEinem Volk sprechende Autorität, als König, Richter, Vater und Partner. So ist SEine Offenbarung (wie) eine Tat, (wie) ein Sprechakt. Und nur darum können wir uns von IHM angesprochen fühlen.

Wir können IHN, DER IST zwar nicht sehen, begreifen, beweisen *et cetera,* aber wir können uns *an* IHN wenden. Denn ER hat sich uns bereits zugewandt, der unbegreifliche, all unseren empirischen und formalen Wissenschaften verborgene Gott hat sich uns offenbart: »Gott nimmt«, so formuliert der biblische Existentialist Martin Buber, »seine Absolutheit mit in die Beziehung auf, in die er zum Menschen tritt.«

5 **DIE KRAFT UND DIE HERRLICHKEIT.** Wenn nun der wahre Gott von freien Seelen- und Vernunftwesen wahrhaftige Anbetung erwartet, so darf ER eben kein bloßer Supergott sein, der als außerordentlich mächtiger, vortrefflicher, wohltätiger, barmherziger Herrscher alle möglichen Konkurrenten im Himmel und auf Erden bloß an Exzellenz übertrifft. Was uns zur Anbetung Gottes zwingen könnte, dürfte also gerade kein bloßer Zwang sein, angesichts SEiner schieren (Über-)*Macht* und Größe. Wir wollen ja an unserer Urteilsfreiheit festhalten, die schließlich niemand anders uns verliehen hat als der Ewige selbst (oder: welche ER uns hat evolutionär erwerben lassen).

Gewiß, in der Rolle als mächtigster aller Großkönige, als Obergott aller Chefgötter, könnte ER uns wohl zur Unterwerfung zwingen (ob wir nun wollten oder nicht): *Ihr sollt keinen anderen Gott neben MIR haben!* So erginge SEin Machtwort, und auf die Frage »Warum nicht?« hieße SEine Antwort: Andernfalls riskiert ihr Vernichtung, Unglück, Schmerz und Leid, ewige Verdammnis *et cetera.*

– Und was könnten wir da tun?

– Natürlich gehorchten wir sogleich all SEinen Geboten. (Wir würden es jedenfalls versuchen.) Wir *müßten* versuchen, IHM in allem zu gehorchen – bei Strafe von Vernichtung, Unglück, Verdammnis, wenn wir es nicht schafften.

– *Können* wir es denn schaffen?

– Das ist eine andere Frage. Wir würden uns aber vielleicht nur *widerwillig* bemühen. Weil uns gar nichts anderes übrigbliebe. Außerdem: Wäre denn nicht ER dergestalt, als bloßer Übermachthaber, unserer Gebete im Grunde unwürdig?

Schon auf Erden ist ja die bloße Supermacht allein wahrlich kein Garant für Vortrefflichkeit, wenn wir an Alexanders Weltreich, an das Imperium Romanum oder das Reich der Mitte denken, an Sowjetrußland oder Amerika. Beim Zeus! Sollte man da vom höchsten Wesen im Himmel nicht bessere Argumente verlangen? Unseren Weihrauch mag ER gerne haben, zur Not auch unsere fetten Opferlämmer, aber unsere Herzen? Unser Gemüt? Unseren freien Willen!

– Ich verstehe, mein Lieber, Sie hätten wohl gerne Ihren Gott nach Wunsch, *à la carte:* einen HERRgott, allmächtig zwar, aber auch lieb und nett, einen Vater im Himmel, welcher auch noch die Anforderungen unseres modernen Freiheitsbewußtseins respektiert. Verlangen Sie da nicht etwas viel?

– O nein! Jedenfalls dann nicht, wenn ER wirklich unser ›absolutes Du‹ sein will: wenn Gott (wie) ein Subjekt ist; wenn SEine Sache mich in meiner Existenz zutiefst angehen soll; wenn ER mich im Herzen ansprechen will. Also dann nicht, wenn ich IHN wahrhaftig über alle Maßen *achten* (können) will.

So modern ist dieses Ideal überdies gar nicht. Vom Baume selbstbewußter Urteilskraft gegessen haben wir doch nicht erst seit zweihundert Jahren. Fragen nach den rechten Gründen der Gottesverehrung stellten ja nicht nur die griechischen Philosophen und ihre römischen Nachfolger. Auch die Propheten Israels unterscheiden gute und schlechte Gründe für den Gottesdienst: Die Götzen verdienten – so mahnten die Propheten – unsere Verehrung nicht, *weil* sie bloß selbstgebaute Bildnisse und Idole seien. Und Hiob bestritt ja nicht die Übermacht Gottes, »der mir mein Recht entzog, de[s] Allmächtige[n], der meine Seele quälte« (Hiob 27,2), sondern fragte nach der Gerechtigkeit des Allerhöchsten ...

Wir sollten also zumindest den Unterschied beachten, ob wir vor dem HERRn bloße Angst haben (und warum) oder ob wir IHN wahrhaft verehren (und aus welchen Gründen wir dies tun). Vor SEiner *Macht* mögen ja alle irdischen und himmlischen Gewalten erschauern. Und gewiß könnte ER mich zu allem zwingen, was ER will. Muß ich IHN deshalb auch ehren, wertschätzen, gar lieben?

– Was könnte uns denn zu einer aufrichtigen, freien Verehrung führen?

– Jedenfalls nicht SEine Macht allein, über unser Schicksal zu verfügen (wie ER ja ohnehin herrscht über *alles, was es gibt*).

– Außerdem hat ER uns offenbar bewußt *nicht* zu SEiner Verehrung gezwungen, die ER uns doch im ersten Gebote des Dekalogs vom Berge Sinai anordnete. Sollten wir also die Chance bekommen, IHM abtrünnig zu werden?

– Ein *frei* angestimmtes Halleluja klingt einfach reiner! Als urteilsfreie Wesen könnten wir IHN wohl nur dann aus vollem Herzen lobpreisen, wenn der Zwang zur Verehrung von Gottes Herrlichkeit selber ein zwangloser wäre!

– Wie schön gesagt! Aber was will das schon heißen?

– Das ist doch überhaupt nicht schwer zu begreifen! Es darf eben *nicht* allein (oder in erster Linie) Gottes Allmacht sein, welche mich zu SEiner Verehrung führt. Gewiß, der HERR *ist* allmächtig, doch ER zwingt mich nicht. Ich kann mich *nur* dann aus tiefster Überzeugung SEinem höchsten Wesen ganz anheimgeben (*ohne* dabei mir selbst gegenüber unehrlich zu werden), wenn ich meine Hochachtung nicht SEiner Macht, sondern SEiner Vollkommenheit entgegenbringe, wenn ich meine Gebete an SEine Erhabenheit richte, wenn meine Dankbarkeit SEiner Güte über alle Maßen gilt, ja – meine Bewunderung SEiner Schönheit.

6 **GOTT DER VERNUNFT?** Könnte das *summum bonum,* also das höchste Gut und somit Gottes Vollkommenheit, denn nicht in einem Inbegriff der *Vernunft* liegen? Damit wäre die zwanglose Gewalt des Vernunftgottes (wie) die sanfte Macht des besseren Arguments!

Daß die wahre Ordnung der Welt im Geist Gottes ihr Fundament und ihren Zweck finde, glaubte ja nicht nur die thomistische Tradition der katholischen Scholastik, dann die der Spät- und Neoscholastik des XVII. und XIX. Jahrhunderts, bei der neben dem Dominikanerorden des heiligen Thomas auch Ihre speziellen Lieblinge, die Jesuiten, eine große Rolle spielten (und deshalb bekriegten sich diese beiden konkurrierenden Firmen ja auch so heftig).

Und auf dieselbe Koinzidenz von Vernunft und Heilsgeschichte richtete sich alsbald auch die große (und gar nicht geheime) Hoffnung der protestantischen Aufklärer, sagen wir von Leibniz bis Hegel – wider alle Schwärmer und Pietisten in den eigenen Reihen.

– Mir scheint, Sie sind da auf einem Holzwege. Es mag zwar *vernünftig sein, an die Vernunft zu glauben,* um dann gute Gründe für die Annahme der Existenz des Lieben Gottes und all SEiner vortrefflichen Attribute auf vernünftigem Wege zu suchen und zu finden. (Das unternimmt heute in zahlreichen Bänden zu allen klassischen Streitfragen des Glaubens und Wissens etwa der Oxforder Philosoph Richard Swinburne.) Aber davor, solche diskursiv argumentierende Vernunft allzunahe an den Lieben Gott heranzurücken, hätten uns alle der von Ihnen genannten Rationalisten des Glaubens wohl ernstlich gewarnt. Ein Gott des Diskurses wäre nie und nimmer das allerhöchste Gut.

– Und wieso nicht? Was spräche denn theologisch dagegen?

– Zumindest zweierlei Arten von Gründen: Erstens hat der Liebe Gott die Vernunft wahrlich nicht nötig; und zweitens verfehlten wir auf dem Wege der Vernunft vermutlich die wahre Dimension SEiner Güte und Größe.

✦

Ein HERRgott nämlich, der (so wie wir) vernünftige Argumentationsfolgen zu beachten hätte, wäre ja *eo ipso* nicht unmittelbar *all*-wissend, *all*-gegenwärtig, *all*-mächtig. Gott aber ist/hat bereits alles Wissen; ER verfügt immer schon über die *scientia* oder die unmittelbare *cognitio* von allem, das ER durch SEin Wollen ins Sein oder in diese oder jene Möglichkeit setzt. Deshalb braucht ER keine diskursive Vernunft (Sth Ia, q. 14, a. 7).

Die eigenen Erfahrungen und Prognosen sowie Handlungsgründe und Motive diskursiv zu ordnen, um sie argumentativ zu überprüfen – »von einem Gedachten zu einem anderen überzugehen, wie beim logischen Folgern von den Grundsätzen zu den Schlüssen« (SG I, c. 57) –, ist ja nur für Wesen wie uns notwendig: Wir sind geistbegabte Lebewesen, die eben nur über eine *endliche,* raumzeitlich verfaßte Existenz und *Wahr*-Nehmung verfügen und also *irren* können. So stehen wir in beständiger Gefahr des Scheiterns. Wir brauchen Vernunft, um unser fehlbares Wissen zu systematisieren und zu testen, denn unser (Raum- und Zeit-)Horizont von Wissen und Erfahrung ist notwendigerweise begrenzt – aber Gott?

Gott hat keinen Horizont, sondern ist immer schon über alle Horizonte hinaus; oder: ER ist Horizont aller Horizonte. Und darum ist SEin Erkennen kein diskursiver Prozeß, *cognitio Dei non est discursiva,* sondern ein zeitloser Akt. ER bedenkt alle Ursachen und ihre Wirkungen, Tatsachen und ihre Wahrscheinlichkeiten, Tendenzen und ihre Konsequenzen unmittelbar und direkt, nicht eins nach dem anderen, sondern alles zugleich: *Deus non considerat unum post aliud quasi successive, sed simul omnia* (SG I, c. 57). ER schuf ja alle Tatsachen und alle, auch die künftigen Möglichkeitshorizonte, ER kennt somit auch das Nicht-Seiende: alles Niemals-Seiende, alles Gewesene, Nicht-Mehr-Seiende und alles Noch-Nicht-Seiende, das Kontingent-Künftige (SG I, c. 67). Gott weiß alles, was in der Zeit unseres Universums passiert oder auch in den Zeitkrümmungen anderer möglicher Welten – doch vollzieht sich SEine Erkenntnis nicht selber in dieser oder jener zeitlichen Folge (SG I, c. 66). Das führt dann zu höchst interessanten Paradoxien im Verhältnis von empirischer Zeit und göttlicher Ewigkeit, die wir uns an dieser Stelle aber leider verkneifen müssen ...

– Vielleicht könnte man diese ewige ›Simultan‹-Kenntnis Gottes als ›intuitives‹ Erkennen oder Erfassen bezeichnen (William Alston)?

– Jedenfalls brauchen *nur* wir endliche Wesen mit begrenzten Erkenntnisressourcen eine *diskursive* Vernunft: wir verwenden sie als Krücke. Um beim Voranschreiten im Dunkel unserer Unwissenheit nicht zu fallen.

– Aber diese Krücke Vernunft hilft uns doch auf dem rechten Weg zum Lieben Gott?

– Auch hier habe ich meine Zweifel.

– Na, Sie sind mir aber ein seltsamer Gläubiger. Halten Sie es etwa für *wider*vernünftig, die Existenz eines höchsten allmächtigen Schöpfers anzunehmen?

XIII. Kapitel: Das höchste Wesen

– Aber nein. Die Vernunftschlüsse von dieser oder jener Eigenschaft der Welt auf die Existenz eines allmächtigen Schöpfergottes sind allerdings nicht zwingend, wie wir in Kürze noch sehen werden. Die Annahme eines persönlichen Gottes mag dennoch nicht unplausibel sein, aber durch Argumente herbeikommandieren läßt sich der Liebe Gott auch nicht.

7 DER EINE – DAS ABSOLUTE. Auch einige der Ableitungen oder ›Beweise‹ der ›notwendigen Eigenschaften‹ Gottes in der mittelalterlichen Philosophie lassen sich darum besser als Antworten auf die Frage verstehen: Welche Art von Gottheit wäre wohl eine solche, deren Anbetung uns als frei urteilende Wesen nicht demütigen würde? ER dürfte kein Superpower-Gott sein, der uns nur übermächtigte: kein bloßer himmlischer Monarch, dessen Willkür wir aus purer Angst vor Strafe gehorchen müßten. Lieben sollten wir IHN schon können.

Aber kann man denn Liebe, Verehrung, Anbetung verordnen? Kann man IHN lieben *sollen?* Da ER alles weiß, alles sieht, auch hinter unsere vielleicht bloß vorgetäuschte Verehrung blickt, müßten wir IHN nicht bei und vor und über aller Liebe dennoch vor allem fürchten? Der calvinistische HERRgott, dessen allwissende Abgründe von Liebe, Macht und Strenge wir nur furchtsam erahnen können, stiftete wohl vor allem Disziplin aus allgegenwärtiger Angst: manchmal scheint er geradezu totalitäre Züge anzunehmen.

Nein, so hat es der Philosoph John N. Findlay in einem klassischen Artikel aus dem Jahre 1948 zusammengefaßt: als Gegenstand unserer religiösen Verehrung muß Gott alle Superlativa der Wirklichkeit nicht nur unendlich und *unüberbietbar* überschreiten. Mehr noch, ER darf auch gar nicht mehr bloßer Bestandteil eines IHN umfassenden Universums sein: Wäre ER nämlich von einer Welt von *anderen* (oder ›fremden‹) Gegenständen umgeben, dann würden diese Wirklichkeiten ja schon durch ihre bloße (unabhängige) Existenz SEinem Einfluß Grenzen setzen.

Als angemessener Gegenstand unserer religiösen Verehrung muß darum Gott selber gewissermaßen *allumfassend* sein. Nichts, überhaupt gar *nichts* darf in irgendeiner Weise *unabhängig* von IHM Bestand haben oder irgendwelche vortrefflichen Qualitäten aufweisen, ohne *alles* (absolut alles: seine Existenz und seine Vortrefflichkeit) dieser einzigen Quelle zu verdanken. Ja, John Findlay geht noch weiter: »Wir können uns des Gefühls nicht erwehren, daß der Gegenstand, welcher unsere Verehrung wahrhaftig verdiente, niemals ein Ding sein kann, das bloß zufälligerweise existierte, und auch keines, von dem alle anderen Gegenstände bloß zufälligerweise abhingen.«

Müßte also Gott als der unserer tiefsten Verehrung würdige ›Gegenstand‹ nicht ein Wesen sein, dessen unendliche Existenz, dessen absolute Vollkommenheit, dessen alle andere Wirklichkeit und Vortrefflichkeit begründende Natur nicht bloß eine Tatsache wäre, die also unter Umständen auch nicht der Fall sein könnte, sondern eine unter allen Umständen unabweisbare Notwendigkeit? Nicht nur alle anderen (›kontingenten‹) Tatsachen dürften also undenkbar sein ohne SEine alles (absolut alles) gründende Schöpferkraft, sondern ER selbst, das höchste Wesen, besäße alle SEine Qualitäten kraft eigener Notwendigkeit.

Bei solch einem absolut verehrenswürdigen Wesen wäre es also undenkbar, daß Gott zufälligerweise nur jene höchste Qualität (etwa die Schönheit) hätte, aber nicht diese (wie die Güte oder Unendlichkeit); ER wäre nicht nur notwendig (und notwendigerweise auf vollkommene Weise) die Quelle aller (anderen) Wirklichkeit; es wäre nicht einmal vorstellbar, daß ER nicht sei: es gäbe – mithin – nicht einmal einen Begriff von Gott als einem vollkommenen (also: notwendigerweise nicht kontingenten) Wesen, der von SEiner Existenz zu unterscheiden wäre. Ein solches Wesen ist ein absolutes, durch nichts anderes bedingtes und bestimmtes Wesen – und in der Tat ist Findlay dann auch sehr viel später (1982) explizit zur Schlußfolgerung gekommen, *sowohl* die Kirchenvätertheologie des Christentums *als auch* auch der entwickelte (Neu-)Platonismus als ›Denken des Einen‹ seien als Versuche zu begreifen, eine ›Theorie vom Absoluten‹ zu entwickeln.

Die Triebfeder des klassischen ›ontologischen Gottesbeweises‹ wäre damit weniger eine objektive – sich begrifflich selbst explizierende – Notwendigkeit als ein subjektiver Erwartungshorizont menschlicher Verehrung. Die von den großen Denkern der mittelalterlichen Metaphysik versuchten ›Definitionen‹ Gottes als eines Wesens, dessen Vollkommenheit SEine Existenz einschließt (Anselm von Canterbury), oder dessen Existenz nicht von SEinem Wesen unterschieden werden kann (Thomas von Aquin), sind so gesehen nichts anderes als Versuche, unsere Anforderungen an Gott als ein wahrlich verehrungswürdiges höchstes Wesen zu explizieren.

**8** FÜNF WEGE ZUM HÖCHSTEN WESEN. Was ist denn von den vernunftgeleiteten Argumenten zu halten, die der heilige Thomas in seinen berühmten »fünf Wegen« zu Anfang seiner *Summa theologiae* (Ia, qu.2, art.3) für Gottes Existenz ins Feld führt?

– Nun, sie sind allesamt zunächst einmal bloße Rückschlüsse: Wir schließen aus der Schöpfung auf ihren Schöpfer, vom mannigfachen Endlichen auf seinen unendlichen Urheber, von vielfältig verketteten Wirkungen auf eine letzte Ursache *et cetera.* Es handelt sich also bestenfalls um reine Indizienbeweise.

Gottes Existenz wird von Thomas ja nicht aus SEiner Vollkommenheit als *ens realissimum* deduziert. Sankt Thomas, ein fülliger Dominikaner, will die gesamte ontologische Fülle der Wirklichkeit zum Beleg der Existenz des Allerhöchsten mobilisieren, und anders als Anselm geht er induktiv vor: Er zieht (Rück-)Schlüsse aus Grunderfahrungen, Tatsachen, Strukturen unserer Welt, die er natürlich zuvor begrifflich sondiert und kategorisiert hat. Die fünf Wege, auf denen bereits das natürliche Licht der Vernunft die Frage beantworten könne, »ob Gott sei«, haben allesamt dieselbe Grundstruktur: Es geht stets darum, den *regressus ad infinitum* zu vermeiden, einen unendlichen Rückgang von einer Ursache zur nächsten, der unsere ›Warum?‹-Fragen leerlaufen läßt.

*Nur* unter dieser Voraussetzung ist dann jeweils der Schluß vom Bedingten, Verursachten, Bewegten auf den Einen unbedingten, unbewegten Beweger plausibel: [1] der Schluß von der Tatsache, daß es in der Wirklichkeit Bewegungen und Veränderungen gibt, auf eine, erste, selbst unbewegte Ursache; [2] der Schluß aus den vielfältigen, verketteten Wirkursachen auf eine, erste, selbst nicht wiederum verursachte Ursache; [3] der Schluß aus der Erfahrung, daß es in der Welt neben notwendigen Tatsachen auch bloß mögliche Fakten, kontingente Ereignisse gibt, auf die Existenz einer, schlechthin notwendigen ersten Ursache; [4] der Schluß aus der Erfahrung von Qualitätsunterschieden (an Wahrheit, Güte, Schönheit) in der Wirklichkeit auf ein in jeder Hinsicht (an Wahrheit, Güte, Schönheit) vollkommenes Wesen als Ursache aller nur relativen, graduellen, partiellen Vollkommenheiten; [5] der Schluß aus der Zweckbestimmtheit auch von unbeseelten, unvernünftigen Naturwesen (wie Organismen oder Ökosysteme) auf eine vernünftige, bewußt steuernde Instanz als erster Zweckursache.

Aus endlichen, empirischen, raumzeitlichen Sachverhalten [Weg 1 bis 3] oder aus metaphysischen Annahmen über die Onto-Logie oder Seins-Verfassung einer Weltordnung, die nach Stufen der Vollkommenheit gegliedert ist [Weg 4] und in der es Lebewesen mit Zielsetzungen gibt [Weg 5], könne man auf die unendliche, absolute, ewige Natur Gottes schließen – so erklärt uns Sankt Thomas. Aber genaugenommen gelangen wir mit seinen Argumenten ja nur zur Annahme eines ersten unbewegten Bewegers [1], einer ersten Wirkursache [2], eines schlechthin notwendigen Wesens als Voraussetzung aller kontingenten Dinge und Sachverhalte [3], eines schlechthin Vollkommenen [4] und einer letzten Orientierung aller zielgerichteten Handlungen von Geistes- und Lebewesen [5]. Und diese letzte (also: erste) Instanz, die wir (*nur* dann) zwangsläufig postulieren müssen, wenn wir den infiniten Regreß vermeiden wollen – dieses eine, notwendige, vollkommene Wesen »nennen wir alle Gott«: *quod omnes dicunt Deum.* So heißt es am Ende eines jeden dieser fünf Wege.

✦

Gegenfrage: Wieso darf denn Gott (oder *der* Typ von Gott, den wir aus der Vollkommenheit SEiner Welt erschließen könnten) eigentlich nur einer – *der* Einzige – sein? Könnten wir uns die Weltordnung (wie ja auch die Konstruktion von Häusern, von Schiffen oder Staatsordnungen) nicht ebenso als das Ergebnis eines Kommitees aus mehreren Göttern vorstellen? Das wendet

im fünften Teil von David Humes (natürlich erst postum veröffentlichten) *Gesprächen über die natürliche Religion* (1779) Humes
*alter ego* Philo wider die von seinem Gesprächspartner Cleanthes
vorgebrachte ›natürliche Theologie‹ eines göttlichen Weltbau-
meisters ein: »Wenn sich nämlich sogar derart törichte und solch
bösartige Geschöpfe wie der Mensch nicht selten darauf einigen
können, einen gemeinsamen Plan zu entwerfen und auszuführen,
ist dies nicht bei Göttern und Dämonen noch wahrscheinlicher,
die vermutlich um etliche Grade vollkommener sind?«

– Dann wären eben die Designmuster, die evolutionären Bau-
pläne oder Vorsehungs-Fahrpläne, auf die sich dieses Götter-
Kommittee einigte, zu klären: sind die *Elohim* zufällig auf die
Prinzipien der Weltordnung gekommen? Oder waren diese etwa
ein Kompromiß – eine große Koalition zwischen Shiva und Vishnu
oder zwischen Apollo und Dionysos, zwischen Statik und Dynamik, Entropie und Expansion *et cetera?* Und: Lag ihnen das
Baumaterial bereits vor – Raum, Zeit, Lehm für die Verfertigung
von Menschen (Gen 2,7), sowie Naturgesetze, ontologische Spielregeln für mögliche Welten? Oder mußten sich vielleicht die
Strukturen möglicher Materie, gar die Naturgesetze selber, überhaupt erst aus einer Vielfalt von Alternativen herausbilden? Wer
legte den Stabilitätsrahmen fest, wer garantierte ein ordentliches
Ergebnis?

Und damit wäre am Ende doch wieder *ein* Code ausschlag-
gebend, auf den sich die Schöpfer per Vernunft oder Spiel einig-
ten. Oder eben ein Prinzip, das dann wieder nach einem allgewal-
tigen Ober-Subjekt verlangt – so daß »Ordnung und Einrichtung
des Alls […] von Gott und durch Gott bewahrt wird« (Mund. 391 b).
Und ein solcher aus einem Prinzip, nach einheitlichen Gesetzen
geschaffener Kosmos führt dann in der Regel wieder zu dem
einen, obersten Gott der Philosophen.

9 **DER GOTT DES WELTBILDES.** Aber wieso soll *dieses*
höchste Wesen eigentlich *unser* Gott sein: der Gott der Propheten – des Exils und des Gesetzes, der Gott der Offenbarung –
das Versprechen auf Erlösung? Diesen Protest vernehmen wir

bei Martin Luther, der in seiner Heidelberger Disputation vom 26. April 1518 der theistischen Metaphysik, die »Gottes unsichtbares Wesen durch seine Werke wahrnimmt und versteht«, ein ganz anderes Gottesdenken im Zeichen des Kreuzes, des Leidens, der Erniedrigung entgegensetzt [19. und 20. These]. Kann aber der *leidende* Gott zugleich das metaphysisch höchste, vollkommene, ewige Wesen sein?

– Ist es etwa der *zürnende,* auf die falschen Abgötter, auf die Untreue SEines Volkes *eifersüchtige* Gott?

Und was hätte schon der *Liebe* Gott mit den (kosmo)logischen Postulaten einer reinen Vernunft zu schaffen? Mit einem logisch postulierten Etwas oder Wesen, welches eine Reihe bestimmter Bedingungen erfüllen muß, die doch allesamt nur dazu taugen, daß unser Gotteswissenschaftler einen bodenlosen Regreß an Vorbedingungen vermeiden kann: den immer wieder weiter verweisenden Rückschluß von Ursache auf Ursache, den Verweis vom Elefanten, der die Welt trägt, auf die Schildkröte, auf der der Elefant steht *(ad infinitum)?* Doch Gott ist keine metaphysische Schildkröte!

Und weiter: Beißt sich diese Schlange nicht selber in den Schwanz? Wird hier nicht am Ende der Gottesbegriff von Philosophen oder Theologen aus dem Zylinderhut einer Weltordnung gezaubert, in deren begriffliche Konstruktion bereits die ›onto-theo-logischen‹ Grundannahmen der abendländischen Metaphysik eingegangen sind? Also jenes Bildes der Welt als eines gegliederten Kosmos (oder als eines wohlkonstruierten Bau- oder Uhrwerks), welches dann als Anker- und Halte- und Zielpunkt den *einen* ›unbewegten Beweger‹, notwendigen Existenzgrund, Schlußstein aller Vollkommenheiten erst fordert?

– Damit würde ja auch der Liebe Gott zum Produkt einer »metaphysischen Grundstellung« (Martin Heidegger) von Mensch und Selbst, Sein und Wesen, Wahrheit und Sinn, statt sich als ihr Urheber, Souverän und Richter zu offenbaren und SEin Wesen unserem Begreifen, unseren Begriffen zu entziehen.

– Nun, just davor haben die ›Existentialisten‹ unter den Gottesdenkern wie Blaise Pascal und Søren Kierkegaard stets und völlig zu Recht gewarnt: Gerade vom frei sich offenbarenden Gott sei in solchen ›Gottesbeweisen‹ aus reiner Vernunft nie die Rede. Eigentlich gehe es nur um die Postulate, vielleicht auch nur unweigerliche Selbsttäuschungen der kosmologischen Vernunft (Immanuel Kant). Und damit enthält der für ›kosmologische Gottesbeweise‹ übliche *Rück*schluß von bestimmten (exzellenten oder normalen) Eigenschaften (in) der Welt, die der Fall ist, auf IHN, DER IST schon die Gefahr, in einen Vernunft- oder Weltglauben abzurutschen, in einen rationalistischen oder pantheistischen Götzendienst.

– Aber in solch einer Gefahr stand doch der heilige Thomas nie! Schon seine Titelfrage des Kapitels in der *Summa theologiae* (Ia, qu) ist ja nicht beliebig gestellt: *an Deus sit.* Da geht es ja nicht etwa darum, »ob es (irgend) einen Gott gibt« (vielleicht gar mehrere?). Nein, gesucht wird mit dem Licht der natürlichen Vernunft vielmehr von vornherein, auf allen fünf Wegen, der Eine Schöpfergott des christlichen Glaubens, im Singular des höchsten Wesens. Nur die Indizien SEines Wirkens sucht Thomas ganz in der Nachfolge des Aristoteles in der Verfassung unserer Welt.

– Was aber rechtfertigt es denn überhaupt, das ›Sein‹ Gottes, also des Schöpfers, und das ›Sein‹ der Welt und ihrer Geschöpfe einander gleichzusetzen? Also wäre der Schöpfer doch eine Ursache wie alle anderen, nur die erste der Reihe, die selbst unverursachte, unbewegte?

– Gottes Schöpfung *ist* SEin Werk und Zeugnis. Die Himmel erzählen die Ehre Gottes, und die Erde auch. Von SEiner Hände Werk kündet das Universum. Oder eben, falls es IHM in SEiner Weisheit so gefiel, ein Multiversum – in der schwindelnden Vielfalt seiner *Big Bangs,* von entstehenden und vergehenden Welten und Raumzeiten, mit all ihren physischen Eigenschaften und metaphysischen Rätseln. Für die rationale ›Gottesmetaphysik‹ (Thomas Ruster) der natürlichen Theologie offenbart sich Gott nun einmal im Sein, im guten Kosmos, in SEiner Kreation, die ER schuf und nach jeder evolutionären Etappe (nach jedem Schöpfungstage der Genesis) im Ganzen für gut befand.

Allerdings ist solch ein kosmologischer Optimismus nicht jedermanns Sache – gerade unter Theologen nicht. Er paßt ja auch nicht in jede Situation, zu jeder Erfahrung, zu jeder Form von Gottsuche. Gegen das Welt- und Schulvertrauen einer in den Machtzentren des Hochmittelalters kulturell herrschenden Elite von Klerikern und Akademikern haben ja nicht erst die Existentialisten der Neuzeit protestiert. Das taten schon die Mystiker und Enthusiasten aller Jahrhunderte, apokalyptische Sekten, liebeskommunistische Propheten der Armut und von Gotteslust glühende Asketen. Die Wüste ihrer Offenbarung trugen sie in der eigenen Seele, gotteskrank wie sie waren.

**10** GUTE GRÜNDE – RICHTIGES LEBEN. Ansonsten ist die Vernunft natürlich eine prima Sache. Bei den meisten Fragen, die unter uns Menschen strittig sind, ist der vernünftige Zwang des zwanglosen Arguments stets die bessere Alternative zur Gewalt. Aber in unserem Anliegen hilft sie kaum.

– Und was, bitte schön, ist Ihr Anliegen?

– Die rechte Verehrung des Lieben Gottes. Und die ergibt sich gerade nicht aus guten Argumenten! Würden Sie denn den Lieben Gott nur deshalb anbeten, weil es *gute Gründe* dafür gibt? Was für ein Gebet möchte das wohl werden?

Könn(t)en wir etwa eine Person nur deshalb lieben, weil wir *gute Gründe* dafür haben? Ich denke, diese Person wird sich für solche Art Liebe bedanken! Sie müßte ja stets befürchten, daß meine Liebe bei der nächstbesten Gelegenheit ihren Adressaten wechselt: sobald ich einer Person begegne, für die ebendiese guten Gründe genauso gelten (und die vielleicht noch ein oder zwei weitere Vorzüge besitzt).

– Na, *das* müßte ja der Liebe Gott nicht befürchten: ER ist doch das *nec plus ultra* aller nur denkbaren Vortrefflichkeiten; ergo kann es gar keine besseren Gründe zur Verehrung irgendeiner anderen Macht oder Größe geben!

– Befürchten muß der Liebe Gott doch von uns Erdenwürmern *gar nichts!* Freilich machte dies eine ›Gottesliebe‹, die nur auf vernünftigen Gründen beruhte, kaum überzeugender. Sollte denn die liebevolle Anbetung des HERRn nicht aus der Mitte unseres Herzens kommen? Muß sie nicht unseren Willen ganz ergreifen, um in SEinen Augen (dessen, der alles sieht) überhaupt glaubwürdig sein zu können? Die »ungeteilte Herzenshingabe an Gott« war für Martin Luther die Quintessenz des ersten der zehn Gebote.

◆

Einen naheliegenden Vergleich erlaubt hier auch die laut Sokrates »nicht beliebige Frage, wie man leben soll« (Politeia, 352d): Würden Sie sich etwa für eine bestimmte Lebensform *nur* deshalb entscheiden, weil sie vernünftig ist?

– Na, widervernünftig sollte sie nicht gerade sein!

– Damit kommen Sie nicht viel weiter.

Ist es etwa unvernünftig, sich der lebenslangen Kontemplation, dem Sich-Versenken in den Sinn des Universums und den Willen des Allerhöchsten zu widmen – auch wenn ich dadurch mein Leben am Rande des Existenzminimums verbringen sollte (und am Ende entdecken müßte, daß es diesen Sinn nicht gibt)?

Oder ist es vielleicht unvernünftig, in meiner Berufskarriere stets auf ›Nummer Sicher‹ zu gehen – auch wenn ich darob die durch Bausparvertrag und Lebensversicherung vorgezeichneten Denk- und Lebenswege nie verlassen werde (und am Ende bei einer Umstrukturierung meines Unternehmens durch einen ›flexiblen‹ Hallodri oder Abenteurer ersetzt werde, der bloß besser gebluft hat)?

Ist es unvernünftig, mein ganzes Lebensglück auf die Liebe zu einer Person zu setzen, die mich bereits einmal betrogen oder verlassen oder enttäuscht hat – auch wenn ich den Geschmack am Leben nie intensiver gefühlt oder empfunden habe als mit diesem unzuverlässigen Menschen (und mir am Ende mein Psychoanalytiker erklären wird, daß ich ins Scheitern verliebt sei)?

Kurz: Könn(t)en wir uns etwa mit einer bestimmten Lebensweise *nur* deshalb identifizieren, weil wir sie rational begründen können? Daß dies nicht der Fall ist, haben in den letzten Jahrzehnten die vernünftigen Skeptiker der praktischen Philosophie wie Bernard Williams oder Harry G. Frankfurt für die philosophische Existenzanalyse deutlich gemacht – im Gegensatz zu den herrschenden Vertretern einer utilitaristischen Moral (den Alles-Verrechnern), aber auch im Kontrast zu den Vernunftmoralisten (welche alle Lebensfragen zu Rechtfertigungsfragen stilisieren wollen). Aber das wußten natürlich auch schon die Weisen vergangener Zeiten, »daß das ehrgeizige Projekt, eine erschöpfend rationale Rechtfertigung für die Art zu liefern, wie wir unser Leben führen sollen, fehlgeleitet ist« (Harry G. Frankfurt).

So, und warum sollte dies gerade bei der Verehrung des Lieben Gottes anders sein? Sie betrifft ja eine Willensentscheidung: für ein der Gottesehre – *ad majorem Dei gloriam* – gewidmetes Leben.

**11** ZWANG OHNE ZWANG. Ein weitaus überzeugenderes Modell für die frei empfundene Pflicht zur Gottesverehrung ist da die unwiderstehliche ›Gewalt‹ der *Schönheit.* Einem moralischen Gebot folgen wir ja in unserem praktischen Verhalten keineswegs schon deshalb, weil es gut begründet ist: also nicht schon deshalb, weil wir ihm folgen *sollen.* (Warum nicht? Weil wir nicht wirklich willig sind, moralisch zu handeln? Weil unser Wollen zu schwach ist? Weil es Wichtigeres gibt als die Moral? Das ist erneut eine andere Frage.) Und wenn wir es tatsächlich befolgen, dann wohl deshalb, weil uns unser moralisches Gefühl oder Empfinden dazu zwingt.

Mit der Schönheit aber steht es anders. Wir *können* gar nicht anders als (die) Schönheit zu bewundern, und doch übt sie keinerlei Gewalt wider unseren Willen aus. Eher schon müßten wir unserem Willen Gewalt antun, um unseren Blick von der schönen Gestalt oder Vision abzuwenden. Der Zwang der Schönheit ist zugleich zwingend und zwanglos: Ein schöner Gegenstand, ein Kunstwerk, eine schöne Landschaft, ein schöner Mensch zwingen uns ja (in gewisser Weise), *wieder und wieder* hinzuschauen.

Nicht eigentlich, um sich das Schöne anzueignen, es mitzunehmen, *zu haben:* Wir wissen doch ganz genau, daß das nicht geht – wir möchten vielleicht eine Skizze zeichnen, um uns besser zu erinnern. Auch die vielen Käufer der Plastik-Figürchen der Venus von Milo oder der Pietà des Michelangelo, der Dia-Reproduktionen der Sistina oder des Sonnenuntergangs über dem Golf von Neapel wissen doch, daß diese Natur- oder Kunstschönheit *nicht zu haben ist.* Und deshalb müssen die Andenkenverkäufer ihre Dias schon im ersten Angriff loswerden: Sobald der Reisende einen Moment nachsinnt, wird er vom Kauf ablassen ...

Wir können nicht ablassen vom Anblick der schönen Gestalt. Die Schönheit sei wie »eine Frucht, die man betrachtet, ohne die Hand nach ihr auszustrecken«, schrieb Simone Weil, jene tragische Platonikerin und weltliche Heilige des XX. Jahrhunderts, in ihren Notizheften. Aber sie fügte sogleich hinzu, Schönheit sei »ebenso ein Unglück, das man betrachtet, ohne zurückzuweichen« (also offenbar eine Macht, deren Zauber im Betrachter noch die Angst oder den Schmerz besiegt).

Wenn mir wahrhafte Schönheit begegnet, überwältigt sie mich, ohne mich zu vergewaltigen. Dann will ich ja gar nichts anderes, als sie (oder ihn: diesen Menschen, diesen Gegenstand) zu betrachten; ich kann nicht umhin, sie/ihn zu bewundern, auch wenn ich von ihr absehen möchte, auch wenn ich wegschauen könnte. Wahre Schönheit gebietet meiner *freien* Aufmerksamkeit, denn ich *will* sie ja wahrnehmen, ich will wieder und wieder hinschauen, wohl wissend, daß ich sie nur *wahr*-nehmen kann, ohne ihrer jemals *hab*-haft zu werden.

Die Schönheit einer Vision erzwingt unsere Aufmerksamkeit, ohne unsere Freiheit zu beschränken: Wir fühlen uns aufgerufen zur bewundernden Wahrnehmung. Wir wissen sehr wohl, daß sich Geschmäcker, Kulturen, Moden verändern, und doch erscheint uns die Schönheit nicht als bloße Folge des sich wandelnden, der Mode und den Zeitumständen folgenden Geschmacks. Wir messen offenbar einem wohlgeordneten Zusammenklang von Unterschieden, dem »Grad an organischer Einheit von Vielfalt« (Robert Nozick) jenen Eigenwert zu, der uns verzaubern, gewissermaßen zur Bewunderung *verpflichten* kann.

Der Zwang der Schönheit nimmt mir also nichts von meiner Freiheit im Urteil – im Gegenteil: mein Urteil ist es doch, das mich zur Verehrung, Bewunderung ihrer Majestät zwingt. Und zugleich gebietet die Majestät der Schönheit die Distanz der Verehrung: »Regungslos verharren und sich mit dem vereinigen, was man begehrt und dem man nicht näher kommt. Derart ist die Vereinigung mit Gott: man kann sich ihm nicht nähern. Der Abstand ist die Seele des Schönen« (Simone Weil).

Was die Schönheit dieses oder jenes Gesichts, dieses oder jenes Geschöpfs, dieser oder jener Situation, zum Beispiel für (oder Anlaß von) freie(r) Gottesverehrung macht, ist also ihre zwanglose Form der Nötigung, die uns weitaus mehr verpflichtet als jedes Machtwort. Die Anwesenheit des Schönen in unserem Gesichtskreis bringt ja zugleich eine Art ›De-zentrierung‹ unserer Welt mit sich – wiederum in den Worten Simone Weils (oder der ihr in dieser Beschreibung folgenden Philosophin Iris Murdoch).

– Aber muß ein derartig ›de-zentriertes‹ Bewußtsein der Wirklichkeit nicht jeder Erwachsene gelernt haben? Wer nicht schwer psychisch geschädigt ist, weiß ja in der Regel, daß er selber zwar das Zentrum seiner eigenen Wahrnehmung ist, aber eben nicht das Zentrum der Wirklichkeit. Wir bleiben natürlich im Zentrum unserer Weltwahrnehmung, das heißt unseres Bewußtseinshorizontes auch dann, wenn wir vermuten müssen, daß die Welt unser Bewußtsein von ihr überschreitet. Auch dann, wenn wir wissen, daß die Wirklichkeit eben nicht unseren Wünschen oder Bedürfnissen gehorcht. (Sie erinnern sich: An diesem Nicht-Zur-Deckung-Kommen unserer subjektiven Welt und der objektiven Wirklichkeit haben wir ja im fünften Kapitel eine Gestalt ›innerer Transzendenz‹ festgemacht.)

– Nein, die Macht der Schönheit ist von anderer, mir scheint ›höherer‹ Art als jenes bloße Realitätsprinzip. Oder: Wer Schönheit erkennt, muß auch eine andere, ›höhere‹ Art von Realität anerkennen. In diesem schönen Gegenstand oder jenem Kunstwerk ereignet sich dann, wie mit sinnlicher Gewißheit, »das Notwendige, welches in völliger Übereinstimmung mit seinem eigenen Gesetz, und mit ihm allein, dem Guten gehorcht« (Weil).

Die Anwesenheit des Schönen im Horizont unseres Blicks stiftet ein neues spezifisches Gewicht in unserem Gesichtsfeld selber: sie ›eicht‹ es gleichsam um; sie richtet es anders aus; sie etabliert eine andere Hierarchie von Wert oder Bedeutung im Sichtfeld (und dann, vielleicht, im Leben). So erscheint in Gestalt der Schönheit Transzendenz, »wobei sich [in Ansehung des Schönen] das Gemüth zugleich einer gewissen Veredlung und Erhebung über die bloße Empfänglichkeit einer Lust durch Sinneneindrücke bewußt ist« (KU, 258).

Immanuel Kant, Moralist aus Prinzipien, erklärt deshalb das Schöne auch sogleich zum »Symbol des Sittlich-Guten«. Und heute spricht die Literaturwissenschaftlerin Elaine Scarry von einer Art Vertrag *(compact or contract)* zwischen dem schönen Wesen, ob Gegenstand oder Person, und demjenigen, der seine Schönheit *wahr*-nimmt. Sie erinnert auch an klassische Wahlverwandtschaften zwischen Schönheit und Gerechtigkeit, Symmetrie und Fairness.

– Müssen wir dieser Deutung vom sittlichen Adel des Schönen folgen? »Ist das Schöne wirkliche Gegenwart Gottes im Stoff?« fragt Simone Weil. »Woher gibt es dann so viele perverse Ästheten?«

– Weil Symbole nicht eindeutig sind, steht die Autonomie des Schönen keineswegs stets mit Immanuel Kants ›Sittlich-Gutem‹ im Bunde. Im Unterschied zu anderen Formen des Guten oder Vortrefflichen ist zwar »nur der Schönheit dieses zuteil geworden, daß sie uns [zugleich] das Hervorleuchtendste ist und das Liebreizendste« (*Phaidros,* 250). Aber schon Sokrates' Äußerung fiel in einer Diskussion über den Wahnsinn des Eros. Doch dies, daß die gewaltlose Gewalt der Schönheit auch noch sittliche Güte zu übertrumpfen und sinnliche Leidenschaft zu befördern vermag, widerlegt ja ihre Macht keineswegs. Es belegt nur ihre *autonome* Majestät.

– Und worin liegt nun die Analogie zwischen der Wahrnehmung des Schönen und der Anerkennung von Gottes Herrlichkeit?

– Schönheit stiftet unserer Wahrnehmung eine Richtung, welche alle anderen Hinsichten außer Kraft zu setzen vermag. Nicht wir selber sind das Zentrum von ›Gewicht‹ (von Bedeutung, von Wert) dessen, was wir als schön wahrnehmen. Nicht einmal der Künstler ist es: »Ein Kunstwerk hat einen Urheber, und dennoch, wenn es vollkommen ist, eignet ihm etwas wesenhaft Anonymes. Es ahmt die Anonymität der göttlichen Kunst nach. So beweist die Schönheit der Welt einen zugleich persönlichen und unpersönlichen Gott, der doch weder das eine noch das andere ist« (Simone Weil).

✦

*Ist also Gott schön?*

– Schön sind zahlreiche SEiner Schöpfungen. Unvergleichlich schön ist auch der Koran – die kunstvolle Art, im arabischen Vortrag Gottes Weisungen zu rezitieren (Navid Kermani), und dieses Schönheitswunder, diese dem Gesandten Mohammed geoffenbarte Schönheit kommt von niemand anderem als *von Gott.*

– Aber wir können Gott selbst doch gar nicht sehen. Nicht einmal Moses, nicht einmal Mohammed konnten IHN in diesem Leben von Angesicht zu Angesicht schauen. Was aber heißt dann Schönheit jenseits sinnlicher Wahrnehmung?

– Damit bleibt die Rede von Gottes Schönheit eine Analogie. Was sie uns zeigt, ist eine Harmonie von Gottes Majestät und unserer Freiheit: Ähnlich wie alle wahre Schönheit unsere freie Bewunderung hervorruft, so gebietet uns Gottes Vollkommenheit, IHN zu verehren: SEine Erhabenheit nötigt uns, sie macht uns schaudern, ohne uns doch zu zwingen oder zu demütigen. Zwar können wir Gott selbst gar nicht persönlich wahrnehmen (griechisch *aisthesis*), aber für den wahrhaft Gläubigen gibt es keine Schönheit außer *von Gott.* Es sind wohl diese (oder derartige) *Wahr*-Nehmungen, die häufig das Zentrum mystischer Erfahrungen ausmachen.

**12** (K)EIN SCHÖNER ABGANG. Ich vernehme Ihr Schönheitsbekenntnis mit aller Hochachtung, habe aber trotzdem eine störende Frage: War es denn nicht am Ende gerade die in unserer letzten Überlegung so gefeierte Wahlverwandtschaft zwischen ästhetischer und göttlicher Transzendenz, die dazu geführt hat, daß später die Verehrung des wahren Gottes durch eine Kunstreligion der Gebildeten ersetzt wurde (und schließlich, noch später, durch die Popkultur unter den Massen)?

– Es waren in protestantischen deutschen Landen gewiß nicht die schlechtesten Enthusiasten von Idealismus und Romantik, die um die Wende vom XVIII. zum XIX. Jahrhundert eine Begegnung, ja die wechselseitige Identifizierung von religiöser und ästhetischer Erhabenheit forciert haben! Das waren Erneuerer produktiver, expressiver Innerlichkeit, in Theologie und Philosophie, auch in der Kunst oder doch der Kunstwahrnehmung: die Tübinger Stiftsgenossen Hegel, Hölderlin und Schelling in ihrem »ältesten Systemprogramm« (HW, Bd. 1, S. 234), der *Athenäum*-Zirkel mit Ludwig Tiecks und Wilhelm Heinrich Wackenroders kunstliebenden *Herzensergießungen* (1796/7) und August Wilhelm Schlegels »Gespräch« über »Die Gemählde« (1799), und dann vor allem Friedrich Schleiermacher und Friedrich von Hardenberg [Novalis] in ihren »Reden« über die Religion und Europa (1799). Sie alle setzten darauf, daß »der Kunstsinn für sich allein übergeht in Religion« (Schleiermacher). »Der ächte Dichter aber ist immer Priester, so wie der ächte Priester immer Dichter geblieben. Und sollte nicht die Zukunft den alten Zustand der Dinge wieder herbeiführen?« fragte Novalis in seinen *Blüthenstaub*-Aphorismen.

– Sehen Sie das nicht etwas zu provinziell deutsch? Immerhin leitete fast gleichzeitig auch im nachrevolutionären Frankreich François-René de Chateaubriand mit seinem Bestseller *Génie du Christianisme* (1802) ebenfalls eine ästhetische Renaissance oder – je nach Deutung – Restauration des Christentums unter den Gebildeten *und* im Volke ein.

– Schön und gut, aber am Ausgang ändert dieser edle romantische Beginn des XIX. Jahrhunderts nichts: Am Ende desselben Jahrhunderts wird der Kunstsinn seinen Pakt mit Religion und Moral kündigen!

– Leider haben Sie recht: Spätestens ein Jahrhundert nach der ästhetischen Revolte der Romantik ist das Museum – anfangs eine der zentralen Institutionen des romantischen Projekts der Begegnung von Kunst und Religion (Theodore Ziolkowski) – zum staatsfrommen und bildungsbürgerlichen Tempel der Erhabenheit geworden. Die Bohème und künstlerische Avantgarde hingegen wird antiklerikal (wenn sie das Bürgertum nicht gerade durch dramatische Bekehrungen erschrecken kann); und das Gros moderner Sakralkunst überlebt sich im XX. Jahrhundert selbst, als religiöser Kitsch.

– Sie sind reichlich pauschal, mein Lieber! Ihr Bild ist zwar kenntlich, aber zur Karikatur verzeichnet. Doch was machen eigentlich die Theologen?

– O Gott! Die haben heute zur Schönheit gar nichts mehr zu sagen: Das allerneueste handliche *Lexikon Theologie* zum Beispiel, verfaßt von einem solide-ökumenischen Querschnitt von (mehr oder minder) liberalen Kardinälen bis hin zu liberalen Protestanten, tischt uns zwar heute, zu Beginn des XXI. Jahrhunderts, »Hundert Grundbegriffe« der Wissenschaft vom Lieben Gott auf (Christophersen/Jordan). Aber Sie werden sich's sicher denken können: Ein Artikel zur Schönheit (oder auch ein zarter Hinweis zur Ästhetik) fehlt einfach, ohne daß es irgend jemand dieser Theologiebeamten überhaupt bemerkt hätte. Nicht mal im Begriffsregister taucht das Stichwort zwischen ›Säkularisierung‹ und ›Schöpfung‹ auf.

– Ehe Sie weiter kulturkritisch lamentieren: Gestehen Sie, die über 5000 Druckseiten »Theo-Ästhetik« und »Theo-Dramatik« des Schweizer Theologen Hans Urs von Balthasar (1905–1988) auch nicht gelesen zu haben!

– Natürlich nicht, *confesso:* Aber war dieser Vielschreiber nicht Jesuit?

– Das ist er jedoch nicht geblieben, Balthasar hat mit einer seelenverwandten Visionärin einen eigenen Laden aufgemacht, die Johannesgemeinschaft. Dennoch (oder deshalb) hat ihn Papst Johannes Paul II., der bekanntlich mit dem jesuitischen Modernismus permanent seinen Ärger hatte, noch kurz vor seinem Tode zum Kardinal ernannt.

## VIERZEHNTES KAPITEL

# Schauen und Wissen

»Leazar sagte in Bar Siras Namen:
Was zu groß für dich ist, darüber forsche nicht;
was zu schwer für dich ist, das untersuche
nicht; was zu wunderbar für dich ist, das wisse
nicht; was vor dir verborgen ist, danach frage
nicht; studiere das, was dir erlaubt wurde;
mit den verborgenen Dingen hast du nichts
zu schaffen.«
*Midrasch Rabbah* (zu Genesis 1)

»Das Metaphysische läßt sich unmöglich
aus dem Begriffe Gottes tilgen.«
F. W. J. Schelling, *Philosophie der Offenbarung*

»Die Beweisführung für das Dasein Gottes
ist etwas, mit dem man sich nur gelegentlich
gelehrt und metaphysisch beschäftigt, aber
der Gedanke an Gott will sich bei jeder Gelegenheit aufdrängen.«
Søren Kierkegaard, *Der Begriff Angst*

---

*Wovon handelt die Wissenschaft vom Lieben Gott über-
haupt?* – Gewiß nicht allein davon, *daß* es einen Gott gibt. Diese
Behauptung wäre ja wohl auch als Gegenstand einer Wissenschaft
ärmlich. – Stellen wir uns einmal vor, die Insektologie befaßte
sich allein mit der Frage, *ob* es überhaupt Insekten gibt und nicht
auch damit, *welche:* welche Arten, was ihre Eigenarten sind, wo
und wie sie leben ...

*Was mag es wohl heißen, Gott zu (er)kennen?* – Um vorzudringen zur Höhe von Gottes Wesen, ist unser *intellectus,* unsere
vernünftige Einsicht zu gering (Prosl. 1). – Wollten wir aber den
Allerhöchsten nur so begreifen, wie wir auch andere Gegenstände
in Begriffe fassen, müßten wir IHN doch unweigerlich verfehlen.

---

**1** GOTTVERTRAUEN UND VERNUNFTGLAUBEN. Setzen wir einmal voraus, daß es Gott wirklich gibt und daß ER die IHM von den monotheistischen Buchreligionen Judentum, Christentum und Islam zugeschriebenen Eigenschaften auch tatsächlich besitzt. ER sei mithin *ein* persönliches, *all*gegenwärtiges, nicht an die Beschränkungen raumzeitlicher Existenz gebundenes, rein geistiges Wesen, von unwandelbarer, unübertrefflicher Vollkommenheit, »über das hinaus Größeres nicht gedacht werden kann«, nach der Formel des heiligen Anselm: *quo maius cogitari nequit.*

– Aber was könnten wir da überhaupt von IHM sagen? Niemals je vermöchten wir SEine Herrlichkeit in Worte und SEin Wesen in Begriffe zu fassen, die zweifelsfrei SEiner Vollkommenheit angemessen wären.

– Es sei denn, ER käme uns zu Hilfe, in einer Weise, die wir einsehen könnten.

– Haben nicht ein gutes Jahrtausend lang die meisten christlichen Gottesdenker behauptet, das bloße Wissen darum, *daß* es Gott gibt, sei uns bereits auf dem Wege natürlicher Vernunftschlüsse zugänglich?

– Wie bitte? Dazu bräuchten wir also die Theologie gar nicht!

– Die Theologie soll uns dann sagen, *wer* ER ist.

– Woher weiß sie denn das?

– Davon handelt Gottes Offenbarung.

Nicht alle Theologen trauten der Krücke Menschenvernunft eine wahre Einsicht in die Natur des Allerhöchsten zu. Gerade die vernünftige Wissenschaft vom Lieben Gott mußte und muß sich in der Christenheit immer wieder mit einem zutiefst gottgläubigen Mißtrauen wider die Vernunft herumschlagen, bis heute.

Am Ende des XX. Jahrhunderts rief dann Papst Johannes Paul II. noch einmal *beide* geistigen Fähigkeiten zur Ordnung, die Vernunft *und* den Glauben. Eindrücklich bekräftigte das geistliche Oberhaupt aller Katholiken das Aufeinander-Angewiesen-Sein von *Fides et Ratio* (1998) in einem eigenen lehramtlichen Rundschreiben: Vernunft und Glaube seien die »beiden Flügel, mit denen sich der menschliche Geist zur Betrachtung der Wahrheit erhebt«, formulierte der Heilige Vater recht poetisch.

– Aber zeigt denn diese lehramtliche Poesie nicht eher, daß längst immer weniger Christen diese Übereinstimmung zwischen Glauben und Vernunft noch für selbstverständlich halten? Viele suchen nicht einmal mehr danach. Offenbarungsglauben und vernünftiges Wissen betreffen einfach ganz andere Hinsichten, Fragen, Bereiche des Lebens. Ihre Plausibilitäten decken sich eben nicht mehr.

– Genau diese wechselseitigen Unabhängigkeitserklärungen von philosophischer Vernunft und Offenbarungsglauben kritisierte der Papst, immerhin selber ein ehemaliger Philosophieprofessor, eindringlich: Ohne die Hilfe der Offenbarung gerate die Vernunft auf Abwege; sie riskiere, ihr letztes Ziel aus den Augen zu verlieren. *Vice versa:* Ohne Hilfe der Vernunft könne sich umgekehrt der Glaube nur mehr auf Gefühl und Erfahrung berufen; damit aber büße er seine Universalität ein. »Es ist also ein Trugschluß, zu meinen, der Glaube sei dann stärker, wenn er einer schwachen Vernunft gegenübersteht – ganz im Gegenteil riskiert er, sich im Mythos oder Aberglauben zu verflüchtigen.«

Entschlossen und eindringlich rief Johannes Paul II. dazu auf, Glaube und Philosophie sollten ihre verlorene tiefe Einheit wiedererlangen. Der *parrhesia,* also (im Griechischen des Neuen Testaments) dem Freimut des Glaubens müsse die metaphysische Kühnheit der Vernunft entsprechen: *Fidei parrhesiae respondere debet rationis audacia (Fides et Ratio,* n. 48).

– Gut formuliert, Bischof! Ist aber, so mag hier der Widersacher in der Maske des Zweiflers fragen, dieses wunderschöne Bild vom harmonischen Zusammenspiel zwischen Glauben und Vernunft selber glaubwürdig? Ist es etwa eine Einsicht der Vernunft? Oder eine Forderung, die *nur* aus dem Glauben kommt?

– Schweig du nur, Mephisto! Weiche aus meinem Diskurs! Es versteht sich doch wohl von selbst, daß es in der gesamten Theologiegeschichte noch nie zu einer definitiven *concordia* von Glauben und vernünftiger Einsicht kommen konnte. Als gäbe es eine Erfolgsformel für diese Harmonie, die man, einmal ›eingerastet‹, heute nur zu wiederholen brauchte! Allein die Idee solch einer fixen Harmonieformel wäre doch des Teufels: Am Ende machte sie noch das Risiko des Glaubens selber überflüssig!

Der Begriff des Einen Gottes als höchstem Wesen stammt ja selber aus dem philosophischen Glauben. Doch er enthält bereits einen eingebauten Stachel der ›Negativität‹, welcher die vermeintliche Harmonie von Gottglauben und Vernunftglauben gerade nicht stabilisiert, sondern immer wieder unterminiert.

– Und das ist auch gut so!

– Jedenfalls kann es nicht verwundern: Der christliche Gott ist ja selber kein Bestandteil der Weltordnung, sondern ihr sie erst ermöglichender Urheber. All unsere intellektuellen Kategorien und Vernunftregeln sind aber immer schon und unweigerlich mitkonstituiert durch unseren Realitätshorizont endlicher Existenz. Ergo: Jede Rede von Gottes Eigenschaften ewiger Vollkommenheit und unendlicher Güte muß zwangsläufig scheitern.

Oder sie ist subversiv: Doch als menschliche Rede sabotiert sie sich selbst. Gottes Überfülle unterläuft oder überschreitet von vornherein jede Orientierung an (inner)weltlicher Rationalität oder Perfektion.

– Aber wir haben doch nun mal gar keine anderen Denkformen und Kategorien!

– Darum hat auch das IV. Laterankonzil (1215) als dogmatische Glaubenswahrheit festgelegt, jede noch so große feststellbare Ähnlichkeit zwischen Schöpfer und Geschöpf werde stets durch eine noch weit größere Unähnlichkeit übertroffen: *non potest tanta similitudo notari, quin inter [creatorem et creaturam] maior sit dissimilitudo notari* (DH 806).

– Ich verstehe: Kategorien für Zeitliches, Sterbliches, Variables werden niemals Maß und Kriterium des Einen, Ewigen, unsagbar Mächtigen und unwandelbar Vollkommenen sein können. ER (DER IST) mißt sich nicht an (den Kategorien) SEiner Schöpfung.

– Aber wie könnten *wir* denn auf Gottes Vollkommenheit hindenken, wenn nicht indirekt, durch Allegorien, oder auf dem Wege der Analogie? Indem wir die feinabgestimmte Perfektion der von IHM geschaffenen Welt- und Seinsordnung vernünftig begreifen und IHN so bewundern: SEine Weisheit, Güte und Macht.

Welche rationalen Alternativen dazu gäbe es denn? Wenn ER, DER IST als Urheber erster Grund und SEin Wille letzter Zweck *(causa finalis)* all dessen ist, was existiert, was bleibt uns da außer der Erforschung der *causae secundae? Müssen* wir uns nicht auf solchen indirekten Wegen zu IHM emporspekulieren, zur unerreichbaren Erstursache für *alles, was es gibt?*

– Nun, man kann es ja versuchen.

2 **UTRUM SACRA DOCTRINA SIT SCIENTIA.** Und die Theologen haben sich daran versucht, vor allem im lateinischen Westen: an den Schulen der Klöster, dann an der *Universitas magistrorum et scolarium* und den Konventen und Kapiteln der neuen Intellektuellenorden (der Franziskaner und Dominikaner), mit zunehmender Perfektion und Professionalität. Nichts anderes heißt übrigens Scholastik, jenes Wort, das ja heute nur mehr als Schimpfwort benutzt wird: die an den Universitäten des Mittelalters, in Einheit von Forschung und Lehre, betriebene systematische Ausbildung in den *artes liberales,* den freien Künsten der Vernunft, welche sich auf die allerhöchste Wissenschaft vom Lieben Gott orientieren.

– Aber ist die Theologie nicht etwas Besseres als eine Wissenschaft? Das ist die erste *quaestio,* die Eingangsfrage, welche der heilige Thomas von Aquin an den Beginn seiner *Summa theologiae* stellt: *Utrum sacra doctrina sit scientia.* Brauchen wir überhaupt außerhalb der philosophischen Disziplinen eine eigene Gotteslehre (Ia, qu. 1, a. 1)? Und kann denn Gott überhaupt Gegenstand einer Wissenschaft sein (Ia, qu. 1, a. 7): *Utrum Deus sit subiectum scientiae?* Die Gotteswissenschaft zielt auf das Paradox, daß die Erkenntnis des unendlich vollkommenen Gottes dem Menschenverstande aus eigener Kraft gar nicht möglich ist.

So hatte der Franziskaner Alexander von Hales die Theologie, deren Gegenstand Gott als »Ursache aller Ursachen« ist, eher *sapientia* nennen wollen, also ›Weisheit‹, um sie von allen anderen »Wissenschaften der verursachten Dinge« zu unterscheiden. Magister Thomas, der Dominikaner, nennt hingegen auch die Theologie eine Wissenschaft. Wie ist das möglich? Nun, die *sacra doctrina* ist eine besondere Wissenschaft, die von den Prinzipien einer höheren, übergeordneten Erkenntnis ausgeht: *quia procedit ex lumine superioris scientiae, quae scilicet est scientia Dei et beatorum* (Sth I a, qu. 1, a. 2). Ihre Axiome sind die Glaubenswahrheiten, welche ihr von der Offenbarung, also durch ein höheres ›Licht‹ als das der natürlichen Vernunft, vorgegeben werden, die »Wissenschaft Gottes und der Seligen«. Die Seligen im Himmel sind ja (wie wir alsbald noch sehen werden) in ihrer Gottesschau SEiner Vollkommenheit bereits ansichtig.

– Wie löst denn Meister Thomas die Spannung von göttlicher und natürlicher Wissenschaft auf, den unüberbrückbaren Gegensatz von natürlicher Vernunft und übervernünftiger, übernatürlicher ›Weisheit‹?

– Indem er diesen Abgrund überspannt, ihn durch Verkettung, Differenzierung, Untergliederung, Abstufung überbrückt. Thomas übersetzt den gewiß *un*aufhebbaren Unterschied von Schöpfer und Schöpfung in eine große, *un*unterbrochene Kette der Wesen (Arthur Lovejoy) oder Stufenleiter der Abhängigkeiten. Ausgehend von der »ersten Ursache« in Gottes Wesen und Wissen und Willen reicht sie hinab zu allen zweiten und weiteren *causae* und wird ›unterwegs‹ niemals unterbrochen.

– Warum muß diese Kette der Ursachen denn ununterbrochen sein?

– Nun, ansonsten würde ja auch Gottes Schöpfungsmacht und SEine Allwissenheit unterbrochen durch Lücken und Sprünge im Sein. Das aber kann nicht sein, also …

Damit postuliert Thomas eine Kontinuität zwischen Gottes Wissen (dem Wissen SEiner selbst und SEinem schöpferischen Wissen aller möglichen Welten …) und der menschlichen Wissenschaft (jedenfalls soweit sie die Wirklichkeit erkennt). Ergo wären dann menschlicher Verstand und göttlicher Geist einander doch recht ähnlich! Wird da nicht der menschliche Intellekt am Ende gar zu einem zweiten Gott?

– Gewiß, und recht verstanden ist das am Ende nicht einmal besonders ketzerisch.

– Aber erst seit Ende des Mittelalters! Da behauptet der Kirchendiplomat und Mathematiker Kardinal Nikolaus von Kues ebendies, ganz explizit: *hominum esse secundum deum* schreibt Nikolaus in seiner Methodenschrift *De beryllo,* in der er von ›der Brille‹ der rechten Denkungsart handelt (De ber. 7). Der Cusaner beruft sich hier zwar freilich nicht auf den heiligen Thomas, sondern ganz im Geiste des italienischen Humanismus auf hermetische Schriften aus der neuplatonischen Tradition: »Wie Gott Schöpfer der realen Seienden und der natürlichen Formen ist, so ist der Mensch Schöpfer der verstandesseienden und künstlichen Formen.« Aber bei Albert dem Großen, Thomas' Lehrer, hätte er diesen Gedanken auch finden können.

Als Vernunftwesen ähnelt der Mensch dem göttlichen Schöpfer; denn auch menschliche Vernunft ist kreativ. Begreifend ›erschafft‹ sie intellektuelle ›Ähnlichkeiten‹, sprich: begrifflich oder mathematisch konstruierte Modelle ebender Wirklichkeit, welche Gott (wirklich) erschaffen hat. Der menschliche Intellekt kopiert somit Gottes Schöpfung; menschliche Vernunft ist *similitudo divini intellectus in creando:* »im Erschaffen ist sie Ähnlichkeit der göttlichen Vernunft«; im Konstruieren von intellektuellen Modellen der Wirklichkeit liegt ihre Ähnlichkeit zur göttlichen Vernunft, welche die gesamte Wirklichkeit schuf.

Aber dennoch: Ein Modell ist nur ein Modell. »Der Begriff des Hundes kann nicht bellen« (Gaston Bachelard). Intellektuelles Begreifen konstruiert eben nur »Ähnlichkeiten von Ähnlichkeiten der göttlichen Vernunft«; und damit bleibt für den Cusaner der unaufhebbare Abstand von göttlichem und menschlichem Geist gewahrt, der Unterschied zwischen SEinem schöpferischen, absoluten Intellekt und unserer, menschlicher (Re-)Kreation im Begreifen von Ähnlichkeiten, deren absolutes Maß Gott allein bleibt.

Nur Gottes Erkennen ist ja unmittelbar und direkt, weil ER die Wirklichkeit stiftet, die ER erkennt; denn nur ER verursacht ja zugleich *alles, was es gibt,* in SEinem Wissen und Wollen: Gott erkennt sich selbst *und* erkennt/erschafft *alles, was es gibt.* Wir aber erkennen oder erschließen Gott (soweit wir IHN erkennen) bestenfalls indirekt: aus allem, was es gibt (soweit wir dessen Ordnung als *similitudo* erkennen). Und natürlich erkennen wir IHN dabei nie wirklich, oder doch nie anders als »dunkel, wie in einem Spiegel«, wie der heilige Paulus sagt.

Wenn wir aber aus der *ratio* der Schöpfung, ihrer vernünftigen Seinsordnung (wie immer indirekt) die Weisheit des Schöpfers begreifen können; dann sind ja beide, Schöpfer und Schöpfung, doch wieder über ebendiese *ratio* zugänglich. Insofern sind dann ER, DER IST (der absolute Schöpfer allen Seins) und das ›Sein‹ (alles, was da ist) einander ähnlich. Und so wären wir, in der Tat, doch bei der famosen *analogia entis* zwischen dem göttlichen (Mehr-als-)Sein und dem geschaffenen (von Gott gewollten, geordneten) Sein angelangt.

– Aber ›hat‹ denn Gott ein Sein? ›Ist‹ Gott etwa eine Tatsache?

**3** RATIO ET CONFESSIO. Zu Lebzeiten von Magister Thomas war seine Lehre von der Unterscheidung, Überordnung und Übereinstimmung zwischen göttlicher und menschlicher (natürlicher) Wissenschaft keineswegs unumstritten. Thomas wird dann zwar bald nach seinem Tode (1274) heiliggesprochen. Doch die Überzeugung, daß das Werk des *doctor angelicus* oder ›engelgleichen Lehrers‹, wie der Aquinate bald geheißen wurde, als unumstrittener katholischer Höhepunkt auf dem Königsweg der Integration von Metaphysik und Theologie, von Natur und Übernatur anzusehen sei, ist erst ein Ergebnis von sehr viel späterer Kanonisierung: zunächst der Spätscholastik aus den Zeiten der katholischen Gegenreformation des XVI. Jahrhunderts, als sich die Römische Kirche um eine hieb- und stichfeste Systematik ihrer Dogmenlehre bemühen mußte; und dann noch einmal, dreihundert Jahre später, als die Neuscholastik zur rechtgläubigen Form der Vernunft erhoben wurde.

Der ›Neothomismus‹ wird nämlich im XIX. Jahrhundert, als sich das Papsttum vor einem immer fortschrittlicher, liberaler, nationaler gesinnten Europa auf sich selbst zurückzieht, zur philosophischen Inneneinrichtung der ideologisch belagerten Feste der Kirche. Papst Leo XIII. – immerhin der Papst, welcher auch die Arbeiterfrage für die Kirche entdeckte! – bekräftigt mit einer eigenen Enzyklika, *Aeterni Patris* (1878), Thomas' Rang als wichtigsten Kirchenlehrer und fordert, seine »goldene Weisheit zum Schutz und zum Schmuck der katholischen Kirche, zum Besten der Gesellschaft, zum Wachstum aller Wissenschaften wieder einzuführen und zu verbreiten«. Über ein Jahrhundert später bildet

Thomas' »Philosophie des Seins und nicht des bloßen Scheins« für Johannes Paul II. den bisherigen Gipfel der menschlichen Intelligenz (*Fides et Ratio,* n.43–44).

– War denn der Triumphzug des Thomismus in der katholischen Kirche ein echter Sieg der theologischen Vernunft?

– Nun, so lautet recht lange die offizielle, aber fragliche Version der rechtgläubigen Philosophiegeschichte (Etienne Gilson). Vielleicht war aber die Bedeutung der Schriften des heiligen Thomas weit eher ihrer Eignung für die »didaktische Architektur« des christlichen Denkgebäudes geschuldet. Das vermuten jedenfalls heute immer mehr Philosophiehistoriker (etwa Günther Mensching, Kurt Flasch, Alain de Libera). Und dieses schulische Gebäude wurde dann später nach Bedarf ergänzt durch barocke An- und Umbauten, welche die spanische Neuscholastik an der mittelalterlichen Kathedrale der *Summa theologiae* vornahm: außen neue Dächer und Turmhauben, innen neue Ausschmückungen von Altären, Kuppeln, Volten.

– Vorsicht! kann ich da nur rufen. Beim Barock ist vieles auch Camouflage. Gehen Sie nur mal in die nach dem Gründer des Jesuitenordens benannte Kirche des heiligen Ignatius in Rom: Ihre Kuppel wirkt täuschend licht und echt, aber sie ist nur gemalt.

– Womit haben Sie ein Problem?

– Nicht mit der himmelsstürmenden gotischen Transzendenz unvollendeter Kathedralen. Wohl aber mit den Kulissen einer transzendentalen Vorführung von Jesuitentheater. Mit der täuschenden Verführung eines kontinuierlichen Aufstiegs der Vernunft zu Gott, auf der Leiter der Analogie von irdischer zu himmlischer Vollkommenheit.

Da »rennt der Menschengeist in einen Irrgarten hinein, wenn er sich seiner eigenen Neugier überläßt« (Inst. I, 13,21) – so warnt drei Jahrhunderte nach Thomas' *Summa* der Reformator Johann Calvin. Doch lange vor Calvin und Luther gab es auch im christlichen Mittelalter konkurrierende Strömungen in Theologie und Philosophie, an die später die Reformatoren anknüpfen konnten. Sie setzten den Willen und also die Persönlichkeit Gottes an die Stelle der philosophischen *prima causa,* des ›unbewegten Bewegers‹.

Calvin und die Reformatoren hatten recht. Ob wir nun wollen oder nicht: Stets riskieren wir, die *analogia entis* zwischen dem ewigen ›Sein‹ Gottes und dem Sein der Schöpfung mißzuverstehen, ihre Ähnlichkeiten wörtlich zu nehmen: zwischen Gott und dem menschlichen Geist, zwischen Gott und der kosmischen Ordnung, zwischen Gottes Willen und dem menschlichen Sittengesetz *et cetera.* Unser Denken verwickelt sich dabei unweigerlich in unauflösliche ›Antinomien‹, denen der Aufklärer Immanuel Kant in seiner *Kritik der reinen Vernunft* das wohl definitive Kapitel gewidmet hat (KRV, B 432 ff.). Diese rühren aus dem notwendig falschen Bewußtsein, das sich bei all unserem Erkenntnisstreben einstellt: Unsere menschliche Vernunft ist einfach trotz (oder gerade wegen) ihrer endlichen Verfaßtheit stets versucht, von endlichen (geschaffenen, raumzeitlichen, empirischen) Sachverhalten ›hochzurechnen‹ auf Gottes unendliche, ewige, überwirkliche ›Natur‹. Als gelänge es uns damit, auch die Welt aus der Perspektive Gottes zu betrachten.

– Und was folgt dann aus dieser Warnung für die Theologie?

– In der Sache Gottes der unbedingte Vorrang der Offenbarung vor der Vernunft.

◆

Im XX. Jahrhundert wettert Karl Barth, der große Streiter um den Glauben, wider alle theologischen (Rück-)Schlüsse aus der Menschenwelt auf Gottes Natur: gegen alle Versuche, in diesseitigen Spuren *(vestigia)* göttlichen Handelns Analogien zu Gottes Sein zu entdecken. Barth hielt dagegen die *analogia entis* für *die* »Erfindung des Antichrist« und hielt dafür, daß man *ihretwegen nicht* katholisch werden kann« (KD I/1).

– Welch steile eidgenössische These! Wieso ist die kosmologische Vernunft katholisch? Und ist etwa die Suche nach Gottes Willen im Telos der Natur papistisch? Wurzeln nicht beide (auch wo sie vielleicht irren) im natürlichen Streben des menschlichen Geistes, seinen endlichen Horizont zu transzendieren?

– Gemach, mein Freund! Der geordnete Kosmos ist gewiß nicht katholisch, und wohl auch die schwankenden Gestalten des menschlichen Geistes nicht. Doch hatte in der christlichen Neuzeit die Kritik an der Selbstüberschätzung menschlichen Vernunftstrebens, bis zur (Er)Kenntnis Gottes vorzudringen, häufig protestantische Färbung. Auch Kant war Protestant.

»Wie sollte auch der Menschengeist Gottes unermeßliches Wesen nach seinem Maße messen wollen [...] oder dazu kommen, Gottes Grundwesen selbständig zu erforschen, wo er doch sein eigenes nicht im mindesten kennt?« empörte sich der gestrenge Calvin: »Wir aber sollen aus den heillosen Folgen solcher Vermessenheit [der Philosophen und Solphisten] lernen, in dieser Sache [der Erkenntnis Gottes] mehr Lernbegier als [sophistischen] Scharfsinn zu entwickeln und uns vor allem nicht in den Sinn kommen zu lassen, Gott irgendwo anders zu suchen als in seinem heiligen *Wort*« (Inst. I, 13, 21).

– Da stock' ich schon: Gottes Wort ist doch auch eine *Tat* Gottes.

– Gewiß, und sie stellt alle Menschenvernunft in Frage, auf die Probe. Und darum eröffnet für Karl Barth nur Gottes Wort als *Ereignis* den Weg zu Gott. Der Gläubige und der Zweifler werden in der Offenbarung persönlich angesprochen, und sie müssen auf diese Anreden auch persönlich antworten: auf die Anreden des HERRn an Moses, den Auftrag an die Propheten und später die Apostel, auf Jesu Botschaft und auf Paulus' Aufruf zur *metanoia*, zur Umkehr im gläubigen Vertrauen auf den Herrn. Hat nicht auch der deutsche Augustinermönch Martin Luther bei der Lektüre der Paulusbriefe diesen Ruf vernommen und darob alle Lehren des heidnisch-vernünftigen Kirchenvaters Aristoteles fahrenlassen?

4 OPTIMISTEN UND PESSIMISTEN. Es ist darum zwar eine Karikatur, aber eine treffende: Nach einer schon etwas älteren Faustregel glaub(t)en – *grosso modo* – die Katholiken eher an einen möglichen und statthaften, ja geradezu gebotenen Vernunftzugang zum Lieben Gott (nicht zu IHM persönlich natürlich, aber doch zum Wissen um seine Existenz). Anders die Protestanten, die sich stets mehr mit der Vernunft quäl(t)en. Zum allerhöchsten, allerheiligsten, allumfassendsten aller denkbaren Gegenstände – zu GOTT – mag darum manch gottesfürchtiger Lutheraner lieber die »Hure Vernunft« gar nicht befragen.

Natürlich gelten solche konfessionellen Einteilungen von Seelenhaltungen und Denkstilen nur auf sehr grobe Weise. Es gab stets auch Gegenbeispiele – und die sind häufig die interessantesten Fälle. Das war schon im Zeitalter des ›Konfessionalismus‹ *par excellence* so, im XVII. Jahrhundert. Da war der Alleswissenschaftler, Jurist und Mathematiker, der Physiker und Metaphysiker Gottfried Wilhelm Leibniz (1646–1716) zwar ganz gewiß ein gottesfürchtiger Protestant. Dennoch wirkt sein Vernunftglaube wie ›katholisch‹, von optimistischem Weltvertrauen getragen. Gott müsse »nicht nur [als] das Prinzip und die Ursache aller Substanzen und aller Wesen« angesehen werden, schrieb Leibniz im Jahre 1686 an Antoine Arnauld in seinem *Discours de Metaphysique* (n. 35), »sondern auch als Oberhaupt aller Personen oder vernünftigen Substanzen und als absoluten Monarchen des vollkommensten Staates oder Gemeinwesens, wie es das Universum ist«.

Leibniz schrieb ja Hunderte von Briefen, nicht nur an die intellektuellen Meinungsführer und großen Wissenschaftler seiner Zeit. Bei den Kabinetten aller möglichen Kirchenfürsten und christlichen Souveräne diente er sich als Politikberater für die Vermittlung zwischen den konfessionell verfeindeten Mächten Europas an: Alle Feindschaften im Glauben, alle theologisch camouflierten Machtkonflikte des christlichen Europa nach dem Dreißigjährigen Krieg, müßten sich doch in einer übergeordneten europäischen Architektur vernünftig integrieren lassen.

Mit führenden katholischen Theologen seiner Zeit stand Leibniz in Verbindung, um sie von seiner *road map* zur Wiedervereinigung der christlichen Kirchen zu überzeugen: ebenso mit Jacques-Bénigne Bossuet, dem Bischof von Meaux und großen Gottesredner, Erzieher und Kritiker am Hofe des Sonnenkönigs Ludwigs XIV., wie mit dem ›großen Arnauld‹, dem Wortführer der rigoristischen, ›jansenistischen‹ Partei des französischen Katholizismus. Leibniz hegte tatsächlich die ökumenische Zuversicht, mit der rechten Vernunft, mit solide argumentierenden *Demonstrationes Catholicae,* müßten sich alle Widersprüche von Glauben und Wissen, von Natur und Gnade, von Gottes Allmacht und Güte auflösen lassen.

Umgekehrt war der große Wissenschaftler *und* Vernunftkritiker Blaise Pascal (1623–1662) zwar gehorsamer Katholik, aber eher einer von der (selbst)quälerischen Sorte. Schließlich sympathisierte er mit den rigoristischen Anhängern des großen Arnauld. So hielt Pascal die Menschen zwar für fähig, mit Vernunftgründen dahin zu gelangen, »einen Gott als groß und mächtig und ewig« anzuerkennen und zu verehren. Aber mit solch einer Gottesvorstellung werde das Christentum gerade verkannt: Sie sei »eigentlich der Deismus, [und der ist] fast ebenso weit entfernt von der christlichen Religion wie der Atheismus, das heißt ihr genaues Gegenteil«. Statt Zweifler an den wahren Glauben heranzuführen, entfernt uns die Vernunftreligion von der Einsicht in Gottes Größe und das Elend des Menschen.

Das rechte Christentum lehrt für Blaise Pascal vielmehr »die Menschen zwei Wahrheiten zugleich: sowohl daß es einen Gott gibt, den [zu erkennen] die Menschen fähig sind, als auch daß es eine Verderbnis in der [menschlichen] Natur gibt, die sie [dieser Erkenntnis] unwürdig macht. Es ist für die Menschen ebenso wichtig, die eine dieser Wahrheiten zu kennen wie die andere; und es ist für den Menschen ebenso gefährlich, Gott zu erkennen, ohne sein Elend zu erkennen, wie es gefährlich ist, sein Elend zu erkennen ohne den Erlöser zu erkennen, der dieses Elend zu heilen vermag« (Fr. 556).

✦

Und heute? – *Mon dieu!* Heute kann man sich an den großen konfessionellen Unterschieden kaum mehr orientieren. Die wesentlichen theologischen Streitpunkte und Frontlinien liegen fast durchweg quer zu den Trennungen der Großkirchen. Zudem ist mittlerweile die Theologie selber kaum noch wiederzuerkennen. Die Gotteswissenschaft hatte ja in den letzten beiden Jahrhunderten zunächst weitaus länger als die Philosophie gegen den Siegeszug von Rationalismus und Historismus Widerstand geleistet (und wie sich dann zeigen sollte, speiste sich dieses anhaltende Mißtrauen aus durchaus gesunden Instinkten).

Im XX. Jahrhundert aber machte die Theologie – auf den von der Philosophie bereits ausgetretenen Pfaden – eine *doppelte* Inflation durch: zunächst eine Inflation der Vernunftüberschätzung, dann eine der Vernunftkritik. Wir kennen solche Schaukelbewegungen ja aus der Geistesgeschichte. Und so ging es wiederholt hin und her: vom theologischen Liberalismus und Modernismus zur spiritualistischen und romantischen Reaktion wider die Moderne; oder vom Existentialismus zur dialektischen Theologie (und zurück).

Nach dem Zweiten Weltkrieg setzt mit dem fälligen katholischen *Aggiornamento* eine noch weitere Öffnung der Gotteswissenschaft hin zur Welt ein; auf die Aufforderung zum Glauben ohne Theologie folgt die Saison des »Atheistisch an Gott Glaubens« (Dorothee Sölle) und diverser Theologien »ohne Gott« (oder vom Tode Gottes). Bald multipliziert sich die Gotteswissenschaft zur ungebremsten *Diaspora* aus diversen Adjektiv- und Bindestrich-Theologien, in der man schnell den Überblick verliert. Das geht dann von der kosmologischen Prozeßtheologie, der progressiven Befreiungstheologie, über die mütter- oder schwesterliche feministische Theologie, bis hin zur anamnetischen und kompassionalen Gottesrede, den kommunikativen, hermeneutischen und kontextuellen Theologien.

Am Ende praktizieren Vertreter einer theologischen ›Postmoderne‹ entweder die religionsübergreifende oder ›weltethische‹ Weichspülung eines längst verwaschenen Gottesbegriffs (Hans Küng & Co.), oder man schreitet zur theologischen Dekonstruktion: Auseinandernehmen kann man ja sowohl den ›Theos‹ als auch den ›Logos‹, den Gottes- *und* den Vernunftbegriff … und ach! Sie ahnen es wohl schon: Zu guter Letzt ist wieder alles Kontext und Diskurs.

Aber inzwischen blühen in den akademischen Hochburgen des vormaligen theologischen ›Liberalismus‹ oder ›(Post)Modernismus‹ auch schon die Ansätze einer Kritik der Moderne oder (wie ihr Wortführer John Milbank sie nennt) zur ›radikalen Orthodoxie‹. Das Pendel schlägt wieder zurück … Wer (sich) jedoch danach fragt, wie vernünftig es wohl sein mag, dem Glauben auch Vernunftgründe an die Hand zu geben, ist bei vielen christlichen Theologen des Westens schlicht und einfach an der falschen Adresse.

*Dialektik der Gegenaufklärung:* Zu Beginn des XX. Jahrhunderts bekämpfte der Vatikan den Rationalismus und Modernismus bei jedem Theologen, der selbständig zu räsonnieren begann. Zu Beginn des XXI. Jahrhunderts sind es die Päpste, welche an die Vernunft glauben: Johannes Paul II. in seiner recht holzschnittartigen, traditionell thomistischen Version; und Benedikt XVI., der angesichts der Dialektik der Aufklärung an der Vernünftigkeit des Gottglaubens und der Glaubwürdigkeit der gewiß gottgegebenen Menschenvernunft festhalten will.

5 MUSLIMISCHE AUFKLÄRUNG ... Und wieso kennen eigentlich muslimische Gottesdenker die Qual solcher Glaubenszweifel der Vernunft nicht? (Offenbar kennen sie auch keine Zweifel *an* der Vernunft.) Dabei scheint es ziemlich egal, ob es sich nun um ›liberale‹ oder ›fundamentalistische‹ Vertreter des Islam handelt...

– Mit Verlaub, sonderlich harmonisch verlaufen die Diskurse zwischen liberalen Intellektuellen und den mehr oder minder offiziellen Rechts- und Glaubenslehrern in der islamischen Welt nicht, soweit Außenstehende davon überhaupt etwas mitbekommen. Der von einer dubiosen persischen *Fatwa* mit dem Tode bedrohte Schriftsteller Salman Rushdie war zwar kein Theologe, doch er wurde um die halbe Welt verfolgt; der ägyptische Korangelehrte Abu Zaid wurde von infamen Rechtsverdrehern seiner Heimat als ›Abtrünniger‹ zwangsgeschieden und faktisch zum Exil in den Niederlanden verurteilt; in Saudi-Arabien...

– Sparen Sie sich Ihre Beispiele! Ich lese selber Zeitung. Doch sollten wir politische Kämpfe (die uns in diesem Buch nichts angehen) nicht mit Glaubensstreit verwechseln oder dem theologischen Disput um die Vernunft! Gewiß werden ›liberale‹ Muslime und ›revolutionäre‹ Islamisten weiter heftig (und zuweilen leider Gottes auch blutig) darüber streiten, ob (beziehungsweise wie weit) die für das menschliche Zusammenleben geltenden Gesetze der vom Gesandten Allahs gelehrten *Scharia* aus bloßer Vernunfteinsicht reformiert werden dürfen, so wie andere historische Gebräuche auch – oder nicht. Welche Gebote gehören überhaupt zur *Scharia?* Sind alle *hadiths* zuverlässig? Wie sind sie zu verstehen? Was war der ursprüngliche Sinn? Wird dieser Sinn heute durch andere Gebote vielleicht besser gewährleistet?

Doch unabhängig von solchen Rechts- und Zeitfragen – die vernünftige Einsicht in die Existenz des Einen Schöpfers und (somit) absoluten Herrn der Welten ist doch unter allen Muslimen völlig unstrittig! Im Vergleich dazu scheint die christgläubige Vernunft vom Zweifel geradezu besessen zu sein.

– Wieso eigentlich?

– Eine gute Frage. Eine unter westlich säkularisierten Christenmenschen gängige Antwort lautet, in der islamischen Welt sei eben die Aufklärung oder auch die Moderne nie so recht angekommen (oder durchgedrungen). Denn wer nie die Regeln der Vernunft auf alle Bereiche des Wissens und Handelns anwenden lernte (die muslimische Religion entstand ja wohl unter Nomaden und Händlern in den Wüsten der arabischen Halbinsel...) – nun, der mag am Ende der Ratio auch in Glaubensfragen keine Mitsprache einräumen.

Auf den ersten, aber nur auf den ersten Blick, leuchtet das Argument sofort ein. Doch der Blick ist kurzsichtig, die Vermutung falsch. Falsch ist das Bild vom irrationalen, unaufgeklärten Islam schon deshalb, weil auch unsere hochgeschätzte abendländische Vernunft ohne die mannigfachen Übermittlungs-, Übersetzungs- und Interpretationsleistungen der islamischen Kultur gar nicht denkbar wäre. Von der Mathematik bis zur Metaphysik – und schon zu Zeiten, da in Europa noch finsterstes Mittelalter herrschte.

Es geht hier wohlgemerkt nicht nur um einzelne Denker – um Al-Farabi, Ibn Sina (lateinisch: Avicenna), al-Kindi, al-Ghazali, Ibn Ruschd (lateinisch: Averroes) und andere Stars auch westlicher Philosophiegeschichten, sondern um eine umfassende soziale und kommunikative Infrastruktur: an islamischen Höfen und in arabischen Städten, unter Kaufleuten, Schreibern und Wissenschaftlern, von Übersetzer-, Rechts- und Gelehrtenschulen. Schon im VIII. Jahrhundert kommt es in Bagdad, der Hauptstadt des Abassidenreiches, zu einer auch von Privatleuten gesponserten regelrechten ›Übersetzungsbewegung‹ aus ›griechischem‹

Denken in arabische Kultur (Dimitri Gutas). Nebenbei: Daß der aufklärerische Geist an muslimischen Höfen häufig auch von Juden vermittelt, interpretiert, rationalisiert wurde, wäre ein eigenes Kapitel wert. Und den westlichen Rationalismus des lateinischen Hochmittelalters gäbe es ohne diesen arabischen Kulturtransfer schon gar nicht.

– Na, für die arabischen Ziffern und Zahlen mag das ja noch angehen. Aber betrifft dieser *software*-Import denn auch die Wissenschaft vom Lieben Gott?

– Und ob! Nur ein Beispiel: Das Grundlehrbuch der vernünftigen Gotteswissenschaft des christlichen Abendlandes war für gut zwei Jahrhunderte ein *Liber de causis,* das »Buch von den Ursachen«, eine dem Aristoteles, *dem* Philosophen par excellence, zugeschriebene Schrift *de expositione bonitatis purae* (der Darlegung von Wesen und Wirken des reinen Guten, sprich Gottes). Die höchste Autorität der christlichen Gotteswissenschaft, damals die Universität von Paris, verwandte das *Liber de causis* sogar als offizielles Lehrbuch. Ohne diese Pflichtlektüre – einen der meistkommentierten Texte des Mittelalters überhaupt – wären alle Wellen der »Aufklärung im Mittelalter« (Kurt Flasch) undenkbar, welche die Scholastik und ihre Gegenbewegungen immer wieder ausgelöst und aufgerüttelt haben.

*Voilà!* Das famose *Liber de causis* stammt zunächst mal gar nicht von Aristoteles, es geht vielmehr auf ein neuplatonisches Lehrbuch aus der Schule des Proklos aus dem V. Jahrhundert zurück. Vor allem aber: Transkribiert, tradiert und kompiliert wurde der Text in arabischer Sprache, vermutlich im IX. Jahrhundert in Bagdad in einer islamischen ›Übersetzerschule‹ Im XII. Jahrhundert taucht das Werk in der einstigen Maurenstadt Toledo auf, die inzwischen zum intellektuellen Zentrum des christlichen Spanien geworden war. Hier übersetzt eine hochqualifizierte internationale Equipe nicht nur die Werke islamischer und jüdischer Autoren in die westliche Wissenschaftssprache Latein. Von Toledo aus setzt auch eine neue Aristoteles-Rezeption im christlichen Westen ein, welche ›den Philosophen‹ gewissermaßen rückwirkend zum Kirchenvater des westlichen Rationalismus ernennt.

– Die islamische Kultur lieferte also dem lateinischen Westen sogar einige seiner Basisprogramme. Aber dennoch gab es im Islam offenbar keinen Bedarf für eine systematische Rationalisierung des Glaubens selbst.

– Weil in Arabien und Persien die Poeten die führenden intellektuellen Leitfiguren waren – nicht etwa die Philosophen (und schon gar nicht die Kleriker). Vielleicht liegt das ja daran, daß für muslimische Gottesfürchtige von der rationalen Einsicht in die Existenz des Einen Weltenherrn, des Allbarmherzigen, des Erbarmers, weitaus weniger abhängt als für Christgläubige. Die schlagende Evidenz, daß es nur Einen Gott und Schöpfer gibt, ist einfach viel zu selbstverständlich, um religiöse oder politische Streitfragen überhaupt zu berühren.

Gewiß, für jeden an Sinnen und Verstand wachen Muslim bezeugen die mannigfachen Ordnungen der Welt ebenso wie die mannigfachen Ordnungsleistungen des menschlichen Geistes (welcher ja gleichfalls von Gott geschaffen ist) die Größe, Erhabenheit und Allmacht des Schöpfers. Doch das Offenbarungswunder des auch aus Vernunftgründen wahren Islam, das Siegel der dem Propheten verkündeten ethischen Richtschnur der rechten Wegleitung, bleibt der *Idschaz:* die unvergleichliche (mehr als) poetische Schönheit des heiligen Koran. Vor diesem Gesang verblaßt jede Vernunft.

6 ... **UND NATÜRLICHE THEOLOGIE.** Im lateinischen Westen hingegen werden ausgerechnet die Gottesmänner zu den Professionalisten der Vernunft: Kleriker, Prediger- und Gelehrtenorden spezialisieren sich auf die Rationalisierung der Lehre vom Lieben Gott; im Hochmittelalter (sagen wir: spätestens seit den Zeiten des heiligen Thomas von Aquin) nennen christliche Theologen die philosophische Gotteslehre – das Unterfangen der Gottsuche aus bloßer menschlicher Vernunft – *theologia naturalis.* Der Ausdruck ›natürliche Theologie‹ ist freilich sehr viel älter und stammt noch aus der antiken Aufklärung. (An die stoische Unterscheidung zwischen der *theologia naturalis* als Gotteslehre der Philosophen, der *theologia mythica* als Fabulier-

kunst der Poeten, Theaterautoren und Drehbuchschreiber und der ›politischen‹ *theologia civilis* haben wir ja im achten Kapitel erinnert.)

Erst im hellenistischen, gewissermaßen von der philosophischen Gestalt der Wahrheitsfrage ›angesteckten‹ Judentum und dann bei den Kirchen- und Sektenlehrern der ersten vier oder fünf Jahrhunderte nach der Hinrichtung des Jesus von Nazareth werden die philosophischen Gottesfragen, zuvor eine esoterische Spezialität aufgeklärter Minderheiten, auch zum Gegenstand religiöser Loyalität. Ein Prinzip, der Eine unbedingte (absolute) Grund alles Seienden, wird persönlich, wird zum Subjekt. Der absolute Grund der Welt wird in der jüdisch-christlichen Offenbarung ›ansprechbar‹ (Joseph Ratzinger) – oder andersherum: die persönliche Offenbarung des Weltenherrn und Vatergottes JAHWE spricht auf einmal die Sprache der philosophischen Aufklärung.

Doch damit tritt der Gott der Philosophen, ein höchstes Wesen, dessen Existenz auch die natürliche Menschenvernunft anerkennt, mit dem persönlichen Gott der Offenbarung nicht nur in Kontakt, sondern auch in einen potentiellen Konflikt. Die natürliche Theologie wird offiziell zur *Vor*stufe (inoffiziell auch zur Konkurrenz) der ›eigentlichen‹, eben *über*-natürlichen Theologie.

Jetzt heißt die nur vernünftige Gotteswissenschaft ›natürlich‹, um sie von der eigentlichen Wissenschaft Gottes zu unterscheiden, welche um die Grenzen des rein auf die Vernunft (und die vernünftig kontrollierte Erfahrung) gebauten Wissens weiß. Sie weiß also auch darum, daß Gott diese Grenzen des vernünftig Faßbaren immer schon übersteigt. »Nur dann nämlich erkennen wir Gott wahrhaftig, wenn wir glauben, daß er *über* all dem ist, was der Mensch sich von Gott denken kann« – da SEin allumfassendes Wesen »das Fassungsvermögen der [natürlichen] menschlichen Vernunft *über*steigt«. Doch deshalb widersprechen die Inhalte, Grundsätze, Quellen und Belege der übernatürlichen Wahrheit (und der Wahrheit der Kunde vom Übernatürlichen) keineswegs der Wahrheit all dessen, »was der Vernunft von Natur aus gegeben ist« (wie der heilige Thomas sogleich hinzuzufügen sich beeilt: SG I.7).

Für böse Zungen, die es schließlich auch unter rechtgläubigen Gotteswissenschaftlern gibt, war freilich diese alte *theologia naturalis,* die Suche nach philosophischen Beweisen für die Existenz Gottes von vorneherein »weder natürlich noch Theologie«: Sie sei erstens keineswegs natürlich, sondern ein höchst artifizielles Unterfangen, ein klassisches Seminarprodukt (wie schon Varro wußte). Und zweitens ist sie theologisch deshalb riskant, weil sie Gottes eigentliche Offenbarung – die Heilige Schrift – ihrer Sonderstellung beraubt. An die Stelle der Offenbarung oder als ihre Eingangsstufe will die natürliche Theologie ja rein rationale Argumente und rein innerweltliche Erfahrungen setzen.

– Aber verwendet die ›richtige‹ Theologie zum besseren Verständnis der übernatürlichen Offenbarung nicht ebenfalls vernünftige Argumente? Überhaupt behält sie sich doch vor, gegebenenfalls alle philosophischen Argumente zu konsultieren.

– Aber so, wie man eben den Handwerker für technische Details ruft. Die Philosophie galt lange Zeit als *ancilla theologiae:* als Magd der eigentlichen Gotteswissenschaft. »Beide Arten von Theologen bedienen sich der Vernunft; der natürliche Theologe beansprucht, sich ausschließlich der Vernunft (und der Erfahrung) zu bedienen« (Anthony Kenny). Die eigentliche Theologie liegt damit gewissermaßen ein Stockwerk ›oberhalb‹ der bloß natürlichen Theologie, eine Stufe näher zu Gott (die Stufe der Offenbarung) – wenn Gott ›oben‹, also im Himmel ist.

Nun, trotz aller Hochnäsigkeit der Theologie ›nach unten‹, gegenüber der natürlichen Vernunft, ihrer bloßen Magd: Von einer wahrhaften Anschauung des Allerhöchsten bleibt auch die allerorthodoxeste Gotteswissenschaft durch einen für alle Sterblichen unübersteigbaren Abstand getrennt. Die *visio Dei* (die intellektuelle Anschauung Gottes) wäre eine direkte Begegnung mit IHM, eine unmittelbare Kenntnis SEines Wesens – und die ist in der Tat letztes und höchstes Ziel aller Wissenschaft, all unsrer Welt- und Selbsterkenntnis. Diese Wesens(er)kenntnis Gottes ist, wie der heilige Thomas von Aquin sagt, die allerhöchste menschliche Glückseligkeit: *quia cognoscere Deum per essentiam est hominis beatitudo* (Boeth. I.3).

**7** **VON ANGESICHT ZU ANGESICHT.** Aber solch kognitive Glückseligkeit ist uns in diesem Leben unmöglich. Die Erkenntnishindernisse, welche allein aus unserem Menschsein rühren, können wir aus eigener Kraft gar nicht überwinden; nicht einmal recht vorstellen können wir uns, was es wohl heißt, die Unendlichkeit der Güte, Macht und Herrlichkeit des HERRn geistig zu schauen.

Wir sind natürliche, raumzeitliche, endliche, empirische Wesen; und all unsere Schranken wurden dann noch durch die Ursünde Adams und Evas beschwert und befestigt. Wir müßten also zunächst die jeden geistigen Blick trübende universale Sündenverfallenheit des Menschengeschlechts überwinden; sodann aber auch andere ›niedere‹ Dimensionen menschlicher Existenz wie unsere Leiblichkeit, die Angewiesenheit auf Sinnesorgane oder die perspektivische Beschränktheit unserer Seelen hinter (oder ›unter‹) uns lassen, um den allgegenwärtigen Gott in geistiger Schau erfahren zu können. Und für manche Gottesdenker gehören auch noch die Konsistenz-Regeln der Gegenstandserkenntnis endlicher Bewußtseine (wie eben unseres menschlichen Geistes) zum Ballast, den man im Vorzimmer zur Schau des alles Endliche an Herrlichkeit übersteigenden einzigen Gottes loswerden muß.

Die *visio Dei* fällt mit einer völligen Verwandlung unserer menschlichen Subjektivität zusammen: unsere Weise, (wir) ›selbst‹ zu sein, wird in solch einer glückenden Begegnung mit IHM, DER IST derart von IHM ergriffen, so umfassend, intensiv, radikal, daß wir selbst in geistiger Rückkoppelung mit dem göttlichen Über-Subjekt, dem HERRn und Schöpfer, Züge des Göttlichen aufnehmen. Die griechischen Kirchenväter sprechen hier gar von der *Theiosis:* einer Vergöttlichung des Menschen.

Und die solcherart unmittelbare Gottesschau, bei der wir Gottes unbegreifliche Güte direkt gewärtigen und insofern erfahren oder ›begreifen‹, als wir SEin Antlitz intellektuell ›sehen‹ können, stiftet dann ganz automatisch Seligkeit. Wir mögen (nur als Beispiel) an die schauend-wissende Freude denken, die zwei Liebende empfinden, wenn sie einander in die Augen schauen: Gottes unwandelbare Vollkommenheit, SEine unbeschreibliche Weisheit und Güte, die alle Wunder der Welt übersteigende Herrlichkeit

SEiner Majestät steckt die Seele des Betrachters an und macht sie augenblicklich über alle Maßen glücklich.

Kein Wunder, daß dem Rechtgläubigen und gewiß insgeheim gar manchem Zweifler diese (er)kennende Schau Gottes als allerhöchster Wert gelten muß: Sie ist in der Tat eine mögliche Beschreibung jener himmlischen Seligkeit, die Gott den Auserwählten in aller Ewigkeit zuteil werden läßt. Denn die erfüllte Gottesschau wäre ja – wie die um die gegenseitige Anziehung ›wissende‹ Rückkoppelung zweier liebender Blicke – ein doppeltes Sehen: Ich sehe Gottes Sehen. Ich sehe SEinen Blick: ein Antlitz, das mich anblickt, wo auch immer ich bin; und ich sehe also zugleich, daß der Liebe Gott mich sieht.

»Je länger ich Dein Antlitz betrachte, mein Herr und Gott, desto schärfer, scheint mir, richtest Du den Blick Deiner Augen auf mich« (vis. Dei, 6). So beschreibt Nikolaus von Kues eine Gottesdarstellung vom Typus des ›Alles-Sehenden‹, etwa Christi Antlitz auf dem Schweißtuche der Veronica (der *vera icon* oder des Wahren Bildes). Dies Bildnis zeigt ein Antlitz, dessen Augen einen jeden im Raume anzuschauen scheinen, wo immer er auch steht. So sieht auch Gott jeden von uns, überall und allezeit.

Das ist hier natürlich nicht gemeint im Sinne jener bekannten Ermahnung an alle schwachen, versuchten, sündigen Zeitgenossen: »Der liebe Gott sieht alles.« (ER sieht also auch dich, mein Lieber, der du gerade unbeobachtet die Finger nach den Kirschen in Nachbars Garten ausstreckst oder gar – *schäm dich!* – dein Begehr auf dessen wunderschöne Frau richtest. Nimm dich ja in acht! Gott blickt dir wie mir über die Schulter...) Nein, mit diesem Video-Überwachungssystem der ewigen Gerechtigkeit hat der selige Blick in Gottes Antlitz gar nichts zu tun.

Gottes Schau läßt ja auch mich IHN, den alles sehenden Gott, anblicken. Und was sehe ich da? »Dein Sehen, Herr, ist Lieben, und wie Dein Blick mich so aufmerksam betrachtet, daß er sich nie von mir abwendet, so auch Deine Liebe«, heißt es in dem 1453 von Nikolaus von Kues verfaßten Büchlein *De visione Dei*. Der studierte Jurist Nikolaus war Diplomat und Kirchenfürst, damals gerade (ziemlich glückloser) Bischof von Brixen in Südtirol, zugleich aber Philosoph und Mathematiker – kurz: ein Großintellektueller, der seinen Namen wie andere Humanisten seiner Zeit gerne latinisierte (zu Cusanus: nach seinem Geburtsort Kues an der Mosel). Seine Betrachtung zur Gottesschau schrieb er auf Bitten der befreundeten Mönche des südbayerischen Benediktinerklosters Tegernsee, welche auf ihre Weise versuchten, einen eigenen, ›modernen‹ Weg zwischen der traditionellen Formeltheologie und neuen, natürlich aus Paris kommenden Deutungen der *theologia mystica* (des Dionysius Areopagita) zu finden.

– Es handelt sich also um ein Erbauungsbüchlein, einen Selbsterfahrungstext?

– Nun, eine gewisse ›existentielle‹ Verve (Kurt Flasch), ja spirituelle Erotik läßt sich wahrlich nicht leugnen: »Und nichts anderes ist Dein [also Gottes] Sehen als Lebendigmachen; es ist nichts anderes, als Deine süße Liebe ständig in mich einströmen zu lassen, und durch dieses Einströmenlassen der Liebe die Liebe zu Dir zu entflammen und durch dieses Entflammen zu nähren; durch das Nähren meine Sehnsucht zu entzünden, im Entzünden mich mit dem Tau der Freude zu tränken, und damit den Quell des Lebens mit einströmen zu lassen …« (vis. Dei, 4) In diesem Ton geht es noch etliche Kapitel weiter: über Gottes Sehen und Gott-Sehen als Suchen und Wirken; über das Kosten »jener Süßigkeit, mit der Du nun, o Herr, meine Seele nährst« (vis. Dei, 7); die *visio* als Lieben, Begründen, Lesen und Alles-in-sich-Halten (vis. Dei, 8).

Und doch handelt diese Schrift, bei aller stilistischen Emphase des sonst weitaus philosophischer, technischer und mitunter auch recht arrogant schreibenden Cusaners, gar nicht von irgendwelchen privaten ›mystischen‹ Erfahrungen, die er selber soeben gemacht hätte und die er nun auch seinen Freunden am Tegernsee zugänglich machen wollte. Nikolaus von Kues schreibt vielmehr eine Strukturanalyse: *Was kann es überhaupt heißen, den Lieben Gott zu sehen?*

Der deutsche Kardinal war damals, ob Sie's glauben oder nicht, gewiß einer der neugierigsten Intellektuellen an der Schwelle der Neuzeit. Jemand, der wirklich alles ›sehen‹, alles intellektuell verstehen wollte, auch noch das Zusammenfallen der Gegensätze in Gott (und auf dem Denk-Weg dabei, IHN, den Unfaßbaren, erfassen wollte). Und darum hätte er, wenn's denn der Wahrheitsfindung diente, sogar gegen einen kräftigen Schuß mystischer *power, good vibrations et cetera* gar nichts einzuwenden gehabt.

Gottes Schau ist nun aber gar kein Gegenstand möglicher empirischer Erfahrung. Das sichtbare Gemälde des alles-sehenden Christus, etwa Rogier van der Weydens Darstellung des *Schweißtuchs der Veronica* (auf die Nikolaus von Kues in seiner Schrift verweist), ist nur ein Hinweis auf »die unsichtbare Wahrheit Deines Gesichtes, für welche dieses verschränkte Schattenbild ein Zeichen ist. Jene Wahrheit hat weder Quantität noch Qualität noch Zeit noch Ort. Sie ist die absolute Gestalt, das Angesicht der Angesichte« (vis. Dei, 6).

Der Cusaner beschreibt in seiner begeisterten Prosa also gerade keine aktuelle oder auf dem Wege vernünftiger Erkentnis zugängliche Erfahrung konkreter, lebender, diesseitiger Menschen. Er skizziert vielmehr die (psycho)logische Struktur der Gottesschau im ewigen Jenseits, welche als totale Rückkoppelung zwischen menschlicher und Gottes *visio* alle uns bekannten und in unserer raumzeitlichen Existenz zugänglichen Erfahrungen und Erkenntnisweisen übersteigt. Der Paradiesgarten, in welchem sich uns Sterblichen dieser Anblick ins göttliche Antlitz eröffnet, ist schließlich von unserer Welterfahrung durch eine hohe Mauer getrennt – »sein Tor bewacht höchster Verstandesgeist. Überwindet man diesen nicht, so öffnet sich nicht der Eingang« (vis. Dei, 9).


**8** SEHEN ODER SUCHEN. Na, dann können wir hier und heute ja sowieso nichts anderes tun, als fromm auf diese ewige Gottesschau zu warten, bräutlich auf sie zu hoffen, brennend um sie zu beten?

– Auch das ist nicht gesagt. Darin unterscheiden sich ja gerade die ganz verschiedenen Versionen christlicher Gottessuche, die es in den letzten zweitausend Jahren gegeben hat: Die Säulenheiligen und Wüstenväter des alten christlichen Ostens, sodann meditative Mystiker und vor Gottesliebe brennende Asketen des europäischen Mittelalters, aber auch alle möglichen Pietisten, Enthusiasten und pfingstliche Schwärmer der protestantischen

Neuzeit, hielten konkrete Gotteserfahrung(en) – als Vorschau der himmlischen *visio Dei* – durchaus für möglich.

– Haben sie etwa Gott gesehen?

– Ich denke, sie erfuhren zwar nicht IHN selbst, aber in der Dramatik und Ästhetik ihrer Visionen und Erscheinungen einen Durchbruch, eine innere Öffnung auf IHN hin.

– Also erlebten sie gerade nicht SEine Transzendenz, sondern ihr / unser Transzendieren!

– So würden dies jedenfalls die Theologen des *Deus absconditus* interpretieren: die Theologen des verborgenen oder abwesenden Gottes. Diese betonen Gottes völlige Andersheit gegenüber all unserem menschlichen Erfahren und endlichen Begreifen. Eine Öffnung in der hohen Mauer zum Paradies der Gottes(er)kenntnis können sie sich darum nicht nur nicht vorstellen. Allein die Annahme, wir sterblichen Kreaturen vermöchten schon heute einen (An-)Blick des Unendlichen zu erfassen, grenzt für gestrenge Gottesdenker an menschliche Selbstanmaßung oder philosophischen Hochmut.

– Heißt das etwa, daß solche Beter und Denker keine mystischen Visionen hatten?

– Nein, sie haben sie vermutlich nur anders interpretiert:

Das Feuer, die Gewißheit *[certitude, certitude],* das [erhebende] Gefühl, der Frieden, die Freude, die Freudentränen *[Joie, joie, joie, pleurs de joie],* die etwa Blaise Pascal in seinem »Memorial« vom 23. November des »Jahrs der Gnade 1654« notierte, einem Schriftstück, das man nach seinem Tode in seinen Kleidern fand und in dem der Mathematiker seine völlige, freudige Hingabe an Christus *[Renonciation soumission totale et douce. Soumission totale à Jésus-Christ]* gelobt, finden sich auch in den Visionen der Gottesbegegnung oder Gotteinung großer Mystiker.

Doch existentialistische Tragiker vom Schlage eines Blaise Pascal oder später Søren Kierkegaard, aber auch die methodischen Frömmigkeitsarbeiter einer calvinistischen Leistungsethik wußten, daß der endliche, gefallene Mensch nur der Abwesenheit Gottes begegnen kann – *Shadday* ist in der hebräischen Bibel der »Gott [der] nicht da [ist]«. Und im XX. Jahrhundert hat dies niemand eindrucksvoller bekräftigt als der evangelische Dogmatiker Karl Barth: »Es liegt im Wesen dieses Gottes, daß er dem Menschen unenthüllbar ist« (KD I/1, §.8).

Gewiß, ER hat sich uns zugewandt, in vielfältiger Weise, und von uns gänzlich unverdient (indem ER uns schuf, durch SEine Offenbarung, in der Heilsgeschichte) – aber *wir* sollten uns darauf nichts einbilden! In diesem Leben werden unser Denken und Sinnen SEine HERRlichkeit nimmer erschauen – und jeder, der etwas anderes behauptet, sündigt aus *libido sciendi* oder *superbia:* aus Wissensgier oder Vermessenheit, in Selbstüberschätzung der menschlichen Vernunft (Pascal, Fr. 556).

✦

Und was ist nun mit dem Großintellektuellen Nikolaus von Kues, der uns immerhin eine höchst lebendige Skizze von der Gottesschau hinterlassen hat?

– Schwer zu sagen: Der deutsche Kardinal weiß zwar: Gott ist für menschliches Erkennen unzugänglich – er bleibt der aller Sinnlichkeit, allem Verstandesdenken und auch der Vernunft prinzipiell entzogene *Deus absconditus:* »Viel eher könnte man sagen, Gott entgehe jedem Begriffe, als daß man behaupten dürfte, irgend etwas bezeichne ihn« (De deo abs., 15).

Aber das läßt ihn, und darin war er offenbar ganz Renaissance-Optimist, keineswegs verzagen. Die neuplatonische Tradition der ›negativen Theologie‹ fortsetzend, ja noch überbietend, macht der Cusaner aus der Not eine Tugend, besser noch eine Methode. Die Einsicht in die Unmöglichkeit einer endlichen Schau des unendlichen, unendlich vollkommenen, all unser Denken und Sinnen übersteigenden Gottes wird zum ersten Schritt auf dem Wege hin zu ebendieser *visio:* Indem wir die Unmöglichkeit des rationalen Weges zum Lieben Gott (an)erkennen, können wir uns auf den Sprung über die hohe Paradiesmauer vorbereiten – über den Zusammenfall der Gegensätze als die »Mauer des Paradieses, in dem DU (Gott) wohnst«. So wie das ja offenbar auch die Tegernseer Benediktiner in ihrer geistigen Arbeit am belehrten Nicht-Wissen tun.

Und für sie hatte der Kardinal Nikolaus seine Schrift von der Gottesschau ja verfaßt – als eine Art Gebrauchsanweisung zur

Einübung in die rechte Blickrichtung: Wie finde ich endliches, beschränktes Wesen den Weg zur Schau des unendlichen Gottes? Eben dadurch, »daß ich in die Dunkelheit eintreten muß; den Zusammenfall der Gegensätze über alle Fassungsvermögen des Verstandes zugestehen und die Wahrheit dort suchen muß, wo mir die Unmöglichkeit entgegentritt; über dieser Unmöglichkeit, die über jedem, auch dem höchsten Vernunftaufstieg hinaus liegt, wenn ich zu dem gelangt bin, was für alle Vernunft unerkannt ist, und von dem jede Vernunft meint, es sei von der Wahrheit am meisten entfernt, finde ich Dich. Dort bist Du, mein Gott, der Du die absolute Notwendigkeit bist« (vis. Dei, 9).

Und siehe da, jenseits der Mauer des Zusammenfalls aller Gegensätze finde ich die süßesten Weiden, auf die der HERR meinen Sinn führt, »da ich durch diese Pforte Deines Wortes und Gedankens sowohl ein wie aus gehe«. Im Innern des Paradieses – bin ich einmal eingegangen in die Gottesschau – ist die Mauer plötzlich verschwunden: »Trennung und Verbindung zugleich ist die Mauer des Zusammenfalls; und jenseits von ihr bist Du, losgelöst *[absolutus]* von allem, was gesagt oder gedacht werden kann« (vis. Dei, 11).

9 SCHAUSELIGKEIT. Hier und heute aber, im aktuellen, raum-zeitlichen irdischen Leben, kann ich die *visio* des Alles-Sehenden nur wie »im Spiegel betrachten«, als »Bild und Gleichnis [für] das ewige Leben, das nichts anderes ist als die selige Schau, in der Du mich ohne Unterlaß in voller Liebe bis in das Innerste meiner Seele anblickst« (vis. Dei, 4). Natürlich ist auch der Spiegel, in dem sich mein fragender, Gottes Blick suchender Blick bricht, der ihn auf mich selbst zurückwirft, ein Bild – es stammt vom Apostel Paulus. Wir können durch den Spiegel nicht hindurchblicken. Spiegel können die Perspektive auch verzerren und verzeichnen.

»Wir sehen jetzt durch einen Spiegel ein dunkles Bild; dann aber von Angesicht zu Angesicht« – so beschreibt Paulus im ersten Korintherbrief die Synergie von intellektueller und existentieller Verwandlung im Angesicht Gottes: »Jetzt erkenne ich stückweise;

dann aber werde ich (durch und durch) erkennen, wie ich selbst (durch und durch) erkannt worden bin« (1 Kor 13,12). Und darum ist die *visio Dei* am Ende doch eine Gnade (vis. Dei, 4), eine *visio beatifica* (eine uns seligmachende Anschauung Gottes), welche uns und all den anderen Auserwählten dann zuteil wird, wenn wir hoffentlich dereinst in den Himmel eingehen werden.

Dann erst, von allen sinnlichen Trübungen gereinigt, wird der menschliche Intellekt IHN direkt von Angesicht zu Angesicht ›sehen‹ können. Und vielleicht haben ja auch reine Geistwesen wie die Engel eine ähnlich ›intellektuelle Anschauung‹ Gottes – soweit sie nicht wie Satan (oder Iblis) in Ungehorsam wider IHN abgefallen sind und daher aus dem lichten Angesicht des Allerhöchsten verstoßen wurden.

Diese Definition der intellektuellen Seligkeit ist nun wiederum selbst eine dogmatische Glaubenswahrheit – mit Aktenzeichen im »Denzinger« (DH 1000). Sie ist dies – wenigstens für katholische Christen – zumindest seit dem Exil der römischen Päpste in Avignon. Papst Benedikt XII. (1334–1342) war schon, bevor er in Avignon zum Nachfolger Petri wurde, ein ausgewiesener Fachmann »zum Zustand der Heiligen Seelen vor dem Jüngsten Gericht« gewesen. Diesem Thema hatte er immerhin schon als Kardinal das Werk *De statu animarum sanctarum ante generale judicium* gewidmet. Im Jahre des Heils 1336 nun hat er, vor allem wegen anderslautender Äußerungen seines (allgemein verhaßten) Vorläufers Johannes XXII., die *visio beatifica* zum Gegenstand einer »auf immer *[in perpetuam]* geltenden« Konstitution gemacht.

*Benedictus Deus* heißt diese. Gott sei's geklagt! Ach, hätte Papst Benedikt doch auf sie verzichtet! Bei ihrer Lektüre bekommt man ganz unweigerlich Bauchgrimmen – noch den frömmsten Gottsucher möchten arge Zweifel an der ewigen Seligkeit befallen. Es geht nämlich im Himmel von Avignon zu wie in der Amtsstube. »Nach allgemeiner Anordnung Gottes«, liest der folgsame Christ, beginnt die seligmachende *visio Dei* schon vor dem Jüngsten Gericht. Die Irrlehre des Vorgängerpapstes war nämlich gewesen: Die Seelen der Seligen müßten bis zum Tage des Jüngsten Gerichtes warten, ehe sie die Herrlichkeit Gottes erblicken.

Im einzelnen müssen für Papst Benedikt zur *visio Dei* antreten: »die Seelen aller Heiligen [...], der heiligen Apostel, Märtyrer, Bekenner, Jungfrauen und anderer Gläubiger [...], in denen es nichts zu reinigen gab, als sie dahinschieden« ... und dann folgt noch eine ganze Reihe verschiedener anderer Kategorien von seligen Seelen, etwa der getauften unschuldigen Kinder, der im Purgatorium gereinigten Seelen *et cetera*, die uns hier und jetzt nicht *en detail* interessieren müssen.

All diese geretteten Seelen werden mithin »das göttliche Wesen in einer unmittelbaren Schau und auch von Angesicht zu Angesicht [...] schauen – ohne Vermittlung eines Geschöpfes, das sich ihnen als geschauter Gegenstand darböte; vielmehr zeigt sich ihnen das göttliche Wesen unmittelbar unverhüllt, klar und offen – und die so Schauenden genießen ebendieses göttliche Wesen, [...] [dergestalt,] daß aufgrund dieser Schau und dieses Genusses die Seelen derer, die schon dahingeschieden sind, wahrhaftig selig sind und das ewige Leben und die ewige Ruhe haben, und auch die Seelen jener, die später dahinscheiden werden, ebendies göttliche Wesen vor dem allgemeinen Gericht schauen und genießen werden« (DH 1000).

– *Uff!* Hat denn das intellektuelle Himmelreich der *visio beata* überhaupt ein Ende?

– Nein, nimmer; denn der Papst statuiert »daß, nachdem diese unmittelbare Schau von Angesicht zu Angesicht und dieser Genuß in ebendiesen [seligen Seelen] einmal angefangen hat oder haben wird, ebendiese Schau und ebendieser Genuß ohne irgendeine Unterbrechung oder Verminderung besagter Schau und besagten Genusses ununterbrochen besteht und fortgesetzt wird bis zum Endgericht und dann bis in Ewigkeit« (DH 1001).

– Halleluja, sag' i.

10 AM FUSSE DER LEITER. Die Gottesschau ist den Seligen vorbehalten, die dereinst für ewig Gott von Angesicht zu Angesicht erblicken werden. Alle anderen, das heißt alle lebenden und wie wir forschenden Menschen sind auf Gottes Hilfe – auf SEine Offenbarung – angewiesen, wenn wir uns SEinem Wesen intellektuell nähern wollen. »Stückwerk ist unser Erken-

nen« (1 Kor 13,9). Und Stück für Stück, Schritt für Schritt, Stufe für Stufe müssen wir uns auf dem Weg der Gotteserkenntnis mühen. Dabei wissen wir wohl, daß wir, sollten wir tatsächlich einmal in den Zustand der Gottesschau gelangen, die theologische Leiter, auf der wir gedanklich zum Schöpfergott aufzusteigen versuchen, wegstoßen werden.

Zurück also zur Bodenstation: Warum ist die Erkenntnis, *daß* Gott existiert, für (so gut wie) jeden Menschen möglich, wie dies die natürliche Theologie behauptet? Zum einen hat der Schöpfer dem »menschliche[n] Geist durch natürliches Ahnvermögen eine Art Empfindung für die Gottheit« eingepflanzt: Einen *sensus divinitatis* oder »Keim der Religion« *(semen religionis)* nannte der große Reformator christlicher Frömmigkeit, Zucht *und* Vernunft Johann Calvin diese Vorahnung; und als in Paris studierter Humanist wußte er: Schon bei heidnischen Denkern der Antike war von solcher *praenotio* (Cicero) oder *prolepsis* (Epikur) Gottes beziehungsweise der Götter die Rede (Inst. I, 3.1). Zum anderen belegt auch der wohlgeordnete Aufbau der Welt die Existenz eines Schöpfergottes, »der uns mit seiner Macht trägt, seiner Vorsehung leitet, seiner Güte pflegt« (Inst. I, 2.1).

Kurz: Daß es einen Weltenschöpfer gibt, das ahnt bereits am Grunde seines Herzens fast jeder; zudem »hat [Gott] sich auch derart im ganzen Bau der Welt offenbart und tut es noch heute, daß die Menschen ihre Augen nicht aufmachen können, ohne ihn notwendig zu erblicken« (Inst. I, 5.1). Calvin beruft sich dabei bewußt nicht nur auf Apostelbriefe (Röm 1,19; Hebr 11,3) oder Psalmen; er verweist auch auf rein rational (oder ›natürlich‹) argumentierende Gottesbegriffe und Weltanschauungen bei Epikur oder Cicero (nat. deor. I, xvi.43). Vornehmlich aber verweist er auf die neuzeitlichen Naturwissenschaften. Der Reformator nennt Sternenkunde und Medizin, also die Erforschung des Makrokosmos ebenso wie die des Mikrokosmos Mensch. Die Wissenschaften akkumulieren »im Himmel und auf Erden [...] unzählige Zeugnisse, die [Gottes] wundersame Weisheit beweisen« (Inst. I, 5.2).

In der Tat orientierten sich an dieser Vorstellung bis vor nicht allzu langer Zeit, sagen wir, bis noch vor ein, zwei Jahrhunderten, so gut wie alle, ob Physiker oder Metaphysiker, ob Kosmologen oder Theologen. Sie taten dies auch dann noch, als sich ihre Bilder vom Kosmos und ihre Ideen über die Weisheit des Schöpfers längst radikal voneinander unterschieden. Erst ziemlich spät, im XX. Jahrhundert, verblaßte dies Hintergrundwissen von Gott als Konstrukteur eines geordneten Kosmos (oder als Veranstalter eines virtuosen Chaos) fast ganz. Das war das Thema unseres dritten Kapitels: Die Gottesfrage verwischte sich bis zur Gleichgültigkeit, zum »Was soll's?«. Die ›Sinnfrage‹ ist freilich damit wenigstens für ›uns‹ westliche Seelen noch nicht automatisch erledigt.

Johann Calvin hatte nun gleichzeitig bereits darauf hingewiesen, daß »jene ursprüngliche und einfache Erkenntnisweise [Gottes], zu welcher schon die Ordnung der Natur führen würde, wenn Adam nicht gefallen wäre« (Inst. I, 2.1), durch die Sündhaftigkeit der Menschen verzerrt, verdunkelt, verworren wurde. Und darum muß neben »den gemeinsamen Weg« der Erkenntnis Gottes als des *Schöpfers* aus seinen Werken, der an sich allen Menschen offensteht – Christen und Nichtchristen, »Fremden und Hausgenossen Gottes« (I, 5.6) –, noch die Erkenntnis Gottes als des *Erlösers* treten, welcher sich in Jesus Christus der gefallenen Menschheit offenbarte.

Diese zweite, eigentümlich christliche Wahrheit, »daß Gott nicht allein der Schöpfer der Welt ist und der einzige Urheber und Richter alles Geschehens, sondern auch der Erlöser in der Person des Mittlers« (Inst. I, 6.1), erschließt sich aber keiner ›natürlichen Theologie‹. Der wahrhafte Weg zu solcher Kenntnis Gottes beruht vielmehr allein auf Gottes Offenbarung im Wort – durch Jesus Christus, in der Heiligen Schrift: »da Gott vergebens alle Völker durch den Anblick des Himmels und der Erde zu sich einlädt, ist [die Heilige Schrift] die besondere Schule der Kinder Gottes« (Inst. I, 6.4).

Wir mögen nun Gott zwar suchen, und oft auch ohne dies zu wissen. Er aber weiß immer schon um unser Suchen; SEine Fülle umfaßt all unsere Wirklichkeit, nichts wäre ohne SEinen Willen, alles enthält SEinen Willen, und so ist ER, der Gesuchte, zugleich längst in uns: »Ich bin doch auch; wozu also bitte ich dich, daß du zu mir kommst, wo ich doch nicht wäre, wenn du nicht in mir wärst?« sagt der heilige Augustinus zu Gott am Anfang seiner *Bekenntnisse* (Conf. I.2): »Oder soll ich besser sagen: Ich wäre nicht, wenn ich nicht in dir wäre, aus dem durch den und in dem alles ist? [...] Wohin soll ich dich hineinrufen, wo ich doch in dir bin? Oder von woher kämst du zu mir? Wohin denn soll ich entweichen außerhalb von Himmel und Erde, damit von dorther mein Gott in mich käme, der gesagt hat [in den Worten des Propheten Jeremia 23,24]: Himmel und Erde fülle ich aus?«

# 11 GOTT BEWEISEN?

Die Behauptung, »daß Gott ist, daß Gott einer ist«, gilt dem engelsgleichen Kirchenlehrer Thomas als Vernunftwahrheit (SG, I.8; IV.1; Sth Ia, qu.2, art.3). Sankt Thomas, ein zu Lebzeiten häufig hart am Rande der theologischen Korrektheit argumentierender Kirchenlehrer, erhielt seinen Ehrentitel des *Doctor angelicus* erst postum. Dafür erklärt dann im XIX. Jahrhundert Papst Leo XIII. das Denken des heiligen Thomas gewissermaßen amtlich (in der Enzyklika *Aeterni Patris,* 4. Aug. 1879) zum ›Gipfel‹ menschlicher Intelligenz.

– Na, ob das wohl die Aufgabe von Päpsten ist, Intelligenzkärtchen zu verteilen?

– Jedenfalls statuierte Papst Johannes Paul II. noch am Ende des XX. Jahrhunderts: in der Geschichte der philosophischen Beschäftigung mit Gott stelle Thomas' Metaphysik den kaum zu überbietenden Gipfel einer Harmonie zwischen Glauben und Vernunft dar (*Fides et Ratio,* n. 43).

Die rationale Einsicht in Gottes Wirken und Wirklichkeit war allerdings keine Spezialität des *Doctor angelicus,* im Gegenteil: Darin, daß Gottes Existenz eine Vernunftwahrheit sei, wußte sich Thomas von Aquin nicht allein mit dem vorchristlichen Heiden Aristoteles einer Meinung, den er ja stets nur als ›den Philosophen‹ *par excellence* anspricht; auch die religiös wie philosophisch weitgefächerte aristotelische Tradition ging davon aus – der islamischen Aufklärer Ibn Ruschd (Averroes) und der jüdischen Lehrer Maimuni (Maimonides) sowie die spät- und neuplatonischen Geist-Mystiken oder Vernunft-Theologien.

– Das ist lange her: Heute sind zahlreiche christgläubige Intellektuelle, vielleicht sogar eine Mehrheit unter ihnen, weitaus vorsichtiger gegenüber den Thesen vom Beweis der Existenz Gottes aus bloßer Vernunft als Thomas, Avicenna oder Maimonides, die Heroen der mittelalterlichen Aufklärung. Aber verstehen Sie das bitte nicht falsch: Ihre (unsere) Skepsis gegenüber einer Gottheit aus reiner Vernunft muß noch kein Ausdruck mangelnden Gottvertrauens sein. Schon deshalb, weil sich seit den Tagen des heiligen Thomas auch unser Vernunftbegriff – sei es in den Wirklichkeitswissenschaften, sei es für unser ethisches Verhalten – ziemlich verändert hat.

Vernunft heißt nach unserem heutigen Orientierungswissen nicht mehr per se *die* allzuständige Methode, welche *die* (eine, einzige) grundlegende Ordnung (alles Seienden und *also:* aller Erkenntnis) betrifft, welche darum selbstverständlich in alle unsere Annahmen eingeht oder eingehen sollte. Es gibt eben im heutigen Weltverstehen nicht mehr für jedermann die eine (und dieselbe) Ratio – als Logik Gottes, als gute Ordnung der Welt und als Grammatik der Wirklichkeit –, die wir unserem Erkennen und Handeln in jeder Frage selbstverständlich zugrunde legen. Eher schon gibt es einen philosophischen Streit darüber, ob solch ein einheitlicher Vernunftbegriff überhaupt ›vernünftig‹ ist. (Hollis und Lukes)

Wenn es aber »genügt, daß ein Mensch sich mehrere Lösungen auch nur ausdenken kann, damit der Glaube, das heißt die einzige Lösung, ins Wanken gerät«, wie Paul Valéry in seinen *Cahiers* unter dem Buchstaben *Theta* (wie ›Theos‹ = Gott) notierte, dann gilt dies für den Glauben an die Vernunft mehr noch als für den Glauben an einen Gott, der größer ist als alle Vernunft. Der geglaubte, geoffenbarte Gott ist zwar nicht angewiesen auf eine Krise oder ein Scheitern der Vernunft – wie das früher einmal die antiklerikalen Aufklärer dachten. Aber ER ist auch keine bloße Projektion aus Vernunft ins Unbedingte. IHN – im Lichte der Vernunft – zu erkennen wäre mehr als ein Vernunftschluß; und sich zu IHM zu bekennen wäre mehr als *reasonable choice.*

Wenn jemand für eine bestimmte Annahme vernünftige Gründe vorweisen kann, *reasonable motivations,* so gilt das noch lange nicht in allen Fällen als zwingendes Argument. Ja, in manchen Fällen kann ein allzu perfektes System der Begründung, das auf alle meine möglichen Einwände und Anfragen die zwingende Antwort immer schon parat hat, gerade zum Grund für mein Mißtrauen gegenüber bestimmten Annahmen, Haltungen oder Meinungen werden. *Vice versa:* Manchmal sind bessere Argumente gar nicht in der Lage, den Punkt zu treffen, bei dem ich in einer Weltsicht nicht mehr mitgehen kann (ich *könnte* zwar, aber ich ›kann‹ nicht).

✦

Wenn ich Herrn X, der mir gerade erklärt hat, er glaube an das Jüngste Gericht, antworte: »Na ja, ich weiß nicht. Schon möglich«, wenn ich ihn gar nach den besten Gründen dafür befrage, so täte sich hier doch wohl ein Abgrund zwischen uns beiden auf. Bei ganz ähnlich klingenden Meinungsverschiedenheiten zwischen Fräulein K.s Behauptung: »Ich glaube, da fliegt ein Flugzeug direkt über uns hinweg« (oder die von Herrn M.: »Ich glaube, die Nettoverschuldung des Bundeshaushaltes ist viel zu hoch…«) – und meiner gleichlautenden Antwort: »Na ja, ich weiß nicht. Schon möglich«, würden wir das aber nicht sagen.

– Warum denn nicht?

– Offenbar deshalb, weil wir den zweiten Streit durch genaue Beobachtung (oder präzise Berechnung) und vernünftige Argumente entscheiden können (oder entscheiden wollen). Den Dissens über Gottes Gericht am Jüngsten Tage können wir so nicht klären.

Ludwig Wittgenstein (von dem das Beispiel stammt) schließt daraus, daß der Glaube an Gott »nicht nur nicht vernünftig« sei; er beanspruche auch gar nicht, durch Vernunft entscheidbar zu sein.

# Schöpfer und Schöpfung

> »Das Drama des absoluten Schöpfers,
> wenn er denn existierte, wäre die Unmög-
> lichkeit, aus sich herauszukommen, denn
> seine Schöpfung könnte nur er selbst sein;
> woher nähme sie denn ihre Objektivität
> und Unabhängigkeit, da ihre Form und
> ihre Materie *von mir* sind.«
> Jean-Paul Sartre, *Das Sein und das Nichts*

*Mußte Gott die Welt erschaffen?* – Eigentlich wäre die Schöpfung gar nicht nötig gewesen! – Nötig? Was soll denn das heißen?
Nötig für wen? – Gewiß nicht für IHN, DER IST!

*Gott hat ohne Welt keine Not!* – Gott als Schöpfer ist immer
schon vollkommener als alle möglichen Vollkommenheiten, die
ER durch die Erschaffung dieser oder jener möglichen Welt(en)
Wirklichkeit werden ließ. – Was immer auf dieser Welt gut und
schön ist, und auch alles überdies (in allen möglichen anderen
Welten) denkbare Gute und Schöne, kommt von Gott.

*Warum aber entschloß ER sich dennoch zur Schöpfung?* –
Das ist eine ganz andere Frage: War ER, der so souveräne göttliche Schöpfer, vielleicht unzufrieden in all SEiner vollkommenen
Einsheit, Einheit und Einzigkeit? – Was könnte IHM wohl gefehlt
haben?

*Fühlte Gott sich etwa einsam?* – Aber was änderte denn
schon die Erschaffung der Welt daran? Welche Gesellschaft vermöchte IHM eine bloße Schöpfung bieten, in die Welt gesetzt nach
SEinem Willen und Belieben? Welchen Wert hat schon eine aus
dem Nichts, aus purer Kontingenz geschaffene Welt, über deren
Existenz (oder Nicht-Existenz) ER allein verfügen kann?

**1** GOTT OHNE WELT. Mögen die Himmel auch von der Ehre Gottes erzählen, die Welt (Himmel und Erde) wird darum noch nicht zum getreuen Abbild SEiner Vollkommenheit. ER sah, daß alles, was ER schuf, gut war – doch Gott mißt sich nicht am Werk SEiner sechs Tage. Nein: Die Schöpfung ist vor allem Objekt des Schöpfers, und nur als Gegenstand SEines Denkens, als Produkt SEines Wollens ist sie überhaupt da. Für sich selbst hat die geschaffene Welt keinen (ewigen) Bestand.

ER allein ist Subjekt schlechthin.

SEin Wesen ist absolute Subjektivität: die höchste und reichste, eine in sich *ruhende* und dennoch (gerade darin: gerade in ihrem *Selbst*sein) *aktive* Subjektivität, die mit sich selber in ewigem Austausch kommuniziert (als allerheiligstes Selbstverhältnis – ein weiteres Geheimnis des Glaubens: als eine in sich *drei*fach reflektierte Subjektivität). ER allein genügt sich vollkommen in SEiner Einheit mit sich selbst. Von Ewigkeit zu Ewigkeit. Die geschaffene Welt wäre in der Tat gar nicht nötig gewesen.

Doch wenn es sich nun nach Gottes Willen und Wissen bei dieser Schöpfung eben nicht nur um *bloße* Schöpfung handelte, also um mehr als pure Objektivität, Tatsächlichkeit? Wenn als Weltbewohner auch bewußte, wollende, schöpferische Subjekte ins Leben treten? Geschöpfe, welche – in ihrer freien Subjektivität – zugleich irgendwie ›Ebenbilder‹ des Allerhöchsten sind, wie es in der biblischen Erzählung heißt?

– Wissen Sie, eigentlich gehört solches Fragen verboten!

– Zu spät, Genosse Zweifler, lieber Leser, verehrter Zensor: Wir haben schon vom Baum der Erkenntnis gegessen, können uns also das Fragen nicht mehr verbieten.

– Wir könnten uns solche Fragen höchstens *abgewöhnen:* Wir könnten zum Beispiel Buddhisten werden, Pantheisten vielleicht, oder logische Positivisten.

– Wenn Ihnen das beliebt, nur zu. Für jemanden, den solche Fragen wirklich umtreiben, ist das aber keine Antwort.

– Das eben *ist* ja seine Krankheit, findet Gautama der Buddha.

– So oder so: Vermessen wäre für einen Gottgläubigen nur, zu glauben, daß wir endliche Lebe- und Denkwesen jemals aus eigener Einsicht eine sichere Antwort auf die Frage wissen werden, *warum es überhaupt etwas gibt* – und nicht nur Gott: Warum beliebte es Gott, SEine absolute (mehr als seiende) Fülle auch noch zu ›ergänzen‹ durch das Erschaffen neuer Wirklichkeit, schließlich auch das Erschaffen von uns endlichen Subjekten? IHM, DER IST fehlte doch gar nichts!?

– Jede Antwort wird uns nur in einen neuen Sog von unbeantwortbaren Fragen führen.

– Fragen wird ja wohl noch erlaubt sein.

– Nun, wie immer die Antwort ausfallen mag, keine denkbare Antwort wird den Abstand zwischen Gottes Beständigkeit und Allmacht, Allgegenwart und Ewigkeit und der Wandelbarkeit und Endlichkeit der Welt beheben können. Da mag uns wohl ein kalter Hauch des Nichts anwehen: Nicht nur wir Menschen finden und empfinden (und begreifen) uns als denkende und fühlende Tiere in diese Welt ›geworfen‹ (wie sich im XX. Jahrhundert die Existentialisten ausgedrückt haben). Ist denn nicht die ganze Welt, *alles, was der Fall ist,* selber nur ein ›Wurf‹? Eine von vielen, völlig verschiedenen, einander ausschließenden Möglichkeiten.

Denn dies und nichts anderes bedeutet ›Kontingenz‹: Die Welt (wie wir sie kennen und zu erkennen versuchen) ist eine solche, die auch gar nicht hätte geschaffen werden müssen – oder die auch ganz anders hätte ausfallen mögen. Eine minimale Veränderung am kosmologischen Regler – und unser Universum (oder: ein Universum) verschwindet! Da reichte es schon, einige kleinste Parameter der Teilchenphysik um Winzigkeiten zu verändern, hier vielleicht ein Elektron etwas schwerer zu machen und dort die Gravitation nur um eine Idee leichter einzustellen ... und schon wäre unser Kosmos unmöglich: Es gäbe keine Flüssigkeitsbildung, keine Planeten, kein organisches Leben. Vom Bewußtsein ganz zu schweigen ... (Sie erinnern sich an unsere Diskussion zum anthropischen Prinzip im achten Kapitel.)

– Warum es die Welt, *diese* Welt dennoch gibt, das weiß Gott allein. ER allein ist Herr der Welten: *Allah' akbar!*

– Wider alle auch im Christentum (durch Theologie und Kirche, durch Metaphysik und Sakramentalität) versuchten Vermittlungen zwischen Gott und der Welt, von Immanenz und Transzendenz, hat vor allem der Islam den unüberbrückbaren Abstand zwischen Schöpfer und Schöpfung stets betont. »Der Schöpfer Muhameds ist ›reich ohne alle Welt‹. Er ist wirklich der Schöpfer, der es auch hätte unterlassen können zu schaffen« (Franz Rosenzweig). Das macht uns doch erschauern.

– *Deo gratias,* wir sind alle noch hier. Es gibt ja uns, und es gibt auch die Welt. Denn ER entschied sich zur Schöpfung, in die wir uns ›geworfen‹ fühlen mögen – und in der wir IHN doch wiederzufinden suchen. Alles, was es gibt, in allen möglichen Welten – was immer außer Gott ist –, wurde geschaffen von IHM allein: *Quidquid praeter Deum existit, a Deo solo creatum est.* (Denn so geht auch der erste Lehrsatz jeder gut katholischen Schöpfungslehre bis hin, im XX. Jahrhundert, zu Karl Rahner.)

– Damit aber wäre keine dieser möglichen Welten völlig leer: Gott, der Schöpfer, ist *immer schon* da. Jede überhaupt mögliche Welt enthält bereits ›Gott *plus* n‹: Gott … *und* was immer ER zur (Ent-)Äußerung SEiner Vollkommenheit gewollt, gedacht, geschaffen hat.

– Aber dürfen wir denn überhaupt derart reden? Vergegenständlichen nicht unsere Worte den HERRn aller Welten auf unziemliche Weise? Keine Welt könnte IHN doch jemals ›enthalten‹. Jedenfalls nicht so, wie unsere Welt *alles, was es gibt,* enthält: Atome und Körper, Himmel und Erde, Menschen und Tiere, auch Gedanken und Theorien und anderes mehr. Kein geschaffener Kosmos, auch keine Gedankenwelt könnte doch jemals Gott in all SEiner Fülle enthalten, umfassen, ausdrücken.

– Eher schon umgekehrt: Gottes Allwissen ›enthält‹ immer schon auch die Möglichkeit dieser unserer Schöpfung ›n‹ – lange vor aller Zeit, vor der Erschaffung von ›n‹ beziehungsweise anderer möglicher Welten.

2 **DIE BESTE DER WELTEN?** Gut, dann nehmen wir einmal Gott und die (das heißt diese, unsere) Welt *zusammen* in den Blick, und nennen wir das Ensemble: ›Gott *plus* n‹. Ist dieses Ensemble nun verbesserbar? Anders gefragt: Hätte der allmächtige Gott auch eine andere, bessere Welt schaffen können (besser als ›n‹, nennen wir sie ›n + 1‹)? Und wäre dann das Ensemble

›Gott *plus* n+1‹ (Gott – *und* ein wie immer gesteigertes ›n‹) nicht vielleicht *noch* schöner, größer, vollkommener als ›bloß‹ Gott allein?

– Nein! Zwar mögen verschiedene endliche Welten von ›n‹ über ›n+1‹, ›n+2‹ *et cetera* für sich genommen größer, schöner, harmonischer, besser ausfallen. Aber erstens können wir das sowieso nicht beurteilen. Zweitens und vor allem aber: Sie fügen damit Gottes Unendlichkeit nichts an Größe, Schönheit, Harmonie oder Güte hinzu. Gottes ungeschaffene (in sich selbst erfüllte) Vollkommenheit umgreift, übergreift, übertrifft vielmehr *immer schon* jede auch nur denkbare Perfektion, und zwar für alle möglichen Welten: ob ›n‹ oder ›n+1‹ oder ›n+2‹ oder ›n+x‹. Es gibt nämlich keinerlei gemeinsames Maß zwischen Gottes übervollkommenem Sein und jeder innerweltlichen Perfektion.

Auch alle mögliche Welt-Vollkommenheit ließe sich niemals zur Einen göttlichen Vollkommenheit addieren. Was wäre denn die *ratio,* der Vergleichspunkt, die gemeinsame Größeneinheit – zwischen Gott und ›n+1‹? Da bereits Gott unendlich vollkommen ist, fügen auch das vollkommenste ›n‹ (oder der *set* der besten aller Welten: ›n+1‹, ›n+2‹ *ad infinitum*) SEiner Vollkommenheit, SEiner Wahrheit, SEiner Güte und Schönheit *nichts* hinzu.

– Gott ist größer! Der muslimische Gebetsruf *Allah' akbar* meint ja unter anderem auch dieses: Der Einzige, Gott ist *semper maior,* immer noch unvergleichlich größer als jedes ›n+1‹, als jede denkbare Steigerungsform von Herrschaft oder Herrlichkeit, Schönheit oder Güte.

– *Also gibt es gar keine beste der Welten.* Oder, wenn Sie diese Ausdrucksweise vorziehen, kein bestes ›Ensemble‹ aus Gott und (dieser oder jener) Welt: Entweder ist nämlich *jede* Welt bereits vollkommen, sofern sie Gott als unendliche Über-Vollkommenheit bereits ›enthält‹ – oder *keine* ist so vollkommen, daß sie nicht noch verbessert werden könnte. Wir haben die Wahl zwischen zwei Seiten desselben Paradoxon vom vollkommenen Weltenschöpfer: Entweder ist jedes Ensemble ›Gott *plus* n‹ bereits optimal, mehr als perfekt; denn Gott ist ja schon alleine absolut vollkommen. Und dann wäre jedes geschaffene ›n‹ irrelevant, und dies gilt für alle ›n+x‹.

– Warum sollte sich Gott da überhaupt die Mühe der Schöpfung machen?

– Vielleicht bereitet sie ihm keine Mühe, sondern Freude, interesseloses Wohlgefallen: ein göttliches *divertimento*.

– Der HERR mag sich dabei ruhig amüsieren – doch hier hat SEine Allmacht Grenzen. Und das wäre die Kehrseite des Paradoxon: Gott könnte nämlich, schon aus logischen Gründen, gar kein absolutes Optimum (er)schaffen: Zu jedem noch so perfekten Ensemble ›Gott *plus* n‹ ließe sich ja noch ein zusätzliches Element an Existenz, an Güte, an Schönheit hinzuaddieren, ›Gott *plus* n+1‹, *plus* n+2 ... *ad infinitum.* Wie Achilles hinter der Schildkröte liefe der Schöpfergott einer möglichst vollkommenen Vollendung SEiner Schöpfungstat hinterher. (Warum hat ER sich nur vor aller Zeit darauf eingelassen?)

– Sie irren: Der Athlet Achilles und die Schildkröte laufen doch auf derselben Bahn. Ebendies gilt aber für Schöpfer und Schöpfung nicht. Zu Gott als dem Inbegriff des Guten, der Wahrheit, des schlechthin Größten, Schönsten *et cetera*, gelangen wir ja nicht, indem wir bloß unsere Denk- oder Raum- oder Zeit-Größen immer weiter steigern (von ›n‹ auf ›n+1‹ auf ›n+x‹ ... *ad infinitum*), »da man zum schlechthin Größten nicht zu gelangen vermag, wo immer es ein Überschreitendes und ein Überschrittenes gibt, da sowohl das Überschreitende als auch das Überschrittene endliche Größen sind« (doct. ign. I,3). Niemals nämlich ergibt sich aus solch einer endlosen Akkumulation von endlichen Größen eine selbst unübersteigbare, wahrhafte Unendlichkeit.

Für Nikolaus von Kues war es »selbstevident, daß es zwischen dem [göttlichen] Unendlichen und dem Endlichen [unserer Welt] keine Proportion gibt«: *Quoniam ex se manifestum est infiniti ad finitum proportionem non esse.* Der Weg bloßer Steigerung *ad infinitum* setzt ja eine *similitudo* voraus – die Ähnlichkeit (oder Kontinuität) zwischen endlichen und unendlichen Größen. Aber auf diesem Wege kann »ein endlicher Geist die Wahrheit der Dinge nicht erreichen. Die Wahrheit ist nämlich kein Mehr und kein Weniger. Sie besteht in einem Unteilbaren«, betont der Cusaner in seiner Abhandlung vom wissenden Nicht-Wissen. Diese unteilbare Wahrheit ist zugleich die unendliche, unergründliche Fülle

Gottes – und sie auf rechte Weise *nicht* zuwissen, darin allein besteht die wahre Wissenschaft, die *docta ignorantia*.

Gerade (neu-)platonisch gebildete Gottesdenker – hellenistische Juden, spekulative Christen in Umbruchsphasen wie der Spätantike oder im Aufbruch der frühen Neuzeit (Anthony Levi), aber auch islamische Mystiker aus der geistigen Blütezeit des Morgenlandes – betonen häufig den unendlichen Abstand zwischen Gottes unerschöpflicher Einheit und aller geschöpflichen Vielheit der Welt, in welcher SEine Fülle anwest. Auch als ›Philosophen‹ (als Liebhaber der Weisheit) feiern sie Gottes unerreichbare Wahrheit, SEine in bloßen Worten unsagbare, in Gedanken unfaßbare Vollkommenheit.

– Warum ist denn Gottes Wesen unsagbar?

– Die metaphysische Antwort auf diese Frage ist einfach: Als *causa sui,* als Ursache SEiner selbst, ist Gott jene *causa prima,* die erste und allumfassende Ursache, welche selbst keine Ursachen hat und zugleich alle Ursachen übersteigt. Wenn aber »ein jedes Ding nur aus seiner Ursache erkannt wird und es nur so sprachlich erfaßt werden kann«, ist das für die *causa prima* nicht möglich. Gott kann daher in SEinem Wesen aus anderen Ursachen weder begriffen noch beschrieben werden: »die Sprachen scheitern nur dann nicht in der Rede von ihr [der ersten Ursache], wenn sie keine Rede über ihr [also Gottes] Sein sind« (lib. de caus. 5). So steht es in einem Schlüsseltext für die Schulweisheit des Abendlandes: dem »Buch der Ursachen«, dessen neuplatonische Metaphysik muslimische und jüdische Gelehrte der arabischen Welt von Bagdad nach Toledo überliefert hatten, bevor sie zur Muttersprache der christlichen Gotteswissenschaft wurde.

›Erste Ursache‹ heißt Gott in der Begriffssprache des *Liber de causis – causa prima* auch für alle in Geist und Welt wirkenden ›sekundären‹ und weiteren Ursachen. Aber der eine HERR der Welten ist zugleich letztes Einheitsprinzip des Schöpfungsprozesses, seine *causa finalis:* Grund, Sinn und Zweck der Welt (dafür, daß es überhaupt etwas gibt und nicht nichts). Wir erinnern uns: Auch die diversen ›Gottesbeweise‹ der Schultheologie waren zumeist in diesem Idiom gehalten, der *reductio ad unum,* dem Rückschluß von der geordneten Vielfalt des Geschaffenen auf ein einziges Prinzip von Verursachung, Zwecksetzung oder Vollkommenheit. So ist etwa in Sankt Anselms *Monologion* Gott das einzige Wesen, das für sich existiert, *per seipsum* – im Unterschied zur gesamten Schöpfung, also allen anderen *ex nihilo* geschaffenen Wesen, die nur durch das und aus dem höchsten Wesen Bestand haben, *per illam et ex illa [essentia]* (Monol. 5–7).

**3** VOR DEM ANFANG. Es gibt also keinen Gott außer Gott. Darin stimmen metaphysische und biblische Monotheisten überein: Nur ER ist ›erste Ursache‹ aller möglichen Welten; in SEiner Weisheit, SEinem Wollen, SEiner Macht erhält ER allein alle Wirklichkeit (in) dieser Welt. Gott ist einzig, weil ER und nur ER das erste und letzte, in letzter Instanz für Weltordnung und Weltgestalt überhaupt verantwortliche Prinzip darstellt.

Dabei steht ›Prinzip‹ (der lateinische Ausdruck für griechisch *archè* = Anfang) nicht allein für den zeitlichen Beginn unseres Universums, sondern auch dafür, daß es überhaupt einen Anfang gibt: den Anfang dieser (unserer) Welt, aber auch die Anfänge anderer, paralleler, etwa vier-(oder noch mehr)dimensionaler Welten, die Prinzipien von uns sonstwie (nur) als logische Möglichkeiten bekannten Universen.

Und was war vorher? Gibt oder gab es nicht auch schon Zeit *Vor dem Anfang?* So hat der Astronom Ihrer britischen Majestät Sir Martin Rees seine brillante Geschichte des Universums betitelt. Wenn wir uns mit der Standard-Version der physikalischen Kosmologie den zeitlichen Anfang unserer Welt als einen *Big Bang* oder Urknall vorstellen, in dem vor zehn bis fünfzehn Milliarden Lichtjahren mit einem extrem verdichteten, ›explodierenden‹ Quantengemisch die zeitliche Entwicklung und räumliche Expansion des Universums begann, so »daß unsere ganze Welt fast *aus dem Nichts* entstand« (Rees), dann läßt sich diese bis in eine Zeit zurückverfolgen, als die Welt nur eine kosmische Sekunde alt war.

Und was geschah vorher, in den ersten Momenten dieser ›Sekunde‹ des Universums? Hier gehen die Theorien und Geschichten schon wieder auseinander. Es gab vielleicht eine ›inflationär‹ beschleunigte Expansion des kosmischen Energieballs, die für die

XV. Kapitel: Schöpfer und Schöpfung

Zeitrechnung deflationiert werden müßte. Doch schon zur Frage, ob im Anfang die Dimension der (gerichteten, irreversiblen) Zeit überhaupt ›greift‹ und inwiefern Zeitkategorien noch anwendbar sind, herrscht keinerlei Einigkeit unter den Kosmologen. Und ähnliche Fragen ließen sich im Prinzip auch für das Ende des Kosmos stellen.

In unserer Vorstellung ist zwar der Zeithorizont beliebig weit in die Zukunft projizierbar; aber vielleicht ›läuft‹ die Zeit als eigene Dimension des physischen Universums auch nicht bis in alle Ewigkeit weiter. Dergestalt, daß es am Ende (der Expansion) unseres Universums, in fünfzig oder mehr Milliarden Jahren, vielleicht nach einem *Big Crunch,* mit dem Ende dynamischer Systeme im Kosmos auch ein Zeit(en)ende gäbe. Wie am Anfang unserer Raumzeit, könnten somit auch am Ende unserer Welt physikalischer Raum und Zeitpfeil in einem winzigen Materie-Energie-Flecken verdichtet, vermengt, verwischt werden.. Die Frage nach dem Augenblick *danach* wäre dann von der Frage, was einen Fingerbreit *daneben* geschieht, gar nicht mehr zu trennen. Dann wäre unser Kosmos ein ›geschlossenes‹ Universum – ohne jede raumzeitliche Kommunikation mit anderen Welten.

Keine dieser – mehr oder weniger ›eleganten‹ – Hypothesen wäre natürlich ein Einwand gegen die Schöpfungsverantwortung des biblisch geoffenbarten Gottes. Warum auch sollten heutige Kosmologen nicht wieder zu einer allegorischen Interpretation der biblischen Genesis-Geschichte zurückkehren? Die allegorischen Lektüren der Bibel der großen Alexandriner Philo Judaeus *(De opificio mundi, Legum allegoriae)* oder Origenes *(In Genesim commentarii, De principiis)* sind ja ohnehin weitaus älter und weiser als alle kirchlichen oder rabbinischen Dogmen. Und waren in unserem Jahrhundert etwa die Begriffsprägungen eines Teilhard de Chardin, denen wir im elften Kapitel begegneten – vom ›Herzen der Materie‹ bis zur caritativen Super-Menschheit, ja einem kosmischen ›Über-Christus‹ als ›Omega-Punkt‹ der Evolution – mehr als bestenfalls plausible Allegorien?

Gewiß liegt im Rekurs auf Allegorien ein Hinweis auf unsere (menschlichen, endlichen) Denk- und Vorstellungsschranken beschlossen, die zu unterstreichen die große Tradition der ›negativen Theologie‹ nicht müde wurde. Doch offenbar ließ sich die Frage nicht einfach abstellen: Was war vor dem Anfang? *Wir* können uns eine Zeit vor aller Zeit nicht vorstellen.

– Aber Gott? ER schuf schließlich unseren Kosmos. Hat denn auch Gott selber einmal zu existieren angefangen – irgendwann, bevor ER dann am Anfang der Zeiten Himmel und Erde schuf? Oder existierte ER – seit je, schon immer, aber mit und außer ihm bestand zugleich der Urstoff, aus dem alles Andere besteht?

– Ein solcher Gott wäre vielleicht dem platonischen Demiurgen vergleichbar, von dessen gnostischen Karikaturen wir hier lieber absehen wollen. Wäre aber solch ein kosmischer Handwerker, welcher sich selber an die ewigen Ideen und Formen zu halten hat, noch ›Gott‹: Gott in ›unserem‹ westlichen, jüdischen, christlichen, islamischen Verständnis?

– Natürlich nicht. Er wäre bloß ein übermächtiges kreatives Wesen (in) unserer Welt, aber transzendierte sie nicht. Gottes Sein und Wirken blieben ja an unsere (innerweltliche) Zeitlichkeit gebunden. So, als ginge Gott »in der Zeit den Zeiten voran« (Augustinus, Conf. XI.xiii.16). Als wäre zuerst, in einem (ersten) Anfang vor dem Anfang, wie auch immer, Gott entstanden, und der ginge dann (in einem zweiten Anfang) daran, Himmel und Erde zu erschaffen, den Urknall zu zünden, der kosmischen und später biologischen Evolution oder einer Kombination von beiden ihren Lauf zu lassen.

Solange wir uns im Vorstellungsraum linearer zeitlicher Abfolge bewegen, könnten wir diese Rückfragen endlos fortsetzen, ohne je den absoluten Anfang, ein Prinzip des Anfangs, zu erreichen. Wie »allen Leuten, die, aufgezehrt von der Zeit, fragen: Was machte Gott, bevor er Himmel und Erde machte?« (in den Worten Sankt Augustins: Conf. XI.x.12), fällt es uns offenbar schwer, im Rücklauf der Zeit die Frage nach dem ›Vorher‹ fallenzulassen. Sie gehört zum Horizont der Zeitlichkeit.

– Doch das Prinzip der Reihe der Rückfragen gehört selber nicht in diese Zeitfolge. Daß es überhaupt Anfänge gibt, kann schließlich nicht auch noch als Anfang verstanden werden.

– Warum denn nicht? Und was heißt denn hier schon verstehen? Der Umstand, *daß* es (zeitliche) Anfänge gibt, könnte ja einfach zur Struktur jeder möglichen Welt gehören, in der es Ereignisse und empirische Sachverhalte gibt: Prozesse, die einander ablösen, überlappen, beeinflussen (und teilweise einander verursachen). Sinnvoll wäre dann allenfalls die Frage, ob ›Gott‹ eine plausible letzte, übergreifende Beschreibung (oder: Deutung) all dieser Ereignisse und Prozesse ist, ihre generative Grammatik.

– Genau so – als höchstes Wesen allen Werdens (oder: Wesen im Werden) – verstehen ihn heute auch die sogenannten Prozeßtheologen, Autoren wie Charles Hartshorne oder Schubert Ogden, welche die überlieferte christliche Gotteslehre mit Hilfe der Kosmologie des Philosophen A. N. Whitehead reformiert haben. Für diese Theologen liegt Gottes Kreativität zwar jeder Begebenheit, Entwicklung und Veränderung im gesamten Universum zugrunde. Aber ohne all diese innerweltlichen (und also auch zeitlichen) Prozesse wäre umgekehrt gar keine Rede von ›Gott‹ möglich.

Wenn Gott also auch als höchste oder grundlegende Instanz aller Schöpfung angesehen werden kann, so gibt es in der Prozeßtheologie doch *keinen Gott ohne Welt* oder Schöpfung: ›Gott‹ und ›Welt‹ werden zu Beziehungsbegriffen. Und darum hat weder die Welt als Hinsicht der Kreativität Gottes *in* der Zeit einen Anfang *vor* aller Zeit gehabt, noch gab es jemals eine Zeit Gottes »vor der Schöpfung«, eine Zeit vor dem Anfang, als Gott ohne (irgendeine Art von) Welt war.

– Genau dies behauptet freilich das christliche Dogma von der *creatio ex nihilo:* Gottes Erschaffung der Welt aus dem Nichts.

– Ist das nicht selber aus heiterem Himmel entstanden?

– Zu den Heilslehren der allerersten Christen gehörte es offenbar nicht! Auch im hellenistischen Judentum beschäftigten sich meines Wissens nur die Alexandriner (die ohnehin halbe Griechen waren) mit solchen Fragen.

Sobald diese freilich erkannten, »daß das Schaffen des biblischen Gottes mehr ist als die Gestaltung der Materie, daß [JAHWE] in souveräner Freiheit ohne jede äußere Voraussetzung die Welt hervorbringt, bot sich der Ausdruck ›Schöpfung aus dem Nichts‹ als eine Formel an, die prägnant die Eigenart des biblischen Schöpfungsbegriffs bezeichnete. Die Formel war früher da als der Gedanke« (Gerhard May).

– Na und? Das sagt ja noch nichts für oder wider ihre Wahrheit.

– Und automatisch sind wir damit wieder bei der Frage: Was war wohl *vorher?* Der heilige Augustinus von Hippo beantwortet im elften Buch seiner *Bekenntnisse* diese Frage auf paradoxe Art. Er akzeptiert sie, um sie doch sogleich zurückzuweisen, wenn er im Zwiegespräch mit seinem Gott feststellt: »es gab keine Zeit, in der Du nichts gemacht hättest, denn Du hast die Zeit selbst gemacht« (XI.xiv.17).

Der spätmoderne Systemtheoretiker Niklas Luhmann, der freilich durchaus eine altmodisch theologische Ader hatte, formulierte dieselbe Paradoxie kaum anders – als für uns Zeitbewohner ebenso zwangsläufige wie unbeantwortbare Rückfrage nach der Zeit vor dem Anfang. Gottes Schöpfung der Welt und der Zeit füllt dann diese in unserem Horizont von Zeitlichkeit unsichtbare ›Leerstelle‹ aus: »Vor dem Anfang der Welt war Gott, und er ist auch derjenige Beobachter, der in bezug auf den Weltanfang das Vorher und das Nachher unterscheiden kann.«

Der Renaissance-Denker Charles De Bovelles, Schüler des Faber Stapulensis, ein pikardischer Zeit- und Gesinnungsgenosse des Nikolaus von Kues, hat dieser Frage eine reizende kleine Abhandlung, den *Libellus de nihilo* (1509) gewidmet. Vor dem Anfang war nur Gott allein da – in einer anfangs- und zeitlosen Ewigkeit – und sonst nichts. Auch schuf Gott nichts, noch setzte ER irgendwelche Schöpfung oder Evolution in Gang. Dieses Zeitalter vor aller Zeit, das *aevum* des Nichts, hat dann ein Ende. Das Nichts endet mit Gottes erstem Schöpfungsakt (oder Schöpfungswort, oder Schöpfungsgedanken); es geht in der Erschaffung des Seins zugrunde; und mit der göttlichen Schöpfung der Welt aus dem Nichts beginnt ein neues Zeitalter.

– Gottes Ewigkeit als solche ist ohne Anfang und Ende – ist sie deshalb ohne Zeit?

– Für Bovelles teilt sie sich in zwei *aeva* oder Zeitalter. Besser: Gott, welcher allein von Ewigkeit zu Ewigkeit ist, DER ER IST, teilt die Ewigkeit durch die Schöpfung, erst die Erschaffung der Welt aus dem Nichts gibt (in) der Ewigkeit Richtung. Und so gibt es nun zwei Zeitalter, eines vor und eines nach der Schöpfung, eines mit unendlicher Vergangenheit, das andere mit unendlich offener Zukunft. Einzig die Ewigkeit hat weder Anfang noch Ende; das erste *aevum* hat ein Ende, die Erschaffung der Welt, doch keinen Anfang; das zweite *aevum,* seit Erschaffung der Welt, hat einen Anfang, doch keinen abschließbaren Zukunftshorizont. Die einmal in die Zeit gesetzte (und das Nichts beseitigende) Welt ist zur Zukunft hin offen, wenngleich ihr Ziel – ihre *causa finalis* – wie ihr Anfang und Grund in Gottes Schöpfungstat liegt.

Denn nur der biblische Gott ist der *absolute* Anfang. ER, DER IST ist nicht aus anderem entstanden, sondern immer schon ohne Anfang für alle Anfänge verantwortlich. Gott war *vor aller Zeit* – so geht der paradoxe Ausdruck. Gottes Willen, soweit wir raumzeitliche Kreaturen ihn erfahren können, manifestiert sich zwar in raumzeitlichen Ereignissen, von der Erschaffung der Welt bis zu den verschlungenen Wegen der Heilsgeschichte; aber Gottes Identität geht in dieser raumzeitlichen Dimension nicht auf. SEine Existenz, SEine Natur, SEin Wesen transzendiert alle Zeitlichkeit (und ermöglicht sie zugleich), denn SEin Wollen macht erst Ereignisse in der Zeit möglich.

Wenn also, wie der heilige Thomas sagt (Sth, Ia, qu. 19, a. 4), Gottes Wille die Ursache aller Dinge ist, müßte man dann nicht ebenfalls sagen, daß ER, DER IST die Zeit selber erschuf?

4 **MACHBARE WELTEN UND KONSTRUKTIONS-REGELN.** Nur wenn Gott auch unsere Raumzeit schafft – und damit die Strukturen des überhaupt Möglichen –, nur dann ist ER in unserem Verständnis wahrhaft Schöpfer. Eine zweite und durchaus nachrangige Frage ist dann, mit welchen Formeln, Begriffen oder Allegorien ›man‹ diesen Raum möglicher Weltenschöpfungen wohl beschreiben und benennen mag – und das heißt: wie ›wir‹ als endliche Geschöpfe und selber raumzeitliche Sinnes- und Vernunftwesen ihn begreifen können.

ER, DER IST hat eben nicht nur die tatsächliche Schöpfung erschaffen, *alles, was ist,* sondern auch die *creabilia* oder ›erschaffbaren‹ Dinge, wie sich zu Beginn des XIV. Jahrhunderts der große franziskanische Theologe Johannes Duns Scotus ausdrückte:

*alles, was möglich ist.* Gott allein schafft die Konstituentien der weltlichen Raumzeit – »und zwar aus dem Nichts. Du hast nämlich Himmel und Erde gemacht, freilich nicht aus dir selbst«, so spricht gut neun Jahrhunderte zuvor Kirchenvater Augustinus in seinen *Bekenntnissen* seinen Gott an: »Denn dann gäbe es ein [...] dir Gleiches, doch es wäre in keiner Weise gerechtfertigt, daß dir gleich wäre, was nicht aus dir selbst wäre. Und anderes außer dir, woraus du sie hättest machen können, gab es nicht, Gott« (Conf. XII, vii, 7).

Nun, ›Himmel und Erde‹, welche der Gott der biblischen Genesis aus dem Nichts erschafft, sind auch für den heiligen Augustinus Allegorien, Abbreviaturen für alles Geschaffene. Der Himmel, zum einen, ist geistige Kreatur aus reiner Information, *ubi est intellectus nosse simul:* ein intellektueller »Himmel des Himmels, dem Herrn zu eigen«, in welchem für seine Bewohner, also für die Engel und dann die bei Gott weilenden erlösten Seelen Erkenntnis und Vernunft in eins fallen (Conf. XII. xiii. 16). Dahin, wir erinnern uns, gelangen zu guter Letzt all die, welche der *visio beatifica* teilhaftig werden.

Die Erde, zum anderen, ist ungeordnete, formlose Materie, welche als beliebig gestaltbarer Urstoff allem Wechsel, ergo auch aller Zeit zugrunde liegt. Beide also, reine (himmlische) Information und reine (irdische) Veränderlichkeit, machen dann in ihrer Kombination alles aus, was es außer Gott gibt: Und erst diese ›Welt‹, das Universum geformter Dinge, hat auch einen Raum- und Zeitindex. Denn nur an gestalteter Materie, nur an strukturierter Wirklichkeit, nur an ihren veränderlichen Erscheinungsformen wird für Augustin Zeit im Ablauf wahrnehmbar, meßbar, wirklich.

Gott selbst aber muß außer der Zeit sein, oder ihr ›immer schon‹ zuvorkommen. Er kann keinen (IHM fremden) Anfang haben, keine andere *archè* bereits vorfinden; der HERR wird kein Prinzip außer IHM dulden, dem ER anhängt und von dem ER abhinge. »Ein Gott, den es vielleicht auch nicht geben könnte, ist keiner«, deklamiert der junge Idealist Platon im *Akastos,* einem platonischen Dialog der britischen Schriftstellerin und Philosophin Iris Murdoch. Aber auch der alte Kirchenlehrer Augustinus hätte hier der Platonikerin des XX. Jahrhunderts zugestimmt: Der Eine Gott ist keine Tatsache dieser Welt, so wie es die vielen Götter der antiken Götterwelt waren. Gottes Sein, SEin Denken und Wollen geht aller Welt voraus. Denn was immer Gott sein mag, so darf SEine Existenz doch kein bloßes, kontingentes Faktum sein (welches schließlich auch ganz anders sein könnte) – sondern mit Bezug auf IHN, DER IST und alles schuf, was (möglich) ist, sind Himmel und Erde kontingent. Nichts anderes meinen dann auch moderne Systemtheoretiker wie Niklas Luhmann, wenn sie von ›Gott‹ als der ›Kontingenzformel‹ des Religionssystems reden.

Der Grammatik *unserer* westlichen, jüdisch-christlich-islamischen Rede über IHN zufolge kann es einfach keine mögliche Welt geben, die ohne Gott auskäme, kein Chaos und keinen Kosmos, welche auch ohne IHN zustande gekommen wären. Sonst wäre ER ja in unserem Verständnis nicht *der* eine, einzige, höchste, unbedingte und unermeßliche – kurz: absolute – Grund der Welt und der letzte Zielgrund unseres Daseins: Er wäre nicht DER, DER IST. Würde Gott andren, fremden, nicht selbstgesetzten *Archai* folgen, so wäre ER nicht Horizont, erste und letzte Hinsicht des möglichen Ganzen von Welt, sondern nur eines Bereiches, des der geschaffenen Wirklichkeit. Und daneben gäbe es eben noch andere ungeschaffene Prinzipien, welche die Realitätsspielräume und Spielregeln der Schöpfung festlegen (und andere Möglichkeiten ausschließen). Gottes Wollen und Wirken wäre nur *eine* Macht neben anderen Mächten …

Im Zweifelsfall waren das dann eben die Naturgesetze, an die auch der Liebe Gott sich gefälligst zu halten habe. Denen wandte sich dann ja alsbald das eigentliche Interesse zu, Gotteswissenschaft wurde zur Weltfrömmigkeit. Das war bei den antiken Stoikern nicht sehr viel anders als bei den Gründern der *Royal Societies* und Akademien der Wissenschaften der Neuzeit, die zumeist der einen oder anderen Form der ›natürlichen Theologie‹ anhingen. Die Hypothese vom berühmten kosmischen Uhrmacher, an den ja viele Deisten vor allem seit dem 16. und 17. Jahrhundert geglaubt haben (wenn sie's denn wirklich glaubten), war letzten Endes doch nur ein theologisch verschämter Schleichweg zur mechanistischen Weltauffassung.

– Ich muß doch sehr bitten! meldet hier sogleich ein Vertreter der ›natürlichen Theologie‹ Einspruch an: Wir finden sie im frühneuzeitlichen Europa ebenso unter den Gottesdenkern wie den Naturforschern, vom großen Isaac Newton bis zum newtonianischen Theologen Samuel Clarke. Aber nennen wir ihn doch Cleanthes – so wie David Hume einen Gesprächspartner seines *Dialogue Concerning Natural Religion*.

– Es ist ja wohl nicht dasselbe, protestiert unser Cleanthes, ob es sich bei den Grenzen der Allmacht des Allerhöchsten nur um irgendwelche weitere lokale Götzen handeln soll – oder um die Konstruktionsregeln der gesamten Wirklichkeit, nach denen der Weltenschöpfer operiert! Im ersten Falle geht es tatsächlich um Vielgötterei, bestenfalls um Studienobjekte für Ethnologie, Religions- oder andere Wirklichkeitswissenschaften, die sich ja nie mit dem Gesamt alles Seienden auseinandersetzen müssen. Aber in Büchern wie Samuel Clarkes *A Demonstration of the Being and Attributes of God* (1705), Samuel Butlers *Analogy of Religion* (1736) oder William Paleys *Natural Theology* (1806) geht es doch um das gesamte, erhabene Wunderwerk der Schöpfung: Wie eine kunstfertige Uhr weist es uns hin auf ihren Baumeister, auf Gott als den *einen* kunstsinnigen kosmischen Konstrukteur der Welt.

– Ach, mein lieber Cleanthes, verehrtester Freund und werter Theist, wissen Sie: Wohl mag es da mannigfache Rangunterschiede geben zwischen den diversen Idolen. Hie ein antiker Halbgott, ein moderner Funktionsgott oder ein mittelalterlicher Schutzpatron – und nun dort der im Rahmen des logisch und naturgesetzlich Möglichen Leitende Ingenieur. Aber als kosmologischer Abteilungsleiter thronte auch Ihr göttlicher Baumeister aus der frühneuzeitlichen Physik und Metaphysik letzten Endes nur einige Gehaltsklassen über diesem oder jenem göttlichen Lokalmatador des spätantiken Pantheon. Das wäre nicht mehr der eine HERR Abrahams und Mosis, das absolute ›Du‹ Augustins und Kierkegaards, der wahre Gott Platons und Hegels, die höchste, gerade von Rebellen wie Friedrich Nietzsche, Sigmund Freud, Jean-Paul Sartre sehr wohl erkannte, wenngleich nicht *an*erkannte wirklichkeitsstiftende Macht und Herrlichkeit.

**5 ALLWISSEN UND WOLLEN.** Der *einzige* Gott der Monotheisten hingegen – unser Gott, der unbekannte Gott Athens
und der HERR Israels – ist ein Wesen von grenzenloser intentio-
naler Macht, weil ER, wie der heilige Augustinus sagt, »alles, was
immer er will, auch kann«: *quoniam quidquid vult potest* (Enchi-
ridion, 96). Was immer Gott will, das ist möglich und geschieht,
insofern ER es will und weiß. Daß *alles, was es gibt,* auf Gottes
unvorgängliche Entscheidungen zurückgeht, betrifft schließlich
nicht nur das Wirkliche, sondern auch das Mögliche.

– Soll das heißen, Gott wisse auch, was es gar nicht gibt? ER
habe auch Wissen vom Nicht-Existenten?

– Ganz gewiß: Denn ER, DER IST weiß alles.

– ER wüßte mithin auch (um) Nicht-Seiendes? Dann aber dürften Wahrheit und Wirklichkeit nicht zusammenfallen. Und das
wiederum widerspräche der Auffassung des heiligen Thomas,
wonach das Wahre und das Seiende austauschbare Begriffe sind:
*verum et ens convertuntur* (Sth Ia, q.14, a.9 und q.16, a.3)! Der
HERR als Ursprung alles Seienden ist zugleich Inbegriff der Wahrheit! ER, der alles Wissende, alles Vermögende, kann somit nicht
zugleich Herr des Nichts, des Unwahren sein...

– Gemach, mein Lieber. Noch lohnt sich Ihr rechtgläubiger Zorn
nicht. Ein halbwegs vernünftiger Theo-Logiker wird darob sein
Gottvertrauen nicht verlieren und auch mit dieser Schwierigkeit
ganz locker umgehen. Schließlich ist es ja nicht nur wahr, daß
das Seiende ist; es ist ebenso wahr, daß das Nicht-Seiende nicht
ist; und es ist wahr, daß das Mögliche möglich ist. Wenn also der
allwissende Gott die ganze Wahrheit weiß, dann weiß ER auch um
alle diese Wahrheiten. ER weiß sowohl um die Wahrheit, *daß e*
(wenn ›e‹ eine wahre Existenzaussage ist, wie: »Es trifft zu, daß
weiße Pferde existieren«), als auch um die Wahrheit, *daß p* (wenn
›p‹ eine wahre Möglichkeitsaussage ist, wie: »Es ist möglich, daß
Einhörner existieren« – dann nämlich, wenn ER, der Allmächtige,
dies so gewollt hätte).

– Also muß gar nicht alles existieren, was Gott weiß? Ist ER
denn nicht *all*-wissend?

– Gott weiß um alles tatsächlich Existierende; denn ER hat ja
seine Existenz gewollt. Und ER weiß noch mehr. Gott weiß auch

von Dingen, die nicht tatsächlich sind *(quae non sunt actu),* sondern bloße Möglichkeiten. Ihr Zustandekommen mag in der Macht von irgendwelchen (geschaffenen) Kreaturen liegen, sie könnte abhängen von Engeln oder Menschen oder Tieren, »in aktiver oder passiver Macht, im Denken oder Vorstellen *[potentia opinandi vel imaginandi]* oder wie auch immer« (Sth Ia, qu. 14, a. 9). Oder aber ihre Existenz liegt einzig in SEiner Macht allein (welche aber auch alle anderen Handlungsmächte zuerst ermächtigt hatte). All dies Wirkliche wie Mögliche, Virtuelle und Phantastische weiß der HERR der Welten. Insofern weiß Gott auch von Dingen, die es gar nicht gibt, aber geben könnte – oder von Sachverhalten, die es ›nur‹ in der Phantasie gibt, oder ›nur‹ im Begehren, in der Literatur, im Cyberspace (oder in welchem virtuellen Raum auch immer).

Immer weiß Gott mehr als unsere Schulweisheit, die über das, was es zwischen Himmel und Erde tatsächlich gibt, gar nicht wirklich hinausdenken kann. (Denn bedenken wir das Mögliche, das Virtuelle, Phantastische ernsthaft, solange wir es nicht als tatsächlich anerkennen? Aber wenn wir an die Existenz von Feen und Elfen oder an Madame Bovary und die Hobbits wirklich glauben, wie vernünftig sind wir da?) SEin Wissen um alles Mögliche begründet zugleich alles Wirkliche; denn wirklich wird eine Möglichkeit erst, sobald SEin Schöpferwille hinzutritt: *Dei scientia est causa rerum, voluntate adjuncta* (Sth Ia, q. 14, a. 9). SEin Wille geschieht, wie im Himmel so auf Erden. SEin Wollen allein entscheidet über das Tatsächliche wie das Mögliche.

– Also auch über das Unmögliche. Nicht nur über das Wahre, sondern auch über das Falsche.

– Auch über das Gute und das Böse?

◆

Überhaupt, wie steht es denn mit dem Bösen? Wenn es der allgütige HERR schon nicht eigens gewollt hat, muß ER es da nicht wenigstens als Möglichkeit gewußt und also doch irgendwie zugelassen haben? Wider SEinen allmächtigen Willen gäbe es doch ganz gewiß gar kein Übel in der Welt!

– Wäre es unmöglich? Ließe es sich nicht denken?

– Zum Teufel mit dem Bösen, dem wirklichen wie dem möglichen! Mit der Gottesrechtfertigung der Frommen und dem hinterhältigen Zweifel der Vernunft (Sergio Quinzio, Richard Swinburne, Paul Ricœur)! Nein, des Bösen innerste Natur, der Ursprung allen Übels ist ein vermaledeiter Sonderfall, mit dem wir uns in diesem Buch nicht auch noch herumschlagen können!

6 **SCHEIDUNG UND SCHÖPFUNG.** Nach der Erschaffung der Welt, am Ende des ersten Genesis-Kapitels, besieht sich »Gott alles, was Er gemacht hatte: es war sehr gut« (1,31).

– Aber warum war es gut?

– Weil ER es so wollte. Diese Auffassung vertritt im Hochmittelalter der *doctor subtilis* Johannes Duns Scotus. Dieser Franziskanermönch, Meister der feinen Unterscheidungen, war einer der Vordenker des theologischen ›Voluntarismus‹, also der Auffassung, daß alle objektiven Werte der Vernunft, Natur und Moral ihr Fundament in Gottes souveränem Willen finden. *Omne aliud a Deo, ideo est bonum, quia a Deo volitum, et non converso:* »Alles von Gott Verschiedene – alles, was nicht Gott und das heißt von IHM geschaffen ist – ist nur deshalb gut, weil Gott es so gewollt hat, und nicht etwa umgekehrt!« (Ord. III, dist. 19 qu. un., n. 9)

SEine Entscheidungen sind Unterscheidungen: Der »Herr der Welten«, der möglichen wie der unmöglichen, scheidet Licht und Dunkel voneinander, das Feste vom Amorphen, Oben und Unten, Ewigkeit und Zeitlichkeit. Lesen Sie doch nur das Sechstagewerk des HERRn zu Beginn der Genesis: Die erste Scheidung, die von Tag und Nacht, schafft den ersten Tag (und macht damit die Reihe der Tage möglich); die Fixierung des Firmaments oder Himmelsgewölbes scheidet Oben und Unten; die Unterscheidung von Wasser und dem Trockenen schafft Land und Meer; die Einführung von organischem Leben scheidet die Biosphäre von der unbelebten Welt. Und so fort, bis zum Sonntag, an dem der HERR ruhte nach getaner Schöpfung und sah, daß sie gut war.

Zuvor heißt es jedesmal: »Gott sprach«. Sein Machtwort setzt Unterscheidungen in Gang, macht bestimmte Unterschiede geltend und produziert damit neue Wirklichkeitsbereiche (›*pro*-ducere‹ im

Wortsinn: Sein Wort führt sie *hervor* aus dem Nichts ins Licht der Existenz). Zu Beginn setzt der göttliche Logos, das Wort des HERRn, das Licht in die Welt (Gen 1,3). Daß Er mit diesem Sprechakt die Unterscheidung von Licht und Finsternis erst schafft, gilt nun vor allem für das Licht der Wahrheit.

*Verum index sui et falsi:* Die Wahrheit scheidet das Falsche von sich aus. Diese These des dissidenten Juden Benedikt Spinoza sollte noch der aus dem Tübinger Theologenstift erwachsene deutsche Idealist G. W. F. Hegel in seiner Disputation (1801) aufgreifen. *Verum index sui et falsi* ist ja nur eine philosophische Übersetzung dieser Ur-Scheidung von Licht und Finsternis, geschehen vor aller Zeit durch das Wort des Schöpfergottes.

Noch dreißig Jahre später, in seinen Berliner »Vorlesungen zur Philosophie der Religion«, die er bis in sein Todesjahr hielt, kommt der schwäbische Gotteslogiker Hegel darauf zurück. Da Gottes absolute Tätigkeit zur Gänze in IHM selbst gründet und von Ewigkeit zu Ewigkeit auf kein ›außen‹, keine Welt angewiesen ist, ist schon das Erschaffen der Welt »aus der absoluten Fülle der Macht des Guten« eine Unterscheidung: »diese Tätigkeit ist ein von sich Unterscheiden, Ur-Teilen (ursprüngliche Teilung). Die Welt ist das vom [göttlichen Schöpfer-]Geist gesetzte, sie ist gemacht aus ihrem Nichts; das Negative der Welt aber ist das Affirmative, der Schöpfer« (HW 17, S. 54).

– Aber hat diese Wirklichkeit stiftende Macht des göttlichen, also wahren Wortes nicht doch ihre Grenze an der logischen (Un-)Möglichkeit?

– Nein, ganz gewiß nicht: Das Unmögliche wird ja gerade durch die Bedingungen der Möglichkeit ausgeschlossen. Falsche Sätze sind solche, die den Bedingungen wahrer Aussagen nicht genugen. Sie setzen also den Begriff und die Kriterien der Wahrheit somit schon voraus.

*Verum index sui et falsi:* Nur indem Gott die erste Unterscheidung traf, schuf ER zugleich den Möglichkeitsraum, in dem sie gilt, instituierte ER den »Raum, der durch diese Unterscheidung getrennt oder gespalten wird« (in den Worten des Logikers George Spencer Brown). Aus diesem Raum des als möglich geschaffenen Wirklichen ist zwar das Unmögliche (das schon aus logischen Gründen Falsche) ausgeschlossen. Aber als derart Ausgeschlossenes ist das Unmögliche, das Falsche, die logische Finsternis doch zugleich ›Gegenstand‹ der göttlichen (Ent-)Scheidung – als Kehrseite SEiner (Unter-)Scheidung zugleich in sie eingeschlossen, durch Gottes Licht und Logos definiert.

– Na, ich weiß nicht: Ihr Begriffsgeklingel macht mich reichlich mißtrauisch. Glauben Sie etwa, der Liebe Gott habe Spinoza oder Hegel oder Spencer Brown oder Luhmann gelesen? Spinoza war Pantheist und Hegel Protestant ...

– Na und? Warum sollten sie sich deshalb nicht darum bemühen, Gottes »Gedanken vor der Schöpfung« nachzudenken (wie Hegel sich ausdrückte)?

– Wir können die Frage noch elementarer stellen – und also viel beunruhigender: Wäre denn auch eine ganz andere logische Welt möglich gewesen, also zum Beispiel eine Welt ohne Anfänge und damit ohne jede Zeitlichkeit? (Die hätte doch dann gar nicht erst beginnen können ...)

– Warum denn nicht, um Gottes willen? Gewiß wäre dies möglich (gewesen)! Wenn (und insofern, als) ER vor aller Zeit und Welt und Logik eine ganz andere Ur-Teilung vollzogen hätte, mit anderen Unterscheidungen. Dann hätte Gott eben auch eine ganz andere mögliche Welt gewollt ...

Der spanische Dominikaner und Spätscholastiker Francisco de Vitoria (übrigens ein früher Vorkämpfer für das Völkerrecht) hat hierzu im XV. Jahrhundert eine brauchbare Unterscheidung vorgeschlagen: zwischen der *potentia Dei absoluta* (Gottes Macht, alle möglichen und unmöglichen Welten zu schaffen) und Gottes *potentia ordinata* (SEiner Macht innerhalb der von IHM gewollten und geschaffenen Ordnung). Alle logischen und Naturnotwendigkeiten, die wir endliche Wesen kennen (und anerkennen) können, bewegen sich bereits im Horizont der *necessitas naturalis:* also der Ordnung, auf die sich Gottes *potentia ordinata* bezieht, also SEine Allmacht innerhalb der von IHM gewollten logischen und Naturnotwendigkeit. Aber Gottes absolute Allmacht geht weit darüber hinaus ...

– Nun, mein Lieber, worüber wir nichts wissen können, darüber sollten Sie schweigen.

– Aber warum denn? Wohl mögen *für uns* andere logische Welten unvorstellbar sein. Aber sollte ein gottesfürchtiger Theologe darum auch Gott in unseren (onto)logischen Käfig einsperren? Wie grau wäre doch diese Theorie, wie armselig jener Gott! Nein, jeder wirkliche Kenner der menschlichen Vernunft weiß auch um ihre eingebauten Grenzen. Und so wird er die für Gottes Willen möglichen Welten und Ordnungen nicht auf die Grenzen unserer Vernunft, unserer Vorstellungskraft einschränken!

So jedenfalls dachte der Begründer der modernen, rigoros methodischen Vernunft, René Descartes. Und eben darin erwies er sich als wahrer Rationalist. Für Descartes sind nämlich nicht nur alle empirischen, kontingenten Tatsachen, sondern auch die logischen und mathematischen Wahrheiten auf den souveränen Willen Gottes zurückzuführen: Die einen wie die anderen, die Fakten wie die Wahrheiten, sind allein von Gott geschaffen; und ER hätte diese wie jene also auch anders schaffen können.

»Nicht einmal die sogenannten ewigen Wahrheiten wie etwa ›ein Ganzes ist mehr als seine Teile‹«, so schrieb Descartes an Abbé Mersenne, seinen Pariser Freund und wissenschaftlichen Korrespondenten, »wären Wahrheiten, wenn Gott die Dinge nicht so eingerichtet hätte.« Aber Gott wäre ebenso frei gewesen, »den Satz unwahr zu machen, daß alle geraden Linien vom Kreismittelpunkt zum Kreisumfang gleich lang sind, wie er auch frei war, die Welt nicht zu erschaffen. Und gewiß sind diese Wahrheiten mit Gottes Wesen nicht notwendig verbunden, genausowenig wie andere Geschöpfe auch.«

Gottes Allmacht ist demnach nicht einmal durch die Gesetze der Logik eingeschränkt. Wie heißt es doch im Evangelium? Denn bei Gott ist kein Ding unmöglich (Lk 1,37).

– Eine teuflische Logik!

– Rümpfen Sie nicht die Nase! Der große Descartes war weder Mephistopheles noch war er Mönch. Ein getreuer Katholik, doch weder Dominikaner noch Scholastiker, zog er es vor, nicht im rechtgläubigen, von Kardinal Richelieu regierten Frankreich zu leben, sondern in den Niederlanden, Refugium aller Freigeister und Ketzer.

– Pah! Aber erzogen wurde er von Jesuiten!

– Nun, wer auch immer ihn erzog, Descartes' ›voluntaristische‹ Auffassung von Gottes sozusagen ›logischer‹ Allmacht war nie unumstritten. Andere (und bestimmt nicht minder gottesfürchtige noch weniger vernünftige) Philosophen und Theologen halten ganz und gar nichts von einem Begriffe Gottes, demzufolge ER, DER IST auch die Gesetze der Logik umwerfen kann, wenn ER dies nur will. Damit wäre ER in SEiner Schöpfung nicht einmal an die (beziehungsweise unsere) logischen Minimalbedingungen einer konsistenten Welt-Ordnung gebunden.

Der wohl prominenteste dieser Gegner jeder derart ›voluntaristischen‹ Deutung von Gottes Schöpfertum ist der heilige Thomas von Aquin. Andere Gottesdenker mögen ihm zwar vorwerfen, die unendliche Schöpferkraft und Allmacht Gottes unseren (endlichen, beschränkten, geschaffenen) Vorstellungen von einer logisch möglichen Welt und Ordnung zu unterwerfen, weil er etwa Sätze wie: »Gott kann auch die Vergangenheit ungeschehen machen« zurückweist. Sie fragen: Wenn Gott die Blinden sehend machen und die Toten zum Leben erwecken kann, warum sollte ER da nicht zum Beispiel die Tatsache, daß Lady Diana bei einem Autounfall ums Leben kam, ungeschehen machen können? Ein anderes Beispiel führt Thomas selber an (Sth Ia, q. 25, a. 4): Wenn der HERR in all SEiner Milde eines Menschen verlorene Tugend (zum Beispiel der Nächstenliebe) wiederherstellen kann, warum sollte ER dann nicht ohne großen Aufwand eine weitaus weniger bedeutsame Veränderung wie den Verlust der Jungfräulichkeit ungeschehen machen?

Doch für Thomas ist schon die Rede davon, die Vergangenheit ungeschehen zu machen, selber sinnlos. Der Satz enthält einen unbemerkten Widerspruch: Die Rede vom Sachverhalt x als etwas ›Vergangenem‹ schließt ja gerade aus, daß x noch Gegenstand möglicher Handlungen oder Entscheidungen ist. Wenn wir nun die Frage bejahen, ob Gott etwas Vergangenes (also *per definitionem nicht* mehr Veränderbares) zu einem noch Veränderbaren machen kann (dann wäre es ja *eo ipso* nicht mehr vergangen), dann fällt dieser Widerspruch nur auf uns selber zurück. *Wir* haben uns verworren ausgedrückt, aber Gottes Macht, alles mögliche zu tun (oder zu lassen), ist dadurch in keiner Weise gemindert.

Gott kann alles mögliche verändern, und ebenso wie ER alles schaffen konnte, kann ER problemlos auch alle Veränderungen rückgängig machen, gewiß auch den körperlichen *status quo ante* einer Ex-Jungfrau. (Das ist sowieso eine höchst irdische Reparatur, die heute in zahlreichen muslimischen Gesellschaften eigens darauf spezialisierte Frauenärzte als Routineoperation bei den darauf angewiesenen Bräuten vor der Hochzeit vornehmen – und zwar ganz ohne Gottes Hilfe.) Der heilige Thomas betont freilich zugleich: »Gott kann alles Verderben an Leib und Seele von einer Frau hinwegnehmen, die verführt wurde; aber die Tatsache, *daß* sie verführt wurde, kann nicht beseitigt werden.«

**7** EWIGKEIT UND VIRTUALITÄT. Als womöglich noch schwieriger gilt aber ein anderes Theologen-Puzzle: Verträgt sich die freie Allmacht des Allerhöchsten ebenso mit SEiner Ewigkeit wie mit der Zeitlichkeit SEiner Schöpfung (zumindest der Schöpfung, soweit wir sie kennen)? In welcher Weise wird Gottes eigenes souveränes Wirken und Handeln in der Zeit von SEiner Allwissenheit betroffen, beeinflußt, beeinträchtigt? Kann denn SEin Handeln noch als (in unserem Sinne) ›frei‹ begriffen werden, wenn sich SEin Wissen auf alle Sachverhalte (Zustände, Ereignisse, Fakten) der Welt erstreckt, seien sie vergangen, gegenwärtig oder zukünftig? Weiß Gott denn auch um SEine eigenen zukünftigen Entscheidungen (und ihre Konsequenzen)?

»Wenn aber Sein Wirken dasselbe ist wie der Wille, daß etwas durch Ihn entsteht, wird Er dann beim Erschaffen eines Dinges, das vorher nicht war, etwas wollen, was Er vorher nicht wollte?« – so fragt in einem im XII. Jahrhundert entstandenen Traktat über die göttliche Dreieinigkeit Richard von Sankt Victor: »Aber Er, der wahrhaft unveränderlich ist, kann auch Sein Wollen nicht verändern. Was Er einmal will, das hat Er immer gewollt. Muß Er deshalb die Dinge von Ewigkeit her erschaffen haben, weil Er sie von Ewigkeit gewollt hat?« (Trin. II.xxiv, Übs. H.U. von Balthasar)

Dies aber widerspricht wohl unserem Erfahrungsbegriff von Zeitlichkeit. Was heißt es denn, in Ewigkeit zu erschaffen? (oder:

erschaffen zu haben?) Wenn Gott »in Ewigkeit wirkt, was künftig ist, wirkt Er dann immer noch und wird später noch wirken, was schon vergangen ist und keine Zukunft mehr hat?« fragt Richard von Sankt Victor (II.xxiv). Könnte ER dann also doch die Vergangenheit ungeschehen (oder ganz anders geschehen) machen?

– Aber wir haben doch soeben gesehen, wie Thomas von Aquin diese Frage abschlägig beschied!

– Ja, gewiß! Aber genauso wie der heilige Thomas hatte (gut ein Jahrhundert vor ihm) eben Richard von Sankt Victor die Frage offenbar nicht verstanden. Das könnte vielleicht damit zusammenhängen, daß in der Abtei der Regularchorherren vom heiligen Victor auf dem linken Seineufer eher christlich-platonische Traditionen gepflegt wurden. Hier bei den Victorinern, in der Nähe der heutigen Sorbonne, wurde die Persönlichkeit des Lieben Gottes eben auch mit den von Sankt Augustinus, Dionysius Aeropagita und Johannes Eriugena überlieferten Begriffen des all unsere Kategorien überschreitenden (und doch begründenden) Einen, Höchsten, Guten gedacht: SEin überwesentliches Sein in Ewigkeit würde mithin von unseren endlichen Aporien der Zeitlichkeit gar nicht berührt.

– *Allah' akbar* – Gott ist größer.

– Gottes Wirken in Ewigkeit betrifft, bewirkt und umfaßt zwar alle Dinge zu aller Zeit: alle Ereignisse, alles Werden und Vergehen, ob nun in Vergangenheit, Gegenwart und Zukunft – aber eben *nicht* in ihrer raumzeitlichen Form. Gott weiß und will alle Tatsachen in der Zeit – aber gerade *nicht* so, wie wir endliche Existenzen Dinge und Ereignisse erfassen und erfahren (weil wir's eben nicht anders können). Gott ist an diese nur für uns unvorgänglichen (im Philosophenjargon: ›apriorischen‹) Wirklichkeitsmuster überhaupt nicht gebunden. Vor aller Zeit *war/ist* alles enthalten in SEinem überzeitlichen Geist und Ratschluß, SEinem Denken und Wollen: in jenem göttlichen Logos, von dem es im Johannesevangelium heißt, in Ihm sei alles geworden oder gemacht (Joh 1,1–5): *factum est in ipso [Deo]* – aber eben in logischer Form, als ewig gewußtes Faktum.

»Überlege einmal«, so gibt Richard einem seiner Victoriner Kanonikerkollegen zu bedenken: »ist vielleicht ein aktuell existierendes Ding nicht dort auf höhere Weise, wo es nicht aktuell existiert? Denn hier« – gemeint ist: hienieden in unserer endlichen *condition humaine,* auf Erden, in unserer begrenzten Zeitlichkeit, im Reich der empirischen Fakten – »ist es ein Ding im Übergang, dort« – sprich: im quasi-platonischen Himmel göttlichen Wissens und Wollens – »ist es ewig; und was geschaffen wurde, war dort Leben, auch dann schon, als es noch nicht aktuell existierte. Gott, der nichts verlieren und nichts neu erwerben kann, besitzt in gleicher Weise, was aktuell existiert und was nicht aktuell existiert« (Trin. II.xxiv; Übs. von Balthasar).

– Damit wären ja eigentlich Gottes Gedanken *vor* der Schöpfung, SEine Ideen für alles Geschaffene, auch schon die vollkommenste Existenzweise der Schöpfung selbst. Und auf solch ›ideelle‹ Weise wäre am Ende sogar alles Vergängliche irgendwie ewig, nämlich in den ›Formen‹ oder virtuellen ›Gestalten‹ der Dinge, als Gottes Gedanken.

– Wie bitte?

– Nun, für ewig in Gottes Geist aufbewahrt ist alles, sofern ER, DER IST von Ewigkeit zu Ewigkeit daran dachte und denken wird: ER weiß ebenso um diesen Stein wie um jenes Sonnensystem, und ER kennt sogar diese (un)mögliche Zukunft oder jene von Menschen (oder anderen willensbegabten Geschöpfen) verpaßte Chance.

– Aber der Herrgott wird ja wohl Besseres zu tun haben, als in alle Ewigkeit diese oder jene menschlichen oder sonstwie endlichen Schicksale in all ihrer kosmischen Belanglosigkeit im Sinn zu behalten!

– Projizieren wir doch unseren Gedächtnisschwund nicht auf DEN, DER IST! Denn Gott löscht SEine Erinnerung nicht: Um alles Sein, um all unser Tun weiß Gott, in alle Ewigkeit. In SEinem Gedenken erlöst sind damit alle Vergangenheiten, und wenn sie noch so unwiederbringlich dahin sind. In Ewigkeit gerettet ist alle Vergänglichkeit. Noch alle nie realisierten Möglichkeiten wären immerhin (*als* Möglichkeiten) aufbewahrt im absoluten Wissen des Allerhöchsten.

– *Mon dieu!* Schon wieder stimmt unser Autor eine schlechte Theologenlyrik an! Denn was, bitte schön, soll denn hier ›erlöst‹,

›gerettet‹, ›aufbewahrt‹ schon heißen? Das Vergangene ist vergangen. Was dahin ist, ist dahin. Die verpaßten Chancen wurden verpaßt – und mögen wir uns noch so sehr an sie erinnern!

– Und doch bleiben alle Vergangenheiten präsent, in Ewigkeit in Gottes Gedenken, insofern sie Gottes Gedanken waren (und ewig sind). Schon immer wußte ER sie in SEinem absoluten Geiste, schon ewig vor der Schöpfung. Für immer und ewig bleibt *alles, was der Fall ist* (was je war, was je sein wird) in SEiner Erinnerung bewahrt. Ja, gibt es denn wohl eine vollkommenere Gestalt alles Wirklichen und Möglichen als die, von Gottes Geist gedacht zu werden?

– Wenn das so wäre, dann hätte sich Gott ja die tatsächliche Schöpfung ganz sparen können. Aber das tat ER eben nicht! ER, DER IST hat das Universum schließlich nicht im Stande virtueller Möglichkeiten und bloß begrifflichen Gewußtseins belassen.

– Mit gutem Grunde! Die bloße ›Form‹ oder ›Idee‹ oder virtuelle ›Gestalt‹ eines Butterbrotes macht nicht satt. Noch die ewige Erinnerung eines Faktums lebt doch davon, daß dieses auch tatsächlich stattgefunden hat.

Schon der Begriff der Zeit ist ja selber nicht zeitlich; vielmehr liegt bereits »in dem Begriff eine merkwürdige Entzeitlichung des darin Gemeinten« (Th. W. Adorno). Doch die Hypostase solch vermeintlicher Zeitunabhängigkeit des begrifflichen Denkens zum überzeitlichen Sein in Ewigkeit haben Kritiker der Metaphysik noch stets als Fehlschluß entlarvt – wenn nicht gar als regelrechten ›Betrug‹ denunziert!

So hat Theodor W. Adorno in seinen Metaphysikvorlesungen eine derartige (vermeintliche) Lösung der Frage nach der Unsterblichkeit der Seele mit Vehemenz attackiert. Die Annahme, »der reine Begriff eines jeden Menschen [sei] unsterblich«, während doch der einzelne Mensch, sein Bewußtsein, sein individueller Leib, seine Psychologie *et cetera* selbstverständlich sterblich bleiben, »eine solche Theorie bedeutet gegenüber dem Unsterblichkeitsanspruch oder gegenüber der Hoffnung auf Rettung, die in den großen Religionen ausgesprochen war, [...] einfach ein[en] Betrug«. Man muß kein Frankfurter Schüler sein, um eine solch rein begriffliche Ewigkeit und Erlösung als einen für alle Sterblichen »unsagbar läppischen Trost« zu verwerfen...

Wie elegant also der Pariser Hinweis der Victoriner auf die ›logische‹ Ewigkeit von Gottes begrifflichem Wissen auch immer war, jeder Nicht-Platoniker mußte sich dabei unweigerlich verschaukelt fühlen. (Und vielleicht ging das ja auch schon dem heiligen Thomas so, dem führenden Aristoteliker des Mittelalters.)

Außerdem: Als bloß zeitloses Informationsreservoir aller möglichen Tatsachen – die dann, wenn sie geschehen (sollen), ja immer noch ›aktualisiert‹, aus dem ewigen Himmel platonischer Bits auf den innerweltlichen, raumzeitlichen Arbeitsspeicher ›heruntergeladen‹ werden müssen – verliert auch der Liebe Gott selber für unser Empfinden stark an Persönlichkeit. Der allmächtige HERR Mosis, Jesu und Mohammeds ist doch kein bloß (onto)logisches Programm möglicher Welten! Wenn ER Gott ist, dann verfügt DER, DER IST souverän über das, was tatsächlich geschieht.

»Wenn man vom Möglichen das Notwendige ›abzieht‹«, das schreibt heute die Systemphilosophin Elena Esposito, »dann bleibt immer noch ein sehr viel umfassenderer Bereich übrig als das, was unsere reale Welt tatsächlich ausmacht; es bleibt also der Bereich des Kontingenten, der weitere Unterscheidungen einschließt, insbesondere diejenige zwischen den aktualisierten und den nichtaktualisierten Möglichkeiten.« Jede bestimmte Aktualisierung von Möglichkeiten ist eben auch Entscheidung: eine Selektion aus der virtuellen Unendlichkeit zu einer konkreten endlichen Wirklichkeit.

– Ehrlich gesagt, die Systemtheorie hätten wir für solche Einsichten wahrlich nicht eigens bemühen müssen. Nikolaus von Kues ist ja bereits ein guter Bekannter. Nun, Cusanus hat diesen Gedanken immerhin schon im Jahre 1440 in seiner Abhandlung »Über die belehrte Unwissenheit« auf die Formel gebracht, daß die Schöpfung Einschränkung ist: Jede *explicatio* der göttlichen Einheit in die Vielheit der wirklichen Welt bedeutet zugleich eine *contractio*. In Gottes Geist sind ja alle Möglichkeiten bereits ›eingefaltet‹, als *com-plicatio* gegeben. Die tatsächliche Schöpfung entfaltet solch virtuelle Welten zu Wirklichkeiten; und jede konkrete *ex-plicatio,* die tatsächliche ›Aus-Faltung‹ aller möglichen kosmischen Potenzen bedeutet dann natürlich immer auch ihre ›Ein-Schränkung‹: eine *con-tractio.*

– Das mag schon sein. Aber diese ›Einschränkung‹ läßt eben doch etwas Neues entstehen, etwas zuvor noch nicht Gegebenes oder eben nur virtuell (oder wenn Sie wollen: ›eingefaltet‹) Existierendes in die Welt treten! Und damit *entscheidet* ER, DER IST (wenn ER allmächtig ist), ob nun aus dem »im Anfang, bei Gott, durch das Wort« (logisch) gewußten Reservoir der möglichen Möglichkeiten diese oder jene als wirkliche Möglichkeit in die Zeit oder auf die tatsächliche Kosmosentwicklung oder Weltgeschichte ›heruntergeladen‹ wird.

8 **ALLMACHT UND ZUKUNFT.** Und *voilà:* Damit stellt sich doch die Frage nach Gottes ›Freiheit‹ gegenüber SEinen eigenen Entscheidungen (und ihren Konsequenzen) auch in der Zeit: »Wenn Gott auf notwendige Weise und in Ewigkeit frei ist, dann darf Er Seine künftigen Handlungen nicht kennen – abgesehen davon, daß ihn seine vollkommene Güte dazu nötigen wird, auf ganz bestimmte Weise zu handeln« (Swinburne).

So hat der Oxforder Philosoph und Theologe Richard Swinburne, ein moderner Anhänger der Auffassungen des heiligen Thomas, das Dilemma formuliert: Entweder ist Gott *allmächtig* (und darf um SEin eigenes künftiges Tun nicht wissen, um durch dieses Wissen in SEiner Souveränität nicht beschränkt zu werden) – oder ER ist auch für die Zukunft *allwissend,* dann kann ER aber nicht in unserem geläufigen Wortsinne frei genannt werden (und also auch nicht allmächtig, zu tun was immer ER will).

– Wußte ER etwa schon vor aller Zeit, daß ER die Welt (diese Welt) erschaffen würde?

✦

Darüber, ob dem Lieben »Gott bei der Schöpfung etwas Neues widerfahren« sei, läßt sich trefflich streiten. Auch Descartes, der katholische Neubegründer der modernen Vernunft, ließ sich im April 1648 auf diese Kontroverse ein – in seinen Antworten auf die Fragen des aufgeweckten jungen calvinistischen Theologen

Frans Burman. In Münster und Osnabrück verhandelten gerade alle europäischen Mächte – sogar ein künftiger Papst war dabei – über einen vernünftigen Konfessionsfrieden; Descartes selber hatte nach einem Besuch in Frankreich mit seinem Pariser Freund und Übersetzer seiner *Prinzipien der Philosophie* Abbé Picot einen Winter »süßer Ruhe und philosophischer Muße« im holländischen Refugium Egmont verbracht (wie Biograph Baillet schreibt). Aus dem katholischen Frankreich wurden ihm (vergebliche) Hoffnungen auf eine üppig dotierte Stellung gemacht; noch beschränkte sich sein Kontakt zur schwedischen Philosophenkönigin Christina auf briefliche Erläuterungen über die Liebe und das höchste Gut.

Und nun – *dulcis in fundo* – begegnet ihm ein zwanzigjähriger Reformierter, Frans Burman, der später als Theologieprofessor in Utrecht die biblischen Gedanken vom göttlichen Bunde mit der Menschheit mit der cartesianischen Vernunft zu verbinden suchte – ganz anders als die calvinistischen Fundis, die dem französischen Denker seine holländischen Jahre schwermachten. Descartes war jedenfalls in der rechten Stimmung, um Gottes ewiger Allmacht alles mögliche zuzutrauen: denn für Gott ist nichts unmöglich.

✦

Descartes behauptete, alle göttlichen Schöpfungs-Entscheidungen seien als Gottes *decreta* (Willensakte) schon von Ewigkeit her in SEinem Wissen und Wollen beschlossen worden. Nur dann, so Descartes, wäre IHM bei der Schöpfung nichts Neues geschehen.

– Aber, wendet hier der Student Burmann ein, »müßten wir dann nicht eine unendliche Zahl [solch göttlicher Entscheidungen oder Ursachen der Schöpfung] als gegeben annehmen?«

– *Quid absurdi?* lautet Descartes' trockene Antwort: »Was ist daran widersinnig? Und wenn es eine unendliche Zahl geben kann in der nachfolgenden Ewigkeit (in aeternitate *a parte post*), wie es unser Glaube uns für wahr halten läßt, warum nicht auch in der zurückliegenden, *a parte ante?*«

Ein zugleich allwissender und allmächtiger Gott würde in der Tat die unendliche Anzahl möglicher Ursachen und Wirkungen des Universums immer schon entschieden haben, *a parte post* und *a parte ante* – für Vergangenheit und Zukunft. Und warum, fragt Descartes den theologischen Studenten zurück, könnte denn »ein Geschöpf nicht von Ewigkeit her von Gott geschaffen sein? Da Gott ja von Ewigkeit her seine Macht hatte, so scheint nichts zu hindern, warum Er sie nicht von Ewigkeit her geäußert haben sollte« (Gespräch mit Burman). Jedenfalls hat Descartes darin recht, daß wir endliche Wesen uns von Gottes Allmacht keine rechte Vorstellung machen können.

– Und dennoch: Wenn Gottes Entscheidungen wirklich *freie* Schöpfungen sein sollen, dann müssen sie ja wohl SEiner ewigen Wirklichkeit auch *Neues* hinzufügen. Die wirkliche Schöpfung ist also auch ein kontingentes Ereignis, das nicht hätte passieren können (oder ein Prozeß, der eben auch ganz anders hätte ausfallen können, wenn es IHM so beliebt hätte). Die Geschichte der Schöpfung entfaltet Möglichkeiten, die von IHM in aller Ewigkeit als möglich gewußt wurden, zu neuer Wirklichkeit. Die Schöpfung schafft Fakten, mit denen sich der HERR aller Notwendigkeiten von Ewigkeit zu Ewigkeit selber überrascht.

– Sie scheinen zu meinen: Gott sei dazu verurteilt, schöpferisch zu sein ... so ähnlich wie wir Menschen ja nach Jean-Paul Sartre »zur Freiheit verdammt« sind?

– *Quid absurdi?* Why not?

– Es paßt einfach nicht zur höchsten Potenz von Wahrheit, Güte und Vollkommenheit. Und wäre damit die Weltenschöpfung, das Erschaffen des Neuen, nicht stets zugleich Gottes eigene Weiter- und Neuschöpfung, SEine Rekreation?

– Einspruch: Messen wir da nicht Gott, DEN, DER IST, den im absoluten Sinne (unbedingt) Seienden und (frei) Wollenden, in unseren endlichen Kategorien von Sein und Zeit?

– Nun, Swinburnes Lösung dieses Dilemmas ist jedenfalls ganz einfach: Gottes Allwissenheit betrifft nur die Vergangenheit, also alles, was nicht mehr verändert oder beeinflußt werden kann; Gottes Allmacht hingegen betrifft nur alles noch Veränderbare: die Zukunft. Gottes Allmacht wäre aber damit keine *potentia Dei absoluta* mehr, keine absolute Macht (oder Allmacht erster Klasse): keine Allmacht jenseits der Zeitlichkeit als Entscheidungsvollmacht darüber, ob zum Beispiel Zeit überhaupt sein soll

– oder nicht vielmehr Nichts (oder etwas für Bewohner unserer logischen Welt unvorstellbar Anderes). Sondern eine zwar gewaltige, aber doch wohlgeordnete, über Zweitursachen in der Welt wirkende Macht (die *potentia Dei ordinata* oder Allmacht zweiter Klasse): eine Allmacht gebunden an den Horizont unserer Zeitwelt, und nur mehr alles in ihr mögliche betreffend.

– Dieser Gedanke paßt gut zu unserer wissenschaftlichen Vorstellungswelt: Gott wäre *allmighty,* nicht *omnipotent.* SEine Allmacht bewegte sich innerhalb unserer logischen Welt, so daß die irreversible Struktur der Zeit keine Option ist, über die der Schöpfer noch souverän verfügen könnte. Sie stellte den Rahmen für den (gewissermaßen leeren) Möglichkeitsraum von Substanzen dar, also von all jenen Dingen, Sachverhalten und Ereignissen, welche mögliche Objekte und Ergebnisse SEines Willens sind.

»Auch wenn es keine Substanzen gäbe«, so faßt Swinburne diese Vorstellung zusammen, »gäbe es doch Zeit in einem minimalen Sinne, als die logische Möglichkeit der Existenz von Substanzen übrigbliebe; und die Zeit wäre damit sozusagen das logische Substrat für das Bestehen von Substanzen.« Wenn (oder insofern) Gott die raumzeitlichen Dinge und Ereignisse der Welt erschafft oder ermöglicht, wird dieser logische Zeitraum zum ereignisgeladenen Möglichkeitsraum dieser unserer Welt, die natürlich auch ihren ›Schatten‹ an (noch) nicht realisierten, ›virtuellen‹ Möglichkeiten hat. Alles klar?

– Nein, mein Lieber. Sobald wir nämlich auch andere mögliche Welten ins Spiel bringen, wird Ihre schlichte Alternative zwischen Gottes Allmacht und SEiner Allwissenheit sofort wieder unscharf.

Was, wenn Gott in seiner absoluten Allmacht (erster Klasse) neben unserer Raumzeitwelt auch noch zeitlose Welten erschaffen hatte? Schuf ER etwa nicht im ewigen »Himmel der Himmel« auch die Engel raum- und zeitlos, als immaterielle Wesen? *Spiritualis materia* nennt sie der heilige Augustinus, gebildet aus Geistmaterie ohne jede Dauer noch Ort. – (Aber ist nicht bereits der Begriff des Erschaffens [Verursachens, Ermöglichens] für derart zeitlose Entitäten sinnlos? – Mein Lieber, das können wir zeitgeborene Geschöpfe doch ohnehin gar nicht wissen. Nicht einmal vorstellen können wir uns das.)

»Was wissen wir von dem, was Gott außerhalb unserer Erde in den Sternen etwa hervorgebracht hat?« antwortete Descartes seinem jungen calvinistischen Verehrer Frans Burman: »Vielleicht können dort körperlose Seelen oder andere Geschöpfe leben, deren Natur uns entgeht. Und was wissen wir, ob Gott nicht unendlich viele Arten von Geschöpfen hervorgebracht und so seiner Schöpferkraft bei der Erschaffung der Dinge gleichsam freien Lauf gelassen hat.«

– Aber wie sollen wir uns dann die nächste Stufe der Schöpfung vorstellen, im Anfang, als ER Himmel und Erde schuf?

– Ganz einfach: Nach den ewigen Formen schuf Gott eben auch noch die Zeit (und damit den Möglichkeitsraum unserer Raumzeitwelt).

– Danach? Gibt (oder gab) es etwa *vor* dem Anfang der Zeit schon ein ›danach‹? Was möchte das wohl heißen: ein danach ohne vorher? Müßten wir da nicht auch eine Art ›Zeit vor der Zeit‹ postulieren?

– Aber auch diese wäre ja ihrerseits irgendwann erschaffen worden ... (*ad infinitum:* wir kennen ja diese Art von Argumenten schon zur Genüge).

– Wie auch immer: Für den heilige Augustinus ist die Erschaffung des rein geistigen ›Himmels‹ ewiger Formen und Wesen nicht dasselbe wie die Setzung unserer Raumzeitwelt. Letztere ist der zeitlosen, für unsereins unfaßbaren, immateriellen ›Materie‹ von Himmelswesen und Wesensformen irgendwie *nach*gelagert oder *unter*geordnet: also in einem nicht-zeitlichen Sinne ›später‹, logisch oder seinsmäßig abgeleitet, weniger nahe dran am göttlich-geistigen Ursprung. Und damit ist die Raumzeitwelt eben auch ›niedriger‹ und weniger wert als der ewige Formenhimmel, wenigstens für Augustinus. (Nicht nur für ihn. Das meinten alle Platoniker, innerhalb wie außerhalb des Christentums.) Diese raumzeitlich reale, die empirische Welt des Entstehens und Vergehens, in die wir endliche Existenzen geboren werden, mußte von IHM, DER EWIG IST überhaupt einmal geschaffen werden ...

– Wann?

– Vor aller Zeit.

**9** DIE MENSCHLICHE RICHTUNG DER ZEIT. Aus SEiner »Ewigkeit [schuf] Gott Neues, ohne daß neuer Wille sich in ihm regte«, heißt es beim heiligen Augustinus (Conf. XII. xvii. 25). Ich verstehe das so, daß der göttliche Wille zur Erschaffung des Neuen (all dessen, was nicht schon ›von Ewigkeit zu Ewigkeit‹ im Schoße der göttlichen Vollkommenheit ruht) keines neuen Anstoßes von außen bedurfte (woher hätte der schließlich auch kommen sollen?). Insofern regte sich bei Gott zwar kein neuer Wille (eines anderen: wessen Wille hätte dies denn schon sein können?). Derselbe Wille DESSEN, DER [EWIG] IST entschließt sich vielmehr zur Schöpfung, entschloß sich zur Zeit.

Gott ist frei *in* Ewigkeit – aber als Schöpfer der Zeit ist ER zugleich frei *von* der Ewigkeit. Diese zweite Freiheit verstehen wir als Zeit-Existenzen schnell und gerne als Freiheit Gottes: Sie ist ja unsere eigene Idealgestalt von Freiheit, und so erkennen wir sie alsbald im göttlichen Schöpfer als dessen Form von Souveränität in der Weltenschöpfung. »Nur der freie Wille gebiert die Zeit«, heißt es in F. W. J. Schellings ersten Vorlesungen zur Philosophie der Offenbarung (1831/32). »Die Notwendigkeit hat die Ewigkeit zur Mutter, und der Schöpfungsprozeß nach dem Begriff einer blinden, notwendigen Aktuosität kann keinen *Anfang* haben. Absoluter Anfang und freie Tat sind identisch; frei handeln heißt von etwas einen absoluten Anfang setzen.«

Jedenfalls wollte Gott in SEiner ob nun zeitlich, kausal oder logisch unvorgänglichen Souveränität, daß es Anfänge gibt: den absoluten Anfang, den Anfang aller Zeiten – *und* die Anfänge vieler Geschichten, die nicht einfach in einen Kreislauf der Dinge zurückmünden. Und so schuf ER denn am Ende der Evolution unseres Universums auch die Menschen. (Wieso am Ende? Geht denn die natürliche, kulturelle, technologische Evolution etwa nicht weiter?)

Gott schuf die Menschen nicht nur, um die durch den Abfall Luzifers und andrer Engel frei werdende Lücke in der Zahl der für ewig erlösten Seelen aufzufüllen. Denn nicht einmal die Heimkehr der Seelen zu Gott ist bloße Rückkehr – so wäre sie nur *reditus* nach dem *exitus,* nach dem Ausgang der Seelen von Gott, nach ihrem Abfall in die Leibeswelt, nach dem Sündenfall des

Menschengeschlechts in die Weltgeschichte. Das gilt nach Augustinus schon für die individuelle Heilsgeschichte einer jeden Errettung: »wenn nämlich die Seele erlöst, und zwar zum ersten und einzigen Male erlöst wird, ohne noch einmal in das Elend zurückkehren zu müssen, geschieht ihr etwas Neues, was es noch nie zuvor gab« (Conf. XII.xvii.25).

Und um so mehr entsteht dann unvorhersehbar Neues im *procursus,* beim weiteren Fortgang von Weltgeschichte und Heilsgeschehen: Unerhört Neues wird sich ereignen, das mit der Zeit enthüllt wird, das beizeiten auf-gedeckt werden muß. (Das griechische Wort dafür lautet bekanntlich *Apo-kalypse.*) Das Neue ist ja noch nicht bekannt: Wer denn wüßte um Gottes Wege, wenn Gott sie ihm nicht selbst enthüllte? In der Tat ist ein zwingend vorhersehbarer, sozusagen berechenbarer, quasi naturgesetzlicher Fortschritt zum Guten nur von weltlichen Versionen der christlichen Heilsgeschichte reklamiert worden – das heißt von ihren schlechten Imitaten, von Fehlkopien.

Darum ließ der Schöpfer in einem der von IHM mit Willen und Wissen verantworteten Anfänge auch die Spezies des *homo sapiens* entstehen (egal, wie viele Evolutionspfade von den höheren Menschenaffen und Hominiden zu uns hingeführt haben): Menschen sind willensbegabte Lebewesen, die anders als die meisten anderen Tiere in der Lage sind, selbst einen Anfang zu setzen, die evolutionäre Routine, aus der sie entstanden sind, zu verändern, ihr die eine oder andere neue Richtung zu geben, diesen oder jenen neuen Akzent zu setzen, den es vorher in der Welt noch nicht gab (und mag auch der Schöpfer, wenn ER diese Welt schuf, um diese oder jene Möglichkeit schon gewußt haben).

✦

Die Wende muß keine zum Besseren sein – der *procursus* ist nicht *per se* Progreß. Doch »diesen Anfang zu machen, ward der Mensch erschaffen, vor dem es keinen anderen gab« (Augustinus). Und just darin ist er Gottes Ebenbild.

# SECHZEHNTES KAPITEL

## *Gesicht und Schrift*

»Du kannst mein Angesicht nicht sehen;
denn kein Mensch kann mich sehen und
am Leben bleiben.«
JAHWE zu Moses (Ex 33,20)

»Die Blicke nicht erreichten Ihn,
Doch Er erreicht die Blicke,
Er ist der feine, kundige.«
(Sure 6, Vers 103)

»tolle legge, tolle legge« (Nimm und lies!)
Augustinus, *Confessiones*

---

*Warum hat Gott keine Augenzeugen?* – Als Moses dem Ewigen am Berge Horeb zum erstenmal begegnete, »da verhüllte er sein Gesicht; denn er fürchtete sich, Gott anzuschauen« (Ex 3,6).

*Muß wirklich, wer immer IHN anschaut, augenblicklich sterben?* (Ex 33,20) – Oder fiele jeder Augenzeuge geblendet zu Boden, wie einst Saulus vor Damaskus? – Paulus hat *nicht* behauptet, den Allerhöchsten gesehen zu haben. Er hörte die Stimme Jesu, ein Licht warf ihn zu Boden und blendete ihn für drei Tage (Apg 9,3–9; 22,7–11).

*Warum dürfen wir nun Gott nicht sehen?* – Gott ist größer als alle Wahrnehmung. »Niemand hat Gott je geschaut« (Joh 1,18) – Transzendenz muß man lesen!

---

1 **HÖREN UND SEHEN.** Gott wird von den drei Völkern der monotheistischen Offenbarung, Juden und Christen und Muslimen, im Glauben »gewußt als Einer, nicht als Eines wie im Pantheismus«. – Damit faßte Georg Wilhelm Friedrich Hegel die Besonderung der drei auf Abraham zurückgehenden Religionen

bündig zusammen. Das monotheistische Nein! zur natürlichen Magie und zur Götterfülle der Welt scheidet die Offenbarung des Einen Gottes von allen anderen religiösen Weltanschauungen: Du sollst keine anderen Götter neben mir haben! Indem der Eine Gott dieses unerhörte Wahrheitsmonopol beansprucht, »verschwindet so die unmittelbar natürliche Weise«, welche anderen Weltauffassungen eignet (HW 17, S. 51) – seien diese nun Ganzheits- oder Kosmosreligionen oder Götter- und Geisterglauben.

Mit der natürlichen, ›welthaften‹ Anwesenheit der Götter im Polytheismus verschwindet auch der direkte Zugang zur Gottheit (wie er jedenfalls für die Eingeweihten, Priester oder Herrscher möglich war: solche, die vom Lokal- oder Nationalgott ihre Macht und Würde bezogen hatten). Nicht nur ist der direkte Anblick des Einen Gottes unmöglich, das zweite Gebot des biblischen Dekalogs verbietet auch jedes *Simulacrum* Gottes, jedes Kultbild, »in der Gestalt von irgend etwas am Himmel droben, auf Erden unten, im Wasser unter der Erde« (Ex 20,4; Dtn 5,8). Diese Simulation einer Ansicht Gottes in der Anbetung des Kultbildes hat mit der monotheistischen Revolution ein Ende.

Der Prophet – Moses in der Bibel, Abraham im Koran – zerschlägt im Namen des Einen Gottes die Kultbilder der Götter: als »Bilder unsres Auges« und »Herren unsrer Sinne« verehrt das abtrünnig gewordene Volk Israel in Arnold Schönbergs Oper *Moses und Aron* die Götzenbilder des Goldenen Kalbs. Die verführerische Sichtbarkeit der Götterbilder und Statuen verhindert die Verehrung des wahren, aber unsichtbaren Gottes. Und verstört zugleich die Rechtleitung SEines Volkes.

Daß Gott »Einer, nicht Eines« ist, heißt demgemäß nicht allein, daß ER für die Welt(en) oder die Evolution des Kosmos als ihr Urheber oder Schöpfer verantwortlich ist – wie immer man sich das auch im einzelnen vorstellen mag. Es geht vor allem darum, daß ER SEinem Volk, allen Rechtgläubigen, mir und Ihnen etwas zu sagen hat: JAHWE ist ein *sprechender* Gott: *Höre* Israel! Und ER ist ein ›Du‹, welches uns in SEiner Offenbarung Vorschriften macht, die wir lesen müssen. Denn *sehen* können wir IHN nicht.

✦

Auch am Anfang von Mohammeds Verkündigung steht der Kampf gegen alle Götterbilder: *Simulacra* einer Sichtbarkeit des Obergottes und der ihm ›beigesellten‹ Untergottheiten. Schon in den zu Mekka – also bereits vor dem Exodus der Rechtgläubigen aus Mekka nach Medina – geoffenbarten Suren beruft sich der Gesandte Mohammed immer wieder auf Stammvater Abraham (die vierzehnte Sure trägt sogar seinen Namen, Frieden sei auf ihm!). Tilman Nagel vermutet, daß hier auch eigene Erfahrungen Mohammeds ihren Ausdruck finden. Auch der Abraham des Koran mußte nämlich in Mekka wider die Anhänger des Götzenkults im eigenen Volk kämpfen, ja sogar mit dem eigenen Vater streiten:

> Gedenk im Buche auch Abrahams;
> Denn er war ein wahrhaftiger und Profete.
> Wie er zu seinem Vater sprach:
> Mein Vater, warum dienest du
> Dem, was nicht höret und nicht sieht,
> Und dir nicht nützet etwas?
> (Sure 19, 41–42 *[Maria]* Übs. F. Rückert)

Abraham schützte zunächst Krankheit vor, um dem Götzenkult fernbleiben zu können, dann verspottete er (ähnlich wie der biblische Prophet Jesaia) die Verehrung lebloser ›selbstgemachter‹ Götzenbilder:

> und Allah erschuf euch und *was ihr macht*
> (Sure 37, 95–96 *[Die sich Reihenden]*).

Der wahre Gläubige wendet sich hingegen Gott allein zu. Damit wird Abraham zum ›ersten Muslim‹. Nichts anderes als jemanden, der Gott sein Gesicht zuwendet, bezeichnet ja der Ausdruck ›Muslim‹. »Mach aus uns eine Gemeinschaft *[umma]*, die Dir das Gesicht zuwendet«, rufen Abraham und sein Sohn Ismael in der großen medinesischen zweiten Sure *Die Kuh* den Allerbarmer an (Vers 128, Übs. T. Nagel):

> O unser Herr, mach uns zu dir Ergebnen, und
> Von unsrer Nachkommenschaft
> Ein Volk ein dir ergebnes
> (Sure 2, 128 *[Die Kuh]*, Übs. F. Rückert)

Die Ka'ba in Mekka (›das Haus‹, das Abraham und Ismael nach islamischer Tradition erbaut haben sollen) ist ein Ort der Gottesverehrung ohne Kultbild. Denn der wahre Gott, dem sich die Gläubigen zuwenden, in dessen Willen sie sich ergeben sollen, ist ein verborgener Gott: Ibn'Arabi, der große aus Andalusien stammende arabische Mystiker (gestorben 1240 in Damaskus) sollte sagen, daß »die bedeutendste Ka'ba das Herz-Haus des gläubigen Menschen ist«. Der wahre Gläubige kann Gott nicht mit seinen Sinnen ›schmecken‹, sondern nur durch sein geistiges Vermögen umfassen (welches Ibn'Arabi sein ›Herz‹ nennt).

Nicht einmal im Himmel kann man IHN anschauen. Sogar dort bleibt SEine Erscheinung eine für Menschenaugen »bedeckte«. Dies gilt auch für Mohammed, als der Gesandte Gottes vom Engel Gabriel einmal in den Himmel gebracht wurde:

> Dann sah er ihn [Gabriel] das andremal
> Beim Sidrabaum am Grenzepfahl
> Wo der Wohngarten sich erstreckt;
> Da hat den Sidrabaum bedeckt, was ihn bedeckt.

Diese Verse der 53. Sure werden von der Tradition zumeist als Umschreibungen des siebenten Himmels verstanden, wo ein *Sidrat*/Lotusbaum zur Rechten des Thrones Gottes stehen soll. Aber auch dort, auch im Himmel darf Mohammed Gott selbst nicht erblicken. Er sieht dort nur die »Bedeckung« des Lotusbaums – was immer damit gemeint sein mag: Gottes Glanz oder die himmlischen Heerscharen (Adel Th. Khoury). Mohammeds Blick hütet sich wohl, darüber hinauszugehen – zu wanken, zu irren –, und so sah er zwar die größten »Zeichen des Herrn«, aber eben nicht IHN:

> Es wankte nicht und irrte nicht sein Blick erschreckt;
> Von Zeichen seines Herrn sah er das große.
> (Sure 53, 14–18 *[Der Stern]* Übs. F. Rückert).

## 2 BEGEGNUNG UND HIMMELSVISION. Und warum nun dürfen wir Gott nicht sehen?

– Wir können es doch gar nicht, verehrter Kollege meiner Kontemplation! Überlegen Sie doch nur einmal: *Wenn* Gottes Transzendenz tatsächlich alle denkbaren Horizonte unserer Existenz übersteigt – und *wenn* damit SEine Unendlichkeit auch alle mögliche Intentionalität bewußter Wahrnehmung überschreitet –, dann *können* wir IHN doch gar nicht sehen!

Zwischen SEiner Unendlichkeit und unserer Dimension der Endlichkeit kann es ja weder *similitudo* geben noch *proportio,* weder ontologische Kontinuität (im Seienden) noch gemeinsame Maßverhältnisse einer Vollkommenheitsskala der Größe, Güte, Seinsfülle. Darauf hatten wir uns doch oben bereits mit Nikolaus von Kues verständigt (doct. ign., I.3).

Das hätten wir auch mit den Worten des ›Größten Meisters‹ Ibn'Arabi sagen können: Was die Himmel nicht zu umfassen vermögen, Gottes Ein(s)heit, erschließt sich dem Gläubigen als *Wissen um* Gott. Gott ›umfassen‹ – so schreibt der Meister in seinen *Mekkanischen Eröffnungen* – könnten ja weder die Himmel noch die Erde, »denn sie sind zu begrenzt, IHN zu halten«. Nur die ›innere Ka'ba‹ des Gläubigen, das ›Herz-Haus‹ des Menschen, sofern er gläubig ist, anders gesagt: sein geistiges Vermögen ist dazu in der Lage: »Was hier mit ›umfassen‹ gemeint ist, ist Wissen um Gott.« (Die Übersetzerin Alma Giese betont, für Ibn'Arabi sei »das Herz der Sitz des Wissens und nicht vorwiegend der Emotionen«.)

Wir können somit um IHN wissen, aber IHN sehen können wir nicht. Was sollte es auch wohl heißen, Gott zu sehen oder IHN (mit unseren Sinnen) wahrzunehmen? Für uns endliche Geschöpfe müßte das ganz zwangsläufig bedeuten, selber zu verschwinden. Denn sosehr wir auch nach der Begegnung mit dem Unendlichen dürsten mögen, unsere eigene personale Identität / Differenz ist in endlichen Proportionen verfaßt und bleibt an sie gebunden. Würden diese verlassen, überschritten, gesprengt (und das wäre ja der Fall, wenn wir den allwaltenden, alles Sein und alle Möglichkeit übersteigenden Gott wahrnähmen), so löste sich auch unser Selbst und Bewußtsein auf.

– Jedenfalls unter allen uns bisher bekannten ontologischen Bedingungen.

– Ach, und Sie meinen wohl, später, im Himmel, könnte dies auch einmal anders werden?

– Wissen wir, was am Tage des Gerichts geschieht? Dann, wenn die Erlösten mit leuchtendem Antlitz zu Gott hinschauen? Wie es in der Auferstehungssure heißt:

An jenem Tage Gesichter sind hellscheinende,
Auf ihren Herren schauende.
(Sure 75, 22–23 *[Der Erstand]*, Übs. F. Rückert)

Sie schauen also *hin* zum HERRn, in SEine Richtung, heißt es dort. Davon aber, *daß* sie IHN tatsächlich sehen, *was* sie dort sehen werden, steht nichts im Koran.

– Ja, werden denn nun die Bewohner des Paradieses den HERRn der Himmel von Angesicht zu Angesicht sehen können (wie dies die Schule der Asch'ariten meinte) oder nicht (wie die Schule der Mu'taziliten bekräftigt: ob der uneinholbaren Transzendenz des Ungeschaffenen Allerhöchsten)?

– Darauf gibt es vor dem Tag der Auferstehung, bis zum Ende der Zeiten, keine definitive Antwort, mein Lieber.

– Halt! Für Katholiken immerhin gibt es einen Erlaß der zuständigen Behörde. Wenn Sie's ganz genau wissen wollen, dann schauen Sie nach im Kleingedruckten der Konstitution *Benedictus Deus* von Papst Benedikt XII. über den Zustand der Seelen im Himmel (Aktenzeichen DH 1000 im »Denziger«). Wir haben sie oben bereits zitiert, sie stammt aus dem Jahre des Herrn 1336, und offiziell gilt sie immer noch.

– Propheten hin, Behörde her: Wir *können* einfach nicht wissen, *ob* wir dereinst im Geisthimmel, im ewigen *caelum caeli,* Gott selbst anschauen werden (oder *was* wir da sehen mögen)!

– Wir dürfen vielleicht vermuten, daß da andere Ontologien herrschen als in all den frommen Bilderbüchern über die insgesamt doch recht irdisch anmutenden Paradiesgärten, in denen die Löwen mit den Lämmlein auf frisch gemähtem Rasen spielen und weißgewandete Leiber mit weichgespülten Seelen ›Halleluja‹ singen.

– Das, fürwahr, legt uns auch die neunte Sure nahe *[Die Bekehrung]*, welche das »Wohlgefallen von [oder an] Gott« über alle Oasen, Gärten, Bäche, gute Wohnungen und Huris des Paradieses stellt: »das ist / Die Seligkeit die große« (Vers 72).

– Und worin, bitte schön, besteht denn diese höhere Glückseligkeit?

– Solche Fragen der Eschatologie, von den letzten Dingen unserer menschlichen Hoffnung, gehören in ein anderes Buch! Wir sind doch mit dem Lieben Gott noch gar nicht fertig.

– Und dies werden wir weder in diesem Buche werden noch in 99 weiteren; denn nichts ist größer als die Ein(s)heit Gottes. Ob *Sie* allerdings in den Himmel kommen werden, verehrter Mitstreiter im Zweifel, das ist zunächst einmal eine Frage Ihres eigenen gottgefälligen Lebenswandels. (Ich hätte da, was Sie betrifft, gewisse Zweifel…)

– Nehmen wir doch einfach an, *ex hypothesi,* wenn Sie nichts dagegen haben: wir seien am Ende mit dabei, unter den himmlisch Geretteten. Und was passiert dann?

– *Wann?* (in einer Ewigkeit nach der Zeit) – *Wo?* (in einer Gottespräsenz ohne Raum, ohne Ferne noch Nähe) – *Ob* und *wie* dort und dann noch unsere (Ihre, meine) Persönlichkeit fortbestehen könnte? Das wollen Sie wissen, mein Freund? Ob dann wohl die *visio beatifica,* die darin besteht, IHN zu schauen von Angesicht zu Angesicht, zur ständigen *conditio humana* einer geretteten, erlösten, verwandelten Menschheit wird? Darüber muß man schweigen!

3 GOTTEINUNG UND ÜBUNG. Aber haben nicht viele Mystiker dennoch in diesem Leben Gott geschaut? Berichten sie uns nicht in ihren Werken von vielfältigen Gottesbegegnungen? Um hier nur christliche Gottsucher zu nennen: Waren die Ekstasen der heiligen Teresa nur überhitzte Phantasie? Oder halten Sie etwa die Übungen zur »Einung des Menschen mit Gott« des heiligen Johannes vom Kreuz für Schwindel?

– Ganz im Gegenteil. Gewiß lernen wir aus allen mystischen Erzählungen, daß SEine Überfülle nicht auf Begriffe reduziert werden kann. Aber was wir dann in den Berichten der Visionäre sehen, ist ja nicht Gott oder SEin Angesicht, sondern *menschliches* Überwältigtsein durch SEine Nähe.

Wenn mystische Erlebnisse gelingen, so erfahre ich in ihnen (m)ein *Transzendieren* hin zu Gott, einen *elan vital* empor zu

Gott: *ad Dominum,* von dem ich mich gerufen weiß. Der einen mag ER in der Gestalt des himmlischen Bräutigams erscheinen, dem anderen wird unendliche Klarheit weltdurchwirkenden Lichts zuteil. Der Aufschwung zu Gott muß mich auch gar nicht – in einem Raptus – urplötzlich aus dem Leben emporreißen. Er kann auch aus meditativer Ruhe erwachsen oder mag in einer täglichen Routine der *contemplatio* bestehen, die durchaus – etwa mit der Praxis ›inneren Betens‹ (Teresa von Ávila) – geübt werden kann.

Solche Visionen der Gottesbegegnung oder Praktiken der Gottesvergegenwärtigung ändern auch nicht unsere gemeinsame Welt, zuweilen aber unser persönliches Leben. Die Ontologie unserer endlichen *conditio humana* wird durch Visionen von Gottes fernster Nähe ebensowenig beseitigt oder auf den Kopf gestellt wie durch andere, etwa pantheistische mystische Erlebnisse – wie wir ihnen im elften Kapitel bei Teilhard de Chardin begegnet sind. Aber auf dem inneren Pilgerwege einer durch solche Visionen erleuchteten täglichen Konfrontation mit Gott ändert sich womöglich mein Bewußtsein, meine Phantasie, mein Verhalten, mein Charakter, kurz mein Leben.

– Manch einer wird gar wiedergeboren in Christo.

– Aber ich erfahre *nicht* Gottes Transzendenz! Und erst recht nicht als Erlebnis meines Gesichtssinns.

– Aber wie erklären Sie dann die Vielfalt sinnlicher, sichtbarer, fühlbarer, schmeckbarer Schilderungen (in) der mystischen Imagination?

– Die gehören zur *Methode.* Wir finden solche Regieanweisungen für das moralische Gefühl und Szenarien der eschatologischen Phantasie im Protestantismus, bei Methodisten und ihren Vorläufern, den Pietisten, ebenso wie bei Carmeliten, Jesuiten und anderen katholischen Orden. Denken Sie nur an das regelrechte Durchspielen von Gottes-, Passions- oder Jenseitsbildern mit jedem unserer fünf Sinne, wie es uns etwa der heilige Ignatius vorexerziert (Exerc., n. 65 ff., n. 121 ff., n. 247 ff.)!

In alldem *üben* wir eine Annäherung an die Unfaßbarkeit Gottes: Sei es durch die reiche carmelitische Fülle von Bildern der Wanderung, der Pilgerschaft, des Aufstiegs auf den ›Berg Karmel‹, in die ›innere Burg‹ – sei es, ganz anders (und doch insgeheim verwandt), auf dem puritanischen langen Marsch eines inneren Kampfes um die Reinheit des Herzens wider alle Charaktermasken weltlicher Versuchung, den wir in John Bunyans *Pilgrim's Progress* (1678) verfolgen können. Der Reichtum all dieser Szenen und Bilder ›innerer‹ Imagination zeigt uns ja gerade *nicht* Gott selbst, sondern bebildert seelische Modellkarrieren auf unserem Weg zu IHM! Die Tableaus auf dem Wege der Pilgerschaft machen also Gottes *Un*sichtbarkeit sichtbar. Gezeigt wird beim carmelitischen Aufstieg zur ›Gotteinung‹, daß Gott *nicht* gezeigt werden kann.

– Ach, welch alteuropäische Vielfalt innerlich bebilderter Vorstellungswege! Sogar Paläste des Gedächtnisses wurden da ersonnen, und nicht nur vom Jesuiten Matteo Ricci (Jonathan Spence). Ist solch innerer Bilderreichtum uns nicht in modernen Zeiten immer mehr verlorengegangen? Je mehr uns die moderne Konsumgesellschaft an äußerlichen *ready made*-Bildern preisgibt, je mehr Comics und Videos sie uns feilbietet…

– Oha! Höre ich da nicht wohlfeile Kulturkritik, den antimodernen Hochmut von Lateinlehrern? Nein, mein Lieber, nicht die äußeren Bilder sind es, aus denen der Zivilisation Verfall drohte oder der Seele Unheil. (Dies haben zwar die Bilderstürmer aller Zeiten immer vermutet, aber da täuschten sie sich gewaltig. Darum sind ja *heute* ehedem bilderfeindliche Gesellschaften wie die einst puritanisch-christlichen Republiken Nordamerikas besonders hilflos gegenüber ihrer eigenen Film- und Bilderflut.)

Die inneren Bilder der alteuropäischen Mystiker fallen doch selber recht ›äußerlich‹, sehr ›plastisch‹ oder prall ›sinnlich‹ aus. Nichts ist welthaltiger als die traditionschristliche Schilderung des Jenseits. An den hohen Standard frommer *Comics* in ihren Schilderungen der Weltläufte von Schöpfung, Paradies und Fall, Sintflut und Sinai, Himmel und Hölle, welche wir in mittelalterlichen Fresken oder Mosaiken finden, reichen heute höchstens Großgenies wie Carl Barks oder Hervé heran. Und wo ging es wohl *bunter* her als bei mittelalterlichen Totentänzen und Passionsspielen, vom Karneval vor der Fastenzeit einmal ganz abgesehen? Die ersten professionell inszenierten Hollywood-*Showdowns* produzierte das Jesuitentheater, die ersten *Special effects* der Camera obscura sehen wir als Bilder von im Fleische verlassenen oder dramatisch geretteten Seelen im manieristischen oder frühbarocken *chiaro-oscuro*-Realismus der Caravaggisti von Neapel oder Utrecht...

Nein, nicht die Bilder sind es, welche unsere (post)moderne Phantasie ruiniert haben! Es ist der *Bilderkult,* das *distanzlose* Sich-Hingeben, ob nun an ›äußere‹ Bild-Effekte oder an einen ›inneren‹ Fluß bildlicher Vorstellungen. Während nämlich bei der Schrift die semiotische Urdifferenz von Zeichen und Bezeichnetem schwerlich vergessen werden kann, können uns starke Bilder durchaus unmittelbar ›ins Auge springen‹. Gerade der Umgang mit der Bildlichkeit verlangt besondere Distanz. Und Distanz muß man üben.

Also braucht die bildhaft ersehnte Nähe zum unbegreifbaren Allerhöchsten ein Mehr an Form, nicht weniger Façon. Und dies gilt nicht nur für den gemeinschaftlichen Gottesdienst, sondern auch bei der ureigensten *directio animi,* der Abfolge innerer ›Blickrichtungen‹ und ›Kameraeinstellungen‹ beim Parcours meiner Kontemplation. (Roland Barthes hat diese Form bei den Exerzitien des heiligen Ignatius studiert.) Bildreich beschreibende Mystiker des Einen Gottes wissen genau, daß man SEine Transzendenz nicht *sehen* kann. Und in ihren sorgfältig konstruierten Sequenzen von Visionen und ›inneren Gebeten‹ *zeigen* sie dies auch.

Die Bildfolge führt uns auf den Weg der *Askese:* Denn »nicht das Verstehen, Verschmecken, Fühlen oder Vorstellen Gottes« bringe uns der Einung mit Gott näher, schreibt Johannes vom Kreuz, sondern die *Arbeit* an »der Entledigung und Freimachung von all dem, was nicht Gott ist« (Subida II, 4.4; II, 5.7–8). Wir müssen uns *vor*stellen, was wir in der ›Einung‹ hin zu Gott *über*schreiten wollen. So hilft die *Fülle* der Bilder dem Pilger auf dem Wege der »Verähnlichung mit Gott aus Liebe«, *leer* zu werden: »alles wegzuwerfen, was Gott unähnlich und ungleichförmig ist« (Subida II, 5.3–4).

Gerade unter den großen Mystikern gab es viele Methodiker. Sie liefern uns für die Annäherung an Gottes Unbegreiflichkeit präzise Drehbücher. Folgt der Pilger ihnen, so übt er auf den Seelenwegen seiner Imagination vor allem die »Bereitschaft oder

Bereitstellung *[dispositio]* des eignen Lebens zum Heile der Seele«
(Ignatius, Exerc. 1): um sich vorzubereiten auf die Situation der
*electio,* der Auswahl oder Entscheidung.

– Offenbar ist es der abwesende Gott, der uns innerlich diszi-
pliniert.

– Genau! So befreit ER uns von den sichtbaren Götzen und
sozialen Mächten dieser Welt.


4 **SCHRIFT UND TRADITION.** Gut, wir können IHN zwar
nicht sehen, aber wir sollen SEine Schrift *lesen.* ER ist Gott
der Völker des Buches: der Bibel, des Koran. In SEinem Buche ist
Gott auch noch da, wenn ER abwesend ist. Nur die Heilige Schrift
kann IHN als verborgenen offenbaren.

– *Nur* die Schrift? Wäre das nicht eine unzulässige Einengung
von Gottes Offenbarung?

Das jedenfalls meinte im Jahre 1965 ein junger katholischer
Theologe: »Offenbarung besagt nämlich das gesamte Sprechen
und Tun Gottes an den Menschen, sie besagt *Wirklichkeit,* von der
die Schrift *Kunde* gibt, die aber die Schrift nicht einfach selber
*ist.*« Und daher, so lautete Joseph Ratzingers Schlußfolgerung,
»überschreitet die Offenbarung [...] die Schrift in demselben Maß,
in dem die Wirklichkeit die Kunde von ihr überschreitet«.

Und da dieser damals siebenunddreißigjährige Theologe auch
ein Peritus, also Fachberater des Zweiten Vatikanischen Konzils
(1962–1965) war und als Mitglied der Subkommission *De divina
revelatione* an dessen lange umkämpfter ›dogmatischer Konstitution‹ *Dei Verbum* mitarbeitete ...

– Uff! Schon wieder Kleingedrucktes? Sparen Sie sich bitte
Ihre theologischen Subkommissionen! Gewiß hatte Joseph Ratzinger mit seinem Hinweis auf den »Überhang der Wirklichkeit
›Offenbarung‹ gegenüber ›Schrift‹« schon recht, als er noch junger
Professor war. Gerade weil die Schrift nicht die ganze Wirklichkeit (des göttlichen Heilswirkens) *ist,* von der sie *kündet,* darum
kann sie ja auch falsch gelesen oder fehlgedeutet werden.

– Freilich! Und darum, so meinte der heutige Papst auf gut
katholisch schon damals, bedarf ihre Interpretation immer auch

der Tradition: einer institutionalisierten Überlieferung. Da geht es ja nicht nur um gemeinschaftliche Praktiken der Gottesverehrung, um Riten, Choräle und Kultgewänder, sondern auch um die *traditio interpretativa* (John Henry Newman).

– O Gott! Da hätte ja die Interpretation SEines Wortes niemals ein Ende. Denn einen Konflikt der Lesarten – um diesen prophetischen oder jenen verborgenen Schriftsinn – wird es doch ständig geben! Ganz zu schweigen von neuen Forschungsergebnissen oder gedächtnishistorischen Lernprozessen der Bibelkritik. (Unsere muslimischen Brüder und Schwestern tun sich mit der historischen Kritik der Umstände der Offenbarung und Verschriftung ihres heiligen Buches bis dato ja noch etwas schwer. Doch das wird sich im Laufe der nächsten Jahrhunderte schon noch einpendeln ...)

Und es mag zwar richtig sein, die Fülle der göttlichen Offenbarung von jeder (allzu protestantischen?) Einengung auf die bloße Schrift zu unterscheiden – aber verehrter Genosse in der Lektüre: kommen wir damit nicht vom Regen in die Traufe? Dann gibt es ja im Ergebnis nur *noch mehr* Schrifttum, Schriftproduktion mittels Schriften, Groß- und Kleingedrucktes, faszikelweise. Nicht nur die Deutungsmuster der Heiligen Schrift, sondern auch die verschiedenen, selbst wieder schriftlich fixierten Dogmata der Tradition könn(t)en dann ja ihrerseits wieder verschieden ausgelegt werden ...

– Bei Gott, so ist es! Und darum brauchen Schrift *und* Tradition eine Behörde: ein Heiliges Offizium, das jeweils die Grenzen zieht zwischen richtigen und falschen Lesarten, erlaubten und unerlaubten Schlußfolgerungen. Und wie Sie sich denken können, war Ende des XX. Jahrhunderts für dieses Amt niemand anders besser geeignet als ... (aber das würde uns jetzt wirklich zu weit führen).

*Deus semper maior:* Gewiß ist Gott größer als SEine Offenbarung; und die »Offenbarung überschreitet das Faktum Schrift« (Ratzinger). Und doch müssen sich die Monotheisten an ihre Heiligen Schriften halten. In diesen Texten wurde die Überlieferung der Offenbarung öffentlich festgeschrieben, alle gegensätzlichen Deutungstraditionen berufen sich auf dasselbe Buch, und auch noch die Interpretation dieses oder jenes manifesten oder verborgenen Schriftsinns drängt an die Öffentlichkeit: Was geschrieben steht, ist im Prinzip öffentlich.

Wo eine Deutung fehlgeht, muß man diese korrigieren, und *dank* der Schrift kann man dies auch öffentlich tun – »mit Zeugnissen der heiligen Schrift oder mit öffentlichen, klaren und hellen Gründen und Ursachen«, wie dies Martin Luther am 18. April 1521 vor dem Reichstag der christlichen Stände zu Worms forderte: Wessen Deutung aber nicht aus der Schrift und aus klaren Gründen »überwunden und überwiesen werde«, der muß sich auch vor Gott nicht zwingen, »etwas wider das Gewissen zu tun«.

5 ORIGINAL UND KOPIE. Auf dem Höhepunkt der mosaischen Offenbarung – beim Bundesschluß des erwählten Volkes Israel mit seinem Gott JAHWE am Berge Sinai – spielt die Schrift sofort eine doppelte Rolle: erstens als menschliches Dokument, das an eine kollektive Beschlußfassung erinnert und ihren Inhalt beglaubigt; und zweitens als göttliches Original, von Gottes eigener Hand. Aber, drittens: auch das Original verdoppelt sich sogleich; denn es wird reproduziert.

*Erstens:* Nach der einmütigen Zustimmung des Volkes zu »allen Worten und Rechtsvorschriften des HERRn«, die Moses den Israeliten übermittelt hatte, »*schrieb* Mose alle Worte des HERRn auf« (Ex 24,3–4). Vermutlich handelt es sich um eine gesamte Gesetzessammlung (Ex 20–23), die hier wohl von den Redakteuren der *Tora* in die Erzählung des Gründungsaktes des Volkes zwischen Mosis Besuchen auf dem heiligen Berg eingefügt wurde. Und diese Urkunde oder das ›Bundesbuch‹ liest Mose nun am folgenden Tage, nach einem Brand- und Stieropfer, dem gesamten Volk noch einmal vor. Und wiederum antwortete das Volk einstimmig: »Alles, was der HERR gesagt hat, wollen wir tun« (Ex 24,3–7).

*Zweitens:* Doch neben der Bundesurkunde gibt es noch eine weitere ›Verschriftung‹ (Christoph Dohmen) der Gebote Gottes – als normativer Kern aller Bundesgesetze, nach ihrer Verkündung und Annahme durch das Volk. Als nach dem Bundesschluß Moses und Aron und siebzig von den Ältesten Israels zum Berg Gottes hinaufsteigen, wo sie ›SEine Herrlichkeit‹ oder ›SEinen Ort‹ sehen (die Fläche unter SEinen Füßen: »wie mit Saphir ausgelegt und hell glänzend wie der Himmel selbst«, Ex 24,11) und den Vertrag erneut mit einem Mahl besiegeln, da ruft Gott noch einmal Mose zu sich auf den Berg. Der bleibt vierzig Tage und vierzig Nächte, muß aber vorher noch seine Ältesten wieder an den Fuß des Sinai zurückschicken, wo diese (wie wir später erfahren) freilich den monotheistischen Treuebund nicht einhalten, sondern mit dem gesamten Volk wieder in den Götzendienst zurückfallen: den Kult des Goldenen Kalbes (Ex 32).

Gott aber offenbart sich unterdes in SEiner Herrlichkeit dem Moses auf dem Berge (und verkündet ihm nebenbei ein weiteres Gesetzbuch, nämlich die Vorschriften für den Bau des Heiligtums und für die Priesterschaft: Ex 25–31). Der Ort dieser Theophanie ist/wird unsichtbar; der Berg selber ist/wird bedeckt durch eine undurchsichtige Wolke, in welcher Moses verschwindet (Ex 24,18). Wie in der Offenbarung des brennenden Dornbusches ist auch hier Gottes Anwesenheit oder Herrlichkeit »wie verzehrendes Feuer« (Ex 24,16–17) – ER selbst bleibt verborgen. Moses sieht nicht IHN, sondern nur SEine Anwesenheit (SEine Herrlichkeit). Aber Gott übergibt Mose zwei steinerne Gesetzestafeln, in welche der Ewige zuvor selbst »mit dem Finger Gottes« die Worte des Dekalogs *geschrieben* hat (Ex 24,12; 31,18; 32,15–17).

Und schon besteht die Schrift *doppelt:* das gesamte Bundesbuch wurde von Mose niedergeschrieben, nach seiner Erinnerung der Worte JAHWEs auf dem Sinai, zur Bekräftigung des Bundesgelöbnisses; und Gott höchstpersönlich hat mit SEinem Finger die zehn Gebote als Kern der Bundesgesetze auf die beiden Steintafeln geschrieben. »Indem Gott nicht alles, was er sagt und zu sagen hat, selbst verschriftet, sondern nur einen Teil, werden innerhalb der Schrift Teile mit unterschiedlicher Dignität festgehalten, die aber aufeinander bezogen sind« (Christoph Dohmen).

*Drittens:* Bei der Erneuerung des Bundes wiederholt JAHWE diese Operation, ER kopiert sich selbst. Die Erneuerung des Bundes war nötig geworden durch den Abfall des Volkes (das nur durch Mosis Einspruch vor der Vernichtung durch den HERRn bewahrt worden war: Ex 32,11–14), aber auch die steinernen Gesetzestafeln müssen erneuert werden. Mose hatte nämlich in heiliger Wut über den Abfall des Volkes die ursprünglichen Gesetzestafeln am Fuße des Berges zerschmettert (Ex 32,19). Als er jetzt erneut auf den Berg geht, es sind wieder vierzig Tage und Nächte, muß er deshalb zwei zurechtgehauene »steinerne Tafeln wie die ersten« schon bereithalten (Ex 34,1).

Erneut erscheint JAHWE dem Mose als verborgener Gott: ER steigt hinab in einer Wolke und steht *bei* ihm (oder *neben* Mose, welcher IHM nicht ins Antlitz blicken darf) und offenbart sich ihm als »barmherziger und gnädiger Gott«, der ja SEin Volk durch die Wüste führen wird; ER erneuert den Bund, indem ER als ›eifersüchtiger‹ Gott die Exklusivität von Israels Unterwerfung (unter JAHWEs ›Privilegrecht‹) mit einer Reihe von Kultvorschriften bekräftigt (Ex 10–26). Und am Ende spricht der HERR zu Mose: »Schreib diese Worte auf! Denn aufgrund dieser Worte schließe ich mit dir und mit Israel einen Bund. Mose blieb dort [auf dem Berge Sinai] beim Herrn vierzig Tage und vierzig Nächte. Er aß kein Brot und trank kein Wasser. Er *[X]* schrieb die Worte des Bundes, die zehn Worte auf Tafeln« (Ex 34,27–28).

– Wer?

*Wer* schrieb diesmal die zehn Gebote auf die beiden Steintafeln? Grammatisch kann sich (auch im hebräischen Original) *X* sowohl auf Gott selber beziehen als auch auf Moses. Und JAHWE selber hatte zwar zum Eingang des Kapitels angekündigt: »Ich werde darauf [auf die Steintafeln] die Worte schreiben, die auf den ersten Tafeln standen, die du zerschmettert hast« (Ex 34,1); aber ER hat auch gerade noch zu Mose gesprochen: »Schreib diese Worte auf!« (Ex 34,27). Wer von beiden hat denn nun die zweite Version der Tafeln beschrieben?

– Wir wissen es nicht.

Vielleicht ist aber gerade dies die Botschaft der Schrift. Gott ist zwar Autor der Schrift – ja, SEin Finger schrieb sogar die zehn Gebote des Moralgesetzes (den Kern der Verfassung SEines Volkes) –, aber ER ist nicht ihr Schreiber. Und Moses, also derjenige, dem Gott befahl: »Schreib diese [zehn] Worte auf!«, berichtet später: »Gott schrieb sie auf zwei Steintafeln und übergab sie mir.« (Dtn 5,22). Das schriftliche Original von JAHWEs Offenbarung ist eine Kopie. Und nur als solche ist sie reproduzierbar, universalisierbar, kündet allen Völkern Wahrheit. Eine Schrift, die nur Original wäre, gewissermaßen eine ›Privatschrift‹ Gottes – ähnlich wie Wittgensteins Paradox von der ›Privatsprache‹ – könnte nur ER allein lesen.

◆

ER, DER IST ist zwar der *auctor* der biblischen Schriften, aber ER schrieb, »indem ER Menschen erwählte, welche ihre eigenen Fähigkeiten und Kräfte einsetzten« und damit selber *auctores* werden: »so daß sie – wobei ER selbst in ihnen und durch sie wirkte *(Ipso in illis et per illos agente)* – all das und nur das, was ER selbst wollte, als wahre *auctores* schriftlich überlieferten«. Alles klar?

– Bei Gott, welch grammatisch gehemmter Wortstau! Ob das wohl an der Übersetzung liegt?

– Nein, das kommt auch in der lateinischen Muttersprache der Konzilsväter nicht minder kompliziert und grammatisch verschraubt daher. Das verkündet nämlich, nach immerhin fast zwei Jahrtausenden organisierter Reflexion zu diesem Thema, die römische Kirche in ihrer Konzilskonstitution zur göttlichen Offenbarung (*Dei Verbum,* n.11).

– Vielleicht haben da zu viele Konzilsfraktionen, Subkommissionen, Professoren wie Rahner und Ratzinger mitgeschraubt?

– Mein Herr, Sie sind erneut unverständig, ja ungerecht! Versuchen Sie nur einmal selber, das Problem einfacher zu formulieren: Gottes Wort(e), ausgedrückt in menschlicher Zunge, nach den Regeln der Schrift fixiert und lesbar, somit bereits verdoppelt, aber auch in Grapheme gebrochen und reproduzierbar ... *auctoritas* der Kopie, beglaubigt durch Tradition.

**6** GESANG UND BUCH. Vielleicht war es da ja von Vorteil, daß Gottes Gesandter Mohammed Analphabet war? So übergab ihm der Allerhöchste nicht etwa eine Schrift, sondern diktierte ihm einen Vortrag/*Koran* im bildreichen Hocharabisch, mitsamt seiner Phrasierung, seinen Tempi, seinem Rhythmus:

Beweg nicht deine Zunge, daß du ihm eilest voran!
Wir tragen wohlgefaßt dir vor den Koran.
Und wie wir ihn vortragen folg dem Koran!
Und die Erklärung dann vertraun wir deinem Ohr an.
(Sure 75, 16–19 *[Der Erstand]* Übs. F. Rückert)

Wir sollten Gedächtnistechniken nicht mit Wahrheitsfragen verwechseln. Mohammed erhielt vermutlich die Offenbarung »weniger in Form von Visionen als von Auditionen« (Adel Th. Khoury), entweder mündlich vom Erzengel Gabriel oder aber, wie er selber berichtet haben soll, direkt »mit einem Getöse wie von einer Glocke, so daß mein Herz verwirrt wird: was mir so offenbart wird, verschwindet mir nicht« (nach Ibn Sa'd, zit. von Khoury).

Natürlich braucht eine mündliche Zivilisation wie die der Nomadenstämme Arabiens zur Zeit des Propheten auch eine akustische Mnemotechnik, mit präziser Intonation des Rhythmus der Erzählung, des Vortrags, der Rezitation. Ohne solch wohlgefaßte Wortfolge hätte sich Mohammed den Koran doch gar nicht merken können. Ja, nach einer (wie Jacques Berque anmerkt) traditionellen Interpretation der soeben zitierten Verse gebot der Allerhöchste selber dem Propheten, der den Text aus Furcht, er könnte ihn vergessen, zu schnell repetierte, er solle den Vortrag langsamer halten, um im rechten Rhythmus zu bleiben.

Was bedeutet es nun, daß der HERR dem Propheten nicht nur den Vortrag, den *Koran* [Vers 18], sondern auch dessen ›Erklärung‹ [*bayan:* Vers 19] vorgeschrieben, nein: vor*gesprochen* hat?

– Was ist hier mit *bayan* gemeint? Geht es um die theologische Auslegung der semantischen Gehalte des *Koran* (insbesondere seiner ethischen Gebote), wie die traditionelle Interpretation besagt: Gott allein, der den Offenbarungstext herabsandte, verfügt auch über seine rechte Ausdeutung. (Aber was heißt denn das? Was ist eine Rede, die sich selbst erläutert? Dann dürfte es ja gar keine Fragen der Interpretation mehr geben! Und wenn nun doch Fragen aufkommen?) Oder ist mit *bayan* eher die musikalische Ausdrucksweise des *Koran* gemeint, die *expressivité* seines Vortrags (Jacques Berque)?

– Wo ist denn da der Gegensatz? Der Koran *ist* Vortrag, Sprechgesang, Rezitation. Und die beste Interpretation etwa eines Musikstückes, seine wahre Auslegung besteht nun mal in seiner angemessenen Ausführung. Indem ER SEinem Gesandten Intonation, Geschwindigkeit und Rhythmus, *forte, adagio, allegro con brio* mitteilte, gab ihm der HERR auch schon die richtige Interpretation SEiner Worte mit. Die wahre Erklärung des Koran *folgt* der Ausdrucksweise, die der Allerhöchste dem Propheten vorgetragen hat. Der Ton *macht* die Musik!

– Aber, lieber Musikfreund, auch noch die genaueste Notierung der Musik löst doch längst nicht alle Streitfragen ihrer Interpretation. Im Gegenteil, oft löst gerade sie den Konflikt aus! Denken wir nur an die Vielzahl der ›wahren‹ Interpretationsmöglichkeiten einer Arie, einer Symphonie, einer Jazzkomposition (vermutlich der Typus musikalischer Interpretation als gebundener Improvisation, welcher der hohen Kunst der Koran-Rezitation am nächsten kommt): Wenn Sie mir etwa die Frage stellen, ob ich die gewichtige, sich sehr langsam »De l'aube à midi sur la mer« zur meditativen Durchsicht emporatmende Interpretation der ersten von Claude Debussys drei symphonischen Skizzen *La Mer* durch die Münchener Philharmoniker unter der Leitung Sergiu Celibidaches (1992) für angemessener halte als ihre jüngste, schwungvolle, fast ›jazzige‹ Version vom Lucerne Festival Orchester unter der Leitung von Claudio Abbado (2003), dann fragen Sie mich ja zugleich nach der überhaupt ›richtigen‹ Lektüre: nach der ›Wahrheit‹ der Komposition selbst.

– Und wie können wir diese feststellen?

– Nur dadurch, daß wir auf die schriftliche Komposition zurückgehen, und von dort wieder zu dieser oder jener Interpretation. Wir hören nun anders, fragen, vergleichen: Lassen sich die verschiedenen ›Plausibilitäten‹ zur Deckung bringen, auseinander verstehen? Oder macht gerade die Abweichung (etwa: des Tempos) der Interpretation vom Notentext dessen verborgene Intention *wahr*-nehmbar?

– Aber es ist doch überhaupt nicht gesagt, daß es nur *eine* richtige Interpretation gibt!

– Da haben Sie recht: Die Fixierung zum Buch beendet die Vielfalt möglicher Lesarten nicht, sondern erhöht noch ihre Chance. Die unterschiedlich gesungene oder gespielte Partitur bleibt dasselbe Werk: Der Konflikt der Interpretationen wird durch präzise Notation im Buch nicht reduziert, sondern ganz im Gegenteil erst ermöglicht.

**7** **MÜNDLICHE SCHRIFT?** Die drei Monotheismen in Abrahams Nachfolge waren und bleiben Religionen des Buches. Und *nur* als solche sind sie wahrhaft universalisierbar. Gerade als Buchreligionen handeln sie von Gottes Transzendenz: *erst* mit der Schrift, die ihren Sinn auch ohne Sprecher oder Zuhörer bewahrt und tradiert (Ernest Gellner), wird Transzendenz darstellbar – als *ab*wesend allgegenwärtige *An*wesenheit Gottes.

– Buch ist nicht gleich Buch, mein Lieber. Von Transzendenz handelt die Schrift nur dann angemessen, wenn ihr Medium auch tatsächlich universalisierbar gemacht wurde und behandelt wird.

– Was meinen Sie denn damit?

– Zumindest zweierlei: ihre Übersetzung und ihre Vervielfältigung.

*Erstens:* Wird das Wort von Gottes Offenbarung auch in alle Sprachen übersetzt? Oder bleibt der heilige Text ausschließlich in der Ursprache der ersten Offenbarung zugänglich: im Hebräischen der jüdischen Bibel? im hellenistischen *koiné*-Griechisch des Neuen Testaments? im Hocharabischen, der Sprache, in welcher der Vortrag/*Koran* der Weisungen Gottes an den Gesandten Mohammed geoffenbart wurde? Und bliebe da nicht der Zugang zum wahren, authentischen, allerheiligsten, unantastbaren Schriftsinn eingeschränkt auf eine schriftgelehrte Priesterelite oder Bildungskaste, welche allein der Sprache der Offenbarung mächtig ist: des Hebräischen, des Arabischen, des Griechischen? (oder später der Sprache der Tradition, des Kultes und Kommentars: wie das Latein im christlichen Westen oder das Kirchenslawisch im Osten?)

JAHWE selbst verlangte ja von SEinem *ganzen* Volk, ein priesterliches Gemeinwesen zu werden. Dennoch ist der Protest gegen kultische, soziale und materielle Privilegien einer Priesterschaft, welche das Ritualgesetz befolgt, aber die Gebote von Gottes Gerechtigkeit mißachtet, ein beständig wiederkehrendes Leitmotiv der Propheten (Michael Walzer). Noch Jesu berühmte Vertreibung der Händler und Wechsler aus der Tempelvorhalle (Mt 21,12; Mk 11,15; Lk 19,45; Joh 2,15), wo sie den Pilgern die nötigen Opfertiere und Geldstücke lieferten, knüpfte ja an diese Tradition prophetischer Sozialkritik an.

Auch im christlichen Westen hat erst die Reformation die Heilige Schrift in alle Volkssprachen übersetzt; alsbald wurde die Bibel auch in jeder von ihnen gedruckt. Nun erst wurde Gottes Wort öffentlich, zugänglich für jedermann, der lesen konnte! Erst jetzt konnte auch die Interpretation mit klaren und hellen Gründen einsetzen, die Textkritik – und mit ihr auch eine neue Phase theologischer Reflexion: Gerade im Unterschied zwischen IHM, welcher doch alle unsere Begriffe überschreitet, und der Vielfalt der Deutungen und Bedeutungen SEiner Schrift wurde nämlich Gottes Transzendenz auf neue Weise thematisch.

*Zweitens:* Läßt sich die Lektüre der ›propositionalen‹ Gehalte der Offenbarungsschrift auch ablösen vom mündlichen Vortrag des heiligen Textes, etwa von der unvergleichlichen Schönheit seiner Rezitation? Bisher ist dies ja bekanntlich für das Verhältnis der allermeisten Muslime gegenüber dem Koran nicht der Fall – und wir sprachen oben im zweiten Kapitel auch von der Theologie des *Idschaz,* des ästhetischen Offenbarungswunders des Koran (Navid Kermani). Die hohe Kunst der Koran-Rezitation eröffnet ganz zweifellos für viele Gläubige – ob als Sänger oder als Hörer, die in ihrem Herzen mitrezitieren – einen im Westen unbekannten Reichtum an Formen der liturgischen Versenkung in Gottes Erhabenheit. Vielleicht hat der orthodox-christliche Osten solche Formen nicht verlernt, wohl aber die Mehrzahl der Christen des Westens.

Doch in der islamischen Welt hat die Bindung des kulturellen Gedächtnisses an das *nach*gesprochene Wort, an die erinnerte *Re*zitation der heiligen Verse, an das *Echo* des Gehörten im inneren Resonanzraum und an die *mündliche* Überlieferung, auch zu einem verhängnisvollen Mißtrauen wider das Buch geführt – genauer: wider alle Schriften, die nicht Gottes Wort sind. Schließlich bringe jedes weitere Buch *neben* dem Koran die Gefahr seiner Verfälschung, Infragestellung oder abweichender Interpretationen mit sich.

Vermutlich gehört ja der famose Befehl des Kalifen Omar zur Verbrennung der Alexandrinischen Bibliothek ins Reich der Legende. Darauf verwies mit »voltairischem Geist« (Canfora) und guten Gründen schon Edward Gibbon: Allein die Ehrfurcht gegenüber dem *Namen* Gottes verbiete es den »mohammedanischen Casuisten«, religiöse Werke der Juden und Christen zu verbrennen. Doch in einer aktuellen Krisendiagnose der arabischen Welt hat der Zeithistoriker Dan Diner an einen »Generalverdacht gegen das Schreiben« im frühen Islam erinnert. Die daraus folgende »Privilegierung der Mündlichkeit in der Schrift« habe die Entwicklung des Buchdrucks in der muslimischen Welt um gut drei Jahrhunderte verzögert. Noch heute, so Diner, behindere »das Sakrale in den Poren der Schrift und Hochsprache« die Ausbildung eines modernen Schriftarabisch.

– Glauben Sie wirklich, daß hier die entscheidenden Gründe lagen? Wie stand es mit den berufsständischen Interessengruppen, den Gilden und Bruderschaften von Schreibern, Kopisten, Schriftgelehrten?

– Solche hat es doch auch in der christlichen Welt gegeben. Und dennoch haben sie den Buchdruck und die allgemeine Verbreitung der Bibel als in allen Nationalsprachen gedrucktes Buch nicht verhindern können (wenn sie es denn gewollt hätten).

Nun, aus welchen Gründen auch immer, jedenfalls entstanden über Jahrhunderte alle Buchdrucke des (arabischen) Koran ausschließlich im christlichen Westen und Norden: in Venedig (1537), in Hamburg (1698), in Padua (1698); später in Sankt Petersburg, in Kasan an der Wolga (wo Zarin Katharina II. für ihre neuen muslimischen Untertanen Korane drucken ließ) und in Leipzig, wo 1834 der deutsche Privatgelehrte Gustav Flügel einen arabischen Koran herausgab (Hartmut Bobzin). Eine verläßliche Druckversion ›des Buches‹ *(al-kitab)* der Muslime – die von den Gelehrten der al-Azhar-Universität in Kairo herausgegebene Standardausgabe des Koran – gibt es überhaupt erst seit 1923!

– Worauf wollen Sie damit eigentlich hinaus?

– Nun, ich denke mir: vielleicht haben ja die Völker des Islam die Religion des Buches erst noch vor sich! Eine (wie Martin Luther in Worms sagte) »helle, deutliche, öffentliche« Lektüre und

Lehre des göttlichen Worts setzte ja voraus, daß alle Beteiligten das Heilige Buch auch lesen können. Erst heute ist der Koran für alle verfügbar; und erst seit einigen Jahrzehnten ist auch in allen Ländern islamischer Kultur die Mehrheit der Jugend alphabetisiert. Erst heute kann also praktisch gelten: Nimm und lies!

– Der Allmächtige bewahre (und bewahrheite) Ihren Optimismus! Doch um Ihre Wünsche zu erhören, müßte sich die heutige muslimische Jugend vielerorts (ob in Kairo oder Bagdad, Köln oder Londonistan) zunächst einmal von den neuen, audio-visuellen Medien einer ›virtuellen Umma‹ emanzipieren (Olivier Roy). Neben all die weltweit verbreiteten Kassetten, DVDs, CDs, neben die Videoclips populärer Freitagspredigten und die *ready made-Fatwas* zu allen möglichen Lebensfragen, die man von islamischen wie islamistischen *websites* herunterladen kann (Gary Bunt), müßte endlich die Disziplin sorgsam deutender Lektüre jenes göttlichen »Prosagedichts« treten, als welches Harold Bloom den Vortrag/*Koran* bezeichnet hat. Dann hätte der Islam endlich die Chance, wahrhaft zur Buchreligion zu werden.

– Sie vergessen die Übersetzung, mein Lieber: Gläubige aller Nationen müßten den Koran auch in ihrer Muttersprache lesen können.

– Der Heilige Koran ist aber nicht übersetzbar!

– Nennen Sie es Interpretation, Paraphrase, Eindeutschung, wie Sie wollen. Nehmen wir ruhig an, der *Idschaz,* die einzigartige Schönheit hocharabisch gefugter Rede im Koran, stelle tatsächlich eine Art ›ästhetischen Gottesbeweis‹ dar (Navid Kermani). Also könnten wir ganz bestimmte Erfahrungen eben *nur* in solch arabischer Kunst der Fuge machen: *ergriffen* zu werden durch göttlich intonierte Worte, ohne damit die unausschöpfbare Erhabenheit des Allerhöchsten doch *begreifen* zu können. Gerade solche ästhetische *Erhebung* kann mir den Weg zur religiösen Hingabe bereiten, zur freudigen *Erniedrigung* vor dem Einen Gott.

– Vielleicht ist diese mystische Erfahrung ja der höchste Zustand der Öffnung zu Gott, den der gläubige Muslim erleben kann. Aber warum nun sollten deshalb andere Lektüren des Koran ausgeschlossen werden? Als Vorbereitung, als Interpretation, als Ergänzung, nennen Sie es, wie Sie wollen. Wissen wir denn nicht, daß Gott immer noch größer ist als all unser Mühen, die offenen und verborgenen Bedeutungen SEiner Worte zu verstehen? Der arabische Vortrag des Koran mag durch deutsche Exegese, durch indonesische oder türkische Übersetzung zwar verfehlt werden – doch gab und gibt es auch arabische Fehlinterpretationen. Wer aber vermöchte die originale Schönheit und Wahrheit des Koran zu erniedrigen? (Spräche da aus dem Übersetzungsverbot nicht weit eher kleinmütiger Zweifel als gläubiges Gottvertrauen?)

Und – wer weiß? – vielleicht gibt es dabei sogar Formen frommen Scheiterns, des Verfehlens, des Versagens, in denen Übersetzer anderer Zungen neue Worte finden könnten, um die beständige Wahrheit von Gottes Übergröße und Ein(s)heit zu artikulieren: Neue Worte für die Unfähigkeit *all* unserer Worte und Schriften, Gottes Transzendenz fassen, fixieren, einhegen zu können.

Es gibt keinen Gott außer Gott! Das scheint eine ganz einfache Aussage! Und dennoch übersteigt ihre Wahrheit alle unsere Begriffe: Jeden Begriff in jeder Sprache, alle Übersetzungen, jede Interpretation transzendiert ER anders. Denn ER ist größer. *Allah' akbar!*


**8** **SCHRIFT DES HERZENS.** Des Einzigen Gottes Wahrheit mag ja einfach sein, klar und schön. Als Schrift aber, als Transkription eines Zeugnisses und als Fixierung SEines Gebots, ist sie immer schon verdoppelt. Offenbar setzt der Sprung zum mosaischen Monotheismus, sein Bruch mit aller natürlichen Weltauffassung, die große zivilisatorische Wasserscheide der Einführung der Schrift bereits voraus – ohne deshalb mit ihr zusammenzufallen: denn es gab und gibt ja auch weiterhin kosmo- oder polytheistische Schriften und Zivilisationen. Aber wenn wir hier Jan Assmann folgen können, so ermöglichen erst die Schriftkulturen (seit) der ›Achsenzeit‹ im ersten vorchristlichen Jahrtausend eine Verschiebung von der ›primären‹, bloß kultischen Religion zur ›sekundären‹ Offenbarungsreligion.

*Viele* Götter, Geister und Patrone *kann* man offenbar in mancherlei Gestalt und Form kennen oder verehren: Hauptsache, der

Kult lebt, solange es eine Tradition, eine praktische Vertrautheit, ein Numinosum und einen Nutzen gibt. Die Religion des Einen, transzendenten Gottes aber *mußte* offenbar von vorneherein Schriftreligion sein, um überhaupt verstanden, verbreitet, befolgt zu werden. Ohne den Verweis auf das von Gott verschriftete Gesetz, SEin in Lettern gesetztes Wort, auf »das, was geschrieben steht« (an Prophezeiungen, Verboten, Versprechen) hätten Moses, Paulus, Mohammed gar nicht von IHM reden und SEine Gesetze und Gebote gar nicht aller Welt mitteilen können.

Denn Gottes Offenbarung, die Wahrheit der Kunde SEiner Güte und Größe, ist ja kein theoretischer Selbstzweck. »Um unseres Heiles willen« *(nostrae salutis causa)* – heißt es in der einschlägigen Konstitution des Zweiten Vatikanischen Konzils – habe Gott gewollt, »daß die Wahrheit [...] in heiligen Schriften aufgezeichnet werde«, *veritatem [...] Litteris Sacris consegnari* (*Dei Verbum,* n. 11). Die Gebote der Schrift sollen zur Schrift unserer Herzen werden. So führt die Offenbarung des Einen, unsichtbaren Gottes, welche mit dem Verweis auf die öffentlich sichtbare Schrift begann (›dort‹: an der Wand, auf den Steintafeln, im vor Zeugen verifizierten Buch), schließlich zur Verinnerlichung SEiner Wahrheit: SEin Gesetz soll sich unserer Seele *ein*schreiben. – Wir können diesen Prozeß in *vier* großen Schüben zusammenfassen.

*Erstens:* Nur der ›Exodus in die Schrift‹ (Jan Assmann) ermöglicht uns eine kognitive Fixierung von Transzendenz. Gesetz und Offenbarung des Einen Gottes instituieren eine neue Rolle der Schrift, die nun nicht mehr nur Kult-Vorschriften nachschreibt, heilige Sprüche aufbewahrt oder kontextbezogene Weisheiten sammelt. SEin Wille erschuf die »Enden der Erde« (Jes 40,28; 41,5); SEine Gebote betreffen alle Welt. Der Gott des Buches überschreitet die Geschichten, Weisheiten und Legenden SEines erwählten Volkes – wie die aller Völker überhaupt:

Alle Völker sind vor Gott wie ein Nichts,
für IHN sind sie wertlos und nichtig.
Mit wem wollt ihr Gott denn vergleichen
und welches Bild an SEine Stelle setzen?
(Jes 40,17–18)

Erst die Schrift macht es möglich, sich auf IHN als den ganz Anderen, Unvergleichlichen, Unabbildbaren zu beziehen; denn mit der alphabetischen Schrift ist das Kontinuum der Ähnlichkeiten der Abbildungen, Piktogramme, Symbole aufgesprengt worden. Vor der Theologie kam also die ›Theographie‹, als Bedingung ihrer Möglichkeit. Mit dem Graphem offenbart sich Gott im »incognito der Sprache« (Régis Debray).

– Wollen Sie damit etwa sagen, JAHWE habe die Schrift eigens erfunden, nur um SEin Antlitz nicht zeigen zu müssen?

– Warum nicht? Wenn dem so wäre, hätte JAHWE dies jedenfalls nur aus Barmherzigkeit getan: Würden wir nämlich SEin Gesicht erblicken, dann müßten wir sterben.

Deshalb zeigt der HERR Mose nur SEinen Rücken. Und dieser erkennt und preist IHN im Vorübergehen als barmherzigen Gott (Ex 33,23; 34,6). JAHWE hinterläßt ihm die Schrift. Und dieser vereint das Volk Israel. Gottes Anwesenheit in der Schrift ist stets Zeugnis *post festum:* Wenn du dies lesen wirst, Mose, bin ich bereits fern – und wenn Gottes Volk Gottes Schrift liest, so hat Moses sie aufgeschrieben.

Die Schrift ist kein Kultbild. Sie ist kein Bild Gottes, nicht einmal ein ›logisches Bild‹, welches für Ludwig Wittgenstein die ›Tatsachen‹ der Welt, das »Bestehen von Sachverhalten« richtig oder falsch abbilden kann (Tract. 2.18–2.19); denn Gott ist kein Sachverhalt. Wir können schließlich Gottes Namen DER DA IST *nicht* »mit der Wirklichkeit vergleichen«, um festzustellen, »ob das Bild wahr oder falsch ist« (Tract. 2.223), ob es IHM nun ähnlich oder unähnlich sieht. Schriftzeichen können den Ruf des unsichtbaren Gottes formulieren, SEin Gebot vor aller Augen statuieren – IHN selbst aber vergegenwärtigen sie *als* abwesenden, verborgenen Gott.

*Zweitens* wird damit die Schriftreligion doppelbödig – die sekundäre Religion entwickelt bald *zwei* Register: Ritus *und* Theologie, sie unterscheidet Kult *und* Dogma. Indem die schriftliche Wahrheit Gottes auch eine eigene Disziplin zu ihrer Reflexion freisetzt (aus der Theographie entsteht die Theologie), entsteht umgekehrt ein lebensweltlicher Schutzraum für die Volksreligion, für ihre Magie, für ihre Synkretismen, für ihre Kulte und ihre

Heiligen, für die vielen Kontexte, die sich nun auf den Einen Gott berufen – Jan Assmann sprich von einer »Krypta« unter dem Chor der Hochreligion. Ein Großteil der *binnen*religiösen Dynamik im Christentum, aber auch im Islam, zwischen Heiligenkult und puritanischer Reform, lebt von dieser internen Spannung. Wir sind ihr etwa (oben im neunten Kapitel) in David Humes Theorie von »Ebbe und Flut« begegnet, beim Hin und Her zwischen polytheistischen Elementen der Heiligenverehrung und der Intoleranz von enthusiastischen Puritanern.

Und *drittens* ist nur der sekundäre Monotheismus eine im Sinne Henri Bergsons ›dynamische Religion‹. Ob nun in ›revolutionärer‹ Weltgestaltung oder im ›pietistischen‹ Rückzug nicht aus der Welt, aber vor der Übermacht ihrer Götzen und Mächte – seit Mose kämpft der Monotheismus um seine Neuheit und Reinheit, um seinen nie ungefährdeten »Fortschritt in der Geistigkeit« (Sigmund Freud).

Denn nach der Abschaffung des äußeren Götzenkultes geht es nun um die innerliche Verwandlung der Gläubigen. Als sich etwa in Medina die ersten arabischen Beduinen dem Propheten Mohammed anschließen, befolgen sie die Riten der ersten muslimischen Gemeinde. Aber sie müssen sofort lernen, daß es für den wahren Glauben eben nicht ausreicht, äußerlich das rituelle Gebet zu vollziehen – also das Gesicht Gott zuzuwenden *[aslamna]*:

> Es sprechen die Feldaraber:
> Wir glauben. Sprich zu ihnen:
> Ihr glaubet nicht.
> Sprecht nur: wir traten über *[aslamna]*.
> Noch ist nicht eingegangen
> Der Glaub' in eure Herzen. Doch
> Wenn ihr gehorchet Gott und seinem Abgesandten,
> Wird er euch nichts entziehn von euren Werken;
> Denn Gott ist absichtsvoll barmherzig.
> (Sure 49, 14 *[Die Gemächer]*, Übs. F. Rückert)

*Viertens:* Die (Vor)Schrift des wahren Gottes muß Innenleitung werden. Der wahrhaftig Gottesfürchtige will das geschriebene, gesetzte Gebot des HERRn in sein eigenes Herz einschreiben (dorthin, wo *nur* Gott es lesen kann).

– Was meinen Sie denn jetzt mit ›Herz‹? Hier geht es doch nicht um eine intellektuelle Fähigkeit (wie beim gläubigen Wissen um Gott, das Ibn'Arabi im Herzen des Menschen ansiedelte).

– Gewiß nicht! Des Menschen ›Herz‹ ist in der Sprache der hebräischen Bibel sein lebendiges Willenszentrum, vom Propheten Jeremia (Jer 31,33) bis zu den Briefen des Apostel Paulus. Und, wie wir gerade sahen, auch im Koran: die Zugehörigkeit zur Gemeinde der Muslime (derjenigen, die das Gebet vollziehen) deckt sich nicht mit den im Herzen wahrhaft Gläubigen (Tilman Nagel).

Die Wendung nach innen – von der Vorschrift zur Schrift des Herzens – finden wir in allen drei Monotheismen. Sie folgt aus dem alleinigen Anspruch des wahren Gottes. Alle abgöttischen oder gottfremden Mächte müssen nicht allein als äußere Bilder und Gewalten bekämpft werden, auch in meinem Herzen (im Motivationszentrum meines Tuns) soll allein Gottes Gerechtigkeit herrschen. Der wahre Gott unterscheidet sich eben nicht nur *faktisch* von allen falschen Mächten, sondern *aktiv:* indem ER diese kraft SEiner Normen bekämpft und vom Gläubigen die ungeteilte Hingabe seines Herzens verlangt. So wird der Monotheismus der Schrift zur Innenleitung der Moral.

»Das Herz soll sonst keinen Trost und keine Zuversicht kennen als zu ihm«, Gott allein – so erläutert Martin Luther das erste Gebot des Dekalogs, das Verbot falscher Götter, in seinem *Großen Katechismus* (1529): »es darf sich auch nicht wegreißen lassen, sondern muß darüber alles wagen und hintansetzen, was es auf Erden gibt.« Wer andere, auch weltliche Motive in den Vordergrund stellt oder anderen Realitätsprinzipien vertraut, macht diese zu seinem Gott: »Das nun, sage ich, woran du dein Herz hängst und worauf du dich verläßt, das ist eigentlich dein Gott.«

Damit produziert der ethische Monotheismus geradezu eine *Selbst*unterscheidung des Gläubigen, er ruft die Spaltung des ›inneren Menschen‹ (Augustinus) hervor: zwischen denjenigen seiner Neigungen, welche da hinstreben zu den Fleischtöpfen Ägyptens und den goldenen Kälbern, den Potentaten und Abgöttern der Welt, nicht zuletzt zum »Mammon, das heißt Geld und Gut« (Martin Luther) – und der diesen Götzen widerstrebenden inneren Anstrengung (arabisch: dem *Dschihad*), also dem Kampf um den wahren Gehorsam gegenüber des HERRn Gebot, um meine Gegentreue zur »Treue Gottes« (Karl Barth). Und da die Frage, ob ich tatsächlich alle Zuversicht meiner Seele in den wahren Gott gesetzt habe, nie definitiv beantwortet werden kann (*nur* Gott durchschaut ja auch noch die Rationalisierungen, mit denen ich mich selber täusche), bleibt dieser Kampf unabgeschlossen, solange ich lebe.

◆

Die Moral wurde nicht von den Religionen erfunden. Keine soziale Ordnung vermöchte wohl zu existieren ohne ein Reglement von Sitten und Gebräuchen, von Pflichten und Verboten, samt deren Grundsätzen, die ihre Ordnung rechtfertigen. Wohl aber hat erst der Monotheismus des Buches auch die Moral theologisiert, zum Gebote Gottes an das Herz jedes Einzelnen gemacht – und damit umgekehrt Sünde und Schuld *individualisiert:* Jeder und jede muß persönlich vor Gottes unbestechlichem Urteil bestehen.

Eben dies ist auch die zentrale Mahnung des Koran. Am Tage des Gerichts ist jeder und jede allein – »Und die Vertretung der Vertreter schwand« (Sure 74, 48) – da stehen wir ohne Vermittler, Vertreter oder Fürsprecher, um unsere Taten zu verantworten:

> An jenem Tage, da die Geheimnisse geprüft werden,
> Und dann wird er [der Mensch] sein ohne Kraft
> noch Helfer
> (Sure 86, 8 f. *[Der Nachtstern]*)

# Gott des Gesetzes

>»Meinen Bogen setze ich in die Wolken;
> er soll das Bundeszeichen sein zwischen mir
> und der Erde.«
> JAHWE zu Noah (Gen 9,13)
>
> »Du sollst dir kein Kultbild machen!«
> JAHWE zu Israel (Ex 20,4/Dtn 5,8)
>
> »Das Gesetz ist heilig, und das Gebot
> ist heilig, gerecht und gut.«
> Paulus an die römische Gemeinde
> (Röm 7,12)

***Warum hinterließ der HERR das Buch?*** – Die Schrift offenbart IHN als Verborgenen. – Wir können IHN nicht sehen, doch wir dürfen IHM trauen, wir sollen SEinem Gebote folgen.

***Was erfahren wir denn Neues?*** – Die Schöpfungsberichte skizzieren weder neue Welten noch neue physikalische Theorien oder Metaphysiken. – Es bleibt weiter unsere Aufgabe, das Buch der Natur zu entziffern.

***Eröffnet die Bibel denn eine neue moralische Welt?*** – Ja und Nein. – *Nein:* In den zehn Geboten bekräftigt Gott nur allgemeine moralische Intuitionen der Mehrheit der Völker. – *Ja:* Wenn es nun als Gottes Gebot gilt, im Mitmenschen SEin Ebenbild zu heiligen, ist dieses Gesetz keine bloße Konvention mehr.

***Das Gesetz provoziert Verantwortung:*** Jeder ist nun dem Einen Gott persönlich rechenschaftspflichtig.

# 1 ERHABENHEIT UND FREIHEIT.

**1** ERHABENHEIT UND FREIHEIT. Mit den Geboten des biblischen Dekalogs finden universalistische moralische Standards Eingang in die Religion. In den Worten des großen französischen Orientalisten Ernest Renan wurde damit im Judentum die Religion zur Moral gereinigt; G.W.F. Hegel nannte den ethischen Universalismus den ›praktischen Zweck‹ des jüdischen Monotheismus.

– Und was heißt dabei praktisch?

– Seit Aristoteles geht es der ›praktischen Philosophie‹ um Ethik und Politik: um die rechten Bestimmungsgründe des Willens, um die moralisch richtigen Motive unseres Tuns und die sittliche Lebensform, die wir dabei verfolgen, *und* um die rechte Ordnung des Gemeinwesens.

Wenn wir dann nach den *letzten,* im Zweifel entscheidenden Gründen fragen (denjenigen, die auf *keinen* Fall durch andere Gründe relativiert oder durch andere Mächte außer Kraft gesetzt werden dürfen), liegt der Zusammenhang mit der Frage nach dem *wahren* Gott auf der Hand: ER allein ist der, dessen Gebote wir *unbedingt* respektieren müssen. Mit allen anderen kann man handeln.

– Na, insbesondere im Vorderen Orient.

In den letzten dreizehn Jahren seines Lebens (1818–1831) hielt Hegel in Berlin abwechselnd *Vorlesungen über die Philosophie der Religion* (viermal), über die *Grundlinien zur Philosophie des Rechts* (siebenmal) und über die *Philosophie der Geschichte* (fünfmal). Es lohnt sich, auf die Rückkoppelungen zwischen den späten Vorlesungszyklen des Vernunftlehrers Hegel zu achten: In der Rechtsphilosophie (§ 209) bezeichnet er die Allgemeinheit der Rechtsform, in der jedes »Ich als allgemeine Person aufgefaßt werde, worin Alle identisch sind«, als den Kern der modernen bürgerlichen Freiheit, in der der »Mensch [so] gilt, weil er Mensch ist, nicht weil er Jude, Katholik, Protestant, Deutscher, Italiener *et cetera* ist«.

In seiner Religionsphilosophie dieser Jahre bestimmt Hegel nun die Allgemeinheit (also die Geltungsform des Gesetzes) zum sittlichen Zweck des mosaischen Monotheismus: »Gott ist das Allgemeine; der Mensch, der sich und seinen Willen nach diesem

Allgemeinen bestimmt, ist der freie, damit der *allgemeine Wille,* nicht seine besondere Sittlichkeit« (HW 17, S. 67).

– Ist das vielleicht eine Anspielung auf den Theoretiker der republikanischen *volonté générale* Jean-Jacques Rousseau, den wir ja bereits als aufrechten Bewunderer der Gesetzgeber Moses und Mohammed kennengelernt haben?

– Ehrlich gesagt, ich weiß es nicht: Hegel selber sah den armen Jean-Jacques ja inzwischen äußerst kritisch.

Egal! Denn hier haben beide recht. Seit Israels Offenbarung können sich alle Monotheisten für die Rechtsform der Allgemeinheit in der Tat auf den Willen Gottes berufen. »Dieses Rechte tut der Mensch in *Beziehung auf Gott,* zur Ehre Gottes«, schreibt Hegel, »dieses Rechte hat im Willen, im Innern seinen Sitz, und diesem Wollen mit Rücksicht auf Gott gegenüber steht die Natürlichkeit des Daseins« (HW 17, S. 67). Und daß der Gehorsam gegenüber JAHWE, »die Gerechtigkeit, die vor Gott gilt«, *nicht verhandelbar* ist, dies macht den praktischen Zweck der Religion der Erhabenheit aus.

2 **NATIONALGOTT OHNE MACHT?** Schön gesagt, doch recht beschönigt: Zur Quelle einer universalistischen Moral- und Rechtsordnung wurde Israels Gott ja erst im babylonischen Exil, mit anderen Worten: *nach* dem Heimat- und Machtverlust SEines erwählten Volkes (oder vielleicht sogar noch später, nach dessen Heimkehr). Darauf weist natürlich voller Häme Friedrich Nietzsche in seiner Dekonstruktion der jüdischen und christlichen Moral und Religion hin: Erst *nachdem* »Javeh, der Gott der ›Gerechtigkeit‹, *nicht mehr* eine Einheit mit Israel, ein[en] Ausdruck des Volks-Selbstgefühls« darstellte, *erst dann* habe ER begonnen, allgemeine Normen zu setzen (KSA 6, S. 194).

– Na und? Wir sind ja über Nietzsches antimoralisches Ressentiment bereits im zehnten Kapitel gestolpert. Was will er denn überhaupt beweisen? Gewiß hat Nietzsche mit dem Hinweis recht, daß auch der in den beiden Reichen Judäa und Israel verehrte JAHWE ursprünglich ein National(ober)gott nach einem im Alten Orient offenbar üblichen Modell war, wie es auch die Nachbarstaaten Ammon, Aram oder Moab kannten. Spätestens seit Julius Wellhausen, dessen Arbeiten Nietzsche ja studiert hatte, gehören solche Diagnosen zu den Anfängen des JAHWE-Kults in die Bibel- und die Religionswissenschaft. Bis heute heftig umstritten bleibt freilich die Frage, wann genau sich der *Monotheismus* der ›JAHWE-allein-Bewegung‹ gegenüber einem bloß nationalen JAHWE-Kult durchsetzte, der sogenannten *Monolatrie:* War es bereits nach dem Untergang des Nordreiches Israel (720 vor Christus) oder erst mit oder nach dem babylonischen Exil, vielleicht sogar erst nach dem Fall des Südreichs Judäa (587 vor Christus)?

Auch ideologiekritisch ist es ja nicht uninteressant zu wissen, wann etwa bestimmte Passagen radikaler Kritik an der Königs- oder Staatsmacht in den ›Geschichtsbüchern‹ des Alten Testaments (Richter, Samuel, Könige) tatsächlich verfaßt wurden: Gab es da überhaupt noch einen jüdischen Staat, oder entstammt die vermeintlich *anti*staatliche Kritik der Autoren oder Redakteure dieser Bücher bereits »der *nach*staatlichen Reflexion über den Untergang der Monarchie und das Ende der Staatsreligion« (Uwe Becker).

– Nietzsches Lektüre der Geschichte Israels entspricht ja der Fabel vom Fuchs und den sauren Trauben: *Weil* die Juden keine Macht mehr hatten, darum entwertete ihr Gott sie im Namen von Recht und Moral!

Aber deshalb müssen wir uns jetzt *nicht* für den Historikerstreit erwärmen, wann und wie genau sich der jüdische Monotheismus aus dem Panorama der orientalischen Staatskulte emanzipierte. Und auch die Generationen philologischer Kritik der Textgeschichte, wie sich dieser Prozeß wohl in der Sammlung und Redaktion der hebräischen Bibel niedergeschlagen haben mag, wollen wir jetzt lieber vernachlässigen!

– Gut, dann lassen wir das. Im Ergebnis wird JAHWE jedenfalls für Israel zu einem »Gott, der fordert – an Stelle eines Gottes der hilft«. Das Nationalgesetz, das Gott vorschreibt, entspricht nunmehr dem allgemeinen Moralgesetz: »Die *Moral,* nicht mehr der Ausdruck der Lebens- und Wachstumsbedingungen eines Volks, nicht mehr sein unterster Instinkt des Lebens, sondern abstrakt geworden, Gegensatz zum Leben geworden« (Nietzsche).

Aber in seinem (anti)theologischen Furor behauptet Nietzsche zugleich, der Gott Israels habe sich durch SEine universalistischen Gerechtigkeitsansprüche gewissermaßen selber entmachtet. Und davon kann nun überhaupt keine Rede sein (oder doch nur dann, wenn man ein reichlich pubertäres Bild von der Macht hat: den Donnergott mit dem großen Hammer). Wann und von wem auch immer die fünf Bücher Mosis und ihre Fortsetzungsberichte redigiert wurden: das Gesetz des Bundes stellt ja *nicht* etwa »Gott unter Bedingungen« (wie Nietzsche behauptet), ganz im Gegenteil! JAHWE stellt vielmehr SEin Volk unter die Bedingungen SEines Bundesgesetzes.

Den Kern des Sinai-Bundes bildet der Dekalog: jene ›zehn Worte‹, die Gottes Finger selbst in die Steintafeln des Gesetzes schrieb (auch wenn Mose schließlich nur die originale Kopie vorweist). Sie werden in weitgehend identischer Fassung im Buche Exodus (c.20) und im Buche Deuteronomium (c.5) überliefert. Dabei regeln die Gebote der Zweiten Tafel (je nach Zählung die Gebote vier oder fünf bis zehn) das Verhältnis der Menschen zueinander: Gebot, die Eltern zu ehren – Tötungsverbot – Ehebruchsverbot – Diebstahlverbot – Verbot falschen Zeugnisses – Verbot der ehebrecherischen Begierde und der Habsucht gegenüber fremdem Eigentum.

Als »allgemeine, sittliche, rechtliche Grundbestimmungen der Gesetzgebung und Moralität« (Hegel) sind diese Gesetze (mehrheitlich Verbote) schwerlich originell; so wurden sie später immer wieder, und nicht zuletzt von christlichen Moral- und Rechtsdenkern, als Prinzipien von ›Vernunftmoral‹ und ›Naturrecht‹ rekonstruiert oder systematisiert. Symptomatisch ist vielmehr der Umstand, daß diese *sozialen* Gebote hinter den *Ein-Gott-*Geboten (eins bis drei beziehungsweise vier) der Ersten Tafel stehen, die der Verehrung JAHWEs gelten: Der Eine Gott, das Verbot fremder Götter und das Verbot von Kultbildern – SEin Name und das Verbot des Mißbrauchs – das Sabbatgebot zur Heiligung des Tages des HERRn.

Zum ersten Mal in der Geschichte des Alten Orient wird damit Gott *allein* zum Gesetzgeber, ER überläßt dies nicht mehr dem Großkönig oder Pharao (Jan Assmann). Und Vernunftlehrer Hegel weist darauf hin, daß auch die »allgemeinen Gesetze, die *zehn Gebote* [...] nicht als Vernunftgesetze [gelten], sondern als vorgeschrieben von dem Herrn – [wie] auch alle übrigen Staatsgesetze und Einrichtungen. Moses wird Gesetzgeber der Juden genannt, aber er ist den Juden nicht gewesen, was den Griechen Solon und Lykurg (diese gaben den Menschen *ihre* Gesetze); er hat nur die Gesetze Jehovas bekanntgemacht; Jehova selbst hat sie, nach der Erzählung, in Stein gegraben« (HW 17, S. 84 f.).

– Aber der Bund ist doch kein bloßer Willkürerlaß JAHWEs: das Volk hat den Gesetzen Gottes in freier Überzeugung zugestimmt!


3 **GOTT DES BUNDES.** Gewiß ist der Bund des erwählten Volkes mit JAHWE am Berge Sinai zunächst eine »freie Setzung Gottes, dessen [absolute] Souveränität darin unangetastet bleibt« – wie Ratzinger mit Recht betont hat. Der biblische Bund, schrieb im Jahre 1998 der Chef der römischen Glaubenskontrollbehörde, sei darum nicht einfach »ein Vertrag auf Gegenseitigkeit, sondern eine Gabe, ein schöpferischer Akt der Liebe Gottes«.

– Dennoch ist es normativ nicht belanglos, »daß Gottes Offenbarung [des Gesetzes] zuerst von den Menschen angenommen und akzeptiert werden muß, *bevor* sie moralische Verpflichtung wird«. Und darauf hat der jüdische Denker Michael Walzer, charakteristischerweise ein linker Amerikaner, in seiner monumentalen Kommentarsammlung zur politischen Tradition des Judentums verwiesen.

– Ist es denn nun für die Wahrheit der Offenbarung JAHWEs – und für die Richtigkeit SEines Moralgesetzes – entscheidend, ob die Israeliten dem Bundesvertrag zugestimmt haben oder nicht? Wäre er etwa genauso bindend, richtig und wahr, wenn sich das Volk Israel nicht daran gebunden fühlte? Aber gäbe es dann dieses Volk überhaupt? Konstituiert sich das erwählte, gesonderte Gottesvolk nicht erst über diese seine Zustimmung?

– Eine gute Frage, mein Lieber.

Zahllose rabbinische Kommentatoren haben diese Kontroverse über die Jahrhunderte immer wieder hin und her gewendet. In dieser Kontroverse begegnen wir – und zwar im ›Herzen‹ Israels:

in seinem Gottesverhältnis – einer für alle Konsens- oder Vertrags-
theorien in Moral und Politik charakteristischen inneren Spannung »zwischen der Übereinstimmung mit dem Vertrag als *Quelle*
der Verpflichtung – und der Übereinstimmung als *Anerkennung*
einer Verpflichtung, die auch unabhängig vom Vertrage besteht«
(so Michael Sandel in der Kommentarsammlung Walzers).

Schließlich hätte JAHWE SEin Gesetz ja auch in die Herzen
der Menschen einschreiben können. So wird ER es nach den Worten des Propheten Jeremia ja dereinst tun, in einem künftigen
»neuen Bund mit dem Haus Israel und dem Hause Juda«, dessen
Gesetz ER »in sie hinein[legen] und auf/in ihr Herz schreiben«
werde: direkt ins Innerste jeder menschlichen Person als Willens-
subjekt. *Dann,* in jener Endzeit, so weiß Jeremia, wäre es nicht
mehr nötig, daß die Menschen »einander belehren und zueinander sagen: ›Erkennet den HERRn‹, sondern alle, klein und groß,
werden mich erkennen – so spricht der HERR« (Jer 31, 31–34).

Warum nun hat Gott das nicht getan? Warum band ER SEine
Offenbarung des Moralgesetzes im Namen SEiner höchsten Majestät dennoch an die freie Zustimmung der Israeliten? »*Wenn* ihr
auf meine Stimme hört und meinen Bund haltet, werdet ihr unter
allen Völkern mein besonderes Eigentum sein, denn mein ist
die ganze Erde«, lautet auf dem Berge Sinai die für die Israeliten
bestimmte Botschaft des Ewigen an Moses: auf daß Israel »ein
priesterliches Reich und ein heiliges Volk« werde (Ex 19,5).

– *Und wenn nicht?* Was geschieht denn, wenn die Stämme
Israels Gottes Gebote nicht befolgen?

– Das ist eine gute Frage: Die Konsequenz wird im Buch Exodus nicht ausgesprochen. Aber sie liegt nahe: »Die Existenz der
Nation Israel ist kein absoluter Selbstzweck« (B. M. Levinson).
Wie sie aus dem moralisch verfaßten Bundesvertrag entsteht, so
ist auch ihre Fortexistenz davon abhängig, daß Israel das Moralgesetz weiterhin befolgt. Dies jedenfalls ist die Auffassung der
Propheten, die in Zeiten der Prüfung das Gottesvolk daran erinnern, wie wenig es seinem ›verfassungsgebenden‹ Bundesvertrag vom Berge Sinai getreu blieb, und es zur Rückkehr auf
JAHWEs Pfad der Gerechtigkeit mahnen.

◆

Wissen Sie, daß diese prophetischen Klagen später zu den Lieblingszitaten des christlichen Antijudaismus avancieren sollten? Römische Päpste ließen sie am Eingang des Ghettos anbringen; im Kirchenstaat mußten die Juden sie sich in Zwangspredigten zur Bekehrung der *perfidi Iudaei* anhören!

– Von Martin Luthers judenfeindlichen Pamphleten dürfen Sie dann aber auch nicht schweigen! Oder von der antisemitischen Tradition in Geschichte und Gegenwart der russischen Orthodoxie.

– Welcher Konfession auch immer! Eine geistliche Bruderfeindschaft gegenüber dem Judentum hat sich über Jahrhunderte tief ins kollektive Unterbewußte vieler christlichen Kirchen und Nationen eingegraben. Daß dieser Bruderhaß dem gemeinsamen Moralgesetz aus der Offenbarung JAHWEs ganz und gar widerspricht, bedarf ja wohl keiner Erörterung mehr!

– Er wurde gar nicht erörtert, sondern praktiziert (oder hingenommen). Noch im Angesicht des von Nazi-Deutschland verübten industriellen Massenmords an den europäischen Juden – der zwar kein christliches Pogrom war, aber dessen Ausführende in ihrer überwältigenden Mehrheit getaufte Christen waren! – beschränkte sich der öffentlich artikulierte klare Widerspruch christlicher Theologen auf die bekannten Ausnahmen wie Jacques Maritain oder Karl Barth, Alfred Delp oder Dietrich Bonhoeffer.

Von den Amtskirchen schweigen wir lieber gleich! Erst *nach* der Katastrophe beseitigt Papst Johannes XXIII. (1958–1963) judenfeindliche Fürbitten aus der kirchlichen Karfreitagsliturgie; erst auf dem Zweiten Vatikanischen Konzil (1962–1965) sollte sich die katholische Kirche mit ihrer intern lange umkämpften Erklärung *Nostra Aetate* wider jeden Antisemitismus aussprechen, auch den der eigenen Geschichte, und auf das »gemeinsame geistliche Erbe von Christen und Juden« in der Offenbarung des Alten Bundes berufen (*Nostra Aetate,* n.4).

– Aber was sind solche Äußerungen *post factum* eigentlich noch wert?

Wieso also kam es erst *nach* Auschwitz zu den diversen christlich-jüdischen oder jüdisch-christlichen Versöhnungskreisen, Evangelischen Studienkommissionen und supra-ökumenischen Dialogen? Warum brauchte die christlich-jüdische Gemeinschaft im Gesetz des Alten Bundes erst Millionen von dahingemordeten Juden, um ›wieder‹ entdeckt zu werden? Nein, vor solcher Brüderlichkeit graust mir nur. Wer da noch an eine Heilsgeschichte glauben mag, der tue das auf eigene Verantwortung.

– Der christliche Antijudaismus war ein unerklärlicher Sieg des Bösen *wider das Gesetz* des Bundes *(mysterion tês anomias/ mysterium iniquitatis):* davor aber hatte mit eigentümlich apokalyptischen Formulierungen schon der erste Missionar der Christenheit, der als gesetzestreuer Jude erzogene Apostel Paulus, die Gemeinde in Saloniki gewarnt (2 Thess 2,7).

4 **ROT UND SCHWARZ?** Hilft denn die göttliche Autorität, das Moralgesetz auch zu befolgen?

– O Gott, darüber hat der Streit unter Gottesfürchtigen kein Ende. Grob gesagt gibt es einen Kampf zweier Linien. Man mag ihn mit Reinhold Niebuhr, dem bedeutendsten politischen Theologen Amerikas im XX. Jahrhundert, als Gegensatz zwischen einem optimistischen und einem pessimistischen Menschenbild bezeichnen – aber wir werden wohl erst am Jüngsten Tage Gewißheit darüber erlangen, wer recht hatte.

Die Vertreter der ›roten‹, optimistischen Linie halten die himmlische Offenbarung des Gesetzes und seine Bekräftigung durch Gottes Autorität deshalb für so wichtig, weil das vernünftige Moralgesetz damit eine größere Chance erhält, auf Erden befolgt zu werden. Auf daß sich die Menschen immer mehr als gute Stellvertreter des Allerhöchsten auf Erden erweisen, als Mitarbeiter an SEiner Schöpfung! Trotz all ihrer Fehlbarkeit und Schwäche nämlich, und auch wenn es immer wieder Rückschläge und Rückfälle gibt, *können* die Menschen das Gesetz befolgen.

Als frühe ›Gesellschaftskritiker‹ (Michael Walzer) ermahnen die Propheten Israel jedesmal, wenn seine Eliten das Gebot der Gerechtigkeit nicht beachten. Später, in der christlichen Kirche, gibt es dafür sogar ein eigenes kirchliches Lehramt, mit Katechismen und Beichtspiegeln, Moralpredigern und Soziallehrern; und da nun auch die Kirche vom rechten Wege abweichen kann, entstehen dann wieder neue Propheten wie der heilige Franziskus von

Assisi oder Revolutionäre wie Girolamo Savonarola in Florenz; es entstehen neue Orden, neue Katechismen, Gegengutachten...

Das Gesetz dient der Verbesserung der Welt, ihrer Reparatur, auch Heilung (hebräisch: *tikkun*), wenn sie aufgrund von menschlichem Fehlverhalten aus den Fugen gerät. Und das passiert ja – weiß Gott – häufig genug. Gewiß werden sich die Wortführer dieser ›roten‹ Tradition davor hüten, die Stimme Gottes und das Licht der natürlichen Vernunft umstandslos miteinander zu identifizieren oder das göttliche, natürliche und das Menschengesetz miteinander gleichzusetzen (Sth Ia IIae, qu. 92–95). Aber wenn wir das göttlich geoffenbarte Sittengesetz (als ›natürliche‹ oder ›Vernunftmoral‹, als ›Ethos der Sprache‹ *et cetera*) an den jeweils vorherrschenden Diskurs in den philosophischen, Sozial- oder Rechtswissenschaften anschlußfähig halten könnten, um so besser! Dann hielte die Moral gewissermaßen doppelt. Und so korrespondiert Papst Benedikt XIV. mit Voltaire und disputiert Papst Benedikt XVI. mit Habermas über Vernunft und Religion und Moral im Staat. Also über das Gesetz.

– Und wer gehört noch zu diesen Optimisten?

– Natürlich denke ich an den großen *Rambam* (den Rabbiner Moses Maimonides) oder den *doctor angelicus* (den Kirchenlehrer Thomas von Aquin), später auch an G. W. Leibniz oder G. W. F. Hegel, um nur einige tragende Pfeiler dieser Kathedrale einer gottgefälligen praktischen Vernunft zu nennen.

– Und Immanuel Kant?

– Schwierig: er steht dieser Traditionslinie in einigen Hinsichten nahe, *ohne* freilich in ihr aufzugehen. Ob sie nun aus der jüdischen, der katholischen, der protestantischen Tradition heraus kamen und dachten, diese Monotheisten des Vernunft- und Gesetzesvertrauens waren anthropologische Optimisten: Der HERR hat es geboten, *also* ist es uns möglich, SEin Gesetz zu befolgen. *Sollen setzt Können voraus!*

Und ebendies nun bezweifelt eine konträre, ›schwarze‹ Linie, die große Tradition des anthropologischen Pessimismus in der Christenheit. Wen ich mit dieser Tradition meine? Ihre Anfänge finden wir bereits in den Briefen des Apostel Paulus, und die Spur führt dann über den heiligen Augustinus zu den Reformatoren am Beginn und zu Kierkegaard auf dem Kulminationspunkt der Moderne; aber natürlich gehören auch die Tragiker und Skeptiker und Existentialisten aus dem katholischen Lager dazu.

Sehen Sie mir bitte erneut die grobe Vereinfachung nach, wenn ich diesen ›schwarzen‹ Strang des christlichen Moralismus folgendermaßen zusammenfasse: Gottes Offenbarung des Gesetzes war notwendig als *Kontrastfolie* – weil wir nur so die Chance haben, unser *Versagen* vor diesem Gesetz zu erkennen. Dieses beständige Versagen aber ist zwangsläufig, bedenkt man nur, aus welch krummmem Holze die Menschheit geschnitzt ist. Nicht einmal Adam und Eva haben sich ja, unter vergleichsweise idealen Bedingungen, an Gottes Gebot gehalten.

– Meinen Sie etwa, erst Gottes Sittengesetz habe in uns das Bewußtsein unserer Sünde hervorgebracht?

– Sie sind nicht der erste, der diese Frage stellt: »Heißt das nun, daß das Gesetz [selbst die] Sünde ist?« – Mit ebendieser rhetorischen Frage nahm Apostel Paulus in seinem Brief an die Gemeinde von Rom vermutlich auf dortige Kontroversen Bezug. Seine Antwort: »Keineswegs! Aber die Sünde erkannte ich nicht außer durch das Gesetz. Denn ich wüßte ja gar nichts von der Begierde, wenn das Gesetz nicht gesagt hätte [Ex 20,17]: ›Du sollst nicht begehren!‹« (Röm 7,7)

– Doch wie sollen wir das nun verstehen: Das Verbotene macht uns gerade scharf?

– Sofern es sich nur um Sex dreht, den ja nicht nur ein aus dem Heiligen Geiste glühender Missionar wie Paulus als Störfaktor im rechten Gottesdienst bemerkte, mögen Sie sogar mit Ihrer (mit Verlaub!) reichlich banalen Deutung recht haben. Sie (be)trifft vor allem eine spätviktorianisch prüde Christenheit, welche Ende des XIX. Jahrhunderts die Allgegenwart der geschlechtlichen Versuchung vor allem aus der Allgegenwart ihrer Verbote erfuhr. Michel Foucault hat das ja im ersten Band seiner unvollendeten Geschichte der Sexualität sehr schön vorgeführt.

Sie lächeln? Na, in den Beichtspiegeln haben wir als Meßknaben doch auch nachgeschaut, wie wohl die Sünden wider das sechste Gebot genau definiert würden: aber all das blieb leider enttäuschend vage.

– Verehrter Freund, denken Sie nicht allein an Ihre Jugend in der Sakristei! Schauen Sie sich auch heute um, dann sehen Sie, zu Anfang des XXI. Jahrhunderts, die evangelikalen Keuschheitsfeldzüge an amerikanischen Colleges, die Massenbewegung der *Promise Keepers,* mit ihrer unvermeidlichen Folge: einem Massenanstieg der Teenager-Schwangerschaften! Der pubertären Schwundstufe des Sittengesetzes, das uns zur Sünde verhilft, indem wir erst in ihren Verbotstafeln die Gebrauchsanweisung für ihre Übertretung finden, sind wir längst nicht so weit entronnen, wie Sie vielleicht annehmen.

5 **SCHWARZE PÄDAGOGIK.** Doch zurück zum Gesetz! Die pessimistische Fraktion der Gesetzesdenker sagt in etwa folgendes: Gott wußte in SEiner Allwissenheit natürlich, daß wir Menschen *trotz* unserer Fähigkeit zur freien Wahl (und *trotz* all unserer wohlbegründeten Angst vor der endgültigen Bestrafung unserer Schuld am Ende der Zeiten) den Standard SEines Sittengesetzes einfach nicht einhalten *können!*

– Was aber heißt hier ›nicht können‹: Ist das nun eine *empirische* Wahrscheinlichkeit? Das nämlich dürfte keine sonderlich kontroverse Behauptung sein. (Wir sind doch alle kleine Sünderlein.) Oder müssen wir dieses menschliche ›Nicht-Können‹ des Gebotenen irgendwie *kategorisch* verstehen: als Unmöglichkeit, das Rechte zu tun? Dann hätten wir ja gar keinen freien Willen!

– *Stopp!* Ihre Frage ist ja sinnvoll, aber hier muß ich die Notbremse ziehen: Diesen Schwall aus alten Opuskeln, Pamphleten, Quaestiones und Glossen, Traktaten und Provinzialbriefen können wir jetzt nicht auch noch hochkommen lassen. Die Tür zu diesem Bücherschrank mache ich darum gar nicht erst auf. Um uns in dieser Debatte überhaupt zu orientieren, müßten wir uns für etliche Monate nach Port Royal des Champs zurückziehen (Leszek Kolakowski, Hanno Helbling).

– Aber die Abtei wurde doch 1708 vom Papst aufgehoben und 1710 vom König zerstört …

– *Voilà!*

Außerdem benötigten wir mindestens eine gute Augustinus-Edition, die *Opera Omnia* von Luther, Calvin, des großen Arnauld, des armen Pascal und all ihrer Kritiker, vom Humanistenpapst Erasmus bis zum grandiosen hugenottischen Skeptiker Pierre Bayle … Ach, eine solide Ausbildung im Marxismus-Leninismus koste ein Kapital, bemerkte Bert Brecht mit seiner grimmig-kommunistischen Ironie einmal in einer Parabel. Für die Augustinische Gnadenlehre liegt die Sache ähnlich: Um das menschliche Unvermögen recht zu begreifen, bräuchte man wohl ein rechtes Vermögen. Darum lassen wir hier die Finger davon, *mon cher…*

✦

Wenn nun der Liebe Gott von vorneherein wußte, daß die Menschen versagen würden, war es dann nicht absurd, wenn ER sie gleichwohl auf die Normen des Sittengesetzes verpflichtet hat? …

– Nein! Absurd wäre Gottes Gebot nur dann, wenn man davon ausginge, das Heilen der Welt und das Heil der Menschen hinge ausschließlich von ihrem tatsächlichen Gehorsam ab, von ihren ›guten‹ oder gesetzeskonformen Taten: als gäbe es nichts Gutes, außer man tut es. Hätte Gott versucht, die Menschheit allein durch die Vernunft des Gesetzes und (oder) durch die Angst vor ewigen Strafen auf den rechten Weg zu leiten, dann wäre ER in der Tat ein anthropologischer Optimist. Aber da ER allwissend ist, konnte er so naiv nicht sein. Also muß SEin Gesetz einen *anderen* Sinn haben.

Der HERR gab uns SEin Gesetz als Mittel zur Selbsterkenntnis, um uns so in einer Pädagogik der Beschämung jede Selbsttäuschung zu verunmöglichen: »So ist also das Gesetz einem Spiegel gleich«, erklärt der in diesen Fragen einschlägige Reformator Johann Calvin zu diesem *usus elenchticus* des Gesetzes, »in dem wir unsere Ohnmacht und aus ihr unsere Ungerechtigkeit, wiederum aus beiden unsere Verdammnis erblicken sollen« (Inst. II.7,3). Dieser Spiegel befreit uns aus der Naivität einer optimistischen Selbstsicht; es ermöglicht uns, die paradoxe, tragische Situation unserer *conditio humana* zu erkennen.

Und im Ernst: wer vermöchte heute – *nach* diesem XX. Jahrhundert der Kriege, Massenmorde, Genozide – noch im Ernst einer

optimistischen Anthropologie anhängen? Als *könnten* die Menschen – wenn sie denn nur recht *wollten* – tatsächlich vernünftig
und moralisch sein? *Intelligent design?* In Darfur, Kigali, Srebre-
nica, in Auschwitz, dem Archipel GULag, in Belgisch Kongo ... da
sei des Menschen Mitarbeit an Gottes Schöpfung halt nicht gut
gelaufen ... aber nun müßten wir es halt noch einmal versuchen:
*Trial and error,* so lange, bis es paßt? Weder ein gestrenger noch
ein liebender Vater im Himmel *kann* solch eine monströse Dumm-
heit zur Grundlage SEines Heilsplans machen.

– Darauf fällt mir auch keine vernünftige Erwiderung ein.

Aber gesetzt, Sie und Ihre Pessimisten von der ›schwarzen‹
Fraktion hätten recht: Treibt denn da der HERR nicht seinen Spott
mit den Gläubigen, »uns Hoffnung auf die Seligkeit zu machen,
zu ihr einzuladen und zu ermuntern – wo doch [ob unseres Versagens vor dem Gesetz] der Zugang dazu verschlossen und unzugänglich ist«? (Inst. II.7.4)

– Der gestrenge Reformator Calvin antwortet, gerade die Erfahrung des Scheiterns vor Gottes Gesetz könne uns dabei helfen,
unser Geschick ganz der Gnade und Barmherzigkeit des HERRn
anheimzugeben. »Gewiß werden die Gottlosen auf diese Weise
verängstigt, aber das geschieht doch wegen ihrer inneren Ver-
härtung. Bei den Kindern Gottes muß doch wohl eine andere Er-
ziehungsabsicht bestehen.« Und die besteht darin, daß die gottesfürchtig Gehorsamen (und dennoch Scheiternden) »nackt und
bloß zu Seiner Barmherzigkeit ihre Zuflucht nehmen, auf sie allein
sich stützen, sich in ihr gänzlich bergen, sie allein als Gerechtigkeit und Verdienst für sich in Anspruch nehmen« (Inst. II.7.8).

Bei den *Gottesfürchtigen* erzeugt das Moralgesetz *durch* unsere
Erfahrung, an seinen Standards zu scheitern, die Bereitschaft,
sich ganz Gott anheimzugeben, »ihr Fleisch zu erniedrigen, um
am inneren Menschen wiedergeboren zu werden« – während die
gleiche Erfahrung die *Gottlosen* ob der ihnen drohenden Schrecken
der Verdammnis in »tiefe Verzweiflung« stürzt; »aber die Gerechtigkeit des göttlichen Urteils tut sich doch immer darin kund,
daß auch ihr [gottloses] Gewissen in solche tiefe Erregung gerät«
(Inst. II.7.9). Ein *im* Glauben demütig erfahrenes Scheitern vor
Gott kann für Johann Calvin also die innere Zucht befestigen,

ohne die Hoffnung auf die göttliche Barmherzigkeit zu zerstören; doch *ohne* diesen Glauben würde die Verzweiflung eines bloß gestürzten menschlichen Hochmuts destruktiv.

– Worin besteht also der Nutzen menschlicher Sünden(selbst)-erkenntnis durch das Gesetz?

– *Gottes Gesetz erzieht uns zur Demut!*

Für gestrenge Reformatoren kann die Zuversicht nicht anthropologisch sein: Auf die Natur und Fähigkeiten des Menschen darf sie sich nicht beziehen, *nur* auf Gottes Barmherzigkeit! Darum muß der humanistische Hochmut gebrochen werden – wie in einem Prisma – durch den anthropologischen Pessimismus, wie ihn für viele Christen die biblische Erzählung von der Erbsünde zum Ausdruck bringt: *The tragedy of man is that he can perceive self-perfection, but cannot achieve it* (Reinhold Niebuhr).

6 **DER REGENBOGEN.** Bis zum Ende der Zeiten – also für alle menschlich gestaltete Geschichte – sind die Moralgesetze des Dekalogs öffentlich und schriftlich und also der vernünftigen Auslegung zugänglich: Gottes Gebot hat die Form der vertraglich zustimmungsfähigen Allgemeinheit – und diese Form qualifiziert seinen Inhalt, wie Bernard M. Levinson (in Walzers Kommentarsammlung) schreibt: »Die Form ist der Inhalt: Die direkte Ansprache an das Volk verlangt eine menschliche Antwort auf das göttliche Gebot. Der Inhalt ist die Form: JAHWE offenbart den Bund als Grundgestalt menschlicher Gemeinschaft.«

Zwar bindet sich am Berge Sinai nur das jüdische Volk, das der HERR Elohim unter den Völkern erwählte und damit von ihnen absonderte *(badàl)*; es konstituiert sich in die Gesetzesform durch Annahme 3Eines Bundes. Die Erwählung Israels zum ›besonderen Eigentum‹ des HERRn stellte aber weniger eine Auszeichnung dar als eine verdammt harte Pflicht: die in der Wüste erlernte Disziplin, die »ein Volk von Sklaven in ein Volk von Heiligen verwandeln soll« (Erri De Luca). Aber Israels Form der Selbstbindung ist in ihrem Geltungsanspruch ebenso universalistisch wie Gottes HERRschaft absolut: der Dekalog soll für alle Menschen gelten – *und* am Ende der Zeiten werden *alle* Völker den HERRn anbeten.

So weist bereits der sittliche Zweck des mosaischen Gesetzes über das Volk des Bundes hinaus, welches sich doch in seiner Annahme zugleich konstituiert. Bereits in seinem ›praktischen‹ Universalismus weiß das Volk Israel, daß JAHWEs Gebote die Selbstbehauptung als Nation überschreiten, indem sie die Nation moralisch binden. Der Sinai-Bund wird innerhalb der Bibel wiederholt und erneuert, wenn er in Vergessenheit geriet. Israel *erinnert und erweitert* den Bund: in Moab, vor dem Eintritt der Israeliten ins Gelobte Land (Dtn 29–30); und später beim von Josua einberufenen Landtag in Sichem (Jos 24). Hier nehmen die Nordstämme, die selbst nicht in Ägypten gewesen waren und auch die Offenbarung am Sinai nicht miterlebt hatten, durch den Bundesschluß den Glauben an JAHWE an und werden damit in das Bundesvolk aufgenommen.

Und lange vor dem Sinai-Bunde, auch vor dem Bund mit Abraham, in dem ER ihn zum Stammvater Israels erwählte, hatte der HERR mit dem Patriarchen Noah und seiner Großfamilie einen Bund *[bᵉrit]* geschlossen, welcher *alle* Menschen betrifft (Gen 6,18; 9,18). Noah und seine Sippschaft hatten bekanntlich in der auf Gottes Warnung und Geheiß konstruierten Arche als einzige Menschen die Sintflut überlebt, in der Gott alle anderen Nachfahren Adams und Evas aufgrund ihrer Schlechtigkeit zugrunde gehen ließ (Gen 6,5). Auf die ›Noachiden‹ geht also das gesamte Menschengeschlecht zurück (Gen 9,19)!

Und für das gesamte Menschengeschlecht gelten also die Bestimmungen dieses ersten Bundes, in dem Gott und die Menschen bereits »gleichermaßen Vertragspartner sind, wenn auch keine gleichen Partner« (Leo Strauss).

Das noachidische Grundgesetz allen zivilisierten Zusammenlebens ist viel elementarer als der Dekalog vom Berg Sinai, aber beinhaltet bereits die universalistische Konsequenz des biblischen Monotheismus. Diese lautet: Gegenüber allem Leben haben wir Pflichten. Auch das tierische Leben stammt von Gott und muß darum als solches respektiert werden, *auch wenn wir ihm Gewalt antun* – ›ontologisch‹ (Leon Kass): einfach weil es Leben ist. Das unbedingte Tötungsverbot gegenüber allen Menschen hingegen folgt direkt aus ihrer Gottesebenbildlichkeit.

Die Menschen herrschen über die gesamte Tierwelt, und diese darf ihnen auch zur Nahrung dienen – soweit sie ihr *Leben* achten, und deshalb dürfen sie »kein Fleisch essen, worinnen noch Blut ist, *also tierisches Leben*« (Gen 9,2–4). Als heilig aber ist jedes Menschenleben zu respektieren – heilig wie Gott selbst, in dessen Bilde wir alle geschaffen sind: »Für das Leben des Menschen fordere ich Rechenschaft von jedem seiner Brüder. Wer Menschenblut vergießt, dessen Blut soll auch durch Menschen vergossen werden; denn zu SEinem Ebenbilde hat Gott den Menschen gemacht« (Gen 9,5–6).

✦

Und wieso darf dann das Blut des Mörders vergossen werden? Der ist doch wohl ebenfalls nach Gottes Ebenbilde geschaffen?

– Da haben Sie natürlich recht, aber offenbar setzt hier die Bibel voraus, der Mörder habe diese seine Gottes-Abbildlichkeit »durch den Akt des Mordes bereits selber zerstört« (Umberto Cassuto).

– Aber etliche Kapitel früher im Buche Genesis war Kain, der Mörder seines Bruders Abel, zwar verstoßen worden, und doch schützte ihn der HERR trotz seiner Schuld »durch ein Zeichen, daß ihn nicht jeder erschlage, der ihn finde« (Gen 4,15). Warum wird nun nach der Sintflut die Todesstrafe eingeführt?

– Verehrter Freund, ich spüre, Sie fangen Feuer; denn Sie sehen, welche Themen sich hier auftun für noch ganz andere, weitere Abende füllende Dispute. Eine mögliche juristische Antwort wäre hier zum Beispiel das Prinzip *nulla poena sine lege:* Jede Bestrafung setzt ein Gesetz voraus, dessen Übertretung geahndet wird. Ein solches Gesetz aber bestand zur Zeit Kains und Abels, der Söhne des ersten Menschenpaars Adam und Eva, noch gar nicht. Erst mit der Erklärung SEines Bundes mit Noah verkündet es ja der HERR ... Doch überlassen wir diese Detailfragen den Exegeten und Juristen, halten wir inne!

✦

Halten wir immerhin fest, daß der Eine Schöpfergott uns allen ›Noachiden‹ mit diesem Bunde nicht nur das ›natürliche‹ Zukunftsvertrauen in eine nicht beständig von völliger Zerstörung bedrohte Weltordnung ermöglicht hat: »Nie wieder soll eine Flut kommen und die Erde verderben« (jedenfalls solange sie die Menschheit nicht durch ihr Anheizen des Klimawandels selber befördert). ER instituierte auch bereits das zwischenmenschliche Tötungsverbot als Elementarmoral *und* zivilisatorisches Grundgesetz für *alle* Völker, lange bevor ER später mit Abraham Israel zu SEinem Volk erwählte – als Volk mit einem für *alle* Welt geltenden Sittenkanon als eigenes Grundgesetz.

Am Anfang aller Geschichte steht der Regenbogen als »Bundeszeichen«, mit dem JAHWE sein Grundgesetz von Natur und Zivilisation für alle Welt sichtbar im Wolkenhimmel *als* Bund besiegelt: »erscheint der Bogen in den Wolken, dann gedenke ich des ewigen Bundes zwischen Gott und allen lebenden Wesen« (Gen 9,13–14). Und am Ende der Zeiten wird nach den Ankündigungen Jeremias ein neuer, unsichtbarer Bund stehen, ein Bund der Herzen (Jer 31,31–34), der sich damit gewissermaßen selber als Gesellschaftsvertrag überflüssig macht. In der Zwischenzeit obliegt es dem Volke Israel, das allgemeine Moralgesetz zu wahren (darin besteht offenbar für JAHWE die Funktion von Israels Sonderexistenz als Volk der Heiligung). Stets also weiß sich die besondere Nation Israel durch dasselbe Gebot Gottes transzendiert, dem es seine Existenz verdankt.

7 **TRANSZENDENZ, MORALISCH UND METAPHYSISCH.** Als letzte, unbedingte, universale Instanz aller sittlichen Verpflichtungen wird also der Eine Gott für SEin Volk zum ›absoluten Du‹, und später für alle Gläubigen. Aber zugleich tritt ER gewissermaßen hinter das von IHM erlassene Gesetz zurück: Das Gesetz *allein* vertritt nun Gott unter den Menschen und nicht mehr Pharaonen, babylonische Könige oder Tempelherrn. Anders als orientalische Götter oder ihre Stellvertreter läßt sich JAHWE auch nicht durch reiche Opfergaben besänftigen: *allein* durch das Befolgen von Gottes Recht und Gerechtigkeit vermag SEin Volk IHM wohlgefällig zu werden.

Eine Konsequenz dieser Moralisierung der Religion, in der die Befolgung von JAHWEs Gesetz und Gerechtigkeit zum wichtigsten Gottesdienst wird, besteht in der Radikalisierung von Gottes

Transzendenz: Je imperativer, ausnahmsloser, allgemeiner SEine Gebote und Verbote werden, um so unsichtbarer wird SEine Gestalt.

– Vielleicht hat ja auch Gott diese Idee der Transzendenz überhaupt erst erfunden?

– Das hatte ER wahrlich nicht nötig. Als aber die Idee dann aufkam, hat ER sie auch nicht an die Absender zurückgeschickt.

Es war schließlich nicht so, als hätte es da zuerst eine verbreitete Suche nach dem Transzendenten gegeben – wie die Frage nach einem unseren Kosmos überschreitenden Horizont, die wir oben (im vierten und fünften Kapitel unserer Selbstgespräche) gestellt haben. Und irgendwann, beim Streit der Philosophen über den Grund allen Seins in der Akademie (wie auf Raffaels berühmtem Stanzenfresco), da hätte sich von oben, von innen, per Konsens (oder wie auch immer) die rechte Antwort präsentiert: *voilà,* sprach Gott der HERR, als Schöpfer eurer Welt bin ich ihr transzendenter Grund (und damit bin ich auch die Antwort auf all eure immanenten Fragen).

Nein, zuerst sprach der Ewige weder zu existentialistischen Sinnsuchern noch zu ontologischen Forschungs-Colloquien zwischen Eleaten oder Peripatetikern. Nicht einmal den »Zeichendeutern, Wahrsagern, Chaldäern und Astrologen« am Hofe zu Babylon (Dan 4,4) hat ER sich offenbart. Der HERR der Himmel erwählte sich Hirtennomaden am Rande der vorderorientalischen Großreiche. Da kündete ER dem Abraham eine reiche Nachkommenschaft und versprach dem Mose die nationale Befreiung.

Sie sehen: Auch die Frage nach Gottes Transzendenz war zunächst nur eine Antwort auf Gottes Ruf – *Höre* Israel! Aber sie blieb dann nicht nur an diesen ›Entstehungskontext‹ gebunden:

*Einerseits* muß sich das suchende, glaubende Volk von JAHWE *an*gerufen wissen; das zweifelnde Individuum muß sich von Gottes Stimme aus dem Dornbusch *an*gesprochen fühlen. Sonst würden wir wie die antiken Philosophenschulen höchstens von Vermutungen oder Hypothesen *über* die Gottesfrage reden, aber nicht vom Glauben *an* IHN (kurz: es ginge um *beliefs,* nicht um *faith*).

Doch die Frage, ob ER der Herr aller Völker und Welten ist, »der Erste und noch bei den Letzten derselbe«, vor dem auch »die

Enden der Erde erzittern«, entsteht aus den Ängsten Israels in Not und Exil. SEin Volk, das ER zur Treue aufgerufen hatte, bangt in der Gefahr: Wird der HERR, »Israels König, sein Erlöser, Herr der Heere« uns retten können? (Jes 41,4–5; 44,6) Die um Israels Gesetzestreue besorgten Propheten mahnen und warnen: Wie wird der HERR uns strafen?

*Andererseits* antwortet die Wahrheit des Einen Gottes, nachdem sie erst einmal glaubwürdig formuliert wurde, auch auf Fragen, welche sich der nomadische Volksvater Abraham, der revolutionäre Volksbefreier Moses oder die puritanischen Volkserzieher Jesaia, Jeremia oder Amos überhaupt nicht gestellt hatten (und die sie wohl auch niemals mit JAHWEs Offenbarung verbunden hätten). Die jüdischen Gemeinden in den Metropolen des östlichen Mittelmeers erhalten auch unter der städtischen Intelligenz Zulauf, ähnlich wie später auch die christlichen Gemeinden.

Doch jetzt beginnen die Philosophen, die monotheistische Offenbarung Mosis und der Propheten auch mit ihren metaphysischen Fragen nach dem uranfänglich Einen in Verbindung zu bringen. Mit dem neuplatonischen ›Denken des Einen‹ (Werner Beierwaltes), das sich aus verschiedenen Traditionen der griechischen Philosophie speiste, hatte sich eine ganz eigene Begrifflichkeit der Transzendenz gebildet: Das Eine galt als Ursprung des Geistes noch ›jenseits‹ des Geistes, als Möglichkeit von Allem noch ›vor‹ dem Gesamtsein, als Ursache des Lebens noch ›vor‹ dem Leben, als Quelle ohne Ursprung, die niemals versiegt (Enn. III. 8, 9–10).

Damit erhält nun der Name JAHWEs eine gänzlich neue, philosophische Auslegung: Als Schöpfer der Welt ist der Gott Israels zugleich absolutes Subjekt, souveräner Wille, reine (also: ›geistige‹, unendliche, grenzenlose) Aktivität, die alle Welt strukturiert – und doch *alles, was es gibt,* unendlich transzendiert. Wenn SEin Schöpfergeist noch dem Anfang aller Zeiten vorherging, der Scheidung von Kosmos und Chaos, von Tag und Nacht, von Himmel und Erde – der Ur-Teilung als Setzung der Welt (HW 17, S. 54) –, dann finden wir im Einzigen Gott auch die Antwort auf unsere Suche nach dem Grund der Welt(en) oder dem letzten Sinn unserer Existenz.

Warum sollten da die Gotteswissenschaftler SEine Absolutheit nicht auch mit Begriffen (etwa) aus der (neu)platonischen Metaphysik beschreiben? Das versuchte ja die ›negative‹ Theologie, aber nicht nur sie: man sprach dann etwa von der göttlichen *Über*wirklichkeit, von Gottes *mehr-als*-seiender, *über*-wesentlicher, *vor*-anfänglicher *Trans*zendenz, welche alle anderen Größen *über*steigt …

– Halt! Dürfen sich die wahrhaft Gläubigen auf diese Art philosophischer Rede überhaupt einlassen?

– Warum denn nicht? Wo liegt das Problem? Des Einzigen Gottes Größe überschreitet doch von Anfang an den Horizont des sich IHM zueignenden Volkes. SEine Herrschaft (und SEin Moralgesetz) betrifft alle Welt: »die Ägypter mit ihren Erträgen, die Kuschiter mit ihrem Gewinn, und die großgewachsenen Sebaiter« (Jes 45,14) – auch wenn diese und andere Völker vielleicht erst am Ende der Zeiten SEine Majestät tatsächlich anerkennen und anbeten werden. Wieso sollte sich da die Theologie auf die Standards der biblischen Wüste einschränken lassen?

In der Nachfolge der mosaischen Offenbarung bleibt diese Frage dennoch bis heute heftig umstritten: Die Gefahr, den Einen Gott der Befreiung ägyptischer Sklaven durch die Übernahme der jeweils herrschenden philosophischen Terminologie zum »verwechselbaren Gott« (Thomas Ruster) schnittiger metaphysischer Systeme zu machen, ist ja nicht einfach von der Hand zu weisen. Der theologische Erfolg der jeweiligen philosophischen Moderne riskiert stets, den wahren Gott der Befreiung zum bloßen Exempel der ohnehin vernünftig herrschenden Wahrheit zu machen.

Und darum waren zu allen Zeiten die ›Denkgläubigen‹ verdächtig, wie Heinrich Heine die Vernunftprotestanten seiner Zeit einmal in einem Brief an Karl August Varnhagen von Ense nannte: Sehr schnell galten sie als Assimilatoren und Verräter. Nicht nur bei den orthodoxen ›Starrgläubigen‹ stehen sie unter Verdacht (als modernistische Abweichler), sondern auch bei den Gefühligen oder Pietisten (als seelenlose Rationalisten ohne Gottesfurcht).

– Und wer waren nun diese denkgläubigen Rationalisierer?

– Das hing ganz von der jeweiligen philosophischen Großwetterlage ab. Auch verliefen die Schulbildungen in der Gotteswissenschaft keineswegs automatisch entlang der Scheidelinien zwischen Christentum, Judentum und Islam. Da gab es christliche, jüdische, muslimische Platoniker in Alexandria, Byzanz oder Buchara, aristotelische Rationalisten in Bagdad, Paris oder Bologna, apophatische Mystiker oder ›negative Theologen‹ in kappadozischen Klöstern, im maurischen Andalusien und im Rheinland...

– Verstehe: jedenfalls wird es wieder zu kompliziert für eine Randbemerkung.


8 GOTT DES SEINS. Dem durch Exodus und Wüste geprüften, in Exil und Diaspora gereinigten, durch hellenistische Vernunft raffinierten Monotheismus ist schließlich die intellektuelle Verehrung des wahren Gottes zur ›allgemeinen Ehre« geworden. Das nannte G. W. F. Hegel den ›theoretischen Zweck‹ der jüdischen Religion der Erhabenheit: »nicht bloß das jüdische Volk, sondern die ganze Erde, alle Völker, Heiden sollen den Herrn loben« (HW 17, S. 67). Und in diesem ›theoretischen Zweck‹ der Anerkennung der Einzigkeit und Übernatur des wahren Gottes stimmen ja die drei monotheistischen Völker der Schrift in der Tat überein.

– Übertreiben Sie die theologischen Gemeinsamkeiten im Ein-Gott-Glauben des Morgen- und Abendlandes nicht gewaltig? Sie unterstellen mit dem deutschen Idealisten Hegel dem Judentum als »Religion der Erhabenheit« einen ›theoretischen Zweck‹ ... und behaupten diesen dann auch noch für Christentum und Islam. Aber ehrlich: Gehört etwa der Islam auch zum Westen?

– Gewiß, jedenfalls in einem weiteren, philosophischen Sinne, ja. Hatten wir uns darauf nicht ganz zu Anfang bereits verständigt? Auch wenn man daran bei manchen lauthals mit *Fatwas* um sich werfenden Mullahs sehr wohl zweifeln darf! (Um so schlimmer für die Wirklichkeit!) *Okay,* ich muß wohl im Schluß-kapitel noch einmal darauf zurückkommen.

– Und weiter: Hat denn der jüdische Glaube einen theoretischen Zweck? Ist er nicht primär bestimmt als Gesetzesreligion, also gemäß Ihrer Hegelischen Terminologie zu ›praktischem Zwecke‹?

– Verehrter Freund, wir wollen zum Schluß nicht noch über ›Theorie und Praxis‹ streiten. Mit dieser Terminologie aus dem Nachlaß des deutschen Idealismus kamen schon Schellings und Hegels Schüler wie Friedrich Engels und Karl Marx und Bruno Bauer ziemlich schnell in Teufels Küche. Lassen wir doch wenigstens die Wissenschaft vom Lieben Gott damit in Ruhe!

– Gut, reden wir über Israels Gottesverhältnis. Aber dennoch, meine Frage bleibt dieselbe: Konstituiert sich der jüdische Monotheismus nicht weit eher über die gemeinschaftliche *Treue* der erwählten Nation Israel zum Pakt mit JAHWE als über irgendeine Definition der Gottes*natur* des Allerhöchsten?

Über SEin Wesen, über SEine Einheit und die unergründlichen Geheimnisse SEiner (überwesentlichen) Natur mochten ja griechische oder jüdische Platoniker in Alexandrien gut und gerne spekulieren. Und später sollten sich dann christliche Konzilien von Nikaia, Ephesus, Chalcedon oder Konstantinopel sogar über derartige Gottesformeln spalten (SEiner Einheit, SEines Wesens, die Beziehungen SEiner Personalitäten in der göttlichen Dreifaltigkeit *et cetera*)… Doch für das Israel, das Volk des Bundes, sind all diese Debatten völlig irrelevant!

– Und wieso?

– Für Israel ist Gott derjenige, der ihm durch die Wüste hilft, der ihm auch den Weg durch die Wüste der Geschichte, durch Not und Exil weist. Diese ganz eigene Gottesbeziehung des Judentums hat vielleicht Martin Buber am klarsten ausgedrückt: »unser Gott geht uns voran, wir gehen ihm nach, der Weg ist sein Weg, es ist an uns, ihm auf seinen Wegen zu folgen. Es ist ein herausholender, führender, Weg-weisender Gott, dessen Schritt zwischen dem einen rechten und den unzähligen falschen Wegen scheidet; und dies bleibt er bis in alle Höhen des religiösen Ethos hin.«

Auch der Glaube der Propheten, jener Einzelnen, die JAHWEs Stimme vernommen haben und SEine Weisung nun wie Dolmetscher an ihr Volk weitergeben, beinhaltet keine *Wesens*bestimmung, sondern eine *Weg*weisung: die jeweils konkrete Situationsdeutung von »Stationen, an denen das Volk diesen [Weg] betreten oder erneut verfehlen kann«. Die prophetische Offenbarung kündet also kein *Sein* Gottes, sondern die Freiheit SEines Volkes zur

»Entscheidung zwischen dem [richtigen] Weg und den Wegen« (Martin Buber).

– Wenn ich Sie und Buber recht verstehe, so braucht gerade der politische, ethische Zusammenhalt des jüdischen Volks auf seinem geschichtlichen Wege den Bezug auf den Einen Gott.

– Genau!

– Aber wer ist ER?

Auch ein Gott, der Israel durch die Wüsten der Geschichtlichkeit führt, muß ja dem Volke voraus *sein,* um ihm in einer Feuersäule voranzuleuchten, oder um ihm durch die Worte der Propheten die rechte Alternative zu weisen. Mit der bewußt angenommenen Zugehörigkeit zum Volke Gottes ist schließlich nach allen Regeln des vernünftigen Logos auch die Annahme verbunden, daß dieser HERR Gott *[Jahweh 'elohim]* tatsächlich existiert. Und in der Tat, auch Gott der HERR selber hat sich dem Mose zunächst einmal »als ewig (Da)Seiender« *['ehjeh ascher 'ehjeh]* (Ex 3,14) im brennenden Dornbusch vorgestellt, als ER ihn am Berge Horeb damit beauftragte, die Israeliten aus dem Sklavenhaus Ägypten zu befreien.

Als Moses diesen Auftrag erhielt, wußte er ja, daß seitens der Israeliten, die er für den riskanten Auszug aus Ägypten sammeln sollte, unweigerlich die Frage kommen werde: In wessen Namen versprichst du uns denn den Erfolg unserer Befreiung? Welcher ist wohl dieser ›Gott unserer Väter‹, in dessen Namen du uns aus der ägyptischen Knechtschaft befreien willst?

– Und auf diese Frage soll ihm JAHWE mit einem metaphysischen Begriff des ewigen Seins geantwortet haben? Das glauben Sie wohl selber nicht! Ich denke, JAHWEs Antwort lautete, ganz einfach und klar: Gott, DER, DER IST wird auch *in Zukunft da sein.* ER wird uns Israeliten also auch in Zukunft nicht allein lassen.

◆

Der deutsche Reformator Martin Luther übersetzt hier: »Gott sprach zu Mose / ICH WERDE SEIN DER ICH SEIN WERDE. Und sprach / Also soltu zu den kindern Israel sagen / ICH WERDS SEIN / DER HAT MICH ZU EUCH GESAND.« Der jüdische Aufklärer Moses Mendelssohn hat in seiner *Tora*-Version das Tetragramm des Gottesnamens übersetzt mit: »Ich bin das Wesen, welches ewig ist«. Die prophetischen Existentialisten Martin Buber und Franz Rosenzweig verdeutschen in ihrer Version der *Bücher der Weisung* die Stelle folgendermaßen:

> Ich werde dasein, als der ich dasein werde.
> Und [Gott] sprach:
> So sollst du zu den Söhnen Israels sprechen:
> ICH BIN DA schickt mich zu euch.

✦

Freunde der Weisheit werden hier die Botschaft des Ewigen in der Kunde SEines Namens nicht verkennen! Die Reformierte Zürcher Bibel übersetzt ihn: »Ich bin, der ich bin.« Wenn Moses auf seine Frage, in wessen Namen er denn die Israeliten versammeln und aus Ägypten herausführen solle, von Gott als Antwort und deklarierten Eigen-Namen erfährt: ICH BIN DA – was anders ist dies denn als eine (Selbst-)Definition des Göttlichen als eines unveränderlichen, beständigen, keinem Wandel unterworfenen Seins?

Und so, als quasi-ontologische Wesensbestimmung Gottes – als ICH BIN DER, DER IST *[ego eimi ho ôn]* – wurde ja diese Selbstoffenbarung JAHWEs auch im hellenistischen Judentum übersetzt: So nämlich formulierten die legendären zweiundsiebzig Schriftgelehrten aus Jerusalem in ihrer zu Alexandria verfertigten berühmten »Septuaginta«-Übersetzung der jüdischen Bibel ins Griechische den Gottesnamen *['ehjeh ascher 'ehjeh],* mit dem JAHWE auf Mosis Frage antwortete. Und Alexandria war ja die Hochburg der Begegnung zwischen jüdischer Religion und griechischer Philosophie und Philologie.

*Traduttori traditori:* Wir befinden uns in der Alexandrinischen Universalbibliothek (Arist. 9–11), dem Prestigeprojekt des Diadochenherrschers Ptolemaios Soter! Genauer gesagt auf der Insel Pharos, sieben Stadien vor der Stadt, »in einem prachtvoll und ruhig gelegenen Haus am Strand«, wo zweiundsiebzig Schriftgelehrte zweiundsiebzig Tage lang die Bibel ins Griechische übersetzen, täglich bis zur neunten Stunde (Arist. 301–308). Da liegt

XVII. Kapitel: Gott des Gesetzes

doch griechischer Begriffsimport geradezu in der Luft! Vielleicht eine platonische fixe Idee? Oder war es neuplatonische Inspiration, welche die zweiundsiebzig Übersetzer dahin führte, im Namen von Israels persönlichem Gott – DESSEN, DER IST – auch den Begriff eines ewigen, absoluten, (über)wirklichen Seins zu identifizieren?

Spätere Seinswissenschaftler Gottes machen aus dieser Fehlidentifikation zwischen Israels Bundesgott und dem *ens realissimum,* dem Einen-Überseiend-Absoluten der plotinischen oder proklischen Metaphysik eine ›Onto-Theologie‹ (und unter diesem Titel haben schließlich Martin Heidegger oder Jacques Derrida die Metaphysik des westlichen Weltbilds kritisiert oder dekonstruiert). Am Ende spricht dann ein bedeutender französischer Philosophiehistoriker der katholischen Orthodoxie im XX. Jahrhundert, Etienne Gilson, sogar von der »Metaphysik des Exodus-Buchs«.

– Einspruch: Woher wollen Sie denn wissen, daß diese Identifikation zwischen JAHWE und DEM, DER IST (und im Sein doch über das Sein hinaus ist) falsch war? Alexandrias Chefbibliothekar Demetrios von Phaleron, welcher ja die »Septuaginta«-Übersetzung angeregt hatte, las sie nach ihrer Fertigstellung ja nicht dem Sponsor König Ptolemaios vor, sondern der örtlichen jüdischen Gemeinde, und die Übersetzer erhielten bei dieser Gelegenheit großen Applaus: Die Übersetzung sei »gut, fromm und völlig genau« (Arist. 310). Wer also sind wir, Sie und ich, daß wir den zweiundsiebzig eigens aus Jerusalem gekommenen Schriftgelehrten, der »Blüte der rabbinischen Gelehrsamkeit« (Luciano Canfora), *und* der Gemeinde von Alexandria, der kultiviertesten des Reiches, widersprechen könnten?

Wenn Sie sagen: JAHWE ist der Gott, der *auch in Zukunft da sein* wird, wie ER einst den Israeliten in der Wüste vorausging, dann ist ER auch derselbe, in dessen Namen sich die Tradition des jüdischen Volks unter das allgemeine Moralgesetz gestellt hat. Warum nun sollte ER, DER DA IST nicht auch derjenige sein, DER in diesem SEinem Wesen über die letzte Wahrheit und Wirklichkeit *allen* Seins verfügt, gebietet, entscheidet? Dann nämlich wäre die letzte Wirklichkeit, das ewig transzendent Eine, nach dem wohl auch die alexandrinischen Philosophenschulen suchten, weder eine kosmisch fixe Größe noch eine Idee platonisch-mathematischer Perfektion, weder Gottesformel noch Weltseele. Sondern Gott.

ER, DER IST wäre als souveräne, allwaltende Vollmacht zugleich absolutes Subjekt. *Nur als Subjekt kann Gott dem Volke Israel gebieten, und nur von IHM als ›Du‹ kann ich mich in freier Verantwortung angerufen wissen.*

– Und woher wollen Sie das alles wissen?

– Ich weiß es überhaupt nicht. Es steht geschrieben, es wurde überliefert und übersetzt, es ergibt einen plausiblen Sinn: das absolute ›Du‹ inspiriert eine Grammatik der Freiheit.

*Aber es bleibt eine Wette.* Ich muß daran glauben.

## ACHTZEHNTES KAPITEL

# Welcher Gott?

>»Das Heil kommt von den Juden!« (Joh 4,22)

>»Das Problem des Gott-Menschen bringt
die Vorstellung einer Erniedrigung mit sich,
welche sich das höchste Wesen zufügt:
des Abstiegs des Schöpfers auf die Ebene des
Geschöpfs, das heißt ein Aufgehen der aktiv-
sten aller Aktivitäten in der passivsten aller
Passivitäten.«
Emmanuel Lévinas, *Entre nous*

>»Gehet hin in alle Welt!«
Jesus von Nazareth (Mk 16,15; Mt 28,19;
Lk 24,47)

*Glauben Juden und Christen und Muslime eigentlich an denselben Gott?* – Wenn es keinen Gott gibt außer Gott (wie auch unsere muslimischen Geschwister täglich ihre Gotteskindschaft bezeugen), so müßte DER, DER DA IST (und immer sein wird, DER ER IST) ja wohl *derselbe* sein.

*Nur, wenn wir uns nicht täuschen.* – Wir glaubten zwar an denselben, aber IHN gäbe es gar nicht? – Oder ER wäre anders, als wir IHN uns denken. – ER ist ganz anders!

*ER ist kein Objekt unserer Erkenntnis.* – SEin ist die Frage: die Anfrage an SEin Volk, an mein (und jedes) ›Ich‹! – Der Glaube wäre eine Antwort: wenn sie nun in die falsche Richtung zielte? – Indem ich (an IHN) glaube, frage ich (mich).

*Wie könnten unsere Gedanken, Gefühle, Gebete IHN wohl berühren?* – Wissen werden wir nie, ob unsere Gottesvorstellungen IHN auch erreichen. – Was wir aber kennen, ist der Inhalt unseres Glaubens: Glauben wir, an denselben Gott zu glauben?

**1** EIN GOTT – VIELE GESCHICHTEN. Die Offenbarung steckt voller Philosophie. Und natürlich ist die jüdische Überlieferung voll von ›theoretischen‹ Behauptungen über Gott und die Welt. Auch Christen kennen diese ›JAHWE-Philosophie‹ aus den Büchern der jüdischen Bibel – oder des ›Alten Testaments‹, wie sie es nennen (um es vom ›Neuen Testament‹ zu unterscheiden: der Universalisierung derselben Bundesbotschaft durch Jesus von Nazareth). Wir finden solche mosaische Metaphysik in der Bibel freilich zumeist in performativer Gestalt, mal in eine ganze Serie von Erzählungen eingepackt, mal prophetisch evoziert, mal dramatisch oder cinematographisch ausgespielt.

Diese Geschichten handeln zwar von der Erschaffung und Verfassung der Welt – aber ihr Thema ist *nie,* wie in der ›kreationistischen‹ Pseudowissenschaft, diese oder jene naturwissenschaftliche Theorie der Kosmogenese, dieses oder jene *design* der Biogenese. Die Himmel erzählen die Ehre Gottes – es geht um SEine Taten allein! Weiter handeln die biblischen Erzählungen von Vorgeschichte und Geschichte des jüdischen Volkes; von seiner Not und Unterdrückung in den Zeiten prophetischer Predigt und messianischer Hoffnung – doch geht es *nie* einfach um objektive Historie, wie es wirklich gewesen ist.

So handeln die Offenbarungsvisionen des Daniel-Buchs vom vergangenen (oder bevorstehenden) Ende nahöstlicher Groß- und Diadochenreiche, welche Israel knechteten. Später wird es im christlichen ›Neuen Testament‹ in der visionären *Auf*-Deckung [*Apo*-kalypse] des Sehers Johannes von Patmos hierzu noch eine Art Replik und Übersteigerung geben – aber auch hier geht es nicht um strategische Prognosen oder Politikberatung.

Das wahre Thema all dieser Erzählungen bildet einzig und allein Gottes Gegenwart in Israels Geschick: JAHWE agiert in einer Vielfalt von Rollen – als Vater und Mutter, als Hirte und Heerführer, als Gesetzgeber und Über-Ich. Darum läßt sich die jüdische Bibel tatsächlich lesen wie eine ›Biographie‹ Gottes, Elohims, Adonais', des Gottes der Väter, Zebaoth, des HERRn der himmlischen Heere, JAHWEs, des Ewigen – DESSEN, DER IST.

In ihren Tiefenschichten bewahren die biblischen Erzählungen sogar noch Erinnerungen an alle möglichen lokalen oder funktionalen Vorläufergottheiten auf: an Fruchtbarkeitsgötter, Kriegsherren oder politische Patrone (Jack Miles, Bernhard Lang). Doch all diese Abgötter werden mit dem Fortgang der biblischen Erzählungen (und ihrer Redaktionen) durch JAHWE entmachtet, im Glauben SEines Volkes entthront: SEine Propheten zerschlagen auf Erden die Standbilder der falschen himmlischen Mächte; sie künden vom Willen des Einzigen Gottes, an ihrer Stelle nur mehr die Gesetzestafeln der Gerechtigkeit *gelten* zu lassen.

Auch die famosen Reinheits-Listen des Buches Leviticus über die dem »heiligen« Volke (Lev 19,2) erlaubten Tiere, Speisen, Sexualpraktiken lassen sich *lesen* »wie Zeichen, die in jedem Moment zum Nachdenken über die Einheit, Reinheit und Vollkommenheit Gottes anregten« (Mary Douglas).

Man kann daher die ›Religion der Vernunft‹ (Hermann Cohen) auch exklusiv »aus den Quellen des Judentums« bestreiten.

– Muß (oder *sollte*) dies deshalb auch jeder die Weisheit liebende Jude tun?

– Wo stünde denn das geschrieben?

Im Denken gibt es es doch keine *kosher*-Regeln: In der jüdischen Geistesgeschichte folgten systematische Versuche einer Gotteswissenschaft – ebenso wie in der Christenheit auch – mal mehr der Tradition des Aristoteles, mal mehr dem (neu)platonischen Denken. Auch in späteren Jahrhunderten hielt das Denken des Judentums mit dem Reflexionsniveau der Vernunft und Metaphysik Schritt: sei es mit dem Leibnizianischen Rationalismus (Moses Mendelssohn), sei es mit der Kantischen Revolution der Denkungsart und ihren Folgen (Hermann Cohen).

– Vergessen Sie auch die Heideggerei nicht!

– Na, da sagen wir lieber: die phänomenologische oder existentialistische Vernunft- und Metaphysikkritik im religiösen Judentum des XX. Jahrhunderts (Franz Rosenzweig, Emmanuel Lévinas).

– Sollten wir nicht ohnehin mit dem Begriffe einer Gottes*wissen*schaft eher vorsichtig umgehen?

– Gewiß, den ›Wissens‹-Charakter aller menschlichen Erzählungen oder Begriffe von Gott muß man natürlich und immer und sofort in theologisch-korrekte relativierende Anführungszeichen setzen: handelt es sich doch um IHN, den Ewigen, den die Welt nicht faßt und der all unser Begreifen übersteigt. Aber das gilt schließlich genauso für die christlichen oder muslimischen Versionen eines solcherart ›negativen‹, allegorischen, indirekten ›Wissens um‹ den Allerbarmer. Denken Sie nur an Ibn'Arabi!

In jeder Buchreligion öffnet sich außerdem bald eine Schere zwischen *scriptura* und *traditio,* zwischen ›schriftlicher‹ und ›mündlicher Tora‹ (Gershom Scholem). Und dieses Verhältnis ist im rabbinischen Judentum mindestens ebenso heftig umstritten wie in der nachreformatorischen Christenheit.

– Auch die Spannung zwischen *le logos et la lettre* (Benny Lévy), zwischen der Vernunft des Einen und den Buchstaben der Tora-Rolle, zwischen dem »biblischen Gott und dem Gott Plotins« (Gershom Scholem), war in der jüdischen Tradition nicht minder explosiv (*und* fruchtbar), als es der Kontrast zwischen dem ›Gott der Propheten‹ und dem ›Gott der Philosophen‹ in der denkenden Christenheit war (Blaise Pascal, Karl Barth).

– Ist damit alles gesagt?

– Natürlich nicht. Daß der Allerhöchste (wenn es IHN denn gibt) derselbe Eine ist, heißt ja noch nicht, daß IHN Juden und Christen und Muslime in ihrem »Bewußtsein von Gott als Einem« (Hegel) auf genau dieselbe Art und Weise verstehen. Mit der unaufhebbaren Spannung des *Deus absconditus et revelatus* – eines unzugänglichen HERRn, der sich uns gleichwohl zugewandt und in der menschlichen Geschichte, in Raum und Zeit geoffenbart hat – gehen die drei Varianten des Monotheismus unterschiedlich um. Das je unverfügbare und doch alle Gläubigen bindende, verpflichtende, ›absolute Du‹ nimmt in der jüdischen und christlichen und muslimischen Offenbarung eine je anders akzentuierte Gestalt an.


2 **GOTT DES WESTENS?** Hegel holte bekanntlich aus der Geschichte heraus, was er vorher in sie begrifflich hineingelegt hatte. Und so hat er viel von seiner eigenen Vernunftreligion in die mosaischen Anfänge des Monotheismus zurückprojiziert. Dennoch fällt es schwer, ihm völlig unrecht zu geben,

wenn er in seinen *Vorlesungen über die Philosophie der Geschichte* den »Bruch zwischen dem Osten und dem Westen« auf die Offenbarung Israels zurückdatiert (HW 12, S. 241).

Hegels philosophischer, von bloßer »Substantialität des Sittlichen« bestimmte Osten ist natürlich der ferne Orient: China und Indien, mit Persien als Übergangszone, zu dessen weiterer Peripherie er auch Israel zählt. Der entscheidende Bruch, den das jüdische Volk gegenüber allen an das »allgemeine Natursein« gebundenen Weltauffassungen vollzieht, wie sie für Hegel das philosophische Milieu des Orients charakterisierten, liegt in der selbstbewußten Geistigkeit des Einen Gottes: In IHM komme »das Sichdenken [...] zum Bewußtsein und das Geistige entwickelt sich in seiner extremen Bestimmtheit gegen die Natur und gegen die Einheit mit derselben«.

Die Freiheit des Westens gründet für Hegel in dieser intellektuellen Freisetzung der Subjektivität gegenüber jeder nur vorgängigen, substantiell gegebenen Seinsordnung (in) der Natur. Mit JAHWE wird der Geist als Gott zum Subjekt: »der Geist geht in sich nieder und erfaßt das abstrakte Grundprinzip für das Geistige. Die Natur, die im Orient das Erste und die Grundlage ist, wird jetzt herabgedrückt zum Geschöpf; und der Geist ist nun das Erste. Von Gott wird gewußt, er sei der Schöpfer aller Menschen wie der ganzen Natur, sowie die absolute Wirksamkeit überhaupt« (HW 12, S. 241).

Zwar sah Hegel wie die gesamte idealistische Aufklärung die Geschichte der Freiheit »erst im Christentum [...] zu ihrer wahren Bedeutung gelangen« (HW 17, S. 78). Aber der Grundimpuls des jüdischen Monotheismus, der Bruch, mit dem er den philosophischen Westen begründete, liege in seinem doppelten ›Nein!‹: Die Verehrung des wahren, gestaltlosen, geistigen, doch allwaltenden Gottes steht erstens wider den Vorrang der (äußeren, materiellen, sinnlichen) Natur; und die »Religion des Einen« widersetzt sich zweitens jeder Anpassung an eine prinzipienlose, polytheistische Toleranz: »Gegen diesen Gott sind alle anderen Götter falsche« (HW 12, S. 242).

*Erstens:* Mit der Anerkennung des Einen, transzendenten Gottes als Schöpfer habe sich das »Geistige [...] hier vom Sinnlichen unmittelbar los[gesagt], und die Natur wird zu einem Äußerlichen und Ungöttlichen herabgesetzt«. Erst nachdem »Jehova als das reine Eine« alle natürlichen Mächte als bloß geschaffene in ihrer Unwahrheit als ungöttlich herabgesetzt hat (denn »dies ist eigentlich die Wahrheit der Natur«), kann »der Gedanke frei für sich [werden] und wahrhafte Moralität und Rechtlichkeit kann nunmehr auftreten; denn es wird Gott durch Rechtlichkeit verehrt, und Rechttun ist Wandeln im Wege des Herrn« (HW 12, S. 242).

*Zweitens:* Wir sahen ja bereits, daß der Gott Israels im Gegensatz zum antiken (wie modernen) Polytheismus ein eifersüchtiger, intoleranter Gott ist – der jüdische Monotheismus ist exklusiv. »Dieses große Prinzip ist aber in seiner weiteren Bestimmtheit das *ausschließende* Eine.« Für den mosaischen Monotheismus bestand dies »wesentlich darin, daß nur das *eine* Volk den Einen erkennt und von ihm anerkannt wird« (HW 12, S. 241 f.). Mag auch später – mit dem missionarischen Monotheismus der Christen und Muslime – die Exklusivität dieser Treuebeziehung zu Gott über das jüdische Volk hinaus *ausgeweitet* werden, so wird die moralische Innenleitung, die ausschließliche Bindung des ›Herzens‹ an Gott, *nicht* aufgeweicht. Im nunmehr *exklusiven* Monotheismus soll *nur* noch eine Grundnorm gelten: die Treuebeziehung, die Gott mit SEinem Volke, ja letztlich mit dem Herzen des Einzelnen verbindet.

Sondererlaubnisse, Gruppenmoralen, Klientelbeziehungen zu dieser oder jener Schutzgottheit darf es ja nach der monotheistischen Revolution nicht mehr geben. In der von Mose initiierten Glaubensform werden alle Götter und Mächte der Welt entmachtet: In der Antike waren es die Götter fremder Völker und mächtiger Reiche, in Moderne und Postmoderne sind es die ›Bereichsgötter‹ vielfältiger Wertsphären, die das allgemein geltende Moralgesetz des Einen Gottes zersetzen.

Dabei sind die Revolutionäre nicht immer zimperlich – und wehe, wenn sie die Macht ergreifen: Mitunter wurden die Kultbilder zerstört; zuweilen kam es sogar zur blutigen Säuberung, wie es am Berge Sinai zuerst die Leviten an den Götzendienern des Goldenen Kalbs vorexerzierten (Ex 32,26–29). Sozialkritische Ma schinenstürmer und kulturkritische Propheten witterten schnell in jeder neuen Technik, Partei oder Lehre die Anhänger neuer (oder alter) Abgötter. Als dann die christlichen Nachfahren des mosaischen Bundes Jahrhunderte später im Imperium die Macht eroberten und zur Reichsreligion wurden, sollten sie die Verfolgung derjenigen, die sich dem rechten Glauben verweigern, mit römischem Recht systematisieren. Und die ersten, die ihr jetzt zum Opfer fielen, waren die konkurrierenden Juden, die ›älteren Brüder‹ der Christenheit im Glauben an den Einen Vatergott.

## 3 REICH UND DIASPORA. Gibt es denn einen charakteristischen Unterschied zwischen der jüdischen Religion und den beiden anderen monotheistischen Religionen?

– Man könnte vielleicht sagen: Die Besonderheit des jüdischen Glaubens liegt darin, daß er zwischen dem verborgenen Gott und dem Volk SEines Bundes gewissermaßen eine *soziale Beziehung* dar- und herstellt: mal eine Liebesbeziehung, mal ein Vertragsverhältnis, mal ist der HERR (wie ein) milder Vater, mal gestrenger Richter.

Und diese Beziehung selbst ist weitaus wichtiger als die Gründe, die zu ihr geführt haben. Auch ist sie elementarer als alle theologischen Sätze, mit denen sie in dieser oder jener Schule der Wissenschaft vom Lieben Gott jemals beschrieben werden könnte. Und wer weiß? Vielleicht überlebt diese Beziehung sogar den Glauben selbst.

– Aber wie soll das möglich sein? Fällt der Glaube an JAHWE fort, wo bliebe denn dann die Beziehung?

– Denken Sie nur an Verwitwete oder Geschiedene: Zwar ist der ehemalige Beziehungspartner nun allein, aber auch Geschiedene oder Verlassene bleiben durch ihre verflossene Beziehung geprägt (übrigens auch dann, wenn sich herausstellen sollte, daß sie ›von Anfang an auf Illusionen aufbaute‹). Dabei gibt es ja ganz unterschiedliche Arten von Geschiedenen oder Verlassenen. Auch Juden, die ihren Glauben in JAHWE (ihren Bezugspunkt im Gott des Bundes und Gesetzes) längst verloren haben, bleiben (oder fühlen sich) zumeist in lebendigerer Weise dem Volke des Bundes angehörig als Christen, die nur ›aus der Kirche ausgetreten‹ sind – oder die sich auf dem offenen Religionsmarkt die ›passende‹ Konfession aussuchen oder zusammenstellen wollen.

Das könnte man natürlich auch rein weltlich erklären: Nach Jahrtausenden der Vertreibung und Verfolgung, der Zwangsbekehrungen und Pogrome hat sich im jüdischen Volk ganz zwangsläufig eine unvermeidliche Solidarität herausgebildet, gewissermaßen als sechster Sinn einer Schicksalsgemeinschaft von *überall* Bedrohten – ob es nun den Gott Abrahams, Isaaks und Jakobs gibt oder nicht. Und dennoch tun auch säkulare Juden sich häufig schwer, ihre jüdische Identität als bloßen Schutzinstinkt gewissermaßen wegzurationalisieren.

✦

Es bleibt nicht nur den säkularen Juden die Frage: *Was bedeutet der Judenhaß?*

– Muß er denn auch noch etwas bedeuten? Reichen etwa die Schrecken, die er (mit)ermöglicht hat, nicht aus? Ist es nicht pervers, nach der Ermordung von Millionen noch einen tieferen Sinn zu suchen?

– Wäre es nicht umgekehrt unmenschlich, davor als *factum brutum* einfach zu kapitulieren? So sei nun mal die Menschengeschichte, Massenmorde hat es schließlich immer gegeben, lange bevor es Pogrome oder Vernichtungslager gab...

Und steht es mit den Armeniern nicht ähnlich? Diese erste christliche Nation der Weltgeschichte, das andere Volk, das im XX. Jahrhundert Opfer eines versuchten Genozids wurde, hegt schon deshalb in aller Welt, ob in der Diaspora oder im Heimatland, ein besonderes Gemeinschaftsbewußtsein... Ob es wohl ein Zufall ist, daß auch hier die Mörder ebenfalls Ein-Gott-Gläubige waren, türkische Nationalisten oder Militärs muslimischen Glaubens?

Jedenfalls ist das keine Frage, die allein die Juden und ihre Mörder anginge: Eine geschichtliche Welt, in der ›Auschwitz‹ möglich war und Kolyma und Kigali und ..., hat schließlich nicht nur ihre heilsgeschichtliche Unschuld verloren, sondern auch ihre positivistische Neutralität. Alle weltliche Geschichtsschreibung muß sich nach den Katastrophen des XX. Jahrhunderts die Frage nach ihrem ›Warum‹ stellen (und nach den Möglichkeiten, künftig ähnliche Massaker zu verhindern), auch wenn wir sie vielleicht nie beantworten können.

Darum bleibt den Christen wie Heiden der Stachel der Frage: Liegt nicht der wahre Grund der grausamen Verfolgung der Juden im Haß auf das diesem Volke geoffenbarte Gesetz DESSEN, DER IST: ein Gesetz, das in jedem Menschenantlitz den gestaltlosen Gott zu achten gebietet? Seit seiner Offenbarung macht dieses Gebot es schließlich für alle, die seinem Ethos begegnet sind, unmöglich, unreflektiert am Gefühl der eigenen rassischen, kulturellen, nationalen Überlegenheit festzuhalten: Wer es dennoch tut, der muß sein Ressentiment irgendwie motivieren...

Und warum taucht derselbe Haß nicht nur bei Heiden auf, insbesondere beim rassistischen Neuheidentum von Nationalisten und Faschisten, sondern auch bei den christlichen Massen fast aller Konfessionen? (und fast aller europäischen Nationen?)

– Sollten da die Christen *trotz* aller offiziellen Bekenntnisse zum gemeinsamen Gott des Bundes doch irgendwie Heiden geblieben sein? Oder warum wurden viele von ihnen zu Götzendienern der Nation oder Rasse?

– Haben Sie auch keine Antwort?

✦

Für Christen ist der Liebe Gott offenbar weniger eine soziale Beziehung als eine persönliche, eine *Gewissensfrage*.

– Und nicht zuletzt eine *Wissensfrage:* Der rechtgläubige Christ muß ja nicht nur das richtige Verhältnis zum wahren Gott unterhalten, er sollte dies auch noch aus den rechten Gründen tun. Diese Gründe werden ihm in der Regel von seiner Kirche mitgeteilt. Der brave Jünger Christi sollte diese Gründe – sein Glaubensbekenntnis – freilich nicht bloß auf Anfrage herunterbeten können, er muß sie auch noch begreifen.

– Was passiert nun, wenn er die Gründe für den rechten Glauben nicht mehr kennen will (oder nicht mehr als Glaubensgründe anerkennen kann)? Tritt er nun aus dem Verein der Recht- und Gleichgläubigen aus, und ist damit die Sache für ihn erledigt?

– Nicht unbedingt: Ähnlich wie im Judentum und doch ganz anders bleibt Katholiken ihr Verhältnis zur *Mater ecclesia* häufig auch dann noch in den Eingeweiden stecken, wenn sie den Glaubenslehren und dem Dogmengebäude ihrer Einen, Heiligen, Allumfassenden und Apostolischen Kirche längst nicht mehr aus vollem Herzen anhängen. Natürlich hat die lateinische *Mamma* Kirche über Jahrhunderte nicht nur das Gewissen ihrer Gläubigen (nicht immer mit Erfolg) zu kontrollieren versucht. Sie hat auch den öffentlichen Raum, die Macht und die Respektabilität im Alten Europa der Hierarchien gar kunst- und effektvoll gestaltet. Heute lieben gerade katholische Atheisten die lateinische Messe, nachdem die Kirche selber sie mit dem Zweiten Vatikanischen Konzil abgeschafft hat ...

– Ob es aber immer die Vernunft war, die in der christlichen Dogmengeschichte die jeweils autoritative Einheit der relevanten Gründe bei der gläubigen Zustimmung zum Einen Gott durchgesetzt hat?

– Nun, dies kann schon für den gültigen Kanon der Heiligen Schriften füglich bestritten werden. Übrigens auch dann, wenn man wie John Henry Newman die Entwicklung der christlichen Lehre als einen *grosso modo* vernünftigen Lernprozeß der Elimination von Zweideutigkeiten bei der Rationalisierung des rechten Glaubens begreift.

– Sie reden von Vernunft, aber ich rieche schon die Polizei! Ohne starke Institutionen hätte es doch den für ein ganzes Jahrtausend extremen Rationalisierungsdruck auf die christliche Gotteswissenschaft gar nicht gegeben. Zuerst mußte die christliche Ecclesia *gegen* ihre Verfolgungen durch das *Empire* innerlich gefestigt werden; später dann, einmal Staatsreligion geworden, konnte die Reichskirche sich selber des römischen Rechts und seiner Zwangsmittel bedienen; nach dem Untergang des Reiches überlebten häufig nur die von starken Bischöfen regierten städtischen Kirchengemeinden als zivilisatorische Inseln in jenem Milieu von *warlords* und *failed states,* zu dem West- und Mitteleuropa in der Epoche der ›Völkerwanderungen‹ geworden war.

(Wenn Sie etwa an das heutige Afrika denken, so haben dort die Kirchen wieder eine ähnliche Funktion erhalten: Der Erfolg ihrer Verkündigung hängt auch davon ab, ob sie in der Lage sind, *defensores civitatis* zu werden, Mindeststandards und ›fromme Inseln‹ zivilen Zusammenlebens über die Katastrophenära der Bürger- und Clankriege, der Kleptokratien und korrupten Demokraturen hinwegzuretten.)

– Von derart herrschaftlichen Aufgaben aber konnte nach der Zerstörung des zweiten Tempels im nunmehr nur noch als Diaspora fortbestehenden Judentum gar nicht die Rede sein: es gab schon deshalb keine »ideologischen Staatsapparate« des jüdischen Glaubens oder Volkes, weil es keinen jüdischen Staat gab!

– Hieße das denn, daß sich heute oder morgen, wo es den jüdischen Staat gibt, auch eine eigene herrschaftliche politische Theologie des Judentums entwickeln könnte?

– Interessante Frage. Übrigens wäre das vielleicht gar nicht so übel, jedenfalls im Vergleich zum bewaffneten Messianismus der radikalen Fraktionen der israelischen und internationalen religiös-jüdischen Rechten.

◆

Doch es gibt schließlich auch andere Praktiken der Vernunft als eine alternativlose Umsetzung erster Prinzipien! Wenn uns christlich (vor)gebildeten Vernunftgläubigen die Entwicklung und Entfaltung des theologischen, philosophischen, mystischen Judentums häufig irgendwie chaotisch erscheint, könnte dies ja mehr mit unseren eigenen Vorurteilen zu tun haben als mit der *ratio* des Judentums. Der Streit der Rabbiner über die rechte Auslegung von Gottes Wort ist höchst rational und höchst kompliziert, doch einfach nie beendet, aber wissen Sie, was? – *Das macht überhaupt nichts!* Denn die Annahme, daß es in dieser Selbstverständigung des auserwählten Volkes über die mannigfachen Gründe der Treue zum wahren Gott jemals die *eine* definitive, *ein-für-allemal-gültige* dogmatische Glaubenswahrheit geben könnte, hat die weise jüdische Gelehrsamkeit in den Jahrhunderten ihrer Diaspora-Existenz hinter sich gelassen.

– Die christliche Lehre tut sich damit bis heute offenkundig schwerer. Riskiert sie vielleicht in der multireligiösen Situation eher, die eigene Orientierung zu verlieren?

– Nun, da könnte etwas dran sein: Hierarchische Glaubenssysteme mögen inflexibel sein. *Wenn* nämlich christgläubige Theologen zu pluralistischen Einsichten über die Vielfalt der Wege zu dem Einzigen Gott kamen (wie das vermehrt in der zweiten Hälfte des XX. Jahrhunderts der Fall war), so fanden sie sich häufig, ehe sie wußten, wie ihnen geschah, außerhalb der dogmatischen Gewißheiten, in denen sie zu denken gelernt hatten. Manche treten da gleich die Flucht nach vorn an, in die pluralistische Gleichwertigkeit »heilshafter Transzendenzerkenntnis« bei mehreren Religionen gleichzeitig (John Hick, Perry Schmidt-Leukel). Offenbar hat die Gotteswissenschaft in der Geschichte der Christenheit so lange als dogmatisches Stützkorsett fungiert, daß manche Theologen mit der dogmatischen Vernunft auch gleich ihre Haltung verlieren. Und deshalb ruft das Hauptquartier dann zur Schließung der Wagenburg im Abwehrkampf wider die ›Diktatur des Relativismus‹.

Die jüdische Glaubensgemeinschaft aber gründet eben nicht primär in einer Dogmatik oder Methodik, wie sie die römische Reichskirche brauchte (die ersten Konzilien der christlichen *oikoumene* waren ja zugleich byzantinische Reichsveranstaltungen). Während das christliche Europa über Jahrhunderte seine Staatsapparate mit römischer Rechtstradition und theologischer Vernunft legitimiert und rationalisiert hat, blieb die rabbinische Theologie vor allem Interpretation der Tradition: der Treue zum Bund, der Weisheit und Sittlichkeit einer vielfältigen religiösen Gemeinschaft, welche sich in der Diaspora ganz unterschiedlichen kulturellen Milieus und politischen Kontexten gegenübersah.

– Sollte diese Gestalt einer interpretativen theologischen Vernunft ›ohne Zentrum‹ für unsere multireligiöse Zukunft nicht bedeutsamer werden als jeder herrschaftlich verfaßte Monotheismus von Kirche oder Kalifat?

– Ich gebe zu, die Idee klingt sympathisch. Sollten Sie damit allerdings die Annahme verbinden, die religiöse Diaspora neige per se zur pluralistischen Gelassenheit, dann täuschen Sie sich gewaltig: Normalerweise ist das Gegenteil der Fall. Die zerstreute Minderheit, die um ihr Überleben bangt, kann genausogut auch Brutstätte des Fundamentalismus werden.

# 4 JAHWES BUND UND DAVIDS SOHN.

Verstehe ich Sie recht, daß Sie die theologischen Unterschiede zwischen Judentum und Christentum vor allem auf die Machtfrage reduzieren wollen: Die christliche Reichstheologie rationalisiert die Dogmatik, während sich die jüdische Diaspora mit dem Pluralismus arrangiert?

– Verehrter Widersprecher, Sie verstehen mich *nicht* richtig: Bei einigen Detailfragen mag es ja in der Tat schwierig sein, beim Christentum das systematische Herrschaftsdenken von der bürokratischen Rationalisierung byzantinischer oder päpstlicher Apparate zu unterscheiden. Aber natürlich bleibt der entscheidende Unterschied zwischen Altem und Neuem Bund theologischer Natur, er betrifft das Verhältnis zu Gott: Offenbarung, Bund und Heilsgeschichte.

Für die jüdische Tradition ist der *Bund* das Medium von Gottesferne und -nähe zugleich. Schon JAHWEs Bund mit Abraham befreite den Stammvater aus dessen Sippenfehden und -loyalitäten zum Gehorsam wider den Einen Gott. Und der Mosaische Pakt am Berge Sinai verbürgt die Hoffnung auf eine von Gottes Versprechen gestiftete Heilsgeschichte des Volkes Israel. Denn dieses bezeugt seinen Glauben ja nicht primär als Treue zu irgendwelchen Reinheitsvorschriften und rituellen Sonderregelungen (die man ganz unterschiedlich interpretieren kann), sondern im Gehorsam zum Dekalog, den der HERR dem Mose am Berge Sinai verkündet hat, der zum allgemeinen Sittengesetz gereinigten Religion.

Auch in tiefster Verlassenheit, in Exil und Verfolgung halten die Gerechten SEines Volkes dem Bund JAHWEs die Treue – und ER, DER IST klagt in der Stimme SEiner Seher, Sänger und Propheten die Untreue SEiner Braut Israel immer wieder an. Immer dann, wenn das Volk sich zum Abfall an einen der vielen konkreten Lokalgötzen, zum Tanz um das Goldene Kalb, hat versuchen lassen. Der Bund, das Treueversprechen Israels, bleibt eine Wette – auch auf Seiten JAHWEs.

Die Gottesfürchtigen sollen SEine Tora lesen, SEin Gesetz befolgen, SEin Wirken beachten, SEinen Ruhm ehren.

– Um IHM damit näher zu kommen?

– *Nein,* das kann man so nicht sagen: So nahe an IHN heran, daß er IHN sehen könnte, kommt jedenfalls niemand. Auch in den Theophanien, die Abraham oder Moses zuteil wurden, verhüllt ER sich in Wolken, im brennend nicht vergehenden Feuer, in Engeln oder Boten. *Gegenwärtig* ist der Gott Abrahams und Mosis SEinen Gläubigen nur in den Geboten des Bundes, welcher das moralische Gesetz in SEinem Willen gründet – aber das einzelne Individuum *begegnet* IHM nicht.

Oder es begegnet IHM eben nur in der Geschichte, besser: in den Geschichten der Tradition SEines Volkes. In der Lektüre der Schrift, im nie abgeschlossenen Ringen um das Verstehen ihrer Weisheit und moralischen Lehren ent-hüllen sich zahlreiche Gesichter des Allerhöchsten. In diesen Erzählungen ist ER zu SEinem Volk wohl manchmal barmherzig, manchmal liebend fürsorglich wie eine Mutter, manchmal zornig wie ein Sippenpatriarch, häufig gänzlich unbegreiflich für uns Sterbliche, so wie gegenüber dem zu Unrecht duldenden Hiob. Denn ER hinterließ uns zwar als ›praktischen Zweck‹ SEiner Offenbarung das Gesetz sittlicher Allgemeinheit – *aber ER ist nie unter uns.* An einen ›*Lieben* Gott‹ zum Anfassen zu glauben kommt für gläubige Juden fast dem Götzendienst gleich.

– Für in Gottes Willen ergebene Muslime nicht minder!

– Gott hat sich uns als verborgener geoffenbart. Diese Spannung von Gottes Fremdheit *und* SEiner Nähe, die in der Geschichte des Volkes Israel durch das Bundesgesetz vertreten, aber nicht aufgelöst wird, erhält mit der christlichen Verkündigung eine dramatische Wende. Die Lehre von Gottes Menschwerdung im Erlöser treibt die monotheistische Gottesvorstellung bis an die Grenzen der Paradoxie, oder sogar darüber hinaus.

– Hat ER, DER IST etwa die Spannung nicht mehr ausgehalten?

– Zunächst sind offenbar die Menschen nicht mit ihr zurechtgekommen.

»Denn im Verhältnis zum Absoluten ist nur eine Zeit: die Gegenwart; wer nicht gleichzeitig ist mit dem Absoluten, für den ist es gar nicht da«, so hat Søren Kierkegaard diese Spannung in seiner *Einübung im Christentum* charakterisiert.

– Und was soll das heißen? *Können* denn die Menschen ›Gleichzeitige‹ mit Gott werden? Müßte da nicht erst einmal Gottes alle Zeit *über*steigende Ewigkeit für uns zugänglich werden? In einer auch für raumzeitliche Lebewesen gewissermaßen ›verortbaren‹ Gegenwart?

– Offenbar will Kierkegaard diese Spannung überhaupt nicht auflösen. Er münzt sie vielmehr um in ein radikales Bewußtsein unausweichlicher menschlicher Schuld: in jene Situation der Entscheidung, in der wir *nur* noch auf Gott vertrauen können.

In der christlichen Lehre von Gottes Menschwerdung in Jesus von Nazareth wird diese Spannung zugleich direkter und abstrakter. Gott soll da zum einen selber *menschlich* gegenwärtig geworden sein – in Gestalt SEines eingeborenen Sohnes als Messias, des Erwählten und Gesalbten, oder eben griechisch: des *Christos*. Aber in dieser SEiner menschlichen Gegenwart soll doch zugleich ein bereits ›vor aller Zeit‹ bereits bestehendes, ewiges *Selbst*verhältnis *Gottes* zum Ausdruck kommen. Keine Zeit habe es gegeben, da ER, dieses Wort, dieser Sohn Gottes, nicht war.

5 JESUS UND CHRISTUS. Immerhin verortet die detailliert belegte Abstammung Jesu aus dem Königshause Davids das Leben und die Lehren dieses Christus innerhalb der Geschichte des auserwählten Volkes Israel. Der Stammbaum »des Sohnes Davids, des Sohnes Abrahams« – ein über vierzehn Glieder vor und vierzehn Glieder nach der babylonischen Gefangenschaft lückenloses Geschlechtsregister Jesu (Mt 1,1–17) – unterstreicht die jüdische Legitimität des durch die Propheten angekündigten Messias, »der sein Volk retten wird vor ihren Sünden«: der Sohn Davids und der Gottessohn.

Die christlichen Evangelien setzen also die messianischen Perspektiven Mosis und der Propheten *voraus.* Und sie setzen sie *fort:* Die Botschaft Jesu, nicht zuletzt die Ethik der Bergpredigt (Mt 5–7; Lk 6–7) bestätigt und verinnerlicht, sublimiert und transzendiert das Sinai-Gesetz ja nur, *ohne* es deshalb auszusetzen oder gar in Frage zu stellen. Und dies – *nota bene!* – hat nicht zuletzt Apostel Paulus betont! (Wir haben das Thema ja im letzten

Kapitel gestreift. Aber angesichts des auch unter Ungläubigen immer noch grassierenden Vorurteils, Jesus und dann insbesondere SEin Missionar Paulus hätten die *harte* ›alttestamentarische‹ Moral zugunsten einer *sanften* Liebesethik aufgehoben, kann man die Kontinuität des Mosaischen Bundes für den Christenglauben nicht oft genug betonen!)

Der von Paulus auch den Griechen und Heiden verkündete Universalismus des Evangeliums ist somit – *ethisch* gesehen – ›voll anschlußfähig‹ an die Legitimität des Alten Bundes. Die Gebote der Bergpredigt und Jesu Lebensregeln sind ja nichts anderes als teils kämpferisch radikale, teils weisheitlich abgeklärte Kommentare zum ethischen Geist und religiösen Hoffnungsgehalt der Bücher Mosis und der Prophetenschriften. Jesus setzt ihre Geltung somit gerade dann *voraus,* wenn er ihre Umsetzung auch ohne Genehmigung der Jerusalemer Tempelpriesterschaft fordert, wie dies ähnlich wohl schon sein Vorgänger tat, der Wüstenprediger Johannes. Karl Barth hat die Haltung des religiösen – *nicht* sozialen oder politischen – Revolutionärs Jesus zur Tradition SEines Volkes einen ›gelassenen Konservatismus‹ genannt (KD IV/2). Ein ›Parteigänger der Armen‹ war dieser Jesus natürlich ohne Zweifel dennoch!

Allerdings wartet für die Autoren des Neuen Testamentes Gottes Heil nicht erst am Ende der Geschichte. Was Jesus in den Evangelien verkündet und was manche neuere Kommentatoren (etwa John Dominic Crossan) an kynische Wanderphilosophen und andere Sozialkritiker der Antike erinnert, schlägt einen anderen Ton an: das Reich Gottes – aber *subito!* Hier und heute, bei jedem und jeder Einzelnen, in der inneren Haltung der Gläubigen und ihrem Liebend-sich-zueinander-Verhalten kann und soll die Wirklichkeit des Heils beginnen. Darum, so predigte Jesus, dürfen wir die Vorbereitung des Reiches Gottes und die Interpretationshoheit des Gesetzes nicht an die herrschende Priesterschaft delegieren!

Als schließlich dieser Quertreiber des Volksaufruhrs angeklagt und von der römischen Besatzungsmacht wegen seines angeblichen Versuchs, ›König der Juden‹ zu werden, hingerichtet wurde, waren vermutlich einige der Hohenpriester tatsächlich erleichtert...

– Nun, wie immer man den ›Prozeß Jesu‹ beurteilt (Chaim Cohn), offenbar hat es dieser Prediger ja abgelehnt, auf irgendwelche Kompromißformeln einzugehen, mit denen man den römischen Statthalter hätte beruhigen und davon überzeugen können, daß das Empire in seinem nahöstlichen Hinterhof von diesem Wanderprediger nichts zu befürchten hatte.

– Jedenfalls ist es kein Wunder, daß sich später in der Geschichte der Christenheit immer wieder alle möglichen Dissidenten und Protestanten auf diese antihierarchischen, wider jede Priestervormacht gerichtete Note der Predigten Jesu berufen konnten.

Seit einigen Jahrzehnten wird ja bei manchen ›fortschrittlichen‹ Theologen auch die Lehre vom Sohn Gottes als Heilsbringer immer mehr auf die *ethischen* Gebote Jesu reduziert.

– Kräuselt da etwa Mißmut Ihre Stirn? Was mißfällt Ihnen daran? Haben Sie vielleicht etwas gegen Friedensliebe?

– Ach nein, gegen eine freundlich ›jesuanische‹ Aufforderung zur Nächstenliebe oder solidarischen ›Spiritualität‹ ist doch überhaupt nichts einzuwenden. Aber hätte man sich da den Lieben Gott nicht sparen können? Der gute Mann Jesus tut's doch auch.

Am Ende würde sich ein derart ›jesuanisch‹ reduziertes *mainline*-Christentum in der Tat kaum mehr von einem spiritualistisch verdünnten Judentum unterscheiden (Herbert Schnädelbach). Wenn der Herr Jesus nicht im interreligiösen *New Age* auch noch zu einer Art Kollegen Buddhas mutiert ...

– Um so besser: Dann ist es ja auch nicht mehr weit bis zum ›Weltethos‹. Also erübrigen sich gleich die meisten theologisch quälenden Fragen nach der gott-menschlichen Doppelnatur (in) der Person Jesu. Wird in der hebräischen Bibel nicht auch das Volk Israel mitunter als Sohn Gottes bezeichnet? Und sind wir nicht alle Kinder Gottes, von IHM geschaffen nach SEinem Bilde?


# 6 SCHULD UND EHRE.

Und wodurch unterscheidet sich denn da Gottes Anwesen im nazarenischen Lehrer und Meister Jesus von SEinem Wirken in allen Menschen, die guten Willens sind? Reichen etwa guter Willen und Recht-Handeln nicht aus, um uns aus dem Sünden-Elend zu erlösen? Inwiefern konnte der Wanderrabbi aus Nazareth denn SEinen Jüngern Gottes Geist und Leben *mit*teilen – und aller Welt Gottes Liebe und Versöhnung offenbaren?

– Nach christlicher Glaubenslehre konnte Jesus dies tun, insofern ER selber aus erster Hand sprach: sozusagen als göttlicher ›Insider‹ (Gerald O'Collins). Ein bloßer Prophet wäre *nicht* der Heiland! Ein Prophet verfügt ja nicht selbst über Gottes Gnadenfülle, sondern redet nur darüber. Gottes wirksame Gnade aber – so das christliche Dogma – ist nötig, um den durch die Sündenverfallenheit der Menschen entstandenen Riß in der Schöpfung zu kitten.

– Die Verderbtheit des Menschengeschlechts will ich Ihnen diesmal gar nicht bestreiten. Aber jetzt reden Sie ja, als ob der Liebe Gott (aufgrund dieser Sünden) gewissermaßen Mensch werden ›mußte‹!

– Bei aller Liebe: Gott *muß* gar nichts – und auch SEine für unsere Begriffe ›notwendigen‹ Motive folgen einzig SEinem eigenen Willen und Entwurf (Cur deus, II.5). Freilich gibt es unter Menschen durchaus »volitionale Notwendigkeiten« (Harry G. Frankfurt): das sind Zwänge, die uns »aus der Mitte unseres eigenen Willens erwachsen und nicht durch eine externe oder fremde Kraft« (etwa: wenn ich mich nicht dazu bringen kann, bestimmte abscheuliche oder verachtenswerte Handlungen auszuführen, obwohl ich es versuche). Nun gibt es für ein unendliches Subjekt wie den allmächtigen Gott zwar ohnehin keine *externen* Begrenzungen. Doch könnte ER sich ja an eine *interne* Konsequenz bestimmter selbstgesetzter Ziele, die ER mit der Schöpfung hegte, halten.

Warum also entschloß sich der EWIGE in SEiner allerhöchsten Souveränität dazu, in einer SEiner ›Seinsweisen‹ (Karl Barth) unsere beschränkte menschliche Existenz anzunehmen? Auf diese Frage sind in der Geschichte der Christenheit recht verschiedene, einander teils widersprechende, teils ergänzende Antworten formuliert worden. Das erste halbe Jahrtausend christlicher Theologiegeschichte – und *nota bene:* Kirchenspaltungen – ist wesentlich von diesen ›christologischen‹ Debatten geprägt (Alois Grillmeier; Gerald O'Collins). Da gibt es dann nach einer bekannten

Unterscheidung Karl Rahners Christologien ›von oben‹ – warum entschloß sich Gottes Sohn, der Ewige Logos, als Christus auf die Erde ›hinabzusteigen‹? – und Christologien ›von unten‹, aus der heilsgeschichtlichen Erfahrung der Jünger Jesu und der Gläubigen heraus: Wie erfahren wir in Jesus von Nazareth die Selbstmitteilung des absoluten Gottes? Und natürlich sind alle diese gottesfürchtigen Theorien menschlich (was sollten sie auch sonst sein?). Sie bleiben daher vom historischen Kontext und Zeitgeist der Theologen geprägt, welche sich diese frommen Gedanken machten.

Ich nenne Ihnen hier nur drei der für die westliche Christenheit wichtigsten, und Sie mögen sehen: einen leicht mittelalterlichen Zug haben sie allesamt. Ob sie nun vom *Kampf* zwischen Leben und Tod, zwischen Gut und Böse handeln (welches der HERR und Schöpfer zwar zugelassen hat, dem aber der letzte Sieg durch Christi Kreuzestod entrissen wird) oder von der Auslösung einer durch die eigenen Sünden selbstverursachten *Schuldknechtschaft* der Menschheit (welche Gottes Sohn durch seinen schuldlosen Tod als Mensch überwindet) oder von der Wiederherstellung der durch den menschlichen Ungehorsam unendlich verletzten *Ehre* des Allerhöchsten (welche alles menschliche Tun nicht zu restituieren vermöchte).

*Erstens:* Gottes Sieg über Tod und Teufel. Nur Gott konnte als Mensch die menschliche Sterblichkeit überwinden, und diese gilt schließlich als eine der Folgen der ersten Sünde. Im Paradies war von Sterblichkeit nicht die Rede, bevor Adam und Eva vom Baume der Erkenntnis aßen. Und so »mußte der Teufel, der den Menschen durch den Genuß einer Baumesfrucht, zu der er ihn verleitet hatte, besiegt hatte, von einem Menschen durch das Leiden an einem Baumstamme [des Kreuzes], das er ihm zugefügt hatte, besiegt werden« (Cur deus, I.3): Am Baume des Kreuzes sterbend, besiegt der Heiland die Unterwelt; und in der Stunde SEines Todes verlieren alle Engel der Finsternis ihre Macht, so daß es fürderhin in der katholischen Liturgie des Osterfestes heißen kann: Tod – wo ist dein Schrecken?

Dann *zweitens* die Auslösungstheorie: Schulden müssen bezahlt werden. Einzig ein sündenfreies menschliches Wesen, das darum nicht einfach *nur* aus des Sünders Adam Geschlecht stammen darf, konnte die ob ihrer Sünden verdammte Menschheit – also uns alle – mit seinem Blute vom Satan ›freikaufen‹, welcher ja damals im Paradies durch Adams Sünde Gewalt über uns gewann. »Wie nämlich durch eines Menschen Ungehorsam der Tod in das Menschengeschlecht eingetreten war, so mußte auch durch den Gehorsam eines Menschen das Leben wiederhergestellt werden« (Cur deus, I.3). Jesus als der zweite Adam: *Tit for Tat!*

Sowie *drittens* die Deutung von Jesu Passion als Wiedergutmachung. Jesu Verfolgung und Peinigung, Gottes Tod am Kreuz bewirkt hier eine Art kosmischer Reparatur, ja gewissermaßen eine ›zweite Schöpfung‹.

– Was muß denn da repariert werden?

– Die Ehre des Allerhöchsten, aber auch SEine Pläne mit den Menschen. All unsere Sünden (seit Adams Fall), jede einzelne von ihnen (durch unseren Ungehorsam wider Gottes explizites Gebot), haben nämlich Gottes Ehre verletzt; und »nichts in der Ordnung der Welt ist weniger zu ertragen, als daß das Geschöpf dem Schöpfer die schuldige Ehre nimmt und nicht abzahlt, was es nimmt« (Cur deus, I.13).

Wenn nun Gottes verletzte Ehre die Ehre eines *unendlichen* Subjekts ist, des Allerhöchsten Herrn der Himmel, dann müßten natürlich auch die Wiedergutmachungsleistungen einen unendlichen Wert haben. Den aber könnte auch der gottgefälligste aller Menschen, als ein bloß endliches Wesen, niemals aufbringen. Ohne Genugtuung (»ohne freiwillige Auslösung der Schuld«: *sine debiti soluzione spontanea*) »kann Gott weder die Sünde ungestraft lassen noch [kann] der Sünder zur Seligkeit gelangen. [...] Denn auf diese Weise würde der Mensch nicht wiederhergestellt, selbst nicht so, wie er vor der Sünde gewesen ist« (Cur deus, I.19).

Also – und dies ist die These des heiligen Anselm von Canterbury in seinem Traktat zu Gottes Menschwerdung, die dann von Thomas von Aquin weiter elaboriert und modifiziert worden ist (Sth III a, qu. 46–49) – *muß* Gottes Unendlichkeit in die beschädigte menschliche Existenzweise eintreten. Als selber sündenloser Gott-Mensch müßte Jesus Christus ja eigentlich nicht sterben: Aber er nimmt dies Los doch auf sich. Einzig dieser *unendlich* kostbare Opfertod des Gottessohnes kann auch den kosmologischen Schaden reparieren, den die ersten Menschen mit ihrer Sünde in eine ansonsten perfekte Schöpfung gebracht haben.

– Was heißt denn hier schon wieder ›Gott muß‹? ER muß doch nur dann, wenn ER sich an eine (offenbar von Ihrem ritterlichen Rationalisten Anselm irgendwie vorausgesetzte) kosmische *Rechts-* oder *Ehr*ordnung gebunden fühlt! Aber wenn ER doch der allmächtige Schöpfer ist – von *allem, was es gibt* –, wieso setzt er diese selbstgesetzte Spielregel nicht einfach außer Kraft?

– Hielten Sie das denn für einen guten Stil?

*Machen wir die Gegenprobe:* Wir können das Szenario ja einmal durchspielen. Gott hätte (auf welchem evolutionären Wege auch immer) die Menschen ›nach SEinem Bilde‹ geschaffen: als der Perfektion fähige Wesen mit freier Entscheidungskompetenz und vernünftiger Urteilskraft, »erschaffen, um in seinem [Gottes] Genusse selig zu werden«, was für die Menschen ja »nur in gerechtem Zustand« möglich ist (Cur deus, II. 1).

Die Menschen nun nutzten ihre Vernunft und Freiheit weder zur irdischen Gerechtigkeit noch zur göttlichen Ehre, sondern zu Mord und Totschlag, zur Fortsetzung des evolutionären Überlebenskampfes mit anderen Mitteln, ja seiner Pervertierung als ›gesellschaftlich verwilderter Selbstbehauptung‹. (*Nota bene:* der allererste Mord, von dem die Bibel berichtet, als Kain seinen Bruder Abel erschlug, war ja bereits ein *soziales,* von Neid und Nachahmung produziertes Übel.)

– Nun, bis jetzt ist das doch kein Szenario, sondern *grosso modo* die uns aus der Weltgeschichte bekannte Anthropologie, wonach in der Regel der Mensch des Menschen Wolf ist.

– *Okay:* Nun einmal angenommen, der Liebe Gott hätte sich daraufhin dieses Versuchsergebnis SEiner Schöpfung angeschaut und gewissermaßen achselzuckend bemerkt: »Wie schade, meine Erschaffung des Menschen ist leider danebengegangen«, um sich daraufhin anderen Plänen zuzuwenden oder eine Wasserpfeife anzuzünden ... Sagen Sie: Welches Gottesbild steckte wohl hinter einer solchen Version der Geschichte von Schöpfung und Sündenfall?

– Der HERR der Himmel ähnelte eher einem orientalischen Despoten, welcher dem Leben und Leiden seiner Untertanen gelangweilt zuschaut. Oder einem Weltenbauer mit dem moralischen Empfinden eines Computer-*kid,* der immer neue *tricky* Probleme oder Lösungen durchprobiert (ich denke da nur an die famosen elektronischen Konstrukteure Trurl und Klapauzius, in Stanisław Lems *Robotermärchen!*).

*Mon dieu,* und was für ein Menschenbild folgt erst daraus? Immerhin schuf und belebte Gott die Menschen doch ›SEinem Bilde gemäß‹! Wieso hätte ER den *homo sapiens sapiens* als der Perfektibilität fähiges Leibes- und Geistwesen überhaupt erst erschaffen sollen, wenn ER ihn dann doch seiner (selbstverschuldeten) Sündenverfallenheit überließe? Nein, schon SEinem eigenen Selbstbilde zuliebe ›durfte‹ ER doch die Menschheit nicht unerlöst lassen: »Aus alldem läßt sich leicht erkennen, daß Gott entweder mit der menschlichen Natur vollenden wird, was er begonnen, oder eine solch erhabene Natur vergebens zu einem solchen Gute [der ewigen Seligkeit] erschaffen hat« (Cur deus, II.4).

– *Best case scenario.* Aber stellen wir uns nun einmal den entgegengesetzten Fall vor: Die ersten Menschen hätten gar nicht gesündigt, und alle ihre Nachkommen (also auch wir) würden von unseren gottgegebenen Gaben lebendiger Freiheit und Vernunft ausschließlich gottgefälligen Gebrauch machen, kurz: die Menschheit hätte also das wahrhafte *Telos* ihrer gottgeschenkten Existenz gar nicht verfehlt. Was dann? Wenn ich Sie recht verstehe, so hätte in diesem Fall ja – *ex hypothesi* – Gottes ewiges Wort (oder SEin Sohn) überhaupt nicht Mensch zu werden brauchen? Jesus hätte nicht unter fürchterlichen Qualen unschuldig am Kreuze krepieren ›müssen‹, um so die Sünden der Menschheit auf sich zu nehmen …

– *Halt!* Zu diesem Punkt entziehe ich Ihnen (und mir) das Wort. Welche Gründe und Motive der Allerhöchste noch gehabt haben mag, Mensch zu werden (außer SEiner ›Rettungsoperation Sündenfall‹), darüber ziemt es sich für uns *nicht,* zu spekulieren.

# 7 GOTT UND MENSCH.

In der Ausdeutung der Passion Christi haben sich dieser Satisfaktionstheorie immerhin Sankt Anselm oder der heilige Thomas verschrieben – also die Krone der mittelalterlichen Theologie! –, aber ich muß zugeben: Dieses ganze Wiedergutmachungsdenken behält doch einen seltsamen Beigeschmack. Es gibt in diesen Kirchenlehren zwar keinen Automatismus der Rettung der Menschheit nach (und durch) Jesu Leiden und Sterben am Kreuze: Bei aller notwendigen, (mit)helfenden oder hinreichenden Gnade Gottes müssen sich die Sünder schließlich selbst um Reue und neues Vertrauen in ihrem gestörten Verhältnis zu Gott bemühen (Eleonore Stump).

Aber dennoch – alles wird verrechnet: Um die ursprüngliche (und ganz große) Schuld einer unendlichen Majestätsbeleidigung der Ehre des Allerhöchsten zu tilgen, braucht es einen unendlichen Gegenwert. Nur ein vollkommenes menschliches Leben und Leiden wie das des Gott-Menschen Christus konnte diesen Gegenwert darstellen (R. Swinburne). Doch auch für mindere Sündenschulden, die der ›läßlichen‹ Sünden, gibt es bald Verrechnungseinheiten; und die wurden dann mit der »Erfindung des Fegefeuers« (Jacques Le Goff) immer mehr ausdifferenziert. Im hohen Mittelalter konnte die Verweildauer sündiger Seelen Verstorbener im reinigenden (aber eben auch peinigenden) Fegefeuer verkürzt und verrechnet werden mit irdischen Taten und Gaben der Hinterbliebenen. Dafür gab es am Ende regelrechte Tariftabellen – und natürlich: Bei alldem wurden die Kirchen immer prächtiger und der Klerus immer fetter.

✦

Der Islam, der keine grundsätzliche Verderbtheit der menschlichen Natur kennt, muß sich mit der Perspektive einer Sündenverfallenheit der Menschheit nicht herumschlagen (und hat mit der Pflicht jedes Muslim, Almosen zu geben, über fromme Bruderschaften und Stiftungen andere Methoden der Selbstfinanzierung entwickelt). Jeder Muslim hat Allahs Rechtleitung zu folgen – und *basta!* Soweit er gefehlt hat, muß er Gottes Gerechtigkeit gewärtigen. Einzig der Allerbarmer könnte dereinst am Tage des Gerichts noch Milde walten lassen. Die Höllenangst des Sünders ist gewiß groß, aber ein theologisch sonderlich kniffliges Problem stellt sie nicht dar.

*Simplex sigillum veri:* Vermittler des Einen Gottes, Stellvertreter auf Erden, Gottessöhne haben in diesem klaren Gehorsamsverhältnis nicht nur nichts zu suchen. Jesus, Sohn der Maria, war ein gehorsamer Prophet, ein Frommer, Heiliger, und Vorbild für alle Muslime (Tarif Khalidi). Kaum aber ist vom Christus die Rede, da geraten die an IHN Glaubenden aus muslimischer Sicht schnell auf die gefährlich abschüssige Bahn der ›Beigeseller‹: das sind diejenigen, welche dem Einzigen Gott Söhne, Mütter oder sonstige heilige Menschen assoziieren und damit die Einzige Majestät des Allerbarmers durch Assoziierung von ›Mitgöttern‹ beleidigen! Wenn sie nicht ohnehin bereits halbe Polytheisten sind.

– Aber wieso könnte denn der christliche Jesus nicht allein durch sein ethisches (sprich: jüdisch-universalistisches) Programm unser aller Heiland sein? Eine Botschaft, wie sie dann *grosso modo* auch noch von den Muslimen akzeptiert wird (mit Ausnahme einer Reihe vermeintlicher ›Verfälschungen‹, wie sie der Islam ja gerne seinen buchgläubigen Vorläufern und Konkurrenzreligionen in die Schuhe schiebt?)

– Nun, damit bliebe Jesus doch bloß ein Mensch wie wir auch. Er wäre eben ›nur‹ ein ›heiligmäßiger‹ Mann, vielleicht mit stärkerem Bewußtsein seiner Sendung durch Gott als alle anderen: der letzte oder *vor*letzte der Propheten (der letzte *vor* Mohammed, dem definitiv *aller*letzten, dem ›Siegel‹ der Propheten). Einer, der für seine Lehren auch mit seinem Opfertode geradestand.

Nicht wenig, fürwahr! – aber fürs Mysterium des Christus nicht genug. Gottes Majestät und Größe wären ja durch das Leiden und Sterben eines Propheten aus Nazareth – so gerecht und weise und gottesfürchtig er auch immer gewesen sein mag – ebensowenig berührt wie durch irgendein anderes menschliches Leiden und Sterben. Für das christliche Dogma aber, wonach die Vermittler- und Erlöserrolle dem Messias Jesus als *einer göttlichen Person* zukommt, ist die Paradoxie eines *leidenden Gottes* eigentümlich: Der christliche Jesus bekräftigt, verwirklicht, universalisiert nicht nur Gottes Gesetz (und Israels Bund), er verkündet nicht nur Gottes

Reich, sondern verkörpert den HERRn der Himmel in seiner Person: bis hin zum Tode am Kreuze.

Und hier liegt wohl der grundlegende Widerspruch, den Jesus, der jüdische Messias der Christenheit, auch gegenüber dem Islam verkörpert: Islam bedeutet Hingabe der Gläubigen in des Einen Gottes Willen, Zuversicht der Notleidenden in den Allerbarmer sowie nicht zuletzt die Furcht der Sünder vor dem gerechten Richter über unser aller Verfehlungen.

Doch das Bild vom allmächtigen HERRn der Himmel, gestrengen Richter und barmherzigen Übervater ist für Christen noch nicht die ganze Wahrheit Gottes. Ein Gott, der Mensch geworden ist, offenbart sich auch als in SEinem Wesen verletzbar. Eine Transzendenz, die auf Erden verfolgt wird, leidet auch *an* dieser Welt – und verbleibt nicht in ihrem sicheren Jenseits. Ein Reich Gottes, das auch aus dem Antlitz des Nächsten spricht (also eines jeden, der in Not gerät), ist in geradezu dramatischer Weise an menschliches Handeln überantwortet.

Jesus am Kreuze, der jüdische Messias der Christenheit kündet als Gottessohn von einem Gott, der auch scheitern kann. In dieser Dramatik einer ›Niederlage Gottes‹ (Sergio Quinzio), der sich aller aktiven Macht entkleidet, um zum passivsten aller Opfer zu werden, erhält Gottes Wahrheit ein menschliches Antlitz: Doch die Theophanie zeigt nicht Gottes HERRlichkeit, sondern das Gesicht eines Verfolgten, eines Leidenden, eines Sterbenden. Dieser Blick offenbart eine gefährdete Gestalt der Wahrheit: eine Wahrheit, die nicht triumphiert, sondern verfolgt und erniedrigt wird.

Es war kein christlicher Denker, sondern ein bedeutender jüdischer Philosoph des XX. Jahrhunderts, Emmanuel Lévinas, der in diesem Bilde der Erniedrigung des EWIGEN zum *Dieu Homme* – im »Gott [als] Menschen« – eine andere Gestalt der Wahrheit identifiziert hat (für die er sich auch auf den rebellischen Protestanten Søren Kierkegaard beruft): »die Idee einer Wahrheit, deren Offenbarung weder glorreich ist noch schlagend, die Idee einer Wahrheit, die sich voller Demut äußert«. Emmanuel Lévinas fragt weiter: »ist diese Idee einer verfolgten Wahrheit nicht die einzig mögliche Weise der Transzendenz?«

Lévinas' Frage hat zwar die Form einer rhetorischen Frage. Aber die Antwort ist nicht eindeutig: Ja, ›es gibt‹ sie, diese verfolgte Transzendenz, eine Wahrheit, die sich im stummen Blick des verfolgten Nächsten äußert, den keine Macht der Welt zu ›entwaffnen‹ vermag – und diese Transzendenz ›gibt sich hin‹ im freiwilligen Opfer des Gott-Menschen am Kreuze. Aber nein: es ist nicht die einzige Form der Transzendenz. Es gibt ja dennoch weiterhin ihre anderen, klassischen, metaphysisch ›herrschenden‹ Gestalten.

Wir kennen (oder wir suchen) die starke ontologische Transzendenz der ›Warum überhaupt?‹-Frage: nach dem unbedingten Grund alles Seienden, über den hinaus nichts Größeres, Grundlegendes mehr gedacht werden kann. Wenn es denn eine Antwort auf sie gibt, so antwortet auf diese Frage nur der allmächtige Schöpfer-Gott in SEiner Verantwortung für *alles, was ist.* Und wir kennen auch eine verfolgte, die ›schwache‹ Transzendenz des Opfers, wir erkennen sie ja sofort, und dann können wir nicht umhin, ihr ethisches Gebot anzuerkennen.

Hie der allmächtige Herr allen Seins, der alle Wirklichkeit übersteigt – dort das unbedingte, aber ohnmächtige Gebot, welches aus einem verfolgten Menschenantlitz spricht: eine ethische Transzendenz, die (wie Lévinas sich ausdrückt) »ins Sein einfällt«. Wir könnten die christliche Lehre vom menschgewordenen Gott am Kreuze auch als eine Wette verstehen. Die Wette darauf, daß beide Gestalten der Transzendenz, hie Gottes unanschauliche, alle Anschauung *über*steigende HERRlichkeit, und dort die machtlose, aber imperative Pflicht, die mich im Blick eines unschuldig Gefolterten zur Verantwortung ruft, Namen desselben Gottes sind.

8 DOPPELNATUR. Nimmt man die biblischen Behauptungen der Jünger Jesu ernst, dann ist die Frohe Botschaft der an Christus Glaubenden kein bloß ›spirituelles Weltethos‹ für solidarische ›Gutmenschen‹, sondern ein donnerndes Paradox: Gottes Wahrheit wird vom Menschen Jesus zugleich *verkündet* und im Tode *verkörpert.* Jesus der Christus soll ja beides zugleich

sein: Erstens ein Mensch, wenngleich ein ausgezeichneter, auserwählter und *aus Liebe* schließlich in extremer Weise leidender Mensch; zweitens verkörpert er das unveränderliche, vor aller Zeit bestehende Selbstverhältnis des ewigen und einzigen Gottes – *als Liebe.*

*Wie aber soll das wohl gehen,* daß ein menschliches Individuum zwei Naturen haben kann? Friedrich Schleiermacher beispielsweise, Begründer des liberalen Protestantismus, hielt dies für undenkbar. Der Erlöser war ihm daher eine rein menschliche Person, wie er in seiner Dogmatik *Der christliche Glaube* schreibt: »allen Menschen gleich, vermöge der Selbigkeit der menschlichen Natur, von allen aber unterschieden durch die stetige Kräftigkeit seines Gottesbewußtseins, welche ein eigentliches Sein Gottes in ihm war« (§ 94).

*Wie aber soll das wohl gehen,* daß ein Mensch der Menschheit Gott offenbarte, SEine Versöhnung brächte – und sei er auch noch so außerordentlich, heilig und vorbildlich? Wie üblich findet Hegel – der es mit seiner Philosophie unternahm, die darum auch reflexives Christentum heißen könnte, die Wirklichkeit der Vernunft aus dem Worte Gottes zu rekonstruieren – die eleganteste Formulierung: »Die höhere Betrachtung aber ist die, daß *in* Christus die göttliche Natur geoffenbart worden sei« (HW Bd. 17, S. 287). Gelöst hat er das Paradox der Person Christi damit freilich auch nicht.

– *Kein Mensch* kann Gott verstehen, erfassen, mitteilen! Wir mögen ja über Gott reden, sogar über SEine Selbstverhältnisse spekulieren. Aber *nur Gott selber* offenbart sich in Gottes Wort! Darauf hat im XX. Jahrhundert vor allem Karl Barth immer wieder insistiert, mit wuchtigen dogmatischen Hammerschlägen, ohne jede dialektische Eleganz, doch in großer Monotonie und Würde: »Jesus Christus ist darum der wirkliche und wirksame Offenbarer Gottes und Versöhner mit Gott, weil Gott in ihm, seinem Sohn und Worte, *nicht irgend etwas,* und wäre es das Größte und Bedeutungsvollste, *sondern sich selbst* setzt und zu erkennen gibt, genauso wie er sich von Ewigkeit zu Ewigkeit selber setzt und erkennt. Er ist der Sohn oder das Wort Gottes *für uns,* weil er es zuvor *in sich selber* ist« (KD I/1, § 11).

Und so sehr hat dieser Gott die Welt geliebt, so sehr hat ER SEine von den ersten Menschen befleckte Schöpfung heilen wollen, daß er SEinen *Logos* persönlich hat eingreifen lassen – in Menschengestalt. Freilich nicht nur als logischen Fallschirmspringer aus dem Himmel der Ewigkeit, der kurz ›unten‹ in der historischen, menschlichen Zeit abgesetzt wird, um die Folgen der Sünde wieder in Ordnung zu bringen und dann wieder in die himmlischen Gefilde zurückzukehren.

Der Ewige umfaßt und erfährt vielmehr in Jesus als Christus alle Kontingenz des Menschlichen: »der Tod ist so der höchste Beweis der Menschlichkeit, der absoluten Endlichkeit. Und zwar ist Christus gestorben den gesteigerten Tod des Missetäters; nicht nur den natürlichen Tod, sondern sogar den Tod der Schande und Schmach am Kreuze: die Menschlichkeit ist an ihm bis auf den äußersten Punkt erschienen« (HW, Bd. 17, S. 289). Wenn das so ist, dann muß Gott freilich auch riskieren, wie ein Mensch zu scheitern.

Darum wird in der muslimischen Deutung der Kreuzigung Jesu der Tod dieses Propheten von Gott als ein Täuschungsmanöver inszeniert (Jesus aber stirbt nicht wirklich am Kreuze); in gnostischen (›doketistischen‹) Christus-Lehren hingegen hat sich der wahre, geistige Gott eine Art Scheinleib gegeben, mit dem er dann auf der Welt ein lehrreiches Rollenspiel vorführt. Für die christliche Lehre hingegen erleidet Gott in Christus SEine Todeskrise *tatsächlich*. Keine dialektische Interpretation dieser Behauptung kann ihr Parodox mildern; und diese ›Niederlage Gottes‹ (Sergio Quinzio) ausschließlich als eine gewollte zu verstehen hieße, die Passion zu verharmlosen.

9 **GOTT IST TOT!** Haben Sie denn die Auferstehung Christi ganz vergessen? »Gibt es keine Auferstehung der Toten, so ist auch Christus nicht auferstanden. Ist aber Christus nicht auferstanden, so ist auch unsere Verkündigung leer und euer Glaube sinnlos«, schreibt Paulus im ersten Brief an die Korinther: »auch die in Christus Entschlafenen sind dann verloren. Wenn wir unsere Hoffnung nur in diesem Leben auf Christus gesetzt haben,

sind wir erbärmlicher dran als alle anderen Menschen« (1 Kor 15,13).

Hier ist ja heutzutage die Versuchung groß, solche Sätze als rein symbolische Aussagen aufzufassen, mit der die ersten Christen an apokalyptische Erzählungen im Judentum von der Erweckung *aller* Toten anknüpfen. Lieb gemeint ist ja auch Hans Küngs *Credo:* »Auferstehung meint positiv: Jesus ist nicht ins Nichts hineingestorben, sondern [...] von jener wirklichsten Wirklichkeit aufgenommen worden, die wir mit dem Namen Gott bezeichnen.«

– Wie bitte? Ohne die törichte und ekelhafte Vorstellung, verwesendes Fleisch könne wieder zum Leben erweckt werden, hätte weiland auch der philosophisch aufgeklärte Heide Celsus rein gar nichts gegen die Vorstellung von »Gottes Sohn« als »reines Wort und heilige Wahrheit« einzuwenden gehabt. Und ohne die unbelegbare Geschichte von der leiblichen Auferstehung Jesu von Nazareth hätte sich die Christenheit den Großteil ihrer theologischen Bürgerkriege zur Frage der göttlichen Dreifaltigkeit und der gottmenschlichen Doppelnatur Jesu Christi ersparen können. Würde es dann aber die Christenheit heute noch geben?

Ohne Gottes Inkarnation – wörtlich SEine ›Fleischwerdung‹: die Verkörperung SEiner Wahrheit in einem Prediger aus Nazareth – wäre der ›Gottessohn‹ ein unwandelbarer *Logos* geblieben, ein philosophisches Wort. Ohne die Auferstehung des hingerichteten Jesu aber wäre der ›Menschensohn‹ die Hoffnung auf den jüdischen Messias geblieben, der erst noch kommen soll, »mit den Wolken des Himmels«, um dann wie in den apokalyptischen Visionen des Daniel-Buches (Dan 7,13) die Weltherrschaft zu übernehmen. Mit dem Tode des Christus am Kreuz stirbt der Glaube an einen bloß logischen Gott. Mit der Auferstehung des Menschen Jesu endet das Warten auf den bloß politischen Messias.

Die leibhaftige Auferstehung Christi und die Auferweckung der Toten am Jüngsten Tage gehören also unmittelbar zusammen: Jesus hat als ›Erster der Entschlafenen‹ die Macht des Todes bereits besiegt. Seine leibliche Auferstehung ergibt nur als Vorwegnahme der Auferstehung der Toten einen Sinn – und umgekehrt: Nur in der Teilnahme an Christi Tod und Auferstehung – wie sie im Leben der Christen durch die Taufe symbolisiert wird – kann die Auferstehung der Toten Gestalt gewinnen.

Allerdings war es nicht die Vorstellung eines individuellen, rein seelischen ›Überlebens‹, welche die ersten Christen zu ihrem Glauben bewegte und später viele darin bestärkt hat, für ihr Bekenntnis Leib und Leben zu riskieren. Es geht beim Auferstehungsglauben gerade *nicht* in erster Linie um die Unsterblichkeit der Seele, einen in der hellenistischen Antike recht populären Mythos. Schon damals kannte ja das *New Age* diverse orientalische Seelenwanderungslehren und Mysterienkulte.

In Platons Dialog *Phaidon* leben die durch die Philosophie geläuterten Seelen der Tugendhaften »körperlos durch alle künftige Zeit fort und gelangen in herrliche Wohnstätten« (Phaidon, 114). Wie ja ohnehin die auch in der christlichen Tradition zuweilen überhandnehmende Leibfeindlichkeit weitaus eher platonisches als biblisches Erbe darstellt. Und manche neuere Vorstellungen wissenschaftlicher Phantastik, das menschliche Individuum könne persönlich als bloße ›Information‹ überleben – als ›Gehirn im Tank‹, durch ›Kopie‹ des eigenen genetischen Codes auf einen Klon, durch ›Transfer‹ meiner Identität auf Computerchips, als virtuelle Version *et cetera* –, sind technologische Fehlkopien der Gnosis. Mit der Hoffnung auf eine leibliche Wiedergeburt in Christo haben sie nichts zu tun!

✦

Jesus hat seinen Leib wiederholt mit dem Tempel in Jerusalem verglichen, dem Ort, an dem JAHWE unter seinem Volke wohnt (Jean Daniélou). »Brecht diesen Tempel ab, und ich werde ihn in drei Tagen wieder aufrichten«, so fordert er im Johannesevangelium die religiöse Elite heraus, »aber er redete dabei vom Tempel seines Leibes« (Joh 2,20).

– Welch Kunststück! Das hat der Evangelist Johannes natürlich *nach* der römischen Zerstörung des Tempels im Jahre 70 redigiert: nach der beliebten Methode einer Prophezeiung *ex post*.

– Schlimmer noch: Wurden solche und ähnliche Stellen nicht in der Geschichte der Christenheit häufig genug judenfeindlich gelesen und gepredigt?

– Das mag wohl sein: schlimm genug! Doch die ursprüngliche Botschaft ist ziemlich einfach (und ziemlich jüdisch): Die verheißene künftige Teilhabe an Leib und Leben ist kein individuelles Überleben isolierter Seelen, sondern sie ist ein *korporatives* Unterfangen, so wie die Teilnahme an einem Bauwerk. Auch Paulus kommt in seinem Brief an die zerstrittene Korinther Gemeinde auf die Mitarbeit am Bau Gottes zu sprechen: »Wißt ihr nicht, daß ihr Gottes Tempel seid und der Geist Gottes in euch wohnt?« (1. Kor 3,16)

Das leibliche Leben und Überleben, von dem Jesus sprach und auf das seine Jünger hofften, ist also nur als Gemeinschaftsprojekt denkbar. Wie der zerstörte Tempel nach der babylonischen Gefangenschaft in Jerusalem neu und prächtiger wiedererrichtet ward, so soll auch das von Jesus verkündete Gottesreich den Bund Israels fortsetzen, erweitern und im Geist Gottes erneuern. Und nichts anderes verlangt auch Paulus von seiner Diasporagemeinde in der ostmediterranen Hafenmetropole Korinth: »Wir sind durch einen Geist alle zu einem Leib getauft, wir seien Juden oder Griechen, Sklaven oder Freie, und sind alle mit einem Geist getränkt. Denn auch der Leib ist nicht ein Glied, sondern viele« (1. Kor 12,12).

# 10  LOGOS UND SOHN.

Die Taufe Jesu im Jordan, die von allen vier Evangelien überliefert wird, dokumentiert, daß die neue Jesus-Bewegung aus der Täufer-Gemeinde des Johannes hervorgegangen ist.

Nachdem Jesus vom Propheten Johannes die Taufe empfangen hat und aus dem Wasser steigt, kommt es zur Epiphanie – so berichten die drei synoptischen Evangelien (Mt 3,13 ff.; Mk 1,9 ff.; Lk 3,21 ff.): Wie eine Taube kommt der Geist Gottes auf ihn hernieder, die Himmel öffnen sich, und der Herr des Himmels läßt verlauten: »Du bist mein lieber Sohn – denn an dir habe ich Wohlgefallen.«

– Ist nicht auch das ein Paradox, wenn sich der Sohn Gottes von seinem Vorläufer, einem bloßen Propheten, taufen (also reinigen) läßt?

– Wahrlich nicht das einzige Paradox, das im Korpus der Schriften des Neuen Testamentes unzensiert stehengeblieben ist. Im Evangelium nach Johannes (dem philosophischsten der vier: für die meisten Forscher ist es auch das späteste) wird freilich *direkt* von der Taufe Jesu nicht mehr berichtet.

Hier ist es Jesu ›Vorläufer‹, also der Täufer Johannes selber, der die Erscheinung Gottes, die Epiphanie bezeugt, und er gibt dann den Stab seiner Verkündigung weiter an Jesus als messianisches »Lamm Gottes, das hinwegnimmt die Sünde der Welt«. Dieser Jesus nun tauft nicht mehr nur im Jordan, beim Übergang in die Wüste, wohin sich die apokalyptische Täufer-Bewegung des Johannes zurückgezogen hatte. (Angesichts des erwarteten Endes der Zeiten setzten sich diese Täufer von der jüdischen Priesterreligion ab, welche JAHWE im Tempel zu Jerusalem verehrte.)

– Offenbar zieht es die monotheistischen Radikalen immer in die Wüste!

– Der neue Messias aber tauft nicht einmal mehr mit rituellem Wasser. Nein, dieser Jesus tauft »mit dem Heiligen Geist«.

– Wir dürfen auch hier wohl vermuten, daß dieses Zeugnis Ihres Rufers in der Wüste von seinem Namensvetter, dem Evangelisten Johannes nachgebessert wurde. Johannes: »Ich sah, daß der Geist vom Himmel herabkam wie eine Taube und auf ihm blieb. Auch ich kannte ihn zuerst nicht... Das habe ich gesehen und ich bezeuge: Es ist der Sohn Gottes« (Joh 1,29 ff.).

– Und hier beginnt dann mitten in der biblischen Offenbarung ein unerhörtes philosophisches Abenteuer. Auch wir werden es in diesem Buche wohl nicht mehr begreifen. Die Erwählung des Nazarenischen Wanderrabbi Jesus zum Christus und SEine Identität als leibhaftiger Gottessohn, an welche offenbar die nachfolgenden Christengemeinden recht bald glaubten, wird in ihrem neuen Bekenntnis zum entscheidenden Moment der Gottes-Rede, der *Theo-Logie*.

Gottes Wort erhält im Menschen Jesus leibhaftige Bedeutung, die weit hinausgeht über prophetische Zeichen und Wunder. Johannes (der Evangelist) läßt Johannes (den Vorläufer) von Christus als dem ›Lamm Gottes‹ sprechen – ein wahrhaftiges, ethisches Leib- und Lebensopfer statt der Tier- und Brandopfer im durch die Jerusalemer Priesterschaft kontrollierten Tempelbezirk. Sodann nennt er ihn den »Mann, der mir voraus ist, denn er war eher als ich. Und ich kannte ihn nicht. Aber damit er Israel offenbar werde, darum bin ich gekommen, zu taufen mit Wasser.«

Damit aber wird der Christengott, der doch derselbe Gott Abrahams, Isaaks und der Propheten sein soll, als *Logos* zugleich irdischer, menschlicher, (an)faßbarer – »das Wort hat unter uns gewohnt, wir haben Seine Herrlichkeit gesehen«, heißt es im (gewiß später hinzugefügten) Prolog des Johannesevangeliums (Joh 1,14) – und abstrakter, ›logischer‹ als der Gott des Alten Bundes, dessen unanschauliche, ungreifbare Nähe ja nur im Bundesgesetz anweste.

Wir sprachen ja wiederholt von der unendlichen Dimensionsdifferenz zwischen uns Menschen von dieser Welt und unserem ›absoluten Du‹, dem Einen, alle Welt transzendierenden Gott. Nun wird diese unendliche Spannung gewissermaßen noch in Gott selber hineinprojiziert – oder in IHM wiedergefunden: Gottes HERRschaft und Vaterschaft, SEin Schöpfer-, Gesetzgeber- und Fürsorgeverhältnis gegenüber der Welt und ihren Bewohnern, gegenüber allen Menschen als SEinen Ebenbildern, wurzelt hier gewissermaßen in SEinem eigenen *Sein:* Gott IST, DER ER IST als *Beziehung.* Der sich in SEinem Wort als der HERR offenbarende Gott offenbart damit ein *Selbst*verhältnis: als Vater *und* Sohn.

Für Richard von Sankt Victor und andere mittelalterliche Theoretiker der vollkommmenen Liebe oder *condilectio* verlangt dann die vollständige Einheit gemeinschaftlichen Liebesgenusses von Vater und Sohn *in* Gott auch noch eine dritte Person als Seinsweise des Absoluten als Beziehung: Vater und Sohn wollen den Heiligen Geist zum Medium und Zeugen, so daß die Neigung der beiden in der Flamme der Liebe zum Dritten ununterschieden zusammenschlägt (Trin. III, 11–15; zel. IX, XIV *et cetera*). Nur Gott ist unendlich, und nur SEine Liebe ist total, denn sie war dies schon immer: als ewiges göttliches Selbst- oder Binnenverhältnis, lange bevor der HERR der Welten diese Welt erschuf.

✦

Diese christliche innergöttliche Vater- und Sohnschaft hat dann die abendländische Spekulation über den *Logos* als ewiges göttliches Selbstverhältnis zwar nicht verursacht, aber mit beständiger, heilsgeschichtlicher Spannung aufgeladen: Es gab Gottes Sohn also schon vor seiner Erwählung zum Messias?

Gab es etwa Christus, Gottes Wort und Weisheit, so könnten wir ergänzen, auch vor seiner Geburt?

– Wenn Gottes Sohn, Wort und Wahrheit, ebenso Gott ist wie Gott selbst, dann kann er doch gar nicht erst im Moment seiner Geburt auf die Welt kommen: Käme er innerhalb der Zeit auf die Welt, dann wäre er ja selber ein Geschöpf, ein Bestandteil der Welt und also nicht ihr Urheber, Gott im vollen Sinne.

Ist der Sohn aber ebenso Gott wie DER, DER IST, dann ist er dies von ewig her; und nach dem Prolog des Johannesevangeliums war das Wort (oder Logos) bei Gott und Gott war das Wort. Dasselbe war im Anfang bei Gott, kann also gar nicht geboren werden. In welchem Sinne kann aber dann die Mutter Jesu, Maria von Nazareth, ›Gottesmutter‹ genannt werden: *Theótokos,* wie dies das ökumenische Konzil von Ephesos im Jahre 431 festlegte?

**11** MEDIUM UND MESSAGE. Und wer ist nun der Heilige Geist, diese dritte Person des Einen Gottes?

– Schwierige Frage: *Gott, der Vater,* das ist JAHWE, Gott Mosis und der Propheten Israels, und gewiß auch derselbe Gott, den die Muslime verehren. Christen glauben, daß ER den von ihm am Berge Sinai gestifteten Bund – in Leben und Leiden Jesu von Nazareth – erneuert und auf die ganze Menschheit verallgemeinert hat.

Schwierig genug: *Gott, der Sohn,* hat alle Grenzen des Menschseins auf sich genommen und wurde zum Messias, zum ›Menschensohn‹ der Prophezeiungen des Alten Bundes (Dan 7,13). Gott hat die Heilung der gefallenen und sündigen Menschheit nicht an jemand anderen delegiert, sondern die Heilung der Welt bleibt ›Chefsache‹: Gott, der Sohn, ist ER selber als Heilsbringer. ER siegt im Tode, in Gestalt einer Wahrheit, die verletzbar, verwundbar, demütig ist. Eine schwierige Antwort: Der Eine Gott, der zugleich Mensch wird, wird ja auch anderen Monotheisten zum Ärgernis.

– Wer oder was ist nun *der Heilige Geist?* Wieso noch eine Person – oder ›Seinsweise‹ Gottes (Karl Barth) – und doch derselbe Eine Gott? DER, DER IST, der schon die aus dem Lande des Pharao geflohenen Sklavenstämme durch das Bundesgesetz zu einem heiligen Volke machte! Der sich der endlichen, sterblichen, leidvollen *conditio humana* anheimgegeben hat! Warum denn jetzt noch eine Seinsweise, als Gottes Heiliger Geist? Hätten das die beiden anderen nicht alleine erledigen können?

– Ich gebe zu, die Sprache der christlichen Theo-Logie, der Rede von der Einen Natur des Allerhöchsten in DREI Personen, stößt hier an Grenzen des Verstehens.

– Das kann man wohl sagen. Kein Wunder, daß sich an dieser Lehre der göttlichen Dreifaltigkeit über Jahrhunderte hinweg Konzilien zusammen- und auseinandergerauft und später Ost- und Westkirche gespalten haben!

– Gut, dann fragen wir anders: Was *tut* der Heilige Geist? In der hebräischen Bibel, als *ruach* (übrigens ein weibliches Wort!), *belebt* Gottes Geist die Welt, und zwar bereits in den Schöpfungsgeschichten des Genesis-Buches. In den Evangelien, Berichten und Briefen der Apostel vermittelt ER die heilbringende Liebe des Einen Gottes. Doch ist ER kein bloßes Medium, sondern selber die Botschaft, die Rettung, die Medizin. Der Heilige Geist kündigt nicht nur das Heil an, sondern ER selbst heiligt und heilt zugleich. ER ergreift die Menschen zum Heil *und* stellt ihr Ergriffensein dar.

Das beginnt mit der Verkündigung an die Jungfrau Maria, der Heilige Geist werde über sie kommen, auf daß sie Gottes Sohn gebäre (Lk 1,35; Mt 1,18). Es setzt sich fort in der Beglaubigung des Messias durch den Täufer Johannes, der den Heiligen Geist auf Jesus herabkommen sieht »wie eine Taube«, so daß nun Jesus »mit dem Heiligen Geist tauft« (Joh 1,30–34). Später in der Apostelgeschichte, nach Jesu Tod, nach der Auferstehung und Himmelfahrt Christi, wird die Ausgießung des Heiligen Geistes zur Regelform der Verkündung der neuen Heilsbotschaft und Bekehrung: die Handauflegungen in Samaria, die Bekehrung des römischen Hauptmanns Cornelius – sodann natürlich die Missionen des Paulus im östlichen Mittelmeer.

Vor allem aber das Pfingstereignis, in dem sich die neue, universalistische Dimension der jüdischen Bundesbotschaft manifestiert: Nun wird die Wahrheit des Einen Gottes in jeder Sprache zugänglich. Mit dem Heiligen Geist beginnt die Globalisierung der Kommunikation. Die Kommunikation der Freiheit tritt an die Stelle älterer Siegesvisionen von Heil und Herrlichkeit Gottes.

In der jüdischen Bibel kündigte JAHWE in einer apokalyptischen Botschaft dem Propheten Joel an, ER werde am Ende der Zeiten SEinen Geist über »alles Fleisch« ausgießen, so daß das ganze Volk, alt und jung, mit Träumen, Visionen, Gesichten begabt werde. »Auf meine Knechte und auf meine Mägde werde ich in denselben Tagen von meinem Geist ausgießen, und sie sollen weissagen« (Joel 3,1–2). In Joels prophetischen Träumen rief der Geist Gottes zum »Heiligen Krieg« im »Tal der Entscheidung« auf.

An diese Prophezeiung sollte (sich) Apostel Petrus am Pfingstfest erinnern. Jetzt geschehe, »was durch den Propheten Joel zuvor gesagt« ward: »Wer den Namen des Herrn anrufen wird, soll selig werden.«

– Na, diesmal hoffentlich ohne Joels Schlachtenvisionen!

– Das will ich Ihnen doch gerade erzählen: Zu Pfingsten, im Gründungsereignis der christlichen Mission wurde der Endkampf um die feste Burg Zion ersetzt durch die Geburt eines neuen Mediums: des Heiligen Geistes globaler Kommunikation.

**12** EIN GEIST – EINE WELT. Daß *ein* Ort mit der gesamten Welt in Verkehr treten kann, das steht bereits im zweiten Kapitel der Apostelgeschichte. Es wird bewirkt durch das Pfingstwunder des Heiligen Geistes. Im »Brausen vom Himmel«, dem Wehen »eines gewaltigen Windes«. Der belebende *Atem*-Geist Gottes (mit dem der Allerhöchste schon in der Schöpfungsgeschichte den ersten Menschen *belebte*) erfüllt das ganze Versammlungshaus der Jünger Christi. Ohne dieses neue Medium

wäre die neue Erlösungsbotschaft der allgemeinen Gotteskindschaft unverständlich geblieben.

Was macht das neue Medium aus? Wie funktioniert es? Für
die Sender – die Gesandten des Messias oder Übermittler von
Gottes Heilsbotschaft – gilt: Das Feuer des Heiligen Geistes setzt
alle Apostel einzeln in eine neue Beziehung zueinander. Die Feuer-
zungen auf dem Haupte eines jeden stiften die neue Gemeinschaft
der Sender, in ihnen manifestiert sich der Geist »als ein Ergriffensein *und* als Beobachtung dieses Ergriffenseins, in einem außergewöhnlichen Zustand der durch ihn ergriffenen Personen, der
sich in wirren Reden (Zungenreden) *und* in der öffentlichen Sichtbarkeit dieses Geschehens äußert« (Niklas Luhmann).

Alle sind erfüllt von demselben Geist »und fingen an zu predigen mit anderen Zungen«. Glossolalie und Xenolalie, Zungenrede
und Fremdsprache, sind die Kommunikationsformen der neuen
Botschaft, »wie der Geist ihnen gab auszusprechen«. In der
Apostelgeschichte begegnen wir allen möglichen Kommunikationsformen als Feuer des Heiligen Geistes: ekstatische Gruppen-
prozesse, Zungenreden, charismatische Prophetie.

– Solche Pfingstler-Kirchen aus wiedergeborenen Enthusiasten
können Sie auch heute wieder sehen, und zwar in aller Welt (David
Martin).

– Am Ende aber wird es dem Völkerapostel Paulus in seinem
ersten Brief an die Korinther Gemeinde zu bunt (Ronald A. Knox).
Da ruft er ihren spirituellen Wildwuchs zur Ordnung, ihren Spaltungen setzt er das Bild vom einen Leib Christi entgegen, den
institutionellen *Korpsgeist* einer entstehenden Gemeinschaft der
Gläubigen. Sie sind dazu aufgerufen, Tempel des Heiligen Geistes
zu werden (1 Kor 3,16; 6,19).

Heute kennt die Christenheit beide Gestalten der Gemeinschaft
in Kult und Gebet: Pfingst-Charismatiker und Wunderheiler gedeihen vor allem im Süden der Welt, in Gestalt evangelikaler
Missions- und Freikirchen in Afrika, Asien, Lateinamerika. Den
Prototyp eines hierarchisch organisierten Tempels stellt hingegen
die römische Weltkirche dar. Papst Benedikt XVI. hatte bereits
1967 als Theologieprofessor davor gewarnt, die Ekklesiologie
allzu ›pneumatisch‹ (heilig-geistlich) zu verstehen. Der Heilige

Geist wehe nicht, wo er will. – Wenn aber der Christengott tatsächlich in sich drei-faltig sein sollte, dann dürfte ER sich weder allein mit spiritualistischen Gottesversammlungen zufriedengeben noch mit römischem Glanz und institutioneller Würde.

✦

Joels prophetische Endzeitvision erfüllte sich in der Fruchtbarkeit des von Wein und Milch und Wasser überquellenden Gelobten Landes – und die Feste Zion schützt Jerusalem für alle Zeiten vor durchziehenden fremden Heeren (Joel 4, 17–18). Die Pfingstbotschaft aber setzt nun – in der Infrastruktur des römische Empire – eine neue Kettenreaktion der Ausstreuung *[dia-spora]* in Gang, die das Reich Gottes über alle Grenzen, in alle Herzen kommunizieren soll.

Damit wird auch die babylonische Verwirrung der Sprachen umgekehrt, mit welcher der HERR in den Anfängen der Geschichte den Hochmut der Tempelstädte des Zweistromlandes strafte (Gen 11). Doch stellt das Pfingstwunder, »da nun diese Stimme geschah«, keineswegs die Einheitssprache des Ursprungs wieder her. Auf seiten der Empfänger findet vielmehr eine partikulare Anverwandlung des Allgemeinen statt. Jeder der Hörer versteht in seiner *eigenen* Sprache, was der Geist Gottes, der gemeinsame Geist allen sagt.

»Wie hören wir denn jeder seine eigene Muttersprache? Parther und Meder und Elamiter und die wir wohnen in Mesopotamien und Judäa, Kappadozien, Pontus und der Provinz Asien, Phrygien und Pamphylien, Ägypten und der Gegend von Kyrene in Libyen und Einwanderer aus Rom, Juden und Judengenossen, Kreter und Araber: wir hören sie in unsern Sprachen von den großen Taten Gottes reden!« (Apg 2, 8–11)

Der Heilige Geist inauguriert eine neue Form der Universalität im zuvor nur imperial vereinheitlichten römischen Reich. »Neue Medien bauen uns völlig neu zusammen«, wußte Marshall McLuhan, als er 1967 seine berühmte Diagnose der elektronischen Informationsmedien aufstellte. *The medium is massage.* Die *message,* die Botschaft jedes echten Mediums, verändert (also ›massiert‹) seine Empfänger. Der Geist Gottes ist ein echtes Medium.

Es geht zwar immer noch – wie in Joels Tal der Entscheidung – um das Reich Gottes. Aber der Endkampf zwischen Gut und Böse hat sich in das Herz jedes Einzelnen verlagert, ist in jeder Sprache kommunizierbar geworden.

◆

Die Globalisierung ist ein Projekt Gottes. Die Eine Welt ist die Schöpfung des Einen Gottes: ebenso die ethisch-politische Vereinigung der Welt unter einem Königreich, das in den Apokalypsen des Alten und Neuen Testaments am Ende alle anderen Reiche besiegt – wie auch ihre wissenschaftlich-technische Durchdringung, in der Mitarbeit des Menschen an Gottes Schöpfung.

Der Polytheismus der Antike kannte so viele Welten, so viele Wissens- und Lebensweisen wie Städte, Kulte und Gottheiten. Der Polytheismus der Postmoderne kennt so viele Welten wie Sprachspiele. Nur für den Einen, den allmächtigen Gott, für *Allah,* den Allerbarmer des Koran und HERRn der Welten, wird *alles, was es gibt,* zum Zeichen SEiner Allmacht, im durch SEinen Schöpferwillen geeinten Pluriversum.

Der Gott Mosis gibt SEinem Volk *ein* Gesetz, aber dieses eignet *aller* Welt zur moralischen Rechtleitung; der Gott der Philosophen thront über der *einen* Wirklichkeit; und *Abba,* der Vatergott des Jesus von Nazareth, ist Vater *aller* Menschenkinder. Als Schmerzensmann Jesus Christus wird der HERRgott Bruder und Erlöser *aller* Verfolgten, Unterdrückten und Beleidigten – aber erst der Heilige Geist bildet das Medium einer globalen Kommunikation in Freiheit.

# *Anhang*

## LITERATURHINWEISE

Da der Autor und seine (Selbst-)Gesprächspartner sich nicht auf eine fachtheologisch abschüssige Bahn verlocken lassen wollten, ist ein extensiver Anmerkungsapparat gottlob unnötig. Aber wer weiter- und nachlesen möchte, worauf im einzelnen Bezug genommen wurde, dürfte nach den im folgenden für je drei Kapitel zusammengefaßten Hinweisen keine Schwierigkeiten haben, das Buch oder den jeweiligen Aufsatz des Autors (mit Titel und Jahreszahl) in jedem Bibliotheksverzeichnis wiederzufinden. Was schließlich die Heiligen Schriften sowie weitere theologische, philosophische und andere Klassiker angeht, so werden sie im Text mit Kurz-Siglen zitiert, die im Anschluß an diese Literaturhinweise aufgeschlüsselt sind.

### *Zu den Kapiteln I, II und III*

Jan ASSMANN, *Die Mosaische Unterscheidung* (2003); Karl BARTH, *Die christliche Dogmatik im Entwurf. I. Prolegomena* (1927); ders., *Fides quaerens intellectum* (1931); ders., *Kirchliche Dogmatik* [= KD], I–IV, 30 Bde. (1932–1967); Werner BEIERWALTES, *Denken des Einen* (1985); Harold BLOOM, *Genius* (2004); Rudolf BULTMANN, *Neues Testament und Mythologie* (1948); Albert CAMUS, »Der Ungläubige und die Christen« [1948], in: ders., *Fragen der Zeit* (1977); ders., *L'homme révolté* (1951); Régis DEBRAY, *Dieu, un itinéraire* (2001); Leon FESTINGER, *A Theory of Cognitive Dissonance* (1957); Alexander FIDORA / Andreas NIEDERBERGER (Hrsg.), *Von Bagdad nach Toledo* (2001); Étienne GILSON, *L'athéisme difficile* (1979); Adolf von HARNACK, *Dogmengeschichte* (1891); ders., *Das Wesen des Christentums* (1900); ders., *Die Entstehung der christlichen Theologie und des kirchlichen Dogmas* (1927); Martin HEIDEGGER, *Phänomenologische Interpretationen zu Aristoteles* [1922]; ders., SPIEGEL-Interview (1966/1976); Johann Gottfried HERDER, *Werke*, Bd. 9/1: *Theologische Schriften* (1994); Christopher HITCHENS, *Widerworte* (2001); David HUME, »Of Miracles« [1748], in: ders., *Writings on Religion*, hrsg. von A. Flew (1992); IBN'ARABI, *Urwolke und Welt*, hrsg. von A. Giese (2002); INTERNATIONALE THEOLOGISCHE KOMMISSION [der vatikanischen Kongregation für Glaubenslehre], *Erinnern und Versöhnen* (2000); William JAMES, »The Will to Believe« [1897], in: *Works*, Vol. 6 (1979); Immanuel KANT, *Träume eines*

*Geistersehers* (1766); Navid KERMANI, *Gott ist schön* (1999); Søren KIERKEGAARD, *Philosophische Brocken* [1844], *Die Krankheit zum Tode* [1849], (Übs. Richter 1964); ders., *Der Augenblick* [1855], (Übs. Grössel 1988); Thomas LUCKMANN; *Die unsichtbare Religion* (1991); Alasdair MACINTYRE/Paul RICŒUR, *The Religious Significance of Atheism* (1963); Alasdair MACINTYRE, »Is Understanding Religion Compatible with Believing?«, in: J. Hick (Hrsg.), *Faith and the Philosophers* (1964); John Leslie MACKIE, *Das Wunder des Theismus* (1985); Nicolas MALEBRANCHE, *Conversations chrétiennes* [1677]; Odo MARQUARD; »Lob des Polytheismus« [1978], in: ders., *Zukunft braucht Herkunft* (2003); Jack MILES, *Gott. Eine Biographie* (1996); Johann Baptist METZ, »Gotteskrise«, in: ders., *Diagnosen zur Zeit* (1994); Burkhard MOJSISCH (Hrsg.), *Kann Gottes Nicht-Sein gedacht werden?* (1989); Jürgen MOLTMANN, *Theologie der Hoffnung* (1965); Tilman NAGEL, *Geschichte der islamischen Theologie* (1994); John Henry Cardinal NEWMAN, *An Essay on the Development of Christian Doctrine* (1888); Isaac NEWTON, *Trattato sull'Apocalissi* [Yahuda MS] (1994); Friedrich NIETZSCHE, *Also sprach Zarathustra* [1884/85], in: KSA 4; ders., *Die fröhliche Wissenschaft*, 5. Buch [1886], in: KSA 3; ders., *Jenseits von Gut und Böse* [1886] in: KSA 5; Franz OVERBECK, *Über die Christlichkeit unserer heutigen Theologie* (1873); Pierre-Joseph PROUDHON, *De la Justice dans la Révolution et dans l'Église* (1858); Hilary PUTNAM, »Wittgenstein über den religiösen Glauben«, in: ders., *Für eine Erneuerung der Philosophie* (1997); Karl RAHNER, *Zur Theologie der Zukunft* (1971); Joseph RATZINGER, *Der Gott des Glaubens und der Gott der Philosophen* (1960); ders., *Salz der Erde* (1997); Ernest RENAN, *Souvenirs d'enfance et de jeunesse* [1883]; Jean-Jacques ROUSSEAU, *Du contrat social* (1762); Claude Henri de SAINT-SIMON, *Nouveau Christianisme* (1825); Heinz-Horst SCHREY (Hrsg.), *Säkularisierung* (1981); Leo STRAUSS, »Die Religionskritik Spinozas« [1930], in: *Gesammelte Schriften*, Bd. 1 (1996); Richard SWINBURNE, *Revelation* (1992); Simone WEIL, *Lettre à un religieux* (1951); Ludwig WITTGENSTEIN, *Vorlesungen und Gespräche über Ästhetik, Psychologie und Religion* (1968); ders., *Vortrag über Ethik* (1989); ders., *Vermischte Bemerkungen* (1994); ders., *Denkbewegungen. Tagebücher* (1997); Hans ZIRKER, *Islam* (1993).

*Zu den Kapiteln IV, V und VI*

Arnold BENZ, *Die Zukunft des Universums* (1997); Peter L. BERGER, »Zwischen Jerusalem und Benares«, in: ders., *Der Zwang zur Häresie* (1992); Hans-Joachim BLOME/Harald ZAUN, *Der Urknall* (2004); Hans BLUMENBERG, *Die Sorge geht über den Fluß* (1987); ders., *Begriffe in*

Geschichten (1998); Jorge Luis BORGES, Essays (4 Bde. 1999 ff.); Paul BURGER, »Wittgensteinianismus oder Rationale Metaphysik?«, in: U. J. Wenzel (Hrsg.), Vom Ersten und Letzten (1998); BYUNG-CHUL HAN, »Über die Dinge«, in: Merkur, Nr. 600 (1999); Albert CAMUS, Der Mythos von Sisyphos (1980); Peter COLES, Cosmology. A very Short Introduction (2001); DALAI LAMA, Einführung in den Buddhismus (1993); Paul DAVIES, »A Brief History of the Multiverse«, in: The New York Times (12. April 2003); ders., »Was Einstein wrong?«, in: Prospect, April 2003; René DESCARTES, Discours de la méthode (1637), John DEWEY, The Quest for Certainty (1929); Brian GREENE, Das elegante Universum (2000); ders., Der Stoff, aus dem der Kosmos ist (2004); Michael HANBY, Augustine and Modernity (2003); Martin HEIDEGGER, Sein und Zeit (1927); ders., Was ist Metaphysik? (⁵1949); Jaako HINTIKKA (1962), »Cogito ergo sum: Inference or Performance?«, in: Philosophical Review, LXXI; William J. HOYE, Gotteserfahrung? (1993); David HUME, Dialogues Concerning Natural Religion (1779); Alexandre KOYRÉ, Von der geschlossenen Welt zum offenen Universum (1969); David LEWIS, »Anselm and Actuality«, in: ders., Philosophical Papers, Vol. I (1983); Niklas LUHMANN, Notizen zu »Reden und Schweigen«, in: Soziale Systeme, Jg. 5 (1999), Heft 2; ders., Die Gesellschaft der Gesellschaft (1997); ders., Die Religion der Gesellschaft (2000); Gareth B. MATTHEWS, Thought's Ego in Augustine and Descartes (1992); Alex MICHAELS, Der Hinduismus (1997); Thomas NAGEL, »Das Absurde« und »Das objektive Selbst«, in: ders., Letzte Fragen (²1996); ders., Der Blick von Nirgendwo (1992); ders., »There is no alternative to the existence of something«, in: Times Literary Supplement (Mai 2004); Wolfhart PANNENBERG, Metaphysik und Gottesgedanke (1988); Detlef POLLACK, Säkularisierung – ein moderner Mythos (2003); Karl RAHNER, Geist in Welt [1939/1964] und ders., »Einführung in den Begriff der Existentialphilosophie bei Heidegger« (1940), in: ders., Sämtl. Werke, Bd. 2 (1996); ders., »Selbsterfahrung und Gotteserfahrung«, in: ders., Schriften zur Theologie, X (1972); ders., Grundkurs des Glaubens [1976], in: Sämtl. Werke, Bd. 26, (1999); ders., Von der Unbegreiflichkeit Gottes (2004); Sir Martin REES, Das Rätsel unseres Universums (2003); ders., »Andere Universen – eine wissenschaftliche Perspektive«, in: Im Anfang war (k)ein Gott, hrsg. von T. D. Wabbel (2004); Ernest RENAN, Histoire du peuple d'Israel (1887); Richard RORTY, Consequences of Pragmatism (1982); Jean-Paul SARTRE, Die Transzendenz des Ego und Das Sein und das Nichts, in: ders., Philosophische Schriften I (1994); Arthur SCHOPENHAUER, Die Welt als Wille und Vorstellung (1844/1859); Hans Wolfgang SCHUMANN, Handbuch Buddhismus (2000); Georg SIMMEL, Lebensanschauung (1918); Ernst TUGENDHAT, Egozentrizität und Mystik (2003); Paul VALÉRY, »Variation über einen Gedanken Pascals«, in: ders., *Werke*, Bd. 4 (1989); Bernard WILLIAMS, *Shame and Necessity* (1993).

## Zu den Kapiteln VII, VIII und IX

Jan ASSMANN, *Ägypten. Eine Sinngeschichte* (1996); ders., *Moses der Ägypter* (1998); ders., *Die Mosaische Unterscheidung* (2003); Marc AUGÉ, »Héros téléculturels« in: *Le temps de la réflexion*, IV (1983); Roland BARTHES, *Mythen des Alltags* (1964); Jean CALVIN, »Traité des reliques« [1543], in: ders., *Œuvres choisies*, hrsg. von O. Millet (1995); Walter BENJAMIN, »Kapitalismus als Religion« [ca. 1921], in: ders., *Gesammelte Schriften*, VI (1985); Luciano CANFORA, *Die verschwundene Bibliothek* (1988); Régis DEBRAY, *Dieu – un itinéraire* (2001); Paul DAVIES, »A Brief History of the Multiverse«, in: *The New York Times* (12. April 2003); ders., »Was Einstein wrong?«, in: *Prospect*, April 2003; Anthony FLEW, »My Pilgrimage from Atheism to Theism« [Interview], in: *Philosophia Christi* (Winter 2005); Michel FOUCAULT, »Die iranische Revolte breitet sich mittels Tonbandkassetten aus« [19. Nov. 1978], in: ders., *Schriften*, Bd. III (2003); Sigmund FREUD, *Der Mann Moses und die monotheistische Religion* (1939); Ernest GELLNER, *Pflug, Schwert und Buch* (1990); ders., *Der Islam als Gesellschaftsordnung* (1992); Giulio GIORELLO, *Di nessuna chiesa. La libertà del laico* (2005); Jürgen HABERMAS/Joseph RATZINGER, »Vorpolitische moralische Grundlagen eines freiheitlichen Staates«, in: *zur debatte* (Katholische Akademie in Bayern), H. 1/2004; Moshe HALBERTAL/Avishai MARGALIT, *Idolatry* (1992); Alois HALBMAYR, *Lob der Vielheit* (2000); Erik HORNUNG, *Das geheime Wissen der Ägypter* (2003); David HUME, »Of Superstition and Enthusiasm« [1741] und »The Natural History of Religion« [1757], in: ders., *Writings on Religion*, hrsg. von A. Flew (1992); IBN KHALDUN, *Buch der Beispiele*, I: *al-Muqaddima / Einleitung* (1992); William JAMES, *The Variety of Religious Experience* (1901/2); Robert P. KIRSHNER: *The Extravagant Universe. Exploding Stars, Dark Energy, and the Accelerating Cosmos* (2003); Guy LAFON, *Abraham ou l'invention de la foi* (1996); Bernhard LANG, *Jahwe – der biblische Gott* (2002); T. E. LAWRENCE, *Die sieben Säulen der Weisheit* (1978); Gotthold Ephraim LESSING, *Die Erziehung des Menschengeschlechts* (1780); Jürgen MANEMANN (Hrsg.), *Monotheismus* (2002) [= Jahrbuch Politische Theologie, Bd. 4]; Odo MARQUARD, »Lob des Polytheismus« [1978], in: ders., *Zukunft braucht Herkunft* (2003); Karen McCARTHY BROWN, *Mama Lola* (2000); Johann Baptist METZ, »Theologie versus Polymythie«, in: *Einheit und Vielfalt* [= XIV. Deutscher Kongreß für Philosophie 1987]; Jack MILES, *Gott. Eine Biographie* (1995); Tilman NAGEL, *Geschichte der islamischen Theologie* (1994); William

PALEY, *Natural Theology* (1806); Derek PARFIT, »The puzzle of reality«, in: *Times Literary Supplement* (Juli 1992); PLUTARCH, *Über Gott und Vorsehung*, hrsg. von K. Ziegler (1952); ders., *Große Griechen und Römer*, hrsg. von K. Ziegler (5 Bde., 1954–1965); ders., *Iside e Osiride*, hrsg. von D. Del Corno (1985); ders., *Moralphilosophische Schriften*, hrsg. von H. J. Klauck (1997); Hugo RAHNER, *Griechische Mythen in christlicher Deutung* (1984); Joseph RATZINGER, *Der Gott des Glaubens und der Gott der Philosophen* (1960); ders., *Einführung in das Christentum* (1968); ders., »Der neue Bund«, in: *Internationale Katholische Zeitschrift COMMUNIO* 24 (1995); Ernest RENAN, *Histoire du peuple d'Israel* (1887 ff.); ders., *Du judaisme et du christianisme* (1995); Astrid REUTER, *Voodoo* (2003); Jean-Jacques ROUSSEAU, *Du contrat social* (1762); Thomas RUSTER, *Der verwechselbare Gott* (2000); Arnold SCHÖNBERG, *Moses und Aron* (Staatsoper Unter den Linden: 2004); Lee SMOLIN, *Warum gibt es die Welt?* (1999); Jacob TAUBES, »Zur Konjunktur des Polytheismus«, in: K. H. Bohrer (Hrsg.), *Mythos und Moderne* (1983); Pierre TEILHARD DE CHARDIN, *Der Mensch im Kosmos* (1959); Paul VEYNE, *Glaubten die Griechen an ihre Mythen?* (1987); Pierre VERGER, *Schwarze Götter im Exil*, hrsg. von M. Metzner / M. M. Thoss (2004); Jean-Pierre VERNANT, *Mythe et religion en Grèce ancienne* (1990); Peter WALTER (Hrsg.), *Das Gewaltpotential des Monotheismus und der dreieine Gott* (2005); Michael WALZER, *Exodus und Revolution* (1988); ders., *Kritik und Gemeinsinn* (1990).

### Zu den Kapiteln X, XI und XII

Die ANDERE BIBEL, hrsg. von A. Pfabigan (1991); Jan ASSMANN, *Ägypten. Eine Sinngeschichte* (1996); ders., *Moses der Ägypter* (1998); ders., *Die Mosaische Unterscheidung* (2003); Adrien BAILLET, *La Vie de Mr. Des-Cartes. Réduite en abregé* (1692/1992); John D. BARROW/Frank J. TIPLER, *The Anthropic Cosmological Principle* (1985); Karl BARTH, *Fides quaerens intellectum* (1931); Rémi BRAGUE, *La sagesse du monde* (1999); Uwe BECKER, »Von der Staatsreligion zum Monotheismus«, in: *Zeitschrift für Theol. und Kirche*, H. 1 / 2005; Peter L. BERGER, *Der Zwang zur Häresie* (1980); Hans-Joachim BLOME / Harald ZAUN, *Der Urknall* (2004); Veronica BUCKLEY, *Christina, Königin von Schweden* (2005); Luciano CANFORA, *Die verschwundene Bibliothek* (1988); Fritjof CAPRA, *The Tao of Physics* (1975); ders., *Wendezeit* (1982/1991); George V. COYNE, »Implicazioni filosofiche e teologiche delle nuove cosmologie«, in: *La Civiltà Cattolica* (1992); ders., »Interrogativi religiosi della cosmologia moderna«, in: *La Civiltà Cattolica* (1998); ders., »Ursprünge und Schöpfung«, in: *Im Anfang war (k)ein Gott*, hrsg. von T. D. Wabbel (2004); ders.,

»Der Gott der Außerirdischen«, in: *Leben im All,* hrsg. von T. D. Wabbel (2005); ders., »God's chance creation«, in: *The Tablet,* 6. Aug. 2005 [auch in: *FAZ,* 25. Aug. 2005]; Savinien CYRANO DE BERGERAC, *Reise zum Mond und zur Sonne,* hrsg. von W. Tschöke (2005); René DESCARTES, *Correspondence avec Élisabeth* [und anderen, darunter Chanut und Königin Christina] hrsg. von J. M. und M. Beyssade (1989); Steven J. DICK, »Kosmotheologie – neu betrachtet«, in: *Leben im All,* hrsg. von T. D. Wabbel (2005); Hans Magnus ENZENSBERGER, *Zukunftsmusik* (1991); Bernard Le Bouvier de FONTENELLE, *Entretien sur la pluralité des mondes* [1686], hrsg. von C. Martin (1998); Christian GEYER (Hrsg.), *Hirnforschung und Willensfreiheit* (2004); Stephen Jay GOULD, *Das Ende vom Anfang der Naturgeschichte* (2005); Adolf von HARNACK, *Marcion. Das Evangelium vom fremden Gott* (1924); Stephen W. HAWKING, »Leben im All«, in: *Leben im All,* hrsg. von T. D. Wabbel (2005); Erik HORNUNG, *Das geheime Wissen der Ägypter* (2003); IGNATIUS von Loyola, *Die Exerzitien,* (Übs. H. U. von Balthasar 1946); INTERNATIONALE THEOLOGISCHE KOMMISSION, Gutachten: *Communion and Stewardship* (2004); Willigis JÄGER, *Wiederkehr der Mystik* (2004); William JAMES, *Die Vielfalt religiöser Erfahrung* (1997); Hans JONAS, »Gnosis, Existentialismus und Nihilismus« [1952], in: ders., *Das Prinzip Leben* (1994); ders., »Materie, Geist und Schöpfung« [1988], in: ders., *Philosophische Untersuchungen und metaphysische Vermutungen* (1992); ders., *Gnosis* (1999); Jomo KENYATTA, *Facing Mount Kenya* (1938); Paul KLEE, *Über die moderne Kunst* (1945); Francis Anekwe OBORJI, »African Traditional Religion between Pluralism and Ultimate Reality«, in: *Studies in Interreligious Dialogue,* Nr. 2/2004; Bernhard LANG, *JAHWE* (2002); Emmanuel LÉVINAS, *Totalité et Infinité* (1971); Niklas LUHMANN, *Die Religion der Gesellschaft* (2000); Christoph MARKSCHIES, *Die Gnosis* (2001); Chr. MARTIN, »Présentation« [siehe bei FONTENELLE]; John S. MBITI, *African Religions and Philosophy* (1970); Friedrich NIETZSCHE, *Der Antichrist* [1888], in: KSA 6; Elaine PAGELS, *Versuchung durch Erkenntnis* (1981); dies., *Beyond Belief* (2003); Mauro PESCE (Hrsg.), *Le parole dimenticate di Gesù* (2004); Eckhard PLÜMACHER, Art.: »Apokryphe Apostelakten« (1978) [in: PRE, Suppl.-Bd. XV]; Edgar Allan POE, *Eureka. A Prose Poem* (1848); Hugo RAHNER, *Griechische Mythen in christlicher Deutung* (1984); Martin REES, *Das Rätsel unseres Universums* (2003); Matteo RICCI, *Della entrata della Compagnia di Gesù e Christianità nella Cina* [1608–1610], hrsg. von M. Del Gatto (2000); Gerhard ROTH, *Fühlen, Denken, Handeln* (²2003); F. W. J. SCHELLING, »Zwei Briefe an Hegel« [1795], in: *Schelling,* hrsg. von M. Boenke (2001); ders., *Bruno oder Über das göttliche und natürliche Prinzip der Dinge* [1802], hrsg. von St. Dietzsch (1989); ders., *Philosophie der Offenbarung*

[1841/42], hrsg. von M. Frank (1977); Günther SCHIWY, *Eine heimliche Liebe* (2005); ders., »Mystik im Zeitalter der Globalisierung«, in: *Stimmen der Zeit* (4/2005); Christoph SCHÖNBORN, »Finding Design in Nature«, in: *The New York Times,* 7. Juli 2005 [dazu eine Auswahl von Kommentaren: Jerry Coyne, »The Case against Intelligent Design«, in: *The New Republic,* 22. Aug. 2005; Daniel C. Dennett, »Show Me the Science«, in: *The New York Times,* 28. Aug. 2005; John Garvey, »Intelligent Design – Relax, God is Stranger Still«, *Commonweal,* 12. Aug. 2005; Chr. Geyer, »Evolution der Vernunft«, in: *FAZ,* 20. Juli 2005; Armin Kreiner, »Die verfluchte Theorie«, in: *SZ,* 15. Juli 2005; Richard C. Lewontin, »The Wars Over Evolution«, in: *The New York Review of Books,* 20. Okt. 2005; Manfred Laubichler, »Glaube als Design«, in: *FAZ,* 15. Juli 2005; Simon Conway Morris, »Darwins Suchmaschine«, in: *FAZ,* 16. Juli 2005; Axel Meyer / Hubert Markl, »Ein Schöpfer gewährt Entwicklungsfreiheit«, in: *FAZ,* 17. Sept. 2005; E. Schockenhoff, »Kann man glauben, um zu erkennen?«, in: *FAZ,* 28. Aug. 2005]; Arthur SCHOPENHAUER, *Parerga und Paralipomena* (1851); Wolf SINGER, *Der Beobachter im Gehirn* (2002); ders., *Ein neues Menschenbild?* (2003); Peter SITTE, »Schöpfung oder Evolution?«, in: *zur debatte* (5/2005); Peter SLOTERDIJK/Thomas H. MACHO (Hrsg.), *Weltrevolution der Seele* (1991); Ekkehard W. STEGEMANN, »Verräter oder Heilsbringer. Bemerkungen zum Evangelium des Judas«, *Neue Zürcher Zeitung,* 28. Juni 2005; Pierre TEILHARD DE CHARDIN, »Pantheismus und Christentum« [1923], in: *Das Teilhard de Chardin-Lesebuch,* hrsg. von G. Schiwy (1995); ders., *Le Milieu Divin,* Œuvres IV (1957); ders., *Der Mensch im Kosmos* (1959); ders., *Science et Christ,* Œuvres IX (1965); ders., *Comment je crois,* Œuvres X (1969); ders., *Sur l'amour* (1967); ders., *tre plus* (1968); Xavier TILLIETTE, »Teilhard de Chardin alla prova del tempo«, in: *La Civiltà Cattolica* (1998); ders., *Schelling* (2004); Karl-Wolfgang TRÖGER, *Die Gnosis* (2001); Ernst TUGENDHAT, *Egozentrik und Mystik* (2003); James D. WATSON, »Introduction« zu: ders. (Hrsg.), *The Indelible Stamp: The Great Works of Natural Selection by Charles Darwin* (2005) [auch in: *Corriere della Sera,* 29. Sept. 2005]; Ludwig WITTGENSTEIN, *Vortrag über Ethik* (1989).

## Zu den Kapiteln XIII, XIV und XV

Nasr Hamid ABU ZAID, *Ein Leben mit dem Islam* (1999); Theodor W. ADORNO, *Metaphysik* (1965/1998) [= Nachgelassene Schr., IV, Bd. 14]; William ALSTON, *Divine Nature and Human Language* (1989); Paul BENOÎT, »Die Theologie im 13. Jahrhundert«, in: M. Serres (Hrsg.), *Elemente einer Geschichte der Wissenschaften* (1994); Martin BUBER, *Ich und Du* (1923/1957); François-René de CHATEAUBRIAND, *Genie du*

*Christianisme* [1802], hrsg. von P. Reboul (1966); Alf CHRISTOPHER-
SEN / Stefan JORDAN (Hrsg.), *Lexikon Theologie – Hundert Grundbegriffe*
(2004); George V. COYNE, »Implicazioni filosofiche e teologiche delle
nuove cosmologie«, in: *La Civiltà Cattolica* (1992); ders., »Interrogativi
religiosi della cosmologia moderna«, in: *La Civiltà Cattolica* (1998); Brian
DAVIES, *The Thought of Thomas Aquinas* (1992); Richard DAWKINS,
*Gipfel des Unwahrscheinlichen* (1999); Alain DE LIBERA, *Penser au
Moyen Age* (1991); René DESCARTES, *Gespräch mit Burman* (1648);
Elena ESPOSITO, »Fiktion und Virtualität«, in: S. Krämer (Hrsg.), *Medien
Computer Realität* (1998); Alexander FIDORA/Andreas NIEDERBER-
GER (Hrsg.), *Von Bagdad nach Toledo: Das Buch der Ursachen* (2001);
John N. FINDLAY, »Can God's Existence Be Disproved?«, in: *Mind*, N. 226
(1948); ders., »Why Christians Should Be Platonists«, in: D. J. O'MEARA
(Hrsg.), *Neoplatonism and Christian Thought* (1982); Kurt FLASCH, *Das
philosophische Denken im Mittelalter* (1986); ders., *Nikolaus von Kues –
Geschichte einer Entwicklung* (1998); Kurt FLASCH / Udo R. JECK (Hrsg.),
*Das Licht der Vernunft* (1997); Antony FLEW, »My Pilgrimage from
Atheism to Theism« [Interview], in: *Philosophia Christi* (Winter 2005);
Harry G. FRANKFURT, *Gründe der Liebe* (2005); Alexandre GANOCZY,
*Unendliche Weiten* (1998); Etienne GILSON, *La philosophie au Moyen Age*
(1986); Stephen Jay GOULD, *Illusion Fortschritt* (1996); Dimitri GUTAS,
*Greek Thought, Arabic Culture* (1998); Stephen W. HAWKING / Roger
PENROSE, *Raum und Zeit* (1998); Martin HEIDEGGER, »Die Zeit des
Weltbildes« [1938], in: ders., *Holzwege* (1950); Martin HOLLIS, Steven
LUKES (Hrsg.), Rationality and Relativism (1982); David HUME, *Dia-
logues Concerning Natural Religion* (1779); Leon R. KASS, *The Beginning
of Wisdom* (2003); Anthony KENNY, *The God of the Philosophers* (1979);
ders., »Is Natural Theology Possible?«, in: ders., *What is Faith?* (1992);
Navid KERMANI, *Gott ist schön* (1999); R. A. KNOX, *Enthusiasm* (1950);
Hans KÜNG / K.-J. KUSCHEL, *Erklärung zum Weltethos* (1993); G. W.
LEIBNIZ, *Discours de Metaphysique,* hrsg. von H. Herring (1958); Ant-
hony LEVI, *Renaissance and Reformation* (2002); Martin LUTHER, »Die
Heidelberger Disputation«, in: ders., *Von christlicher Freiheit,* hrsg. von
H. Beinker (1990); ders., *Der große Katechismus* [1529], hrsg. von W.
Metzger (1964); Gerhard MAY, *Schöpfung aus dem Nichts* (1978); Alister
E. McGRATH, *Der Weg der christlichen Theologie* (1997); Günther MEN-
SCHING, »Thomas von Aquin« (1997) [in: FLASCH/JECK, *Das Licht der
Vernunft,* a.a.O.]; John MILBANK, Catherine PICKSTOCK / Graham
WARD (Hrsg.), *Radical Orthodoxy* (1999); Jack MILES, *Gott. Eine Bio-
graphie* (1996); Iris MURDOCH, *The Sovereignty of Good* (1970); dies.,
*Akastos. Two Platonic Dialogues* (1986); dies., *Metaphysics as Guide to
Morals* (1992); NOVALIS [= Friedrich von Hardenberg], »Blüthenstaub«

[1798] und »Die Christenheit oder Europa« [1799], in: *Werke*, Bd. 2, hrsg. von H.-J. Mähl (1978); Robert NOZICK, *Philosophical Explanations* (1981); Elaine PAGELS, *Versuchung durch Erkenntnis* (1981); Schubert OGDEN, *The Reality of God* (1967); William PALEY, *Natural Theology* (1806); Derek PARFIT, »The Puzzle of Reality«, in: *Times Literary Supplement* (3. Juli 1992); Blaise PASCAL, »Mémorial«, in: *Pensées et Opuscules* [S. 142 f.], ed. Brunschvicg minor (1897); Friedrich Wilhelm POHL/ Christoph TÜRCKE, *Heilige Hure Vernunft* (1983); Sergio QUINZIO, *Die Niederlage Gottes* (1996); Karl RAHNER, *Der Mensch in der Schöpfung* (1998), [= Sämtl. Werke Bd. 8]; Joseph RATZINGER, *Der Gott des Glaubens und der Gott der Philosophen* (1960); ders., *Einführung in das Christentum* (1968); Martin REES, *Vor dem Anfang* (1997); Paul RICŒUR, *Le mal* ($^3$2004); Franz ROSENZWEIG, *Der Stern der Erlösung* (1988); Thomas RUSTER, *Der verwechselbare Gott* (2000); Elaine SCARRY, *On Beauty and Being Just* (2000); F. W. J. SCHELLING, *Urfassung der Philosophie der Offenbarung* [1831/2], hrsg. von W. E. Ehrhardt (1992); ders., *Philosophie der Offenbarung* [1841/2], hrsg. von M. Frank (1977); August Wilhelm SCHLEGEL, *Die Gemählde* [1799], hrsg. von L. Müller (1996); Friedrich SCHLEIERMACHER, *Über die Religion* (1799); Peter SLOTERDIJK / Thomas H. MACHO (Hrsg.), *Weltrevolution der Seele* (1991); George SPENCER BROWN, *Laws of Form* (1972); Dorothee SÖLLE, *Atheistisch an Gott glauben* (1968); Richard SWINBURNE, *Revelation* (1991); ders., *The Coherence of Theism* (1993); ders., *The Christian God* (1994); ders., *Is There a God?* (1996); ders., *Providence and the Problem of Evil* (1998); Wilhelm Heinrich WACKENRODER / Ludwig TIECK, *Herzensergießungen eines kunstliebenden Klosterbruders* [1796/7], hrsg. von M. Bollacher (2005); Simone WEIL, *Schwerkraft und Gnade* (1952); dies., *Cahiers* 1–4 (1991–1998); A. N. WHITEHEAD, *Prozeß und Realität* (1979); Bernard WILLIAMS, *Ethik und die Grenzen der Philosophie* (1999); Ludwig WITTGENSTEIN, *Vortrag über Ethik* (1989); Theodore ZIOLKOWSKI, *Das Amt der Poeten* (1992).

### Zu den Kapiteln XVI, XVII und XVIII

Ludwig AMMANN, *Die Geburt des Islam* (2001); Jan ASSMANN, *Das kulturelle Gedächtnis* (1999); ders., *Herrschaft und Heil* (2000); ders., *Die Mosaische Unterscheidung* [im Anhang die Kritiken der Theologen R.Rendtorff, E. Zenger, K. Koch, G. Kaiser, K. J. Kuschel] (2003); Karl BARTH, *Der Römerbrief* (1922); Roland BARTHES, *Sade Fourier Loyola* (1974); Uwe BECKER, »Von der Staatsreligion zum Monotheismus«, in: *Zeitschrift für Theol. und Kirche*, H. 1/2005; Werner BEIERWALTES, *Denken des Einen* (1985); Henri BERGSON, *Les deux sources de la morale et de la religion* (1932); Harold BLOOM, *Genius* (2002); Dietrich BON-HOEFFER, »Die Kirche vor der Judenfrage« [1933], in: *Werke*, Bd. 12; Micha BRUMLIK, *Deutscher Geist und Judenhaß* (2000); Martin BUBER, *Der Glaube der Propheten* (²1984); Gary R. BUNT, »Islam und Muslime im Cyberspace«, in: *Concilium*, H. 1/2005; John BUNYAN, *The Pilgrim's Progress*, hrsg. von R. Scharrock (1965); Luciano CANFORA, *Die verschwundene Bibliothek* (1988); Umberto CASSUTO, *A Commentary on the Book of Genesis*, II (1964); Hermann COHEN, *Religion der Vernunft aus den Quellen des Judentums* (1928); Chaim COHN, *Der Prozeß und Tod Jesu aus jüdischer Sicht* (1997); Michel CORBIN, *La Trinité ou l'Excès de Dieu* (1995); John Dominic CROSSAN, *Der historische Jesus* (1994); *Dabru emet – redet Wahrheit*, hrsg. von R. Kampling / M. Weinrich (2003); Jean DANIELOU, *Le signe du Temple* (1990); Régis DEBRAY, *Dieu, un itinéraire* (2001); Alain DE LIBERA, *Penser au Moyen Âge* (1991); ders., *Raison et Foi* (2003); Erri DE LUCA, »Von Sklaven zu Heiligen«, in: *Frankfurter Allgemeine Sonntagszeitung*, 29.9.2002; Dan DINER, *Versiegelte Zeit* (2005); Christoph DOHMEN, *Exodus 19–40* [Kommentar] (2004); Mary DOUGLAS, *Reinheit und Gefährdung* (1985); Kurt FLASCH, *Das philosophische Denken im Mittelalter* (1986); ders./U. R. JECK (Hrsg.), *Das Licht der Vernunft* (1997); Michel FOUCAULT, *Sexualität und Wahrheit*, Bd. 1 (1977); Harry G. FRANKFURT, *Gründe der Liebe* (2005); Ernest GELLNER, *Pflug, Schwert und Buch* (1990); Edward GIBBON, *Der Sieg des Islam*, (Übs. J. Sporschil 2003); Alois GRILLMEIER, *Jesus der Christus im Glauben der Kirche*, 5 Bde. (1990); Karl E. GRÖZINGER, *Jüdisches Denken I* (2004); Hanno HELBLING (Hrsg.), *Port Royal* (2004); John HICK, *Disputed Questions* (1993); ders., »Eine Philosophie des religiösen Pluralismus«, in: *Münchener Theol. Ztschr.* (1994); Elmar HOLENSTEIN, *Philosophie-Atlas* (2004); IBN'ARABI, *Urwolke und Welt*, hrsg. und übs. von A. Giese (2002); Karl JASPERS, *Vom Ursprung und Ziel der Geschichte* (1949); JOHANNES VOM KREUZ, *Subida / Aufstieg auf den Berg Karmel*, (Übs. U. Dobhan/E. Hense/E. Peeters 1999); Leon R. KASS, *The Beginning of Wisdom* (2003); Navid KERMANI, *Gott ist schön* (1999); Tarif KHALIDI, *The Muslim Jesus* (2001); Adel Theodor KHOURY [Übs. u. Kommentar], *Der Koran* (2004); Søren KIERKEGAARD, *Einübung im Christentum* [1850], (Übs. E. Hirsch 1951); A. R. KNOX, *Enthusiasm* (1950); Leszek KOLAKOWSKI, *God Owes Us Nothing* (1995); Hans KÜNG, *Credo* (1992); ders., »Christsein heute«, in: *Publik-Forum* (18/2005); Bernhard LANG, *Jahwe* (2002); Jacques LE GOFF, *Die Erfindung des Fegefeuers* (1984); Emmanuel LÉVINAS, *Entre nous* (1991); ders., »Zur Lebendigkeit Kierkegaards« in: ders., *Außer sich* (1991); Stanisław LEM, *Robotermärchen* (1973); Benny LÉVY, *Le logos et la lettre* (1988); Thomas LUCKMANN, *Die unsichtbare Religion* (1991);

Niklas LUHMANN, *Die Religion der Gesellschaft* (2000); Jean-Marie LUSTIGER, *La promesse* (2002); Martin LUTHER, *Der große Katechismus* [1529], hrsg. von W. Metzger (1964); Marshall McLUHAN, *absolute Marshall McLuhan* [Textauswahl, hrsg. von M. Baltes und R. Höltschl] (2002); Jürgen MANEMANN (Hrsg.), *Monotheismus* (2002) [= Jahrbuch Politische Theologie, Bd. 4]; Jacques MARITAIN, *L'impossible Antisemitisme* [1937], hrsg. von P. Vidal-Naquet (1994); David MARTIN, *Pentecostalism: The World Their Parish* (2002); A. S. McGRADE (Hrsg.), *The Cambridge Companion to Medieval Philosophy* (2003); Jack MILES, *Gott. Eine Biographie* (1989); ders., *Jesus. Der Selbstmord des Gottessohns* (2001); Tilman NAGEL, *Geschichte der islamischen Theologie* (1994); ders., »Abraham in Mekka«, in: Reinhard Kratz / T. Nagel (Hrsg.), *Abraham, unser Vater* (2003); John H. NEWMAN, *An Essay on the Development of Christian Doctrine* (1878); Reinhold NIEBUHR, »Optimism, Pessimism, and Human Faith« [1940]; ders., »The Relations of Christians and Jews in Western Civilization« [1958], beide Texte in: *The Essential Reinhold Niebuhr,* hrsg. von R. McAfee Brown (1986); ders., *Nature and Destiny of Man,* 2 Bde. (1941, 1943); Gerald O'COLLINS, *Christology* (1995); Franz OVERBECK, *Über die Christlichkeit unserer heutigen Theologie* (1873); Lorenzo PERRONE, »Von Nicaea nach Chalcedon«, in: G. Alberigo (Hrsg.), *Geschichte der Konzilien* (1993); Sergio QUINZIO, *Die Niederlage Gottes* (1996); Karl RAHNER, »Die zwei Grundtypen von Christologie«, in: ders., *Schriften zur Theologie,* Bd. X (1972); Joseph RATZINGER, »Ein Versuch zur Frage des Traditionsbegriffs«, in: ders. / K. RAHNER (Hrsg.), *Offenbarung und Überlieferung* (1965); ders., »Kirche als Tempel des Heiligen Geistes« [1967], in: ders., *Vom Wiederauffinden der Mitte* (1997); ders., »Der neue Bund«, in: *Internationale Katholische Zeitschrift COMMUNIO* 24 (1995); ders., *Glaube – Wahrheit – Toleranz* (2003); Ernest RENAN, *Du judaisme et du christianisme* (1995); Olivier ROY, *L'islam mondialisé* (2002); Friedrich SCHLEIERMACHER, *Der christliche Glaube* [1830 / 31], hrsg. von M. Redeker (1960); Perry SCHMIDT-LEUKEL, »Zehn Thesen zu einer christlichen und pluralistischen Theologie der Religionen«, in: *Salzburger Theol. Ztschr.* (2/2002); ders., *Gott ohne Grenzen* (2005); Herbert SCHNÄDELBACH, »Der Fluch des Christentums«, *DIE ZEIT,* Nr. 20/2000; Gershom SCHOLEM, *Über einige Grundbegriffe des Judentums* (1970); Robert SPAEMANN, »Ein Streit, der nicht mehr aus der Welt zu schaffen ist«, *FAZ-Literaturbeilage* (2. Dezember 2003); Jonathan SPENCE; *The Memory Palace of Matteo Ricci* (1984); Leo STRAUSS, »Jerusalem and Athens« [1967], in: ders., *Jewish Philosophy and the Crisis of Modernity,* hrsg. von K. H. Green (1997); Eleonore STUMP, »Atonement according to Aquinas«, in: Th. V. Morris (Hrsg.), *Philosophy and the Christian Faith*

(1988); Richard SWINBURNE, »The Christian Scheme of Salvation«, in: Th. V. Morris (Hrsg.), *Philosophy and the Christian Faith* (1988); TERESA VON ÁVILA, *Die innere Burg*, (Übs. Fritz Vogelgsang 1979); *Weg der Vollkommenheit*, (Übs. U. Dobhan / E. Peeters 2003); Michael WALZER, *Kritik und Gemeinsinn* (1990); Michael WALZER [mit M. Lorberbaum, Y. Lorberbaum, N. J. Zohar], (Hrsg.), *The Jewish Political Tradition* I (2000) [darin die zit. Kommentare von B. Levinson und M. Sandel], II (2003).

# SIGLEN

Die Siglen für die Bücher der *Bibel* folgen den üblichen deutschen Abkürzungen (etwa der katholischen Einheitsübersetzung, der Zürcher oder der revidierten Luther-Bibel). – Andere Übersetzungen des Alten Testaments: Die Buber/Rosenzweigsche »Verdeutschung« der hebräischen Bibel *Die Schrift*, 4 Bde. (1954–1962) ist wiederholt neu aufgelegt worden; der deutsche Text der Mendelssohnschen Tora-Übersetzung findet sich in *Die Tora in jüdischer Auslegung*, hrsg. von W. G. Plaut, 5 Bde. (1999–2003). – Empfehlenswert ist die von Klaus Berger und Christiane Nord hrsg. und übs. Zusammenstellung *Das Neue Testament und frühchristliche Schriften* (1999, ²2005), welche auch die »apokryphen« Evangelien, Briefe, Fragmente der ersten beiden christlichen Jahrhunderte enthält.

Der *Koran* wird mit Angabe der Sure samt Verszählung zitiert, und zwar zumeist nach der zu Anfang des XX. Jahrhunderts von Max Henning für Reclams Universal-Bibliothek besorgten Übersetzung – oder aber, wo dies eigens vermerkt ist, nach der Ende der dreißiger Jahre des XIX. Jahrhunderts entstandenen (aber erst 1996 vollständig edierten!) vorzüglichen Teilübersetzung des deutschen Dichters und Orientalisten Friedrich Rückert. – Zum Verständnis von Schrift, Geist und Sinn hilfreich ist der französische *Coran. Essai de traduction* des großen französischen Orientalisten Jacques Bercque (1990; Éd. revue et corrigée ²1995).

| | |
|---|---|
| Adv. haer. | Irenäus von Lyon, *Adversus haereses* |
| Arist. | *Aristeasbrief* (JSHRZ), übs. N. Meisner |
| art. | Artikel |
| Boeth. | Thomas von Aquin, *Expositio super librum Boethii De Trinitate* |
| c. | Kapitel |
| CA | *Confessio Augustana,* Bekenntnis der reformatorisch gesinnten Landesherrn und Reichsstädte für den Reichstag in Augsburg, 25. Juni 1530 (verfaßt von Philipp Melanchthon) |
| c. Cels. | Origenes, *Contra Celsum* |
| CH | (Pseudo-)Dionysius Areopagita, *De caelesti hierarchia* |
| Civ. Dei | Augustinus, *De civitate Dei* |
| Conf. | Augustinus, *Confessiones* |
| Consol. | Boethius, *Philosophiae consolatio* |
| Cur deus | Anselm von Canterbury, *Cur deus homo* |
| Crib. Alk. | Nikolaus von Kues, *Cribratio Alkorani* |

| | |
|---|---|
| De an. | Aristoteles, *De anima* |
| De ber. | Nikolaus von Kues, *De beryllo* |
| De deo abs. | Nikolaus von Kues, *De deo abscondito* |
| De ver. | Anselm von Canterbury, *De veritate* |
| DH | Heinrich Denzinger, *Enchiridion symbolorum definitionum et declarationum de rebus fidei et morum* (ed. Hünermann, [37]1991) |
| DN | (Pseudo-)Dionysius Areopagita, *De Divinis Nominibus* |
| doct. ign. | Nikolaus von Kues, *De docta ignorantia* |
| Doctr. | Augustinus, *De doctrina christiana* |
| Enn. | Plotin, *Enneaden* |
| Epid. | Irenäus von Lyon, *Epideixis* |
| Exerc. | Ignatius von Loyola, *Die Exerzitien* (Übs. H. U. Balthasar) |
| Fr. | Fragmente: |
| | Epikur, *Epicurea* (ed. Usener) |
| | Blaise Pascal, *Pensées* (ed. Brunschvicg) |
| | Parmenides, *Peri Physeos* (ed. Diels/Kranz) |
| HW | G. W. F. Hegel, *Werke* in 20 Bden. (ed. Moldenhauer/Michel) |
| IC | Thomas von Kempen, *De imitatione Christi* |
| In Ioh. | Meister Eckhart, *Expositio Sancti Evangelii Secundum Iohannem* [= LW, Bd. III] |
| Inst. | Johannes Calvin, *Institutio Christianae Religionis* (1559), (Übs. O. Weber) |
| Isis | Plutarch, *De Iside e Osiride* |
| KD | Karl Barth, *Kirchliche Dogmatik* |
| KRV | Immanuel Kant, *Kritik der reinen Vernunft* (B = 2. Aufl. 1787) |
| KPV | Immanuel Kant, *Kritik der praktischen Vernunft* (A = 1. Aufl. 1788) |
| KU | Immanuel Kant, *Kritik der Urteilskraft* (2. Aufl. 1793) |
| KSA | Friedrich Nietzsche, *Sämtliche Werke* (ed. Colli/Montinari) |
| lib. de caus. | *Liber de causis* (ed. Fidora/Niederberger) |
| lud. glob. | Nikolaus von Kues, *Dialogus de ludo globi* |
| LW | Meister Eckhart, *Lateinische Werke* |
| mag. | Augustinus, *De magistro* |
| Met. | Aristoteles, *Metaphysik* |
| Monol. | Anselm von Canterbury, *Monologion* |
| Mund. | (Pseudo-)Aristoteles, *De mundo* |
| mus. | Augustinus, *De musica* |
| n. | Nummer, Textabschnitt |
| nat. boni | Augustinus, *De natura boni* |

| | |
|---|---|
| nat. deor. | Cicero, *De natura deorum* |
| nih. | Charles de Bovelles, *Libellus de nihilo* (1511) |
| or. | Gregor von Nazianz, *Orationes* |
| Ord. | Johannes Duns Scotus, *Ordinatio* (= Überarbeitung) seines Kommentars zu den ›Sentenzen‹ des Petrus Lombardus |
| Pr. | Meister Eckhart, *Predigten* |
| | Nikolaus von Kues, *Predigten* |
| PRE | Paulys Realencyclopädie der Classischen Altertumswissenschaft [= Pauly-Wissowa] |
| Prosl. | Anselm von Canterbury, *Proslogion* |
| qu. | quaestio |
| RB | *Regula Benedicti* (ed. Steidle) |
| SG | Thomas von Aquin, *Summa contra Gentiles* |
| SNS | Giambattista Vico, *Princìpi di scienza nuova d'intorno alla comune natura delle nazioni* [= »Scienza Nuova Seconda« (1744), ed. F. Nicolini] |
| Sth | Thomas von Aquin, *Summa theologiae* |
| Subida | Johannes vom Kreuz, *Aufstieg auf den Berg Karmel* (Übs. U. Dobhan / E. Hense / E. Peters) |
| ThWbNT | *Theologisches Wörterbuch zum Neuen Testament* (begr. von G. Kittel u. a., 1933–1973) |
| Tract. | Ludwig Wittgenstein, *Tractatus logico-philosophicus* |
| Trin. | Augustinus, *De Trinitate* |
| | Richard von Sankt Victor, *De Trinitate* |
| TSB | Peter Abaelard, *Theologia Summi boni* |
| Util. cred. | Augustinus, *De utilitate credendi* |
| vera rel. | Augustinus, *De vera religione* |
| vis. Dei | Nikolaus von Kues, *De visione Dei* |
| zel. | Anonymus, *De zelotipia*, auch *Tractatus de perfecto amore* [überliefert in einem Erfurter Codex von Opuscula des Aegidius Romanus] |

✦

# Kalendergeschichten
# für Gläubige und Ketzer

Albert Christian Sellner
**Immerwährender Päpstekalender**
424 Seiten · gebunden/Schutzumschlag
€ **24,90** (D) · sFr 42,50 · € 25,60 (A)
ISBN 978-3-8218-4753-5

»Albert Christian Sellners *Immerwährender Päpstekalender*
ist weder ein fromm-verklärte Lobhudelei noch eine
wissenschaftliche Abhandlung, sondern er bündelt auf
höchst unterhaltsame Weise Schlaglichter und Spiegel-
bilder einer fast 2000-jährigen illustren Gesellschaft auf
dem Stuhl Petri. Das Buch ist eine amüsant-informative
›legenda aurea‹ der Tiaraträger mit Anekdoten und
Facetten, die keineswegs immer nur erbaulich sind.« *WDR*

»Andächtig werden möchte man hier vor dem Witz und
Fleiß, mit dem Sellner verstaubte Schätze als immer neue
Trouvaillen hervorzuzaubern versteht.« *Welt*

ichborn

Kaiserstraße 66
60329 Frankfurt/Main
Tel. 069/25 60 03-0
Fax 069/25 60 03-30
www.eichborn.de

## Martin Urban
### *Warum der Mensch glaubt*
*Auf der Suche nach dem Sinn.*
*256 Seiten mit 37 Abbildungen.*
*Serie Piper*

Anhand der neuesten wissenschaftlichen Erkenntnisse aus Gehirnforschung, Psychologie und Religionswissenschaften zeigt Martin Urban, dass das Bedürfnis, die Welt zu beobachten und ihr einen Sinn zu geben, biologische Ursachen hat. Welche Rolle dabei Vernunft und Verstand spielen und warum das Wissen über die Natur des Glaubens dessen Bedeutung nicht mindert, darauf gibt er Antworten. Sein Buch ist ein Plädoyer für eine Verbindung von spiritueller Sinnsuche und aufgeklärtem Geist.

»Die kurzweilige und ernsthafte Art, wie Martin Urban dem Leser Wissenschaft vermittelt, sucht seinesgleichen.«
Die Welt

## Bertrand Russell
### *Philosophie des Abendlandes*
*Aus dem Englischen von Elisabeth Fischer-Wernecke und Ruth Gillischewski, durchgesehen von Rudolf Kaspar. 856 Seiten.*
*Serie Piper*

Dieser Klassiker der Philosophiegeschichte ist bis heute nicht übertroffen worden. Niemals trocken, sondern immer im Zusammenhang mit den gesellschaftlichen und politischen Hintergründen erzählt Bertrand Russell die Geschichte der abendländischen Philosophie: von den Vorsokratikern und der mittelalterlichen Scholastik, der Philosophie der Neuzeit und von den großen Denkern des 19. und 20. Jahrhunderts.

»Das Buch ist als erste Einführung in die Philosophie anhand der Geschichte nicht zu überbieten; Voltaire hätte es nicht besser machen können.«
Frankfurter Allgemeine Zeitung

**SERIE PIPER**

# Hans Küng

## *Spurensuche*

*Die Weltreligionen auf dem Weg 1.
Stammesreligionen, Hinduismus,
chinesische Religion, Buddhismus.
320 Seiten mit zahlreichen farbigen
und s/w-Abbildungen. Serie Piper*

Hans Küng beschreibt, erzählt und erklärt das Spektrum der großen Weltreligionen. Seine »Spurensuche« deckt Verbindendes und Trennendes auf und verfolgt die Frage nach einem gemeinsamen Weltethos in den großen Religionen. Mit faszinierenden Farbfotos aufwendig ausgestattet, zeigt das Buch, wie aufregend und informativ das Thema dargestellt werden kann. Der vorliegende Band behandelt die Stammesreligionen, den Hinduismus, die chinesische Religion und den Buddhismus.

»Eine farbenreiche Reise durch die Kulturen und ihre Geschichte. Nicht an der Nivellierung von Differenzen ist Hans Küng gelegen, sondern daran, die spirituellen Schätze zu bergen, die im Boden der Religionen ruhen, um sie heute als Energiereserven ins Spiel zu bringen.«
Die Zeit

# Hans Küng

## *Spurensuche*

*Die Weltreligionen auf dem Weg 2.
Judentum, Christentum, Islam.
208 Seiten mit zahlreichen farbigen
und s/w-Abbildungen. Serie Piper*

Hans Küng, einer der berühmtesten Theologen der Gegenwart, beschreibt, erzählt und erklärt das Spektrum der großen Weltreligionen. Seine »Spurensuche« deckt Verbindendes und Trennendes auf und verfolgt die Frage nach einem gemeinsamen Weltethos in den großen Religionen. Mit faszinierenden Farbfotos aufwendig ausgestattet, zeigt das Buch, wie aufregend und informativ das Thema dargestellt werden kann. Der vorliegende Band behandelt die Religionen nahöstlicher Herkunft: das Judentum, das Christentum und den Islam.

»Küngs Einblicke in die Geschichte und sein Auge für aktuelle Probleme sind beispiellos in ihrer stets wachen Sensibilität für das andere, für das Fremde, das es zu akzeptieren gilt.«
Börsenblatt

## Hans Küng
### Rechtfertigung

*Die Lehre Karl Barths und eine katholische Besinnung. Mit einem Geleitbrief von Karl Barth. 371 Seiten. Serie Piper*

Als der junge streitbare Theologe Hans Küng 1957 seine Dissertation über die Rechtfertigungslehre Karl Barths veröffentlichte, kam das einer ökumenischen Sensation gleich: Küng sagte nichts weniger, als daß eine richtig verstandene Lehre von der Rechtfertigung des Menschen vor Gott Protestanten und Katholiken zusammenführen könne. Gerade heute ist ein gemeinsames ökumenisches Rechtfertigungsverständnis von Bedeutung.

»Ich begrüße Ihr Buch als ein Symptom dafür, daß die Sündflut der Zeiten, in denen katholische und protestantische Theologen nur entweder polemisch gegeneinander oder in unverbindlichem Pazifismus, meistens gar nicht, miteinander reden wollten, zwar noch nicht vorbei, aber immerhin im Sinken ist.«
Karl Barth an Hans Küng

## Hans Küng
### Erkämpfte Freiheit

*Erinnerungen. 621 Seiten mit 66 Abbildungen. Serie Piper*

Alles hätte auch ganz anders kommen können. Eine Ausbildung unter den Augen des Papstes im römischen Elite-Institut Collegium Germanicum, die Priesterweihe in Rom, eine aufsehenerregende Dissertation in Paris, mit 32 Jahren Professor für Fundamentaltheologie und Konzilsberater: So beginnen kirchliche Karrieren allerersten Ranges. Aber Hans Küng entscheidet sich anders: für Freiheit statt Anpassung, für Wahrheit statt Kompromiß. In einem sehr persönlichen und gedankenreichen Rückblick auf die ersten vier Jahrzehnte seines Lebens erzählt er, wie aus dem »Mustergermaniker« und potentiellen Kardinal ein Mann des aufrechten Ganges wird, der sich seine Freiheit in der Kirche und teilweise auch gegen sie erkämpft.

**SERIE PIPER**

05/1702/01/L          05/1703/01/R

## Hans Küng
### *Der Islam*
*Geschichte, Gegenwart, Zukunft.*
*896 Seiten. Serie Piper*

Nach Hans Küngs bahnbrechenden Grundlagenwerken »Das Judentum« und »Das Christentum« hier der Abschluß seiner Trilogie über die drei abrahamischen Religionen:

»Ich werde in diesem Buch eine große Geschichte erzählen, die ungeheuer dramatisch und vielgestaltig ist. Mich interessiert nicht primär die Vergangenheit, sondern die Gegenwart: wie der Islam zu dem geworden ist, was er heute ist – im Hinblick darauf, wie er sein könnte.«

»Das Buch besticht durch seine Klarheit und trotz des Umfangs durch seine gute Lesbarkeit.«
Der Spiegel

## Nahed Selim
### *Nehmt den Männern den Koran!*
*Für eine weibliche Interpretation des Islam. Aus dem Niederländischen von Anna Berger und Jonathan Krämer. 336 Seiten. Serie Piper*

Im Namen des Islam werden Muslimas in aller Welt mißbraucht, eingeschüchtert und zum Schweigen gebracht – gerechtfertigt durch die von männlichen Theologen vollzogene Auslegung des Koran. Doch Nahed Selim, selbst gläubige Muslima, räumt mit den jahrhundertelangen Fehlinterpretationen auf, und zeigt einen anderen Islam: eine Religion, die Männer und Frauen gleichberechtigt sieht und eine Verbindung von Glaube und Moderne eröffnet.

»Auch muslimische Frauen haben das Recht, zu bestimmen, was sie glauben wollen. Nahed Selim beweist, daß die Auslegung des Koran Männersache war – und daß das nicht so bleiben darf.«
Ayaan Hirsi Ali

05/2181/01/L.                     05/2180/01/R

## Khalil Gibran
### *Der Prophet*
*Aus dem Amerikanischen von Barbara Röhl. 127 Seiten. Serie Piper*

Der Prophet verläßt die Stadt, in der er lange Jahre gelebt hat, um per Schiff seine Heimreise anzutreten. Bevor er sie verläßt, bitten ihn die Einwohner der Stadt, ein letztes Mal zu ihnen zu sprechen: von Liebe, von Schmerz, von Kindern, von Freundschaft und allem anderen, was die Menschen bewegt. Die Antworten des Propheten sind voller Lebensweisheit und mystischer Tiefe und zählen zum Faszinierendsten, was die spirituelle Literatur hervorgebracht hat. Khalil Gibran gelang mit diesem Werk der Brückenschlag zwischen der Alten und Neuen Welt, zwischen Orient und Okzident, Islam und Christentum. 1923 erschienen, erlebte »Der Prophet« einen beispiellosen Triumphzug im Westen und avancierte zu einem Kultbuch, das Generationen überdauert hat.

## Julian Baggini
### *Der Sinn des Lebens*
*Philosophie im Alltag. Aus dem Englischen von Sonja Hauser. 208 Seiten. Serie Piper*

Der englische Philosoph Julian Baggini zeigt: Philosophie kann großen Spaß machen. Wir können sie leicht verstehen und mit ihr die großen Fragen wie die nach dem Sinn des Lebens beantworten. Damit wir mit ihm über die Natur des Menschen nachdenken können, bemüht Baggini nicht einfach nur Thomas Hobbes, sondern den Italowestern eines Sergio Leone. Mit Madonna erläutert er das Selbst und die Seele. Sei es Tschechows »Möwe«, der Film »Sunset Boulevard« oder Aristoteles und »Rain Main« – Bagginis außergewöhnliches Talent, Philosophie lebendig werden zu lassen, schafft ein Lesevergnügen der besonderen Art.

»Ein überaus kluges, kurzweiliges und auch für Laien verständliches Buch zum Thema Sinnsuche.«
Oberösterreichische Nachrichten

05/1590/01/L          05/2251/01/R